서태후
와
궁녀들

Gong Nv Tan Wang Lu 宮女談往錄
by Jin Yi, Shen Yi Ling 金易, 沈義羚

Copyright 2010 ⓒ Jin Yi, Shen Yi Ling 金易, 沈義羚
All rights reserved

Korean copyright ⓒ 2012 by Geulhangari Publishers
Korean language edition arranged with The Forbidden City Publishing House
through Eric Yang Agency Inc.

이 책의 한국어판 저작권은 에릭양 에이전시를 통한 The Forbidden City Publishing House와의 독점계약으로
(주)글항아리에서 소유합니다. 저작권법에 의해 한국 내에서 보호받는 저작물이므로 무단전재와 복제를 금합니다.

걸작
논픽션
002

청 황실의 마지막 궁녀가 직접 들려주는

서태후 와 궁녀들

룽얼榮兒 구술
진이金易·선이링沈義羚 지음
주수련 옮김

글항아리

일러두기
· 인명: 신해혁명(1911) 이전 사람은 우리 한자음, 그 이후는 중국음으로 표기했다.
· 지명: 중국 건국(1949) 이전에 사용된 지명은 우리 한자음, 그 이후는 중국음으로 표기했다.
· 그 외의 표기와 맞춤법은 표준국어대사전을 따랐다.
· ( )는 지은이가, [ ]는 옮긴이가 부연설명한 것이다.

머리말

　벌써 40년도 더 된 일이다. 당시 나는 아직 학생이었고 숙소는 베이징 마신묘馬神廟 서쪽(현재의 징산景山 산 동쪽 대로), 동서로 이어진 거리에 있었다. 이 큰길 건너편에는 남쪽으로 좁은 골목이 하나 나 있어 큰길과 정丁자 형태를 이루고 있었는데 남쪽으로 쭉 뻗어 있던 이 골목을 중라오中老 후퉁胡同[베이징의 구舊성내를 중심으로 산재한 좁은 골목길]이라 불렀다. 내가 이제부터 이야기하려는 노궁녀는 바로 이 골목에 있는 한 작은 공동 쓰허위안四合院 서쪽 가옥에 살고 있었다.
　당시는 암울하고 비참하던 시기였다. 낮에는 군용차가 먼지바람을 일으키며 지나가고 정오에도 어두컴컴한 논밭길, 행여 무슨 변이라도 당할까 누구 한 사람 길거리에 나다닐 엄두를 내지 못했다. 징산 산 꼭대기에는 일본인들의 경보기가 설치되고, 고사포[지면이나 함정 위에서 사용하는 방공용 화포로 비행기 등 공중의 목표를 사격한다]가 밤낮으로 하늘을 마주한 채 돌아다녔다. 거리에는 완전무장한 일본 군인들이 이리저리 오가며 순시를 돌았다. 적을 바로 코앞에 두고 있는 격이었다. 저녁이 되어 경적이 요란하게 울리면 등화관제[전쟁 중 적기의 야간공습에 대비하고 그들의 작전수행에 지장을 가하기 위해 일정 지역의 등화를 얼마 동안 강제로 제한하는 일. 제2차 세계대전 때 특히 잦았다]가 시작되었고 거리는 칠흑같이 어두워졌다. 가을비까지 추적추적 떨어지면서 오래된 도시는 새삼 더욱 처량해 보였다. 나는 늘 이러한 분위기 속에서 주머니에 찻잎가루 두 포를 넣고 파란 윗옷을 걷어 마른 땅콩을 한 줌 넣고는 조심조심 노궁녀의 집에 들어섰다. 그분에게서 청조淸朝 때 황궁에서 있었던 여러 가지 이야기를 들으러 가는 것이었다. 이야기하는 사람도, 듣는 사람도 서로 재촉함 없이 담담하게 말하고 들었다. 창문은 검은색 천으로 철저히 가려졌고, 벽 모서리의 콩알만 한 등불은 탁한 빛을 내며 흔들리고 있었다. 화롯불은 천장에 반사되어 방 안을 비추었다. 그야말로 '깜박깜박 불빛이 벽 그림자를 등지고 쇄쇄 어두운 밤비가 창문을 때리는' 풍경이었다. 그 가운데서 나는 호기심을 한 가득 품고 한 노궁녀가 원망같이, 하소연같이 토해내는 옛 이야기에 가만히 귀를 기울였다.

    내가 찾아갈 당시 그분은 이미 백발이 성성한 노인이었다. 그분의 성은 '허何'였지만 분명 본래의 성은 아닐 것이다(규례를 보면 만주 기하인의 한족 성 '허何'는 대부분 본래의 성이 '허서리赫舍里' 씨다). 궁에 있을 때는 '룽얼榮兒'이라 불렸고 서태후는 '룽'이라 불렀다고 한다. 그러나 중화민국이 연호를 바꾼 이후로 기하인旗下人[청나라 만주족은 기인과 기하인으로 나뉘었다]들은 자신에 대해 말하기를 꺼리게 되었다. 그래서 나는 늘 그분의 가족사에 대해 묻는 것을 애써 피했다. 다만 이야기 가운데 얼핏 듣기로 원래 시청西城 징지다오京畿道에 살았다고 하니 대략 어느 기에 속했는지 짐작할 수 있었다. 그분의 아버지는 여느 기하인들처럼 딱히 하는 일 없이 세월을 보냈고 그분보다 열 몇 살이나 많은 오빠는 연극공연 판을 뛰어다니며 돈 잘 쓰기로 유명한 아마추어 희곡 배우였다. 그분은 열세 살에 황궁에 들어와 저수궁儲秀宮[청대 서태후가 거처했던 곳]에서 일을 배우고 서태후 곁에서 시중을 들었다. 그분이 주로 담당했던 일은 담배를 올리는 것이었다. 열여덟 살 되던 해에 그분은 서태후의 명으로 류 씨 성인 태감에게 시집을 갔다. 그는 서태후의 심복이었던 환관 리렌잉의 양아들로 베이츠쯔北

池子에 살면서 광서제[청나라의 제11대 황제(1871~1908), 청나라 말기에 서태후의 옹립으로 즉위]의 이발을 담당하던 환관이었다. 혼인 예식은 남부럽지 않게 치렀다고 한다. 서태후는 주례인 자격으로 16명의 가마꾼을 혼수로 딸려 보냈고, 예복이며 보석 등도 빠짐없이 갖추어주었다. 그러나 불구덩이에 빠진 것이나 다름없는 혼인생활 속에서 그분은 1년도 채 못 되어 태후를 그리워했고 다시 궁으로 들어가기를 청했다. 다행히 서태후의 특별 허가를 받아 궁으로 돌아왔는데 이것은 청대에 매우 드문 일이 아닐 수 없었다. 궁의 관례상 궁녀는 한번 궁을 떠나면 돌아오는 것이 허락되지 않았기 때문이다. 더구나 혼인한 몸으로 태후 곁에서 시중을 든다는 것은 태후의 각별한 애정을 받지 않고서는 불가능한 일이었다(그분의 말에 따르면 그전에는 오직 동태후의 시녀 한 사람만 이런 특혜를 입어 궁으로 되돌아와 동태후를 모셨다고 한다. 그러나 그마저도 매우 짧은 기간이었다고 한다). 실상 서태후로서는 그분을 환관에게 시집보낸 것이 일말의 가책이 되어 작은 은혜를 베푼 것일 테지만 그분에게는 어마어마한 은총으로 여겨졌을 것이다. 이야기를 할 때도 나름 의기양양한 어조였다. 경자년, 서태후를 따라 시안으로 피신했을 때는 출발 직전 진비珍妃가 처참하게 죽는 일을 현장에서 겪었다. 신축년, 시안에서 환궁했을 때는 나이가 들어(청대 궁의 관례에서 궁녀는 25세 이전에 궁을 떠나 혼인을 해야 했다) 궁을 떠나 베이츠쯔로 옮겨 와야 했다. 그분이 서태후의 시중을 든 햇수는 무려 8년에 이른다. 남편이었던 류 태감은 아편쟁이로 아편과 도박에 빠져 살다가 일찍 세상을 떠났다고 한다. 이후 만주사변[1931년 일본이 중국 류탸오후柳條溝에서 만철 선로를 폭파하고 이를 중국 측 소행이라 트집 잡아 일으킨 만주 침략전쟁]이 일어나고 일본 세력이 베이징에 진입, 일본 무사와 건달들이 결탁해 강제로 그분을 집에서 내쫓았다. 그분은 어쩔 수 없이 후문 동쪽 동황성東皇城 부근에 방을 세내어 살게 되었다. '루거우차오蘆溝橋 사건[노구교 사건 또는 7·7사변,

1937년 7월 7일 밤 베이징 루거우차오 부근에서 일어난 중국군과 일본군의 충돌 사건, 중일전쟁의 발단이 됨」 이후에는 경찰과 불량배들이 손을 잡고 또 한 번 무력으로 억압하는 참극이 일어났다. 한밤중에 복면을 한 두 사내가 문을 부수고 들어와 칼로 베갯머리를 치고는 집 안의 보물들을 유유히 훔쳐간 것이다. 두 눈을 빤히 뜨고도 바라보는 수밖에 없었다. 치욕스러웠지만 목숨을 건졌다는 것만으로도 다행스러운 일이었다. 하늘을 향해 탄식해도 소용없는, 그저 하루하루 힘겹게 버텨가는 나날이었다.

1940년대 초 내가 그분을 알게 된 이후로 우리는 자주 왕래했는데 대부분은 내가 그분에게 끊임없이 도움을 청한 연고였다. 1948년 겨울에는 틈 날 때마다 이야기를 주고받으며 힘든 나날을 함께 보냈고, 1949년 말에는 내 막내 딸아이가 태어나 잠시 동안 그분의 도움을 받기도 했다. 1950년 봄, 병으로 몸져눕게 되었을 때에도 그분이 찾아와 친절히 간호를 해주었다. 그러나 그 이후에는 때가 때인 만큼 바쁜 일을 거들어달라고 부탁한 것이 주변인들에게 사람을 착취한다는 의심을 사 다시 도움을 청할 엄두를 내지 못했다.

바로 이해 늦가을, 골목길에 단풍이 어지러이 깔린 때에 그분이 우리 집을 방문했다. 손에는 자그마한 꾸러미를 들고 있었다. 그동안 서로 허물없이 왕래하며 지내던 차에 새삼스러운 선물이라 나는 좀 의아했다. 상투적인 인사말이 오가고 일상의 안부를 물은 뒤 그분은 방으로 들어와 돌이 채 안 된 내 막내 딸아이를 안아주었다. 그런 다음 가져온 꾸러미를 풀었다.

"아이 주려고 바지랑 저고리를 좀 만들었어요. 두었다가 내년에 걸음마 떼면 입히세요."

잠시 한숨을 돌린 뒤 그분이 다시 띄엄띄엄 말을 이었다.

"이젠 눈이 침침해서 바늘도 아무데나 찌르기 일쑤예요. 대강 아쉬운 대로 입히세요. 사람이 늙으면 아무짝에도 쓸모가 없는 법이니 그냥 기념으로라도 두세요."

 순간 나는 깨달았다. 아니나 다를까 내 나이든 벗 역시 의미 있는 눈빛을 보냈다. 그분은 분명 우리에게 '사로辭路'를 하러 온 것이었다.

 기하인들에게는 오래된 전통이 하나 있다. 자신이 늙고 쇠약해진 것을 알면 아직 거동할 수 있을 때 최대한 친지, 친구들과 작별 인사를 나누는 것이다. 앞으로는 전처럼 자주 문안하기가 쉽지 않다는 것을 표하는 것이었다. 이러한 풍속을 "사로辭路"라 일컫는다. 사로의 주된 목적은 물론 이별을 아쉬워하는 것이지만 그 외에도 여러 가지가 있다. 여러 해 동안 가까이 지낸 사이라 서로 알지만 심중에는 직접 말로 꺼내기 어려운 일이 있기 마련이다. 바로 얼마 안 있어 땅에 묻힐 일인데 사실 시신을 운구하는 것은 누구에게나 썩 내키는 일이 아니다. 그래서 상대방에게 미리 은연중에 양해를 구하고 의중을 묻는 것이다. 또 하나, 아직 더 살아갈 다음 세대에게 기념이 될 물건을 남겨 자신을 잊지 않고 기억해주기를 바라는 목적도 있다. 아! 그렇다면 그분은 나를 자신의 가장 가까운 친지로 생각하고 있는 것이 아닌가. 나는 감격과 서글픔을 금할 길 없어 노인에 대한 정성과 예를 다해 그분을 대했다. 서둘러 닭 한 마리와 양의 간을 사고, 가는 국수와 조미료를 준비해 닭고기탕면을 만들었다. 또 끓는 육수에 데친 양고기를 조미료에 묻혀 그분을 대접하면서 나는 마음으로 그분의 무병장수를 축원했다. 우리는 그렇게 서로 드러내지 않고 묵묵히 작별의 만찬을 함께했다. 사로를 한 뒤에도 물론 거처할 곳이 있어야 한다. 저녁에 이야기를 나누면서 그분은 오래된 이웃 노인과 함께 서쪽 교외에서 지내기로 했다고 말했다. 이후에는 시내로 들어올 일이 많지 않을 거라면서 그동안 나와의 우정에 고마웠다는 말을 덧붙였다. 이튿날 새벽 우리는 아쉽게 작별을 고했다. 나는 그분이 살 곳의 주소를 물었지만 그분도 정확하게는 알지 못했고 그저 소식을 전하겠다고만 답했다. 아내는 외곽 지역이 추울 테니 털신이라도 장만하시라며 그분에게 24인치 정도 되는 큰 융털을 선물했다. 그분 역시 고맙게 받았다. 나는 병 때문에 창문 밖으로만 그분이 비틀비틀 걸어가는 뒷모습을 배웅할 수 있었다. 그분의 마지막은 말하지 않아도 짐작할 수 있다. 생의 마지막까지 진솔하게 살고 묵묵히 삶을 마감했을 것이다. 그 모습 그대로 무덤을 향해 한 걸음, 한 걸음 내딛는 그분의 모습이 눈앞에 선하다. 나는 마치 그동안 기대왔던 친지라도 잃은 것처럼 마음 한구석이 휑해졌다. 매번 생각이 나면 마음이 납덩이처럼 무겁고 답답했다.

지난날을 이야기하는 것을 극도로 싫어했던 그분은 종종 이렇게 말했다.

"나는 하늘에서 뚝 떨어진 사람이에요. 땅에 떨어지지 않고 변소 구덩이에 떨어졌지요. 옛날 일을 말할라치면 가슴이 쓰려 못 견디겠어요."

그래서 꼭 집 안에 사람이 없고 조용한 때, 유달리 기분이 좋은 때에만, 또 편한 사람에게만 그분은 조금씩 띄엄띄엄 이야기를 풀어놓았다. 그렇게 이야기하는 횟수가 차차 늘어감에 따라 그분의 이야기는 내 기억 속에서 크게 다음의 네 가지로 엮어볼 수 있었다.

첫째, 궁녀의 생활.

둘째, 서태후의 일상.

셋째, 광서제에 관한 일화.

넷째, 기타 사소한 이야기들.

이제 40여 년이 지나 그때 일들은 연기처럼 아스라이 떠오르고 목소리만이 귓가에 쟁쟁한데 억지로 붙잡으려 하면 기억은 도리어 산산이 흩어져버린다. 공자는 일찍이 "전하기만 하고 짓지 아니하며 옛것을 믿고 좋아하는 것은 마음속으로 노팽老彭을 본받고자 함이다"라고 말한 바 있다. 아마도 이 노팽이라는 분은 역사적 사실을 있는 그대로 대하고 거기에 기름이나 식초를 첨가하지 않은, 즉 실제 상황만을 전달한 분이었을 것이다. 그러했기에 공자 같은 대학자가 격찬하는 인물이 될 수 있었으리라. 나 역시 이 노팽 선생을 따라보고자 한다.

머리말 005

제1장 궁녀생활 015

서막 | 저수궁에 들어가다 | '마마님'을 알현하다 | 때릴 수는 있지만 욕은 할 수 없다 | 얼굴은 때리지 않는다 | 잠자는 자세 | 방귀 뀔까 무서워 배불리 먹을 수 없다 | 아침식사 | 점심식사 | 저녁식사와 야식 | 사계절 음식 | 의복, 치장 | 행동거지 | 궁녀는 글을 배우지 못한다 | 과일 항아리 | 가장 기쁜 일–가족과의 만남 | 전달 신호 | 담배를 올리는 일 | 제기차기

제2장 서태후의 일상 061

서태후의 일상 | 저수궁과 체화전 | 야간 당직 | 여담 | 조회 이전의 풍경 | 머리 빗기 | 분주한 아침 | 가장 고된 일 | 화장지와 관방 | 상소문 읽기 | 식사 준비 | 취침 | 식사를 올리는 일 | 네 명의 금강역사, 500명의 아라한 | 음식을 권하지 않는 예 | '다보보'가 불러온 이야기 | 가장 먼저 설 소식을 전하는 납팔일 | 수많은 메뚜기의 날갯짓 | 주사위 놀이와 검은 원숭이 | 발에는 비단 신발, 입술에는 붉은 앵두 | 발 씻기, 목욕, 손톱 손질 | 이허위안 | 이허위안 지춘정 | 옥당춘 부귀 | 호수 위의 신선

제3장 청 황궁의 풍속 249

무당과 식육제 | 2월 2일, 용이 머리를 드는 날 | 바느질 솜씨를 구하는 날 | 악귀를 쫓는 중원절

제4장 서태후와 광서제의 시안 피란 331

시안으로 가기 전에 죽은 진비 | 피신하기 전 두 개의 손톱을 잘라내다 | 시관스西貫市에서의 하룻밤 −고난의 첫 행선지 | 창핑에서 화이라이까지 | 서행길 | 광서제가 머리를 깎다 | 신저우의 가을밤 | 타이위안에서 게를 먹으며 술잔을 들다

제5장 내궁의 소소한 이야기들 499

서태후의 친정 | 장모가 사위를 때리다 | 광서제와 룽위 | 광서제 | 부모가 준 골육은 버리지 않는다―어느 태감이 전하는 이야기 | 리 피석에서 은제장에 이르기까지―내가 알고 있는 리롄잉 | 추이위구이가 다시 궁에 돌아오다

후기 595
부록 1 내가 아는 '노궁녀' _류야오신 603
부록 2 작은 정성으로 가난한 사람을 도왔던 50년: 진이와 함께한 날들을 돌아보며 _선이링 623
옮긴이의 말 637

제1장

궁녀생활

──── 서막

기하인들에게는 조금 독특한 성격이 있다. 웬만큼 친밀한 사이가 아니고서는 다른 사람에게 자신의 처지를 함부로 말하지 않는다. 만약 낯선 사람이 자신에 대해 꼬치꼬치 캐묻는다면 분명 교양 없고 예의를 모르는 사람이라고 여기고 냉정한 태도로 대할 것이다. 그녀도 이렇게 말한 바 있다.

"누군가가 심문하는 듯한 말투로 꼬치꼬치 캐물으면 난 절대로 그 사람을 상대하지 않아요."

그래서 나는 처음부터 그녀를 허 아주머니何媽媽[마마媽媽는 나이든 부인에 대한 공손한 호칭이다]이라 부르면서 젊은이가 노인을 대할 때의 깍듯한 태도로 그녀를 대했다. 그래서인지 다행히 나는 허 아주머님의 눈에 예절 바른 사람 축에 들었고, 그녀는 차차 내게 궁 안의 일들을 풀어 놓기 시작했다.

허 아주머님은 사람됨이 무척이나 조용하고 얌전했다. 생전에 큰 소리로 말하는 것을 한 번도 들어본 적이 없다. 언제나 속삭이는 말투로 한 문장, 한 문장 천천히 이야기를 들려주었다. 이런 모습 역시 궁 안에서 얼마나 힘들고 험난한 세월들을 견뎌왔는지 알 수 있는 것이었다. 우리는 가을 저녁 내내 만나 이야기를 주고받았다. 서로 인사를 나누고 나면 으레 차가 나오고 이야기는 자연스럽게 허 아주머님의 과거로 흘러들어갔다.

"우리 기하인은 날 때부터 밥 걱정은 하지 않았어요. 종인부(도통아문)[명·청대에 황족을 감독하고 그 보첩, 봉작, 상휼, 소송 등의 일을 맡아보던 관청. 아문은 관청을 뜻한다]에서 양식을 배급받았으니까요. 모두 황제 폐하의 은덕이지요. 여자아이가 자라 열서너 살이 되면 종인부는 책자에 따라 아이를 궁으로 보내 일을 배우게 해요. 이는 노비로서 마땅히 순종해야 할 일이었지요. 물론 모든 집이 다 그런 것은 아니었어요. 비교적 명문가이거나 종인부에 어느 정도 인맥이 있다면 궁에 들어가지 않을 수 있었지요. 하지만 어떤 사람은 오히려 딸아이가 나가서 세상 구경을 좀 하길 바랐어요. 우선 매월 얼마간의 은자를 벌어오고 집에도 때마다 절기마다 상여금이 나왔으니까요. 또 아이가 궁에서 규범을 익히고 훈련을 받으면 명성이 나고 이를 계기로 좋은 집안에 시집갈 수도 있었지요. 정말 황궁 안에 있는 시위부급이라도 만나서 누가 천거라도 해주면 몇 년 안에 세력가가 되는 것도 어렵지 않았답니다."

허 아주머님은 차를 마시며 묵묵히 생각에 잠겼다. 담담히 말하고 담담히 듣고, 말하는 이도 듣는 이도 잡다한 말을 묻거나 보태지 않았다. 기하인들은 여유 있는 기풍을 중시하기 때문에 아무리 급한 일이 있어도 남의 일 말하듯 유유자적한 자세를 잃지 않는다. 그런데 사실 그녀도 기하인들의 상하 구조에 대해서는 잘 알고 있지 못했다.

—— 저수궁에 들어가다

"난 열세 살이 되던 해 여름, 단오절을 앞두고 푸유 가府右街 남쪽에 있는 종인부에서 불러 궁으로 들어갔어요. 들어가기 전 며칠간 궁의 규범을 배웠고요. 새벽에 가족들이 데려다주고 점심 때 데리러 오고 해서 말이지요. 사실 이 기간은 아이들이 가족과 헤어지면서 울고불고할 것을 대비한 종인부의 배려였어요. 며칠이 지나면 가족의 동행 없이 30명쯤 되는 여자아이를 마차에 태워 신무문神武門[자금성의 북문] 앞으로 보냈지요. 나이 든 태감이 우리를 맞으러 나와 있었어요. 나와 다른 아이 세 명은 저수궁으로 보내졌어요. 태후마마의 침전을 향해 머리를 조아리는 그 순간부터 저수궁 사람이 되는 것이었지요."

허 아주머님은 말을 할 때 상대방을 잘 보지 않아 마치 혼잣말을 하는 것처럼 보인다. 그래서 그녀가 어떤 감정으로 이야기하고 있는지 읽어내기가 무척 어려웠다.

── '마마님'을 알현하다

"궁에는 전통적인 규칙이 하나 있어요. 태감은 모두 한족이어야 한다는 것이지요. 반면 그나마 위신이 있는 궁녀는 반드시 기하인, 즉 만주족이어야 했어요. 반드시 팔기군의 상삼기上三旗[청 왕조는 팔기군을 상삼기와 하오기下五旗로 나누었으며 상삼기는 황제가 직접 관장하는 양황기, 정황기, 정백기를 말한다]에 속한 사람이어야 했고, 한족 궁녀는 일체 없었어요. 궁녀들이 모시는 분은 모두 태후마마, 황후마마 그리고 후궁과 공주들이었으니까요. 한족은 그 근처에도 갈 수 없는 분들이지요. 게다가 저수궁의 궁녀는 그 가문과 종파를 유독 더 따졌어요. 규범도 특별히 더 엄했고요. 태후마마의 침전에 와서는 곧바로 윗분들을 모시는 궁녀, 즉 마마님姑姑[미혼 여성에 대한 존칭, 여기서는 선임 궁녀를 부르는 호칭이다]을 만나 뵈어야 했어요. 우리 궁녀들이 흔히 하는 말 중에 '태후마마 시중은 들어도 마마

두 명의 어린 궁녀와 이들을 관리하는 선임 궁녀

님 시중은 못 든다'는 말이 있지요."

　　허 아주머님은 길게 한숨을 한 번 내쉬었다. 무의식중에 과거의 일이 떠오르는지 감정이 조금 격해진 듯했다.

　　"궁 안에는 법도라는 게 있지요. 궁녀가 4, 5년 일하면 나이가 차기 마련이에요. 17, 18세가 되면 곧 궁을 나와 시집을 가야 해요. 이는 선대가 남긴 은혜이지요. 새로운 궁녀들이 궁에 들어오면 그 윗대의 궁녀들을 모두 '마마님'이라 불렀어요. 또 나만 개별적으로 관리하는 '마마님'도 있고요. 나는 이분께 궁의 규범을 배웠지요. 이분의 권한은 대단히 컸답니다. 말을 안 들으면 때릴 수도 있고 벌을 줄 수도 있었어요. 일을 조리 있게 못하고 궁녀로서의 재능이 없다고 판단되면 잡역이나 하는 곳으로 보내버릴 수도 있었지요. 하지만 이들은 모두 임기가 다 되어가는 궁녀들이라 자신을 대신할 궁녀들이 급한 몸이었어요. 자신이 집에 무사히 돌아가기 위해서라도 열성을 다해 어린 궁녀들을 가르쳤지요. 또 윗분들께도 갖은 칭찬을 해서 자신을 대신하게 하려 했고요. 마마님들은 성격이 불 같아서 조금만 마음에 안 들어도 벌컥 화를 냈어요. 보통은 이유도 말해주지 않고 먼저 때리고 벌주기부터 했지요. 때리는 것은 그래도 참을 만했어요. 아픈 것이 한 차례 지나가면 그만이니까요. 무서운 건 벌을 받는 것이었는데 벽 모서리에 한번 꿇어앉으면 언제까지고 그렇게 앉아 있어야 했어요. 그래서 우리는 종종 마마님께 차라리 때려달라고 애걸하기 일쑤였지요."

　　허 아주머님의 목소리는 점점 더 침울해졌다. 나에게도 그 감정이 전이되었는지 그녀의 어린 시절 이야기에 가슴이 아려왔다.

　　"마마님의 모든 시중은 우리가 들어야 했어요. 세수며 머리 빗기, 발 닦기, 목욕 등 하루에도 열 통이 넘게 더운 물을 써야 했지요. 바느질은 말할 것도 없었고요. 모두 하나같이 예쁘고 몸치장에 신경을 쓰는 분들이라 옷이나 신발까지도 하나하나 따졌어요. 날이면 날마다 뜯고 고치고 만드는 게 우리 일이었지요. 해가 뜨자마자 일어나서 한밤중이 되어서야 간신히 잘 수 있었답니다. 정말 고생스러운 날들이었어요."

허 아주머니는 미처 다 못 한 수많은 말을 품고 있는 듯했다. 기하인들은 힘든 일이 있어도 다른 사람에게 하소연하는 것을 그다지 좋아하지 않는다. 집안일을 굳이 외부인에게 떠벌일 필요가 없다고 생각하는 것이다.

──— 때릴 수는 있지만 욕은 할 수 없다

"선대부터 내려온 은혜도 있었어요. 궁 안에서는 때리는 것은 허용돼도 욕은 할 수 없었어요. '모두 황제를 따르는 이들이다. 누구에게든 욕을 하는 것은 합당치 않다', 이것이 조상님의 말씀이었어요. 또 궁 안에서는 많은 것을 금기시했는데 욕을 하기 시작하면 듣기 거북한 말들이 나돌 수 있으니 궁녀들을 관리하는 마마님(궁에서는 궁인들의 일을 '상전을 모신다 上事兒[마땅히 '事兒上的'이 되어야 하지만]'고 불렀고 한 무리의 어린 궁녀들을 맡은 선임 궁녀를 '관리하는 사람掌事兒的'이라고 불렀어요)들은 이를 절대 허용하지 않으셨어요."

이야기가 계속되면서 허 아주머니의 목소리는 본래의 담담함을 되찾았다.

"욕을 하지 못했기에 때리고 성을 내는 방법밖에 없었지요. 우리 머리에는 혹이 가실 날이 없었어요. 우선 맞고 난 다음에 꾸중을 듣는 것이 무슨 규범처럼 되어 있었지요. 맞아야 궁녀가 된다는 말은 조금도 지나친 말이 아니에요."

—— 얼굴은 때리지 않는다

"궁녀들도 보통 얼굴은 때리지 않아요. 얼굴은 여인의 재산이나 다름없으니까요. 여인의 부귀영화는 대부분 얼굴에 달려 있잖아요. 태감들 사이에서는 뺨을 때리는 것이 흔한 일이었지만 궁녀에게는 일체 허용되지 않았어요. 매우 천박한 잘못을 저질렀을 때 외에는 말이지요. 언젠가 태후마마께서 주인님, 즉 룽위 황후隆裕皇后[광서제의 황후, 1868~1913]에게 작은 주인님인 진비珍妃마마[1876~1900](궁에서는 황후를 주인, 후궁을 작은 주인이라 칭해요)의 뺨을 치도록 하셨는데 그것은 진비마마에게 주는 최대의 굴욕이었어요. 천한 노비들에게도 그러지는 않았지요. 궁녀와 궁녀 사이에도 얼굴을 때리는 것은 허용되지 않았어요. 만약 어린 궁녀들을 관리하는 마마님이 알면 담당 태감에게 말해 한바탕 꾸지람을 들어야 했답니다. 각 궁내에는 규율을 다스리는 태감이 한 명씩 있어서 궁녀들은 힘든 일이 있으면 태감에게로 가서 말할 수 있었어요. 물론 누구도 거기 가서 성가신 일을 만들려 하진 않았지만요."

흔히 하는 얘기로 "사람은 때려도 얼굴은 때리지 말라"는 말이 있다. 궁에서만큼 이 말이 엄격하게 지켜진 곳은 없었던 듯하다.

—— 잠자는 자세

가을날의 황혼, 해는 이미 졌지만 등불을 켜기에는 아직 일렀다. 기 하인들은 이 시간을 "후등"이라고 불렀다. 우리는 바로 이 후등 시간에 모여 온돌 침대 위에 놓는 앉은뱅이책상을 방문 앞에 두고 차를 한 주전자 우렸다. 그런 다음 몇 개의 낮은 의자를 옮겨 함께 둘러앉아 이야기를 나누었다.

"궁중생활에서 가장 큰 어려움을 세 가지로 나눠볼 수 있습니다."

허 아주머님이 오랜만에 시원스레 말문을 열었다. 우리는 가만히 다음 말을 기다렸다.

"첫 번째는 자는 것이에요. 궁 안의 규범 중 유난히 엄격한 규범이 하나 있어요. 궁녀들은 잘 때 바로 누워 하늘을 보고 자면 안 된답니다. 반드시 몸을 옆으로 돌리고 다리를 구부린 채 자야 했어요."

허 아주머님은 의자에서 일어나 나무 침대 앞으로 가서 직접 그 자세를 보여주었다. 몸을 옆으로 누이고 두 다리를 구부린 상태로 한 손은 몸 위에 얹고 다른 한 손은 평평하게 뻗었다. 나는 궁금증을 참지 못하고 낮은 목소리로 물었다.

"왜 이런 자세로 자야 하나요?"

평상시에는 나를 비롯해 누구도 그녀가 말하는 도중에 끼어드는 일이 거의 없다. 자칫 말 한마디로 허 아주머님의 심기를 건드리면 그녀는 곧 입을 굳게 닫아버리기 때문이다.

"궁 안의 사람들은 모두 신을 믿어요. 전해지기로는 궁마다 신이 있어서 밤이 되면 궁 밖으로 나와 그 궁을 지킨다고 해요. 태후마마와 황상[재위 중인 황제를 부르는 호칭], 황후마마를 보호하는 것이지요. 그래서 궁녀들은 밤에도 아무렇게나 잘 수 없었어요. 신이 보는데 사지를 벌리고 팔자 모양으로 누워 있으면 얼마나 보기 싫겠어요! 그랬다가 만약 신의 심기를 거스르기라도 하면 그 죄가 결코 가볍지 않겠지요. 또 어린 궁녀들은 나름대로 기피하는 것이 있었어요. 잘 때 턱을 괴고 자는 자세는 우는 형상이라 해서 재수가 없다고들 했지요."

모기 한 마리가 소리 없이 이리저리 날아다녔다. 허 아주머님은 온화한 모습으로 모기를 쫓을 파초를 모두에게 나누어주었다. 이는 기하인의 예절이었다.

"낮 동안의 시중은 그나마 견딜 만했어요. 밤이 되면 가슴이 조마

6명의 어린 궁녀. 연령대로 보아 궁에 갓 들어온 궁녀들인 듯하다.

조마했지요. 자는 것 때문에 얼마나 매를 맞았는지 몰라요. 그때 습관 때문에 지금까지도 몸을 옆으로 돌리고 잠을 자요. 얼마나 맞았으면 그러겠어요."

허 아주머님의 목소리는 다시 침울해졌다.

── **방귀 뀔까 무서워 배불리 먹을 수 없다**

문 옆에 비스듬히 앉아 아득히 먼 곳을 바라보며 말 한마디 꺼내고 생각 한번 하는 허 아주머님의 모습은 마치 어떤 깊은 상념에 빠진 듯했다.

"자는 것 다음으로 어려운 일은 밥 먹는 것과 방귀였어요. 태후마마를 모시는 일은 보통 어려운 일이 아니랍니다. 머리부터 발끝까지, 머리카락 한 올도 흐트러짐 없이 정갈하고 말끔해야 했으니까요. 몸에서 조금이라도 이상한 냄새를 풍기면 안 되었지요. 지저분한 냄새는 말할 것도 없고요. 그래서 몇 년 동안 생선은 입에 대보지도 못했답니다. 비린내가 날까 봐서요. 만약 윗분들의 시중을 들다가 실수로 방귀라도 뀌면 그야말로 '큰 불경죄'를 저지르는 것이니까요. 일에서 쫓겨나는 것은 물론이고 아마 나를 가르치는 마마님과 어린 궁녀들을 관리하는 분까지 벌을 받았을 거예요."

"방귀 나오는 것을 막으려면 먹는 것을 엄격히 조절하는 수밖에 없었어요. 매 끼니 배가 조금 덜 차게 먹는 것이지요. 마마님이 한번 노려보시면 곧바로 밥그릇을 내려놓아야 했어요."

"밤에 당직을 설 때도 야식이 나오긴 했지만(궁에서는 '가찬加餐'이라고 했어요) 누구도 먹을 생각을 못했어요. 저녁때부터 동이 틀 때까지 쫄쫄 굶었지요. 우리에게 주어지는 것은 매달 계절과 절기에 맞춰 나왔어요. 여름이 오면 하지부터 처서까지 누구나 매일 수박을 먹을 수 있었지요. 하지만 날것이나 찬 것을 피해야 하는 우리 궁녀들은 그나마 조금씩밖에 입에 대지 못했어요. 우리는 종종 그 못 먹는 수박들을 아래채 돌계단에 서서 아래로 멀리 던졌답니다. 수박이 떨어져서 산산조각 나는 것을 바라보며 깔깔대는 것만이 그저 낙이었지요. 저수궁에서 태후마마의 시중을 드는 것을 우리는 '높은 일을 한다'고 말했어요. 하지만 다른 사람은 안 해도 될 고생을 하는 곳이 바로 그곳이었지요. 누가 상상이나 했겠어요. 황궁에 살면서 5, 6년 동안 밥 한 끼를 배불리 못 먹는다고 하면 말이에요. 더구나 이제 겨우 열두세 살 먹은 아이들인데! 방귀가 나올까 겁이 나서, 일을 잃을까봐, 나 때문에 말썽이 생길까 두려워서 우리 어린 궁녀들은 고개조차 들지 못하고 살았답니다."

"지금 와서 생각해보니 참 오만 가지 기분이 다 드네요. 궁녀뿐 아니라 황후마마, 후궁마마, 공주마마(청조 때 궁에서는 공주를 '거거格格'라고 불렀답니다)들 역시 태후마마를 뵐 때는 예외가 아니었어요. 모두 몸을 정갈히 해서 예의를 잃지 않도록 조심해야 했지요."

── **아침식사**

가을의 어느 일요일 아침, 눈을 떠보니 8시가 다 되었다. 나는 종종 조반을 싸들고 허 아주머님의 집으로 건너갔다. 허 아주머님은 아침에 일어나 몸을 정갈히 하고 집 안을 말끔히 정리하기 전까지는 대문을 열지 않았다. 집에 들어가보면 어느 한구석 빼놓지 않고 빈틈없이 깨끗하게 치워져 있었다. 방 한가운데 놓여 있는 앉은뱅이책상, 반짝반짝 깨끗하게 씻겨 있는 찻주전자와 다기들……. 다기를 덮는 보자기마저도 눈부시게 하얗다. 책상 위에 놓인 찻잎 통은 언제든 찾아올 손님을 위한 것으로 이 역시 기하인들의 습관 중 하나였다. 쌀독에 쌀은 떨어져도 찻잎이 떨어지지 않게 하는 것이다. 나는 아침 인사를 하고 가져온 조반을 풀어 권했다. 그러면 허 아주머님은 항상 감사 인사를 빼놓지 않으며 나에게 편안하게 앉으라고 일렀다. 그런 다음 차를 우리고, 작은 접시를 가져와 사오빙燒餠[밀가루를 반죽하여 둥글납작한 모양으로 만들고 표면에 참깨를 뿌려 구운 빵. 중국 북쪽 지방에서 주식이나 간식으로 먹는다. 이하 음식명에 대한 설명은 모두 옮긴이가 부연 설명한 것임]이며 유탸오油條(밀가루 반죽을 발효시켜 길이 30센티미터 정도의 길쭉한 모양으로 만든 뒤 기름에 튀긴 식품으로 주로 아침식사로 먹는다)를 담고 장아찌를 잘게 자르고 삭힌 두부 한 조각에 참기름을 떨어뜨렸다. 그리고 젓가락 두 벌과 접시 네 개를 놓고 나면 그제야 아침식사가 시작되었다. 먹고 마시는 일과 안락함을 중요시하는 그들의 문화가 이 작은 동작 하나하나에서도 느껴졌다. 우리는 아침식사를 하는 김에 궁녀들의 식사에 관해서 이야기를 나누기 시작했다.

"우리는 태후를 모시는 궁녀이긴 했지만 그렇다고 딱히 다른 궁녀들보다 신분이 높은 것도 아니었어요. 먹는 것도 다른 궁녀들과 똑같았지요. 다른 점이라면 먹을 수 있는 음식이 더 까다롭게 제한된다는 것뿐이었어요. 생선, 새우, 부추, 파, 마늘 같은 것은 맛조차 볼 수 없었답니다. 방귀는 물론이고 트림조차 할 수 없는 형편이었으니까요."

그날따라 집 안에는 우리 둘밖에 없어서 허 아주머님은 자유롭게 이야기를 이어갔다. 그녀는 늘 도에 넘치게 이야기하지 않으려 조심했다. 여러 사람과 이야기를 나눌 때는 잡다한 말들을 늘어놓지 않았다.

"아침식사 때는 우리도 죽을 먹었어요. 죽의 종류만도 무척 많았지요. 어떤 때는 '모기 심장'이라고 하는 가늘고 긴 쌀로 만든 쌀죽이 나왔고, 또 어떤 때는 둥글고 찰진 방주미가 나오기도 했어요. 가끔은 붉은 쌀죽도 먹었는데 이것은 온천수로 길러 삶아낸 죽이라고 해요. 불그레한 것이 꼭 수수죽 같았지요. 좁쌀죽, 옥수수가루 죽도 있었고, 겨울에는 율무죽도 먹었어요. 낱알이 납작한데 듣기로는 보양식이라네요. 죽뿐 아니라 마른 음식도 종류가 무궁무진했어요. 만두饅頭(밀가루를 발효시켜 증기로 쪄서 만드는 식품으로 소가 없고 주식으로 많이 먹는다)도 가지각색으로 있었지요. 우린 이런 것은 쳐다보지도 않았어요. 젊을 때는 보통 맛 좋고 바삭바삭한 음식을 좋아하지요. 참기름과자香油蘇, 마티사오빙馬蹄燒餠, 마장사오빙麻醬燒餠, 자싼자오炸三角(밀가루를 얇게 만들어 돼지고기, 야채, 표고 등을 삼각형으로 싸서 기름에 튀긴 음식), 잘게 다진 고기 요리 같은 것 말이에요. 때로는 이슬람식 음식도 나왔어요. 자취안궈炸券果, 자싼쯔炸饊子(꽈배기 튀김)도 있었고, 더 괜찮을 때는 채소가 곁들여질 때지요. 샹구몐진香菇麵筋(표고버섯 면근), 말린 양고기, 새우튀김 같은 것들이 나올 때요. 어쨌든 궁중 요리사들은 우리 같은 궁녀들도 홀대하지 않았어요. 하지만 우리는 동도 트기 전에 일어나 태후마마가 조정에 드신 다음에야 밥을 먹을 수 있었으니 뱃가죽이 등에 붙을 지경이었답니다."

우리는 차를 마시며 아침식사를 마쳤다. 이미 햇살이 창가를 한가득 비추고 있었다. 허 아주머님은 바느질 도구를 가져오더니 이웃에게 줄 옷을 짓기 시작했다. 사람들이 그녀에게 부탁하는 일은 하나같이 섬세하고 정교한 일들이었다. 그만큼 허 아주머님이 꼼꼼하고 손재주가 뛰어났기 때문이다. 나는 옆에서 불을 고치고 탄을 더 집어넣었다. 바느질을 하면서 손을 더럽히지 않도록 탄을 넣어주는 것이 내가 허 아주머님을 도울 수 있는 유일한 일이었다.

—— 점심식사

"점심을 먹을 때도 그랬어요."
허 아주머님이 말을 이었다.

"태후마마께 진지를 올리고 마마께서 산책을 마치신 이후에야 휴식 시간에 돌아가며 밥을 먹을 수 있었어요. 여덟 명이 앉을 수 있는 테이블이었는데 한 번도 꽉 찬 적이 없었지요. 또 반드시 우리를 관리하는 마마님이 말씀을 하셔야 젓가락을 들 수 있었어요. 식사는 여덟 가지 요리가 나오는 것이 관례였는데 대부분 흔한 요리였어요. 스쯔터우獅子頭(뚝배기에 배추와 고기 완자를 넣고 끓인 요리)나 사오파이구燒排骨(갈비 요리), 황먼지黃燜鷄(닭을 데쳐 볶다가 각종 야채, 조미료와 함께 졸이는 요리) 같은 요리들이요. 때로는 류지푸溜鷄脯(닭가슴살 요리)나 좌차오러우抓炒肉같이 꽤 공들이는 요리가 몇 가지 나오기도 했어요. 보통은 점심시간이 짧아서 일에 늦을까봐 늘 긴장했지요. 밥을 먹고 나서 일하러 가기 전에 흐트러진 모양새도 다시 바로잡아야 했으니까요. 하지만 점심식사의 백미는 늘 마지막 요리였답니다. 매번 큰 뚝배기에 모듬 요리砂鍋什錦며 오리고기 요리砂鍋鴨子, 통닭 요리砂鍋整鷄 등이 올라왔거든요. 우리의 가장 큰 관심사는 바로 이 요리를 먹는 것이었지요."

기하인들은 남자와 여자가 판이하게 다르다. 남자들은 떠들썩하고 허영과 자기과시가 심한 반면 여자들은 대체로 조용하고 내성적일 때가 많다. 반나절이나 집에 드나드는 사람이 없었기에 허 아주머니은 막힘없이 지나간 일들을 이야기했다.

―― **저녁식사와 야식**

"밤에는 면을 먹을 때가 많았어요. 여러 가지 국수와 찐빵, 전병, 각종 만두什錦包子, 고기만두肉丁饅頭 등 점심때와 크게 다르지 않았지요. 본래 우리는 관리하는 마마님이 데리고 갈 때 말고는 누구도 주방에 들어갈 수 없었어요. 마마님들의 말을 빌리면 우리는 '잠깐 한눈팔면 무슨 짓을 저지를지 모르는' 무리였으니까요. 마마님 중 두 분은 늘 우리를 물샐틈없이 감시했어요. 밤 10시 정도가 되면 궁에서 가찬이라고 부르는 간식이 나왔어요. 보통은 기장가루죽麵茶과 가벼운 먹거리들이었지요. 우유차牛奶茶, 살구씨차杏仁茶, 소골볶음가루죽牛髓炒麵茶, 팔보가루죽八寶麵茶 같은 것들이요. 어떤 때는 훈툰餛飩(얇은 밀가루 피에 고기 소를 넣고 싸서 찌거나 끓인 음식)이나 국수, 밀가루로 만든 여러 간식이 나오기도 했어요."

허 아주머님은 한마디 한마디 기억을 더듬으며 이야기했다.

── 사계절 음식

"궁에서의 식사는 절기를 엄격하게 지켰어요."

이번에는 새로운 화제였다. 허 아주머님은 갑자기 신이 나서 말하기 시작했다.

"정월 초하룻날이라고 하면 그 전날 저녁은 30일 섣달그믐이지요. 이날은 궁에서도 늦게까지 잠을 자지 않는 특별한 날이에요. 밤 11시, 즉 자시[밤 11시에서 오전 1시 사이]가 되기 전 우리는 태후마마께 절을 올리며 새해 인사를 드려야 했어요. '태후마마는 홍복을 받으소서. 태후마마께서 바라시는 모든 일이 뜻대로 되시기를' 같은 인사로요. 초하룻날에는 반드시 춘반春盤(입춘 날 소반에 올리는 춘병 및 햇나물로 차린 각종 음식)을 먹어야 했어요. 보통 춘병春餅이라고 불렀지요. 테이블 위에 큰 찬합을 놓고 먹기 때문에 찬합요리盒子菜라고도 했고요. 둥근 모양이나 네모난 모양에 안에는 12개, 혹은 16개, 18개 법랑 합이 들어 있고 합 안에는 간장에 절여 가늘게 채친 채소나 칭장러우青醬肉, 우샹샤오두五香小肚(다섯 가지 향료를 가미한 돼지 방광 순대), 쉰두薰肚, 쉰지쓰薰鷄絲 같은 훈채薰菜가 담겨 있었어요. 궁에는 없는 것이 없어서 닭이나 오리 정도는 못 먹는 축에 속했지요. 이때쯤에 우리는 끼니마다 큰 뚝배기 요리 대신 냄비요리를 먹었어요. 돌아가면서 당직을 설 때는 마음대로 왔다 갔다 하거나 다 같이 와서 먹을 수가 없었거든요. 냄비요리가 있으면 언제든 뜨거운 음식을 먹을 수 있었지요. 춘반을 다 먹으면 탕을 좋아하는 사람은 냄비 안의 탕을 뜨고 죽을 좋아하는 사람은 두세 가지 죽을 맛보았답니다."

허 아주머님은 단숨에 이 많은 이야기를 늘어놓았다. 나는 탄을 집어넣고 물주전자로 물을 부으며 그녀가 바느질하는 시간을 벌어주었다.

"5월 초하룻날이 되면 각종 소를 넣어 만든 쭝쯔粽子(단오에 먹는 중국의 명절 음식)를 먹었어요. 네모난 것, 뾰족한 것, 타래 모양 등 생김새도 가지가지였지요. 추석 때는 월병月餠(추석 때 소를 넣어 만들어 먹는 둥근 과자)을, 중양절(음력 9월 9일, 중국 명절의 하나)에는 화가오花糕(중양절에 먹는 중국 전통 떡)를 먹었어요. 10월 15일부터 매끼 냄비요리가 나왔지요. 모듬 냄비요리什錦鍋, 양고기 샤브샤브涮羊肉 같은 것 말이에요. 중국 둥베이東北 지방 사람들은 절인 채소酸菜, 선지 순대血腸, 삶은 돼지고기白肉, 닭고기 편육白片鷄, 잘게 썬 내장 요리切肚 같은 것들을 냄비에 넣고 섞어 먹기 좋아하지요. 우리도 자주 이런 냄비요리를 먹었어요. 가끔 꿩 냄비요리 같은 것도 먹었고요. 1년 중 세 달은 꼬박 냄비요리를 먹은 것 같아요. 그러다 정월 16일이 되면 냄비가 뚝배기로 바뀌었어요. 청명절(24절기 중 하나로 양력 4월 5일 전후)에는 완두떡, 강낭콩떡, 아이워워艾窩窩(익힌 찹쌀로 만든 공처럼 생긴 식품으로 고명이 있음) 등이 나왔어요. 입하가 오면 녹두죽, 팥죽을 먹고, 하지가 오면 수이징러우水晶肉(돼지고기 편육), 수이징지水晶鷄(닭찜 요리), 수이징두水晶肚(돼지 내장 요리) 같은 요리를 먹었지요. 여름에는 찬 사발에 참외연근甛瓜果藕(씨를 제거한 참외에 채친 연근을 조합해 얼음을 넣어 먹는 음식), 연밥한천 요리蓮子洋粉攪, 행인두부杏仁豆腐(살구씨 가루로 만든 두부 모양의 찬 간식) 같은 음식들이 나왔고요. 연잎죽 같은 것은 수시로 먹

궁녀

었어요. 모두 얼음을 넣어 차게 해서 먹었지요. 배와 복숭아 같은 과일들은 계절과 달에 따라 먹어야 했어요. 청조 때는 무슨 음식이든 먹는 시기를 대단히 중요시했거든요. 절기에 맞지 않으면 먹지 않는 것이 원칙이었어요."

당시 생활을 회상하던 허 아주머니의 목소리에 돌연 슬픔이 묻어났다. 가진 것 없는 지금의 생활을 돌아보면 그러한 감정도 무리가 아니었다.

──의복, 치장

초겨울 저녁나절, 제법 쌀쌀한 날씨였다. 기숙사에 있는 학생들은 저녁식사 시간이 비교적 이르다. 지금 이 시간은 허 아주머니가 한창 바쁜 때이다. 허 아주머니의 집 대문 뒤에는 언제든 물을 쓸 수 있는 물독이 하나 있다. 아침에 대문을 열기 전 씻고 준비하기 위한 것이다. 물독에서 물을 퍼 올리는 것은 꽤 힘이 드는 일이라 나는 곧잘 그 집에 가서 물을 몇 통 퍼놓는다. 그러면 허 아주머니는 항상 자기 때문에 수고를 끼친다며 거듭 고마움을 표했다.

만나는 시간이 길어지다보니 이야기를 나눌 때도 어느새 한집안 식구처럼 편해졌다. 오랜 궁중생활을 해오면서 허 아주머니는 말이 없는 사람이 되어버렸다. 상투적인 인사 외에는 결코 이런저런 잡다한 이야기를 늘어놓지 않았다. 나는 이야기를 하기 위해 아무 말이라도 꺼내야 했다.

"궁에서는 무슨 옷을 입어요?"

허 아주머니가 머리를 긁적이더니 잠시 생각에 잠겼다.

"청나라 황궁의 궁녀는 소박하고 말과 행동이 경박하지 않아야 했어요. 좋은 전통이었지요. 궁중에 걸맞게 정숙하고 기품이 있어야 했어요. 유리구슬처럼 겉만 번지르르한 것이 아니라 보석처럼 내면과 외면의 아름다움을 고루 갖추어야 했지요. 그래서 우리 궁녀들은 눈썹을 그리거나 귀밑머리를 꾸미지 못했답니다. 울긋불긋 현란한 색깔의 옷도 입지 못했고요. 궁에서는 1년 사계절 옷을 지급해줬어요. 2월이 되면 태감이 궁인들을 모아 체화전體和殿[서태후의 식당으로 사용되던 곳] 밖, 동쪽 회랑에 있는 방에서 옷 치수를 쟀지요. 신발을 지을 발 치수까지 포함해 머리부터 발끝까지 말이에요. 이때 재는 것은 여름옷을 준비하기 위함이었어요. 이후에도 이런 식으로 매번 다음 철 입을 옷 치수를 쟀답니다. 궁녀들의 나이가 나이니만큼 키가 부쩍부쩍 자랐기 때문에 한 철에 한 번씩은 꼭 치수를 재어야 했어요. 매번 지급되는 옷은 안에 입는 옷, 덧대 입는 옷, 겉옷, 조끼 이렇게 네 벌이었어요. 뭐, 전체 옷 한 벌이라고 봐야겠지요. 옷감은 춘주[기하학 무늬가 있는 견직물로 항저우에서 많이 생산되며 주로 봄옷의 옷감으로 쓰인다], 영주[난징에서 생산되는 빗금무늬의 견직물]를 많이 사용했고 여름에는 방주[평직 견직물의 한 종류로 부드럽고 가벼워 여름옷을 만들기에 적당하다]로도 만들었어요. 만수월(음력 10월 10일이 태후마마의 생신이어서 궁중에서는 10월을 만수월이라 불렀어요)에는 붉은색 옷을 입을 수도 있고 볼연지나 입술연지를 바를 수도 있었지만 그때 외에는 1년에 대략 두 가지 색깔의 옷만 입었지요. 봄여름에는 녹색 옷, 가을겨울에는 자줏빛을 띤 갈색 옷으로요. 녹색 옷은 연두색, 짙은 녹색, 암녹색 등 자유롭게 입을 수 있었어요. 물론 지나치게 두드러지면 안 되었지만요. 유일하게 욕심을 부릴 수 있는 곳은 소맷부리, 목둘레, 바짓단, 신발에 달린 끈이나 자수 무늬 정도밖에 없었는데 이 역시 지나치지 않게, 단아함을 잃지 않는 선에서 멋을 부려야 했어요. 머리는 평상시에 길게 땋고 다녔어요. 땋아서 윗부분은 6센티미터 정도 되는 붉은 끈으로 묶고, 아래쪽은 분홍색 끈으로 묶었지요. 나머지 술 부분은 빗으로 보풀보풀하게 빗고, 귀밑머리 주변에는 벨벳으로 만든 붉은 꽃을 달았답니다. 발에는 흰 비단 버선에 파란색 신을 신었어요. 신 위에는 자잘한 꽃무늬가 수놓아져서 밝고 단정한 느낌을 주었지요. 200년이 넘게 이어져온 청 왕조 시기 동안 궁녀 때문에 벌어진 불미스런 일이 거의 없었던 것은 아마도 이런 엄격한 제도의 영향이라 볼 수 있을 거예요."

말을 꺼내고 보니 여러 이야기가 연이어 흘러나왔다. 허 아주머니은 당시의 고운 모습을 떠올리니 절로 웃음이 나는 모양이었다. 그러나 밝아졌던 얼굴은 돌연 본래의 담담한 표정으로 되돌아갔다.

"궁에서의 규범은 명확히 정해진 것 외에도 여러 가지가 있어요. 일거수일투족을 조심해야 했지요."

한참이나 침묵이 흐른 끝에 이 한마디가 흘러나왔다. 또 무슨 기억이 마음을 건드렸는지 허 아주머니은 꿈처럼 아득한 과거에 빠져들었다. 허 아주머니를 보고 있노라면 종종 마음 편하게 웃다가도 어느 순간 다시 어두운 낯빛으로 되돌아가 있는 것을 발견하게 된다. 마치 가슴 깊은 곳에 영원히 지워지지 않는 어떤 괴로움이 자리 잡고 있는 것처럼…….

―― **행동거지**

"궁에서는 조심해야 할 것이 참 많아요. 궁녀는 '가면서 뒤를 돌아보지 말고 웃을 때 이를 보이지 말아야' 했지요. 길을 갈 때는 얌전하게 걷고 고개를 이쪽저쪽 돌리거나 기웃거리지 말아야 했어요. 웃을 때도 소리를 내어서는 안 되고 이를 보이며 크게 웃지 말아야 했고요. 아무리 기쁜 일이 있어도 입을 크게 벌리고 웃을 수 없었답니다. 표정은 항상 밝고 명랑하게 유지해야 했고 슬픈 일이 있어도 울상을 짓고 있으면 안 되었어요. 맞을 때는 더더욱 소리를 내면 안 되었고요. 묻지 말아야 하는 것을 물어서도 안 되고, 하지 말아야 할 말을 입 밖에 내서도 안 되었지요. 궁에서 일할 때는 누구와도 사사로운 이야기를 할 수 없었어요. 마치 사람마다 껍질을 하나씩 뒤집어쓰고 있는 것 같았답니다. 누구도 마음속에 있는 말을 자유롭게 꺼내놓지 못하니까요. 이것은 내가 6, 7년 동안 궁에 살면서 뼈저리게 겪은 것이에요. 궁에 들어온 지 1, 2년밖에 안 되었을 때는 어려서 그래도 가끔 눈물이 났는데 몇 년이 지나니 정말 눈물이 안 나오더라고요. 한평생 고생이란 고생은 다하고 지나온 세월도 사람이 사는 것이 아니었는데(태감에게 시집갔던 일을 말하는 것이었다) 통곡을 한들 무슨 소용이 있겠어요! 그래서 난 눈물이 말라버렸어요. 궁 안은 얼음 창고나 다름없어요. 누구나 몸을 사려야 하는 곳이니까요."

나는 의외로 허 아주머님이 나 같은 젊은 사람 앞에서 내면의 감정을 드러내 보이는 것에 놀라움을 감추지 못했다.

"궁에서 사는 동안 나는 한 번도 혼자서 저수궁을 떠나본 적이 없어요. 궁에 들어간 첫날 마마님이 단호히 일러주셨지요. 궁문 밖으로는 한 발짝도 뗄 수 없다고 말이에요. '궁을 나가면 맞아죽어도 상관치 않는다', 마마님이 입버릇처럼 하시던 말씀이에요. 또 누가 궁 안에서 여기저기 쏘다니는 것을 보면 '왼발이 가면 오른발이 망한다'고 하시고, 다른 궁문으로 한 발짝이라도 들어가면 '목이 달아나지 않으면 변방으로 쫓겨난다'고 하셨지요. 그래서 우리는 오로지 태후마마가 외출하실 때나 태후마마의 명을 받들어 물건을 전달할 때만 간신히 나와서 돌아다닐 수 있었답니다. 동궁東宮[태자가 거처하던 궁]에는 어차피 갈 일이 거의 없었고 비교적 자주 갔던 곳은 룽위 황후가 계신 장춘궁長春宮이었어요. 저수궁 서남쪽에 있었으니 서궁西宮[황제의 비빈이 거처하는 곳]에 속했지요. 궁녀들은 궁 안에서도 혼자 돌아다닐 수 없었어요. 물건을 전달할 때나 받을 때도 모두 둘씩 싹지어 나가서 수고받아야 했답니다. 그러니 저수궁 밖으로 혼자 나와 본 적이 없을 수밖에요. 가족이 왔을 때조차 태감이 동행해야 나가볼 수 있었으니까요."

── 궁녀는 글을 배우지 못한다

　시국이 날로 험해지는 가운데 베이징에 겨울이 찾아왔다. 나는 졸업 후에도 공부를 계속하고 싶었지만 현실 앞에서 시종 갈팡질팡하고 있었다. 생계를 위해서라도 서둘러 진로를 정해야 했기에 허 아주머니 집에 가서 이야기를 나누는 일도 이전보다 줄어들었다. 그러나 비교적 긴 시간 동안 왕래하면서 정이 들었는지 가끔씩 놀러 가면 친밀감마저 들었다. 내가 가면 허 아주머니는 난롯가에서 바느질을 하고 있다가 서둘러 일감을 내려놓고 인사를 했다. 그런 다음 찻주전자를 헹구고 찻잔을 데운 뒤 차를 우려 내왔다. 이것은 기하인들에게 있어 일종의 풍습과도 같은 것이었다. 손님이 오면 손님 앞에서 찻주전자를 깨끗이 헹구고 온수로 잔을 데워서 탁자 위에 새 차를 올린 다음 그제야 자리에 앉는 것이다. 이렇게 하지 않으면 손님을 홀대하는 것이나 다름없었다. 설령 혼자 마실 차를 우려 놓고 아직 한 모금도 마시지 않았다 해도 일단 손님이 오면 곧바로 따라버리고 다시 우려서 내와야 했다. 마찬가지로 허 아주머니가 다른 집에 갔을 때 이런 대접을 받지 못한다면 집주인이 자기를 무시하는 것으로 여기고 다시는 그 집 대문을 넘지 않을 것이다. 체면을 그 무엇보다 중히 여기는 것은 오랫동안 다져진 기하인들의 습성이었다. 우리는 차를 마시면서 허 아주머니가 궁에서 하던 바느질에 대해 이야기하기 시작했다.

　"궁녀는 절대로 글을 배울 수 없었어요. 이는 조상 때부터 대대로 내려온 규범이었지요. 궁녀는 태감보다 한 단계 아래 계층이었기 때문에 태감들은 간혹 궁에서 글을 익혔지만 궁녀는 절대불가였어요. 대신 시간 날 때 배우는 것이 바느질과 주머니를 짜는 일이었지요. 마마님들은 어찌나 까다로우신지 옷 길이나 크기가 달라지면 밤낮을 가리지 않고 뜯어고쳐서 다시 만들었어요. 우리 바느질감은 떨어질 날이 없었지요. 어떤 사람들은 궁녀생활이 입만 벌리면 밥이 들어오고 손만 뻗으면 옷이 있는 줄 알지만 모르는 소리에요. 바느질을 게을리 하는 이에게는 아무것도 떨어지는 게 없었으니까요. 우리에게는 자수를 가르쳐주는 마마님이 따로 계셨어요. 물론 바느질을 가르쳐주시는 분도 계셨고요. 잘못하면 가차 없이 매를 맞았답니다. 내가 있던 저수궁은 황궁에서 가장 높은 곳이어서 써야 할 은이 떨어지는 일은 없었지만 동궁과 자령궁慈寧宮[태후나 태황태후가 거처했던 궁]에는 때때로 은이 충분히 지급되지 않았다고 해요. 그래서 궁녀들은 용돈 벌이를 위해서라도 바느질을 악착같이 연습했지요. 궁인들이 궁을 떠날 때면 바느질 솜씨 하나만큼은 제대로 익혀 나오는데 그것도 따지고 보면 궁에서 입은 은혜인 셈이에요. 특히 빼어났던 것은 주머니를 짜는 일이었어요. 가지각색의 주실, 서실, 금실들을 꽉 쥐고 열 손가락을 모두 이용해 계속해서 짜나가야 하는 일이지요. 뜨고, 걸고, 고르고, 합치는 과정을 거치면 여러 도안이 완성됐어요. 정말 정교한 일이었지요. 어떤 때는 태후마마를 즐겁게 해드리기 위해 큰 박쥐를 만들기도 했어요. 각양각색의 실을 들고 와서 실의 한쪽 끝은 긴 바늘로 방석 위에 고정시키고, 다른 한쪽 끝은 이로 중심선을 단단히 물어 팽팽하게 잡아당긴 뒤 열 손가락을 빠르게 움직이면 금세 큰 박쥐 한 마리가 완성됐어요. 저수궁 문밖, 장춘궁 가는 길에 있는 살아 있는 박쥐와 똑같았지요. 그러고는 태후마마가 보시고 한번 웃어주시길 바랐어요. 태후마마는 쉬수說書[송대 이래 통속 문예의 하나로 창과 대사를 사용하여 시대물이나 역사물 등을 이야기하는 것]를 듣는 것을 굉장히 좋아하셨어요. 어느 집에 한 규수가 있었는데 어찌나 용모가 아름다운지 물고기가 물속으로 숨고 기러기가 모래톱으로 떨어졌더라, 손재주는 또 이러이러하게 좋았더라 하는 이야기들이요. 이런 이야기

여러 가지 자수품

를 들으면 태후마마는 웃으시면서 우리를 돌아보셨어요. 그리고 '너희만큼 손재주가 좋았으려고!' 하고 말씀하셨지요. 어떤 이는 궁녀들이 짜는 주머니가 대단히 값어치 있는 것이라고 평가했어요. 가져다가 유리 광 골동품 가게나 지안문地安門[황성의 북문] 밖 헌옷 가게에 파는 사람도 있었지요. 이런 솜씨를 익히는 것은 우리 자신에게도 자랑스러운 일이었답니다."

허 아주머님은 여전히 담담한 말투였지만 입가 주름이 조금씩 펴지면서 얼굴에 보일 듯 말 듯한 미소가 번졌다.

──── 과일 항아리

겨울철 한낮의 거리는 바람이 흙먼지를 일으키고, 밤에는 거의 매일같이 등화관제가 실시되었다. 그래서 알탄을 넣은 화로의 불빛을 양철 쓰레받이로 막아 불빛이 창가로 새어나가지 않게 하고 벽 쪽으로 비추었다. 그러면 어슴푸레한 가운데 마주앉은 상대방의 얼굴이 훤히 보였다. 허 아주머님은 사람이 많은 것을 싫어했다. 특히 다른 사람이 그녀의 침대에 앉는 것을 무척 꺼렸다. 잘 세탁해서 풀을 먹인 침대 시트는 가지런히 정돈되어 있었고, 벽 어느 한구석을 만져봐도 먼지 하나 묻어나지 않았다. 가난해도 고상하고 깔끔한 그녀의 성품이 집 안 곳곳에서 들여다보였다. 그래서 등받이가 없는 나무 의자에 걸터앉아 벽에 등을 기대도 등이 더러워질 염려가 없었다. 하루에 적어도 한 번 이상은 닦기 때문이다. 어둡고 음침한 겨울밤, 나는 이렇게 허 아주머님과 마주앉아 그녀가 풀어놓는 이야기에 귀를 기울였다.

"실상 터놓고 말하면 궁중은 조그마한 즐거움조차 없는 곳이에요."
허 아주머님이 깊은 한숨을 내쉬며 말을 꺼냈다.

"사람들은 나무토막처럼 규범에 얽매여 살아야 했어요. 혼자 다르게 행동하는 것은 누구에게도 용납되지 않았지요. 어린 궁녀들 사이에도 늘 시기와 질투가 있었답니다. 다른 궁녀가 나보다 더 잘해서 나에게 창피를 주지 않을까 하는 그런 마음 말이에요. 마치 등 뒤에 채찍이라도 하나 있어서 언제 채찍질당할지 모르는 그런 기분으로 살았어요. 그나마 유일하게 즐거웠던 때는 매월 둘째 날과 열여섯째 날이었어요. 둘째 날은 궁에서 일한 보수로 은을 받는 날이었지요. 우리 궁녀들은 매월 은 두 냥씩을 받았어요. 당시에는 적지 않은 액수였답니다. 하지만 보수를 받았댔자 무슨 소용이 있나요? 자기 자신에게 쓸 수도 없는데……. 보수 때문에 그렇게 기뻤던 건 아니었어요. 이날 저녁에는 늘 작은 공연이 열려서 어린 궁녀들이 한데 모일 수 있었어요. 모였다고 딱히 더 즐거울 일도 없었지만 그래도 항상 궁 안에 갇혀 있는 것보다는 나았지요. 공연은 다들 싫어했어요. 공연 내내 태후마마 시중을 들면서 꼿꼿하게 서 있어야 했거든요."

"그보다 더 좋았던 것은 과일 항아리였어요. 태후마마의 침전에는 대여섯 개의 빈 항아리가 놓여 있는데 그냥 보기 좋으라고 있는 것이 아니라 신선한 과일을 저장해놓기 위한 것이었어요. 태후마마의 침전은 다른 향을 쓰지 않고 과일 향을 써서 안 좋은 냄새를 없앴어요. 저수궁 외에 체화전에도 과일 항아리가 있었고요. 이 과일들은 대부분 불수감[불수감나무의 열매로 겨울에 익으며 유자보다 크고 길다. 끝이 손가락처럼 갈라진 모양으로 향내가 매우 좋다]이나 시트론[귤 등과 같은 장과로 과육이 하얗고 향기가 나며 신맛이나 쓴맛이 난다], 모과같이 남쪽 지방에서 나는 과일들이었어요. 매월 둘째 날과 열여섯째 날이 되면 항아리에 든 과일을 꺼내고 다시 신선한 과일을 채워 넣었지요. 꺼낸 과일들은 우리가 가져가도 되었답니다. 이것은 태후마마와 황후마마만 내릴 수 있는 규정이어서 이 두 궁에 있는 궁녀들은 특권을 누렸지요. 가져간 과일은 자기 방에 놓을 수도 있고 남겨두었다가 식구들에게 보낼 수도 있었어요. 궁중생활에서 그래도 이것이 꽤 즐거운 일이었던 것 같아요."

화롯불이 허 아주머니의 얼굴을 붉게 비추었다. 찻주전자는 누가 일부러 일어나지 않아도 되도록 화로 옆에 놓아두었다. 사실 일본군이 들어와 등화관제를 실시할 때만 이렇게 할 뿐 평상시에는 주전자를 화로 근처에 두지 않았다. 손님에게 끓여둔 차를 내는 것은 체면상 좋아하지 않았기 때문이다.

── 가장 기쁜 일 – 가족과의 만남

"뭐니 뭐니 해도 가장 좋았던 것은 가족들을 만나는 때였어요. 이건 좀 자세히 말해야겠네요."

허 아주머니의 목소리가 갑자기 활기를 띠었다. 나도 덩달아 신이 나서 이야기에 집중했다.

"궁녀들은 무슨 일이든 마마님과 연관되어 있어요. 궁녀가 마마님께 처음 인사드린 지 3개월 또는 5개월이 지나면 마마님은 그 궁녀의 뒷배를 봐줄 환관을 물색하지요. 나이도 지긋하고 명성도 있고 인맥도 좋은, 또 궁녀에게 성실하게 도움을 줄 태감을 말이에요. 이것은 궁녀들에게 매우 중요한 일이었어요. 궁녀는 그분을 양아버지로 모시고 친아버지처럼 공경해야 했지요. 양아버지가 된 태감도 궁녀를 살뜰히 보살펴주었고요. 궁 안에서의 유일한 가족인 셈이지요. 태감은 한평생 태감이라는 신분에서 벗어나지 못해요. 하지만 그들도 사람인지라 늘 후손이 있기를 바라지요. 넓디넓은 궁중에서 자신이 의지할 수 있는 사람을 찾는다는 것은 정말 쉬운 일이 아니에요. 양아버지가 계시면 평소에 바느질 도구나 그 밖의 일용품을 사달라고 할 수도 있고, 무엇보다 집에 있는 가족들과 소식을 주고받을 수 있었지요. 양아버지가 먼저 집에 기별을 넣은 다음 후문 서쪽 내궁감(베이하이北海 호 동쪽, 베이하이 호 근처에 남북으로 이어져 있는 후퉁이에요. 본래는 궁감宮監 후퉁이라 불렸는데 지금은 공검恭儉 후퉁이라고 하지요. 이곳은 일반 태감들의 주거지이자 회합 장소였어요. 신무문에서 당직을 서는 태감들도 대부분 여기에 살았고요)에 가서 아는 사람을 통해 가족들을 신무문으로 데리고 왔지요. 그렇게 해서 가족들을 만날 수 있었어요."

"궁인들이 가족을 가까이서 볼 수 있는 날은 매월 둘째 날, 하루뿐이었어요. 만나는 장소는 신무문 서쪽, 그러니까 후청허護城河[성벽을 따라 인공으로 판 하천] 남쪽 언덕을 따라 자금성 끝자락에서 서쪽으로 가면 나오는 구석진 곳이었지요. 성벽 중간에 두 짝의 문이 달린 출입구가 있는데 그 문 난간 사이로 가족들과 이야기를 나누었어요. 하사품으로 받은 옷가지나 매월 받는 은도 건네주었고요. 집에서도 고향에서 나는 특산물 같은 것을 전해줬지요. 음식물만 아니면 받아와도 되었어요. 받아서 마마님이나 같이 지내는 궁녀들에게 가져다줘도 괜찮았고요. 한번은 대담하게도 작은 대나무 우리에 들어 있는 여치를 받아서 태후마마께 올렸지 뭐예요. 이런 것들이 바로 저수궁에서 일하는 궁녀들의 특혜였지요. 다른 궁에서는 생각도 할 수 없는 일이었어요. 어떤 궁녀는 궁에 들어온 지 2, 3년이 지나도 가족들 얼굴을 볼 수 없었으니까요. 우리 노비들에게 가족을 만나는 것보다 더 기쁜 일은 없었어요."

허 아주머님은 오랜 시간 이야기를 한 뒤 물로 천천히 목을 축였다. 무엇을 하든 조용조용 다소곳이 움직이는 것이 허 아주머님의 특징이었다. 등받이 없는 의자에서도 무릎을 붙이고 다소곳이 앉는 것 하며, 단정히 채운 옷 단추 등 구석구석 귀족들 사이에서 몸에 밴 교양이 엿보였다.

궁녀

── **전달 신호**

"궁은 항상 조용한 곳이에요. 큰 소리가 나는 것은 절대로 용납되지 않았지요. 누가 언제까지 무엇을 해야 하면 시계보다 더 정확히 그 일을 했어요. 크고 작은 수많은 일이 조금도 흐트러짐 없이 착착 진행되었답니다. 일하는 사람들도 굉장히 조직적이었어요. 이렇게 조직적으로 긴밀히 협력해서 일하는 사람들을 궁 밖에서는 본 적이 없을 정도예요. 우리는 큰 소리를 내거나, 모여서 소곤거리지 않아도 말을 전달할 수 있는 비밀스런 방법이 있었답니다. 오른손 손가락 두 개를 왼손 손바닥 위에 대고 몇 번 두드리면 상대방은 바로 그 뜻을 알아차렸어요. 예를 들어 아침에 태후마마께서 일어나시면 침실을 맡은 궁녀는 태후마마가 옷을 입고 신을 신으시는 것을 거들어드려요. 그러면 침실 발簾 밖에 있는 궁녀는 안의 동정을 살피면서 발 틈새로 손가락 두 개가 보이길 기다려요. 신호를 받으면 다시 문 밖에 있는 궁녀가 회랑 아래에서 기다리는 궁녀에게 손가락을 가볍게 한 번 두드리면서 신호를 보내지요. 그러면 밖에 있던 궁녀는 곧 세숫물을 준비해 들여온답니다. 또 태후마마가 조정에서 돌아오실 때는 태감이 우리에게 신호를 보내요. 그러면 저수궁 궁인들은 일사분란하게 자기 자리로 돌아가 시중들 준비를 하지요. 명령을 전달할 때는 궁녀들을 관리하는 마마님이 손뼉을 한 번 쳐요. 신호를 보내는 것도 아무렇게나 치는 것이 아니라 다 순서가 있답니다. 궁인들 사이에서 엄격하게 지켜지는 방식이지요. 먼 곳은 가슴 앞에서 손뼉을 치고 가까운 곳은 조끼 자락 아래에서 손뼉을 쳤어요. 시중드는 노비들이 함부로 떠드는 것은 절대불가였기 때문에 눈으로 말하는 방법이며 소식을 전달하는 방법 등을 잘 익혀야 했어요. 어쨌든 항상 눈치 빠르게 행동해야 했답니다. 이런 것들도 오랜 시간 잘 익혀야지 조금이라도 둔하게 행동하거나 어리석은 실수를 저지르면 그날로 일은 끝이었어요. 나와 함께 궁에 들어온 몇 명은 모두 궁에서 쫓겨나 잡역을 하는 곳으로 보내졌답니다. 지위가 한번 내려가면 어떤 일도 마음대로 부탁할 수 없었어요. 누가 그 사람을 위해 중간에서 가족들을 만나게 해주겠어요? 궁 안 사람들이 권세와 재물을 얼마나 따지는데요. 그러니 어떤 고생을 해서라도 높은 자리에 오르려고 발버둥치는 것이지요. 그렇지 않으면 빌붙을 곳 하나 없어지니 말이에요."

── 담배를 올리는 일

우리의 대화는 늘 '우연히' 이루어졌다. 미리 어떤 화제를 생각해두었다가 말하는 것이 아니라 그때그때 나오는 대로 이야기를 나누었다. 처음에 어떤 주제로 이야기를 주고받다가 이야기가 흘러가는 대로 계속해서 화제가 이어지는 식이었다. 글에서는 이것을 "실이 끊어진 연"이라고 부른다. 실이 끊어졌으니 연은 바람이 부는 대로 날아갈 것이다. 높이 떠서 숲속 나뭇가지 끝에 걸릴지, 그냥 바람에 나부끼다 물웅덩이에 빠질지 모르는 것처럼 우리 자신도 이야기가 어떻게 흘러갈지 모르는 채 대화를 나누었다. 그리고 다음번에 올 때는 또다시 새롭게 이야기가 시작되었다. 듣고 싶은 이는 듣고, 말하고 싶은 이는 말할 뿐이었다.

어느 날은 저녁식사를 마친 뒤 베이징 토박이들의 생활 습관에 대해 이야기를 나누기 시작했다. 아침에는 차를, 저녁에는 술을, 식사 후에는 담배를 즐기는 것도 베이징 사람들의 오랜 습관이라 할 수 있다. 이야기가 나온 김에 나는 서태후가 담배를 피우던 것에 대해서도 물어보았다. 담배를 올리는 일은 허 아주머님이 궁녀일 때 맡은 직책이기도 했기에 흔쾌히 이야기를 해주었고 분위기도 한층 활기를 띠었다.

오랫동안 사주 왕대한 덕인지 우리의 대화 분위기는 선보다 자유로워졌다. 허 아주머님의 기분이 좋아졌을 때를 틈타 나는 질문을 던졌다.

"태후마마가 담배를 피우실 때는 어떻게 시중드셨어요? 자세히 좀 알려주세요."

허 아주머님은 옷자락의 네 모서리를 당겨 구김을 펴더니 웃으면서 대답했다.

"지금 태후마마가 되었다고 생각하고 내가 한번 시중을 들어볼게요. 내 침대에 앉아서 내가 시키는 대로 해보세요."

나도 따라 웃음이 나왔다.

"아이고, 이거 황송한 노릇이네요. 제가 어떻게 태후마마처럼 시중을 받나요."

나는 우스갯소리를 하며 거절해보려 했다. 기하인은 자신이 어떤 처지에 있든 뼛속 깊이 자존심을 간직한 사람들이라 작은 일에도 상대방의 거절을 원치 않는다. 친지나 자신이 존경하는 사람들에 대한 일이라면 더더욱 그러했다. 혹여 허 아주머님 자신이 태후에 대해 몇 마디 안 좋은 말을 내뱉었다 할지라도 옆 사람은 절대 그녀 앞에서 태후에 대한 나쁜 이야기를 할 수 없었다. 허 아주머님이 나에게 태후 역을 해보라고 한 것은 나를 지극히 높여준 것이나 다름없었다. 헐후어歇後語[두 부분으로 구성된 말로 보통 속담처럼 앞부분만을 말하며 본뜻은 뒷부분에 있다] 한마디로 표현해본다면 그야말로 '종이 한 장에 코를 꽉 차게 그려준 것, 즉 내 체면을 크게 세워준' 셈이었다. 웬만큼 친해지기 전에는 직접 동작까지 보여주며 이야기하지 않는 성격인데 이런 호의를 보여준 것에 나는 최대한 황송한 마음을 드러냈다.

허 아주머님은 또 한 번 웃었다.

"처음 이야기로 돌아가기 전에 이 이야기를 좀 해야겠어요."

예순이 다 된 노인임에도 그 말씨는 언제나 부드럽고 또렷했다. 과거에 말하는 법을 익힌 적이 있다는 것을 충분히 알 수 있었다.

"앞서 말한 것처럼 궁녀에게는 마마님과 연관되지 않은 일이 없어요. 저수궁에 처음 들어와 마마님께 인사를 드리고 나면 마마님들은 한 달가량 일을 시키면서 우리의 동작 하나하나를 빈틈없이 관찰한답니다. 이 아이가 제대로 일을 할 수 있는지 없는지 판단하는 거예요. 그리고 마마님의 마음에 들면 그제야 이것저것을 가르치지요. 태후마마의 몸종을 고르는 일은 결코 간단한 일이 아니니까요."

진지하면서도 자랑스러움이 깃든 말투였다. 그 몸종으로 뽑힌 것이 허 아주머니에게는 장원급제를 한 것보다 더 영예로운 일인 듯했다.

"그런 다음 마마님이 발표를 한답니다. 궁녀들을 관리하는 분은 팔선상[여덟 사람이 둘러앉을 만하게 만든 네모반듯한 큰 상] 중심에, 마마님은 동쪽 상석에 앉고 나는 방 한가운데 똑바로 서서 마마님의 훈시를 들었어요. 매우 중요한 말씀이었지요. 한평생 잊히지가 않네요."

허 아주머니는 앉은뱅이책상 옆에 똑바로 서서 두 손을 아래로 내리고 고개를 살짝 숙이며 당시 훈시를 받들던 모습을 재현했다.

"마마님이 일어나 큰 소리로 말씀하셨어요. '태후마마를 모시는 것은 결코 쉬운 일이 아니다. 그중 담배를 올리는 것은 다른 어떤 일보다도 어렵다. 담배를 올리는 것은 화신을 받드는 일이기도 하다. 만약 태후마마의 옥체에 조금이라도 불씨가 떨어진다면 너는 목이 떨어지게 될 것이다. 또 태후마마가 계신 방 안에 불똥이 튄다면 너희 가문은 삼대가 망할 것이며 나도 그 책임을 물고 매를 맞게 될 것이다. 알아들었느냐?' 마마님의 이 엄한 훈시를 듣고 나는 살며시 고개를 들었어요. 마마님 관자놀이의 핏줄이 바르르 떨리는 것을 보니 어찌나 무서운지 다리가 후들거려 얼른 바닥에 무릎을 꿇었지요. '명심하겠습니다, 마마님! 절대로 마마님께 누를 끼치지 않겠습니다.'"

허 아주머니는 고개도 들지 않고 말을 이었다.

"이것이 바로 담배를 올리는 첫 교육이었어요. 아마 죽을 때까지 잊지 못할 거예요."

몇 방울의 뜨거운 눈물이 허 아주머님의 옷섶에 떨어졌다. 나는 괜한 것을 물어 지난 일을 끄집어낸 것을 후회했다. 이것도 스승을 모시는 그들 나름대로의 예였을 것이다.

"휴! 다 지나간 업보지요. 지금 와서 이야기해봤자 무슨 소용이 있나요. 괜히 마음만 상하지……."

허 아주머님은 다시 옷자락을 잡아당겼다. 옷매무새를 단정히 하는 것은 허 아주머님의 버릇이었다.

"이 이야기는 이제 그만하지요. 이야기하자면 끝이 없겠어요. 나 때문에 괜히 마음만 안 좋겠네요."

허 아주머님은 원래의 차분한 모습으로 되돌아가 침착한 어조로 말을 이었다. 실은 내가 이 이야기를 꺼내서 그녀의 마음을 어지럽힌 것인데 허 아주머님은 도리어 나를 걱정해주었다. 이 역시 기하인들의 예절이리라.

허 아주머님은 다시 생각에 잠겼다.

"태후마마는 잎담배를 좋아하지 않으셨어요. 흔히 말하는 관동關東 담배 말이에요. 그보다는 식사 후에 물담배를 즐기셨지요. 하지만 궁 안에서는 '물담배'라는 말을 함부로 할 수 없었어요. 왜 금기시했는지는 나도 모르겠어요. 그저 마마님이 이렇게 말씀하셨던 것만 또렷이 기억나요. '묻지 말아야 할 것을 물어서는 안 된다. 자질구레한 일들을 많이 알아봤자 화만 초래할 뿐이야.' 어쨌든 그래서 우리는 물담배를 가리켜 '푸른 담배靑條'라고 불렀어요. 또 남쪽 지역에서 진상된 것이라 차오潮 담배라 부르기도 했고요."

허 아주머님이 계속 말을 이었다.

"담배 올리는 일에 대해 말하려면 그전에 먼저 알아야 할 것들이 있어요. 부싯돌, 부들솜, 부시, 담뱃불을 붙일 때 쓰는 종이, 잘게 썬 담뱃잎 그리고 담뱃대지요. 지금부터 이 여섯 가지를 하나 하나 설명해줄게요. 불필요한 설명은 넘어가고 필요한 것만 자세히요."

여담이지만 나는 매번 허 아주머님의 말씀씨에 감탄한다. 정확하고 상세하며 군더더기가 없는 간결한 말투, 세련되고 깔끔한 어조는 여러 해 동안 훈련하지 않으면 불가능한 것이었다.

"부싯돌과 부들솜은 어디서나 볼 수 있는 물건이니 굳이 설명할 필요는 없겠지요. 부시는 성냥이 생긴 뒤부터는 볼 수 없긴 하지만 동전 주머니보다 더 작은 물건이에요. 보통 부시 주머니를 반으로 나눠 한쪽에는 부싯돌을, 다른 한쪽에는 부들솜을 싸놓는데 그렇게 해놓으면 주머니 모양이 초승달처럼 톡 튀어나온답니다. 쇳조각의 무딘 날을 부싯돌 위에 놓고 요령 있게 힘을 주어 그으면 쇠와 부싯돌 사이에서 불꽃이 일어나요. 왼손 엄지와 검지로 부싯돌을 잡고 엄지와 부싯돌 틈에 한 줌의 부들솜을 끼워놓으면 불꽃이 일어날 때 부들솜에도 불이 붙지요. 그 불붙은 부들솜을 종이에 놓고 입으로 한번 불면 종이에 불이 확 일어나요. 이 불로 담배에 불을 붙이는 것이랍니다. 말로 하니 무척 긴데 해보면 그리 복잡하지 않아요."

허 아주머님은 설명 중간 중간에 부싯돌을 쳐 불을 붙이는 동작, 입김을 불어 종이에 불을 붙이는 동작 등을 직접 해 보였다.

"아, 정말 손가락이 고생이었지요. 손가락으로 부들솜을 집고 있어야 하니 엄지손가락은 매일같이 데였어요. 마마님 말씀대로 죽어도 바닥에 불똥이 튀어서는 안 되니까요."

허 아주머님은 창밖으로 시선을 돌렸다. 잠시 동안 침묵이 흘렀다.

"물담배 시중은 사실 익숙한 일이었어요. 어렸을 때도 줄곧 아마(아버지) 담배를 붙여드리곤 했거든요."

나는 또 한 번 후회했다. 이 순간 허 아주머님의 가슴 아픈 옛 기억을 또다시 불러일으킨 셈이었다. 기하인들은 아버지를 "아마"라고 부른다. 허 아주머님은 불현듯 자신의 어린 시절을 떠올린 모양이었다.

"부싯돌은 먼터우거우門頭溝 구[베이징 시 서부에 위치한 구]의 것이 좋다고 들었어요. 두께가 조개껍데기처럼 얇지요. 부들솜은 한 해 묵힌 것이 불이 잘 붙고 좋다고 했어요. 우리야 그런 것에 신경 쓰지 않아도 외부에서 다 준비해주었지만 말이에요."

허 아주머님은 입을 오므리고 가볍게 웃었다. 평소에는 잘 볼 수 없는 모습이었다. 그리고 밝은 목소리로 다시 말을 이었다.

"이후에는 나도 악랄해졌어요. 누가 불붙일 준비를 제대로 해놓지 않으면 태후마마를 들먹이며 허세를 부렸지요. 그러면 그들은 놀라서 금세 얌전히 시키는 대로 했답니다."

이것은 아마도 그 시절 그녀에게 꽤 유쾌한 일이었던 듯하다. 지금 생각해도 웃음이 터져 나오는 모양이었다.

"담뱃불을 붙일 때 쓰는 종이는 요 몇 년간 시장에 가도 잘 볼 수 없더군요. 초등학생들이 쓰는 습자지(원서지元書紙[저장성浙江省에서 나는 습자지의 한 종류]를 가리킨다)보다 색깔이 좀 짙고 거칠어요. 불쏘시개로 쓰기에 딱 알맞게 위는 넓고 아래는 좁게 말려 있지요."

허 아주머님은 생기가 돌면서 자신만만한 어투로 말했다.

"종이를 말 때는 좀 주의해서 해야 돼요. 지나치게 빡빡하게 말면 불이 꺼지고 느슨하게 말면 불꽃이 커져서 담뱃불을 붙일 수가 없거든요. 가장 불똥이 잘 될 때가 바로 이때라 가슴이 철렁한답니다. 그전에 몇 달 동안 마마님이 손수 가르쳐주실 때도 그 순간이 가장 조심스러웠어요. 성냥이 옆에 있어도 불이 잘못 붙었다가는 무슨 난리가 터질지 몰라 우리는 감히 어떻게 해볼 생각도 못 했지요. 그래도 난 7, 8년간 태후마마를 모시면서 한 번도 실수를 해본 적이 없답니다. 사실 이것도 다 마마님께 고마워해야 되겠지만요."

"이야기가 나온 김에 담뱃잎에 대해서도 알려줄게요. 잘게 썬 담뱃잎은 남쪽 지역에서 올라오는 것이었어요. 나한테 올 때는 세탁비누만 한 크기의 직사각형 묶음으로 포장되어 오는데 항상 보면 청록색 종이로 싸여 있었지요. 아마 그래서 이것을 푸른 담배라고 부른 것인지도 몰라요."

설명은 점점 더 흥을 돋우었다.

"이 담뱃잎은 요즘 사람들이 피우는 것보다 길고 독특한 향이 있답니다. 조금이라도 눅눅해지면 불이 붙지 않아요. 또 지나치게 건조하면 사레가 들릴 수 있고요. 다루기가 꽤 까다로웠지요. 눅눅해져도 햇볕에 말리면 안 되고 반드시 그늘에서 말려야 했어요. 햇빛이 비치지 않으면서도 잘 말릴 수 있는 곳에서 말이에요. 가장 적당한 때는 마마님이 직접 가르쳐주시지 않으면 알지 못했지요."

마마님의 가르침을 직접 전수받아서인지 꼭 어린아이가 선생님에 대해 이야기하듯 설명마다 마마님을 언급했다.

"물담뱃대도 지금 골동품점에서 보는 것과는 좀 달랐어요. 담뱃대가 굉장히 길어서 '학다리 대'라고 했지요. 담뱃대를 올릴 때는 태후마마가 온돌 침대 위에 앉아 계시면 반드시 무릎을 꿇고 담뱃대를 태후마마의 입가로 올려드려야 했어요. 태후마마는 손을 쓰지 않으시니까요. 담배를 입가로 올려드리는 이 시점이 가장 어려워요. 그다음에는 대통이 두 개라 먼저 10분 정도 대통에 담배를 잘 넣고 한 통을 피우시면 대통을 바꾸어 드렸어요."

허 아주머님은 잠시 이야기를 멈추고 웃으며 나를 바라봤다.

"자, 이제 잠시 태후마마가 한번 되어보시지요."

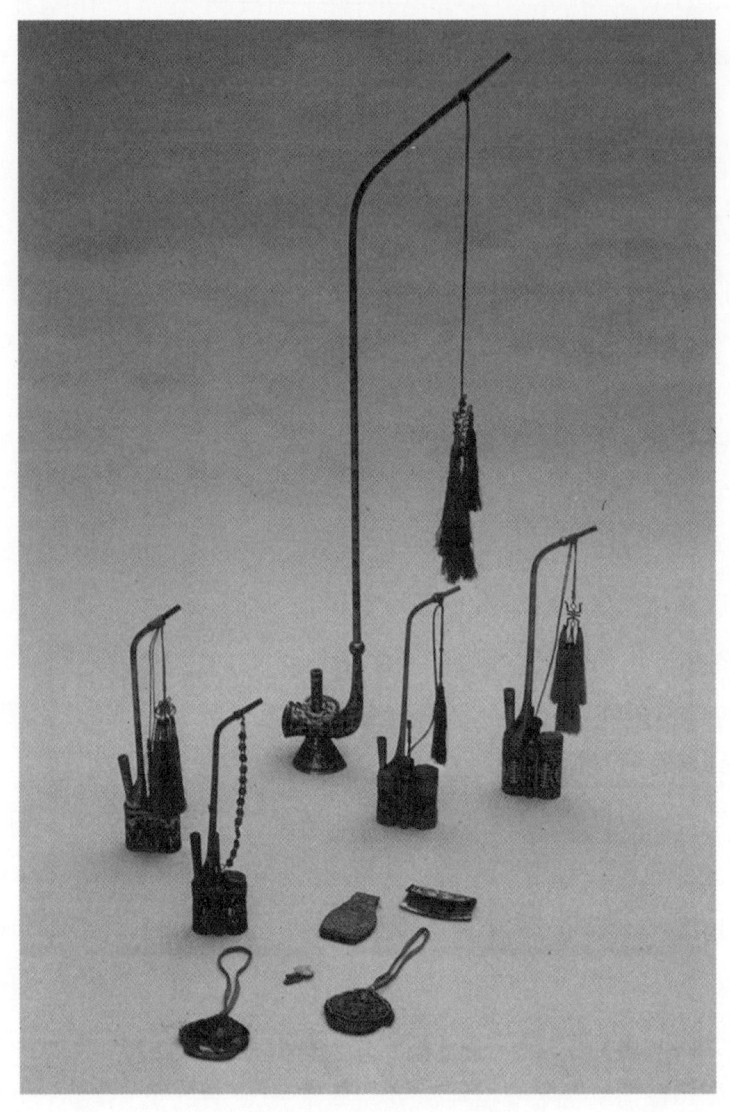

청조 때 궁에서 사용했던 담뱃대

나 역시 웃으면서 대답했다.

"이거 정말 몸 둘 바를 모르겠네요. 벌써부터 온몸에 열이 날 지경인데요."

"나는 늘 태후마마의 왼손 옆에 섰어요. 오른쪽에 서 있는 궁녀는 차를 올렸지요. 서 있는 위치는 태후마마와 대략 벽돌 두 개 정도의 간격을 두고 떨어져 있다고 보시면 돼요."

허 아주머님은 내 왼쪽 편에 자세를 잡고 서서 머리를 살짝 조아렸다. 두 눈은 다른 곳을 보지 않고 맞은편 사람의 바짓단에만 고정시켰다.

"태후마마가 편한 자세로 앉아 나를 한번 흘깃 쳐다보시면 나는 곧바로 알아듣고 부시를 준비했어요. 부싯돌과 부들솜까지 잘 준비한 다음 뒤돌아서서(반드시 몸을 돌리고 했어요) 부시로 부싯돌을 긋지요. 부싯깃에 불이 붙으면 종이에 옮겨 붙이고 입으로 불어서 불길을 일으킨 다음 불길을 아래로 향하게 해서 손으로 조심스럽게 끌어 모아요. 그리고 다시 몸을 돌려 한 손으로 담뱃대를 받쳐 올리지요. 태후마마가 담뱃대를 무시기 편하도록 태후마마 입에서 3센티미터 정도 떨어진 지점에 말이에요. 태후마마가 담뱃대를 무시면 서둘러 왼손으로 종이를 내리고 다시 불길을 모으지요. 그렇게 태후마마가 담배를 한 차례 피우시고 나면 대통을 새것으로 바꾸어드려요. 이것이 대략 담배 시중을 드는 일련의 과정이에요."

몸짓까지 섞어가며 나에게 설명해주느라 오랜 시간이 걸렸다. 허 아주머님이 하는 바느질은 그녀의 생계 수단이기도 한데 나도 참 생각이 없었다.

하지만 허 아주머님은 여전히 열띤 목소리로 말을 이었다.

"태후마마가 가장 싫어하시는 것이 앞에서 시야를 가리는 것이라고 마마님이 수차례 강조하신 바 있지요. 그래서 담배나 차를 올릴 때도 반드시 옆쪽에서 건네드렸어요. 방을 나가거나 들어올 때도 꼭 몸을 옆으로 돌려야 했고요. 걸을 때도 발끝을 구부려 발뒤꿈치가 땅에 닿지 않게 걸었어요. 물론 태후마마 앞에서 엉덩이를 보이는 것은 절대 안 되지요. 몸을 굽힌 채 조심조심 뒤로 물러나듯이 걸어 나와야 한답니다. 그렇다고 무슨 죄라도 지은 것처럼 허리까지 굽히고 걷지는 않았고요. 그럼 얼마나 볼썽사납겠어요."

그녀는 천천히 차를 한 모금 들고, 나도 침대에서 내려와 화롯불을 돋우었다.

"오늘 저 때문에 말씀을 많이 해서 피곤하시겠어요. 반나절이나 일도 못 하시게 방해를 했으니……. 밖으로 나오지 마세요. 제가 나가서 먹을 것을 좀 사가지고 올게요!"

이렇듯 소소한 이야기와 왕래는 우리 사이의 평범한 일상이었다.

—— 제기차기

여기서 간단히 내 소개를 좀 해야겠다. 스스로도 확신하지만 나는 그저 마음 둘 곳이 없어 할 일 없이 쏘다니는 그런 학생이 아니다. 삯바느질 하는 노궁녀 한 분을 하루 종일 쫓아다니며 잡담하는 데 시간을 보내지만 그렇다고 단순히 호기심이나 흥미만으로 황궁의 잡다한 이야기를 들으러 오는 것도 아니다. 내가 알고 싶은 것은 200여 년간 청대의 역사 속에서 길러진 기하인들의 특성이다. 그리고 이런 점에서 허 아주머님은 나에게 살아 있는 교과서다. 나는 수시로 이 궁녀의 집을 들락거리며 이야기를 나누고 그녀의 행동거지를 관찰하고 성격을 터득해가며 기하인을 통해 베이징 토박이들을 이해한다. 이 살아 있는 교과서들은 앞으로 시간이 갈수록 점점 더 줄어들 것이다. 200여 년간 그들은 권세 있고 부유한 생활을 누려왔고, 그 가운데 자연스럽게 한가롭고 여유로운 성정과 정취를 가장 이상적인 삶의 모습으로 삼았다. 이 방면에 대해서는 그녀에게 직접 자문을 구한 적도 있다. 그 한 예가 제기차기다.

어느 날 오후, 나는 허 아주머님의 집 대문을 들어가 인사를 건넸다.

"오늘은 심기를 불편하게 해드릴 이야기는 안 할래요. 허 아주머님이 가장 즐거웠던 일을 아무거나 하나 골라 이야기해주세요. 저도 듣고 같이 즐거워하게요."

그녀는 잠시 생각에 잠겼다.

"우리는 노비라 밤이고 낮이고 누군가의 명을 받들지요. 그분이 기뻐하면 우리도 기뻐하고 그분이 웃으면 우리도 웃는 거예요. 만약 그분이 기뻐하지 않으면 그 불똥은 또 우리에게 떨어지고요. 가슴속에 쌓이는 것이라고는 눈물밖에 없는데 무슨 즐거웠던 일이 있겠어요? 궁 안에서는 윗사람이고 아랫사람이고 다 허상인걸요. 경극에서 그러는 것처럼 누가 노래를 잘 부르면 칭찬을 받고 잘 못 부르면 매를 맞는 거지요. 뿐만 아니라 하루 종일 무릎이 발이 되도록 꿇어앉아 절을 하거나 문안을 올리는 것이 우리 일상이었어요. 날이 가고 해가 바뀌어도 늘 똑같이만 살았는데 우리에게 무슨 기쁜 일이 있었겠어요?"

그날따라 웬일인지 허 아주머님은 연신 우울한 이야기만 주절주절 늘어놓았다. 생각해보면 틀린 말도 아니었다. 간단히 말해 소수의 사람이 여러 사람을 통제하는 속에서 기꺼운 척 순종해야 하는 연극 같은 삶이었다는 것이다. 나는 좀 더 부드럽게 다시 물었다.

"궁 안에서의 생활은 정말 그렇게 즐거운 일이 하나도 없었어요?"

허 아주머님이 대답했다.

"그래도 어찌 됐건 그때는 어린애였으니 가끔은 신나게 놀 때가 있었지요. 그래요, 제기차기 이야기를 해보지요!"

결국은 이야기가 하나 나왔다.

"이런 이야기를 하고 있으면 마치 한바탕 꿈을 꾼 느낌이에요. 그때는 우리 모두 어렸지요. 고작해야 열넷, 열다섯 살 소녀들이었으니 승부욕도 강해서 누구한테든 지길 싫어했어요. 궁에서는 나이 어린 궁녀들과 태감들이 서로 의남매를 맺는 습관이 있었어요. 특히 주방에서 일하는 어린 태감들은 하루 종일 우리에게 먹을 것을 보내주었지요. 얼굴을 좀 익히면 친근하게 누나라고 부르기도 했고요. 그러면서 점차 서로 친해져요. 그 애들 이야기부터 해야겠네요."

허 아주머님의 말을 들으면서 나는 속으로 또 한 번 감탄하지 않을 수 없었다. 듣는 이의 흥미를 자아냄과 동시에 이야기 주제를 이끌어내는 그 화술과 정확한 기억력이 사뭇 놀라웠다. 40여 년이 흐른 지금도 허 아주머님의 이야기를 기억하는 것은 그 빼어난 이야기 솜씨 덕택이다.

"우리는 오리털로 제기를 만들었어요. 일반 오리털이 아니라 반드시 수컷 오리 꽁지 끝에 있는 털로 만들어야 했지요. 오리의 털은 척추를 중심으로 양방향으로 나뉘고, 척추만 꽁지 끝 항문 위까지 죽 이어져 있는데 그 척추 정중앙 항문 바로 위에 긴 털이 하나 꼿꼿하게 나 있답니다. 제기를 만들 때 사용하는 털이 바로 이것이지요. 양옆으로 쉽게 구부러지지 않아서 제기를 묶을 때도 편리했고 묶어서 아래로 늘어뜨리면 작은 우산처럼 가지런했어요. 마치 사진에서 본 중화민국 대총통의 모자처럼 말이에요. 그 모자도 위쪽에 달린 털이 아래로 드리워져 있는데 꼭 작은 우산 같지요. 우리가 만든 제기도 이런 모양이었어요."

허 아주머님은 아마도 일부러 위안스카이袁世凱[군인이자 정치가, 청나라 말기 쑨원과의 대타협으로 선통제(푸이溥儀)를 제위에서 끌어내려 중국 2000년 제국사에 종지부를 찍었으며 쑨원과의 약정에 따라 임시대총통에 올랐다]를 향해 그런 우스갯소리를 한 듯 말끝에 푸훗 웃음을 터뜨렸다. 평소에는 잘 볼 수 없는 모습이었지만 그녀의 유머 감각을 엿볼 수 있었다.

"또 살아 있는 털을 써야 해요. 오리를 잡으면서 오리가 아직 죽기 전 온기가 남아 있을 때 털을 뽑는 거지요. 오리는 고통을 느끼면 온몸에 힘을 줘서 털들이 죄다 일어나거든요. 이런 털이 튼튼해서 제기를 만들면 아래로 가지런히 모이고, 제기가 땅에 떨어지는 속도도 느리답니다. 하지만 이런 일들은 태감들이 아니면 못 하는 일이지요. 우리에게 음식을 가져다주는 태감들은 대부분 열서너 살밖에 안 된 아이들이었는데 온갖 궂은일을 도맡아 했어요. 그 애들이 갖은 수단과 방법을 써서, 심지어 절까지 해가며 오리털 몇 개를 뽑아 종이에 싸서 숨겨두지요. 그러고는 우리에게 음식을 보낼 때 사람이 없는 때를 틈타 먼저 인사를 하고 공손히 종이에 싼 것을 건네줘요. 그때도 아무도 모르게 조심스럽게 줘야 하지요. 그렇게 고생해서 갖다주면서 그들이 바라는 것은 오직 한 가지, 우리가 웃는 낯으로 대해주고 다정하게 누나라고 불러보면서 가족 같은 온기를 느끼는 것, 그것뿐이었어요. 가엾은 아이들, 수시로 맞고 혼나고 의지할 곳 없이 외로운 가운데 우리에게서 조금이나마 가족 같은 정을 느끼고 싶었던 거예요. 그 애들이 바란 것은 지극히 작은 소망이었어요. 지금 생각하니 정말 한바탕 꿈을 꾸는 것 같네요."

허 아주머님의 야윈 뺨 위로 눈물방울이 흘러내렸다. 그러나 곧 천천히 손을 들어 눈가를 훔쳤다. 늘 그렇듯 옆 사람에게 슬픔을 보이기 싫은 것이었다.

"제기를 묶을 때 쓰는 받침으로는 제전制錢[명·청대 정부에서 주조한 동전] 두 개를 사용했어요. 강희제전과 건륭제전이요. 이 두 제전이 무겁지도 가볍지도 않고 딱 알맞았거든요. 크기도 적당했고요. 강희제전은 좀 커서 받침 아랫부분으로 쓰기에 좋고 건륭제전은 강희제전보다 작지만 두껍고 무게가 있었어요. 제기는 아주 가벼우면 찰 때 쉽게 날아가서 안 되거든요. 너무 무거워도 발에 무리가 가서 안 좋고요. 먼저 건륭제전을 강희제전 위에 놓고 얇은 가죽 끈으로 털들을 단단히 묶어요. 그런 다음 강희제전 가운데에 있는 구멍에다 털들을 위에서 아래로 통과시키고 다시 양쪽으로 나누어 건륭제전을 감싼 뒤 건륭제전 가운데 구멍으로 통과시켜요. 그러고 나면 재빨리 오리털을 팽팽하게 당겨 매고 그 오리털 뭉치를 깃대처럼 세운 다음 다시 바늘로 가죽 끈을 꽉 고정시키지요. 그러면 잘 완성된 거예요. 제기차기는 궁 안에서 곧잘 하던 놀이였어요. 우리는 보통 저녁 무렵에 체화전 앞에서 제기차기를 하고 놀았어요. 겨울과 봄에 가장 많이 했지요. 마마님도 좋아하시면서 제기 만드는 일을 거들어주셨어요. 때로는 태후마마도 우리가 제기 차는 모습을 보셨고요. '어디 한번 차보아라. 나는 구경할 테니' 하시면서 말이에요. 그러면 마마님들은 전부 나와 태후마마의 기분을 맞추면서 자기 실력을 뽐냈어요. 모두 둘러서서 지켜보니 제기가 발에 붙은 것처럼 수십 번을 차도 떨어질 줄 몰랐지요. 윗분들 눈에 들고 싶어 늘 안달인 마마님들이 이 좋은 기회를 어떻게 놓치겠어요."

마마님이란 존재는 허 아주머님의 뇌리에 깊이 뿌리박혀 무슨 이야기를 하든 수시로 따라다녔다. 아마 그녀의 꿈속에서도 마마님은 빠지지 않을 것이다.

제2장

서태후의 일상

───── 서태후의 일상

    지금부터는 허 아주머님이 나에게 들려준 이야기 가운데 서태후의 일상생활과 관련된 이야기를 써보려 한다.

    나는 1941년 초여름에 허 아주머님을 처음 알게 되었다. 이후 한동안 그녀의 집을 드나들며 궁중의 잡다한 이야기들을 들었지만 늘 수박 겉 핥기처럼 알아들을 뿐 다 이해하지는 못했다. 1942년 여름 나는 이국으로 강제 징역을 갔고 태평양 전쟁 말쯤에야 폐병으로 간신히 돌아올 수 있었다. 그나마 두 달밖에 징용되지 않아 천만다행이었다. 하마터면 첫 번째 원자폭탄의 희생자가 될 뻔했으니까. '한 팔은 부러져도 이 한 몸 살아 있으니'[백거이의 시 「신풍절비옹」 중 인용] 그래도 감사할 일이었다.

    가난과 질병이 한꺼번에 닥친 상황에서 첫 번째 해야 할 일은 생계를 이어가는 것이었다. 아내는 나를 대신해 밖으로 나가 학생들을 가르쳤다. 그 때문에 집안일을 할 사람이 없어 나는 염치불구하고 그동안 쌓인 친분으로 허 아주머님께 집안일과 아이들을 부탁했다. 그녀는 고맙게도 흔쾌히 승낙해주었다. 이때부터 해방 때까지 허 아주머님과 우리 집은 서로 도와가며 힘겨웠던 시기를 함께 넘겼다. 지금부터 적는 이야기는 모두 그 당시 무료할 때 허 아주머님이 틈틈이 들려준 것들이다. 그녀는 늘 구체적으로 상세하게 이야기를 하는 편이어서 듣는 나에게도 깊이 각인되고 시간이 지나도 기억이 뚜렷했다. 당시 사회에는 천지가 개벽할 만한 일들이 일어나고 있었지만 나는 그저 조용히 침대에 누워 허 아주머님이 들려주는 과거의 일들을 듣고 있었다.

    허 아주머님의 당시 위치나 나이로 볼 때 그녀가 보고 들은 것은 대부분 서태후의 평소 생활과 관련된 것들이었다. 그래서 이 장의 제목을 '서태후의 일상'이라 붙인다. 대부분의 내용은 일상적이고 자잘한 일들, 거창한 학자나 눈이 높은 사람에게는 그다지 흥미 없을 평범한 이야기들이다. 그러나 내가 여기에 무엇을 가감하지 않고 있는 그대로 기술한다면 이 역시 궁중생활의 일부를 충분히 반영하게 될 것이다. 이것만으로도 나는 만족한다.

── 저수궁과 체화전

    서태후가 저수궁에 거처한 것은 나름대로 의도한 바가 있었기 때문이다. 요즘 말로 하면 정치적 입지를 견고히 다지기 위한 것이었다.

    누구나 아는 사실이지만 동치제同治帝[청나라 제10대 황제 목종. 부황은 함풍제, 생모는 서태후로 동태후와 서태후의 섭정으로 정치에 크게 간여하지 못하고 이른 나이에 병사했다]를 낳기 전 그녀는 그저 빈에 불과했고 지위도 그다지 높지 않았다. 함풍제咸豊帝[청나라 제9대 황제 문종. 톈진조약의 체결 이후 영국·프랑스군이 베이징에 침입하자 열하熱河의 이궁으로 피란, 그곳에서 병사했다]는 주색을 즐겼고 일명 '박애주의'를 펼친 왕이었다. 서태후가 왕의 은혜를 입은 것은 잠깐이고 이후에는 그다지 왕의 총애를 받지 못했다. 동치제를 낳은 이후에야 그녀는 '비'가 될 수 있었고 아들 덕분에 귀비의 자리에까지 오를 수 있었다. 함풍제가 열하에서 죽고 동치제가 왕위를 계승했을 때 서태후는 비로소 동태후와 동등한 위치에 이르렀다. 그리고 신유정변[1861년 함풍제의 죽음 이후 서태후와 공친왕 등이 일으킨 정치 쿠데타] 이후 서태후는 정권을 장악했고 "자희단우강이황태후慈禧端佑康頤皇太后"로 받들어졌다. 그러나 어떤 아름다운 칭호로 받들고 자신에게 거창한 호칭을 갖다 붙인다 해도 자신이 자신을 높이고 미화하는 것일 뿐 큰 의미가 없다는 것은 누구나 알고 있었다. 그녀의 유일한 가치는 함풍제의 왕자를 낳았다는 것, 그것만이 진정한 입지였다. 동치제는 저수궁 후전後殿에서 태어났다. 왕자야말로 천하에 없을 확고한 명분이자 정권을 잡을 수 있는 진정한 정치 기반이었다. 이 때문에 서태후는 오랜 기간 저수궁에서 거처했고 그 바탕에는 다분히 정치적 의도가 깔려 있었다.

첫째는 함풍제에 대한 그리움과 선왕이 베푼 은혜를 되새긴다는 자신의 미덕을 드러내기 위한 목적, 둘째로는 동치제를 기른 수고로써 자신의 자애로움을 나타내려는 목적이 그것이었다. 한 손으로 두 명의 황제를 붙잡고 안으로는 비빈들을 굴복시키며 바깥으로는 신하들의 호응을 얻으니 남들 눈에도 그럴듯할 뿐 아니라 실속까지 있는 일이었다. 이런 까닭에 서태후는 기꺼이 저수궁에 머물렀다. 그리고 만년에는 낙수당樂壽堂에 거처했다. 낙수당은 건륭제[청나라 제6대 황제, 조부 강희제 때와 함께 정치, 경제, 문화적으로 청나라 최전성기를 이룩했다]가 태상황[아들에게 양위하고 물러난 황제를 칭함]이 되었을 때 여생을 보냈던 곳이다. 자신을 곧잘 건륭제에 비견하던 서태후였기에 자신도 이곳에서 만년을 보낸 것이다.

허 아주머님은 선량한 사람이라 태후에 대한 나쁜 말은 일절 하지 않았다. 서태후의 일상과 관련된 이야기만 나오면 마치 태후가 자신의 친지인 것처럼 의기양양해졌다. 나로서는 정말 알다가도 모를 노릇이었다. 대체 서태후가 얼마나 대단했기에 죽은 지 수십 년이 지난 지금까지도 한 노

저수궁

궁녀의 마음속에서 이렇게 진심어린 칭송이 우러나오게끔 하는 것일까.

"고궁에 가면 서쪽 길을 가보지 않을 수 없고 그 길을 걷다보면 저수궁을 안 가볼 수 없어요. 그곳은 태후마마가 계시던 곳이니까요. 저수궁 뜰은 두 부분으로 나눠 볼 수 있는데 남쪽에는 체화전이 있고 뒤쪽에는 저수궁이 있어요. 쉽게 말하면 태후마마는 저수궁에서 생활하시고 체화전에서 식사를 하셨답니다."

"먼저 저수궁에 대해 이야기해볼게요. 저수궁은 다섯 구간으로 이루어져 있어요. 세 방은 바깥뜰로 문이 나 있고 두 방은 안쪽에 있지요. 바깥문이 달린 세 방은 태후마마가 한가로이 쉬시는 곳이에요. 그중 정중앙에 있는 공간에는 정좌가 놓여 있어요. 신하들의 알현을 받기 위해서지요. 명절날 잠깐 앉아 있는 것 외에 이곳에서는 거의 앉는 일이 없답니다. 이 세 방 가운데 서쪽에 있는 방은 침실과 연결되어 있는 침실 바깥방이라고 할 수 있어요. 동유를 칠한 방수포나 물주전자같이 침실에서 사용하는 자질구레한 물건들은 주로 이곳에 놓아두지요. 아침 조회에서 돌아오시면 여기서 옷을 갈아입고 옷을 담당하는 궁녀가 개켜서 서쪽 편전으로 가져가 임시로 모아놓아요. 또 동쪽에 있는 방은 남향 창가에 온돌 침대가 있어요. 이 방은 환하게 탁 트여서 태후마마도 항상 이 방 온돌 침대 동쪽 편에 앉아 계셨답니다. 창의 큰 유리로 밖을 내다보면 저수궁 전체가 한눈에 들어왔거든요. 태후마마는 무슨 일을 하시든지 밝고 뚜렷한 것을 좋아하셔서 차를 마시거나 담배, 아침식사를 하실 때도 주로 이곳을 이용하셨어요. 누군가와 이야기를 나누시거나 황상과 황후, 비빈 등을 대하실 때도 대부분 여기에서 하셨고요."

"이 세 방 외에 또 두 개의 방이 더 있어요. 가장 동쪽에 있는 한 칸은 태후마마가 예불을 하실 때나 무언가 생각하실 일이 있을 때 이용하시던 방이에요. 우리는 보통 동밀실이라고 불렀고, 정실이라고도 불렀어요.

이 방에서 가장 눈에 띄는 것은 북쪽 작은 탁자 위에 놓여 있는 관세음보살상이에요. 태후마마는 잘 풀리지 않는 어떤 큰일이 생길 때면 늘 장향藏香[티베트에서 나는 선향]을 태우시면서 한동안 눈을 감고 두 손을 합장하고 계셨답니다. 이런 때는 예사로운 때가 아니에요. 남쪽을 바라보고 서 있는 관세음보살은 태후마마가 의지하는 유일한 존재였어요. 그에 대한 태후마마의 존경심을 능히 짐작할 수 있었지요. 태후마마가 계시는 궁 안에 딱 이 한 개의 불상만 있었어요. 태후마마는 미신을 믿고 불교에 심취하셨으며 특히 우리 만주족의 샤머니즘을 맹신하셨어요. '천우신조'라는 말씀을 자주 하셨지요. 마음이 복잡할 때도 손에 상주문을 들고 이 방에 오셔서 시선을 고정시키고 허리를 곧게 펴신 채 반나절을 정좌하고 계셨어요."

"서쪽 맨 끝에 있는 방은 태후마마의 침실이자 몸단장을 하시는 곳이었어요. 북쪽 벽으로 온돌 침대가 있는데 크기가 두 사람용 침대보다 더 컸답니다. 온돌 침대 위의 이불과 요는 계절과 법도에 따라 바꾸었지요. 겨울에는 세 겹 요를 깔고 여름에는 한 겹 요를 까는 식으로요. 동지에는 다람쥐털 휘장을 치고, 하지에는 얇고 부드러운 휘장을 쳤어요. 창에서 동남쪽으로는 화장대가 있는데 이것은 태후마마가 가장 아끼시던 물건이에요. 손수 고안해서 만드신 화장품들을 모두 여기에 두시고 아침, 점심, 저녁 이곳에서 두세 시간을 보내셨지요. 태후마마는 아름다움을 대단히 중시하셨고 다른 이들에게도 그렇게 가르치셨어요. '여자가 되어서 자신을 꾸밀 줄 모르면 어떻게 살아가겠니?' 하고 자주 말씀하셨지요. 서쪽 탁자에 있는 함에는 태후마마가 아끼시는 장신구들이 담겨 있었어요. 이 방과 다른 궁의 가장 큰 차이점은 태후마마가 주무시는 침대가 있다는 것이에요. 또 옷을 갈아입는 방의 북쪽 면 칸막이는 한 면이 전부 투명한 유리로 되어 있어요. 태후마마는 머리를 서쪽으로 두고 주무시는데 옆으로 돌아누우셔서 휘장을 들어올리면 바깥을 전부 내다볼 수 있었지요. 이게 다 태

서태후

후마마의 영민하신 처사였어요. 어떤 작은 일도 분명하게 알아야 직성이 풀리셨답니다."

저수궁에 대한 묘사는 대략 여기서 그쳤다.

"이것이 저수궁의 전부는 아니에요. 그저 저수궁의 대략적인 구조일 뿐이지요. 더 깊이 들어가면 저수궁에서만 느낄 수 있는 면이 있답니다."

허 아주머님은 빠르지도 느리지도 않은 속도로 이야기했으나 목소리는 점점 가라앉았다. 아마 또다시 젊었을 때의 추억에 잠기는 모양이었다. 잠시 침묵이 흘렀다. 달이 유리창을 비추면서 방 안은 하얀 달빛으로 가득했다. 백거이의 시 「비파행」이 절로 떠올랐다. "동쪽 배, 서쪽 배 조용히 말이 없고, 보이는 것은 강 한가운데 하얀 가을 달", 지금이 꼭 그런 분위기였다.

허 아주머님은 천천히 한숨을 한번 내쉬고는 다시 입을 열었다.

"앞서도 말했지만 체화전을 포함한 저수궁 안에는 좁고 긴 탁자나 찻상 옆 또는 책상 아래에 빈 항아리가 몇 개 놓여 있어요. 실내의 향을 위한 것이지요. 태후마마는 향이 나는 물건 같은 것을 좋아하지 않으셔서 대신 남쪽 지역 과일로 방 안에 향을 냈어요. 태후마마가 체화전에서 점심을 드시는 사이에 먼저 저수궁의 과일들을 새것으로 갈아요. 태감들은 찬합을 이용해 묵은 과일을 꺼내고 새 과일을 담지요. 이 과일 교체하는 일은 숙련된 솜씨로 잠깐 사이에 끝나요. 체화전은 태후마마가 낮잠을 주무시는 동안 과일을 교체하지요. 태후마마가 계시는 곳은 잠시도 향기가 끊이지 않도록 말이에요. 여름이면 향이 대나무 발을 넘어 회랑 아래까지 가득 퍼진답니다. 깊이 들이마시면 그 달콤한 냄새에 마음이 편안해지는 것을 느낄 수 있어요. 겨울에는 궁 안의 발을 들어올리면 따뜻한 기운과 함께 향기가 코에 끼쳐 온몸이 나른해지는 아늑함을 맛볼 수 있답니다. 이것이 바로 저수궁만의 매력이지요."

"또 한 가지를 빠뜨릴 수 없어요. 이것은 말로 하기 더 어려워요. 웬만한 말재주로는 형용하기 어려운 그런 것이지요. 누구든지 저수궁 안으로 한 발짝 내딛으면 아래턱을 둥글게 하고 미소를 짓는답니다. 위로는 황상과 황후마마, 후궁마마, 아래로는 태감과 궁녀들에 이르기까지 누구를 막론하고 이 저수궁에는 찌푸린 얼굴로 들어오면 안 돼요. 마음은 불편하면서 억지로 참고 웃는 그런 표정은 더더욱 안 되고요. 반드시 즐거운 마음으로 좀 수줍게 입을 오므리면서도 얼굴 가득히 웃는 낯빛으로, 도에 넘지 않게 발랄한 모습으로 들어와야 한답니다. 이러한 모습도 저수궁에서만 느낄 수 있는 아름다움이지요. 태감들은 궁문 입구로 들어올 때 허리를 살짝 구부리고 사근사근한 미소를 지으면서 두 손을 아래로 모으고 빠르지도 느리지도 않은 걸음으로 걸어 들어와요. 신발이 땅을 스치되 소리를 내지 않아야 하지요. 그런 다음 낮은 목소리로 마마께 맡은 일을 보고해요. 그러한 공경, 순종, 화목, 고상함, 예절 등이 한데 융화되어 있는 그것이 바로 저수궁의 매력이랍니다. 어린 궁녀들은 한 명 한 명 모두 맵시 있고 총명하며 뼛속까지 민첩하고 눈치가 빨라야 해요. 서로 얼굴을 대해도 온전히 눈으로만 말하고 일을 할 때도 손발이 빨라야 하지요. 동시에 행동거지 하나하나가 직책에 맞게 정도를 지키며 경거망동하지 않고 얼굴은 항상 상냥하게 미소 짓고 있어야 해요. 이 역시 저수궁의 묘미랍니다. 아마 지금 저수궁을 구경하러 가는 사람들은 이런 것들을 느낄 수 없겠지요."

목소리가 조금 쓸쓸해졌다. 시간을 되돌릴 수 없는 비애, 흐르는 물에 꽃이 떨어지면서 봄이 가는 것처럼 허 아주머님이 그리워하는 저수궁의 아름다움은 이미 역사 속 옛 자취가 되어버렸다. 그러나 이러한 궁중의 분위기는 후대 사람들도 반드시 알아야 할 필요가 있다.

"이런 고리타분한 이야기는 이제 그만해야겠어요."

허 아주머님은 애써 활기찬 목소리로 말했다.

"이제 체화전 이야기를 해볼게요. 체화전도 다섯 개의 방으로 이루어져 있어요. 저수궁과 비슷하지요. 다만 체화전에는 가운데 천당문穿堂門이 있어요. 알현하는 사람과 시중드는 사람들이 드나드는 문이었지요. 동쪽의 방 두 개는 서로 연결되어 있고 그 가운데에 두 개의 탁자가 놓여 있는데 이곳은 태후마마가 식사를 하시는 곳이에요. 또 명절이 오면 천당문이 있는 방에도 탁자를 놓았는데 이것을 '공선供膳'이라 불렀지요. 공선의 규모는 어마어마했어요. 하늘, 땅, 사람의 삼재로 나누어 하늘 탁자는 가장 동쪽에 있는 방에, 땅 탁자는 천당문 안에, 사람 탁자는 태후마마가 머무는 곳, 즉 동쪽 방 두 번째 칸에 올렸어요. 서쪽의 두 방은 가운데 칸막이로 나뉘어 있는데 이곳은 태후마마가 식사 전후에 쉬시거나 차, 담배를 즐기시던 곳이에요. 한편 겨울에는 뜰에 큰 화덕을 하나 놓아요. 구리철사로 된 덮개는 땅에까지 닿는데 이는 숯불의 불꽃이 튀어 옷을 태우는 것을 막기 위한 것이에요. 태후마마는 식사를 모두 마치신 뒤 음식의 기름진 냄새를 피해 곧잘 서쪽 두 번째 방으로 가서 휴식을 취하셨어요. 서쪽 맨 끝에 있는 방은 기타 자질구레한 일들을 처리하는 곳이었어요. 식후에 소변을 본다든가 하는 것은 모두 여기서 했지요. 태후마마는 아침을 저수궁에서 하시고, 점심과 저녁은 주로 체화전에서 드셨어요. 쉽게 말하면 체화전은 태후마마의 식당이자 외부 서재인 셈이지요."

허 아주머님은 이 많은 이야기를 구구절절 유창하게 설명해주었다. 아마 저수궁과 체화전이라면 눈을 감고도 나보다 더 속속들이 알 것이다. 특히 수십 년 전의 일을 이렇게 자세히 설명하는 것을 보며 나는 그녀의 기억력에 감탄을 금치 못했다. 허 아주머님의 목소리는 맑고 부드러우며 유창한 베이징 말투를 썼다. 한 구절 한 구절 귀에 쏙쏙 들어오는 것이 화술에 있어 상당히 숙달되어 있음을 알 수 있었다. 아마 눈을 감고 설명을 들었어도 꽤 재미있었을 것이다. 눈앞에 저수궁의 정경이 펼쳐지는 색다른 즐거움을 누릴 수 있었을 것이다.

──── 야간 당직

아내는 퇴근 후 서둘러 집에 돌아와 내가 먹을 약을 달였다. 저녁식사를 마친 뒤에는 탁자에 둘러앉아 늘 그랬듯이 차를 음미하며 이런저런 이야기를 나누었다. 그러고 보면 우리는 얼마나 여유로운가! 이 글을 읽는 독자들은 아마 그때 당시 베이징의 상황을 자세히 알지는 못할 것이다. 비참한 승리 끝에 들이닥친 고위 관리들은 금붙이를 강탈하고 집을 점거하며 젊은 여인들을 첩으로 삼는 등 온갖 부정부패를 일삼았다. 전기 회사는 암흑 회사로 더 잘 알려졌다. 저녁이면 정확히 전기가 끊겨서 때맞춰 저녁을 먹지 못하면 어두컴컴한 방 안에서 밥도 제대로 먹을 수 없었다. 가을이 되어 밤은 점점 길어지고 어둠 속에서 우리가 할 수 있는 일은 앉아서 이야기하는 것밖에 없었다. 허 아주머님이 들려준 청 황궁의 소소한 이야기들 역시 모두 이러한 어둠 속에서 들은 것들이다.

이제 다시 본론으로 돌아가 허 아주머님의 이야기를 써보도록 하겠다.

허 아주머님이 우리 집 생활에 점차 익숙해지고 이웃 간의 정도 더 깊어지면서 나도 이야기를 나누는 동안 이것저것 요구하게 되었다.

"태후마마가 아침에 일어나서 밤에 잘 때까지 하루를 어떻게 보냈는지 자세히 좀 이야기해주세요. 굵직굵직한 것만이라도 알게요, 네?"

허 아주머님은 눈을 내리깔고 잠시 생각에 잠겼다.

"태후마마가 아침에 일어나서 하시는 일을 자세히 이야기하려면 그 전날 저녁부터 설명해야 돼요."

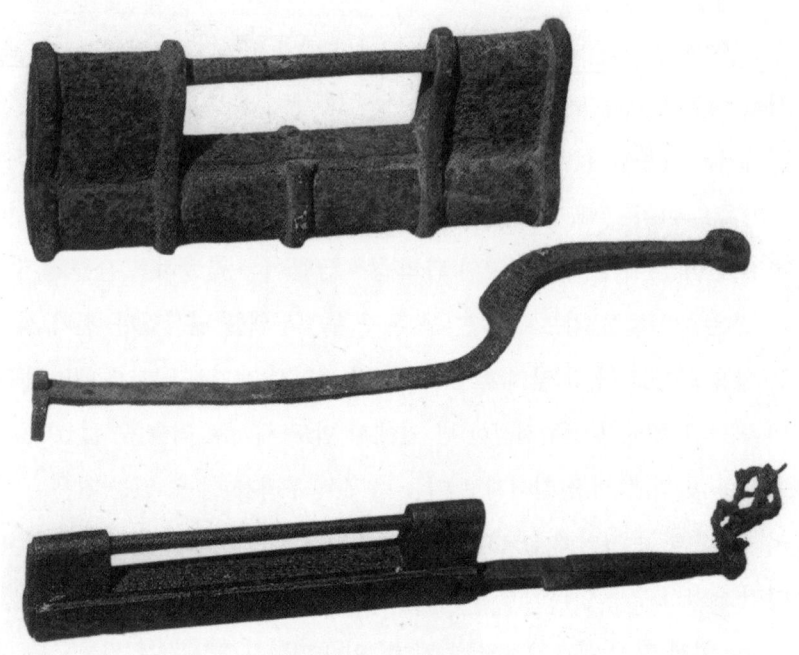

궁에서 사용하던 자물쇠

허 아주머님은 한 번도 성급하게 입을 여는 때가 없었다. 말을 하기 전 반드시 한번 생각한 뒤 입을 떼었다. 생각을 순서대로 정리한 뒤에야 조리 있게, 경중과 순서에 맞게 한 구절 한 구절 풀어내는 것이다. 그래서 그녀의 이야기는 대단히 세련되고 깔끔했다. 또 허 아주머님이 이야기를 하는 도중에는 누구도 끼어들거나 질문을 하지 않았다. 최대한 그녀의 생각을 방해하지 않도록 배려해주는 것이었다.

허 아주머님은 생각에 잠기며 말을 이었다.

"술정(저녁 8시)에 궁내 서쪽 첫 번째 거리에서 시간을 알리는 딱따기 소리가 울리면 저수궁 사람들은 금세 알아들어요. 이것은 하나의 신호로 이 소리를 들으면 일을 마친 태감들은 곧 출궁을 해야 한답니다. 8시가 지나면 궁문을 잠그기 때문에 다시 드나들기가 굉장히 번거롭거든요. 궁의 열쇠는 경사방敬事房[태감을 관리하는 기구, 내무부 관할의 관서로 궁문을 관리]에 반납하는데 열쇠를 다시 사용하려면 총관을 거쳐야 하고 또 일지 문서에 이름과 열쇠를 사용한 이유까지 기록해야 하기 때문이에요. 내무부가 또 그 문서들을 검사하고요. 이것은 궁 안의 엄격한 규정으로 누구도 어기지 못해요. 그래서 당직 태감은 야간 당직을 서야 하는 태감들을 8시 이전에 리롄잉李蓮英의 거처로 데려간답니다. 황극전皇極殿[청조 때 태화전으로 개명하였으며 황제가 정무를 보는 곳이다]의 서쪽 곁채이지요. 거기서 대태감 리롄잉의 검사를 거친 다음 각자의 임무를 맡고 관리하는 사람을 따라 저수궁으로 들어가요. 누구라도 늦으면 즉각 볼기를 맞을 각오를 해야 한답니다. 이런 데 있어서는 굉장히 엄격하거든요. 이때 체화전 천당문은 잠겨 있어서 남북으로는 드나들 수가 없어요. 저수궁으로 들어가는 남문 입구는 두 명의 태감이 맡고 체화전 북문 일대도 두 명의 태감이 순찰을 돌시요. 서수궁 농쪽, 서쪽 변전과 태후 궁의 회랑 아래에는 각각 한 사람씩 돌고요. 내가 아는 바로는 태감들은 야간 당직을 이렇게 섰어요."

"이제 우리가 야간 당직을 어떻게 섰는지 이야기해줄게요. 우리 궁녀들은 주로 저수궁 내에서 당직을 서고 저수궁 밖은 간여치 않았어요. 9시가 되면 야간 당직을 서는 궁녀들은 시간 맞춰 준비를 해야 하지요. 보통은 우리를 관리하는 분까지 다섯 명이 밤을 보냈는데 인원은 딱히 고정돼 있지 않았어요. 또다른 날은 마마님이 가르칠 궁녀들을 데리고 밤을 새기도 했고, 어느 날은 태후마마가 편찮으셔서 관리하는 분의 지시에 따라 인원이 한두 명 더 늘어나기도 했지요."

"9시가 되면 저수궁의 문 한쪽을 닫는데 보통은 동문을 닫았어요. 물을 쓰거나 필요한 물건을 가져오려면 서문으로 가는 것이 더 편했으니까요. 저수궁 전용으로 물을 받는 곳과 작은 주방이 바로 서쪽에 있거든요. 야간 당직을 서는 사람은 한 사람이 잘 수 있는 크기의 두툼한 깔개를 미리 준비하면 거기에 눕거나 앉아서 밤을 보낼 수 있었어요. 깔개는 보통 서쪽 편전 벽 모퉁이에 놓여 있는데 8시 전에 어린 태감들이 들고 와서 깔아줬어요. 또 야간 당직을 설 때는 중간에 간식이 한번 나왔어요. 보통 죽이나 갖가지 만두였지요. 밤 11시부터 각자 돌아가면서 간식을 먹었어요."

"야간 당직直夜을 우리는 보통 '상야上夜'라고 불렀어요. 태후마마, 황후마마, 후궁마마 등 윗분들을 위해 밤에 일한다는 의미였지요. 저수궁 야간 당직은 일반적으로 이렇게 나뉘었어요."

"첫 번째로 문 입구에 두 사람이 있어요. 태후마마의 문지기 개라고 보면 되지요. 여름에는 대나무 발 바깥에서, 겨울에는 천에 솜을 넣은 발 안쪽에서 당직을 섰어요. 저수궁 문이 한번 닫히면 어떤 높은 태감도 드나들 수 없었답니다. 태후마마의 허락 없이 마음대로 침전 문을 드나들었다가는 능지처참을 면치 못했지요. 이것은 태후마마가 만드신 법도가 아니라 선대부터 내려오는 규범이었어요. 궁 안 사람들은 누구나 알지요."

"두 번째로 옷 갈아입는 곳 입구 밖에 한 사람, 그 사람은 바깥뜰로 문이 나 있는 저수궁의 세 방을 책임져요. 주된 임무는 태후마마가 주무시는 침실의 동정을 자세히 살피는 것이지요. 침실 안에서 시중드는 궁녀를 보조하는 셈이에요."

"세 번째로 정실, 즉 불상이 있는 방 입구 밖에 한 사람, 이 사람은 남쪽 창들을 책임져요."

"네 번째로 침실 안에 한 사람, 이 사람은 가장 중요한 책임을 맡은 궁녀예요. 세상 천지에 침실 시중을 드는 궁녀만큼 태후마마와 가까운 사람은 없다고 해도 과언이 아니랍니다. 침실 시중을 든다는 것은 그만큼 총애를 얻는다는 뜻이지요. 군기처[청대에 군사, 정치의 중요 사무를 관장하던 최고 기관]의 우두머리나 대태감이라 해도 침실 시중을 드는 궁녀에 비할 바가 못 될 정도예요. 이 궁녀는 태후마마와 있는 시간이 가장 길고 대화도 가장 많이 하지요. 태후마마와 세세한 일들까지 허심탄회하게 이야기할 수 있기 때문에 침실 시중을 드는 궁녀 앞에서는 궁 안의 크고 작은 사람들이 다 눈치를 살핀답니다. 침실 시중은 야간 당직을 서는 궁녀들 중 가장 우두머리인 사람이 맡아요. 또 태후마마의 침실 안뿐 아니라 바깥도 돌아야 하고요. 반드시 영리하고 눈치가 빠르며, 믿음직스럽고 꼼꼼한 사람이어야 하지요. 또 궁녀들 중에서도 가장 입김이 세서 우리가 잘못하면 때릴 수도 있고 벌을 줄 수도 있었어요. 그 궁녀가 지시한 일을 해놓지 않으면 혼구멍이 나는 것은 당연지사였지요. 입 모양으로 신호를 한번 내리면 영문도 모르는 채 아래채로 끌려가서 사납게 대자리 다발로 얻어맞았어요. 그래도 맞는 궁녀는 꼿꼿이 서서 순순히 맞아야 했지요. 하지만 한편으로는 침실 시중을 드는 궁녀가 가장 힘들어요. 깔개도 없이 침실 주변에 꼭 붙어 있어야 하니까요. 태후마마 침대에서 60센티미터 정도 떨어진 곳 바닥에 앉아 서쪽 벽에 기대고는 침실 문을 바라보고 있어야 하지요. 태후마마가 별 탈 없이 편안히 주무시는지, 숨은 고르게 쉬시는지, 입이 건조해지지는 않았는지, 밤중에 몇 번이나 일어나셨는지, 물은 몇 번이나 마셨는지, 몸을 몇 번이나 뒤척이시는지, 몇 번이나 주무시다 깨셨는지, 기침을 하시지는 않았는지, 아침 몇 시에 일어나시는지 모두 귀로 확인하고 알아두어야 한답니다. 혹 내무부 관리들이나 어의가 물을지도 모르니까요. 이들은 이것을 바탕으로 제때 무엇을 올리고, 날마다 건강을 점검하는 일지를 쓰거든요. 이때 이 궁녀의 말이 중요한 자료가 되기 때문에 총관 태감들이 물어올 수밖에 없지요."

"사실 저수궁 야간 당직을 서는 궁녀들은 모두 고르고 또 고른 궁녀들이에요. 아침에 방을 청소하고 벽돌 바닥을 닦는 등 저수궁 문턱을 넘을 수 있는 궁녀들만 해도 꽤 상위 계층에 속한답니다. 손이 거칠고 덜렁대는 궁녀는 저수궁 문턱을 밟을 수도 없지요. 태후마마 곁에서 담배, 차를 올리거나 간식을 드리는 궁녀는 상위 계층 중에서도 높은 궁녀들이었어요. 또 그보다 더 높은 궁녀들은 야간 당직을 설 수 있는, 검증을 거쳐 확실히 믿을 수 있는 특별한 계층이었고요. 낮에 태후마마의 옷을 갈아입혀드리거나 대소변 시중을 들고 저녁에 태후마마의 발과 몸을 씻겨드리며 밤에 침실 시중을 들 수 있는 궁녀들은 특별 계층 중에서도 가장 높은 계층의 궁녀들이었어요. 다시 말해 야간 당직을 서는 궁녀들은 모두 태후마마의 신임이 있고 특별히 총애를 받는 궁녀들이라는 거지요. 당연하지 않겠어요? 태후마마의 일거수일투족을 그들 손에 맡기는데 고르고 또 고를 수밖에요."

"물론 가장 현명하신 분은 태후마마랍니다. 가장 믿고 가까이하는 궁녀들은 더 특별하게 대하시지요. 밖에서 아무리 심기 불편한 일이 있어도 우리 궁녀들을 대할 때는 항상 웃는 낯이셨어요. 저수궁 사람이 아니면 알 수 없는 자애로움이었지요. 나에게도 '룽얼, 이리 와보렴. 머리끝을 왜 그렇게 어설프게 묶었니? 조금만 더 길게 땋았으면 걸을 때 흔들리면서

저수궁 안 서태후의 침실

얼마나 예쁘겠니' 하고 말씀하셨지요. 쉽게 얼굴을 붉히며 노하는 분이 아니었어요."

"야간 당직에도 규칙이 있어요. 물론 이를 어기면 안 되지요. 첫째, 절대 천정을 바라보고 큰 대자로 누워 있어서는 안 돼요. 몸이 피곤할 때도 눈을 감고 쉬는 것은 괜찮지만 거친 소리를 내어서는 안 되지요. 둘째, 고약한 냄새를 풍겨서도 안 돼요. 정전에서는 대소변을 보는 것도 금지했어요.

셋째, 태후마마가 앉으시는 온돌 침대나 의자 등에 앉아서는 안 돼요. 넷째, 문 입구에서 야간 당직을 설 때는 항상 두 사람이 함께 있어야 해요. 이 모두가 그전부터 전해 내려오는 규범들이랍니다. 마마님들이 대대로 전수하신 것들이지요."

"이외에도 야간 당직을 서는 곳이 한 군데 더 있어요. 저수궁 서쪽 편전과 체화전에 연결된 회랑 아래이지요. 이곳에는 밤낮없이 나르는 구리 찻주전자가 있어서 태후마마의 차를 맡은 사람과 야간 당직을 서는 태감, 궁녀들이 이곳에서 쉬면서 간식을 먹었어요. 찻주전자 옆에는 석면(흰 석회와 가루로 만들어요) 화로가 있어서 날이면 날마다 숯이 생겼지요. 우리 간식은 궁문을 잠그기 전에 여기서 미리 준비했어요. 또 이곳에는 장푸 張福라고 하는 마음씨 좋은 태감이 있었어요. 그는 체화전 남문의 동쪽에 있는 두 개의 좁은 방에서 거처했는데 태후마마가 무척이나 총애하는 사람이어서 태후마마가 드실 차 우릴 물을 준비하고, 약을 달이고, 태후마마의 식사도 시중들었지요. 리렌잉이 하지 못하는 일도 그는 했어요. 굉장히 성실하고 꼼꼼하면서 참을성이 많아 태후마마가 무척 아꼈지요. 우리 저수궁 태감과 궁녀들은 모두 그를 장 어르신(아저씨)이라고 불렀답니다. 그는 자주 야간 당직을 섰고, 태후마마와 한시도 떨어지지 않는 분이었어요. 우리 모두 장 어르신이 계신 이곳에서 노는 것을 좋아했고 이 어르신 옆에서 따뜻한 정을 느낄 수 있었어요."

"우리가 야간 당직을 서는 모습은 이랬어요. 야간 당직은 아무래도 우리 궁녀들이 맡은 바가 컸지요."

허 아주머님의 말투는 매우 엄숙하면서도 당당했다. 그도 그럴 것이 허 아주머님은 당시 담배를 올리는 궁녀였고 야간 당직을 설 수 있을 만큼 태후마마의 신임을 얻고 있었다. 뿐만 아니라 태후마마의 침실 시중도 들어본 적이 있는 터였다. 경자년(1900)에 서태후가 또 한 번 시안으로 피신했을 때도 함께했으니 그야말로 태후 수하의 유일한 공신인 셈이었다. 나는 서태후가 왜 매정하게도 허 아주머님을 그토록 평범한 남자와 짝지어주었는지 궁금해졌다. 이에 대해 여러 차례 물어보았지만 허 아주머님은 그저 이렇게만 답할 뿐이었다.

"우리 노비들은 태후마마의 개, 고양이나 다름없는 존재예요. 태후마마는 무엇이든 그분 뜻대로 줄 수 있는 분이에요."

얼버무리는 말이긴 해도 어쨌든 상황은 확실히 그러했던 것 같다. 서태후가 비록 잔인하고 교활하긴 해도 상벌은 분명한 사람이니 결코 생각 없이 이런 처사를 내리지는 않았을 것이다. 아마 여기에는 분명 말 못할 속사정이 있을 것이다. 그러나 내가 아무리 물어도 허 아주머님은 쉬이 말해주지 않았다. 이 이야기만 나오면 말을 딴 데로 돌려버리는 그녀였다.

—— **여담**

우리는 늘 집에서 대화를 나누었다. 자유 토론이라고나 할까, 어떤 때는 주제에서 완전히 벗어나 새로운 이야기를 나누기도 했다.

"말씀하신 대로라면 태후마마의 호위는 그만큼 엄격했다는 거네요. 그럼 궁 안에서는 불미스런 일이 일어날 가능성이 전혀 없었나요? 역사 속에서 전해지는 소위 소당취한騷唐臭漢[한나라, 당나라 시대 남녀 사이에 발생한 음란한 이야기] 이야기들은 모두 거짓인가요?"

허 아주머님은 웃으면서 말했다.

"한나라, 당나라 때 일들은 나도 몰라요. 그런 불미스런 일들은 궁 안에서 말하는 것조차 금기시되었고요. 하지만 궁 안에서 7, 8년을 지낸 사람으로서 감히 말하건대 궁중에 법도가 있는 한 그런 일들이 실제로 일어나지는 않았을 거예요."

"하지만 외부에서 전해지기로는 샤오안쯔小安子라는 태감이 가장 총애를 받아서 태후마마의 머리를 빗을 때도 그가 옆에서 바라보고, 태후마마가 붉은 모란꽃 자수를 한 치파오旗袍[청대에 형성된 중국 전통 의상]를 입을 때도 그가 앞뒤로 거울을 비춰주었다고 하던데요. 이것은 양귀비[당나라 현종의 비]와 고역사[당 현종 때의 환관으로 황제의 두터운 신임을 받으며 권세를 부렸다]나 다름없지 않나요? 함풍제가 죽었을 때 태후는 겨우 28세였으니 샤오안쯔는 더욱 총애를 받았다고 하지요. 그때 동치제는 아직 어려 뭘 몰랐지만 나중에 커서 상황을 좀 알게 되었을 때는 샤오안쯔를 없애지 않으면 안 되겠다고 결심했고요. 결국 자신의 혼례 전에 샤오안쯔가 왕의 용포를 만드는 일로 강남에 간 틈을 타 산둥 관리 딩바오전을 시켜 지난濟南[산둥 성의 성도] 부에서 그를 죽이게 했지요. 태감은 본래 베이징 밖으로 나갈 수 없다는 법도를 핑계 삼아서 말이에요. 사람들이 그의 바지를 찢어보니 거세된 환관이 아니었다고 하더군요. 본래부터 가짜 내시(태감) 노릇을 했던 셈이에요. 그래서 서태후도 그를 각별히 아꼈고요. 허 아주머님은 이런 이야기를 들어본 적 없으세요?"

허 아주머님은 깔깔대며 웃었다. 이렇게 입을 벌리고 큰 소리로 웃는 것은 한 번도 본 적이 없었다. 그러고는 도리어 내게 물었다.

"그 이야기 믿으세요?"

"중화민국 때부터 들려오는 이야기나 신문에서는 모두 이렇게 말했어요. 저도 믿지는 않아요. 생각해보면 황당한 이야기잖아요! 하지만 또 생각해보면 28세의 과부가 수렴청정으로 대권을 장악했으니 무엇을 한들 누가 뭐라고 하겠어요? 홍등을 밝히고 시중을 들 남자를 찾아 외로움을 달랬다 한들 중국 역사에서는 예로부터 있어왔던 일이잖아요. 서구에서도 이런 일은 로마 시대부터 기록되어 있고요. 그러니 뭐 신기한 일도 아니지 않겠어요?"

허 아주머님은 또 웃으면서 대답했다.

"황제는 결코 어리석지 않아요. 황제에게 계책을 올리는 사람들은 더더욱 어리석지 않고요. 중국이 환관 제도를 도입한 것이 수천 년이라 하는데 태감들을 다스리는 법 하나 생각지 못했을까요? 태감을 관리하는 아문은 모두 일정한 권력이 있어요. 청대의 내무부는 1년 중 봄가을 두 차례에 걸쳐 태감들을 감찰하지요. 2차 거세, 3차 거세 모두 있어요. 설사 뇌물을 써서 감찰을 면하고자 한다 해도 자칫하면 관리들 목이 달아날 일인데 어떤 관리가 그 뒷일을 감당하겠어요. 태감들은 보통 집이 찢어지게 가난한 사람들이랍니다. 먹고살 만하면 누가 거세를 하면서까지 내시가 되겠어요? 거세를 한 뒤 궁에 있는 사람에게 태감 일을 부탁한다 해도 깨끗하게 거세한 몸이 아니면 누가 감히 그를 궁에 들이겠어요? 그랬다가는 아무 일이 없더라도 목이 달아날 텐데 말이에요. 당시 제도로 보나 정황으로 보나 모두 어림없는 일이에요. 애초에 궁녀들을 야간 당직에 세우는 것만 해도, 물론 비빈들을 보호하는 것이 주된 목적이지만 한편으로는 젊은 비빈들을 통제하고자 하는 의미도 있답니다."

허 아주머님의 말에 나는 완전히 설득당하고 말았다. 사실 곰곰이 생각해보면 샤오안쯔에 관한 이야기는 확실히 허무맹랑한 데가 있다. 처음에 거세를 하고 궁에 들어가기를 청했을 때부터 여러 기관의 검사를 거쳐야 했을 텐데 세력을 얻고 나서 갑자기 거세한 부분이 자랐다는 것은 아무래도 사람들이 꾸며낸 이야기인 듯하다.

허 아주머님은 가끔 장황하게 하소연을 하는 일도 있었다.

"중화민국 이래로 수많은 사람이 내게 묻더군요. 리렌잉이 야간 당직을 설 때 태후마마가 침실에서 기침하는 소리를 듣고 태후마마를 깨울까봐 두려워 무릎을 꿇고 기어서 침전으로 들어갔다고 말이지요. 들어와서는 태후마마께 마실 물을 따라드렸더니 마마가 무척 감격했다고 하더군요. 아니, 그렇게 따지면 태후마마는 주무실 때 궁에 홀로 계셨다는 말이 되잖아요? 아무도 태후마마를 돌보지 않고, 밤에 기침을 하시는데도 물 한 그릇 떠다줄 사람이 없었다는 말이 되겠지요. 그게 무슨 황궁의 태후겠어요? 이런 말도 안 되는 이야기를 들으면 정말 무슨 말을 해줘야 할지 모르겠어요!"

"또 어떤 사람들은 물어요. 태후마마가 양샤오루楊小樓의 공연을 즐기시고 특히 양샤오루의 무공을 좋아하셔서 태감들을 시켜 그를 찬합에 넣어 태후마마의 침전으로 들고 가게 했느냐고 말이에요. 이건 더 기가 찬 이야기예요. 태후마마, 황후마마가 두 마리 봉황이시라면 우리 궁녀들은 한 무리의 참새라고 할 수 있지요. 하루 종일 봉황의 주변을 둘러싸고 적어도 열 명이 넘는 참새가 그 뒤를 따라다녀요. 이것이 법도이고 규범인데 멀쩡한 사내를 침전에 데리고 들어가 어디에 두겠어요? 모두 어처구니없는 소문들이지요. 이것 말고도 우리 궁녀들에 대해 또 얼마나 많은 이야기를 꾸며냈는지 몰라요. 그래서 정말 진솔하게 궁중 이야기를 듣고 싶어하는 사람들에게 하는 것 말고는 일체 궁에 대한 이야기를 하지 않는답니다."

아마 허 아주머님을 난처하게 한 일이 숱하게 있었던 모양이다. 하지만 궁중에서 일어난 일들을 명확히 규명하는 것은 쉽지 않을뿐더러 세상 사람들의 오해도 많아 허 아주머님은 숫제 입을 다물고 그들을 차갑게 대한 것 같다. 혹여 자신이 대답할 수 없는 일들을 물어올지도 모르는 일이니까.

── 조회 이전의 풍경

청대에는 조정에서 열리는 조회를 궁에서만 쓰는 말로 "규기叫起"라고 했다. 황제나 수렴청정을 하는 황태후가 군기대신들과 귀족들, 만한대학사나 육부 관리 및 국경 지방 장관 등을 불러 명을 하달하고, 보고를 듣고, 신하들의 알현을 받는 등 최고 권력자의 정무였다. 보통 아침 7시에서 8시에 시작되고 대략 한 시진(두 시간) 정도가 소요되었다. 이는 궁에서 가장 장중하게 거행되는 일이기도 했다.

"규기 이야기를 꺼내니 또 태후마마를 칭송하지 않을 수 없네요."

허 아주머님은 신바람이 난 목소리로 말을 이었다.

"태후마마는 정말 대단한 분이세요. 하루 온종일 그 많은 정무를 심중에 담아두시면서도 늘 유유자적하셨지요. 그 와중에도 음식이며 의복, 장신구, 오락까지 신경 쓰셨고요. 항상 여유로우시고 피곤한 기색이라고는 조금도 없으셨어요. 규기만 해도 여름이든 겨울이든, 비가 오든 눈이 내리든 하루도 빠짐없이 기침하셔서 정확한 시간에 양심전養心殿[신하를 접견하고 정무를 처리하며 황제가 독서와 공부 등을 하던 궁]에 드셨답니다. 수십 년을 한결같이 말이에요. 정말 쉽지 않은 일이지요."

허 아주머님에게 있어 서태후는 언제나 마음 깊이 충성하고 존경하는 주인이었다. 태후에 대한 칭송은 그녀의 입에서 떠나지 않았다.

"대략 인시(오전 3시에서 5시 사이)가 되면 벌써 태후마마의 침실에서 기척이 들려요. 당직을 서는 궁녀는 곧바로 시중 들 준비를 해야 하지요. 이때가 되면 궁녀들은 다 같이 일사분란하게 움직여야 해요. 태후마마

줄 세공이 되어 있는 법랑 세숫대야와 황색 화리나무에 자개를 박은 받침대

방에 불이 켜지면, 그러니까 등을 가리는 얇은 덮개를 걷으면 그때부터 야간 당직을 섰던 두 궁녀는 침실 문 앞으로 와서 시중들고 궁문 입구에 있던 두 궁녀는 다른 허드렛일을 하는 궁녀와 연락해서 지시를 받을 준비를 해요. 4시가 되면 잠겼던 궁문은 이미 열려 있고 허드렛일을 하는 궁녀가 궁 밖에서 미리 준비해놓은 뜨거운 물을 한 통 날라오지요. 서남쪽 모서리의 석면 화로에서는 장푸 어르신이 흰 목이버섯을 달이느라 어슴푸레하게 붉은빛을 내뿜고 있어요. 태후마마가 기침하실 때에 맞춰 가장 먼저 올려드리는 것이니까요. 이것을 자주 먹으면 얼굴이 늙지 않고 영원히 젊음을 유지한다고 해요. 침실 시중을 드는 궁녀가 이마를 땅에 대고 절을 하면서(평소에 이 궁녀는 이마를 대면서까지 절하지 않아요. 태후마마를 매일 매일 보니까 그냥 무릎만 꿇고 인사를 드리지요. 초하룻날과 15일 외에는 태후마마를 2, 3일 정도 뵙지 못했거나 태후마마가 편찮으셨다가 완쾌되었을 때나 이마를 땅에 대며 예를 올려요) 일부러 '태후마마[원문은 '조상님老祖宗'으로 아랫사람이 태후를 부르는 호칭 중 하나]는 홍복을 받으소서' 하고 외치면(이것도 하나의 신호랍니다) 우리는 태후마마가 일어나 앉으셨다는 것을 알게 돼요. 태후마마가 일어나 거동하시면 문 입구에서 당직을 서던 두 궁녀는 그제야 다른 궁녀들을 데리고 침전 문턱을 넘어오지요. 한쪽을 닫았던 침전 대문도 모두 열리고요. 궁문의 경계가 풀리는 셈이에요. 야간 당직을 선 궁녀들은 그날 당직을 서는 궁녀들과 함께 나란히 무릎을 꿇고 침실을 향해 문안 인사를 올린 뒤 할 일을 하러 가요. 궁녀들은 침전 문의 발을 반쯤 걸었을 때면 침실 안에 들어갈 수 있었어요. 가장 먼저 들어가는 이는 이불을 담당하는 궁녀였지요. 태후마마의 이불을 잘 개킨 다음 은 대야에 뜨거운 물을 따르고 태후마마가 뜨거운 수건으로 손을 감싸면 대야에 오랜 시간 손을 담가드려요. 두세 번 대야의 물을 새로 붓고 손등과 손가락 마디까지 모두 부드럽게 담그지요. 이것은 태후마마의 건강 관리법 중 하나였어요.

태후마마의 손은 열여덟, 열아홉 먹은 아가씨 손처럼 굉장히 곱고 매끄러웠는데 이것도 다 손 관리법 덕택이지요. 이렇게 손을 담그는 일은 매일 반드시 해야 하는 일과였어요. 이것을 마치고 나서야 세수가 시작되었지요. 세수라기보다는 얼굴 온습포(지금의 온찜질)라고 하는 게 낫겠어요. 이것을 하면 얼굴의 주름이 줄어든답니다. 이것까지 모두 마치면 화장대 앞에 앉아서 침실 시중을 드는 궁녀가 양쪽 귀밑머리를 가볍게 빗질하고 분을 바르고 양 볼과 손바닥에 연지를 발랐어요(여기는 설명을 좀 해야 돼요. 연지와 분은 모두 태후마마가 직접 고안해서 만드신 것이랍니다). 그런 다음 태감이 태후마마의 머리를 빗겨드렸지요. 태후마마는 자존심이 강한 분이라 아랫사람들 앞에서 절대로 흐트러진 머리카락이나 지저분한 모습을 보이지 않으셨어요. 이때쯤에는 머리를 빗는 류 태감이 침전 문밖에서 공손하게 기다리고 있답니다."

── 머리 빗기

"나는 리렌잉이 태후마마의 머리를 빗겨드리는 것을 본 적이 없어요. 들어본 적도 없고요. 7, 8년 동안 태후마마의 머리를 빗겨드리는 일은 오직 류 태감만 맡았지 누구도 그를 대신했던 적이 없어요."

"그는 큰 총애를 받는 태감이었어요. 온화하고 유순한 성격에 점잖고 예를 갖춘 사람이었지요. 눈가 주름에 즐겁고 온화한 기색이 늘 가시지 않았어요. 시중드는 사람은 지나치게 유하지도 또 조급하지도 않은 적당한 기질의 사람이라야 시중을 받는 사람이 편안함을 느낀답니다. 궁녀들도 모두 류 태감과 친해서 늘 허물없이 그를 류 아저씨라고 불렀어요. 그도 곧잘 궁녀들에게 바늘이며 실 같은 물건들을 가져다주었고요. 이것은 궁녀들에게 늘 필요한 물건이었는데 그는 한 사람에게만 갖다주는 것이 아

저수궁에 진열된 화장도구함. 상아 재질에 꽃이 새겨져 있다.

니라 필요한 사람은 누구나 쓰게끔 했어요. 궁녀들이 가끔 그를 보고 안부를 물으면 누구한테든 겸손하고 온화하게 답례를 했지요. 태후마마도 그의 인간관계가 좋은 것을 아시고 늘 이렇게 말씀하셨어요. '내려가서 궁녀들을 시켜 너에게 차를 올리도록 해라.' 이것은 실로 엄청난 영예랍니다. 궁녀들이 올린 차를 마실 수 있다는 것은 궁 안에서 지극히 존대를 받는 일이거든요. 하지만 류 태감은 연신 무릎을 꿇으며 '노비가 어찌 감히 그럴 수 있습니까? 노비는 받을 수 없나이다' 하고 답했지요. 태후마마가 체면을 세워줄수록 그는 더욱 겸손하고 조심스럽게 행동했어요. 이것이 바로 그가 오랫동안 총애를 얻은 이유이지요."

"다시 머리 빗는 이야기로 돌아가서, 궁녀들이 궁문의 발을 들어올려주면 류 태감은 머리에 황색 구름과 용 무늬가 있는 보자기(안에는 머리 빗는 도구가 들어 있어요)를 이고 들어와 무릎을 꿇은 다음 보자기를 내리고 위로 받쳐 올렸어요. 궁녀가 그것을 받으면 곧 낭랑한 목소리로 '태후마마는[원문은 부처님老佛爺, 청대 황태후와 태상황제에 대한 존칭] 홍복을 받으소서, 노비가 마마께 문안 올리오니다!' 하고 외쳤지요. 그러면 침실 시중을 드는 궁녀가 안에서 '들어오느라, 류더성劉德盛!' 하고 답해요. 이는 태후마마의 말을 대신한 거예요. 그래도 특별한 대우였지요. 태후마마의 침실에 그렇게 자주 드나들 수 있는 사람은 거의 류 태감뿐이었으니까요."

"류 태감이 방으로 들어가 머리를 조아린 다음(태감들은 아침에 가장 처음 태후마마를 뵐 때 대부분 이마를 땅에 대고 예를 표한답니다) 가져온 보자기를 풀어서 빗이며 비녀, 참빗 등 머리 빗는 도구를 꺼내 태후마마의 머리를 빗기 시작해요. 이때 태후마마가 말씀하시지요. '밖에서 무슨 새로운 이야기를 들은 것 없느냐? 말해보거라.' 류 태감은 이 말이 나올 것을 예상하고 자신이 지어낸 이야기들을 하나 하나씩 들려드려요. 용과 봉황은 길조를 나타낸다느니, 때맞춰 비가 오고 바람이 불어서 날씨가 좋다느니, 듣고 있으면 태후마마는 물론이고 우리까지 웃음을 참을 수 없게 만들지요. 정말 웃음보따리였는데, 아쉽게도 무척 오래돼서 어떤 이야기들을 했는지는 기억이 안 나네요. 나도 흉내를 못 내겠어요. 대부분 이런 것이었어요. '올해는 절기가 일찍 왔습니다. 작년에는 윤달이 있어 6월 6일에 이삭이 패고 꽃이 피었으며 입춘이 육구[동지부터 시작해 매 9일이 한 '구九'이며 1구에서 9구까지 81일임]의 첫날이었지요. 작년 입춘은 음력 12월 안에 있었습니다만 우리 황력[1년 동안의 월일, 해와 달의 운행, 월식과 일식, 절기, 특별한 기상 변동 등을 날의 순서에 따라 적은 역서]을 보면 올해 입춘부터 한식까지는 60일이 지나야 하니 올해는 청명절이 2월에 있습지요. 흔히 말하기를 2월의 청명절은 온 땅이 푸르지만 3월의 청명절은 땅에 아무것도 없다고 합니다. 올해 한식은 복숭아꽃이 붉게 피고 버들잎이 푸르러 봄 풍경이 만연한데 어리석은 제비는 지혜로운 제비보다 앞서서 가지요. 어리석은 제비는 바로 우리 본토 제비들인데 이 제비들은 남북을 오가지 않고 날 때는 날개를 굽힐 줄도 모르며 진흙으로 둥지를 지을 줄도 몰라 여름이건 겨울이건 우리 성문 안에 살면서 태후마마를 위해 성문을 지킨답니다. 사박사박 소리를 내며 울어서 본래는 사람들이 사박 제비라고 불렀는데 이제는 다들 어리석은 제비['어리석다'의 중국어 발음과 모래를 밟는 듯한 의성어의 중국어 발음이 유사하다]라고 부르지요. 이는 그 우둔한 입과 혀 때문인데 모두 그것의 우직하고 어수룩한 면을 좋아한답니다. 그런데 그것이 올해는 어수룩하지 않습니다. 지혜로운 제비보다 열흘이나 일찍 나타났답니다. 단언컨대 올해는 가뭄과 홍수가 없고 비와 바람이 적절하게 올 것입니다. 이 모든 것이 태후마마의 높으신 덕에 감동한 것이지요. 앞으로 태후마마께서 다스리실 대청국에서는 못생긴 처녀가 아름다워지고 아둔한 부녀들이 지혜로워질 것입니다. 이거야말로 태평성세가 아니고 무엇이겠습니까!'

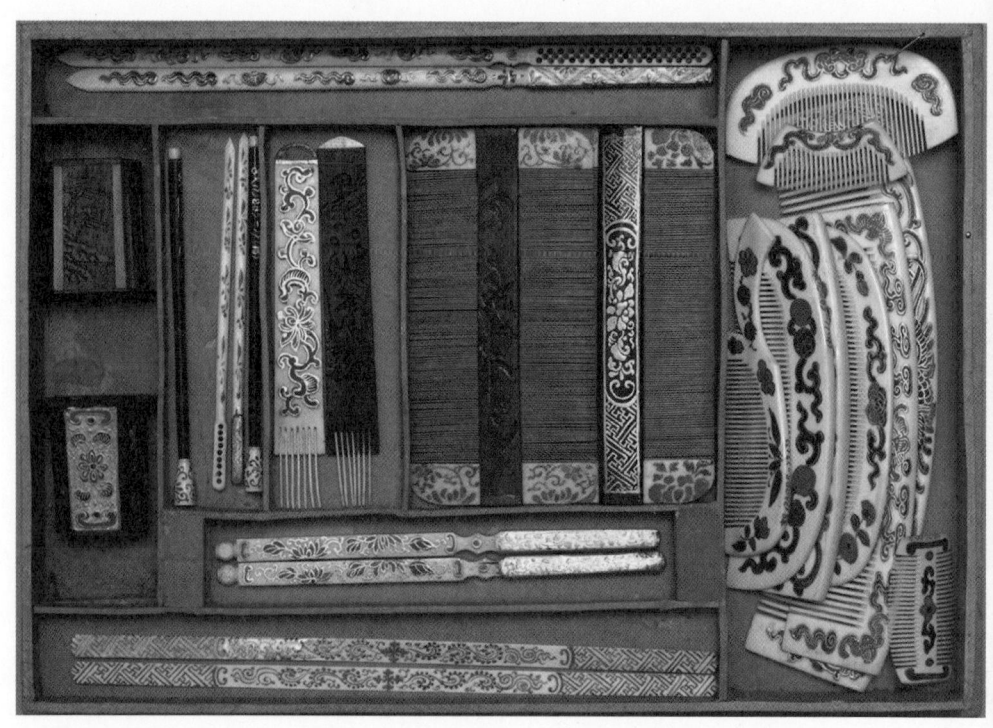

청 궁에 보관되어 있던 머리 빗는 도구들

'그저께는 백성들에게 죽을 배급해주는 곳에서 이런 기묘한 이야기를 들었습지요. 순천부順天府[명대에 베이징 일대를 통치하기 위해 설치했던 관부] 관리가 죽의 배급 상황을 살펴보기 위해 먼저 남성南城으로 갔는데 거기서 낡은 솜저고리와 바지를 단정히 차려 입은 한 노부인을 만났더랍니다. 짙푸른 색 무명천 옷은 깨끗이 빨아 입었고 옷을 기운 자리도 말끔했지요. 조그만 잡티 하나 없는 차림에 몸도 꽤 정정해 보이는 할머니가 죽을 받기 위해 줄을 서 있더랍니다. 순천부 관리는 알 수 없는 노릇이었지만 어쨌든 덕성문德城門[베이징 내성 서북쪽에 있는 성문]의 죽 배급 장소로 발걸음을 옮겼습니다. 그런데 이게 어찌된 일일까요? 거기서도 그 할머니가 죽을 받으러 줄을 서 있는 것이 아니겠습니까? 여러 사람 틈에서도 유난히 두드러져서 자연스레 관리의 눈에 띄었답니다. 관리는 죽을 배급하는 사람을 따로 불러 할머니가 이 부근 사람인지, 날마다 오는지 등을 물어보았습니다. 그러자 죽을 배급하는 사람이 열흘이나 8일에 한 차례씩 온다고 대답했지요. 그 말을 듣고 순천부 관리는 이렇게 당부했답니다. '이 할머니는 살아 있는 신선이니 잘 모시게. 내가 방금 남문에서도 이 할머니를 봤다네. 그러고 나서 여기까지 말을 타고 한달음에 왔는데 저 할머니가 나보다 먼저 와 있는 거야. 틀림없이 보통 사람이 아닐 게야.' 보십시오! 태후 마마가 죽 배급을 시행하신 뒤로 그 덕을 보시고 천지가 감동하여 신선이 다 내려오시질 않았습니까."

"이렇게 류 태감은 머리를 빗어가면서 태연자약하게 재미있는 이야기를 해드렸답니다. 그동안 침실 시중을 드는 궁녀는 옆에서 머리 빗는 도구를 집어주고 이불을 맡은 궁녀는 침대와 침대 밑을 정리했지요. 이때쯤이면 장푸 어르신이 그릇에 얼음 설탕과 달인 흰 목이버섯을 담아 들고 와 저수궁 문밖에 있는 궁녀에게 전달했어요. 음료든 찬이든 약이든 뭐든지 직접 만들어내는 이 태감은 말 한마디 없이 그저 머리를 조아리고 일하는 것밖에 몰랐지요. 태후마마가 앞에 낮은 찻상을 놓고 은 숟가락으로 버섯 달인 것을 한 숟가락 뜨시는 순간은 하루 중 가장 흡족해하시는 때이고 우리도 이때가 가장 즐거웠어요. 그리고 모두 류 태감에게 고마워했어요. 아침부터 태후마마를 즐겁게 해드렸으니 말이에요. 태후마마의 기분이 좋으면 우리도 시중들기가 훨씬 수월했으니까요."

"류 태감은 여느 태감들과 달랐어요. 누구를 편애하는 일도 없었고 머리를 빗겨드릴 때 외에는 잡다하게 수다를 떨지도 않았답니다. 출세를 위해 다투는 일도 물론 없었고요. 태후마마 앞에서 이야기를 해드릴 때가 말을 가장 많이 하는 때였는데 그때 역시 한 번도 다른 사람에 대해 이러쿵저러쿵 나쁜 말을 한 적이 없었어요. 내가 궁에 들어간 첫날부터 그가 저수궁에서 일하는 것을 봐왔고 내가 궁을 떠날 때쯤에 그는 이미 등이 굽은 노인이 되었지만 여전히 부지런하게 맡은 일을 감당했답니다. 나도 궁생활 중 여러 부분에서 그의 도움을 받았어요. 그래서 그가 하루 일을 마치고 출궁을 할 때면 나는 동쪽 회랑 아래에서 그를 기다리곤 했지요. 이곳은 궁을 나갈 때 반드시 지나가는 길목이었거든요. 그가 지나가면 나는 '아버지' 하고 부르며 무릎을 꿇고 공손히 인사를 드렸답니다. 그러면 그도 다정하게 '룽얼' 하고 불러주었고요. 안타깝게도 그는 궁을 완전히 떠난 뒤 얼마 안 되어 곧 늙었어요(세상을 떠났다는 표현). 그를 생각하니 눈물이 나네요."

지나간 날들과 지인들, 살뜰히 대해주던 동료들을 생각하니 자신도 모르게 가슴이 저려오는지 허 아주머님의 눈에서 눈물방울이 떨어졌다.

"제가 또 마음을 아프게 해드렸네요."

이 말에 그녀는 애써 웃으며 말했다.

"말을 하다보니 어쩌다 류 태감 이야기까지 나왔네요. 다시 태후마마 이야기를 해볼게요."

분주한 아침

앞에서 여러 번 언급한 대로 우리의 대화는 끊어졌다 이어졌다 가끔 옆길로 새기도 하면서 주제와 상관없이 자유롭게 이어져갔다. 기억은 마치 아교처럼 그 부스러기들을 조각조각 이어 붙여놓은 것 같다. 꺼내놓으면 자잘하고 어수선한 기억의 부스러기들이 나올 수밖에 없다. 독자들도 읽기 불편하겠지만 나 역시 필력이 부족해 스스로도 부끄럽기 그지없을 뿐이다. 하지만 구태여 말해 무엇 하겠는가. 어차피 기억은 시간의 흐름에 따라 점점 엷어져가는 것인데.

"그럼 태후마마 이야기를 계속해보지요."

허 아주머님은 오랫동안 침묵을 지키다가 한참 만에야 입을 열었다.

"실은 규기 전의 일들을 먼저 이야기해주고 싶었는데 갑자기 생각지도 못하게 당나라니, 한나라니 하는 바람에 나도 그만 휘말려버렸네요. 이제 거기서부터 이야기하면 되겠지요."

허 아주머님은 웃으며 가볍게 나를 나무랐다. 항상 그랬다. 누구를 나무랄 때도 웃으며 실례가 되지 않게, 듣는 사람이 기분 나쁘지 않게 말했다. 나는 얼른 사과를 드렸다.

"다시는 이야기 중간에 끼어들지 않을게요."

높은 계층의 기하인과 함께 있을 때는 종종 불편함을 느낀다. 예의상 따지는 것이 무척 많아서 같이 있는 시간이 길어질수록 보통 사람들은 염증을 느끼게 된다. 하지만 그들은 오히려 상위 계층 사람들만 이런 예절을 따질 줄 안다고 믿는다. 사실 이러한 구별은 쉽게 깨지지 않는 법이다. 잔사설은 이만 하고 다시 그녀의 이야기에 귀를 기울여보도록 하겠다.

"태후마마의 머리를 빗겨드리는 동안 침실 시중을 드는 궁녀는 휘장을 맡은 궁녀와 이불을 맡은 궁녀를 시켜 모든 침대 정리를 마치고 침전에서 나와요. 머리 빗는 일을 돕는 궁녀만 남아 도구함을 들고 옆에서 시중을 들지요. 그 사이 침실 밖 옷 갈아입는 방에서는 옷을 담당하는 궁녀가 그날 입을 옷이며 신발, 버선들을 모두 준비해놓고 있어요. 머리 빗기가 끝나면 태후마마는 눈썹을 새로 그리고, 귀밑머리에 윤을 내며, 분과 연지를 바르지요. 60세가 넘은 데다 홀로 된 몸이지만 늘 긴장을 놓지 않으셨답니다. 우리가 느끼기에도 좀 지나치다 싶을 만큼이요. 태후마마가 앞뒤 좌우로 거울을 비춰보면 침실 시중을 드는 궁녀는 옆에서 입이 마르도록 감탄을 하면서 태후마마를 기분 좋게 해드려요. 이런 일은 시종일관 침실 시중을 드는 궁녀가 도맡아 하지요. 다른 사람은 근처에도 가지 못해요."

"그런 다음 일어나서서 두 발을 모으고 신발과 버선(능[비단의 하나로 얇고 얼음 같은 무늬가 있다]으로 짠 버선으로 가운데 선이 있어서 신발 입구와 짝이 잘 맞아야 해요)이 제대로 되어 있는지 살피세요. 그러고는 사뿐사뿐 우아한 자태로 걸어 나오시지요. 이때 침실 시중을 드는 궁녀가 침실 창문의 발을 한번 치면 회랑에서 내내 발을 주시하고 있던 리롄잉, 추이위구이崔玉貴, 장푸 등이 명령이라도 받은 것처럼 일제히 회랑 기와 아래 층계 위에 무릎을 꿇어요. 그런 다음 남자도, 여자도 아닌 듯한 높다란 목소리로 '태후마마는 홍복을 누리소서!' 하고 크게 외치지요. 그러면 태후마마는 광채를 발하는 듯한 얼굴에 봄바람 같은 미소를 띠시며 인사를 받으세요. 어떤 때는 특별대우로 중앙에 있는 자리에 앉아서 그들의 접견을 맞이하기도 하시고요. 이게 다 침실 시중을 드는 궁녀가 창문의 발을 쳐서 암암리에 신호를 보내주기에 가능한 일이지요. 아침에 일어나면 늘 반복되는 일이고요. 달이 가고 해가 바뀌어도 날마다 똑같았어요. 리롄잉과 태감들은 한 번도 저수궁 궁녀들을 함부로 대한 적이 없어요. 다 같이 한 지붕 아래서 지내는 사람들이고 서로 돕는 처지였으니까요."

"당시 나같이 담배를 올리는 궁녀는 무척 바쁜 사람이었답니다. 앞서도 말했지만 태후마마는 관둥 담배보다 물담배를 즐기셨어요. 나한테

꽃을 꽂은 모습을 맞은편 거울에 비추어보고 있는 서태후

는 늘 푸른 종이로 싼 담배 묶음이 왔지요. 잘게 썬 황금색 담뱃잎은 향긋하면서도 맵싸한 냄새가 났어요. 그렇다고 많이 독하지는 않았고요. 잎이 길고 손 위에 놓고 만져보면 촉감이 꽤 부드러웠답니다. 태후마마는 늘 담뱃대를 왼쪽으로 무셨기 때문에 나는 항상 왼쪽에 서 있어야 했어요. 태후마마와 벽돌 두 개 정도의 간격을 두고 말이에요. 담배를 잘 넣은 다음 오른손으로 담뱃대를 받쳐 들고 가볍게 담배물부리를 태후마마의 입가로 올려드렸지요(무릎을 꿇지 않고 담배를 올려요). 왼손으로는 종이를 흔들어서 불을 살리고 손으로 가리면서 담뱃불을 붙였고요. 말로 하면 간단한데 이렇게 왼손을 쓰는 습관을 들이느라 숙달되기까지 여간 고생스럽지 않았답니다. 결코 과장이 아니에요."

허 아주머님은 흥분한 기색으로 급히 주전자를 들어 뜨거운 물을 한 잔 따라 오른손에 받쳐 들었다.

"나도 이제 예순이 넘어 손발이 예전 같진 않아요. 그래도 매를 맞고 꾸중을 들어가며 몸에 익힌 것들은 쉬이 잃어버리지 않는답니다. 자, 보세요."

방금 끓는 물을 넣은 뜨거운 찻잔을 오른손 손바닥 위에 놓고 족히 4, 5분은 그대로 움직이지 않았다. 왼손으로 다른 물건을 잡고 차를 마시고 눈을 좌우로 두리번거려도 오른손은 미동조차 하지 않았다.

"마마님의 말씀을 난 한평생 기억해요. 종이의 불꽃이 태후마마의 옷에 떨어지는 날에는 나가서(끌려 나가는 것을 의미해요) 맞아죽게 될 것이라고 하셨던 말씀을요. 나는 이 뜨거운 물컵을 들고 반년가량 연습한 다음에야 담배 시중을 들 수 있었어요. 만약 왼손으로 종이를 흔들다가 불똥이 튀면 깜짝 놀라 오른손까지 흔들리고 그러면 담배물부리가 태후마마 입에서 미끄러지기 십상이니까요. 이런 말 알지요? '군주를 모시는 것은 호랑이 옆에 있는 것과 같다.' 우리는 매일 매일이 긴장의 연속이었어요. 목숨이 염라대왕과 창호지 한 장 거리에 있었지요."

허 아주머님의 눈가가 어느 틈엔가 불그스레해졌다. 감정이 풍부한 사람이라 과거를 회상하니 자신도 모르게 마음이 아파오는 모양이었다. 나는 묵묵히 듣고만 있을 뿐 아무런 위로의 말도 찾지 못했다.

허 아주머님이 다시 입을 열었다.

"그뿐만이 아니지요! 태후마마 얼굴이 한번 굳어지면 궁녀들을 관리하는 마마님은 궁녀들이 일을 제대로 못 한 것을 곧 알아차려요. 그러면 나가서 아무 말도 없이 다짜고짜 등나무덩굴로 맞는 거예요. 궁에서는 잘못을 따로 가르쳐주는 법이 없어요. 먼저 벌부터 받고 그다음엔 맞는 거지요. 거기서 더 나가면 죽는 것이고요. 그러니 항상 매를 들고 말씀을 하셨어요."

허 아주머님은 잠시 말이 없었다.

"내가 또 다른 이야기로 빠졌네요. 다시 태후마마 이야기로 돌아가지요. 담배를 두 대 정도 피우신 뒤에는 늘 장 태감이 만든 우유차를 올렸어요. 태후마마가 가장 즐겨 마시는 음료가 젖과 우유였거든요. 궁에서의 아침식사는 둥베이 지방 사람들의 식습관이 아직 남아 있어 우유를 마실 때 꼭 차와 섞어 마신답니다. 그것이 바로 우유차이고요. 우유차는 황실 차를 담당하는 곳에서 만들지 않고, 저수궁의 차를 끓이는 작은 방에서 만들어왔어요. 우선은 가깝고 또 장 태감이 만든 것은 믿을 수 있었으니까요. 이와 동시에 주방에서는 아침식사를 올려야 해요. 갖가지 죽, 예를 들어 쌀죽이면 위톈玉田 지역에서 나는 붉은 쌀죽, 강남의 향 찹쌀죽, 율무죽 등이 있었고 팔보연자죽八寶蓮子粥(음력 12월 초여드레에 먹는 납팔죽에서 연유한 것으로 여러 곡식과 연밥을 함께 끓인 죽) 같은 것도 나왔어요. 차탕茶湯(기장·수수 등의 가루에 뜨거운 물을 붓고 설탕을 넣어 걸쭉하게 만듦)도 살구씨차, 콩즙, 소골수차탕牛骨髓茶湯 등 여러 가지가 나왔고요. 음식은 모두 손잡이가 달린 큰 찬합으로 덮고 그 위에 황색 구름과 용 무늬가 있는 천을 씌웠어요. 흔히들 보자기라고 불렀지요. 이때가 바로 리렌잉이 움직이는 때예요. 그는 침전 문 안에 서 있고, 추이위구이는 침전 문밖에, 장푸는 태후마마의 탁자 옆에 서 있다가 추이위구이가 먼저 태감의 보자기를 받아 리렌잉에게 전달하지요. 그러면 장푸가 그것을 열고 다시 리렌잉이 태후마마 앞에 올려요. 태후마마 앞으로 오기 전까지는 절대로 찬합을 열지 않는답니다. 이것은 궁의 엄격한 규범이었어요. 태후마마가 동쪽 방 온돌 침대에 자리 잡고 앉으실 때는 보통 동쪽 편에서 서쪽을 바라보고 앉으셨어요. 그러면 온돌 침대 위에 앉은뱅이책상을 놓고 바닥에는 화리나무 찻상을 가져와서 놓지요. 이 찻상과 앉은뱅이책상은 높지도 낮지도 않아 잘 어울렸어요. 찬합 안에는 20여 가지 아침 찬이 들어 있답니다. 앞서 말한 것 외에도 팔진죽八珍粥(여덟 가지 재료의 죽), 닭고기죽雞絲粥, 마장사오빙, 유쑤사오빙油酥燒餠(밀가루 반죽에 식용유를 넣고 지진 바삭한 전병), 바이마티白馬蹄, 무채전병蘿蔔絲餠, 칭유빙淸油餠(식물성 식용유로 만든 전병), 자오취안焦圈(고리 모양으로 기름에 튀긴 밀가루 음식, 아침식사로 많이 먹는다), 탕바오糖包(설탕을 넣은 만두), 탕빙糖餠(설탕 전병) 등이 더 있어요. 또 담백한 자싼쯔, 자후이터우炸回頭(사각으로 반죽한 밀가루 피에 부추, 녹말 등을 넣고 두 변을 접어서 튀긴 음식)도 있었고요. 콩으로 만든 음식으로는 쑤스진素什錦(두부피와 여러 야채로 만든 요리)이 있었고, 간수로 만든 음식으로는 루지간鹵雞肝, 루지푸鹵雞脯 등이 있었어요."

"아침식사를 마치시면 입을 헹구신 뒤 차를 반 잔 정도 드시고 담배를 피우셨어요. 담배를 피우시고 나면 궁녀들이 태후마마를 옷 갈아입는 방으로 모셨지요. 이곳에서 태후마마는 연꽃무늬 바탕에 진주로 꾸민 봉황 신을 신으시고, 두 개의 머리가 달린 봉황 장식 관을 쓰셨어요. 양옆에는 진주로 엮은 망사 주머니를 매시고 때에 맞는 궁화宮花를 다신 뒤 봉황

저수궁 안 가구들

을 아름답게 수놓은 어깨걸이를 걸치셨지요. 이때 리롄잉은 모든 행차 준비를 지시하고 있어요. 가마가 저수궁 입구로 오면 나는 태후마마가 조정에 드실 때 쓰실 휴대용 물담뱃대를 리롄잉에게 건네줬지요. 태후마마가 가마에 오르시면 왼쪽은 궁정 대태감인 리롄잉이, 오른쪽은 궁 내정을 관리하는 태감인 추이위구이가 각각 물담뱃대와 끝부분이 녹색인 명패(규기에 접견하는 신하들의 명단)를 들고는 가마 다리를 이고 출발했어요. 두 사람이 앞에서 소리쳐 길을 열고 뒤에는 호위병들이 가마를 호위하면서 조정으로 향했지요. 때로 건청궁乾淸宮(변방에서 공을 세운 관리를 접견할 때가 아니면 보통 건청궁으로는 잘 가지 않아요)으로 갈 때도 있지만 대부분은 양심전으로 간답니다. 궁에서 쓰는 말로는 이를 '규기'라고 하지요."

"태후마마가 떠나시면 저수궁은 또다시 바빠져요. 안에 있던 궁인들은 모두 나와서 일을 시작하지요. 궁녀들을 관리하는 마마님들은 궁문 입구에 서서 전장을 지휘하는 장군처럼 눈동자를 바삐 움직이며 한 사람 한 사람을 주시해요. 뜰을 쓰는 궁녀, 유리를 닦는 궁녀, 회랑을 청소하는 궁녀, 방 안과 밖의 가구를 닦는 궁녀 등 안팎으로 모든 궁녀를 감시하는 거예요. 모두 각자 맡은 일을 조금도 흐트러짐 없이 수행하지요. 누구도 감히 잡담을 주고받지 않고 질서정연하게 어우러져 이 규기 시간 동안 저수궁의 구석구석을 말끔히 정리해놓는답니다."

──── 가장 고된 일

베이징에 가을, 겨울이 오면 우리 서민들은 보통 아침에 짜휘몐雜和麵이라고 부르는 죽粥을 먹었다. 옥수수가루에 소량의 콩가루를 섞어 만든 것이다. 허 아주머님은 수고를 아끼지 않고 정성껏 죽을 만들어주었다. 허 아주머님이 만든 죽은 묽지도, 걸지도 않고 꼭 알맞았다. 어떤 때는 허

기를 달래기 위해 참깨장을 사서 소금과 함께 넣기도 했다. 그래서 눈을 감고 먹으면 꼭 기장가루죽을 먹고 있는 느낌이었다. 이런 것은 서민들만이 누리는 즐거움이다. 소동파蘇東坡[중국 북송 시대 시인 소식]가 말한 것처럼 죽을 먹고 있으니 뱃속이 따뜻해지고 손가락 마디까지 녹아내리는 그런 느낌이다. 아침에 일어나 한바탕 바쁘게 준비를 하고 나면 어느새 차 마실 시간이 된다. 허 아주머님은 쌀을 한 광주리 푸고 차 한 잔을 우린 뒤, 남쪽 창 아래에서 쌀을 고르면서 나와 천천히 이야기를 나누었다.

"알고 있겠지만 단오가 지나면 우리는 이허위안頤和園에 갔다가 만수절(태후마마의 생신인 음력 10월 10일) 전후에 다시 궁으로 돌아왔어요. 이것은 수년 동안 지켜오던 규범이었지요. 돌아올 때는 벌써 구들에 불을 피울 때예요. 여름에는 무슨 일이든 수월하지만 겨울이 닥치면 그렇지 않지요."

"궁 바닥에는 벽돌이 깔려 있어요. 흔히들 금 벽돌 바닥이라고 불렀지만 사실은 도토[불순물과 침전물을 제거하여 만든 매우 부드러운 진흙으로 도자기를 만드는 데 사용한다]로 만든 벽돌이었지요. 질감이 부드러우면서도 굉장히 견고해서 궁 바닥은 갈라진 틈 하나 없이 단단했어요. 듣기로는 벽돌을 간 뒤 그 위에 다시 뜨거운 밀랍으로 여러 번 덧칠해서 벽돌의 틈과 틈 사이를 메운다고 해요. 하나의 커다란 벽돌 덩어리처럼 말이에요. 여름에는 이런 바닥에서 흙먼지가 올라오지 않지만 겨울에는 벽돌 밑에서 불을 때면 벽돌이 건조해져서 먼지가 흩날린답니다. 궁에서는, 특히 저수궁에서는 절대로 있어서는 안 되는 일이지요. 그래서 태후마마의 규기 시간 동안 바닥을 꼭 물로 한번 깨끗이 닦아내서 흙먼지를 없앴는데 이것이 여간 힘이 드는 일이 아니에요."

"규기 시간이면 다들 앞 다투어 자기가 맡은 일을 하지만 궁녀들 중 여덟 명은 서쪽 편전 회랑 아래서 가만히 기다려요. 젖은 걸레로 바닥을 닦을 준비를 하는 것이지요. 바닥을 닦으려면 반드시 궁 안의 가구와 장식품들을 모두 깨끗이 닦은 다음에 들어가 일을 할 수 있었으니까요. 그래서 항상 그들이 가장 마지막 순서였어요. 먼저 어린 태감이 맑은 물을 떠오면 여덟 사람이 두 조로 나뉘어 동서쪽 맨 끝 방들을 닦아내고 그런 다음 뜰과 이어진 가운데 세 방을 닦았어요. 그러니까 탁자 밑 부분은 전부 그들의 책임이라고 할 수 있었지요. 동서쪽 맨 끝 방을 다 닦으면 한 조는 동에서 서로, 다른 한 조는 서에서 동으로, 여덟 명이 돌아가면서 나머지 세 방을 말끔히 청소해요. 닦기를 모두 마치고 침전에서 물러나올 때는 발자국 하나 남기지 않고요. 오직 한 방향으로 순서에 따라 바닥을 닦아야 해요. 다시 돌아와서 또 닦을 수가 없거든요. 이 여덟 명은 정말 이런 일에 제대로 훈련받은 궁녀들이에요. 각 조의 두 사람은 걸레질을 하고, 한 사람은 물로 걸레를 적시고, 나머지 한 사람은 돌아다니며 걸레를 전달해주지요. 한 부분을 다 닦으면 서로 교대하고요. 닦는 방법은 안에서 밖으로 밀어내면서 걸레질하고, 다 닦은 후에는 절대로 발자국을 남기지 않고 방을 나와야 해요. 침전 안은 단 한 개의 흙먼지도 용납되지 않으니까요. 그래서 태후마마가 규기에서 돌아오실 때쯤에는 침전 전체가 거울처럼 반짝인답니다. 이것이 진정 저수궁의 모습이지요. 궁에서 가장 고생하는 사람들이 바로 이 여덟 명의 궁녀예요. 새벽 5시에 일어나 고픈 배를 움켜쥐며 대략 9시까지 일을 했으니까요. 바닥에 엎드려 일하는 궁녀들은 함부로 밥을 먹을 수도 없거든요. 한겨울에도 이 여덟 궁녀의 얼굴은 온통 땀으로 뒤덮이지요. 이 모습이 바로 바쁜 저수궁 아침의 마지막 풍경이랍니다."

—— 화장지와 관방

"규기는 한 시진 정도(약 두 시간) 걸려요. 돌아오실 때는 멀리서 가마가 느릿느릿 움직이는 것이 보이지요. 태감들은 계급에 따라 질서정연하고 엄숙하게 가마를 에워싸고 와요. 갈 때와 마찬가지로 왼쪽에는 리롄잉이 한 손에 물담뱃대를 들고 나머지 한 손으로 가마 다리를 이고 오지요. 오른쪽에는 추이위구이가 있고요. 이 두 사람은 태후마마의 측근이었어요. 태후마마가 규기를 마치시면 리롄잉은 곧 어린 태감을 보내 침전에 알려요. 궁녀들을 관리하는 마마님이 오른손 두 손가락을 왼손 손바닥에 놓고 한 번 치면 가까이에 있는 궁녀들부터 차례차례 전달이 돼요. 그러면 모두 말하지 않아도 알아서 일을 시작하지요. 수근대지도, 눈짓을 하지도 않고요. 나와야 하는 사람은 조용히 물러나오고 일을 하는 사람만 남아요. 이렇게 아무 소리도 내지 않고 조용히 규범에 따라 일을 하는 분위기는 정말 감탄할 만하답니다."

이것도 그녀가 누차 언급해온 '저수궁만의 아름다움'이리라.

"시중드는 궁녀가 무릎을 꿇고 인사를 올릴 때도 다른 사람들은 평소대로 일을 해요. 늘 뵙고 있기 때문에 굳이 예를 따지지 않는 거지요. 태후마마가 돌아오시면 그제야 궁인들은 좀 한가해져요. 태후마마는 먼저 옷 갈아입는 방에서 옷을 갈아입으시는데 보통은 머리 위의 장식을 벗는 일이었어요. 몹시 무거워서 좀 가볍게 하는 것이지요. 태후마마의 간식을 맡은 방에서는 태후마마께 간식을 한 차례 올려드려요. 갓 만든 간식들은 대부분 만주족과 한족풍의 간식이었지요. 태후마마는 복도 크고, 도량도 크고, 운도 크신 분이라 삼시세끼 식사와 세 번 나오는 간식을 모두 맛있게 잘 드셨어요. 드시고 나면 차를 마시고 담배를 피우셨지요. 그리고 얼마 안 있어 '관방官房'에 가실 때가 돼요."

"궁에는 특이한 점이 크게 두 가지 있는데 그중 하나는 그 수많은 방 중에 어느 한 방에도 연통이 없다는 것이에요. 궁에서는 화재를 피하기 위해 석탄을 때지 않거든요. 장작은 더더욱 쓰지 않았고요. 그래서 늘 사용하는 것이 숯이었어요. 궁을 건축할 때는 모든 내부 바닥 아래에 빈 공간을 두었지요. 요즘 현대식 건물에 지하실이 있는 것처럼 말이에요. 겨울에는 철제 수레로 운반한 숯을 지하실로 가져가서 방을 따뜻하게 했어요. 방 안에만 있어도 마치 온돌 침대 위에 있는 것 같지요. 궁의 또 다른 특이한 점은 어디에도 화장실이 없다는 것이에요. 화장실 대신 재를 모아 두었다가 대변을 본 요강에 담아서 잘 덮지요. 소변 요강은 통에 붓고요. 날마다 어린 태감이 깨끗이 씻어서 여름이고 겨울이고 궁 안에 냄새가 나는 일은 없답니다."

"태후마마가 '관방을 들이라'는 말씀을 하시면 곧바로 대소변을 해결할 요강을 대령해야 해요."

이렇게 차분하게 이야기할 때도 허 아주머님의 손은 잠시도 쉴 줄 몰랐다. 낮에 세탁한 옷을 평평하게 다리거나 다음 날 먹을 요리를 준비하는 등 이야기를 하는 와중에도 할 일을 착착 정해놓는 것이었다. 노년을 외롭게 홀로 살아오면서 몸에 밴 습관이었다.

허 아주머님이 웃으며 말했다.

"이야기가 지겹지 않으면 내가 한번 순서대로 이야기해볼게요. 아마 대부분은 지저분한 것일 테니 눈을 감고 들어보세요. 먼저 화장지에 대해 말해보지요."

"화장지는 궁녀들이 만들어요. 부드럽고 흰 면 종이를 가져와서 먼저 큰 종이를 여러 장으로 나누어 자르고 입으로 가볍게 물을 뿌려요. 안개보다 더 미세하게 말이에요. 궁녀라면 누구나 할 수 있는 일이지요. 우리는 종종 물을 한 입 머금어 동시에 내뿜는 시합을 했어요. 누가 더 힘 있게 오래 뿜는지, 얼마나 물방울을 고르게 뿜는지 겨루는 것이에요. 흔히들 재봉이 서투르면 다림질에 능하다고 하지요. 물 뿜는 것도 바느질 일과 관련된 일종의 기술이라서 우리는 모두 죽을힘을 다해 연습했어요. 그렇게 종이가 촉촉이 젖어 쪼그라들면 인두로 가볍게 두 번 다려줘요. 그런 다음 다시 종이를 길쭉하게 자르고 젖은 천을 깐 다음 뜨거운 인두를 종이 위에 놓고 한 번만 다려주면 끝이지요. 절대로 다림질을 많이 해서 종이를 버석버석하게 만들면 안 돼요. 그러면 종이가 자꾸 부스러져서 쓸 수 없으니까요. 이렇게 부드럽고 깨끗하고 네모반듯한 화장지가 만들어지면 쓰기 편하도록 잘 접어놓아요. 인두로 두 번을 다리는 것은 첫째, 종이를 깨끗하게 하고 또 종이 표면의 잔털을 말끔하게 하기 위해서예요. 잔털이 없어야 매끄럽지 그렇지 않으면 화장지가 껄끄럽잖아요. 잘 다림질해서 잔털을 없앤 종이가 가장 쓰기 편하지요. 화장지는 보통 옷 갈아입는 방에 보관했어요. 남쪽 창 찻상 아래 나무함이 하나 있는데 그 속에 넣어두었지요."

허 아주머님은 작은 목소리로 느릿느릿 이야기를 해나갔고 나는 실눈을 뜬 채 그 이야기를 머릿속으로 그려보았다. 살짝 궁금증이 생겼다.

"그럼 궁 안의 요강들을 모두 '관방'이라고 부르는 건가요?"

"아니에요. 오직 황상과 태후마마, 황후마마, 후궁마마의 것만 관방이라고 불렀어요. 우리가 쓰는 것은 그냥 요강이라고 했지요."

"그런데 원래 기하인들은 요강을 관방이라고 부르는 습관이 있지 않나요?"

"어르신들이 그렇게 부르는 것을 들은 적은 있어요. 그렇지만 자주 쓰는 말은 아니랍니다."

이번에는 허 아주머님이 나에게 물었다.

"왜요? 이 말에 무슨 다른 뜻이라도 있나요?"

"어릴 때 본 소설이 생각나서요. 그 소설도 기하인이 쓴 것인데 제목이 '아녀영웅전兒女英雄傳'이었어요. 책에 이런 내용이 나와요. 쉬위펑許玉鳳이란 사람이 어느 객산에서 안 씨 성의 한 공자를 구해줘요. 삼시 후 안 공자는 멍해진 머리로 대야를 하나 가져와 손을 씻는데 이때 쉬위펑이 보고 외치지요. '아니! 저 사람 왜 내 관방에다 손을 씻는 거야!' 이 부분을 읽으면서 요강을 베이징 말로 관방이라고 한다는 것을 알았어요. 소설에서 쉬위펑 역시 기하인이에요. 어느 장군의 자손인데 그 장군은 녠겅야오年羹堯라는 사람에게 죽임을 당하지요. 이에 딸 쉬위펑이 무공을 연마해 아버지 대신 복수를 하려 하고요. 장군은 당연히 상위 계층에 속한 사람이겠지요. 그리고 관방은 기하인들이 자주 쓰는 단어이고요. 다른 곳에서는 이런 단어를 한 번도 본 적이 없어요."

허 아주머님이 말했다.

"과장이 아니라 정말 우리 기하인들은 뭐든 꼬치꼬치 따지길 좋아한답니다. 예를 들어 우리 외조모님(외할머니라고도 하지요)이 집에 놀러 오시면 밤에 주무시기 전에 어머니가 나를 불러 외할머니께 요강을 갖다드리라고 하셨어요. 외할머니는 어머니께 친정 식구니까 아무 거리낌 없이 '요강'이라고 말씀하셨지요. 하지만 출가한 고모 내외가 집에 오셔서 주무실 때는 요강을 갖다드리라고 하지 않고 '고모부께 관방을 갖다드려라' 하고 말씀하셨어요. 고모와는 올케와 시누이 사이이고 또 출가한 분이니 어느 정도 예의를 차려 조심스럽게 말씀하신 것이지요. 궁에서 쓰는 '관방' 역시 정중하고 고상한 단어에 속했어요."

관방 이야기를 꺼내니 허 아주머님은 다시 흥이 난 모양이었다.

"아휴, 태후마마가 쓰시던 관방은 정말이지 국보급이었어요. 지금 같으면 세계 각국 전람회에 가져다놓고 전시를 해도 될 거예요. 나도 꽤 눈이 높은 사람인데 궁을 떠난 뒤에도 그처럼 정교하고 아름다운 물건은 보지 못했답니다."

세상 물정에 밝았던 사람이 이렇게 감탄을 금치 못하는 물건이라면 정말 값어치가 있었을 것이다.

"관방도 여러 종류가 있었어요. 자기로 된 것이 가장 많지만 태후마마가 자주 쓰시던 것은 곁에 큰 도마뱀붙이가 새겨진 단향목 관방이었지요. 아유, 이 조각도 얼마나 훌륭한지 몰라요. 마치 먹잇감을 발견하고 붙잡으려는 듯한 모습이었지요. 네 발은 사납게 땅을 붙잡고 서 있는데 이 발이 바로 관방 밑을 받치는 네 개의 다리예요. 몸에 있는 보일 듯 말 듯한 비늘은 온통 곤두선 듯하고, 배는 금방이라도 터질 듯 부풀어 오른 것이 꼭 큰 조롱박 같지요. 이 배 부분이 바로 관방의 불룩하게 나온 부분이에요. 꼬리는 바짝 말려 올라가 있고 구부러진 꼬리 끝과 꼬리 자루가 교차하면서 숫자 8의 모양을 만들어요. 바로 절묘하게 만든 관방의 뒤쪽 손잡이 부분이지요. 도마뱀붙이의 머리는 뒤로 살짝 들어올린 채 관방의 배 위에 찰싹 붙어 있고 아래턱은 약간 튀어나와서 뒤의 꼬리와 평행선상에 있어요. 손아귀는 앞쪽 손잡이 역할을 하고 있고요. 뒤로 젖힌 머리로 두 눈은 위를 주시하고 있답니다. 자신의 등 위에 탄 사람을 말이지요. 관방에 나 있는 한 줄의 갈라진 틈은 도마뱀붙이의 입이에요. 이 살짝 벌린 입으로 화장지를 물고 있지요. 두 눈은 이름 모를 붉은 보석이 박혀 있어 광채가 나고요. 관방은 전체 크기가 자기 요강보다 약간 높고 위에 올라가서 일을 볼 수 있어요. 관방의 아가리는 길쭉한 타원형이고 뚜껑도 있지요. 뚜껑 정중앙에 누워 있는 이무기가 바로 뚜껑 손잡이였어요."

"관방도 태후마마가 무척이나 아끼시는 물건이었어요. 내가 궁녀로 일할 때 태후마마는 이미 노년이셨는데 아마 57세에서 65세 사이였을 거예요. 노년에 태후마마는 위와 장이 좋지 않으셔서 자주 관방을 이용하셨지요. 그래서 나는 이 물건이 굉장히 익숙해요. 나중에 궁을 떠난 뒤에도 이 물건이 어디로 갔는지 물어본 적이 있지요. 어떤 태감은 태후마마와 함께 동릉에 묻혔다고 하고 어떤 태감은 아마 태워졌을 것이라고 하더군요. 청조 때는 이런 풍습이 있었어요. 황상이나 태후마마, 황후마마가 돌아가시면 인척에게 내린 것 외에 나머지 유품들은 100일 이내에 모두 불로 태

청 궁의 은 요강

웠지요. 지금 돌이켜보면 태후마마가 관방 위에 앉아 계신 모습을 얼마나 자주 보았는지 몰라요. 화장지로 도마뱀붙이를 건드리고 놀면서 말이에요."

"도마뱀붙이 뱃속에는 잘 말린 향나무 가루가 가득 들어 있었어요. 변이 떨어지면 즉시 향나무 가루 속으로 굴러들어가 파묻혀서 내용물이 잘 보이지 않지요. 물론 악취가 나지도 않고요."

"태후마마가 관방 말씀을 꺼내시면 즉시 여러 궁녀가 움직여요. 각자 맡은 일이 다 따로 있었거든요. 한 사람은 관방 시중을 드는 태감에게 가서 알려요. 이 태감은 규기에서 돌아온 뒤 언제든 부를 때를 기다리고 있다가 궁녀가 알려주면 머리를 끄덕이고 들어온답니다. 황색 구름과 용무늬가 있는 천으로 감싼 관방을 태감이 공손히 머리에 이고 침전 문밖으로 가지고 오면(보통 침전 안으로 들어오지는 못해요) 먼저 무릎을 꿇고 인사를 올려요(관방을 머리에 인 상태로 이마를 땅에 댈 수는 없으니까요). 그런 다음 서둘러 천을 걷고 관방을 꺼내 궁녀가 받쳐 들고 옷 갈아입는 방으로 가져가지요. 이 사이 태후마마는 옷과 허리띠를 거의 풀고 계시기 때문에 어떤 태감도 침전 안으로 들어올 수 없어요. 또 다른 궁녀는 재빨리 동유를 칠한 천을 가져와(옷 갈아입는 방 찻상 아래에 두지요) 바닥에 깔아요. 60센티미터 정도 되는 천인데 소변을 보실 때도 매번 이 천을 바닥에 깐답니다. 화장지는 관방 도마뱀붙이 입 부분에 넣고요. 안에서의 준비가 모두 끝나면 궁녀가 관방을 들고 침전으로 들어와요. 침전 문밖에 있는 태감은 손을 모으고 몸을 굽힌 채 공손히 기다리고 있다가 안에서 관방이 다시 나오면 두 손으로 받쳐 들고 돌아가서 관방 안의 내용물을 제거하지요. 그리고 깨끗이 씻어서 다시 향나무 가루를 채워놓고요. 태후마마가 관방을 쓰시는 때는 대강 예측할 수 있어서 태감과 궁녀들 모두 신속하게 움직인답니다. 이것 말고도 침전 회랑 아래 한쪽 구석에 가볍고 옮기기 편한 자기 요강이 늘 준비되어 있었어요. 몹시 급할 때나 한밤중에 사용할 때를 대비한 것이지요."

　　허 아주머님은 궁중생활의 한 부분을 이렇듯 구구절절 상세히 이야기해주었다. 직접 겪은 일이었기에 이야기도 그만큼 구체적이었다. 이야기 속에는 허 아주머님의 기쁨과 고통이 모두 담겨 있었다. 돌이켜보면 허 아주머님은 이야기를 하는 도중에도 여전히 손에서 자잘한 일들을 놓지 못했던 것 같다. 나도 기억력이 떨어져 그때 들은 이야기를 전부 기억하지 못하는 것이 유감이다. 지금 이것을 쓰는 것도 생각하는 시간이 쓰는 시간보다 몇 배나 더 걸려 여간 힘든 작업이 아니다. 그래도 허 아주머님이 어떻게 이야기를 했는지, 어떤 상황에서 이 말을 했는지를 회상해보면서, 과장이나 대충 얼버무리는 것을 최대한 피하고 있는 그대로 이야기를 옮기도록 하겠다.

──── 상소문 읽기

　　"내가 보기에 태후마마는 복을 누리는 것이 아니라 벌을 받는 삶을 사시는 것 같았어요."

　　아침식사 후 허 아주머님이 입을 열었다. 나는 재빨리 눈을 감고 조용히 다음 말을 기다렸다. 아마 독자들은 그녀의 괴팍한 성격에 대해 잘 모를 것이다. 오로지 허 아주머님과 가까운 사람, 혹은 그녀를 존경하는 사람만이 알 수 있다. 허 아주머님이 무엇을 어떻게 이야기하든 듣는 사람은 절대 마음대로 답하면 안 된다. 만일 눈치 없이 입에서 나오는 대로 대꾸했다가 허 아주머님의 귀에 거슬리는 말이라도 나왔다가는 졸지에 누군가의 상처를 건드린 꼴이 될 것이다. 아마 허 아주머님은 듣는 즉시 낯빛이 어두워지고 하루, 이틀은 족히 얼굴을 펴지 않을 것이다. 함께 있는 시간이 길어지면서 우리는 허 아주머님의 이런 성격에 대해 더 깊이 알게 되었다. 사실 이는 기하인의 일반적인 성격이다. 기하인들은 한 번 만나면 특유의 친절함으로 아이들에서 노인들까지 온 식구의 안부를 묻는다. 상대방은 한 사람 한 사람 물을 때마다 안부와 함께 고맙다는 말을 일일이 덧붙여야 한다. 또 묻는 사람도 반드시 답례를 한다. 서로 간의 상투적인 안부 인사로 반시간은 소요되며 많게는 10~20회에 이르는 인사가 오간다. 그럼에도 말 한마디를 잘못했다가는 금세 낯빛이 달라지고 다투기까지 하는 것이다. 기하인들에게는 이런 특유의 제멋대로인 기질이 있었다. 나는 선불리 긁어 부스럼을 만들고 싶지 않아 가만히 다음 말을 기다리기만 했다.

허 아주머님은 잠시 침묵을 지키더니 낮은 목소리로 말을 이었다.

"태후마마는 명목상 지체 높은 황태후였지만 실질적으로는 26, 27세에 과부가 된 한 여인이었어요. 산해진미를 먹고 능라주단을 입지만 한창때에 외로운 신세가 된 여인이었지요. 곁을 지키는 사람은 철없는 여자아이들뿐이고 자신을 받드는 이들은 간교한 태감들뿐이었어요. 이 사지 육신이 불완전한 사람들은(태감을 가리킨다) 배불리 먹어도 일하지 않고 온종일 교활한 꿍꿍이로 가득해요. 상전의 마음을 떠보면서 갖은 아첨을 떨고 받들지만 실은 누구도 진심이 아니에요. 큰 것은 큰 것대로, 작은 것은 작은 것대로 각자 자신의 이익만 챙기려고 하지요. 태후마마도 이를 뻔히 알고 있지만 그럼에도 그들을 옆에 두지 않을 수 없어요. 이것이 벌을 받는 게 아니고 무엇이겠어요? 뿐만 아니라 윗사람이나 아랫사람이나 하루 종일 연극을 하듯 오늘은 이 대사를, 내일은 저 대사를 하지요. 모자지간에도, 시어머니와 며느리 사이에도 진심 어린 대화가 없답니다. 실질적으로는 그 어떤 친지도 없는 상황이지요. 가장 고통스러운 것은 하고 싶은 말이 마음속에 가득 쌓여 있지만 숙을 때까지 내뱉을 수 없다는 것에요. 사람과 사람 사이의 대화가 미리 틀에 짜인 대로 외우는 무대 위의 대사나 조금도 다름이 없었으니까요. 이게 벌이지 뭐겠어요? 안 그래요? 태후마마가 궁에서 시간을 보낼 수 있는 일은 상소문을 읽는 것이었어요. 외로움과 고독감이 못 견디게 밀려올 때면 상소문을 읽으며 시간을 보내셨지요."

 "상소문을 읽는 시간이 따로 있었던 것은 아니에요. 보통은 황상과 황후마마, 귀비마마를 접견한 후에 읽으셨지요. 황상과 황후마마께 '황상은 가서 쉬시지요' '황후도 가서 쉬시지요', 귀비마마들께도 '너희도 그만 물러가거라' 하시며 그들을 쫓아 보내신 다음 뒷짐을 지고 연화 무늬 신발로 흔들흔들 정실에 들어가신답니다. 왼손을 뒤로 돌려 뒷짐을 지시는 것은 태후마마의 잦은 버릇이었어요. 궁녀들을 관리하는 마마님은 규기에서 가져오신 상소문을 황색 함에 받쳐 들고 서둘러 정실로 따라 들어갔지요. 정실에서 나올 때는 모든 궁녀가 근처에서 물러났는지 눈으로 다시 한 번 죽 확인했고요. 이때는 궁 안에서 어떤 소리도 내면 안 되기 때문에 다들 조심하면서 일을 했어요. 태후마마가 가장 화를 잘 내시는 때도 이때였거든요. 아마 진작부터 심기가 불편하셨거나 또는 상소문의 내용이 마음에 들지 않아서겠지요. 이때 운 없이 걸리면 누구든 태후마마의 화를 그대로 받아야 했어요. 리렌잉과 추이위구이도 고개를 숙이고 쥐죽은 듯 조용히 침전 문 안쪽에 서 있었지요. 태후마마가 부르는 소리를 언제든 들을 수 있도록 말이지요. 궁녀들을 관리하는 마마님이 가장 머리가 빨랐어요. 옷 갈아입는 방에 숨어서 유리로 밖을 내다보고 있었으니까요. 전체 침전 안에는 담배를 올리는 나와 차를 올리는 궁녀, 우리 둘밖에 없었어요. 우리는 정실 입구에 꼭 붙어 서 있었는데 이때가 가장 힘든 시간이었답니다. 바닥에 박힌 것처럼 꼼짝도 하지 않고 서서 태후마마가 상소문을 되풀이해 읽는 모습을 바라만 보고 있어야 했으니까요. 상소문을 읽으신 뒤에는 종이 위에 엄지손가락 손톱으로 꾹꾹 눌러 무언가를 표시하셨어요. 어떤

저수궁 동쪽 방 남향 창 앞에 있는 온돌 침대의 옛 사진.
서태후는 늘 이곳에서 상소문을 보았다.

때는 수직선을 그리시고 어떤 때는 ×자를 그리시고 어떤 때는 V자 표시를 하셨지요. 어쨌든 군기처의 장경[청대의 문서를 관리하는 문관]들은 모두 알아보겠지만요. 태후마마가 상소문을 다 보시고 포개놓는 것을 보면 추이위구이는 재빨리 발끝을 들고 조심스럽게 들어와서 태후마마가 분부하시는 것들을 들었어요. 그리고 상소문들을 군기처로 전달했지요. 상소문을 읽는 이 짧은 시간 동안 태후마마의 손톱이 한 번 움직이는 대로 어떤 이는 승진을 하고 어떤 이는 목이 날아가고 어떤 이는 귀양을 가게 되는 거예요. 그동안 나는 문에 서서 '룽얼, 담배를 가져오너라' 하는 말씀이 들리기만을 하염없이 기다렸어요. 이 말이 떨어지면 궁녀들을 관리하시는 마마님은 내가 '네' 하고 대답하기도 전에 이미 궁문을 나가 궁녀들에게 일을 지시하셨지요. 태후마마가 이 큰일을 마치신 것을 알면 비가 한 차례 왔다가 갠 것처럼 궁 전체가 다시 일사분란하게 움직이며 각자 맡은 일을 시작한답니다."

── 식사 준비

"내가 오늘 들려준 이야기들은 거의가 입 밖에 내면 안 되는 것들이에요."

저녁식사 후 함께 둘러앉아 이야기를 꺼내면서 허 아주머니는 이렇게 말했다. 왜냐고 묻지 않아도 곧 그 이유를 말해줄 것이기에 나는 아무 대꾸도 하지 않고 다음 말을 기다렸다. 허 아주머니는 작은 목소리로 이렇게 물었다.

"태후마마가 무엇을 즐겨 드시는지 아세요? 아마 아무도 모를 거예요. 강희제[청나라 제4대 황제]와 옹정제[청나라 제5대 황제]는 무슨 음식을 즐겨 드셨을까요? 건륭제는요? 역시 아무도 모를 거예요. 궁 밖 사람들뿐

청 말기 궁중 은 신선로火鍋

아니라 이분들의 식사를 담당했던 주방 요리사도 모를걸요. 왜일까요? 알게도 하지 않을뿐더러 알아서도 안 되기 때문이에요. 누구든 태후마마가 무슨 음식, 무슨 간식을 좋아하신다고 함부로 입을 놀린다면 그는 목이 떨어질 각오를 해야 되지요. 이것은 궁에서 크게 금기시되는, 절대로 입 밖에 내서는 안 될 말이랍니다. 궁 안에서 일어나는 일들은 무엇이고 문서화되지만 황상과 태후마마가 무슨 음식을 가장 좋아하시는지는 절대로 기록되지 않아요. 사람들이 알지 못하게 말이지요. 왜 그러는지는 다들 속으로 짐작하지만 누구도 발설하지는 않지요. 말을 하는 사람은 목이 떨어질 테니까요."

"이러한 궁중 규범에 따라 황상과 태후마마도 '내가 무슨 음식을 좋아한다' '오늘은 이런 음식이 먹고 싶구나' 같은 말을 일체 안 하세요. 음식점에서처럼 요리사에게 몇 가지 요리만을 주문하는 일도 결코 없고요. 그래서 태후마마의 식사 때는 매번 120가지가 넘는 요리가 올라온답니다. 또 계절 요리까지 더해지고요. 이 요리들을 전부 놓고 태후마마가 원하시는 대로 골라 드시는 거예요. 오늘 이 요리를 드셨다면 내일은 다른 요리를 드시면서 누구도 태후마마가 무슨 음식을 잘 드시는지 알아차리지 못하게 하지요. 태후마마도 일부러 이렇게 하셨어요. 오늘 맛있게 드신 음식은 다음 날 절대 드시지 않으셨지요. 며칠이 지나면 다시 그것을 드셨고요. 하늘의 깊은 뜻은 쉽게 헤아리지 못한다는 식으로 누구도 태후마마의 기호를 정확히 알지 못하게 했답니다."

"또 한 가지 엄격한 규범이 있었어요. 선대부터 내려오는 법도라고들 불렀는데 바로 '같은 음식을 세 숟가락 이상 뜨지 않는다'는 것이었지요. 태후마마가 평소 식사하실 때도 이 법도를 꼭 지키셨어요. 큰 경축일 같은 날은 더 엄격하게 지키셨고요."

"아무래도 처음부터 말하는 것이 낫겠네요. 듣다가 헷갈릴지도 모르니까요. 먼저 수선방壽膳房[서태후의 음식을 준비하던 주방] 이야기부터 해 볼게요."

"수선방은 궁 안에서 꽤 큰 기관이었어요. 확실히는 모르겠지만 대략 300명이 넘는 사람이 일했고 부뚜막도 100개가 넘었을 거예요. 부뚜막은 모두 번호 순서대로 놓여 있었고 규칙도 무척 엄했어요. 한 부뚜막을 세 사람이 맡아서 한 사람은 요리를 관장하고 한 사람은 음식을 차리고 나머지 한 사람은 자질구레한 일들을 맡아 했지요. 이중 음식을 차리는 사람이 가장 중요해요. 잡일을 맡은 사람은 반드시 각각의 요리와 재료를 선별하고 씻는 작업을 완전히 마친 다음 내무부에서 보낸 공문서 관리자 筆帖式[청대 각 관서에 배치한 하급 문관]의 검사를 통과한 뒤에야 음식을 차리는 사람에게 넘겨줄 수 있답니다. 그러면 음식을 차리는 사람은 썰고 자르고 다지고 저미는 작업을 거쳐 각각의 요리와 소스를 완벽하게 준비해 놓지요. 그리고 또 다른 관리자에게 요리법에 따라 전체적으로 검사를 받은 다음 식사를 올릴 준비를 해요. '식사를 올려라' 이 한마디가 들리면 요리를 관장하는 사람은 총책임자의 지시 하에 하나씩 하나씩 순서대로 음식을 가지고 와요. 이 사이 내무부 사람, 즉 수선방 총관과 총책임자는 눈을 부릅뜨고 그릇과 접시에 담긴 요리를 각각 주의 깊게 살피지요. 그릇과 접시는 모두 은제품이었어요. 듣기로는 만약 음식에 독이 들어 있으면 은 색깔이 검게 변한다고 하더군요. 요리들은 황색 구름무늬의 비단 보자기로 싸서 차례대로 태감에게 전달돼요. 이 비단 보자기는 식탁 앞으로 오기까지는 열어볼 수 없답니다. 여기까지가 식사가 준비되는 대략적인 과정이에요."

"궁 안은 식사 관리에 대해 대단히 엄격했어요. 누군가가 음식으로 해를 입힐 가능성이 있으니까요. 평소에는 누구도 함부로 수방에 들어가지 못했지요. 또 누가 그 요리를 씻고 만들고 차렸는지 분명하게 알 수 있도록 하고요. 혹 벌이나 상을 받게 되면 상벌의 대상이 분명해야 하니까요. 제도가 엄격하면 이런 점이 좋긴 해요."

"수선방은 궁에서 좀 멀리 떨어진 곳에 있었어요. 영수문寧壽門 동쪽에 나 있는 길 남쪽과 동쪽에 건물들이 있는데 그 안에 있지요. 왜 주방을 이렇게 양쪽으로 나누어놓았을까요? 만주족과 한족의 요리사는 같이 있을 수 있지만 이슬람식 요리사는 반드시 장소를 구분해야 했기 때문이에요. 그리고 주방의 잡역을 하는 사람들도 태감이 아니었어요. 태감이 아닌 일반 사내는 궁에 접근할 수 없기 때문에 그들은 모두 동화문東華門 밖 대로의 북쪽 건물에 묵었지요. 그곳이 주방에서도 가깝고 일하기에도 편했으니까요. 주방이 궁에서 멀리 있는 이유도 이 때문이에요. 궁은 규범이 워낙 엄격해서 일곱 살 된 남자아이도 궁 안에서 밤을 보낼 수 없답니다. 그러니 이 사람들은 더 말할 것도 없지요. 그들을 궁내 호위 군사들이 머무는 곳 근처에 묵게 한 것도 다 생각이 있는 처사였지요."

"여기서 잠깐 이야기를 끊어야겠네요. 방금 식사 이야기를 했는데 이번에는 잠을 자는 이야기를 좀 해볼게요. 이 이야기를 해야 식사 이야기를 제대로 할 수 있거든요."

── **취침**

"내가 볼 때 궁에서 가장 중요한 일은 잠자리에 드는 일이에요. 모든 행동거지 하나하나가 취침을 위주로 이루어지거든요. 황상과 황후마마, 태후마마, 후궁마마, 공주마마들 모두 낮에 잠깐씩 낮잠을 주무세요. 아침에 비교적 일찍 일어나시니까요. 봄, 여름, 가을, 겨울 상관없이 아침 5시에서 6시면 잠자리에서 일어나시고 7시 전에 세수와 몸단장을 끝내셨어요. 방이나 뜰에만 계시는 후궁마마도 항상 얼굴을 깨끗이 하고 머리를 손질해야 했지요. 황상 역시 아무리 늦어도 밤 9시에서 10시 사이에는 침소에 드셔서 11시에서 1시 사이에는 깊이 잠드셨어요. 낮에도 11시에서 1시까지는 꼭 낮잠을 주무셨고요. 이는 천지음양의 정기를 얻는 일로 건강하게 장수하는 비결이라고 해요. 기력도 왕성해지고요. 선대부터 내려오는 법도에 따르면 밤에 자지 않고 노는 것은 절대로 안 되는 일이에요. 아침에 늦잠을 자는 것도 용납되지 않았고요. 위아래로 수천 명이나 되는 궁 안 사람이 모두 이 규범을 철저히 지켰답니다. 태후마마는 누구보다도 맑고 또렷한 정신으로 아침을 맞으셨지요. 궁에서 새벽 5시 이후에 일어나신 적이 한 번도 없으셨어요."

"이것은 대청국이 생겨난 이래 대대로 지켜오던 전통이에요. 조상님 때부터 전해 내려오는 법도였고요. 이 법도를 소홀히 하면 옆에서 시중드는 궁녀나 태감들은 곤장으로 볼기를 맞아야 했답니다. 자신의 궁녀와 태감들이 얻어맞는 것은 주인된 사람으로서도 민망한 일이 아닐 수 없지요. 그래서 궁녀와 태감들은 항상 주인이 이를 잊지 않도록 일깨워드렸어요. 궁에서 7, 8년 동안 있으면서 한 번도 옷이나 머리가 흐트러져 있는 사람을 본 적이 없을 정도예요."

── **식사를 올리는 일**

"자는 시간이 일정하게 정해져 있었으니 다른 시간 일정을 정하기가 쉬웠지요. 점심식사는 대부분 10시 반 전후에 올리고 저녁식사는 5시 전후에 올렸어요. 점심 후 간식은 2시쯤에, 저녁 후 간식은 7시 이전에 올렸고요. 정해진 시간은 지체하는 법이 없었지요."

"식사는 반드시 태후마마의 명령이 떨어져야 올리게 되어 있답니다. 누구도 태후마마 대신 마음대로 식사를 지시할 수 없었어요. 태후마마의 지시만 떨어지면 안팎에서 바삐 움직이기 시작하지요. 태후마마는 보통 체화전 동쪽의 두 방에서 식사를 하셨어요. 바깥방에는 남에서 북으로 두 개의 원탁이 놓여 있고 가운데에는 식탁이 하나 있지요. 태후마마는 동쪽에서 서쪽을 바라보고 앉으셨고, 방을 오가며 음식을 올리는 사람은 체화전 남문으로 드나들었어요. 음식을 올리는 사람과 은 그릇 뚜껑을 여는 사람을 모두 확실하게 볼 수 있었지요. 이밖에도 네 명의 태감이 손을 모으고 태후마마 옆 또는 뒤에 서 있고, 또 한 명의 태감이 태후마마 옆에서 시중을 들었어요. 태후마마의 음식 시중을 드는 태감이지요. 몇 가지 제철 요리 외에는 대부분의 요리가 이미 상 위에 올라와 있어요. 요리가 상 위에 모두 놓이면 식사 시중을 드는 태감이 식사가 모두 올라왔다고 외치고 태후마마가 앉으시도록 자리를 권해드려요. 식사를 할 때는 태후마마가 어느 한 요리를 바라보시면 시중드는 태감이 곧 그 요리를 태후마마 앞으로 가져다놓고 숟가락으로 떠서 작은 접시에 담아드리지요. 태후마마가 맛보시고 '이 요리 꽤 맛이 좋구나' 하시면 또 한 번 떠서 담아드리고요. 두 번째 드리고 난 뒤에는 이 요리를 아래로 물린답니다. 같은 음식을 세 번 이상 뜨지 않으니까요. 가령 세 번째 숟가락을 뜨려 하면 옆에 서 있는 네 태감 중 가장 우두머리 태감이 '물리시오!' 하고 외치며 주의를 줘요. 그리고 세 번째 뜬 이 요리는 열흘에서 보름 정도 다시 상에 올리지 않는답니다. 이 네 명의 태감은 태후마마 옆에서 궁의 식사 법도를 지키는 사람들이에요. 태후마마 역시 법도를 지켜야 하니까요. 태후마마도 눈치가 있으시고 식사 시중을 드는 태감도 규범을 잘 알고 있기 때문에 세 번째 숟가락을 뜨는 일은 없어요. 어떤 음식을 세 번이나 떴다는 것은 틀림없이 태후마마가 좋아하신다는 것이고 이것이 아랫사람에게 알려지면 나쁜 마음을 품은 자가 이 요리에 무슨 짓을 할지 모르니까요. 그래서 조상님들은 일찌감치 이런 법도를 남기셔서 조심하고 또 조심해야 한다는 것, 음독의

해를 입지 않도록 절대 음식을 탐하지 말라는 것을 가르쳐주신 것이지요. 어느 왕조, 어느 시대나 그런 돌연사가 있었으니까요."

"경축일같이 성대한 날에는 식사 규모가 훨씬 더 커졌어요."

── 네 명의 금강역사, 500명의 아라한

"정말 어디서부터 말해야 할지 모르겠네요. 이야기할 것이 무척 많아요."

허 아주머님은 할 말을 마음속으로 정리하기 전에 늘 입버릇처럼 이렇게 말했다. 그러면 나는 매번 남는 것이 시간이니 서두르지 말라고 말해주었다. 허 아주머님의 이야기를 들으려면 성급해서는 안 된다. 질문을 할 필요도 없다. 이것만 지키면 이야기가 원만히 잘 끝난다. 허 아주머님은 잠시 생각에 잠겼다가 낮은 목소리로 이야기를 시작했다.

"정월 초하룻날 저녁식사부터 이야기해보지요."

여전히 급하지도, 서두르지도 않는 느릿한 어투였다.

"엄청난 규모였어요. 정말이지 세상에서 제일가는 연회일 거예요."

허 아주머님은 우선 그 성대한 저녁 연회에 감탄을 연발했다.

"영수궁寧壽宮이든 체화전이든 어디에 음식을 놓든 간에 세 식탁에 동시에 똑같은 요리가 차려졌어요. 하늘 탁자는 가장 동쪽에, 땅 탁자는 가장 서쪽에, 사람 탁자는 가운데 놓이지요. 이 사람 탁자는 태후마마만 사용하시는 것이에요. 하늘과 땅, 그 가운데 태후마마가 유일하게 존재하는 인물임을 표시하는 것이지요. 예식을 진행하는 태감이 소리 높여 '식사를 올려라' 하고 외치며 바깥 회랑 아래 있는 네 명의 태감을 바라봐요. 그러면 이들은 관식을 나타내는 보사에 예복을 입고 품계에 따라 줄을 서서 공손하게 층계를 올라오지요. 궁문에 들어서면 위를 향해 무릎을 꿇고

체화전 북쪽의 '익수재益壽齋' 현판

예를 올린 뒤 네 모서리에 단정히 서 있어요. 이 네 명의 태감은 보통 태감들이 아니랍니다. 모두 선대에 공을 세운 사람들이지요. 그래서 평소에 딱히 하는 일이 없어도 늘 대접을 받았어요. 그중 한 사람은 도광제[청나라 제8대 황제]의 서동[주인의 시중을 들며 책을 읽고 잡일을 하던 어린 하인]이었고 또 한 사람은 함풍제가 돌아가시던 때에 함풍제의 수의며 천, 홑옷, 겹옷, 솜을 먼저 자신이 입고 맞춰본 뒤 함풍제의 옥체에 갈아입힌 태감이었어요. 궁에서는 대청에 서 있는 이 네 명의 태감을 가리켜 '네 금강역사'라고 불렀지요. 그리고 이날에는 선대의 황제를 모셨던 이들이 태후마마의 시중을 들었어요. 이는 곧 정통성 있는 계승을 의미했지요. 리렌잉은 만면에 웃음을 띠고 궁문 입구에 서 있었어요. 이런 자리에서는 그가 가장 의기양양했지요. 궁인들에게 지시해 세 개의 상차림을 하는 데 조금도 실수가 없었어요. 또 궁문 입구 밖에서 음식을 올리는 태감들은 품계에 따라 줄을 서 있었어요. 리렌잉을 제외하고 궁문 입구 문턱에서 수선방 문턱까지 꼭 500명이 서 있었지요. 모두 새로 깎은 머리에 산뜻한 새 영주 두루마기를 입고 하얀 신발을 신고 생기 있는 모습으로요. 뜰에는 환하게 불을 밝히는데 500명의 태감 앞에 다섯 걸음에 하나씩 등롱이 걸렸어요. 꼭 한 마리 화룡 같았지요. 이 긴 행렬이 주방까지 이어져 있었답니다. 이것을 가리켜 네 금강역사와 500명의 아라한이 서천西天의 부처 태후마마를 모시고 연회를 한다고 말했어요. 그렇게 웅장하고 성대한 연회는 정말이지 세상에 다시없을 거예요."

"잠깐 이 이야기를 먼저 해야겠어요. 이 500명의 태감은 모두 특별히 선별된 사람들이랍니다. 나이가 많이 든 사람이나 어린 사람은 뽑지 않았어요. 납팔일[음력 12월 8일, 석가모니가 득도한 날이라고 전해진다]이 지나면 곧 훈련을 받기 시작해서 한 치의 실수도 없도록 연습하지요. 매일 연습 때마다 흰 천으로 거친 사발을 받치고 있었어요. 어떤 때는 벽돌로 받

찬합을 받쳐 들고 있는 태감

치기도 했고요. 한 번 연습할 때마다 흰 천 두 필을 사용해야 했지요. 궁에서는 겉치레가 중요할 뿐, 들어가는 돈이나 물품은 조금도 신경 쓰지 않았어요."

"집례하는 태감이 소리 높여 식사가 모두 올라왔다고 외치는데, 사실 음식은 아직 다 올라오지 않았어요. 그보다는 태후마마가 이제 앉으신다는 신호이지요. 태후마마가 안채에서 나오시면 황상과 황후마마가 뒤에서 마마를 모셨어요. 본래 궁의 규범에 따르면 초하루와 15일에는 황상이나 황후가 식사 시중을 들었답니다. 더구나 이날은 정월 초하루잖아요. 태후마마는 자리에 앉기 전에 먼저 황상과 황후마마를 이끌고 동쪽 식탁을 향해 합장하고, 다시 서쪽 식탁을 향해 합장하면서 하늘과 땅에 감사를 표했어요. 매우 경건하고 정성스러운 태도로 말이지요. 그런 다음에야 태후마마도 단정하게 식탁 앞에 앉으시는데 그러면 네 태감이 태후마마를 향해 손을 모으고 인사를 올려요. 동시에 문밖에 있는 500명의 태감이 한목소리로 크게 외치지요. '태후마마, 만수무강하소서!' 하고 말이에요. 그 낭랑한 소리가 수선방까지, 양심전까지 울려 퍼졌어요. 밖에서는 만卍자 모양의 폭죽이 터지기 시작하고요. 이 폭죽 소리는 식사 시간 내내 멈추지 않는답니다. 또 서쪽 길에서는 건물을 울릴 만한 채찍 소리가 요란하게 들려요. 이것은 특별히 제작한 채찍인데 손잡이는 15센티미터 정도이고 나머지 3미터 정도 되는 부분은 양의 내장을 여러 개 꼬아 만든 것이었지요. 채찍에 달린 노끈은 약 30센티미터 길이로 큰 뱀처럼 땅에 휘감겨 있었어요. 채찍을 치는 사람들은 모두 훈련받은 젊은 태감들이었어요. 채찍을 한 번 휘두르면 채찍의 노끈이 낭랑하게 소리를 냈지요. 몇 명의 태감이 함께 채찍을 치는데 상하좌우전후로 다양한 음색이 나온답니다. 태후마마가 식사를 하시는 동안 이 소리는 거다란 음악처럼 울려 퍼졌어요. 폭죽보다 더 리듬감 있고 마무리도 시끌벅적했지요. 이런 채찍 울림 소리가 악귀를 몰아낸다고 하더군요."

"황상과 황후마마는 태후마마의 동서쪽 양편에서 식사 시중을 들었어요. 옥체의 건강에 민감하신 태후마마는 한 잔의 술을 세 번에 나누어 마셨지요. 황상이 주전자를 들고 황후마마가 잔을 들어 함께 태후마마의 복을 빌어요. 음식은 크게 세 가지로 분류되는데 첫째는 절기에 맞는 상서로운 음식, 예를 들어 '서우비난산壽比南山(장수를 의미한다)' '지샹루이吉祥如意(순조롭게 뜻대로 이루어진다는 뜻)' '장산이퉁江山一統(강산이 하나 된다는 뜻)' 등의 요리였어요. 수선방 요리사들이 좋은 말은 모두 갖다 붙인 요리들이지요. 두 번째는 각 지역에서 올린 진상품들이었어요. 곰발바닥, 큰사슴, 비룡(새 이름으로 백두산에서 생산되는 고기), 말린 사슴고기, 바닷가재, 술에 담근 게 등 여러 가지가 있었지요. 세 번째는 주방에서 명절 식단에 따라 만든 요리였어요. 태후마마가 미신을 굉장히 신봉하신다는 것은 황상도 잘 아셔서 먼저 상서로운 음식들을 앞에 놓았지요. 동시에 태후마마가 만수무강하시고 모든 일이 뜻대로 이루어지도록 복을 비셨어요. 황상이 요리를 갖다놓으시면 황후마마는 그 요리의 이름을 읊어드려요. 덕담과 요리의 이름이 어우러져 마치 노래를 부르는 것처럼 들리지요. 사실 요리 이름들은 장푸 태감이 음식을 올릴 때 황후마마께 미리 알려드리는 것이에요. 평소 식사 시중을 드는 장푸 태감이 이때는 음식을 전달하는 일을 맡았으니까요. 평소에는 황상과 황후마마가 냉랭한 분위기로 말씀도 잘 안 하신다는 것을 누구나 알고 있지만 1년 중 이런 경축일만은 함께하셨어요. 태후마마도 좋아하시고 장푸 태감도 듣기 좋은 말로 태후마마의 기분을 더욱 즐겁게 해드렸지요."

"가장 중요한 순서가 또 하나 있어요. 장푸 태감이 뒤의 네 태감에게 무슨 시늉을 해서 네 태감의 주의를 끌어요. 그런 다음 장푸 태감은 다시 황상께 눈짓하고 황상은 일부러 한 요리를 세 숟가락 떠올리지요. 그러

용무늬가 있는 금 주전자와 금 잔

면 곧바로 태후마마 뒤에 서 있는 우두머리 태감이 큰 목소리로 '물리거라!' 하고 외쳐요. 위아래 모든 사람에게 들릴 만큼 크고 낭랑하지요. 태후마마는 흑단에 은을 새긴 젓가락을 멈추시고 황상도 손에 든 숟가락을 내려놓아요. 황후마마도 고개를 숙이고 고분고분 두 손을 아래로 내리고요. 장푸 태감은 벌벌 떨면서 서둘러 이 요리를 아래로 물려요. 선대 황제를 모셨던 태감들이 조상님을 대신해 법도를 행하는 것이지요. 그 엄숙한 분위기에 태후마마와 황상도 듣지 않을 수 없어요. 이는 태후마마와 황상께 어느 때든 신중하고 어떤 음식물이든 늘 조심해야 한다는 조상님의 법도를 엄격히 지키시기를 고하는 것이니까요. 이때는 엄숙하고 경건한 분위기가 되어 윗사람이든 아랫사람이든 누구도 감히 소리를 내지 못한답니다."

"마지막 요리는 대단히 진귀한 것이었어요. 요리를 대하는 자세도 무척이나 진지하고 엄숙하지요. 리렌잉과 나머지 두 식탁에 음식을 올리는 태감이 무릎을 꿇고 이 요리를 머리 위로 받쳐 올려요. 리렌잉의 모자에 달린 공작 깃털이 머리 뒤에서 나부끼는 것만 보이지요. 장푸 태감도 공손하게 요리를 받쳐 들고 와서 뚜껑을 열고 직접 황상께 건네드려요. 황상은 태후마마 앞에 놓고요. 이것은 1년 전에 삶아서 얼린 교자랍니다. 둥베이 지방에서는 '주보보煮餑餑'라고 부르지요. 청나라를 세우기 전에 선조들이 설을 쇨 때 먹던 전통 음식이에요. 이렇게 정월 초하루 저녁부터 식사 때는 조상님을 잊지 않고 되새기지요."

"저녁 연회가 끝나면 태후마마는 몇 가지 좋은 요리를 골라 네 태감에게 상으로 내리셨어요. 태후마마가 분부하시면 리렌잉이 '네' 하고 대답하고 네 태감은 무릎을 꿇고 인사를 올린 뒤 물러나지요. 이어서 태후마마는 리렌잉에게 그날 요리를 각 사람의 품계에 따라 모두에게 골고루 나눠줄 것을 지시하세요. 그러면 리렌잉은 급히 이것을 바깥에 알리고 상에 대한 감사 인사를 올리도록 한답니다. 바깥에 있던 500명의 태감이 한 목소리로 태후마마께 감사 인사를 올리지요. 이로써 저녁 연회는 끝이 납니다."

허 아주머님의 이야기를 다 듣고 나니 이미 깊은 밤이었다. 창밖에는 바람이 불었고 커튼을 걷고 내다보니 칠흑 같은 어둠이 깔려 있었다. 가로등조차 없는 고요한 거리에는 순찰차만이 이따금씩 소리를 내고 있었다.

─── 음식을 권하지 않는 예

어느 날 아침, 바깥바람이 세차게 불어 집 안에서 손과 발을 움츠리고 있을 때였다. 베이징의 겨울 기온은 눈보다 바람이 얼마나 부느냐에 따라 결정된다. 허 아주머님은 집안일을 모두 정리하고 나와 함께 화로 옆에 웅크리고 앉았다. 북풍이 마당 문을 뒤흔들며 세차게 불어대는 가운데 우리는 그저 화로를 붙들고 몸을 녹이는 수밖에 없었다. 심심하리만큼 조용하던 차에 허 아주머님이 궁중 이야기를 꺼냈다.

그녀는 먼저 서두를 꺼내듯이 이야기를 시작했다.

"궁에서 일어난 일들 중 어떤 것은 그대로 말할 수 있지만 어떤 것은 그렇지 못해요. 속으로만 알고 입 밖에 내지 말아야 하지요. 또 어떤 일은 겉으로 드러난 것과 또 다른 의미가 숨어 있기도 하고요."

허 아주머님이 이야기할 때면 나는 절대로 끼어들지 않았다. 허 아주머님의 생각을 방해하지 않도록 침묵을 지키면서 다음 말을 기다렸다.

"지금부터 이야기하는 것은 내가 겪은 것이 아니라 장푸 어르신이 내게 들려준 것이에요."

그 말에 나는 귀가 솔깃해셨다. 진삭부터 서태후를 시중들던 환관들에 대해 조금이라도 알고 싶던 차였다.

"우리는 모두 장푸 태감을 편하게 '푸 어르신'이라고 불렀어요. 결코 겉으로만 호의를 드러낸 것이 아니라 가슴 깊이 우러나오는 친근함이었지요."

"이것은 확실히 말해두어야겠네요. 장푸 어르신의 본래 이름은 장더푸張德福랍니다. 그는 태후마마만을 모시는 태감이었어요. 태후마마의 차나 식사를 들이는 일도 반드시 그가 담당했어요. 그가 하는 일은 모두 지극히 높고 중대한 것들이었지요. 윗분들은 간편하게 줄여서 장푸라고 불렀고 우리는 공경하는 의미에서 푸 어르신이라고 불렀어요. 어떤 때는 그냥 편하게 푸 아저씨라고도 했고요."

"그분은 진정한 태감이었어요. 태감들은 보통 부당한 이득을 갈취하거나 혹은 귀중한 물건을 훔쳐서 부정한 방법으로 돈을 모으지요. 아내를 사고 집을 장만해서 그럴듯한 가정을 꾸리기 위해서 말이에요. 아버지 노릇을 해볼 수도 있고요. 우리는 이들을 가리켜 가짜 내시老公라고 불렀어요(노공은 보통 태감을 이르는 말이지만 태감들은 이 호칭을 싫어했어요. 이렇게 부르는 것은 그 사람의 윗대 조상을 욕하는 것이나 다름없었지요. 베이징과 장자커우張家口 일대에서는 까마귀를 보고 이렇게 부르기도 했거든요). 푸 어르신은 이런 사람이 아니었어요. 그는 평생을 홀로 살았고 오랜 기간 가족도 없이 밤낮을 궁에서만 지냈지요. 일을 할 때는 늘 신중했어요. 마치 뱃속에서부터 태후마마를 모시기 위해 태어난 사람처럼 말이에요. 태후마마는 그를 각별히 아끼고 믿으셨어요. 식사 시중을 드는 것 외에도 약을 달이는 것처럼 중요한 일까지 그에게 맡겨야 마음을 놓으셨지요. 그중에서도 가장 높이 살 만한 점은 한 번도 태후마마의 총애를 등에 업고 다른 사람을 무시하는 일이 없었다는 거예요. 이래라저래라 하며 사람을 부리는 일은 더더욱 없었고요. 늘 머리를 조아리며 겸손하게 일했고 일하면서 잡담 한마디 하는 일도 없었어요. 다른 태감이 호사를 떠는 것을 보아도 그저 못 본

척 묵묵히 고개만 끄덕이며 지나갔지요. 그는 항상 자신이 금명인金命人이고 백호의 운을 타고나서 위로는 부모를 잡아먹고 아래로는 자식을 잡아먹을 팔자라 오로지 혈혈단신으로 남의 시중이나 들면서 살아야 한다고 했어요. 우리 어린 궁녀들은 뒤에서 그가 태감 중에 가장 좋은 사람이라고 수군대곤 했지요."

"그는 늘 차를 끓이는 작은 방에 있었어요. 그곳은 우리가 잠시 다리를 쉬는 서쪽 편전에서 굉장히 가까웠지요. 본래 차 끓이는 방은 일반 사람의 통행이 금지된 곳이었지만 가끔 우리 같은 몸종들은 염치불구하고 몰래 들어가서 차를 우리거나 먹을 간식을 굽기도 했어요. 푸 어르신은 그런 우리를 한 번도 쫓아내지 않으셨고요. 나 역시 푸 어르신이 특히 좋았던 것은 아마 이런 이유에서였을 거예요."

"하루는 태후마마가 규기를 가지고 나서 딱히 할 일이 없었어요. 그 전날 밤은 내가 야간 당직을 선 날이었는데 밤을 샐 때는 배가 고픈 것보다 목이 마른 것이 더 참기 힘들지요. 하지만 침전 안의 도구들은 절대로 쓸 수 없었기 때문에 나는 차 끓이는 방으로 달려갔어요. 마침 자유 시간이라 안에 들어가서 잡담을 나눌 시간도 있었지요."

"푸 어르신이 나에게 '룽얼이 궁에 들어온 지도 꽤 됐지?' 하고 물었어요. 지금도 또렷이 기억나는데 그때 나는 이미 어린 궁녀가 아니라 룽 마마님이 되어 있었어요. 궁중에서는 호칭과 직위를 엄격하게 구분했지요. 하지만 푸 어르신은 여전히 나를 어릴 때처럼 룽얼이라고 부르셨고 나도 그게 더 친근감이 있어서 좋았어요."

'높은 분 시중을 드는 것도 이제 거의 익숙해졌지?'

'제가 막 궁에 왔을 때는 어떤 일은 손도 못 댔는데 이젠 이 자리까지 올라오니 손대지 않으면 안 될 일이 많네요. 아직도 푸 아저씨가 많이 도와주셔야 해요.'

"나는 공손히 대답했어요. 이 말은 진심에서 우러나온 말이었지요. 궁에서 의지할 수 있는 사람을 찾는 것은 하늘의 별따기와도 같았으니까요. 심지어 어떤 사람은 동을 물었는데 서를 가르쳐주기도 해요. 그가 가르쳐준 대로 했다가는 일을 그르치고 쫓겨나게 되는 거지요. 한마디로 함정에 빠지는 거예요. 하지만 푸 어르신은 결코 사람을 속이는 분이 아니었어요. '이제는 제 일이 아니어도 제가 책임져야 할 일이 많아졌어요. 간식만 해도 도무지 어떻게 시중을 들어야 할지 모르겠어요. 아저씨는 태후마마 곁에서 수년간 식사 시중을 들었으니 저에게 한수 가르쳐주세요.'"

"'하!' 푸 어르신이 한숨을 한 번 내쉬고는 말했어요. '우리가 무슨 식사 시중을 든다고그래? 그저 태후마마의 식사를 좀 거드는 것뿐이지. 오직 초하룻날과 15일에 황상과 황후마마가 태후마마의 식사를 돕는 것만 진정한 식사 시중이라고 할 수 있는 거야. 하지만 태후마마의 심중은 산보다 높고 바다보다 깊으시지. 안개 가득한 강에서 상쾌한 침전으로 오면서부터(열하熱河에서 궁으로 돌아왔을 때를 말해요) 시작해 40여 년간 태후마마를 모셨는데 태후마마가 무슨 음식을 좋아하시는지 여지껏 짐작조차 못 하겠거든. 어느 날은 진상품으로 들어온 요리를 즐겨 드시고(각 총독과 순무[명·청대에 지방 최고 군사 장관과 행정 장관]가 진상한 요리들), 어느 날은 수선방 식단대로 만든 요리만 줄곧 드시고, 또 어느 날은 제철 요리만 드시니 말이야. 하늘의 뜻은 짐작하기 어렵다는 말은 딱 이런 때 쓰는 거야.'"

"궁에서 이야기를 나눌 때는 각별히 조심해야 돼요. 친한 사람에게도 함부로 속 이야기를 해서는 안 되지요. 열 길 물속은 알아도 한 길 사람 속은 모른다고 말 한마디 잘못했다가 무슨 사단이 벌어질지 모르니까요. 또 상전에 대해 조금이라도 무례한 말을 했다가는 어떤 꼴을 당할지도 몰랐지요. 그도 태감이라 이것을 잘 알고 있었기에 나에게도 많이 절제하며 이야기했어요."

"황상이나 황후마마가 시중을 들든 우리 노비가 시중을 들든 눈은 잘 보아야 하고 손은 민첩해야 하지. 태후마마의 안색을 잘 살펴서 태후마마가 어떤 요리를 보시면 재빨리 그 요리를 갖다드리고 말이야. 만약 네가 갖다드리는 요리를 안 드신다 해도 괜찮아. 다시 다른 요리를 가져다놓으면 되니까. 그렇지만 절대로 태후마마께 여쭈어서는 안 돼. 아부하는 것은 더더욱 안 되고. 개가 꼬리를 흔들듯이 알랑거리면서 '마마, 이 요리가 맛있으니 드셔보세요'라든가 '이 요리는 새로 나온 것이니 신선할 때 맛 좀 보세요' 같은 말을 해서는 안 된다는 말이야. 또 집에 있을 때 식구들에게 하듯이 음식을 권했다가는 큰일 난단다. 태후마마가 눈을 한번 부릅뜨시면 옆에 서 있는 네 태감이 당장 꾸지람을 할 게다. '말을 멈추거라!' 하고 말이야. 이 한마디면 그대로 쫓겨 내려와서 몇 차례 가죽 맛을 보게 될지도 몰라(궁에서는 뺨을 때릴 때 가죽 장갑을 끼고 때려요). 이래서 식사 시중은 들지만 음식을 권하지는 않는다고 하는 거란다. 나도 내 스승님이 가르쳐준 그대로 가르쳐주는 게다.'"

"이것은 지금만 행해지는 것이 아니라 조상 때부터 수십 년간 지켜져오는 규범이란다. 룽얼, 이제 어떻게 태후마마를 모셔야 하는지 잘 알겠지?'"

허 아주머님은 장푸 태감의 말을 여기까지 옮긴 뒤 이렇게 말했다.

"나는 참 말주변이 없어요. 장푸 어르신은 매우 완곡하게 말씀하셨는데 내가 옮기면서 많이 달라져버렸네요. 하지만 잘 듣는 것이 잘 말하는 것보다 낫다고, 이렇게 한 번 듣고도 잘 이해하니 내가 말을 많이 할 필요가 없네요."

허 아주머님은 깊이 한숨을 내쉬더니 말을 이었다.

"나와 푸 어르신은 아침저녁으로 6, 7년을 함께 보냈어요. 그래서 이야기를 나눌 기회도 꽤 많았지요. 순식간에 몇십 년이 흘러가버렸네요.

눈을 감으면 마치 어제 일인 양 푸 어르신의 푸근한 웃음이 눈앞에 아른거리는데 말이에요. 머리를 조아리며 이 세상에 왔다가 머리를 조아리며 이 세상을 떠나신 분이지요. 휴, 누구나 다 그렇겠지만요!"

허 아주머님은 종종 깊은 한숨으로 이야기를 끝맺었다.

── '다보보'가 불러온 이야기

아침에 모든 정리를 마치면 해는 이미 중천에 떠 있다. 초겨울, 음력 10월의 날씨를 가리켜 베이징에서는 대추씨 날씨라고 부른다. 아침저녁은 싸늘했지만 낮 한때 따스한 햇살이 몸과 마음을 훈훈하게 해주었다. 아이는 일찌감치 외할머니가 데리고 갔다. 외할머니가 간호사라 혹여 내 병이 아이에게 전염될까 염려해 나와 격리시켜놓으신 것이다. 아내는 바삐 수업을 하러 갔다. 우리가 세 들어 살고 있는 집은 명성이 자자했던, 소위 '몰락한 자본가의 가난한 앞잡이'의 집이다. 마당은 텅 비고 집 안도 고요해서 무료하기 이를 데 없었다. 지금이 꼭 허 아주머님과 이야기를 나눌 기회다.

자리에 앉자마자 허 아주머님은 흥분한 목소리로 이야기를 시작했다.

"내가 들려준 이야기들은 이렇게 비유할 수 있어요. 기하인들은 다보보大餑餑를 먹을 때 부스러기를 죄다 흘리고 가운데 남은 부분만 먹어요."

표정과 어투를 보아하니 허 아주머님은 오늘 꽤 즐거운 모양이었다.

다보보란 만주인들이 먹는 막과자로 베이징의 여덟 가지 간식 중 하나다. 과자 껍질과 설탕 소는 조금만 건드려도 부스러기가 떨어진다. 청말기, 기하인들이 지급받는 은은 갈수록 줄어들었다. 그러나 기하인들의 좋지 못한 습성은 더 심해지기만 했다. 심지어 아편까지 피우고 물가가 급등하는 마당에 앉아서 재산만 축내니 종종 끼니를 잇지 못하는 지경까지 이르렀다. 그들의 악습관은 매우 심각했다. 신분에 기대어 돈을 펑펑 써대기 일쑤여서 은을 받으면 그 즉시 보름을 놀고먹었다. 심지어 다음 달 먹을 양식을 전달에 모두 먹어버리기도 했다. 소위 '인츠마오량寅吃卯糧[이듬해 식량을 앞당겨 먹는다는 뜻]'이란 말은 이 당시에 생긴 말이었다. 다보보를 먹는 것도 그러한 허영의 단면을 보여주는 것이었다. 가게에서 다보보를 사면 점원이 종이로 포장해주는데 꼭 두 개는 포장하지 않고 남겨놓는다. 지나가는 사람들이 볼 수 있도록 가게 앞 계단 문턱에 서서 그 자리에서 맛을 보기 때문이다. 포장한 다보보는 오른손으로 모자 언저리까지 들고 있는데 이 역시 사람들에게 보이기 위함이다. 그런 다음 왼손 엄지손가락과 집게손가락 사이로 다보보를 집고 남은 세 손가락은 쭉 편다. 그리고 부스러기가 몸에 떨어지지 않도록 목을 길게 뻗고 고개를 비스듬히 한 다음 입을 옆으로 해서 과자를 문다. 다보보는 껍질이 바삭바삭하고 부서지기 쉬워서 이렇게 들고 먹으면 곧잘 땅에 흘리게 되지만 이들은 절대 개의치 않는다. 정말 그 고매하신 품격이 들고 있는 모습에서부터 티가 난다. 가게 점원은 이미 여기에 훈련이 되어 있어서 민첩하게 뜨거운 물을 한 사발 가져와 먹는 사람에게 건네준다. 그러면 입속을 한 번 꾸르륵 헹구고는 물그릇을 점원에게 돌려준다. 눈을 내리깐 채 자신이 하인까나 거느리며 사는 사람이라는 것을 은근히 암시하면서 말이다. 누군가의 시중을 받는 것이 몸에 배어 있어서 물그릇을 줄 때도 으레 누군가가 받겠거니 하고 손을 내미는 것이나 사람을 옆으로 보는 것을 당연시 여긴다. 게다가 만약 내민 물그릇을 조금이라도 늦게 받으면 손을 풀고 툭 소리와 함께 그릇을 깨뜨려버리고 만다. 그러고는 시중드는 사람이 조심성이 없어서 그렇게 됐다고 도리어 나무라는 것이다. 그런 다음 고개를 빳빳이 처들고 문을 나서며 지나가는 사람이 보건 말건 상관없이 입안에 머금은 물을 계단 아래 확 뿜어 내뱉는다. 발은 안으로 해서 쌀자설음으로 설어가는데 이 쌀자설음은 오랜 기간 말을 탔음을 뽐내는 의미다. 이는 두 발을 말의 등자에 걸고 있다가 내려온 자세다. 두 팔은 쳐들고 두 손은 게의 집게발처럼 앞으로 조금 구부리고 있다. 걸음걸이는 마치 씨름하는 무사가 경기 전에 씨름장을 걷는 것 같다. 이 자세를 '푸후撲虎 부대(만주어로도 푸쿠이撲盔 부대라고 부른다)의 바투루巴圖魯' 자세라고 부르는데, 푸후 부대란 청조 때의 정예 부대로 씨름을 전문적으로 훈련했고 바투루는 청조 때 가장 높은 용사에게 내리는 호칭이다. 물론 여기서는 일반 용사의 호칭이다. 오른손 손가락에는 다보보 묶음을 걸고 왼손은 코담배 병을 쥐고는 왼손 엄지손가락은 높이 치켜들고 걸어간다. 이 손가락은 코담배를 들이마실 때 쓰는 손가락인 것이다. 코 아래 노란 자국 두 개는 코담배를 맡은 흔적이다. 이렇게 대로변에서 흔들흔들 기세 좋게 걸어가다가도 아는 사람과 마주치면 목소리가 완전히 달라진다. 목구멍에서 나오는 소리가 아닌 코에서 나는 소리, 보통 콧소리라 부르는 소리로 바뀐다. 이것이 기하인 남자들의 보편적인 분위기였다. 청 말기 거리에서 두세 명씩은 꼭 이렇게 이목을 끌며 거리를 활보했고 그들이 내는 콧소리가 귓가를 때렸다.

그렇지만 남은 보름은 상황이 완전히 달라졌다. 먹을 양식도 거의 바닥나 옥수수가루 같은 잡곡가루를 사다가 채소 이파리와 섞어서 후후 죽을 끓여 먹는 수밖에 없었다. 그 죽조차 얼마 되지 않아 그릇 바닥을 핥았다. 궁색하기가 쥐도 도망갈 정도였다. 이 역시 기하인 남자들의 덕성(조소의 의미로 베이징에서 사람을 비웃을 때 쓰는 토속어)이다. 이는 물론 팔기 사람들만의 모습이었고 내무부 사람들의 겉치레는 또 달랐다. 이야기가 또 다른 곳으로 샌 것 같으니 여기까지만 쓰겠다.

감히 말하지만 이러한 상황들을 알지 못하면 청나라가 와해된 진정한 원인을 이해할 수 없을 것이다. 당초 관동 정예 기병이 중국 전역을 돌아다니며 붉은 술 달린 창 아래 정권을 장악했던 기세는 얼마나 위풍당당했던가! 그러나 그 말로는 방종과 부패로 얼룩진 채 좁은 침대에 엎드려 아편이나 피우는, '커튼을 드리워 향이 자욱한 방에서 가락도 없이 제멋대로 단소를 부는' 중독생활을 즐기는 삶이 되었다. 닭 한 마리 잡을 힘도 없을 만큼 그 기세가 쇠퇴한 것이다. 중화민국 초기에는 두세 명씩 낡은 신문지 옷을 입고 대로변에서 와자지껄 돌아다녔지만 겨울이 닥치면서 상황이 달라졌다. '섣달의 거지는 말 못지않게 돌아다닌다'는 말처럼 손발이 곱아들지 않도록 끊임없이 움직여야 할 만큼 추위에 떨었다. 길거리 작은 식당의 뜨거운 연통을 껴안고 죽는 것도 대다수 이 팔기군의 용사들이었다. 지금도 베이징에는 사람을 욕하는 말로 '조만간 연통이나 껴안아라'라는 말이 있는데 바로 이때부터 유래된 것이다. 청 정부가 그들을 우대해준 것은 도리어 해를 끼친 셈이었다. "향락은 독과 같아서 결코 안주해서는 안 된다"라고 하지 않았던가. 지나치게 학자티를 내는 것을 용서해주기 바란다.

　　허 아주머님은 말솜씨가 뛰어난 사람이었다. 또 유머감각도 있었다. 허 아주머님 말로는 기하인이 다보보를 먹는 것을 보면 이들의 행동거지와 기질이 그대로 드러날 거라고 했다. 물론 그녀도 기하인이다. 즉, 이는 스스로를 비꼰 자조적인 농담인 것이다. 그렇다고 무슨 악의를 가지고 기하인들을 조소하는 것은 아니었다. 그 속뜻은 그녀가 하는 이야기들이 마치 기하인이 다보보를 먹는 것처럼 구체적인 것은 모두 흩날려 사라지고 대략적인 이야기만 전할 수밖에 없다는 것이다. 또 다른 숨은 뜻은 그녀도 기하인 남자들의 덕성처럼 신분을 과시하고 지나가버린 세월을 아쉬워한다는 의미다.

　　내가 이렇게 이러쿵저러쿵 한참을 해석하는 것은 허 아주머님 특유의 화술이 글에서 사라져버릴까 염려되어서다. 주제와 상관없는 이런 이야기보나 서둘러 세상에서 제일가는 궁의 저녁 연회 이야기를 마무리해야겠다.

──— 가장 먼저 설 소식을 전하는 납팔일

"세상에 다시없을 성대한 저녁 연회에서 태후마마를 시중들고 나면 이미 시간은 7시가 다 되어가요. 감히 말하지만 당시 세계 어느 나라에도 이렇게 방대한 규모의 연회는 없었을 거예요. 연회가 끝나면 연세 높으신 태후마마는 푹신한 가마에 앉으시고 네 명의 젊고 힘 있는 태감이 가마를 지고 갔지요. 등롱이 붉게 빛나는 길을 지나 침전으로 돌아오시는 거예요."

허 아주머님은 생각에 잠긴 듯 빠르지도 느리지도 않게 말을 이었다. 분명 과거를 회상하는 중일 것이다. 그런 다음 머릿속으로 이야기의 순서를 정하고 말을 하면서 동시에 할 이야기들을 정리하고 있을 것이다.

"먼저 배경 설명부터 하고 그다음 구체적인 것들을 이야기해볼게요."

잠시 침묵이 흘렀다. 허 아주머님의 시선은 버릇대로 창밖을 향했다. 나 역시 말없이 그녀를 기다렸다.

"나는 높은 분을 모시는 위치에 있었지만 어느 때고 마음을 놓을 수가 없었어요. 더욱이 음력 12월이 가까워오면 더욱 가슴이 떨리고 불안했지요. 태후마마가 얼마나 미신을 중히 여기시는지는 궁 안 사람들 모두 잘 알아요. 금기시하는 것도 많았고요. 조금만 부주의해도 궁녀들을 관리하는 마마님께 벌을 받거나 매를 맞기 일쑤였지요. 한 해를 넘기는 일은 궁에서 굉장히 큰일에 속했어요. 모든 행사는 중궁[황후가 거처하는 궁]에서 관리했고 다른 사람은 그저 '네' 하고 따라야 했지요. 중궁의 룽위 황후는 궁에서 가장 인심을 얻지 못하는 사람이었어요. 융통성이라고는 없고 성격도 사악하기 이를 데 없었거든요. 무엇보다도 황상의 은혜를 거의 입지 못해서 곁에 누구도 가까운 사람이 없었어요. 아랫사람들은 황후마마가 회오리를 일으키는 것(궁에서는 크게 화를 내는 것을 '회오리바람이 분다'고 했어요)을 몹시 두려워했지요. 하지만 태후마마는 비록 겉으로는 여느 사람과 다를 바 없이 공평하게 대하시고 크게 칭찬을 하신 적도 없지만 마음속으로는 그녀를 총애하셨어요. 우리도 이를 알고 있어서 오래 같이 지내는 궁녀들끼리는 룽위 황후의 손에 걸리는 일이 없어야 한다고 서로 일러주곤 했어요. 관례상 '개를 때려도 주인의 체면을 생각하는' 법이지요. 우리는 그래도 명목상 태후마마를 모시는 궁녀이니 우리를 어떻게 하기는 조금 난감한 노릇 아니겠어요? 하지만 황후마마는 『삼자경』을 가로로 읽은 것처럼 인정사정이 없는 사람이라[『삼자경』의 첫 부분을 세로로 읽지 않고 가로로 보면 첫머리 세 글자가 인성구人性苟로 성품이 개처럼 흉악하고 잔인하다는 욕이 된다] 혹 몇 마디 안 좋은 말이 태후마마 귀에 들어가면 중궁으로 건너가 문책을 당할지도 몰랐어요. 새해 정초부터 누가 그런 머리를 수그리는 일(체면이 깎임)을 당하고 싶겠어요."

허 아주머님은 수년간 가슴에 담아둔 답답하고 힘들었던 일들을 털어놓는 것 같았다.

"가장 먼저 설 소식을 알린다는 납팔일, 가슴을 졸이며 먹는 탕과[참외 모양의 엿으로 중국 둥베이 지방에서 음력 12월 23일 또는 24일에 부뚜막 신에게 제사를 지낼 때 먹는다]'라는 말이 있지요. 납팔일이 되면 새해가 오는 분위기를 느낄 수 있었어요. 궁녀들을 관리하는 마마님은 수십 번을 당부하시지요. 납팔일이 지나면 신령들이 모두 지상으로 내려오기 때문에 어디를 드나들 때는 반드시 둘씩 짝지어 다녀야지 절대 혼자 다니면 안 된다고요. 길을 걸을 때도 갑자기 뒤를 돌아보아서는 안 되고요. 뒤에서 무슨 소리가 들리면 길가로 숨어야 했어요. 안채로 들어갈 때는 반드시 기척을 낸 다음에 들어가고, 들어가서도 눈을 아래로 내리깔고 있어야지 똑바로 뜨고 들어가면 안 되었지요. 가장 중요한 것은 눈앞에서 무언가(본 적 없는 괴물)를 보아도 있는 대로 소리를 지르면 안 되었어요. 태후마마를 놀라게 하면 여지없이 채찍질 감이있지요. 또 들려오는 얘기로는 며칠 전 큰 눈이 내려서 얼음이 얼고 미끄러운데 위치안 산玉泉山[베이징 서직문에

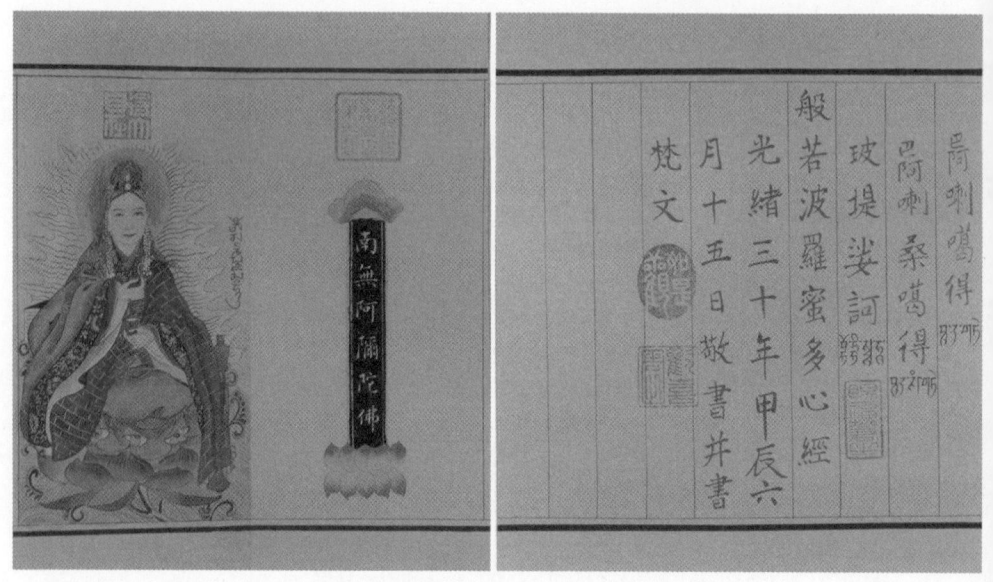

서태후가 쓴 『반야바라밀다심경』

서 서북쪽 지점에 있는 언덕으로 기슭에서 맑은 샘물이 솟아난다]의 물을 보내는 수차가 서직문西直門 밖까지 왔다고 해요. 마침 축시(새벽 1시에서 3시 사이)라 사람도, 말도 무척 피곤했지요. 서직문 밖 대로의 돌 비탈은 또 어찌나 가파른지 말이 한 걸음 내딛을 때마다 미끄러졌어요. 그런데 수차를 모는 사람이 어느 순간 차가 무척 가볍고 빠르게 달리는 것을 느꼈대요. 오르막길도 시원스럽게 달리고 말이에요. 그는 그저 고삐만 잡고 성문 앞에 도착하기를 기다렸다가 마침내 뒤를 돌아보았는데 놀라 식은땀이 죽 흘렀답니다. 얼굴이 푸른 네 명의 사나이가 이제까지 차를 밀어주고 있었던 거예요! 그들은 곧 유유히 떠나고 수차를 몰던 사람은 얼른 땅에 엎드려 절을 했다고 해요. 또 다른 이야기도 있지요. 육경궁毓慶宮의 어린 태감이 밤에 별 생각 없이 밖으로 나오다가 문 앞의 웬 기둥에 부딪혔지 뭐예요? 어린 태감은 속으로 '원래 여기 기둥이 없지 않았나?' 하며 의아해하는데 자세히 보니 기둥이 아니라 두 개의 큰 다리였대요. 현도신顯道神[밤에 돌아다니며 감찰하는 신이라 특별히 키가 크다고 해요]이 밤에 돌아다니다가 다리가 피곤해 침전 등마루에 걸터앉아 다리를 늘어뜨리고 있었는데 그것이 두 개의 큰 기둥처럼 보였던 거지요. 어린 태감은 '아!' 하고 소리를 내질렀다가 재빨리 입을 막았어요. 그리고 몹시 놀라 저도 모르게 오줌을 싸고 말았지요. 그래도 어쨌든 별 탈은 없었다고 해요. 이런 유의 이야기들은 오래된 것도 있고 새로 듣는 것도 있었는데 우리 열 몇 살밖에 안 된 궁녀들은 저녁에 길을 걸을 때면 괴물을 만날까봐 숫제 눈을 감고 걸었어요. 얼마나 마음을 졸였는지 몰라요."

"우리 만주인은 본래 신을 많이 믿어요. 집 안에는 조상님들 외에도 뜰이나 사랑채에 호(여우), 황(족제비), 회(쥐), 백(고슴도치), 류(뱀)를 모시는 다섯 개의 위패가 있지요. 이들은 다섯 진인眞人[도교에서 득도한 사람을 일컫는 호칭. 여기서는 샤먼의 숭배 대상]이라 불렸어요. 조상에게 절을 하고 난 뒤에는 그들에게도 예를 올렸지요. 물론 궁에서는 드러내놓고 그것들을 모시지는 않지만 궁에도 큰 신에게 굿을 올리는 무당이 있었어요. 보통 '싸만薩滿'이라고 불렀는데 주로 이런저런 잡신을 공양했어요. 음력 12월 23일이 되면 탕과를 올리는 소년小年을 지내요. 모든 신이 지상으로 내려오고 귀신들이 밖으로 나오지요. 우리 어린 궁녀들은 낮에는 가슴을 졸이며 일하고 밤에는 두근거리는 가슴을 안고 돌아다녀요. 겉으로는 요란하지만 실상 바들바들 떨면서 해를 보내는 것이지요. 2월 초하루가 지나야 무당이 신을 보내고 우리도 마음을 좀 놓아요. 이것을 가리켜 '천우신조'라고 했어요. 태후마마는 이러한 것들을 깊이 믿으셨지요."

—— 수많은 메뚜기의 날갯짓

"계속해서 태후마마가 정월 초하루의 성대한 저녁 연회에서 돌아오시면 무엇을 하셨는지 이야기해볼게요."

허 아주머님은 여유롭게 내 딸을 유모차 안에 앉혔다. 나는 허 아주머님이 일손을 좀 놓고 차를 우리도록 그녀 대신 유모차를 끌어와 밀었다. 바쁜 아침이 지났으니 허 아주머님도 차를 마시며 좀 쉬어야 했다. 우리의 이야기는 이때 시작되곤 했다.

"체화전에서 식사를 하실 때는 앞뒤 궁들이 가까우니까 더 말할 필요가 없겠지요. 만약 영수궁에서 식사를 하셨다면 돌아올 때도 얼마나 화려한지 말로 다 못 해요. 태후마마는 흑회색 담비 가죽 모자를 쓰고 황색 비단 담비 외투를 두르신 모습으로 푹신한 가마에 앉아 따뜻한 화로에 발을 얹고 계시지요. 가마 앞에는 줄줄이 이어진 등이 길 양옆으로 불을 밝히고, 뒤에는 궁인들이 등을 들고 두 줄로 따르고 있어요. 마치 한 마리 용과도 같은 모습이지요. 회랑 모서리를 돌면 거기에도 큰 등이 높게 걸려 있어요. 사람들은 모두 숨소리조차 내지 않고 조용히 발끝을 들고 조심조심 걷는답니다. 간간이 가마꾼들만 조그맣게 한두 마디 주고받고요. 멀리 저수궁 문밖에 한 무리의 사람 그림자가 어른거리는 것이 보여요. 마마님이 데리고 나온 궁녀들이 태후마마를 맞이하기 위해 서 있는 것이지요. 등의 불빛도 붉고 궁녀들의 옷도 붉고 궁녀들의 얼굴도 불그레해요. 이렇게 즐거운 기분으로 태후마마를 저수궁까지 모신답니다. 태후마마가 막 가마에서 내리시고 침전 입구의 발을 젖히면 얼굴에 따뜻한 기운이 밀려와요. 문 안으로 한 발짝 들어서면 두 대야나 되는 숯이 활활 붉게 타오르고 있고, 실내는 은은한 숯 향으로 가득하지요. 긴 탁자 위에 놓인 두 화분에는 푸젠성에서 진상한 장저우의 수선화가 진한 향기를 풍기며 피어 있어요. 정실 안에는 허난성에서 진상한 옌링의 매화가 큰 화분에 가득히 피어 있고요. 꽃봉오리가 가득 달린 그 꽃은 사람 키보다 크답니다. 수선화의 청초한 향기와 매화의 달콤한 향기가 한꺼번에 밀려와 코를 자극했어요."

"이런 날에는 누구도 재수 없는 일이 일어나길 바라지 않지요. 그래서 태후마마가 식사를 하시는 사이에 저수궁은 또 한 번 깨끗이 대청소를 한답니다. 바닥은 먼지 하나 없이, 벽돌 위는 윤이 나도록 닦고, 숯이 다 타서 하얗게 된 재는 서둘러 말끔히 털어내고, 구리 화로 덮개는 반짝반짝 빛이 나도록 닦지요. 태후마마가 둘러보시고 만족하시도록 말이에요."

"태후마마가 침전 안으로 들어와 동쪽 방 온돌 침대 동편에 앉으시면 차를 올리는 궁녀가 먼저 보이차 한 잔을 올려요. 겨울인 데다 연세도 많으시고 또 조금 전 기름진 음식을 드셨으니 보이차를 쏙 드시지요. 차는 따뜻하고 느끼함을 가시게 하니까요. 그다음에는 내가 물담배를 올릴 차례예요. 태후마마는 온돌 침대 위에 기대어 한쪽 다리를 구부리고 다람쥐 등나무 이불을 두르고 계세요. 앞에 놓인 앉은뱅이책상 위 작은 상자 안에는 궁에서 특별히 만든 설탕에 절인 과일이 들어 있고요. 태후마마는 신 것을 그다지 좋아하지 않으시고 아주 단 것도 즐기지 않으셨어요. 이가 상하기 쉬우니까요. 보통 자주 드시는 것은 설탕에 절여 말린 복숭아나 사과 같은 것이었지요. 북쪽의 긴 탁자 모퉁이에는 술에 절인 대추가 한 접시 놓여 있었는데 이것은 태후마마가 가장 귀여워하시는 검은 원숭이를 위해 특별히 남겨두신 것이랍니다."

"이때 동쪽 회랑 아래에는 각 궁의 주인들이 데려온 궁인이 여럿 와 있어요. 저수궁에서는 누가 데려온 궁인이든지 궁문을 넘어올 사람은 모두 동쪽 회랑 아래 가장자리에 나란히 손을 모으고 서 있어야 했지요. 이리저리 돌아다녀서도 안 되고, 기침을 하거나 모여서 잡담을 나누어서도 안 되었어요. 무엇보다 침전 정전 층계를 올라서는 안 되었지요. 또 이때는 벌써 야간 당직을 서는 태감이 침전 동서쪽에서 밤을 새우고 있을 때지요."

"궁중에서는 아침저녁으로 드리는 문안에 대해 대단히 엄격해요. 더구나 정월 초하루 저녁인데 오죽하겠어요? 근비瑾妃마마와 진비마마(지금 하는 이야기는 무술년 이전 상황이에요)는 가장 먼저 와서 공손히 룽위 황후를 기다리고 룽위 황후가 오시면 함께 태후마마를 뵈러 올라왔어요. 궁 안으로 들어올 때는 룽위 황후가 앞에, 두 비가 뒤에 섰어요. 지위에 따라 순서가 분명했지요. 각자가 태후마마를 부르는 호칭도 달랐어요. 룽위 황후는 '황아버님皇爸爸'[광서제는 서태후의 조카로 서태후는 광서제에게 남성의 호칭인 아버지라 부르게 하였다]라 부르고 두 후궁마마는 '조상님'이라 부르며 무릎을 꿇고 문안을 올렸지요."

"잠시 후에는 광서제가 행차하셨어요. 네 명의 태감이 그 뒤를 따랐지요. 그러면 추이위구이는 급히 몸을 옆으로 돌리고 걸어가 무릎을 꿇고 태후마마께 아뢰었어요. '황상께서 드셨사옵니다.' 그런 다음 몸을 다시 일으키고 뒤로 물러나 궁문의 발을 걷어올렸어요. 광서제가 거느리고 온 네 태감은 침전 뜰 가운데서 위를 향해 무릎을 꿇고 예를 올렸지요. 그런 다음 동쪽 회랑 안 침전 층계 아래에서 기다렸어요. 들려오는 것이라고는 바깥의 폭죽 소리밖에 없었지요. 사람들이 그렇게 많이 모여 있어도 뜰은 조용하기 이를 데 없었어요."

"광서제는 침전 안으로 들어오셔서 무릎을 꿇고 '황아버님'의 문안을 여쭈어요. 태후마마도 몸을 앞으로 조금 구부리시고 미소를 가득 담은 얼굴로 고개를 끄덕이셨고요. 룽위 황후는 두 후궁마마를 데리고 앞으로 와서 황상을 향해 무릎을 꿇고 문안을 올렸어요. 황상도 황후마마께 무릎 꿇고 답례를 하고 이어서 두 후궁마마를 향해서는 고개를 끄덕이며 인사를 했지요. 태후마마가 '황제가 앉으시도록 해드려라' 하고 말씀하시면 곧 궁녀가 의자를 들고 오고 광서제는 태후마마께 감사 인사를 올려요. 태후마마가 또 '황후에게도 의자를 가져다드려라' 하시면 황상과 황후마마가 한목소리로 감사 인사를 올리지요. 두 후궁마마는 태후마마 앞에서 내내 앉지 못해요. 그런 다음 태후마마는 편하게 앉아서 황상께 근황을 물으셨어요. '요즘 황상의 옥체는 어떠신지요? 계절이 바뀌었으니 의복과 식사에 유념하셔야 합니다.' 그러면 황상은 즉시 일어서서 '심려 놓으시옵소서. 소자 항상 유념하겠나이다' 하고 대답하셨어요."

"태후마마가 다시 물으셨어요. '황상은 어디에서 행차하신 것입니까?' 황상이 곧 '양심전입니다' 하고 대답하셨지요. 당시 황상은 양심전에 거처하고 계셨거든요. 태후마마도 잘 알고 계셨지만 일부러 물어보신 거였지요."

"'양심전에서 오셨으면 종사문螽斯門을 거쳐 오셨는지요?' '예, 소자, 조금 더 일찍 문안 올리고자 지름길로 오면서 종사문을 거쳤습니다.' '종사문의 내력을 아십니까?' '예, 소자, 스승이 가르쳐주시는 것을 들었습니다. 그러나 노력이 부족하여 분명히 알지는 못하오니 삼가 가르침을 청하옵니다.'"

"태후마마가 말씀하셨어요. '나도 선왕(함풍제)께 들은 이야기입니다. 선왕께서 종사문에 얽힌 이야기를 해주셨지요. 종사문은 본래 명나라 때의 명칭입니다. 선조께서 나라를 세우신 이후 옛 명칭들을 바꾸실 때 종사문을 보시고 이 이름은 괜찮으니 후대 자손들이 크게 번성하도록 남겨두기로 하셨지요. 선왕은 여기에 더하여 두 구의 시까지 남기셨습니다. 무슨 '의이자손宜爾子孫'이라는 구절만 기억납니다. 말씀하시기를 '둥쓰冬斯'라 불리는 큰 수컷 메뚜기는 날개를 비비며 소리를 내면 수많은 암컷 메뚜기가 날아들었다고 합니다. 그리고 각각의 암컷 메뚜기는 99마리의 새끼를 낳았지요. 그야말로 번성한 무리이지요! 선조들은 우리 왕조가 그렇게 대대손손 번성하기를 바랐던 것입니다.'"

"광서제와 룽위 황후는 이미 일어나서 공손하게 손을 모으고 경청하고 계셨어요. 태후마마는 말을 마치신 뒤 황상을 한번 보시고 황후마마도 보셨지요. 얼굴에서는 이미 웃음기를 거두셨어요."

"황상이 황급히 대답하셨지요. '소자 이제야 알겠나이다. 소자의 죄를 깨우쳤나이다. 최근 몇 년간 마마의 마음을 편치 않게 해드렸습니다. 소자, 선대왕들께 송구스럽고 마마를 뵐 낯이 없습니다. 위로는 선조의 뜻을 되새기시고 아래로는 후대 자손들을 염려하시니 소자 반드시 마마의 가르침을 받들겠사옵니다.' 그러고는 머리를 깊이 숙이셨어요."

"태후마마는 '황상이 분명히 아셨으면 됐습니다' 하시고는 이내 이야기를 돌리셨어요. 마지막으로 태후마마가 '모두 돌아가서 쉬도록 해라!' 하고 말씀하시면 그제야 황상과 황후마마, 후궁마마가 차례대로 무릎 꿇고 인사를 올린 뒤 저수궁에서 물러났지요."

"원래 궁에는 전통적인 규범이 있어요. 음력 12월 30일 저녁과 정월 초하루 그리고 그 이튿날, 이 3일은 황후마마가 황상을 침전에 모실 특

종사문. 양옆은 태감이 당직을 서는 곳이다.

권이 있답니다. 이 3일이 지나야 황상은 다른 후궁마마들을 찾으실 수 있지요. 그런데 황상과 황후마마는 어찌나 사이가 안 좋으신지 몰랐어요. 두 분 모두 고집이 대단하셨지요. 네가 나를 따르지 않으면 나도 너를 따를 수 없다는 식이었어요. 그러면 룽위 황후는 또 조금도 개의치 않는다는 뜻을 나타내셨지요. 황상도 황후마마가 개의치 않는다면 계속 무시하겠다는 태도를 취하셨고요. 남들 앞에서는 금슬 좋은 부부처럼 행세했지만 남이 보지 않을 때는 서로 말씀도 나누지 않으셨어요. 그러니 침전에 드실 때도 한 침실 안에 있지만 보통 부부들처럼 한 이불 안에서 자는 것은 아니었지요. 물론 태후마마도 이 사실을 알고 계셨고요. 그래서 정월 초하루 저녁에 종사문의 이야기를 빌려 두 분에게 일침을 가하신 거예요. 진심으로 이 두 분이 잘 지내기를 바라셨으니까요. 정말이지 태후마마도 마음고생이 많으셨답니다. 내가 여기서 태후마마를 좀 변호해보자면 태후마마도 만년에는 그리 매몰찬 분이 아니셨어요."

　　여기서 조금 보충 설명을 해야겠다. 종사문은 고궁 서쪽 여섯 개의 궁 중 가장 남쪽에 있는 작은 문이다. 고궁을 둘러보는 사람도 자칫 못 보고 지나칠 수 있다. 1943년 노궁녀가 나를 데리고 고궁에 놀러 갔을 때 특별히 이 문을 가리켜서 보여주었다. 눈 깜짝할 사이 40여 년이 흘렀지만 이 문은 지금까지도 그곳에 있다.

── **주사위 놀이와 검은 원숭이**

　　"황상이 가마에 오르시면 나는 그제야 길게 한숨을 내쉰답니다. 황상이 막 침전 입구에 들어오실 때는 궁녀들을 관리하는 마마님이 재빨리 눈짓을 하지요. 그러면 나와 차를 올리는 궁녀 둘만 남고 다른 궁녀들은 모두 옷을 갈아입는 방으로 물러났어요. 우리 궁녀들은 명령을 받을 때 외에는 황상과 이야기를 할 수 없었어요. 머리를 조아리거나 따로 예를 올리지도 않았고요. 오로지 손을 모으고 서서 눈을 아래로 내리깔고 발끝만 바라보고 있어야 했지요. 절대로 눈을 올려 황상의 용안을 쳐다보면 안 되었어요. 태후마마와 황상이 이야기를 나누실 때는 모두 물러나 칸막이(병풍) 옆에서 손을 모으고 부르실 때까지 서 있어야 했고요. 차와 담배를 올릴 때도 윗분들의 시야를 가리지 않도록 몸을 옆으로 돌려야 했어요."

"황상은 굉장히 올곧으신 분이었어요. 곁눈으로도 우리를 바라보는 일이 없으셨지요. 늘 미소를 띤 채 고개를 숙이고 들어와서 고개를 숙이고 나가셨어요. 걸음걸이도 점잖으시고 궁 안에 계실 때도 기품이 있으셨어요. 어느 때든지 성급하게 행동하는 법이 없으셨고요. 이후의 황태자(무술정변 이후 서태후가 옹립한 황태자)와 비교해보면 정말 천지 차이였지요. 태자마마는 머리를 땡땡이(상인들이 흔들던 작은 북. 손잡이를 잡고 좌우로 흔들면 북에 달린 구슬이 부딪쳐 소리를 냈다)처럼 흔드시면서 할 말이 있든지 없든지 궁녀들에게 곧잘 말을 거셨어요. 우리 저수궁 궁녀들에게는 감히 어쩌지 못했지만 눈만 봐도 속마음을 안다고, 나이 찬 궁녀를 보면 시종일관 곁눈질을 하셨답니다. 아마 젊은 분이라서 그랬겠지만 그래도 언제나 좀 경박스럽다고 느껴졌지요. 광서제는 완전히 달랐어요. 그 점잖은 기품은 억지로 꾸며서 나오는 것이 아니었어요. 근본부터 우러나오는 것이었지요."

"황상을 배웅하고 난 다음에는 태후마마가 무슨 말씀을 하실지 기다렸어요. 나는 손을 씻고 태후마마께 석감[귤의 일종]을 까드렸지요. 차를 올리는 궁녀 춘링쯔春箸子는 설탕에 절인 백합연밥을 태후마마께 한 그릇 올려드렸고요. 달콤한 즙과 함께 그릇 가장자리에 작은 은 숟가락이 들어 있었어요. 춘링쯔는 좀 통통한 아이였어요. 농글농글한 얼굴로 한번 웃으면 두 개의 작은 덧니가 무척이나 순박해 보였지요. 태후마마는 이날따라

청 궁에 오래 보관되어 있던 투전장

유난히 더 자애롭게 춘링쯔의 통통한 손을 어루만지며 말씀하셨어요. '네 손가락은 짧고 통통해서 복 받을 손이란다' 그러면 춘링쯔는 얼른 무릎을 꿇고 감사 인사를 올렸지요. 태후마마도 즐거워하시며 눈을 사르르 내리 감으셨어요. 이것은 매우 좋은 징조랍니다. 심기가 불편하실 때는 왼쪽 눈 썹꼬리가 올라가고 입술을 오른쪽으로 삐죽이시거든요. 이는 얼마 안 있어 역정을 내신다는 표시였기 때문에 서로서로 조심하라고 주의를 주었지요. 이날은 일단 안심이었어요. 무사히 설을 보낼 수 있다는 신호지요."

"태후마마가 분부하셨어요. '너희 주사위 놀이를 해보렴!' 사실 궁에서는 1년 내내 도박을 금지한답니다(물론 자령궁의 태비마마들은 예외였어요. 이분들은 투전장을 가지고 하는 '쒀쯔후梭子胡'라는 도박을 가장 즐겨 하셨거든요. 마작과 규칙이 비슷한데 마작처럼 꼭 네 명이 모여야 하는 것은 아니에요). 궁에서 하는 주사위 놀이는 일반 백성들이 집에서 하는 것과 명칭이 조금 다르답니다. 모두 길조의 말을 붙이지요. '일품관직에 오르다官居一品' '곳곳에서 성황을 이루다滿堂紅' '한 걸음씩 높이 올라가다步步高升' '만대에 이르기까지 제후로 봉하다萬代封侯' '복과 장수를 모두 누리다福壽雙全' 같은 말들로 말이에요. 일반 백성들이 놀 때처럼 '온 세상이 어둡다滿地黑'나 '속수무책干瞪眼' 같은 불길한 말들은 쓰지 않았어요."

"궁녀들은 일찌감치 준비를 하고 있었기에 금세 네모난 탁자를 놓고 그 위에 큰 붉은색 융단을 깐 뒤 주사위가 담긴 그릇을 탁자 한가운데에 놓아요. 이 그릇은 주사위를 던질 때 쓰는 것으로 중간 정도 크기에 바닥이 평평했지요. 주사위가 굴러다니지 않고 잘 멈춰야 하니까요. 안은 밥그릇처럼 오목했어요. 태후마마는 궁녀들을 관리하는 마마님에게 준비한 돈을 꺼내도록 이르셨어요. 빨간 털실로 묶어놓은 이 돈은 궁녀들이 놀이를 할 때 상금으로 주려고 따로 만든 것이지요. 준비를 마치면 태후마마가 한마디 하세요. '오늘 저녁에는 누구도 서로 야단치는 일 없이 다 같이 한

번 즐겁게 놀아보아라.' 이 말은 누구도 긴장하지 말고 위아래 구분 없이 자유롭게 놀아도 된다는 뜻이에요. 이날만큼은 상전에게 애교를 좀 부려도 되기 때문에 때를 놓칠세라 마마님 중 두 분이 응석조로 이렇게 말씀하시지요. '조상님(태후마마)은 꼬맹이小不點兒(베이징 토속어로 어린 사람을 말해요)들만 편애하셔요. 마치 저희 둘이 항상 궁녀들을 야단만 친 것 같잖아요.' 평소라면 이런 말을 입 밖에 낸다는 것은 상상도 할 수 없지요. 태후마마께 대드는 것은 만 번 죽어도 싼 죄이니까요. 하지만 이날만큼은 달라요. 좀 무례하게 태후마마께 어리광을 부려도 괜찮았지요. 그들의 말이 끝나기도 전에 샤오쥐안쯔小娟子가 말을 받아요. 샤오쥐안쯔는 말솜씨도 뛰어나고 일도 영리하게 잘했던 궁녀예요. 태후마마의 옷을 정리하는 일을 담당했는데 마마가 1, 2년 전에 입으셨던 옷들도 어느 해, 어느 달에 입고 어느 곳에 두었는지 모두 정확히 기억했답니다. 침전 안의 모든 일을 반 이상은 감당하고도 남을 아이였지요. 겉모습은 비쩍 말랐지만 성격은 똑 부러지는 데다 그 큰 눈으로 사람 속마음을 어찌나 잘 꿰뚫어보는지 손해를 보는 일도 절대로 없었어요. 하지만 결코 교활한 아이는 아니었어요. 그래서 다른 궁녀들과도 매우 잘 어울렸지요. 샤오쥐안쯔가 '조상님(태후마마) 말씀은 지극히 공평하신 것입니다. 저나 춘링쯔처럼 혀가 우둔한 사람들은 억울하게 야단을 맞아도 말 한마디 못 한답니다' 하고 받아쳤어요. 자신을 춘링쯔같이 온순한 아이와 한데 엮으면서 모두의 웃음보를 터뜨렸지요. 태후마마저도 웃음을 참지 못하셨고요. 태후마마도 샤오쥐안쯔가 얼마나 재치 있고 말재주가 좋은지 아시거든요! 마마님이 다시 그 말을 받았어요. '춘링쯔를 끌어들일 필요 없다. 올해 희신[경사를 주관하는 신]이 계신 운수 좋은 방향은 서북쪽이라고 하니 잠시 후에 사람이 없는 곳을 찾아 서북쪽으로 세 번 머리를 조아리고 절을 하거라. 희신 나으리가 그 갸륵한 정성을 보시고 올해 네 몸에 살 몇 점을 더 얹어주시도록 말이다.'

그러면서 태후마마는 또 크게 웃음을 터뜨리신답니다. 태후마마가 즐거워하시는 것을 보고 두 마마님이 또 기회를 놓칠세라 이야기해요. '오늘은 저희 두 사람이 상금을 맡게 해주세요. 한 사람은 돈을 관리하고 한 사람은 주사위 점수를 보고요.' 그렇게 놀이가 시작되면 사람마다 모두 팔을 걷어붙이고 주사위를 던진답니다. 이 유쾌한 시간에 누군들 들뜨지 않겠어요? 모두 한창 흥이 날 때 리렌잉이 소리 없이 들어왔어요."

"리렌잉은 여전히 예복을 입은 채로 들어와 태후마마께 절을 올렸어요. 본래 그는 태후마마의 심복이라 종종 격식을 생략해서 평소에는 이마를 땅에 조아리면서까지 크게 예를 올릴 필요가 없었어요. 하지만 이날은 저녁 연회의 남은 요리를 모두에게 골고루 내리고 돌아와 태후마마께 고하는 것이었지요. 요리를 받은 사람들은 모두 저수궁으로 와서 감사 인사를 올리거든요. 그는 모두를 이끌어 궁 밖에서 절하도록 하고 침전으로 와서 그들을 대표해 태후마마께 절을 올린답니다. 그래서 들어오자마자 이마를 땅에 조아린 것이지요. 그런 다음 진상품으로 들어온 고급 요리를 법도를 집행하는 네 태감에게 나누어주고 또 자령궁에서 태비마마의 시중을 드는 태감들과 장푸, 류더성 등에게도 골고루 나누어주었다고 아뢰었어요. 태후마마는 매우 만족해하셨지요. 리렌잉은 이런 일에 있어서 전문가였으니까요."

"또 이 시끌벅적한 속에서 그가 가만히 있을 리가 없지요. 다른 것은 몰라도 태후마마의 기분을 맞추어드리는 데만은 눈에 불을 켜는 그가 어떻게 이런 좋은 기회를 놓칠 수 있겠어요? 그도 주사위 놀이를 하는 사람들 가운데로 느릿느릿 걸어왔어요. 마침 샤오쥐안쯔 차례가 된 것을 보고 슬그머니 샤오쥐안쯔 앞으로 새치기를 하려는 거지요. 하지만 될 법이나 한 일인가요. 샤오쥐안쓰의 눈썹이 올라가는가 싶더니 한숨을 푹 내쉬고는 마땅찮다는 듯 쉿, 쉿 소리로 가차 없이 그를 마지막 순서로 보내버렸

청 궁에 오래 보관되어 있던 주사위

어요. 그가 어쩔 수 없다는 듯 맥 빠진 얼굴로 돌아서면 그 모습이 우스워 또 한바탕 웃음바다가 되었지요. 태후마마도 함께 웃으셨고요. 어렵사리 그의 차례가 와서 손을 뻗어 주사위를 던졌는데 2, 3, 4, 5, 3……. 6이 끝내 나오지 않았어요. 점수가 모자라는데도 억지를 쓰며 상금을 달라고 우겼지요. 점수를 보는 사람이나 돈궤를 보는 사람이나 모두 거절하면 그는 또 허망한 표정을 지어 좌중을 웃겼답니다. 그러고는 일부러 심사가 뒤틀린 척 마마님들에게 '너희 두고 봐라. 본때를 보여주겠다'고 으름장을 놓았지요. 근엄한 대태감이 상금 몇 푼을 두고 이렇게 어린애처럼 투닥거리는 것도 다 태후마마를 웃기려는 심산이에요. 참 그도 고생이었지요. 그때 그의 나이가 이미 예순이 넘어서 등까지 살짝 굽어 있었는데 말이에요. 태감들은 빨리 늙거든요. 그런데도 잠시도 쉴 틈 없이 안팎으로 돌아다니는 것은 오직 태후마마의 총애를 얻기 위해서지요."

"얼마 안 있어 리렌잉이 정말 본때를 보여줬어요. 태후마마가 가장 귀여워하시는 검은 새끼 원숭이를 안고 탁자 중간에 놓았지요. 원숭이도 주사위 놀이에 한몫 끼는 거예요. 태후마마는 차까지 엎지르시며 웃으시고 춘링쯔도 웃으면서 급히 찻잔을 받았어요. 샤오쥐안쯔도 깔깔대며 샤오싼쯔(검은 원숭이의 애칭)와 함께 주사위를 던졌답니다. 샤오싼쯔가 그 작은 주사위를 한입에 먹어버릴까 염려스럽긴 했지만요. 그러면 두 마마님이 웃으면서 말씀하세요. '상금을 드릴 테니 얼른 샤오싼쯔를 데리고 가세요.' 이런 때 머리가 잘 돌아가기로는 샤오쥐안쯔만 한 사람이 없지요. 샤오쥐안쯔는 잽싸게 종종걸음으로 달려가서 긴 탁자 보퉁이에 놓인 술에 절인 대추를 들고 왔어요. 그것을 보면 샤오싼쯔는 더 앉아 있지 않고 얌전히 샤오쥐안쯔를 따라갔지요. 리렌잉은 이제 아무리 불러도 꿈쩍도 하지 않을 만큼 화가 났어요. 샤오싼쯔가 의리가 없다고 대후마마께 일러바치기까지 했지요. 그러면 모두는 또 한번 와 하고 웃음을 터뜨려요. 태후마마도 따라 웃으셨고요. 정월 초하루 저녁에는 이렇게 저수궁에 웃음이 끊이지 않았답니다."

"이 검은 새끼 원숭이는 당시 궁에 온 지 1년이 다 되어가던 녀석이었어요. 어디에서 진상한 것인지는 모르겠는데, 온몸이 새까만 털로 뒤덮여 있고 붉은색 얼굴에 꼬리가 몸길이만큼이나 길었지요. 몸집이 굉장히 작아서 얼마나 귀여웠는지 몰라요. 일반 새끼 고양이 정도 크기밖에 안 되었거든요. 태후마마 침전에서는 곧잘 모자 통(원통형으로 모자를 얹어두는 곳인데 높이는 15센티미터가 좀 못 되고 자기로 만들어졌어요. 긴 탁자 위에 놓았지요) 속에 들어가 있었어요. 어찌나 겁이 많은지 낯선 사람을 보면 금세 태후마마의 옷자락 밑으로 숨었지요. 애교도 많아서 늘 태후마마께 안겼고요. 안겨서는 마마 대신 과쯔[수박씨·해바라기씨·호박씨 등에 소금이나 향료를 넣어 볶은 것]를 까기도 했어요. 태후마마가 무언가를 드실 때면 탁자 옆에 앉아 양손을 모으면서 자신에게도 무언가를 달라고 졸랐어요. 주지 않으면 불쌍하게 끽끽거리면서 울었지요. 태후마마가 가장 대견해하신 것은 한 번도 침전 안에 있는 자기 그릇을 깨뜨리거나 넘어뜨린 적이 없었다는 거예요. 하지만 우리는 때때로 이 녀석이 못마땅했어요. 막 청소를 끝냈는데 갑자기 물건을 어질러놓기도 했고, 어떤 때는 주의하지 않으면 이내 탁자 위로 올라가 태후마마의 금귤을 따버렸거든요. 그러고는 병풍 제일 높은 곳으로 올라가서 느긋하게 금귤을 먹는 거예요. 아무리 불러도 안 내려온답니다. 태후마마는 이 원숭이를 매우 귀여워하셔서 두 태감을 따로 지정해 먹이를 담당하도록 했어요. 하지만 이날 샤오싼쯔는 오후 내내 아무것도 먹지 못했답니다. 일부러 뱃속을 비워두었다가 태후마마께 먹이를 얻어먹도록 하기 위해서였지요. 이것도 다 리롄잉의 계산이었어요. 샤오쥐안쯔가 눈치 빠르게 이를 알아차리고 얼른 술에 절인 대추를 가져와 샤오싼쯔를 유인해낸 거고요."

"샤오쥐안쯔는 샤오싼쯔에게 직접 먹이를 줄 수 없어서 대추 접시를 춘링쯔에게 건네주고 샤오싼쯔를 앉은뱅이책상에 놓았어요. 그러면 태후마마께서 직접 먹이를 주셨지요. 샤오싼쯔는 대추 두 알을 먹고는 작은 앞발로 태후마마의 간식 그릇을 들추어 절인 과일을 끄집어냈어요. 단것을 보면 대추를 줘도 잘 먹지 않았지요. 그것을 보면서 태후마마는 빙그레 웃으시고 우리도 따라 웃었답니다."

"잠시 후에는 간식을 전달하는 사람이 왔어요. 이날은 평상시와 다르게 네 태감이 두 개의 큰 찬합을 들고 들어왔지요. 먼저 태후마마께 하나를 올리는데 그 안에는 평상시 나오는 네 가지 간식 외에도 자후이터우 한 접시와 자싼자오 한 접시가 더 있어요. 또 백과떡百果年糕과 튀긴 찹쌀떡도 들어 있고요. 태후마마께 많은 복이 들어오고 장수하시며 해마다 승승장구하시기를 바라는 의미이지요. 작은 그릇에 담긴 율무죽은 모든 일이 뜻대로 이루어지라는 뜻을 담고 있어요. 또 다른 찬합에는 큰 접시 몇 개에 튀긴 떡이 담겨 있는데 이것은 우리 궁녀들에게 주는 것이었어요. 튀긴 떡 외에도 율무죽 두 그릇과 인탸오銀條, 강루缸蘆, 팔보요리가 곁들여져 나왔지요. 모두 리롄잉이 마련한 것이었답니다. 그는 누구에게든 세심하게 마음을 써서 윗사람, 아랫사람 할 것 없이 모두에게 인심을 얻었지요. 또 이어서 작년에 얼린 주보보(교자)가 올라왔어요. 한 해를 보낼 때 먹는 가장 중요한 음식이지요. 둥베이 지방에서는 1년 전 음식을 먹는 것이 하나의 풍습인데 이는 '작년에 이어 올해도 풍족함'을 의미해요. 그래서 태후마마도 특별히 이렇게 지시하신답니다. '궁 안의 모든 사람, 모든 살아 있는 것에게 이것을 나누어주거라. 이는 조상님이 내리신 은혜이니라.' 그러면 리롄잉이 '네' 하고 대답한 뒤 서둘러 분부대로 시행하지요. 그리고 개집, 고양이 우리, 새장, 원숭이 우리, 마구간, 심지어 벽 모퉁이에 있는 쥐구멍까지 정말 모든 살아 있는 것에게 이 교자를 나누어준답니다. 그야말로 천하 곳곳에 미치는 하해와 같은 은덕이지요. 궁문 밖에서는 감사의 목소리와 폭죽 소리가 한데 뒤섞여 들려와요."

"정월 초하룻날 밤에는 잘 때 이불을 덮지 않았어요. '이불'의 발음 '베이被'가 '운수가 나쁘다'는 뜻을 지닌 '베이윈背運'의 '베이'와 발음이 같아서였지요. 정초부터 운수가 나쁘길 바라는 사람이 어디 있겠어요? 그래서 어린 궁녀들은 이불 대신 낡은 솜저고리 같은 것을 머리까지 덮어쓰고 서쪽 편전 바닥에 주저앉아 뜨뜻한 온돌 바닥에서 푹 잤어요. 그렇게 한 해가 시작되는 첫날이 마무리되었답니다."

'궁중에서 서로 포개어 자면서 동이 트는 것도 알지 못했다'는 말이 꼭 이 말인 듯하다.

── 발에는 비단 신발, 입술에는 붉은 앵두

"내가 몹시 수다스럽다고 나무라지 마세요. 말의 앞뒤가 잘 연결되지 않지요? 그냥 생각나는 대로 이야기하는 거예요."

허 아주머님이 웃으면서 내게 말했다.

"허 아주머님은 주유이고 저는 황개예요. 때리고 싶어서 때리고 맞고 싶어서 맞는 거지요.['주유가 황개를 때리다', 즉 쌍방이 자진해서 때리고 맞는다는 속담에서 인용] 아주머님은 이야기를 하고 싶은 대로 하시는 것이고 저는 듣고 싶은 대로 듣는 거예요. 게다가 전 지금 감옥에 갇힌 죄수처럼 밖으로 나가지도 못하잖아요. 아주머님과 이렇게 이야기하는 것도 어렵게 얻은 기회인걸요."

아주머님이 또 웃으면서 대답했다.

"이렇게 지루한 이야기도 괜찮다면 계속해서 설 저녁 이야기를 들려드리지요."

이번에도 잠시 생각에 잠겼다가 담담히 이야기를 시작했다.

"어찌된 게 그때 기뻤던 일일수록 지금 떠올리면 마음이 아프네요. 하지만 이렇게라도 이야기를 하지 않으면 세상 어느 누구도 알지 못하고 그냥 사라져버리겠지요. 뭐 그리 대단한 일은 아니더라도 말이에요."

허 아주머님의 영혼에는 늘 한 가닥 우수가 어려 있는 듯하다. 한때 풍족한 삶을 누리다가 몰락한 사람의 피할 수 없는 말로인가보다. 그분을 보면 슬프기도 하고 한편으로는 가엾기도 하다. 나는 허 아주머님의 마음을 달래주려고 말했다.

"아주머님이 이렇게 정정하신 것도 어찌 보면 노년에 고생하신 덕분이라고 할 수 있지 않을까요? 지금 아주머님과 동년배인 노인 분들을 보세요. 입만 벌리면 밥이 들어오고 손만 뻗으면 옷이 있었던 분들은 다들 일찌감치 돌아가셨잖아요. '적게 먹으면 장수하고 많이 일하면 복을 누린다'는 옛말처럼 말이에요. 사람은 완벽할 수 없어요. 아주머님도 자신에 대해 지나치게 비관하지 않으셔도 돼요."

그러자 허 아주머님은 애써 밝은 얼굴을 하며 말했다.

"오늘은 즐거웠던 일을 이야기해보지요. 이제 나 때문에 덩달아 마음 아프게 하지 않을게요."

그러고는 다시 지난날을 회상하면서 말을 이었다.

"설 저녁, 태후마마가 저녁 간식을 드실 때가 되면 침전은 사람들로 북적댔어요. 추이위구이, 천취안푸陳全福 등 내로라하는 태감들이 모두 와 있었지요. 내태감 리롄잉이 내게 눈짓을 했어요. 무슨 할 말이 있나는 뜻이었지요. 나는 곧 알아듣고 조용히 침전을 물러나와 회랑 아래 서쪽 사슴 상 옆에 서서 그를 기다렸어요. 저수궁 회랑 아래에는 청동으로 만든 학, 사슴의 상늘이 세워져 있어요. 우리는 늘 학을 수학壽鶴이라 무르고 사슴을 복록福鹿이라 불렀어요. 이곳은 서쪽 편전과 가깝기도 해서 어린 궁녀들은 항상 이곳에서 모였지요. 누가 볼까 늘 불안해했던 나 때문이기도 했고요. 이곳에 있으면 복록 상 옆에 몸을 숨길 수도 있고, 등롱의 붉은 빛 아래에 있으면 나인지 잘 알아볼 수 없었거든요. 야간 당직을 서는 태감은 와도 내가 머리를 끄덕이면 무엇을 하는지 곧 알아채고 그냥 갔어요. 잠시 후 리렌잉이 나왔어요. 당시 그는 이미 65, 66세쯤 된 노인이어서 호리호리한 몸이 좀 구부정해져 있었어요. 걸을 때도 좀 비틀거렸고요. 육체를 이겨낼 만한 강한 정신력으로 직무를 감당하고 있다는 것을 알 수 있었지요. 그가 내게 물었어요."

"'네 양아버지를 보았느냐?' 이는 마마의 머리를 빗는 류 태감을 말하는 거예요. '뵈었습니다. 오늘은 다른 날보다 일찍 일어나서 양아버지가 궁문으로 들어오실 때 마주 뵙고 삼배를 올렸습니다.' 우리 기하인들의 풍습에 아직 시집을 가지 않은 딸은 새해 인사를 드리지 않는답니다. 새해 첫날 내가 그분께 세 번 절을 올렸다는 것은 그분을 친아버지처럼 각별히 여긴다는 친근함과 존중의 표시였지요. 양아버지는 붉은 종이로 싼 작은 은괴를 주시면서 두 손을 맞잡고 나에게 답례를 해주셨어요. '새해 복 많이 받으려무나. 명절이라 할 일이 많아서 네 친아버지를 뵈러 갈 수가 없구나. 이 은괴를 아버지께 보내 차라도 사 드시도록 해라. 찾아 뵙지 못해 죄송하다고 전하고 말이야.' 그 말에 나는 아버지를 대신해 감사 인사를 드렸어요."

"리 대태감은 나를 칭찬해주었어요. '착한 룽얼, 정말 어른스럽구나. 오늘 태후마마가 상으로 요리를 나눠주실 때 내가 특별히 네 양아버지 몫을 남겨놓으마. 1년 내내 일찍 일어나 밤늦게까지 고생한 사람이지. 우리 동료들끼리의 성의라고 생각해라. 내일 아침 네 양아버지가 일을 마치시면 네가 전해드리도록 해. 내가 줬다는 말은 굳이 하지 않아도 알게 된다. 그리고 네 친아버지를 위해서도 두 그릇을 남겨두마. 이것은 태후마마가 내리시

저수궁 앞에 있는 구리 용과 구리 사슴

는 복된 음식이니 전해서 온 가족이 이 복을 누리도록 해라. 네 아버지께는 이미 소식 전했다. 내일 오전에 와서 너를 보고 가시라고 말이야. 아침 일찍부터 반나절 휴일을 줄 테니 그 시간에는 일을 하지 않아도 된다.'"

"이것은 리 총관이 특별히 나를 위해 신경 써준 것이었어요. 그는 태후마마 수하에서 둘도 없이 총애를 받는 태감이었고, 왕의 작위를 받은 사람이나 종실, 군기처의 대신들조차 그의 얼굴을 보기 어려웠지요. 그런 분이 나를 이렇게 보살펴주시니 어떻게 감격하지 않을 수 있겠어요? 나는 눈물이 가득 고인 눈으로 무릎을 꿇고 감사 인사를 드렸어요. 그리고 침전에 바로 가지 못하고 먼저 서쪽 편전에 들렀지요. 설 저녁에는 눈물을 보이면 안 되었거든요. 들어가보니 그곳에는 궁녀들이 모여 앉아 있었어요. 떡 튀김은 이미 다 먹고 탁자 위에는 축사밀[생강과의 풀로 씨는 한약재로 쓰임]씨와 구운 살구씨 같은 것들만 놓여 있었지요. 내가 들어갔을 때는 모두 차를 마시며 장푸 어르신과 잡담을 나누는 중이었어요. 눈치 빠른 샤오쥐안 쯔는 나를 한번 보고는 금세 내가 조금 전 눈물을 글썽였다는 것을 알아차렸지요. 곧 앉아 있던 등받이 의자에서 천장 판을 바라보면서 고개를 땡땡이처럼 흔들었어요. 그리고 손으로 푸 어르신을 가볍게 치면서 큰 소리로 익살스럽게 말했지요. '정월 초하루 저녁에는 발 씻은 물이 어디서 그렇게 나오는 걸까. 나라면 말이야, 어금니를 꽉 깨물고서라도 참으면 참았지, 서북풍을 맞으며 쪼그리고 앉아 오줌을 누지는 못할 텐데!' 말이 끝나기가 무섭게 다들 웃음보가 터졌지요. 물론 나도 덩달아 깔깔대며 웃었고요. 사정을 모르고 하는 소리였지만 마음은 오히려 편해졌어요. 마침 침전 회랑 안에서 '타악, 탁' 하는 길고 짧은 신호가 두 번 들려왔어요. 춘링쯔가 나를 부르는 소리였지요. 나는 서둘러 눈가를 닦고 일을 하러 들어갔어요."

"이튿날은 정월 둘째 날이었어요. 나는 류 태감이 일을 마치기를 기다렸다가 상으로 내려진 요리를 전해드렸지요. 그 요리는 최고급 진상품이었어요. 류 태감은 '어린 시절부터 함께 비질을 한 동료를 잊지 않았구나(어릴 때부터 함께 일했다는 뜻이에요)' 하시며 리롄잉에게 크게 고마워하셨어요. 리롄잉이 인정이 많은 사람이었다는 것은 이런 데서 알 수 있지요. 그는 한 번도 아랫사람의 돈을 갈취한 적이 없었답니다. 그런 재주는 총독과 순무들에게 부렸지요. 한 번 손을 뻗으면 1만8000냥의 은을 요구하기도 했어요. 하지만 자기 수하의 사람들에 대해서는 결코 일일이 계산하며 주머니를 터는 법이 없었지요. 그는 늘 이렇게 말했어요. '눈앞에 이미 강물이 있는데 왜 이 물로 배를 씻지 않겠는가. 일을 할 때 누가 나에게 바늘을 달라 하면 나는 반드시 실까지 준다네.' 사실 태감 중에는 좋은 사람이 드물었어요. 종일 머릿속으로 꿍꿍이를 짜내고, 온갖 사악하고 흉포한 생각은 다 품고 있는 사람들이었지요. 하지만 리롄잉에게 '리 총관'이라 부르며 존대하는 것만큼은 진심에서 우러나온 복종이었답니다. 내가 리롄잉을 변호하려는 것이 아니에요. 실제로 그랬어요. 아랫사람 중에 리롄잉에게 원망을 품은 사람은 거의 없었어요. 이것은 내가 직접 겪어봐서 아는 것이에요."

"정월 둘째 날은 가장 화려한 날이에요. 나는 류 태감을 보내고 나서 서둘러 몸치장을 시작했지요. 전에도 말했지만 청 궁의 궁녀는 반드시 단정하고 소박해야 했어요. 정월과 만수절(10월) 외에는 평상시에 붉은 옷을 입거나 연지를 바르지도 못했지요. 멋모르고 요란하게 몸치장을 했다가는 대나무로 엉덩이 찜질을 당하기도 했어요. 아픈 것은 둘째치고 더 견딜 수 없는 것은 맞을 때의 창피함이지요. 매를 때리는 태감이 바지를 내리면 엉덩이가 그대로 드러났으니까요(궁의 규범에 의하면 궁녀들은 맞을 때 옷을 입고 맞을 수 없었어요. 살 위에 직접 매를 댔지요). 회랑 기와 아래서 엎드린 자세로 한 번에 다섯 대씩 맞는데, 맞을 때는 죽어도 아픈 소리를 내면 안 되었어요(태감이 맞을 때와는 좀 달라요. 태감은 맞을 때 옷을 벗지도 않고, 또 맞으면서 큰 소리로 용서를 빌어야 했지요). 다들 다 자란 아가씨니 죽고 싶을 만큼 부끄럽답니다. 그래서 우리는 몸치장을 해도 언제나 옅은 화장에 소박한 차림이었어요."

"먼저 자주색 춘주 솜저고리로 갈아입었어요. 가장자리는 푸른 비단에 금실을 둘렀지요. 귓불까지 오는 목둘레 칼라는 다람쥐 등마루를 따라 둘려 있었어요. 그 위에는 큰 연녹색 조끼를 걸쳤어요. 칼라 위는 두 개의 끈으로 만들어진 완자무늬에 나비 모양의 푸른 비단 단춧고리, 정교하게 새겨진 단추로 장식되어 있었어요. 그리고 무엇보다 중요한 것은 발에 신는 신발이랍니다. 이때 신는 신발은 오복장수 신발이라고 불렀어요. 신발 양쪽에는 빨간 실로 수놓은 박쥐 네 마리가 날아다녔지요. 또 신발 코 정중앙에는 특별히 공들여 수놓은 큰 박쥐가 한 마리 있었고요. 박쥐가 잘 도드라지게 하려면 밑에 천을 대고 수를 놓아야 해요. 발이 들어가는 입구 정중앙에는 둥글게 '수壽'자가 수놓아져 있었지요. 큰 박쥐가 날개를 펴서 이 둥근 '수'를 받들고 있고요. '수' 한가운데에는 진주가 한 알 박혀 있었어요. 박쥐 머리 맞은편이기도 하지요. 박쥐 머리 양옆에는 두 개의 검은 점이 있는데 바로 눈이에요. 이 두 눈이 진주를 똑바로 바라보고 있답니다. 이 신발은 우리의 가장 큰 자랑거리였어요. 저수궁에서 태후마마를 시중드는 사람이 아니면 이런 신발을 신을 자격이 없었거든요. 그 때문에 이 신발을 신고 걸으면 어디를 가든지 주목을 받았어요. 설과 만수절에만 신을 수 있긴 했지만요. 이 신발을 신고 시얼창 가西二長街를 걸으면 나이가 좀 들어 보이는 태감들도 몸을 숙이며 예를 올렸어요. 길가에 서서 '새해 복 많이 받으십시오' 하고 인사를 했고, 좀 어린 태감들은 길가에서 멀리 떨어져 손을 모으고 고개를 숙인 채 서 있었지요. 가까이 가면 감히 눈도 들지 못하고 '마마님, 안녕하세요!' 하며 공손히 인사를 올렸어요. 우

궁녀

리도 이런 권세를 누릴 때가 있었답니다!"

　　허 아주머님은 물이 흘러가듯 잠시도 쉬지 않고 이 긴 이야기를 풀어놓았다. 그 안에는 고생스러움도 있었지만 기쁨도 담겨 있었다. 나는 아주머님에게 잠시 쉬면서 차를 마시게 했다. 그분은 흥분이 가시지 않은 듯 길게 한숨을 내쉬며 말을 이었다.

　　"이런 신발을 신게 되기까지 쉬운 길을 걸었던 건 아니었어요. 과거 시험을 준비하는 사람처럼 삼경(밤 11시~새벽 1시)에도 등불이 꺼지지 않고 오경(새벽 3시~5시)에 닭이 울면 일어나야 했으니까요. 즉, 이른 아침부터 저녁 늦게까지 몇 년을 고생해야 가능했던 일이었답니다. 허구한 날 마마님을 대신해 신발 밑창을 싸고 신발 입구를 박음질하고 바닥을 꿰매고 골을 끼웠지요. 특히 신발 입구를 박을 때는 입구 밖이 담비 가죽과 잘 맞물려야지 털이 튀어나오면 바늘을 빼기가 무척 어려웠어요. 어느 때는 한 땀 한 땀 이로 물어서 바늘을 빼내야 했지요. 3, 4년을 이렇게 고생하고 이후에도 셀 수 없이 밤을 새고 난 다음에야 어느 날 마마님이 한마디 툭 던지세요. '너도 하나 만들어서 신어보거라.' 이 모기 소리만 한 작은 목소리가 우리 귀에는 봄날의 천둥소리같이 들린답니다. 그 말이 떨어지자마자 발을 멈추고 숨을 죽인 채 허리를 숙여 감사 인사를 올리지요. 어린 궁녀들 사이에서도 즉각 일파만파로 이 소식이 전해져요. 누구누구는 이제 오복장수 신발을 신어도 된대! 이 신발을 신는다는 것은 이제 태후마마를 가까이에서 모시는 사람으로 인정받는 것이기도 했기에 모두의 부러움을 샀어요. 그리고 이때부터 어디를 가든지 대우를 받았지요. 궁 안 사람들은 모두 권세에 민감한 사람들이라 누구에게 조금이라도 어떤 권세가 주어지면 모두 파리처럼 앞 다투어 모여드니까요."

　　신발 이야기를 끝내면서 허 아주머님의 흥분도 차차 가라앉았다. 물을 한 모금 마시고 창밖을 바라보면서 아주머님은 다시 생각에 잠겼다.

이때는 그분을 방해하지 말아야 한다. 아주머님이 좋아하지 않을 것이 분명하니까.

허 아주머님은 잠시 멍하니 있다가 점차 원래의 분위기로 돌아와 담담히 입을 열었다. 그분의 이야기는 언제나 양배추를 벗기듯이 한 꺼풀 한 꺼풀 조금씩 드러난다. 그 순서도 대단히 명확했다. 집 안 분위기가 조금 무거워진 듯 보여 아주머님은 반쯤 우스갯소리로 이야기를 시작했다.

"쉬수를 하는 이야기꾼들은 우리를 가리켜 '아름답고 오색찬란한 궁녀'라고 칭했어요. 아마 우리가 하는 일이라고는 분과 연지 바르는 일밖에 없어 보였나봐요. 실은 전혀 그렇지 않은데 말이에요. 전에도 말한 것 같은데 궁에서는 아름다움의 기준이 '구슬같이 둥글고 옥처럼 매끄러운' 모습이에요. 결코 현란한 치장을 반기지 않지요. 피부, 입은 옷, 장식, 어느 것을 막론하고 내면의 부드럽고 온화한 기품이 드러나야 해요. 이것은 뭐라 분명히 표현하기가 어렵네요. 분 바르는 것을 한번 예로 들어보지요."

"낮에는 얼굴에 분을 살짝 펴 바르기만 해요. 피부를 보호하기 위해서지요. 하지만 저녁에 자기 전에는 굉장히 두껍게 바른답니다. 얼굴뿐 아니라 목, 앞가슴, 손과 팔까지 최대한 많이 발랐어요. 이 역시 부드럽고 매끄러운 피부를 위해서였지요. 이것도 오랜 시간 훈련을 거쳐야지 하루아침에 되는 일이 아니랍니다. 궁에 있을 때는 종종 '분이 먹힌다'고 말했는데 이 말은 분을 바를 때 피부에 완전히 스며들도록 한다는 말이에요. 이 역시 오랫동안 훈련하지 않으면 잘 안 되지요. 어떤 궁녀는 분이 얼굴에 떠서 분 아래로 검은 피부가 드러나 보이고 얼굴과 목 사이의 경계가 뚜렷하게 보였어요. 우리는 이런 것을 두고 '개똥에 서리가 내렸다'고 했지요. 얼마나 꼴불견인데요. 우리 궁녀들은 피부를 달걀 흰자위처럼 보드랍고 매끄럽게 가꾸어야 했어요. 또 이렇게 해야 태후마마와 함께 문밖을 나설 때도 귀족 부인들 앞에 떳떳이 설 수 있었고요. 태후마마는 승부 근성이 강하신 분이어서 뭐든 남보다 뛰어나야 했어요. 만약 다른 사람과 비교해서 우리가 못생긴 닭같이 보이면 이후에는 다시 데리고 나가지 않으셨지요. 태후마마께 우리는 몸에 단 장식품과도 같았으니까요. 다른 사람의 장식품이 태후마마보다 더 아름다우면 안 되는 거지요. 숙왕肅王[숙친왕 산치善耆, 1866~1922, 청나라 왕족이자 정치가]의 부인은 대단한 미인이었어요. 정교하게 꾸민 머리에 귀에 단 비취 귀고리는 얼굴 한쪽이 모두 푸르게 보일 만큼 반짝였지요. 황후마마와 후궁마마들도 비교가 안 될 정도였답니다. 태후마마는 심기가 상하셔서 접견을 할 때도 시종일관 그분을 향해 얼굴을 펴지 않으셨어요. 이처럼 우리에게는 화장도 직무와 연결되는 일이었지요."

수년간 가슴속에 담아두었던 기분이 깊은 곳에 가라앉아 있던 앙금을 휘젓듯 과거를 돌이키면서 다시 떠오른 모양이다. 그래서인지 아주머님은 싫증도 내지 않고 오랜 시간 이야기했다. 이번에는 또 무슨 비밀을 이야기하듯 빙그레 미소를 지었다.

"알고 계세요? 장엄한 금란전金鑾殿도 궁을 짓는 사람더러 가장 먼저 그 위에 오줌을 누게 해요. 연회에 나오는 진귀한 제비집 요리와 상어 지느러미 요리도 가장 먼저 먹어보는 사람은 요리사지요. 태후마마의 고급스러운 화장품도 반드시 우리가 먼저 써본답니다. 연지를 한번 예로 들어보지요."

"대략 음력 4월 중순이 지나면 베이징 서쪽의 먀오펑 산妙峰山에서 장미를 진상하고 궁에서는 이것으로 연지를 만들기 시작해요. 이 일은 처음부터 끝까지 경험이 많고 나이든 태감이 감독한답니다. 태후마마는 워낙 기력이 왕성하신 분이라 이런 일도 직접 둘러보셔야 직성이 풀리셨지요. 그래서 우리도 자연히 이 일에 동참하게 되었어요."

"우선 꽃을 골라야 돼요. 완전히 붉은색을 띠고 있는 것이라야 했지요. 같은 꽃이라 해도 꽃의 색깔이 다 같은 것은 아니랍니다. 옥석을 알아보는 것보다 더 고된 일은 그것들을 전부 비교하는 일이라고 하지요. 꽃들을 한데 모아놓고 그 색깔을 분별해내는데 꽃잎 한 장 한 장까지도 색깔이 다 달라요. 윗부분과 아랫부분의 색깔도 같지 않고요. 그래서 한 장 한 장을 모두 세심하게 분별해야 순수한 붉은빛 연지를 만들어낼 수 있지요. 그러니 몇백 근의 장미를 모아놓아도 마지막에는 열 근, 스무 근의 꽃잎밖에 남지 않았어요. 하지만 궁중에서 만드는 것은 들어가는 재료나 일손을 아끼지 않지요. 오로지 얼마나 공을 들여 정교하게 만드느냐만 따져요. 그렇지 않으면 제아무리 궁에서 만든 것이라 떠들어대도 모두 가짜랍니다."

"꽃을 다 고르면 돌절구로 찧어요. 이 돌절구는 약방에서 약을 가는 사발같이 꽤 움푹했고 입구는 그리 좁지 않았어요. 절굿공이도 한백옥[흰 대리석의 한 종류로 건축이나 조각의 최고급 장식 재료다]으로 만든 것이었지요. 금속은 절대 쓰지 않았어요. 이 돌 절굿공이로 꽃을 빻아서 원액을 내고 다시 얇고 부드러운 천으로 걸러요. 이 천은 빨아서 잔털 하나 없이 평평하게 다린 것이지요. 이렇게 해서 맑고 깨끗한 꽃즙이 나오면 이 꽃즙을 미리 준비한 연지 항아리에 넣어요. 또 장미를 빻을 때는 백반을 약간 넣는답니다. 이렇게 해야 살에 잘 배어 화장이 뜨지 않거든요.

꽃즙을 넣은 뒤에는 명주실 솜을 사각형이나 원형으로 작게 자르고 5, 6층으로 포개서 연지 항아리 속에 열흘 정도 담가두어요. 시간이 지나면 즙을 흠뻑 머금은 두꺼운 솜덩어리가 되지요. 그러면 꺼내서 말리는데 밖에서 말리지 않고 먼지가 묻지 않도록 유리창을 통해 말려요. 이때 절대로 햇볕을 많이 비춰서는 안 돼요. 뜨거워지면 색이 변하니까요."

"연지를 사용할 때는 먼저 새끼손가락으로 뜨거운 물을 찍어 연지 위에 뿌려요. 이렇게 살짝 녹인 연지를 손과 얼굴에 바르지요. 입술에 바를 때는 이렇게 하지 않고 솜 연지를 가늘게 말아서 입술 위에 놓고 굴리

청 궁에 보관되어 있던 돌절구와 절굿공이

거나 또는 옥소두(비녀 이름)로 솜 연지를 휘저어 입술에 찍어 발랐어요. 태후마마는 이런 것에 신경을 많이 쓰셔서 결코 대충 넘어가는 법이 없으셨답니다."

"양 볼에는 발그레한 색이 돌도록 연지를 발랐어요. 술을 마시고 살짝 홍조를 띤 듯한 그런 빛깔로 말이에요. 연극에 나오는 여자 배우처럼 광대뼈에 붉은 점을 두 개 찍어 바르는 짓은 절대 하지 않았어요. 입술은 인중을 기준으로 윗입술은 좀 적게, 아랫입술은 좀 많이 발랐어요. 위아래 입술 모두 새빨간 빛깔로 콩알보다 조금 크게 찍어 발랐지요. 책에서 말하는 앵두 같은 입이 바로 이것이에요. 그리고 이는 궁중 여인들만의 치장이었어요. 그림 속 서구 여인들이 입술 전체를 붉게 칠하는 것과는 좀 다르지요."

"쓸데없는 이야기만 주절주절 늘어놓았네요. 이제부터 중요한 얘기를 해보지요."

허 아주머님은 미소를 지으며 말을 이었다.

"태후마마가 장식품을 매우 따지시는 것은 누구나 아는 일이었어요. 이 이야기를 좀 자세히 해볼게요. 정월 둘째 날, 씻고 몸단장을 마친 뒤 나는 작은 보따리를 들고 어린 태감과 함께(궁녀들은 혼자 다니면 안 되니까요) 먼저 영수궁永壽宮 서쪽 편전으로 갔어요. 이곳은 리렌잉과 천취안푸가 쉬는 곳이었지요. 천취안푸가 나를 보고는 자신의 보따리를 들고 '나와 함께 가지' 하고 말하면 나는 무슨 말인지 곧 알아들었지요. 그들은 나 같은 궁녀를 통해 귀찮은 일을 하나 덜 수 있었거든요. 나는 얌전히 천취안푸의 보따리를 내 보따리 속에 넣었어요."

"몇 마디 설명을 덧붙이자면 태감들이 드나드는 신무문은 빈 몸으로만 드나들 수 있었어요. 일반 귀족들은 모두 동화문이나 서화문西華門으로 들어가지 신무문으로는 드나들지 않지요. 신무문은 후궁後宮 비빈[들이 거처하는 궁과 가까워서 태감들이 빈번하게 드나들었는데 궁중 규범은 매우 엄격해서 태감들은 무슨 보따리나 물건을 가지고 출입하지 못했어요. 호위병이 몸수색도 했지요. 순정문順貞門(위화위안御花園의 후문, 신무문 맞은편에 있다)을 나오면 곧 호위병의 관할 범위거든요. 우리 궁녀들이 식구들을 만날 때도 신무문을 나와 먼 거리를 걸어야 했는데 이 때문에 태감들은 소포를 밖으로 전달할 때 꼭 우리에게 부탁해 대신 가지고 나가도록 했어요. 그리고 사실 태감들과 호위병들은 사이가 그리 좋지 않았답니다. 호위병들은 대부분 자신들이 기하인이라는 자부심을 지녔어요. 그 조상들은 모두 황제를 좇아 나라를 세우고 전쟁에서 큰 공로를 세운 분들이지요. 찻집이나 술집에서도 모두 나으리 대접을 받는 사람들이었으니 몸이 온전치 않은 태감들은 아예 무시했어요. 하지만 한편으로 태감들은 태후마마, 황상, 황후마마와 귀비마마들을 가까이할 수 있는 사람들이었지요. 호위병들은 그 근처에도 갈 수 없었고요. 그래서 태감들은 자주 상전에 기대어 권세를 부리며 호위병들의 울화를 터뜨렸어요. 광서제 초기에는 호위병들과 태감들이 몇 차례 다투기도 했답니다. 결과는 모두 태감들이 우위를 차지했고 윗분들도 별 생각 없이 태감들의 편을 드셨대요. 그래서 호위병들은 늘 마음속에 불만을 품고 있었어요. 태감들도 되도록 호위병들과 부딪치지 않으려 했고요. 보따리를 내게 부탁하는 것도 시끄러운 말이 나오지 않게 하기 위해서였지요."

"천취안푸는 나이가 꽤 많았어요. 저수궁 궁문을 지키는 우두머리 태감이어서 궁 안에서 실권이 있었지요. '재상의 문지기는 7품 관리'라고 하는데 하물며 이곳은 저수궁이잖아요. 하지만 그 권세도 궁내에서만 통할 뿐, 궁 밖에서는 별 소용이 없었어요. 그래서 그도 몰래 밖으로 물건을 전달하려면 기회를 봐야 했지요. 정상대로라면 태감들의 수입은 얼마 되지 않아서 그들은 기회만 있으면 물건을 빼돌렸답니다. 그러지 않은 태감이 거의 없었다고 봐야지요. 오늘은 마침 좋은 기회였어요. 명절이라 모두 저마다 들뜬 기분이었고 사람들의 왕래도 많았으니까요. 또 나는 태후마마의 몸종이고 설이면 곧잘 태후마마로부터 상으로 무언가를 받곤 해서 보따리를 가지고 가도 별 문제 삼지 않고 잘 통과시켜주었어요. 만약 누가 따져 물으면 나는 불쾌한 얼굴을 하고 태후마마께 여쭈어보라고 대꾸해주었지요. 누가 감히 정말 태후마마께 가서 여쭙겠어요?"

"정월 둘째 날 오전, 베이징의 날씨는 여전히 추웠어요. 엄동설한의 계절이었지요. 나는 머리를 반지르르하게 땋은 뒤, 윗부분은 6센티미터 정도 되는 붉은 끈으로 묶고 끝 술은 조끼 아래로 늘어뜨려 붉은 나비 끈으로 묶었어요. 머리에는 벨벳 꽃을 달고 두 귀에는 노란 금줄 귀걸이를, 발에는 오복장수 신발을 신었지요. 저수궁에서는 매일 봄날같이 따뜻한 방과 온돌 바닥에서 지내느라 음력 12월의 엄동설한에도 추위를 못 느끼지만 궁 밖을 나오면 사정이 달랐어요. 오복장수 신은 얇은 솜 신이라 고양이 발톱으로 발가락을 찍어 누르는 것처럼 발이 아프고 돌바닥 길을 걸을 때도 조금 불편했지요. 하지만 신분을 드러내고 단장한 얼굴을 뽐내기 위해서는 개의치 않았어요. 영수궁에서 나와 태감 천취안푸가 앞에서 길을 안내하고 뒤에는 어린 태감이 붉은 보따리를 걸머지고 따라왔어요. 일직선으로 쭉 이어진 서쪽 두 번째 거리를 세 사람이 흔들흔들 걸어갔지요. 나는 그 와중에도 오복장수 신을 사람들에게 보여주지 못해 안달이었어요. 사람들이 보고 내가 태후마마를 모시는 고귀한 궁녀라는 것을 보여주고 싶었으니까요. 날씨가 그렇게 추웠는데도 거기에만 정신을 팔고 있었으니 정말이지 '좋아서 정신을 못 차리는' 꼴이었지요. 막 장춘궁 문을 지나는데 갑자기 뒤에서 누가 큰 목소리로 외치는 소리가 들렸어요. '촌닭이 잘난 척 폼을 잡는구나.' '밖에서 어깨가 끊어져라 흔들며 별의별 폼을 잡아도 궁 안에만 들어오면 배를 곯지 별수 있나.' 이것은 분명 나를 놀리는 소리였어요. 궁 안에서는 누구도 큰 소리를 낼 수 없는데 분명 어느 높은 위치에 있는 궁녀가 일부러 그렇게 떠드는 것 같았어요. 어린 태감에게서 배운 속된 말로 고래고래 외쳐대고 있었지요. 고개를 돌려보니 아니나 다를까 룽위 황후의 궁녀 샤오콴쯔小寬子와 슈위秀玉였어요. 우리는 함께 궁에 들어온 좋은 친구였어요. 아는 궁녀들끼리 만나면 웃고 서로 반가워할 수 있었지요. 꽃단장을 한 세 소녀가 길에서 반갑게 웃고 장난을 치니 지나가는 사람들이 모두 쳐다봤어요. 어떤 이는 우리 앞에 와서 인사하며 이렇게 말을 섞은 것도 영광이라고 했고요."

"이때는 내 일생 중에 가장 즐거웠던 시절이에요. 이 시절이 지난 뒤에는 암흑 같은 날들만 있었지요. 그래서 유독 이 시절을 자주 되돌아봐요. 꿈속에서도 그리다가 빙그레 미소를 지으며 깨어나기도 하고요. 하지만 꿈에서 깨어 사방을 둘러보면 주위는 온통 적막함뿐이지요. 그제야 나는 현실로 돌아오면서 나도 모르게 베개를 적시고 말아요. 우리 집은 무슨 권세 있는 집안이 아니었어요. 그런데도 왜 그 내로라하는 태감들이 우리 집과 자주 연락하고 가까이했을까요? 정말이지 그토록 어리고 우둔했던 나 자신이 미울 지경이에요. 철이 없었던 거지요. 그래서 결국 나락으로 떨어지게 되었지만⋯⋯. 그것을 깨달았을 때는 이미 늦었지요."

"우리 가족과 만나는 장소에 도착해서도 천취안푸 태감은 마치 아무 일도 없었다는 듯 묵묵히 앉아만 있었어요. 이미 그들과 우리 집 식구들 사이에 이야기가 오가고 나에게만 그것을 숨기고 있었는데 말이에요. 당시에는 아직 만주족과 한족이 혼인을 하지 못했어요. 나중에서야 알았지만 내 남편 류는 궁에 들어와서 기하인 신분으로 인정받았어요. 만주족과 한족 사이의 혼인은 경자년 의화단 사건 이후에야 허가가 났거든요. 리렌잉이 무슨 수단으로 나를 그들 손에 넘겼는지는 모르겠어요. 그 몇십 년간의 굴욕은 한평생 누구에게도 털어놓지 못했답니다. 오늘은 마침 기회가 되어서 이야기를 하게 되네요."

긴 이야기 한 자락을 끝낸 허 아주머님의 눈에 눈물이 맺혔다. 아주머님은 얼굴을 창문으로 돌리고 오랜 시간 말이 없었다. 한참이 지나고서야 긴 한숨을 내쉬더니 입을 열었다.

"먼저 말을 했어야 하는데 또 나 때문에 우울한 분위기를 자아냈네요. 내 옆에서 또 마음이 불편해졌겠어요."

허 아주머님은 이런 식으로 아랫사람들의 궁생활에 대해 자세히 이야기해주었고 나는 이런 소소한 이야기 속에 담긴 풍미를 음미할 수 있다. 마치 『춘추』를 읽듯이 그분의 세세한 이야기 속에서 큰 의미를 맛볼 수 있었다.

—— 발 씻기, 목욕, 손톱 손질

글을 좀 고상하게 썼더라면 나는 가장 먼저 내가 사는 이 누추한 집에 아름다운 명칭을 붙여주었을 것이다. 하지만 아무리 생각해봐도 가장 적당한 명칭은 '고상함과는 거리가 먼 집'밖에 없을 듯하다. 내가 지금 쓰는 모든 것은 먹고 싸고 자는, 소위 '고상하고 우아한 사람들에게는 비웃을 가치도 없는' 그런 것들이기 때문이다. 이제 또 서태후가 어떻게 발을 씻고 어떻게 목욕을 했는지, 손톱은 어떻게 관리했는지 써보도록 하겠다.

한번은 내가 허 아주머님에게 물었다.

"기하인과 한인의 가장 뚜렷한 차이점은 뭔가요?"

허 아주머님은 잠시 고개를 숙이고 생각해보더니 이렇게 대답했다.

"남자는 잘 모르겠어요. 여자들은 매우 분명하게 구별돼요. 기하인들은 전족을 하지 않고 한인들은 전족을 하지요."

"제가 태어났을 때는 이미 위안스카이가 권세를 잡고 황제가 되어 있었어요. 기하인들은 당시 세력을 거의 잃었고요. 하지만 기하인들의 생활 습관만은 아직도 여기저기서 발견할 수 있어요. 기하인 여자들에게도 발을 드러내지 않는 풍습이 있지 않나요?"

"굉장히 세심하게 잘 봤네요. 확실히 그래요. 더욱이 상위계층 기하 여인들은 발에 대해 따지는 것이 많지요.

기하인들은 전족을 하지 않지만 그렇다고 발을 아무 데나 내놓고 다니는 것은 아니에요. 간단히 말하면 '평평한 바닥과 오므린 발가락'을 유지하지요. 말 그대로 발바닥을 평평하게 하고 다섯 개의 발가락은 한데 모은다는 말이에요. 그래서 비록 한인의 전족 같지는 않아도 그에 못지않게 어릴 때부터 천으로 발을 꽉 싸맨답니다. 싸맬 때 절대로 둘째 발가락이 엄지발가락 위에 있으면 안 돼요. 만약 둘째 발가락이 엄지발가락 위에 포개지면 나중에 신을 신을 때 신발 앞이 불룩 튀어나와서 굉장히 보기 싫거든요. 평평히 하는 것은 발뿐 아니라 걷는 자세에도 해당돼요. 안으로든 밖으로든 팔자걸음을 걸어서는 안 되지요. 안으로 걷는 팔자걸음은 안짱다리 같고 밖으로 걷는 팔자걸음은 배가 불룩 튀어나오기 쉽거든요. 기하 여인은 길을 걸을 때 가슴을 펴고 배를 집어넣은 자세로 대범하게 걸어야 했어요. 안짱다리나 배가 불룩 튀어나온 자세는 아름다운 체형도 망가뜨리기 쉽지요. 머리를 예쁘게 빗어올리고 치파오를 입고 발에 연화무늬 신발을 신어도 바깥으로 팔자걸음으로 걸으면서 배를 불룩거리면 꼭 몇 개월 된 임신부 같지 않겠어요? 얼마나 우스워요!"

"기하인들은 비록 전족을 하지 않지만 한인들처럼 발을 숨기는 경향이 있어요. 발을 씻을 때나 버선을 신을 때도 다른 사람이 보지 않게 하지요. 시집온 며느리들은 모두 문을 닫고 잠자기 전에 발을 씻었어요. 아들이 자라 나이가 들면 친아들이라도 어머니가 발을 씻을 때 보지 못하게 했고요. 맨발로 밖에 나돌아다닌다는 것은 상상도 할 수 없는 일이었어요. 태후마마도 자신의 교양과 고귀함, 엄격함을 나타내기 위해 발에 굉장히 신경을 쓰셨어요. 한 번도 태감이 손대게 하신 적이 없지요. 어떤 사람들은 태후마마가 다리가 아플 때 발을 의자 위에 올려놓고 리렌잉이 마사지를 해드렸다고 하는데 모두 꾸며낸 이야기예요. 설사 백번 양보한다 해도 리렌잉은 굉장히 못생긴 사람이었어요. 말상에 턱이 길고 입은 물고기 입같이 생겼는데 이야기를 꾸며낸 사람이 대상을 잘못 골랐지요. 그들은 리렌잉이 무슨 창극 속의 방탕한 서생 같은 사람인 줄 아나봐요. 이래서 내가 궁중 이야기들을 꺼내기 싫은 것이랍니다. 온통 쓸데없는 말 아니면 사람 기분만 상하게 하니 말이에요!"

"더 이상 화내지 않을래요. 하던 이야기나 계속해보도록 하지요. 태후마마는 버선도 굉장히 따지셨어요. 태후마마 스스로도 이렇게 말씀하셨지요. '신과 버선은 남 보기에 조금도 부끄럼 없이 신어야 돼. 조금이라도 안 어울리면 다른 모든 치장도 어색해지는 것이지.' 태후마마가 신으시던 버선은 순백의 부드러운 비단으로 만들었어요. 비단은 신축성이 없어서 반드시 발에 꼭 맞게 만들어야 하지요. 가장 어려운 부분은 당시 버선 발 앞뒤에 있던 두 개의 솔기였어요. 앞 솔기는 발등 위에 있는데 여기가 매우 중요한 부분이에요. 만약 실을 곧게 잡고 꿰매지 않으면 헐거운 부분도 생기고 조이는 부분도 생겨서 버선이 발에서 쉽게 빠지고 버선 선도 비뚤비뚤해졌거든요. 굉장히 수준 높은 재봉 기술이 있어야 했답니다. 또 버선에 솔기가 보이면 지네같이 보기 싫잖아요. 그래서 반드시 솜씨가 뛰어난 장인이 앞뒤 솔기를 따라 꽃을 수놓았어요. 버선 하나에 정말 많은 공을 들였지요. 태후마마는 아무리 아름다운 버선이라도 한 번 신은 버선은 두 번 다시 신지 않으셨어요. 따져보면 매일 적어도 한 켤레씩은 새 버선으로 갈아 신으셨지요. 아무리 자수를 놓는 장인이 숙련된 사람이라 해도 한 켤레를 수놓는 데 7, 8일은 걸려요. 그러니까 계산해보면 1년에 3000명쯤이

황제와 황후가 신는 솜버선

태후마마의 버선을 만드는 셈이지요. 게다가 사들인 재료와 원료, 장인이 먹고 자는 비용 등을 따져보면 태후마마 버선에만 1년에 1만 냥 정도의 은이 들어가는 거예요."

"버선허리는 신발보다 10~12센티미터 높아야 했어요. 버선입구는 신을 때 구김이 없도록 가장자리를 감치지 않았고요. 신을 때는 먼저 버선선을 팽팽하게 잡아당기고 양 가장자리를 뒤로 모으고는 대님을 묶으면 돼요. 그런 다음 바짓단을 버선 앞머리에 집어넣고 바지와 색깔이 같은 바지 대님을 묶지요. 기하인들의 바짓단은 모두 끈으로 묶는 식이었어요. 끈 없이 통처럼 펼쳐진 바짓단은 중화민국 이후부터 유행한 것이랍니다. 당시 기하인들은 그런 바지를 입지 않았지요."

"이제 태후마마의 발을 씻는 이야기를 해볼 차례네요. 앞서도 말했지만 태후마마의 침실 시중을 드는 것은 호위나 다름이 없답니다. 발을 씻겨드리는 일도 침실 시중을 하는 궁녀의 철저한 감시를 받았지요. 태후마마가 발을 씻으시는 것은 단순히 위생 때문이 아니었어요. 더 중요한 것은 보양이었지요. 솔직히 말해서 조그마한 병은 약을 먹는 것보다 발을 씻는 것이 더 낫답니다."

"궁에서는 거의 매일 어의가 태후마마의 건강을 위해 처방전을 올려요. 속칭 '평안쪽지'라고 했지요. 처방전의 내용은 대부분 절기에 따라 달라졌고, 계절의 온도와 태후마마가 드시는 음식물, 기거하시는 방, 기후 변화 및 체질의 강약을 참작해서 쓴 것이었어요. 매일 내의원의 잡무를 맡은 사람이 문을 지키는 우두머리 태감인 천취안푸에게 처방전을 올린 다음 궁문 밖에서 위를 향해 무릎을 꿇고 예를 올렸지요. 그날 아침의 직무를 마쳤다는 뜻이에요. 사실 이 처방전은 관료들이 쓰는 겉치레식 문장으로 내의원 사람들의 충성의 표시일 뿐이었어요. 처방선만 있고 약은 없으니 약을 먹는 이야기도 물론 없었지요. 하지만 내의원 사람은 반드시 태후마마의 옥체 상태에 대해 상세히 알아야 했어요. 드시는 것은 어떠한지? 잠은 어떻게 주무시는지? 심리 상태는 어떤지? 그들은 보고 듣고 묻고 진맥하는 4진을 중시했어요. 하지만 매일 방문해서 진맥을 할 수는 없는 노릇이니 오직 듣고 위아래 사람들에게 묻는 수밖에 없었지요. 첫째는 태후마마께 충심을 나타내기 위함이고, 둘째는 나중에 무슨 탈이 나더라도 자신이 빠져나갈 구멍을 만들어두기 위함이었어요. 사실 그들의 가장 주된 역할은 태후마마의 발을 씻는 약물을 고려하는 것이었답니다."

"다른 궁에서는 어떻게 했는지 잘 모르겠지만 저수궁에서는 태후마마의 발을 씻겨드리는 것이 굉장히 중요한 일이었어요. 발 씻는 물도 굉장히 신경 썼고요. 예를 들어 날씨가 무척 덥고 습한 삼복 같은 때에는 항저우 국화를 보글보글 끓여서 따뜻하게 식힌 다음 그 물로 발을 씻었어요. 그러면 태후마마의 침침한 눈이 맑아지고 온몸이 개운해졌지요. 양 겨드랑이도 시원해지고, 더위를 먹는 일도 없었고요. 또 삼구[동지에서부터 세 번째 9일] 때같이 무척 추울 때는 모과 끓인 물로 발을 씻었어요. 모과 끓인 물은 혈맥을 따뜻하고 원활하게 하거든요. 사지가 따뜻해지고 온몸이 봄날처럼 훈훈해지지요. 물론 사계절의 변화와 날씨 변화에 따라 언제든 정해진 양에서 더 넣을 수도, 덜 넣을 수도 있었어요. 이 역시 태후마마의 건강 비결이라고 할 수 있지요. 약을 먹지 않아도 건강을 유지한다면 그보다 좋은 것은 없겠지요. 내의원의 나이 많은 어의들이 맡기에 가장 좋은 업무이기도 하고요. 가령 삼복더위에 태후마마가 속이 안 좋으시거나 식욕이 없으시면 더 이상 청량제인 국화를 쓰지 않도록 했어요. 마찬가지로 삼구의 엄동설한에 태후마마 상초[심장, 폐, 식도 등 횡격막 위의 기관]에 열이 있고 몸이 건조해지면 발열제인 모과 끓인 물을 사용하지 않도록 했고요."

"말하지 않아도 짐작하겠지만 발을 씻을 때는 은 대야를 사용했어요. 잘 재단한 큰 은 조각 몇 개를 은못으로 연결해서 만든 것인데 가운데는 나무 골격이고 대야 둘레는 밑에서 위로 올라가면서 바깥으로 넓어지는 모양이었어요. 바닥이 평평한 말斗[곡식, 액체, 가루 따위의 분량을 재는 데 쓰는 그릇] 형태를 띠었지요. 이 은 대야는 발을 담그기 편하게 보통 대야보다 깊었어요. 또 대야를 만들 때 들인 정성도 대단했지요. 은 소재는 독소를 막아주고 나무는 가벼우면서 열을 보존해주거든요. 또 다리를 넣을 수 있도록 가장자리가 올라가 있고 바닥이 평평해 옮기기에 편리했어요. 깊이도 깊어서 물을 넣고 발을 담그기에 좋았지요. 발을 씻을 때마다 이런 대야를 두 개 사용했어요. 하나는 조금 전에 말한 끓인 약물이 들어 있고 다른 하나는 맑은 물이 들어 있어서 먼저 약물을 사용하고 그다음에 맑은 물을 썼지요. 태후마마는 건강을 지키는 일에 있어서는 한 번도 대강 하신 적이 없어요. 비용이 아무리 많이 들어가도 기꺼이 하셨지요."

"태후마마의 발을 씻는 일과 목욕을 시중드는 일은 네 명의 궁녀가 전담했어요. 발은 두 명이 담당하고 목욕을 할 때만 네 명이서 했지요. 평소에는 그들도 온갖 자질구레한 일을 하지만 본래 맡은 일은 목욕 시중이었어요. 물론 따로 훈련을 받았지요. 수건으로 어떻게 무릎에 온찜질을 하는지, 발바닥 중심의 용천혈을 어떻게 문지르는지, 그 명칭과 기술이 다 있답니다. 발을 씻을 때면 태후마마는 의자 위에 비스듬히 기대서 아랫사람들과 쉴 새 없이 잡담을 나누셨어요. 발을 씻고 주무를 때의 그 편안함을 한껏 즐기시는 거지요. 태후마마같이 연세 많으신 분들에게는 가장 편안하고 만족스러운 시간이니까요. 이 시간에 궁녀들은 종종 생각지 못한 상을 받기도 했답니다. 발을 씻는 일을 마친 후에는 발톱이 길면 발톱을 잘라드렸어요. 두 궁녀 중 한 명이 한쪽 무릎을 꿇고 양각등에 불을 밝혀 손에 들지요. 다른 한 명도 한쪽 무릎을 꿇고 태후마마의 발을 품에 안은 채 조심스럽게 발톱을 잘랐어요. 이때 먼저 가위를 달라고 청해야 하는데 태후마마 처소에는 엄격한 규칙이 하나 있답니다. 일반 궁인들은 칼이나 가위를 만질 수 없었어요. 만약 사용해야 할 때는 반드시 먼저 여쭈어야 했지요. 발톱을 자르는 궁녀가 침실 시중을 드는 사람(감시하는 역할)에게 작은 목소리로 '가위를 청합니다' 하면 침실 시중을 드는 궁녀가 태후마마께 다시 여쭈어요. 태후마마가 '쓰도록 해라. 내가 늘 두는 곳에 있다!' 하고 말씀하시면 그제야 침실 시중을 드는 궁녀가 조심스럽게 가위를 가져와 발 씻는 궁녀에게 건네주었어요. 이렇게 해서 발톱을 자르는 일까지 마치면 발을 씻는 궁녀는 무릎을 꿇고 인사를 올린 뒤 물러가고 발 씻는 일이 모두 끝났지요. 거의 날마다 이렇게 했어요."

"이제는 목욕에 대해 이야기해볼게요. 이것도 계절과 밀접한 관련이 있어요. 날씨가 더우면 더 자주 씻었지요. 여름에는 거의 매일 목욕을 하셨고 겨울에는 2, 3일에 한 번씩 하셨어요. 또 항상 저녁에 씻으셨답니다. 궁에서는 낮에 목욕하는 법이 없어요."

"목욕에는 정해진 시간이 없었어요. 언제든 태후마마가 분부하시면 시작했는데 보통은 저녁식사를 마치고 한 시간 정도 지난 뒤에 하셨어요. 궁문을 잠그기 전에 말이지요. 왜냐하면 태감들이 목욕통과 물을 날라와야 했거든요. 뿐만 아니라 목욕 수건, 향 비누, 몸에 바를 향수까지도 모두 태감들이 쟁반 두 개에 받쳐 들고 왔지요. 태감들은 물건을 놓으면 침전에 남아 있지 않고 물러나야 했어요. 한편 목욕 시중을 드는 궁녀들은 모두 같은 옷에 몸단장과 머리 모양까지 똑같이 했어요. 궁녀들을 관리하는 마마님이 이들을 데리고 와서 상전을 향해 무릎을 꿇고 인사를 올리는데 이것을 가리켜 '고진[들어감을 고한다는 뜻]'이라고 했지요. 이렇게 해서 목욕 시중이 시작돼요. 태후마마의 침전에서는 어떤 험한 일을 하는 궁녀라도 머리부터 발끝까지 깔끔하고 단정한 차림을 하고 있어야 했어요. 목욕을 맡은 이 네 궁녀도 새 신발과 새 버선 차림으로 오지요. 태감들이

등나무로 엮어 붉게 칠하고 다시 금을 덧칠한 청 궁의 목욕통과 수건

목욕통과 그 밖의 물건들을 회랑 아래로 옮겨놓으면 궁녀가 쟁반부터 들고 왔어요. 실내에는 동유 천을 깔아놓고 목욕통을 들고 들어와 따뜻한 물을 채운 다음 태후마마의 옷을 벗도록 하지요."

"여기서 두 가지 물건을 좀 설명해야겠네요. 하나는 태후마마가 목욕할 때 앉으시는 낮은 의자이고 또 하나는 은 목욕통이에요."

"태후마마는 목욕하실 때 30센티미터 정도 높이의 낮은 의자에 앉으셨어요. 굵직하고 단단한 네 의자다리 위에는 모두 여덟 마리의 용이 장식되어 있었지요. 각각의 다리에 두 개의 용 장식이 있는데 한 마리는 밑을 향해, 다른 한 마리는 위를 향해 엎드려 있어요. 또 의자에서 가장 특이한 것은 움직이는 의자 등받이였어요. 위아래로 들어 내릴 수도 있고 좌우로 돌아가기도 했지요. 다시 말해 등받이의 위치를 마음대로 바꿀 수 있었어요. 등받이 위 양면에 모두 문에 거는 빗장같이 장부[한 부재의 구멍에 끼울 수 있도록 다른 부재의 끝을 가늘고 길게 만든 부분]가 있어서 등받이를 장부 안에 집어넣고 개폐기를 단단히 채우면 견고하게 고정시킬 수도 있었지요. 의자 바닥은 넓지만 길지는 않았어요. 그래야만 태후마마가 안전하게 앉으시고 양옆에 서 있는 사람들도 일하기 편하니까요. 이 의자는 태후마마의 목욕을 위해 특별히 설계된 것이었어요. 내 기억이 완벽하게 정확하진 않지만 의자 아래에는 가로로 판이 하나 있었던 것 같아요. 거기에 발을 놓았지요."

"또 하나 설명해줄 물건은 은 목욕통이에요. 태후마마는 목욕을 하실 때 두 개의 목욕통을 사용하셨는데 둘 다 나무에 은을 입힌 것으로 그다지 크지 않았어요. 직경이 대략 재봉척(청대에 쓰던 척의 단위는 두 가지였어요. 하나는 재봉척이고 또 하나는 보척이었지요. 보척이 크고 재봉척은 좀 더 작았어요)으로 3척, 즉 1미터 정도였고 역시 쌀그릇 형이었지요. 발을 씻는 대야와 비슷하게 은 조각을 재단해 은못을 박아 만든 것이었어요. 전체적인 외형은 큰 콩팥처럼 생겼고 태후마마가 기대실 수 있도록 가운데가 오목하게 들어갔지요. 빈 목욕통은 들어보면 꽤 가벼웠어요. 또 겉으로 보기에는 이 두 목욕통이 똑같이 생겼지만 통 바닥에 비밀이 있어서 잘 훈련받은 궁녀가 손으로 바닥을 한번 만져보면 금방 두 개를 구별해냈답니다. 하나는 상체를 씻는 용도이고 다른 하나는 하체를 씻는 용도라 두 개를 절대 헷갈리면 안 되었지요."

"가장 신기한 것은 쟁반에 가지런히 놓인 수건이었어요. 한 첩[겹치거나 포갠 것을 세는 단위]에 25개, 네 첩에 100개의 수건이 반듯하게 개켜져서 작은 산처럼 쌓여 있지요. 수건마다 모두 노란 실로 금룡이 수놓아져 있었어요. 또 첩에 따라 용의 자세가 각각 달랐고요. 머리를 들고 있는 용, 머리를 돌려 달을 바라보는 용, 여의주를 가지고 노는 용, 물을 뿜는 용 이렇게 네 자세가 있었지요. 수건 가장자리에는 황금실로 감친 완자무늬의 테두리가 있는데 이 역시 대단히 아름답고 정교했어요. 다림질까지 말끔히 된 이 수건들은 자주색 나무 쟁반에 놓여 있어 더욱 화려하고 눈에 띄었답니다."

"태후마마는 옅은 회색 잠옷바지로 갈아입으시고 직접 단춧고리를 푸신 다음 의자에 앉아 네 궁녀의 시중을 기다리셨어요."

"먼저 첫 번째 은 목욕통으로 상체를 씻으셨는데 정확히 말하면 몸을 담그고 있다기보다는 몸을 수건으로 닦는 과정이에요. 네 궁녀는 태후마마의 좌우에 서서 일을 시작했어요. 태후마마의 시중을 드는 것은 결코 간단한 일이 아니지요. 속도도 빨라야 하고 정확하면서 침착해야 하니까요. 반드시 일정한 훈련을 거쳐야 했답니다. 네 궁녀는 각각 사면에 서서 한 궁녀가 먼저 움직이면 나머지 세 궁녀가 그 궁녀의 눈짓에 따라 그대로 움직였어요. 먼저 움직이는 궁녀는 반첩의 수건을 가져와서 물속에 담가 흠뻑 적셨지요. 그런 다음 우선 네 장을 꺼내 두 손으로 힘을 주어 꼭 짠 뒤 다른 세 궁녀에게 나누어줬어요. 그리고 다 같이 수건을 펼쳐서 손바닥 위에 놓고 천천히 가볍게 태후마마의 가슴과 등, 두 겨드랑이, 두 팔을 닦았답니다. 모두 각자 맡은 부위가 있었어요. 한 번 닦고 나면 다시 수건을 바꿔서 모두 6, 7차례에 걸쳐 닦았어요. 이렇게 닦을 때 가장 중요한 것은 모공을 모두 열어 몸을 가볍게 하는 것이지요."

"방 안만 이야기해서는 안 되겠네요. 침실 밖에서 기다리는 궁녀들도 있으니까요. 이들은 목욕과 관련된 여러 잡무를 맡은 궁녀들이에요. 밖에서 조용히 방 안의 신호를 기다렸지요. 목욕이 좀 길어져도 어느 정도 시간을 예측할 수 있어서 안에서 가볍게 한 번 두드리면 곧 기다리던 네 궁녀가 들어갔어요. 들어가서는 머리를 조아리고 인사를 올린 다음 먼저 사용한 젖은 수건들을 말끔히 치우고 목욕통에 물을 갈아 넣었지요. 이 일도 빠르고 정확하게 해야 했어요."

"다음 순서는 향 비누를 칠하는 것이에요. 보통은 궁에서 만든 장미향 비누를 많이 썼지요. 비누를 수건에 가득 칠해 네 사람이 함께 손을 움직였어요. 한 개의 수건을 건져 비누를 칠해 몸을 한 번 닦고 나면 그 수건은 놓고 다시 다른 수건으로 닦았지요. 모두 신속하게 순서대로 손을 움직였어요. 말을 하지 않고 조용히 눈으로만 신호를 주고받으면서 네 사람이 함께 호흡을 맞춰야 한다는 것이 어려웠지요. 그중에서도 가장 어려운 일을 맡은 사람은 태후마마의 가슴을 닦는 궁녀였어요. 가슴을 닦을 때는 숨을 멈춘 채 손을 움직여야 하니까요. 태후마마 얼굴에 숨을 내뿜을 수는 없잖아요. 정말이지 혹독하게 훈련받지 않으면 할 수 없는 일이지요."

"세 번째 단계는 몸을 깨끗이 헹구는 것이에요. 비누를 모두 칠하고 나면 네 궁녀는 손에 든 수건을 놓고 다시 쟁반에서 새 수건들을 가져와 물에 담갔어요. 3, 4분 정도 담근 다음 꺼내서 짜는데 이번에는 꽉 짜지 않고 살짝 젖은 상태로 가볍게 비누칠을 닦아내지요. 이때 깨끗이 닦아내지 않으면 비눗기가 남기 때문에 일일이 세심하게 닦아내야 해요. 비눗기가 남으면 태후마마가 주무실 때 피부가 건조해지고 가려우니까요. 그러면 틀림없이 크게 화를 내시겠지요."

"그런 다음 향수를 발라요. 여름에는 동백꽃 향수를 많이 쓰고 가을, 겨울에는 장미꽃 향수를 썼답니다. 굉장히 많은 양이 필요했지요. 대략 손바닥 크기의 하얗고 깨끗한 솜으로 가볍게 몸을 두드렸는데 두드릴 때는 골고루 두드려야 하고 유방 아래, 뼈마디, 등골 같은 곳은 특히 주의해야 했어요. 이런 곳은 비눗기가 남아서 나중에 가려울 수 있으니까요."

"마지막으로 네 궁녀가 마른 수건을 한 장씩 들고 상체 각 부위를 가볍게 한 번 털어내요. 그런 다음 편삼[왼쪽 어깨에서 오른쪽 옆구리에 걸쳐 상반신을 덮는 승복의 일종]을 가져와 입혀드렸지요. 이것은 순백의 비단으로 만든 것인데 가슴 한가운데에 새빨간 꽃이 수놓아져 있었어요. 칼라와 소매가 없고 윗부분에 여러 개의 느슨한 단춧고리가 있었지요. 지금의 조끼와도 비슷했어요. 그 위에 다시 꽃을 수놓은 잠옷을 걸쳐드리면 상반신 목욕은 마무리가 되었답니다."

"분명히 짚고 넘어가야 할 것은 목욕통 안의 물은 목욕 내내 깨끗이 유지해야 한다는 점이에요. 한 번 담갔다가 꺼낸 수건은 다시 집어넣지 않아요. 한 장을 쓰고 나면 던져버리지요. 그래서 목욕을 한 번 하려면 50~60장의 수건이 필요했답니다. 이 때문에 물은 한결같이 깨끗하게 유지되는 거지요. 또 물은 목욕통 안에서 언제든 퍼내고 다시 뜨거운 물을 넣어서 온도를 맞췄어요. 이는 잡무를 맡은 궁녀가 담당했지요."

"이 궁녀들은 회랑 아래에서 기다리다가 안에서 신호를 보내면 줄줄이 들어왔어요. 먼저 몸을 씻은 목욕통을 가져가고 사용한 수건을 깨끗이 치운 나음, 나시 또 하나의 목욕통을 들고 들어오지요. 일핏 보기에 이 목욕통은 조금 전 가져간 목욕통과 똑같이 생겼어요. 하지만 태후마마는 한 번만 보시고도 하반신을 씻을 목욕통이라는 것을 알아보셨지요. 하반신을 씻는 도구로는 절대 상반신을 씻지 못했어요. 이것은 태후마마에게 있어 불변의 법칙이었어요. '상체는 하늘이고 하체는 땅이니 땅은 영원히 하늘을 덮을 수 없다. 상체는 맑고 하체는 혼탁하다. 맑은 것과 혼탁한 것은 영원히 한데 섞일 수 없다.' 나는 태후마마가 이렇게 말씀하시는 것을 들은 적이 있어요. 그 도리는 나도 분명히 설명할 수가 없네요. 아무튼 하반신을 씻을 목욕통을 가지고 들어올 때는 이미 태후마마가 아래 입은 옷을 모두 벗고 의자 위에 앉아서 시중을 기다리고 계세요. 대략 상반신을 씻을 때와 비슷하지요."

"하반신을 발까지 모두 닦으면 태후마마는 편안한 신으로 갈아 신으셨어요. 속이 부드럽고 입구가 벌어져 있는 낮고 편한 신이었지요. 이것은 태후마마가 평상시에 한가롭게 계실 때 신는 신발로 새빨간 비단으로 만들어졌어요. 만드는 법은 전에 말한 버선 만드는 법과 비슷해요. 두 겹의 부드러운 바닥재를 마주 박음질해서 위에 한 겹의 얇은 천을 씌우고 흰 비단을 안에 넣고 새빨간 비단 면으로 겉면을 감싼 뒤 꽃을 수놓지요. 우리 기하인 처녀들이 시집가면서 가마에 오를 때 신는 붉은 꽃신과 아주 비슷했답니다. 이미 연세도 많이 드시고 한가롭게 계실 때 따뜻하고 편안하고 복이 들어오라고 이렇게 만든 것이에요. 신선도 붉은 신을 그렇게 많이 신는다잖아요?"

"태후마마가 신을 신고 목욕용 의자에서 일어나시면 한 차례의 목욕이 완전히 끝났다고 할 수 있어요. 몇 마디 칭찬의 말을 덧붙이자면 목욕할 때 바닥에 까는 동유 천에는 목욕이 끝나도 거의 물기 한 방울 남아 있지 않답니다. 궁녀들이 얼마나 조심스럽고 신중하게 일하는지, 얼마나 뛰어난 기술로 일하는지 알 수 있지요."

"방 안에는 목욕 시중을 들던 궁녀 중 둘만 남아요. 회랑 아래에도 잡무를 하는 궁녀 중 두 명이 남아 있고요. 나머지는 '홍복을 받으소서' 하고 인사를 올린 다음 모두 물러가요. 목욕 시중을 들던 궁녀 중 둘은 다시 태후마마께 물을 떠서 얼굴을 씻겨드리고 손을 담가드려요. 씻는다기보다는 온찜질을 하는 거지요. 태후마마는 오랜 시간 이마와 양 볼에 온찜질을 하셨는데 이렇게 하면 이마의 주름살 흔적이 펴진다고 했어요. 일흔이 다 된 노인이 얼굴에는 약간의 주름밖에 없고 몸의 피부가 젊은 사람처럼 희고 부드럽다면 믿어지나요? 거기다 두 손도 굉장히 곱고 매끄러우셨어요. 이는 아마도 태후마마만이 사용하시는 늙지 않는 비결과 관련이 있을 거예요. 이 이야기는 여기까지만 하고 이번에는 태후마마의 손톱 손질에 관해 이야기해보도록 할게요."

"태후마마는 머릿결에 신경을 쓰시는 것만큼이나 손톱도 각별히 가꾸셨답니다. 태후마마가 남기신 초상을 본 적이 있지요?(미국 여류화가 칼이 그린 초상화를 가리킨다.) 손톱이 얼마나 길던가요. 특히 엄지손가락과 넷째 손가락, 새끼손가락은 정말 길지요. 이렇게 손톱을 길게 기르는 것은 정말이지 쉬운 일이 아니에요. 매일 저녁 자기 전에 씻고 담그고 어떤 때는 교정도 해야 하니까요. 겨울에는 손톱이 푸석푸석해져서 더 세심하게 보호해야 해요."

"태후마마의 얼굴을 씻겨드리고 손과 팔을 담가드리고 나면 두 궁녀는 손톱을 솔질하고 담갔어요. 찻잔보다 좀 큰 둥근 옥그릇에 온수를 넣은 뒤 순서에 따라 먼저 손톱을 부드럽게 담그고 곧게 매만져준 다음(긴 손톱은 구부러지기 쉽거든요) 가지런하지 못한 부분은 작은 줄칼로 다듬었어요. 그리고 작은 솔로 손톱 안팎을 한 번 닦아낸 뒤 깃털 관으로 손톱에 바르는 기름을 빨아들여 골고루 발라주었지요. 마지막에는 능으로 만든 노란 손톱 보관용 덮개를 씌웠답니다. 이 손톱 덮개는 각각의 손가락 굵기와 손톱 길이에 맞춰 세심하게 만든 것이었어요. 하나하나가 가히 예술품

서태후의 유화 초상(칼卡爾)

이라고 할 수 있지요. 태후마마에게는 손톱 관리 도구를 보관하는 삭은 상자가 있었어요. 작은 칼, 가위, 줄칼, 솔 그리고 긴 갈고리바늘, 깃털 관, 우렁이 모양 상자에 든 손톱 기름병, 모두가 새하얀 은색이었지요. 또 전부 외국에서 진상한 것들이라고 하더군요. 손톱 모양은 편 손톱과 통 손톱으로 나뉘어요. 엄지손가락은 편 손톱에 속해서 엄지손가락을 손질할 때는 말벌의 배 무늬처럼 가로로 손질해야 돼요. 편이 클수록 예뻤지요. 넷째손가락과 새끼손가락은 통 손톱에 속해요. 손질할 때 반원의 통 모양을 이루어야 해요. 손톱은 두께, 단단함, 밝기, 질긴 정도를 따지는데 이것은 모두 신체의 건강을 나타낸답니다. 손톱이 변질되면 노란 반점이 생기는데 만약 그럴 기미가 보이면 빨리 약으로 치료해야 하지요. 태후마마는 잘라낸 손톱도 아주 귀중히 여기셨어요. 손톱을 담는 상자까지 있었으니까요."

"가장 특이하게 여겨졌던 것은 태후마마의 잠옷이었어요. 잠옷 윗도리 앞뒤가 옷깃과 두 어깨에서 소매부리까지 모두 화려한 모란꽃으로 수놓아져 있었지요. 좁은 견식으로 한마디 하자면 당시 시집가는 규수의 옷도 그렇게 화려하지는 않았을 거예요. 윗도리뿐 아니라 잠옷바지도 허리에서 발끝까지 새빨간 꽃으로 수놓아져 있었어요. 우리 기인들의 복장과 관련해 이런 말이 있답니다. '30대에는 붉은색을 멀리하고 40대에는 녹색을 멀리한다.' 즉, 30세 이상이 되면 화려한 붉은색 옷을 즐겨 입지 않고 40세 이상이 되면 녹색 옷도 잘 입지 않게 된다는 말이지요. 그런 색은 보통 손아래 며느리 또는 젊은 처녀들이나 입도록 하는 것이었으니까요. 하지만 태후마마는 일흔이 다 되어가는 분이셨는데도 주무실 때 이런 새빨간 꽃을 수놓은 잠옷을 입으셨어요. 무슨 생각으로 그러셨는지는 정말 알 수 없었지요. 잘 때 이불 속에 누우면 그런 꽃무늬 옷을 누가 보겠어요? 더구나 남편도 없는 홀몸이셨는데 말이에요."

"태후마마는 그렇게 미를 추구하는 분이셨답니다. 젊은 시절에도 미색은 육궁六宮에서 으뜸이었어요. 머리에 쓴 것부터 몸에 걸친 것, 발에 신은 것까지 일일이 따지고 신경 쓰셨으니까요. 기하인들이 입는 치파오는 한인들이 입는 치마와 달라요. 발이 바깥으로 그대로 드러나지요. 태후마마도 물론 발바닥을 평평하게 하고 발가락을 모으셨지만 이제는 연세가 드셔서 그렇게까지 발을 조심할 필요가 없어졌지요. 그래서 밤에는 두 발에 신은 것을 벗고 주무셨어요. 잠잘 때 신는 버선 같은 것은 더 이상 신지 않으셨고요. 태후마마는 매일 온갖 정무를 처리하셨는데 어떤 복잡한 일이 있어도 베개에 머리를 한번 묻으시면 잠깐 사이에 단잠에 빠지셨답니다. 문밖 야간 당직을 서는 궁녀들은 모두 태후마마의 코고는 소리를 들을 수 있었어요."

"나는 태후마마의 발 씻는 일이나 목욕 시중을 들어본 적이 없어요. 궁 안에서의 일들은 자신의 일과 관련된 것이 아니면 서로 입 밖에 내지 않아서 수많은 일을 그저 눈으로 보고 귀로 듣기만 했지요. 누가 가르쳐주지도 않으니 그저 보고 들은 것으로 대강 짐작하는 거예요. 처음에는 나도 어린 비구니가 어른 비구니를 따라 향을 태우라고 하면 향을 태우고 예불을 하라고 하면 예불하는 것처럼 그렇게 일을 배웠으니까요. '왜'냐고 물었다간 낭패를 당했어요. 최소한 눈을 흘기면서 한바탕 꾸지람을 듣는 것을 면할 수 없었지요. '누가 벙어리로 만들까봐 그리 말이 많은 게냐!' '부젓가락으로 네 혀를 비틀어주마.' 뭐하러 이런 꾸지람을 사서 듣겠어요. 또 나중에 침실 시중을 들고, 궁녀들을 관리하는 마마님이 되고 나서는 시키지 않아도 자연히 조심할 수밖에 없었고요. 리롄잉은 늘 침실 시중을 드는 궁녀에게 태후마마의 옥체가 어떠신지 물었어요. 어떤 때는 내의원 사람을 대신해서 태후마마의 옥체가 어떠신지 궁녀들에게 묻기도 했지요. 이때서야 나는 궁녀, 태감, 내의원 사람 모두가 서로 교류하고 있다는 것을 알았어요. 리롄잉도 이런 관계들을 통해 여기저기 인심을 쓸 수 있었던 것이고요. 중화민국 초년에 어느 목욕탕을 하는 사람이 태후마마가 목욕하실 때 쓰는 약물에 대해 내게 물었던 것이 기억나네요. 나는 태후마마가 발을 씻을 때는 확실히 약물을 쓰시지만 자주 바뀌고, 목욕하실 때는 약물을 쓰시는 것을 본 적이 없다고 대답했지요. 목욕하실 때는 한 번에 50~60장의 수건을 쓰셔야 했으니까요. 맑은 물에서는 수건 색이 변하지 않지만 약물을 쓰면 수건 색깔이 곧 변하잖아요. 이 때문에 내가 본 바로 목욕할 때는 약물을 쓰지 않으셨어요. 하지만 그 뒤 얼마 지나지 않아 궁중에서 썼다고 하는 목욕용 약물이 시장에 버젓이 나왔지요. 내 생각에 그것은 다 가짜예요."

"태후마마는 목욕하실 때 상체, 하체를 매우 엄격하게 구별해서 하셨어요. 위생 때문이 아니라 종교적인 이유 때문이었지요. 들은 바에 따르면 상체는 정결한 것이고 하체는 더러운 것, 상체는 길운을 상징하고 하체는 악운을 상징한다고 하더군요. 그래서 절대로 악운이 길운을 누르게 하면 안 된다고 했지요. 태후마마는 한평생 만사형통의 길운을 따라가려 하셨어요. 악운이 내리누르도록 가만히 내버려둘 분도 아니셨고요. 그래서 이런 도리들을 태후마마는 한 치의 의심도 없이 굳게 믿으셨지요. 우리 아랫사람들은 그런 태후마마의 심중을 헤아리지 못하고 그저 모란이 꽃 중의 왕이라 태후마마가 그렇게 좋아하시나보다, 잠옷도 새빨간 모란으로 수놓은 것이라야 나이 들어도 노쇠해 보이지 않아서 그런가보다 하고 생각했지요. 태후마마는 확실히 자신이 세상에서 제일이라는 사상을 지니고 계셨어요. 사용하는 물건도 모두 세상에서 유일한 것이어야 하고 스스로 자신보다 더 고귀한 사람은 없다고 확신하셨지요."

허 아주머님의 이야기를 들으면서 나는 고개를 숙이고 생각에 잠기시 않을 수 없었나. 중국인이 사람의 신제를 상하 두 부분으로 나누는 것은 거슬러 올라가보면 대략 송대의 성리학자들에서부터 시작된 것이 아닌가? 태극도설에 따르면 태극[고대 철학에서 말하는 우주의 근원]은 하늘과 땅을 생성했는데 위에 떠 있는 것은 하늘이요, 아래에 가라앉은 것은 땅이다. 이 도리를 굳이 사람의 몸에 적용해서 상체와 하체로 양분한 것이다. 즉 상체를 하늘, 하체를 땅으로 여기고 하나는 존귀한 것, 하나는 비루한 것이라 생각하는 것이다. 태후의 목욕도 이 때문에 상하 두 부분으로 나눈 것이리라. 하지만 성리학자들은 이를 미신처럼 지키는 사람들은 아니었다. 그들은 스스로를 공자의 제자라 생각하고 또 '공자는 괴이와 폭력과 난동과 귀신에 대해 말하지 않는다'는 공자의 가르침을 준수했다. 그래서 신선이나 초현실적인 일에 대해서는 자세한 설명을 피하는 태도를 취했다. 그러나 일단 이것이 궁 안에 전해지면 이야기가 달라졌다. 궁은 사상, 봉건적 신앙이 집대성된 곳이라 태후의 목욕도 엄격히 상하체가 구별되어야 했다. 악운이 길운을 누르면 안 되는 것이었다. 이러한 사상과 그에 따른 일들이 서태후 때부터 시작된 것만은 아니다. 아마 그전부터 계속 있어왔을 것이다. 그렇기에 나이든 궁녀가 해주는 이런 자잘한 이야기들도 깊이 고찰할 가치가 있을 것이다.

── **이허위안**

"정확히 어느 해 어느 달에 일어난 일인지를 기억하는 것이 무척 어렵군요. 원래는 궁에서 보았던 일들을 시간과 장소까지 빠짐없이 알려주려 했는데 못 하겠어요. 연기처럼 정신없이 지나간 일들이라 기억이 가물가물하네요. 게다가 궁에서 지냈던 몇 년간은 뭐가 뭔지 알 수 없는 혼미한 나날들이었어요. 더욱이 궁에 들어온 지 이제 겨우 1, 2년 되었을 때라 먹는 것도 배불리 먹지 못하고 자는 것도 제대로 자지 못했지요. 그래도 그것은 약과였어요. 하루 종일 불안한 마음으로 긴장을 늦추지 못하고 몽둥이가 언제 내 머리에 떨어질지 모르는 심정으로 살았으니까요. 밤에 잘 때도 성벽 위에서 굴러떨어지는 꿈 아니면 바닥이 보이지 않는 깊은 우물 속에 떨어지는 꿈을 꿨답니다. 청춘이나 낭만 따위에 신경 쓸 정신이 어디 있었겠어요. 게다가 나중에 황궁을 떠나고 중화민국 시기와 일제 침략 시기를 겪었을 때는 더 깊은 심연으로 가라앉는 것 같았어요. 국민당이 다시 정권을 잡고 군경들이 불량배들과 한패가 되어 내게 마지막으로 남은 물건들, 사후에 땅에 묻을 귀중품들을 훔쳐갔을 때는 세 번 네 번 졸도하고도 남았지요. 그래서 과거의 일들은 대부분 희미하게만 기억나요. 하지만 처음 이허위안에 들어갔을 때는 아직 젊고 새로운 것에 흥미가 많았던 때라 그런지 항상 기억이 지워지지 않고 남아 있답니다. 처음 이허위안에 들어간 지 며칠 안 되어 앵두를 하사받았던 것도 기억나요. 이것은 이허위안에서 첫 번째로 받은 것이었지요. 마침 4월 초하루였어요."

"궁에서는 4월 초하루를 매우 중요시했어요. 여름이 시작되는 첫날이니까요. 이날에는 1년 중 처음 접하는 두 가지를 먹어야 했어요. 하나는 앵두이고 다른 하나는 찐보리 요리碾轉[덜 여문 보리를 미리 거두어 쪄서 말린 뒤 찧어서 만든 요리]였지요. 앵두는 1년 중 가장 일찍 볼 수 있는 과일인데 흔히 시장에서 보는 그런 종류가 아니었답니다. 알맹이가 크고, 잘 익은 자두 빛깔같이 짙은 자주색을 띠었지요. 꼭지가 없고 타원형이며 윗부분을 자세히 보면 자잘한 솜털이 나 있었어요. 크기는 손가락 끝마디 정도에 신맛이었지요. 씨가 크고 과육도 많지 않아, 예쁘기는 하지만 맛있지는 않았어요. 우리 궁에서는 앵두를 가리켜 산콩이라고 불렀어요. 색이 선명해서 흰 자기 접시에 놓으면 무척 앙증맞고 예뻤답니다."

"다른 하나는 갓 나온 새파란 보리로 만든 음식이었어요. 보리를 갈아서 가루를 내는 것이 아니라 푸른 보리알을 흔들어 까부는 것이었지요. 푸른 보리의 겉껍질을 벗기고 눌러서 납작하게 한 다음 볶아서 백설탕을 넣어 먹는데 쩐득쩐득하고 상쾌한 향이 났어요. 푸른 보리도 1년 중 가장 먼저 볼 수 있는 곡식이라 이 두 가지는 조상에게 제사를 지내고 또 궁인들에게 상으로 주어서 먹게 했답니다. 흔히들 햇것을 먹는다고 했지요. 이런 쩐보리 요리는 궁에서 매년 딱 한 번만 먹었어요. 맛이 없었거든요. 그래도 이런 음식을 먹으면서 4월 초하루가 왔음을 알게 되지요."

"만약 이허위안에서 가장 즐거웠던 일이 뭐냐고 묻는다면 이허위안에 막 들어가 지춘정知春亭[이허위안 내 세워진 정자] 주위에서 놀 때였다고 할 거예요."

"지루하지 않다면 그때 이야기를 천천히 해볼게요. 우리 궁녀들은 아랫사람이고 어떤 지위도 없었답니다. 그래서 우리는 절대 동쪽 대문으로 드나들 수 없었어요. 동쪽 대문이란 이허위안으로 들어가는 첫 번째 문을 말해요. 동쪽 대문으로 들어가면 인수문仁壽門이 나오고 인수문으로 들어가면 바로 태후마마가 문무대신을 접견하시는 인수전仁壽殿이 보였지요. 동쪽 대문은 정중앙 문으로 태후마마, 황상, 황후마마만 드나들 수 있었어요. 그 양옆에 있는 문은 후궁마마, 왕가 종친의 정실부인, 귀족과 대신들만이 드나들 수 있었고요. 작은 모퉁이 문도 장경, 잡무 담당자들만 드나들 수 있었어요. 인수전 남쪽에는 덴츠 호(쿤밍 호昆明湖)의 동쪽 담을 따라 그리 멀지 않은 곳에 담을 허문 붉은 대동문이 있었어요. 이곳은 말과 가마를 탄 인사들이 모여 명을 받드는 곳이었지요. 우리가 드나들 수 있는 문은 이 문 하나밖에 없었어요. 그들이 잠시 비켜주기만 하면 되었지요. 대문으로 들어서면 눈앞에 아름다운 경치가 펼쳐졌어요. 바로 지춘정 일대이지요. 내가 이허위안에서 처음 본 풍경이었답니다."

―― 이허위안 지춘정

"저수궁에서부터 이야기해야겠네요. 태후마마가 이허위안으로 가실 때는 먼저 가마를 타고 서화문을 나오셨어요. 가마를 드는 사람은 조심스럽게 평행을 유지하면서 안정감 있게 가마를 들어야 했지요. 차 한 잔을 놓아도 물방울이 떨어지지 않게 말이에요. 우리는 태후마마가 가마에 오르시기를 기다렸다가 신무문에서 마차를 타고 출발했어요. 가면서는 마차의 발을 열어서는 안 되었어요. 한 차에 두 사람만 있어도 몹시 좁아서 우리는 계속 빨리 가라고 마차를 재촉했답니다. 두 다리의 가마꾼이 우리가 탄 마차의 네 다리 노새보다 빠를 수는 없었지요. 그래서 태후마마가 막 웨이궁춘魏公村을 지나실 때 우리는 이미 이허위안에 들어가 있었어요. 태후마마가 도착하시기 전까지 누릴 수 있는 이 잠깐 동안의 시간이 우리에게는 가장 편하고 자유로운 시간이었답니다. 돌아올 때 늦을까봐 먼 곳은 감히 가지 못하고 지춘정 부근에서만 놀았지요. 태후마마가 막 도착하려 할 때 호위병이 외치는 소리가 들리면 우리는 쏜살같이 낙수당으로 달려가서 늦지 않게 가마 맞을 준비를 했어요. 태후마마는 이허위안에 계실 때도 한 달에 한두 차례 저수궁에 가서서 매번 이허위안으로 돌아올 때마다 이렇게 한바탕 놀 수 있었어요. 이때 노는 것은 태후마마와 함께 노는 것과 달랐어요. 팔짝팔짝 뛰어다니면서 큰 소리로 재미있는 이야기를 떠들어대면서 놀았지요. 우리에게는 정말 엄청난 즐거움이었어요."

"지춘정은 쿤밍 호 동쪽 기슭에서 가장 아름다운 곳이었어요. 물가를 따라 버드나무와 복숭아나무가 서 있는데 봄이 되면 버드나무에 연한 잎사귀가 나고 복숭아꽃이 무성해져서 붉은색과 녹색이 한데 어우러지지요. 먼 곳의 정자 하나가 맑은 물결이 넘실거리는 호수 안에 깊이 빠져 있고요. 따뜻한 바람이 불어오면 온몸이 부드럽게 녹아내리는 것 같았어요. 정말 신선이 사는 데가 따로 없지요. 야율초재耶律楚材[몽골 제국의 정치가,

야율초재의 각종 정책은 원 제국 건립의 토대가 되었다] 묘에서 남쪽으로는 낮은 집들이 나란히 있는데 이곳은 태감들이 지내는 곳이었어요. 매우 외지고 조용해서 태감들은 이곳에서 새를 기르고 훈련시켰지요."

"우리는 거의 이곳에서 놀았어요. 구석지고 조용한 데다 마차에서 내리면 금방 갈 수 있었고 감시하는 사람도 없었거든요. 무엇보다도 새를 훈련시키는 것이 무척 재미있었어요. 궁녀 거의 모두가 여기서 새를 훈련시키는 일을 해보았지요. 남들에게 이야기할 수는 없었지만요."

"이허위안의 모든 것, 이허위안뿐만 아니라 다른 모든 것도 항상 태후마마의 뜻에 맞추어져야 했어요. 태후마마는 노년에 자애로움으로 천하를 다스리시고 만민이 모두 태후마마의 은혜를 입었으니 꽃과 새, 벌레와 물고기까지도 마마에게 복을 빌어야 한다고 여기셨어요. 리롄잉은 태감들에게 어떤 방법을 동원해서라도 물고기와 새를 훈련시켜 태후마마를 만족시키라고 분부했지요."

"야율초재 묘에서 남쪽, 지춘정에서 북쪽 일대에는 버드나무 그늘 아래 움푹 파인 곳이 있었어요. 이곳이 바로 태감들이 새를 가둬놓고 기르는 곳이었지요. 이곳에는 몇백 개의 걸대와 새장이 줄을 지어 놓여 있었어요. 긴 대나무 걸대에는 오색찬란한 앵무새, 위풍당당한 잉꼬, 옥처럼 흰 규화조, 유순한 밀화부리, 긴 꼬리의 삼광조 등 온갖 새가 있었지요. 이들에게는 말을 가르치고 깃발을 입에 무는 법을 가르쳤어요. 새장 안에는 구관조, 화미조, 종달새, 붉은 울새, 푸른 울새, 노앵, 위앵 등이 있었는데 이 새들은 언제든 부르심을 받으면 가져갈 준비가 되어 있었지요. 고운 목소리로 우는 명금류 중에서 태후마마는 부드러운 먹이를 먹는 새를 좋아하시고 딱딱한 먹이를 먹는 새는 좋아하지 않으셨어요. 새는 먹는 먹이에 따라 크게 두 종류로 나눌 수 있거든요. 벼, 차조기, 해바라기 씨, 잣, 산초 열매 등은 딱딱한 먹이라 불렀어요. 카나리아나 쇠박새, 밀화부리, 콩새 같은 종류가 이런 딱딱한 먹이를 먹는 새에 속했지요. 부드러운 먹이란 거스餎食(녹두가루에 밀가루를 섞어서 찐 것이에요.)과 살코기, 계란노른자를 한데 섞은 사료를 말해요. 이런 사료를 먹는 새는 대부분 남쪽 지방 새들이었어요. 야생에서는 살아 있는 벌레를 잡아먹던 새들이라 곡식을 주면 먹지 않았지요. 구관조, 화미조, 붉은 울새, 푸른 울새, 노앵, 위앵이 여기에 속했어요. 태후마마는 딱딱한 먹이를 먹는 새들은 노랫소리가 몹시 단조롭고 딱딱하며 규칙적이지 않다고 해서 싫어하셨어요. 새를 기르는 사람이 그러는데 새의 노랫소리에는 순서가 있고 체계적인 기교가 있다고 해요. 그 체계가 가장 많은 새로는 푸른 울새를 꼽을 수 있다고 하더군요. 100가지 정도의 소리 체계가 있다고 해요."

"새를 먹이는 데는 복잡한 전문 기술이 있어야 해요. 태감들은 스승이 제자에게 대대로 이 기술을 전수했는데 이 수많은 기술은 엄격히 비밀에 부쳐졌어요. 언제 무슨 음식을 먹이는지, 언제 무슨 물을 마시게 하는지, 언제 짝짓기를 시키는지 등 여러 가지가 있지요. 새를 기르려면 새의 내부를 속속들이 연구하고 관찰해야 돼요. 새들은 봄이 되면 입을 벌리고 우는데 이는 생리적인 것과 관계가 있답니다. 입안이 자주색에서 점점 흑갈색으로 변하고 흑갈색 부분이 커짐에 따라 입도 점점 커지지요. 입안이 붉은색에서 검은색으로 변해가는 때는 곧 새의 번식기이기도 해요. 전문용어로 '입을 벌린다發口'고 하지요. 입춘이 지나고 얼마 안 있어 새의 목구멍이 꿈틀거리기 시작해요. 이때 내는 쩍쩍거리는 미세한 소리를 '쇠사슬을 끄는 소리拉鎖'라고 불렀지요. 아직은 입을 벌린 것이 아니라 목구멍이 울리는 거지만 이는 곧 입을 벌릴 전조예요. 즉, 짝짓기가 막 시작되는 시기이지요. 2월 중순이 되면 새의 울음소리가 커지고 새 입이 좀 더 벌어지는데 이때 입전상이 붉은색에서 석갈색으로 변해요(번식의 상승기). 청명절과 소만[24절기의 하나로 양력 5월 21일 전후] 사이에는 입을 반 정도 벌리고 입안도 완전히 갈색으로 변하지요. 바로 이때가 새의 체력이 가장 왕성하고 기운이 넘쳐흐르는 때랍니다(번식의 절정기). 또 새를 길들이고 놀기에도 가장 좋은 시기이고요. 소만이 지나고 망종[24절기의 하나로 양력 6월 6일 전후]이 되면 새의 입천장은 완전히 검은색으로 바뀌고 입도 완전히 벌어져요. 울 때도 머리를 들고 울고 그 소리도 무척 크지요. 먹이도 점차 적게 먹고 밤에는 새장이 온통 시끄러워진답니다. 불안한 마음을 표출하는 것이지요. 하지만 점점 목이 쉬고 힘이 다해가요(번식기가 막 끝나는 시기). 그리고 하지가 되면 그렇게 많이 울지도 않고 소리도 낭랑하지 않으며 점차 활기를 잃어요(번식기가 이미 지난 시기). 그리고 털갈이를 준비하지요."

"만약 겨울에 먹이와 물을 지나치게 많이 먹이면 새는 살이 찌고 체력이 좋아져서 입을 벌리는 시기도 빨라져요. 털갈이 시기도 빨라지고요. 하지만 그 시기가 무척 빨라져 털갈이 시기에 메뚜기가 아직 시장에 나오지 않으면(베이징에는 메뚜기를 전문으로 파는 아침 시장이 있었어요) 살아 있는 먹이를 감당하기 어려워지지요. 그러면 털갈이가 제대로 되지 않아 새는 엉망이 되고요. 반대로 겨울에 먹이와 물이 충분치 않으면 봄 동안에 새가 울 힘을 내지 못해서 1년을 헛기른 셈이 된답니다. 그러니 한 사람이 새를 훈련시킬 때 그 새는 그 사람의 얼굴이나 다름없었어요. 결코 쉬운 일이 아니었지요. 새를 훈련시키는 사람은 반드시 그 새들의 습성을 잘 파악하고 있어야 했고 그 취향에 적응하며 먹이와 물을 잘 조절해야 했어요. 어린 태감들은 우리에게 잔뜩 부풀려 허풍을 떨었지요. '우리가 있는 이곳을 우습게 생각하지 마. 명성만큼은 대단한 곳이니까. 처음 새를 기른 시초라고 불리는 동태감은 아홉 성 안에 모르는 사람이 없었지. 그분이 바로 여기 계셨어. 우리 할아버지뻘이라고. 이허위안이 막 지어졌을 때 우리 할아버지를 불러서 일을 맡겼는데, 그때 태후마마가 직접 물어보기도 하셨

이허위안의 지춘정知春亭

다니까. 함풍제가 원명원圓明園에 계실 때도 할아버지가 함풍제의 새를 길렀어.' 우리가 조금이나마 얻어들은 새를 기르는 지식도 모두 이 어린 태감들의 입에서 나온 것이었어요. 하지만 그것을 듣기 위해 여기서 노는 것은 아니어서 그냥 무심하게 들어 넘겼지요."

"우리가 여기 오는 목적은 야생 새에게 먹이를 주면서 놀고 싶어서였어요. 광주리를 찾아서 먹이를 쥐고 있으면 구구거리면서 새들이 몰려왔지요. 회색 까치(또는 산까치라고 하지요) 떼, 비둘기 떼, 삼삼오오 몰려다니는 홍작(고지새의 일종), 어떤 때는 머리 뒤에 긴 털이 달려 있고 머리털을 매끈하게 빗어 넘긴 여새나 예쁘게 치장한 후투티까지 여러 무리가 수풀 속에서 날아왔답니다. 우리는 어린 태감들이 늘어놓는 이야기에 싫증을 내면서 밀치고는 옆에서 입을 삐죽이든 말든 날아오는 손님들을 맞았어요. 새들은 땅에, 발 위에, 손 위에, 어깨 위에 내려앉고 어떤 때는 머리 위에도 내려앉았지요. 그러고는 앞 다투어 먹이를 먹었어요. 우리는 그것들을 만져보기도 하고 잡아보기도 하면서 이것이 좋다, 저것이 좋다 하며 즐겁게 놀았답니다. 그것들이 지지배배 소리 내면 우리는 하하호호 웃음을 터뜨렸어요. 우리 어린 여자아이들에게는 바로 이때가 가장 즐거웠지요. 두려움도, 불안도 모두 잊어버리고 본래의 천진난만하고 발랄했던 모습으로 돌아갈 수 있었고요. 궁녀의 삶에서는 거의 얻기 어려운 귀한 시간들이었지요."

"여기까지 한 단락을 이야기한 셈이네요. 이어서 할 이야기는 우리 이야기가 아니에요."

"영리하고 빼어난 외모의 회색 까치는 태감들에게 있어 귀한 손님이었어요. 회색이 도는 깃털, 은회색 등, 눈 위에 나 있는 검은 눈썹에 긴 꽁지……. 뿐만 아니라 사람과도 금방 친해졌지요. 가장 사랑스러운 점은 철에 따라 이동하지 않고 겨울이나 여름이나 변함없이 이허위안 안에 살면서 새끼를 낳아 기른다는 것이에요. 깍깍 소리는 낭랑해서 듣기 좋고 왠지 모르게 흥이 났지요. 그러니 태감들에게 귀한 손님일 수밖에요. 또 언제 어느 곳이든 부르면 항상 날아와서 정말이지 친구 같은 새들이었답니다. 한편으로는 태감들이 들인 공을 보여주고 그 대가를 얻도록 해주는 존재이기도 했고요. 태후마마가 호수에서 노니실 때면 그 새들은 소리를 내면서 배를 따라왔어요. 태후마마가 산에서 노실 때는 가마를 따라가면서 울었고요. 이는 말할 것도 없이 전부 태감들의 훈련으로 이루어진 것이지요. 그 덕택에 회색 까치도 혜택을 가장 많이 받았어요. 먹이로 잣, 해바라기 씨를 주고 여름에는 사람을 고용해 이곳저곳에서 벌레들을 사들였으니까요. 봄에는 가끔 대추를 먹이기도 하고 가을에는 고욤나무 열매를 주면서 정말 애지중지 보살폈답니다. 왜냐고요? 태후마마를 계속 기쁘게 해드리기 위해서지 뭐겠어요."

"그보다 더 사랑스러운 새가 또 있는데 바로 후투티라고 하는 새예요. 우리는 그 새를 '산에 사는 중(후투티)'이라고도 불렀지요. 온몸에 흑회색 반점이 있고, 3센티미터 정도 되는 길고 가는 부리에 머리 위에는 평평하고 화려한 장식 깃털이 있답니다. 기분이 좋을 때는 이 부분이 활짝 펴지고 안 좋을 때는 접혀 있지요. 이 머리 장식은 세 갈래로 나뉘는데 그 모양이 마치 삼장법사가 경전을 구하러 갈 때 쓰던 모자 같았어요. 그래서 그 새를 산에 사는 중이라고 불렀던 거지요. 후투티는 날아가는 모습이 가장 아름다웠어요. 둥근 부채 같기도 하고 두 개의 수레바퀴 같기도 한 둥근 날개를 가볍게 천천히 움직이며 날았지요. 마치 한 마리의 큰 나비가 날고 있는 모습 같았어요. 그 점잖고 여유 있는 모습, 또 그 우아한 기품은 정말 감탄을 자아냈답니다. 이 새도 사람과 금방 친해지는 새예요. 훈련을 통해 사람이 입으로 휘파람 소리를 내면 서편에서 잇달아 날아왔지요. 태후마마는 그것들이 나는 모습을 가장 좋아하셨어요. 가끔 태후마마가 배를 타고 호수 중심까지 가실 때가 있는데 이때 남쪽과 북쪽 기슭에는 각각 새를 기르는 태감이 있어요. 잠시 후 남쪽 기슭에서 휘파람 소리가 나면서 새들이 남쪽 기슭을 향해 날아가지요. 그 뒤에는 북쪽 기슭에서 휘파람 소리가 나면서 새들이 북쪽 기슭을 향해 날아가고요. 태후마마는 선상에 앉아 새들이 날아가고 날아오는 모습을 보면서 미소를 지으셨어요. 후투티의 가장 재미있는 점은 그들이 짝을 부르는 소리예요. 공중에서 '후—보보' '후—보보' 하고 낮은 울음소리를 내면서 서로를 부르지요. 그렇게 아름답고 멋진 새가 의외로 울음소리는 굉장히 굵고 우직하답니다. 태후마마도 어떤 때는 소리 내어 웃으시면서 한마디 하셨어요. 또 이 새들은 근시안이다 개미를 좋아해요. 부리가 길어서 개미굴 속까지 집어넣을 수 있지요. 태감들은 보통 이 새에게 쌀을 먹이고, 때로 말린 작은 새우나 메뚜기, 옥수수 벌레를 먹이기도 했어요."

"자, 새 이야기는 여기까지 하지요. 이것도 다 리롄잉을 비롯한 태감들이 계획하고 실행한 것들이었어요. 태후마마를 기쁘게 해드리기 위해서 말이에요. 물고기도 마찬가지였지요."

"이곳에서 기르는 물고기는 금붕어나 송사리가 아니었어요. 쿤밍호 안에는 15센티미터 정도 되는 큰 물고기를 길렀지요. 물고기의 먹이도 쌀알이나 벌레가 아니라 3센티미터 정도의 지렁이같이 생긴 머루였답니다. 먹이는 아침이나 밤에 주지 않고 대략 해가 장대 높이만큼 떴을 때, 사람 그림자가 물에 비치는 때에 주었지요."

"이 시간 역시 세심하게 계획된 것이고 계획한 만큼 큰 효과를 볼 수 있었어요. 태후마마가 아침이나 밤에 물고기를 보러 나오시는 일은 없었으니까요. 해가 장대 높이만큼 떴을 때가 바로 태후마마가 아침식사를 마치고 물고기를 보러 나오시는 때였어요. 사람이 물가에 서면 수면에 사람 그림자가 비치지요. 사람이 먹이를 주며 기른 물고기들은 사람 그림자를 따라오는 습관이 있답니다. 머루를 수면 위에 놓으면 큰 물고기들이 앞다투어 먹으려고 수면 위에서 세차게 뛰어올랐어요. 궁에 들어간 지 2년째인가 3년째 되던 해가 기억나네요. 단오절이 막 지나고 연꽃이 아직 크게 벌어지지 않았을 때였지요. 물에 새로 뜬 꽃은 마치 주먹 쥔 손처럼 말려 올라가 있었어요. 나는 그때 이미 정식으로 일하는 궁녀가 되었기에 아침식사 후 태후마마를 모시고 낙수당에서 나왔지요. 태후마마는 한 쌍의 두루미 병주[두 척의 배를 묶어 만든 커다란 배]에 오르고 다른 두 척의 배가 그 뒤를 따랐어요. 배는 천천히 움직이면서 호수의 경치를 한껏 감상하도록 했어요. 하늘은 무척이나 맑았고 수면 위에 안개만 아직 다 사라지지 않고 남아 있었지요. 서쪽 옥대교玉帶橋 옆 호수 제방에 늘어선 버드나무들 속에서는 뻐꾸기가 '삐삐삐삐[우는 소리를 나타낸 의성어가 '보리를 베고 벼를 심다割麥揷穀'를 뜻한다]' 하며 울어대고 있었어요. 잠시 후 해가 동편을 벗어나 남쪽으로 떠오르고 안개도 걷히면 호수 물은 온통 금빛으로 눈부시게 반짝였어요. 우리는 남쪽으로 가서 배를 용왕묘龍王廟에 정박하고 기슭에서 쉴 준비를 했지요.

  막 기슭에 오르니 리렌잉이 손을 흔들어 태후마마의 배를 치우라고 지시하고는(미리 계획해놓은 일에 배가 방해가 되므로) 개가 꼬리를 흔들 듯이 아뢰었어요. '태후마마께 아룁니다. 오늘 태후마마께서 호수로 행차하시니 물고기들마저 기뻐하옵니다. 마마께서는 손을 뻗으셔서 수면 위를 한번 만져보시옵소서. 물고기들이 태후마마의 손으로 뛰어오를 것입니다.' 그러면 태후마마 뒤를 따라오던 넷째 공주가 웃으면서 이렇게 말했지요. '정말 물고기가 조상님(태후마마) 손 위에 뛰어오른다면 내가 무릎을 꿇고 물고기에게 상을 주시라고 청하겠네.' 마치 장단을 맞추듯이 말을 주고받았어요. 넷째 공주는 경왕慶王[경친왕 이쾅奕劻, 중국 청나라 말기의 황족 (1838~1917). 의화단 사건 때 전권 대사에 임명되어 관계 각국과 신축조약을 체

쿤밍 호 수목자친水木自親[낙수당의 정문. 높이는 20미터이고 전등이 달려 있다. 앞은 선착장이다]을 찍은 옛 사진. 그 뒤는 서태후의 침전 낙수당.

결하였고, 1911년에 내각 총리대신이 되었으나 신해혁명으로 물러났다]의 딸로 머리가 총명했고, 성격도 소탈하면서 대범했어요. 말도 시원시원하게 했지요. 그래서 태후마마께 가장 총애를 받았답니다. 또 경왕은 이허위안을 지을 때 리롄잉과 함께 일하면서 굉장히 막역한 사이가 되었던 터라 넷째 공주도 이 이허위안에서는 가장 존중을 받았지요. 태후마마도 늘 넷째 공주가 자신의 젊었을 때와 매우 닮았다고 말씀하셔서 모두 공주마마를 더욱 공경했어요. 이날 리롄잉과 미리 맞추고 연극을 할 때도 모두 태후마마가 그 말대로 해보시고 즐거워하시는 모습을 보고 싶어했지요. 태후마마가 앞으로 손을 뻗으니 과연 15센티미터 정도 되는 물고기들이 앞뒤로 몰려오지 뭐예요? 하얗게 빛나는 물고기 떼가 수면 위에서 물결을 일으키며 뛰어올라 물방울이 태후마마의 옥체에까지 튀었어요. 태후마마는 매우 흡족해하시며 넷째 공주가 말하기도 전에 '내가 상을 내릴 것이다. 상을 내릴 것이야' 하고 말씀하셨답니다. 물론 리롄잉도 몹시 만족스러워했고요."

"이는 몇 년 동안 들인 노력의 결실이었어요. 수만 근의 며루를 들여 이룬 성과였고요. 이런 것을 두고 '황은이 하해와 같아 새와 물고기도 사람과 친하다'고 할 수 있는 거지요."

옥당춘 부귀

불현듯 조잡한 옛 시 한 수가 생각난다. "천하의 뛰어난 문장이 삼강三江에서 비롯되고 삼강 중에서도 내 고향에서 많이 나왔다. 고향의 문장들 중 다수는 내 동생이 쓴 것이며 동생은 일찍이 나에게서 문장을 배웠나."

삼강이란 장쑤江蘇, 저장浙江, 장시江西를 가리킨다. 이곳은 모두 물고기와 쌀로 유명한 고장이며 문풍이 지극히 왕성하게 발전한 곳이기도 하다. 이렇게 꼬리에 꼬리를 물고 이어지는 보탑 시로 여름날의 이허위안을 노래해볼 수 있을 것 같다. 이 조잡한 시의 형태를 빌려 자유로운 시체로 옮겨볼까 한다.

'베이징에서 가장 아름다운 경관을 자랑하는 곳은 이허위안이로다. 이허위안을 거닐기에 가장 좋은 계절은 여름이다. 여름날 이허위안의 으뜸은 낙수당이네. 낙수당에서 가장 훌륭한 것은 차양이다. 아! 정말이지 세상에 둘도 없는 낙원이구나!'

비록 시의 장단은 운율은 못 살렸지만 그런 것들까지 살필 능력은 못 된다.

여름, 그중에서도 초여름의 이허위안은 허 아주머님의 말을 빌리면 그 아름다움이 "두말하면 잔소리"라고 한다. 호수 물은 짙은 녹색으로 바뀌고, 수면 위의 부평초는 동쪽과 서쪽 일대를 둥둥 떠다니며, 새로 돋은 연잎은 태양 아래서 그 손바닥을 폈다. 겨울을 넘긴 물고기들은 봄부터 원기를 회복하고 활발하게 뛰놀았다. 그야말로 기쁨과 환희가 넘치는 계절이었다. 이허위안의 물고기들은 서태후가 못에 방생해놓고 기르는 것이어서 함부로 잡을 수 없었다고 한다. 서천의 서왕모[중국 신화의 신녀]도 방생하는 못이 있다고 하지 않던가? 그러니 서태후에게도 당연히 있어야 할 것이다. 못에 방생한 동물들을 포획하는 것은 물론 금지되었다. 혹여 마음대로 잡으면 목이 달아나도 모자랄 죄가 될 것이다. 이 때문에 물고기는 해마다 늘어나 새로 돋아나는 연잎들을 둘러싸고 수면 아래에서 따사롭게 일광욕을 즐겼다. 가히 '물결을 일으키며 연잎을 건드리고 노는 물고기들'이라 칭할 수 있을 것이다. 이렇게 생동감 넘치는 대자연의 경관이 이허위안 전체에 가득했다.

허 아주머님은 아무리 바쁘고 피곤해도 항상 조용하고 차분했다.

아침식사를 마치고 물에 담가둔 콩을 건져서는 오랜 시간 손으로 갈려는 모양이었다. 아주머님은 콩을 천천히 갈면서 이야기를 하고 나는 주의 깊게 그 이야기들을 들었다. 내 화법은 상당 부분 그분에게서 배운 것들이다. 그분은 이야기할 때 언제나 먼저 서두를 늘어놓았다. 연회에서 먼저 전채로 찬고기 요리가 나와 입맛을 돋우듯이 말이다. 그런 다음에야 비로소 주제가 되는 이야기가 나왔다. 이야기가 끝나갈 때면 점차 고개를 들어 흐릿한 눈을 가늘게 뜨고는 눈앞에 아무것도 보이지 않는 듯 한참 동안 말을 하지 않았다. 이것이 그분의 이야기하는 습관이었다. 그리고 마지막에는 꼭 한숨을 내쉬며 이렇게 말했다.

"말로 하려니 정말 어렵군요."

그분이 말을 시작하면 나는 입을 열 필요가 없다. 기다리기만 하면 한 단락의 이야기를 모두 차근차근 들려줄 테니까.

"이야기를 하려면 좋은 환경이 조성되어야 해요. 빈틈없이 완벽하게 이야기할 수 있는 환경이요. 듣는 사람도 어느 정도 교양이 있어야 하고 이야기의 맛을 깊이 음미할 줄 알아야 하지요. 내가 가장 싫어하는 것이 쇠귀에 경 읽기 식의 대화예요. 이 부분의 이야기를 아직 다 하지 않았는데 조바심을 내며 다음 이야기를 재촉하는 것 말이에요. 꼭 갈기를 휘날리며 큰 소리로 울고 뒷발질하는 당나귀 같지요. 그러면 나는 그만 입을 닫아버려요. 이런 사람을 데리고 계속 이야기하고 싶지는 않으니까요."

이 말은 그분이 얼마나 되풀이해서 한 말인지 모른다. 아마도 그런 일들이 그분 마음속에 상처가 된 듯하다. 허 아주머님이 가장 싫어하는 사람은 새롭고 신기한 것만 찾을 뿐 이야기의 맛을 음미할 줄 모르는 사람이다.

"그 사람의 책을 읽지 않으면 그 사람의 글인지 알 수 없듯이 낙수덩에 살아본 적도 없고 태후마마를 모셔본 적도 없으면 낙수낭에서 일어나는 일들도 잘 모를 거예요. 내가 자세히 이야기해볼게요."

"잡다한 것은 생략하고 먼저 환경과 날씨부터 이야기해보지요. 누구나 알듯이 청명절이 지나면 베이징의 날씨는 점차 따뜻해지기 시작해요. 날씨가 따뜻해지면서 각종 곤충들도 활발하게 움직이기 시작하지요. 단오절이 되면 낮도 길어지고, 석양이 질 무렵은 돌아다니며 놀기에 가장 좋아요. 아카시아 꽃이 피면 응애가 와요. 이것은 작은 쌀알보다 조금 큰데 물리면 굉장히 가렵고 큰 물집이 생겨요. 또 이허위안은 사방이 모두 물웅덩인 데다 벼가 심겨져 있고 이허위안 뒷산에는 들풀이 무성하게 자라 있어 낮이면 각다귀[1밀리미터 정도 크기에 모기와 비슷한 곤충]며 등에같이 사람을 무는 벌레들이 도처에 있었지요. 밤에도 나방, 모기가 어지럽게 날아다녔고요. 날씨는 점점 더 맑아져 놀기 좋은 때에 벌레도 갈수록 많아졌어요. '5월 15일에는 입만 이불 밖으로 내밀고 8월 15일에는 비로소 다리를 뻗는다'고 하지요. 추석 때가 되어야 벌레들이 좀 사라졌어요. 다리가 길고 몸에 반점이 있는 모기 같은 경우는 독이 있고 주로 낮에 사람을 물었답니다. 이 시기에 태후마마를 보호할 방법을 마련해놓지 못한다면 대역죄를 짓는 것이나 다름없겠지요. 만약 우리 시중드는 사람들이 하는 일에 따라 지위가 올라간다면 모두 증국번[1811~1872. 청 말기의 정치가이자 학자. 태평천국을 진압한 지도자이며, 근대화 운동인 양무운동의 추진자다. 주자학자이며 문장가로도 유명하다]이 되어 있을 거예요. 여담인데 증국번은 온몸에 버짐이 나서 하루 종일 손으로 몸을 긁었대요. 우리 역시 벌레가 한번 물렸다고 온종일 몸을 긁어대면 얼마나 체통머리 없겠어요."

"태후마마는 이런 일들을 외면하지 않으셨어요. 한번은 이허위안에서 해질 무렵 태후마마가 벽에 걸린 그림을 보고 계셨어요. 어떤 사람의 그림인지 나로서는 도무지 알 수 없었지요. 그림에는 서생으로 보이는 인물이 그려져 있었는데 그는 배에 기대어 앉아 피리를 옆으로 들고 불고 있었어요. 작은 배는 물 위에서 이리저리 흔들리고 배 뒤에는 드문드문 연꽃이 피어 있었으며 머리 위에는 밝은 달이 떠 있었어요. 언덕 가장자리에는 두 그루의 버드나무가 서 있었고요. 나는 막 태후마마께 담배를 올리고 옆에서 시중을 들며 서 있던 참이었어요. 태후마마는 한가롭게 그림을 보고 또 보시면서 입가에 미소를 지으셨어요. 그러고는 혼잣말로 '만약 살아 있는 사람이었으면 모기 때문에 일찌감치 도망갔을 거야' 하고 말씀하셨지요. 그 말씀을 듣고 나는 옆에서 웃음을 참을 수 없었답니다. 태후마마는 현실성을 가장 중히 여기시는 분이었어요. 이렇게 허황한 정취는 그다지 반기지 않으셨지요."

"모기를 피하는 가장 좋은 방법은 차양을 쳐드리는 것이었어요. 낙수당의 차양은 베이징의 큰 저택들에 친 차양과는 달랐어요. 베이징의 귀족 저택들은 '차양, 어항, 석류나무, 선생, 살찐 개, 뚱뚱한 여종'을 중시하고, 살아 있는 것이든 살아 있지 않은 것이든 모두 호사스럽고 외관상 번드르르한 것들을 놓았지요. 낙수당은 달랐어요. 태후마마를 모실 때는 실질적인 효과가 있도록 확실하게 해야지 고양이가 오줌을 덮듯이 은근슬쩍 넘기는 것은 절대 금물이었어요."

"좀 더 구체적으로 말하면 태후마마의 침전에 차양을 치는 목적은 큰 모기장 역할을 하도록 위함이었어요. 그러니까 침전에 덮개를 씌우는 셈이었지요. 이 모기장은 낙수당 전체를 덮을 만큼 크고 반드시 빈틈없이 짜여 있어야 했어요. 조금이라도 빈틈이 있어서 모기나 각다귀가 들어오면 큰일이니까요."

"앞에서 내가 천하제일이라고 한 것은 바로 장막을 치는 장인이 차양을 치는 것을 두고 한 말이에요. 베이징에서 장막을 치는 장인은 비범한 기술을 갖추고 있답니다. 정교하기가 신의 경지에 이르지요. 그저 모양만 그려주어도 뚝딱 만들어낼 정도니까요. 속된 말로 천막을 꾸민다고도 하는데, 뜰에 풀 한 포기, 나무 한 그루도 옮기지 못하고 구덩이를 파거나 흙을 옮기는 것도 못 하는 조건에서 장막을 쳐요. 삿대를 벽돌 바닥 위에 똑바로 세우고 밧줄로 한 번 묶은 뒤 오로지 장력에만 의지해서 차양을 쳐 나가지요. 철사를 써도 안 되고 못을 써도 안 돼요. 중심을 잘 잡은 차양은 본래의 궁처럼 비첨飛檐[중국 고대 건축 양식의 일종으로 처마 서까래 끝에 부연을 달아 기와집의 네 귀가 높이 들린 처마]이 높이 들리지요. 차양의 사면에는 바람이 통하고 햇빛이 들도록 창도 나 있고요. 창에는 모시 같은 망사가 있고 창문은 날씨와 풍향에 따라 자유롭게 여닫을 수 있었어요. 회오리바람이 불든 폭풍우가 닥치든 차양은 견고해서 흔들리지도 않고 물 한 방울 들어오지도 않았지요. 또 낙수당 정전 안을 포함해 차양 사면에는 모두 물을 빼는 고랑 시설이 되어 있었답니다. 가장 신기한 것은 차양과 낙수당이 연결되는 부분이었어요. 마치 차양이 긴 혀를 내민 것처럼 낙수당 회랑 아래까지 늘어져 낙수당의 빗물을 전부 받았지요. 차양의 고랑은 밖으로 배수를 했고요. 그보다 더 중요한 것은 낙수당과 차양 사이의 틈이 모두 막혀 있어서 모기며 각다귀 같은 것들이 절대로 들어오지 못한다는 것이에요. 태후마마의 편안한 여름날을 보장하는 것이지요. 이런 차양은 불에 타서 보수하느라 친 태화문太和門의 차양과는 달라요. 광서제의 혼인 대례 전에 정도문貞度門에 불이 나서 태화문도 함께 타버렸지요. 그곳은 응급 상황이었고 이곳은 몇 달간이나 사람이 살아야 하는 곳이었으니까요. 5월 초에서 8월 말까지 아침저녁으로 이 차양 안에서 지내야 했으니 정교하고 실용적이지 않으면 안 되었지요. 한편 궁 안의 가구들은 다음과 같았어요. 옥좌를 중심으로 그 뒤에는 팔자형 병풍이 있었고 그 앞에는 화로며 병 같은 것들이 있었지요. 모두 진상한 것들이었어요. 옆에는 낮은 침대가 있었고 침대 위에는 몸을 기댈 베개가 놓여 있었어요. 침대 아래에는 등받이가 없는 낮은 의자가 있었고요. 어쨌든 이곳의 모든 것은 태감들의 말에 따르면 양심전과 똑같다고 해요(우리는 양심전에 들어갈 수 없었어요).

서태후가 낙수당 앞에서 황후, 비빈, 태감들과 함께 찍은 사진.
앞에서 오른쪽이 대태감 리롄잉이고 왼쪽이 제2총관 추이위구이다.
서태후의 애견이 땅에 엎드려 있고, 뒤에 보이는 것이 차양이다.

매년 단오절 쭝쯔를 먹을 때쯤이면 차양은 이미 다 쳐져 있었지요. 확실히 기억나요."

"아침에 일어나서 가장 먼저 궁문으로 들어가는 사람은 머리를 빗는 류 태감이 아니었어요. 다른 태감이 어린 태감을 한 명 데리고 아침 일찍 궁으로 들어갔지요. 어린 태감은 두 마리 앵무새를 지고 비틀비틀 태감을 따라왔고요. 태감들은 시계처럼 정해진 시간에 정해진 일을 했어요. 조금의 흐트러짐도 없었지요. 이 나이든 태감은 단오절이 지나 벌써 윗옷은 얇게 입고 아래만 두툼하게 입었어요. 들은 얘기인데 태감들은 생리적인 결함 때문에 오줌의 여과와 관련된 병에 많이 걸린다고 해요. 허리에는 여름이고 겨울이고 늘 큰 수건을 두르고 있었지요. 나이가 들수록 점점 더 심해진대요. 처음에는 나도 그런 것에 대해 잘 몰랐지만 나중에는 차차 알게 되었지요. 태감들의 모습에서 눈에 가장 잘 띄는 것은 무릎보호대랍니다. 1년 내내 바지통 안에 꿰매넣는데 여름이 되면 바지가 얇아 눈에 확 띄지요. 태감들은 언제 어디서든지 바닥에 무릎 꿇을 준비가 되어 있어야 하니까요. 설령 산의 바위든 모래 언덕 옆이든 꿇어야 할 때는 조금의 주저함도 없이 즉각 무릎을 꿇어야 했어요. 그래서 바지통 안에 무릎보호대를 덧대는 것이지요. 이런 것이 바로 시중드는 사람의 어려움이에요. 돈이 있는 태감들은 가을, 겨울 무릎보호대로 가장 좋은 가죽을 썼어요. 리렌잉은 들창코원숭이 가죽으로 무릎보호대를 만들었지요. 부드럽고 가벼우며 관절염 통증에도 좋다고 해요. 어쨌든 아침이 되면 태감은 무릎보호대로 두툼해진 바지를 입고 느릿느릿 걸어왔어요. 그들의 머릿속에는 모두 시계가 하나씩 들어 있어서 느린 것처럼 보여도 실은 굉장히 정확했답니다. 시중을 드는 사람들은 무엇이든 시간에 맞춰 정확히 일을 해내야 했으니까요. 동쪽 층계를 올라와 몇 걸음을 더 걸어야 하는지, 일을 마친 뒤 서쪽 층계로 몇 걸음을 더 걸어가야 하는지 마음속으로 모두 계산하고 있지요. 안으로 들어오면 얼굴에 미소를 띠고 절을 한 뒤 질서정연하게 태후마마를 모셨어요. 어린 태감이 가져온 두 마리 오색찬란한 앵무새를 차양 정문 안에 걸면 앵무새들은 끽끽 소리를 내며 울다가 '부처님(태후마마), 홍복을 받으소서' '부처님(태후마마) 만세'라고 말했지요. 그렇게 태후마마를 기분 좋게 해드리면서 낙수당의 조용한 아침을 깨웠어요. 덕분에 다른 사람들의 하루도 모두 순조롭게 시작되었고요. 아침부터 좋은 말을 듣고 싶은 것은 누구나 똑같잖아요."

"차양을 치고 나면 태후마마의 생활은 대부분 차양 안에서 이루어졌어요. 관방을 이용하실 때나 목욕하실 때, 발을 씻을 때, 주무실 때 외에는 안채로 잘 들어가지 않으셨지요. 앞에서도 말했지만 태후마마는 식사를 마치신 뒤에는 음식 냄새가 나는 것을 싫어하셨기 때문에 식탁은 동남쪽 모퉁이에 두었어요. 이곳은 저수궁보다 훨씬 넓어서 탁 트인 곳을 좋아하시는 태후마마에게 꼭 알맞은 곳이었지요."

"물이나 간식을 전달하는 궁인들도 층계 위를 오르락내리락하면서 허리를 굽혀 절을 하듯이 걸어다녔어요. 아침이 되면서 시중드는 사람도 점점 많아졌지요. 아침식사를 마치시면 태후마마는 늘 하시던 대로 한 바퀴 산책을 나가셨어요. 낙수당 밖 층계 아래에서 종종 비둘기 떼들을 감상하기도 하셨고요. 태후마마는 꽃, 새, 벌레, 물고기, 골동품 같은 것들을 굉장히 좋아하셨어요. 다방면에 관심이 많으셔서 비둘기도 무척이나 애지중지하셨지요. 황실 정원에서는 진귀한 새와 동물들을 사육했는데 비둘기도 그중 하나였어요."

"당시 베이징에서는 비둘기를 사육하는 것이 크게 유행했던 터라 제후마다 관사에 비둘기장을 몇 개씩 두고 비둘기를 길렀어요. 하나의 비둘기장에 보통 100마리 정도의 비둘기를 두고 전문 사육사를 고용해 길렀지요. 비둘기는 승부욕이 강해서 서로 치고받고 싸울 때는 사람을 다치게 하는 일도 있었어요. 가장 좋은 비둘기는 뭐니 뭐니 해도 이허위안의 비둘기라고 할 수 있지요. 이허위안에서 비둘기를 기르는 태감들도 스승이 제자를 두어 기르는 법을 서로에게 전수해주었고요. 이들의 가장 놀라운 재주는 비둘기들의 생김새만 보고도 암수 짝을 잘 골라주어서 좋은 후손을 임의로 배출할 수 있다는 점이에요. 직계 7, 8대까지, 몇 대 아래를 예측하고 좋은 품종을 배출해내는 것이지요. 우리가 보기에는 분명 잘생긴 비둘기인데, 손으로 받쳐 들고 목을 돌려보기도 하고 눈빛을 관찰하기도 하면서 '이 비둘기는 안 되겠어. 좋은 자손을 보지 못하겠는데. 조상 중 어느 한 대가 딱히 좋지 않았던 것 같아'라고 했답니다. 그 판단은 대단히 정확했어요. 태후마마는 바로 이런 사람들을 거느리고 계신 것이었지요."

"비둘기는 둥지를 잘 떠나지 않는 새랍니다. 진귀한 품종의 비둘기는 알을 많이 낳게 해서 그중 일부를 부화시키지 않고 태후마마께 놀이용으로 드렸어요. 그리고 그 알들은 다른 비둘기에게 주어 품게 했지요. 이것을 비둘기에게 유모를 붙여준다고 말했어요. 태후마마가 가장 좋아하셨던 것은 검은 고리 비둘기 열 몇 쌍과 열 쌍 정도의 자주색 고리 비둘기였어요. 그것들은 정말이지 값으로 따질 수 없는 보물이었답니다. 온몸이 흰색이고 목에만 목걸이 같은 검은색, 자주색 고리가 있었지요. 이 고리 무늬는 가슴께에서 넓어지는데 이것을 배두렁이[어린아이의 가슴과 배 부분을 둘러서 가리는 마름모 모양의 윗옷]라고 불렀어요. 배두렁이 위에는 자주색 광택이 반짝반짝 빛을 발해서 반짝이를 둘렀다고 했고요. 짧고 빨간 부리와 붉게 빛나는 눈, 길을 걸을 때면 꼭 귀부인처럼 흔들흔들 몸을 좌우로 흔들면서 걷는 것이 정말 사람 마음에 쏙 들었지요. 또 옥환, 즉 옥 고리 비둘기라고 불리던 종도 있었는데 온몸이 검고 목에만 흰 고리 무늬가 있어서 더욱 진귀한 품종이었어요. 이 종류는 순수한 품종을 얻기도 매우 어렵다고 해요. 또 까치배 비둘기라고 부르는 종은 몸이 까치 배처럼 순백색을 띠었답니다. 머리 위에는 염낭 같은 장식 털이 가지런히 나 있고 두 날개에는 좌우로 일고여덟 개의 윤기 나는 검은색 깃털이 나 있어 흑백이 뚜렷하게 대비되었지요. 거기다가 붉은 부리, 수수빛 눈도 눈에 확 띠었고요. 또 한 종류는 은회색의 작은 비둘기인데 우리는 보통 회색 비둘기라고 불렀어요. 이것은 산하이관 총병[명청 시대 군대를 통솔하고 한 지방을 지키던 기관]에서 진상했다고 하는데 그 울음소리가(전문용어로는 비둘기 울음소리를 물 긷는 소리라고 불렀어요) 은방울을 굴리는 것처럼 맑고 듣기 좋았답니다."

"이런 새들에게는 모두 귀한 사료를 먹였어요. 좋은 쌀, 녹두, 검은콩, 겉껍질이 있는 수수, 또 이외에 외부에 알려지지 않은 비법이 있었고 수시로 녹차 잎, 참외 씨를 먹였지요. 새를 기르는 사람이 그러는데 참외 씨는 새의 접골에 좋대요. 태후마마는 산책하실 때 작은 동물을 발견하시면 항상 그것들과 잠시 노셨어요. 이렇게 마음 가는 대로 여유와 낭만을 누리면서 사는 삶도 참 큰 복이지요! 우리도 태후마마를 오래 모시면서 꽃과 새에 대해 많이 알게 되었어요. 태후마마가 대수롭지 않게 하시는 말씀을 무심코 듣다가 어느새 기억 속에 쌓였지요. 또 태후마마는 기르는 동물에게 한 번도 화를 내신 적이 없었어요. 태후마마의 성품을 들여다볼 수 있는 부분이지요. 룽위 황후와는 판이하게 달랐으니까요. 황후마마는 고양이와 개를 가지고 아랫사람에게 화풀이를 하는 경우가 허다했거든요. 한 번도 고양이를 반년 이상 길러본 적이 없으셨어요. 이 역시 그 불같은 성격을 들여다볼 수 있는 부분이지요."

"싫증이 안 난다면 좀 더 깊이 들어가볼게요. 태후마마가 비둘기를 좋아하시는 까닭에 몇 사람이나 비둘기에 매달려 일을 했는지 몰라요. 비둘기의 천적은 하늘에서는 매이고 땅에서는 황피(족제비, 둥베이 지방에서는 보통 황피라고 해요)인데 그중 가장 무서운 것은 매였지요. 매는 평소 잘 날아다니지도 않고 숲 깊은 곳에 숨어 있다가 비둘기가 날아오르는 것이 보이면 따라 올라갔지요. 비둘기보다 더 낮은 위치에서 빙빙 돌다가 비둘기가 무서워서 더 높이 날면 매도 조금씩 원을 그리면서 쫓아가요. 비둘기도 더 높은 곳에서 선회해보지만 높은 공중에서는 매보다 빨리 날지도 못하고 힘도 달려서 곧 매에게 잡히고 말지요. 매는 눈이 날카롭고 고기만 골라먹기 때문에 비둘기를 기르는 사람은 매를 가장 두려워해요. 이뿐 아니라 이허위안 사방에는 수많은 야생 비둘기가 있었어요. 이들은 태후마마의 비둘기 떼에 섞여서 먹이를 훔쳐 먹었지요. 모두 반드시 제거해야만 했어요."

"다행히 이런 일들은 팔기의 자제들에게 있어 조금도 어려운 일이 아니었어요. 과거 황상이 팔기군 자제 몇 명을 전문적으로 양성해 데리고 다니시며 놀이를 즐겼는데 이들은 나무에 올라 능숙하게 새를 잡고 물속에 들어가 손으로 물고기를 잡을 줄 알았어요. 또 매를 풀어놓고는 말을 타고 사냥을 하며 메추라기로 새 싸움을 하며 놀았지요. 한마디로 못 하는 것이 없었어요. 이들이 모인 기관을 상우처上虞處라고 했는데, 상우처라는 명칭보다는 끈끈이 대[새나 곤충을 잡기 위해 끈끈이를 바른 장대] 기관이라는 이름으로 더 많이 불렸어요. 하지만 태후마마가 권세를 잡으시면서 이들은 전과 같은 대우를 받지 못하고 많은 이가 호위군사로 전환했지요. 이허위안은 이런 사람들이 제 실력을 발휘하는 곳이었어요. 석궁을 들고 화원 주위의 나무들을 맴도는 것이 그들의 주된 업무였지요."

"한 부류만 예로 들어 설명했는데 이외에도 이허위안 동문, 북문에는 며루, 굼벵이, 백강잠[백강병으로 죽은 누에. 풍증을 다스리는 데 쓰인다], 옥수수 벌레, 구더기와 각종 새(새끼와 알을 포함해서)를 파는 곳이 항상 널려 있었어요. 입하 이후에는 방울벌레, 왕귀뚜라미, 귀뚜라미 등을 파는 곳이 있었고요. 모두 이허위안 덕에 돈을 버는 셈이었지요. 이 모든 일이 태후마마 한 사람의 취미생활로 일어나는 일들이었답니다. 이제 이런 잡다한 이야기는 그만할게요. 계속해서 태후마마가 지내시던 일에 대해 이야기해보지요."

"입하 이후부터 낮이 점점 길어져요. 궁에서의 저녁식사는 비교적 이르지요. 대략 해가 떨어지기 전에 시작되니까요. 저녁식사가 끝나면 곧 간식 시간이 돼요. 이때는 종종 태감 몇 명이 태후마마께 쉬수說書를 들려드렸어요. 궁에서는 열 명 남짓 되는 태감에게 전문적으로 쉬수를 가르쳐서 자령궁 태비마마들의 심심함을 달래드리도록 했어요. 그때 이허위안에서 쉬수를 하던 태감들도 태후마마를 따라 이허위안에 함께 들어온 것이고요. 하지만 태감들이 쉬수를 한다기보다 태후마마가 평서를 하신다고 하는 편이 더 맞을 거예요. 한 편의 이야기가 끝나기도 전에 태후마마가 이러쿵저러쿵 평론을 하셨거든요. 전한 시기 이야기를 들으실 때는 여태후呂太后가 어리석다며 대장들이 모두 유방의 사람들인데 수많은 여씨 성 가진 사람을 제후로 봉해봤자 무슨 소용이 있느냐고 말씀하셨지요. 수당 시기 이야기 중 한 단락을 들으실 때는 청야오진을 좋아하셔서 그가 충성심이 지극하고 큰일을 지혜롭게 해낸다고 말씀하셨고요. 가장 분명하게 기억나는 것은 유방이 항우에게 패했을 때의 이야기예요. 계속해서 적에게 추격을 당하던 유방은 마차가 몹시 느리게 달린다는 생각에 자신의 딸을 마차에서 밀어냈어요. 따르는 사람이 딸을 다시 마차에 올렸지만 유방은 또다시 밀어냈지요. 태후마마는 그 이야기를 듣고 유방이 진정한 영웅이며 강인한 사내라고 칭찬하셨어요. 그 밖에도 많은 이야기가 있었는데 거의 다 잊어버렸어요. 아주 오래전 일이기도 하고 내게 그만한 지식이 있는 것도 아니었으니 말이에요. 그래서 지금은 기억이 가물가물하네요."

"쉬수보다 더 주의를 끌었던 것은 리롄잉이 어린 태감을 데리고 두 개의 새장을 메고 올 때였어요. 새장 속의 새는 푸른 울새였는데 이 종은

청말 베이징의 유명한 새 사육사인 화메이장畫眉張

새 중에서 가장 잘 지저귀고 말솜씨도 가장 뛰어났지요. 새장을 덮은 천을(새장을 짊어지고 이동할 때는 반드시 천으로 새장을 덮었어요. 새들이 놀라 새장 안에서 이리저리 날아다니지 않도록 안정감을 주는 거지요) 걷으면 잠시 후 푸른 울새가 지저귀기 시작했어요. 여조같이도 울고 여치며 베짱이, 왕귀뚜라미, 귀뚜라미같이 울기도 했지요. 이 새는 매우 특이했던 것이, 다른 새들은 일단 해가 지면 눈을 내리감고 잘 준비를 해서 무슨 방법을 써도 깨울 수가 없는데 이 새만큼은 깨우면 눈을 동그랗게 뜨고 있다는 거였어요. 과거에는 나이든 기하인 귀족들이 이 새를 가장 좋아했답니다. 특히 내무부 사람들이 많이 길렀지요."

"내무부 사람들은 고상함과 품위를 많이 따져서 새를 기를 때도 우아하고 영리한 새를 좋아했어요. 큰 소리로 우는 새는 잘 기르지 않았지요. 저녁식사 시간이 지나면 태고등[고장루식(경태람 제품의 양식 중 하나) 경태람을 동에 아로새겨 만든 것으로 아편을 피울 때 사용하는 등]이 켜지면서 장팡얼이 아편 정을 들고(장팡얼은 청조 때의 철기 제품 장인이었어요. 아편 정을 만든 것으로 이름을 날렸지요. 이 아편 정은 날 부분을 구부리면 원형이 되고 손을 떼면 다시 곧게 펴졌어요. 등불로 달구어도 변형되지 않았지요. 이것을 사용해 둥글게 아편 알을 구웠는데 유연하면서도 튼튼했어요), 수주 아편대를 받치고 (수주壽州지역[지금의 안후이성 서우壽縣의 이전 이름인데 1912년에 바뀌었음] 흙으로 구운 담뱃대는 색깔이 이싱 지역에서 나는 도기 같고 아편을 피울 때도 손을 데지 않았어요) 낮은 침대에 가로누워 아편을 피웠어요. 신기하게도 이 새는 주인과 똑같은 기호를 지녔답니다. 주인이 아편 한 모금을 깊이 빨아들였다가 새장을 향해 내뿜으면 새는 이상하게 흥분하면서 날개를 푸드덕거리며 주인을 향해 갖은 소리로 울어댔지요. 이게 가장 재미있었어요. 이 때문에 가장 인기가 많은 새이기도 했고요. 필기인들은 흙 종딜새, 경망스런 화미조(종달새를 기르는 새장 안에는 자주 아교 섞은 흙을 넣어줘야 해요. 그래서 흙 종달새라고 했지요. 화미조를 기를 때는 물통 같은 높은 새장을 사용해야 하고 새장을 들고 산책할 때는 좌우로 이리저리 흔들어줘야 했어요. 좀 교양 없어 보였지요. 그래서 경망스런 화미조라고 불렀어요. 이는 모두 내무부 사람들이 팔기인을 무시해서 만들어낸 말이랍니다)를 길렀는데 그런 것과는 비교할 바가 못 되게 고상했지요. 팔기인들은 아침에 일어나 단추도 채우지 않고 앞가슴을 그대로 드러낸 채 왼쪽 앞섶을 품 안으로 접고 허리춤의 천(허리끈으로 쓰는 천)으로 가볍게 잡아맨 다음 밖으로 나왔어요. 코 아래에는 두 움큼의 노란 코담배를 바르고 오른손은 허리춤에 끼워 넣고 왼손으로는 새장을 높이 쳐든 채 시끌벅적한 시장 입구에 서 있었지요. 그러다가 배가 고파지면 별수 없이 전병 가게로 들어갔고요. 내무부 사람들은 달랐어요. 푸른 울새가 크게 지저귀면 새에게 제비집 요리를 담근 물을 마시게 하는 수준이었으니까요. 제비집 같은 음식은 귀족이나 대신, 내무부 사람들만이 자주 먹을 수 있는 요리였지요. 이것 하나만 봐도 가난한 팔기인들과는 격이 달랐어요. 베이징 사람들이 자주 쓰는 속어로 '어떤 사람이 어떤 새를 가지고 노느냐'라는 말이 있는데 바로 이런 격차를 두고 하는 말이랍니다."

"리렌잉이 든 이 새장 속 새는 정말 고귀하고 사람들에게 귀여움을 많이 받았어요. 대나무 뼈대를 마디마디 엮은 한 쌍의 연노란색 새장도 우아함이 묻어났고요. 안에는 하얗게 소제한 바닥 천에 창살이 세 개 있었지요. 창살 아래에는 순백색에 푸른색이 비치는 새똥이 보였는데 새장 가장자리에 새똥을 퍼내는 상아 주걱이 있었어요. 12센티미터 정도 되는 이 상아 주걱도 말할 수 없이 정교하고 깔끔했답니다. 다시 새를 보면 분을 바른 눈썹에 예쁜 눈 밑 털(눈 위에 흰 털이 나 있어 눈썹이라고 불렀어요. 눈 밑에 난 흰 털은 차姥라고 불렀고요), 가슴에는 아홉 개의 푸른 줄무늬(새의 가슴 아래 아홉 줄의 짙은 푸른색 무늬가 있었어요)로 이루어진 조롱박을 달고 있고(가슴의 푸른 무늬가 조롱박 형태를 이루고 있었어요), 두 날개에는 선명한 꽃이 피어 있었어요(새의 날개 위에 동그란 노란색 점이 있어서 이것을 날개 꽃이라고 불렀어요. 새의 나이는 이 꽃으로 구별했지요. 꽃이 있는 것은 작년에 부화한 어린 새예요. 1년이 지나면 꽃이 사라지거든요. 어린 새가 잘 지저귀고 나이든 새는 잘 지저귀지 않았어요). 태후마마는 식견이 높은 분이라 눈으로 한번 쓱 훑어만 봐도 진기한 물건을 알아보셨지요. 이 한 쌍은 정말 완벽한 것들이었어요! 수천 마리 새 가운데서 어떻게 이 두 마리를 선별했는지 모르지만 정말이지 아름다움의 극치였지요."

"태후마마는 낮은 침대에 놓인 베개에 편안하게 기대서 새의 울음소리를 주의 깊게 들으셨어요. 두 마리 새는 마치 경쟁이라도 하듯 한 마리씩 번갈아가며 노래를 했지요. 그런데 방 전체가 조용히 귀를 기울이고 있는 이때에 한바탕 풍파가 일어났어요. 샤오쥐안쯔와 샤오추이小翠가 무릎을 꿇고 태후마마께 아뢰었지요. '태후마마께 아뢰옵니다. 저희 대신 리 총관이 고양이를 좀 봐주십사 청하옵니다.' 사실 이는 새를 구실 삼아 한 애교였어요. 태후마마도 이 두 아이가 리롄잉을 곯리는 것임을 아시고 자애롭게 웃으셨지요. 리롄잉도 눈치가 대단한 사람이라 저수궁이든 낙수당이든 이런 때 한 번도 얼굴을 붉히며 위세를 부린 적이 없었어요. 그는 늘 이렇게 말하는 사람이었으니까요. '너희는 모두 태후마마의 사람으로서 태후마마의 가르침을 받들고 있다. 모두 사리에 밝고 예를 아는 사람들이다. 그러니 너희는 물론이고 태후마마가 계신 곳에서는 개 한 마리, 고양이 한 마리, 풀 한 포기, 나무 하나까지도 마땅히 존중받아야 한다.' 그래서 그는 태후마마 앞에서 항상 궁녀들에게 져주었어요. 기꺼이 나서서 '작은 접시'[지위가 낮아 항상 남에게 업신여김을 당하는 사람, 약자를 비유한다]가 되었지요. 리롄잉의 녹록함을 잘 보여주는 부분이에요. 태후마마의 궁에는 두 마리 미얀마 산 고양이가 있었는데 순백색 몸에 눈, 코, 입이 모두 얼굴 한가운데로 모여 있었답니다. 넓적한 얼굴에 몰려 있는 눈과 입은 사람을 마주 보고 있을 때도 이리저리 마구 움직여서 얼마나 익살스러웠는지 몰라요. 태후마마도 늘 보고 웃으셨지요. 잠을 자고 있던 이 두 고양이는 마침 두 마리 새를 보고 안절부절 잠을 이루지 못하고 있었어요. 리롄잉은 샤오쥐안쯔, 샤오추이의 말을 듣고 황급히 무릎을 꿇으며 말했지요. '태후마마께 아룁니다. 노비는 도저히 이 일을 감당할 수 없나이다!' 그러자 태후마마가 미소를 지으면서 말씀하셨어요. '쥐안쯔, 추이얼, 두 고양이를 돌보느라 수고했다. 나중에 상을 내리도록 하마.' 쥐안쯔와 샤오추이가 서둘러 감사 인사를 올리는 가운데 태후마마는 다시 리롄잉에게 분부를 내리셨어요. '대태감, 주방에 일러서 톈완쯔甛碗子를 올리도록 해라. 너희 모두에게 상으로 내리겠다.' 리롄잉은 황급히 무릎을 꿇고 모두를 대신해 태후마마께 감사 인사를 올렸어요. 그러고는 '태후마마, 한낱 노비를 총관이라 부르지 마십시오. 노비가 감당치 못하겠나이다' 하고 아뢰었지요."

"궁에서의 간식들은 정평이 나 있지요. 가을, 겨울에 먹는 꿀에 잰 과일, 여름에 먹는 톈완쯔는 그중에서도 최고였어요. 톈완쯔란 더위를 가시게 하는 시원한 간식들을 말해요. 참외연근, 백합연밥, 행인두부, 용안[열대과일로 갈색 껍질에 과육은 반투명하고 즙이 많으며 단맛이 강하다], 한천, 건포도, 호두, 마로 만든 간식, 대추 떡 같은 것이 있었지요. 참외연근은 참외를 썰어 연근과 함께 먹는 것이 아니에요. 갓 채취한 연근의 어린 순을 얇게 채친 뒤 참외 속을 제거하고 그 안에 채친 연근을 넣어 먹는 음식이에요. 보통 얼음을 채워서 먹었지요. 건포도와 호두는 건포도(씨가 없는 것)를 먼저 꿀에 잰 다음 푸른 호두(남쪽 지방에서 들어온 것이에요)를 깨서 안의 떫은맛이 나는 부드러운 껍질을 벗겨낸 뒤 여기에 포도즙을 끼얹어서 먹었어요. 역시 얼음을 채워서 먹었지요. 꿀에 절인 과일을 먹으면 마음이 안정되고 푸른 호두를 먹으면 신장을 보양할 수 있답니다. 그 밖에 쏸메

이탕이나 과일 주스 같은 것은 더 말할 것도 없지요."

"우리는 네 명이서 뚜껑이 있는 네 벌의 그릇을 태후마마의 탁자 앞에 받쳐 올렸어요. 이것들은 매우 정교하게 만든 푸른 자기 그릇인데 각각에 받침접시, 작은 그릇, 뚜껑, 작은 은 숟가락이 함께 있었지요. 태후마마가 어느 하나를 가리키시면 그것을 열어서 태후마마가 조금 맛보시게 했어요. 연세가 있으셔서 찬 음식을 많이 들지는 않으셨지요. 태후마마가 다 들고 손을 닦으신 후에야 우리는 순서대로 내려주신 상에 대해 감사 인사를 올렸어요. 고양이를 돌보는 샤오쥐안쯔와 샤오추이만 원래 있던 자리에서 인사를 올렸고요. 태후마마는 자신이 맛을 보고 남은 톈완쯔를 쥐안쯔와 샤오추이에게 내리라고 지시하셨어요. 쥐안쯔와 추이얼은 서둘러 고양이를 안고 와서 머리를 조아렸고요. 이를 통해 알 수 있듯이 태후마마는 살아 있는 것을 가장 아끼셨어요. 동물을 잘 보살피는 일로 궁녀들은 가장 큰 총애를 받았답니다."

"이것이 바로 태후마마가 이허위안에서 보내시는 안락한 하루 일과였어요. 신선이 사는 낙원 같은 곳에서 부귀영화의 극치를 누리셨지요. 정말이지 사계절이 모두 봄 같은 편안한 생활이었어요. 쉬수說書를 하는 사람[야담가]의 이야기 속에서 가히 '옥당춘 부귀'로 형용될 만한 것이었지요!"

"그런데 태후마마는 '옥당춘 부귀'를 두 가지 의미로 해석하셨어요. 정확히 전부는 기억나지 않고 어느 여름날 아침만 기억이 나네요. 그날은 모두 태후마마를 모시고 이른 산책을 나섰어요."

"태후마마께는 한 가지 습관이 있었어요. 아침에 안개가 끼면 절대로 호숫가에 가지 않으셨지요. 안개 속에 혼탁한 공기가 있어서 그 냄새를 맡으면 속이 불편하다고 하셨어요. 그래서 그런 날은 산책 경로가 회랑 북쪽까지로 제한되었지요. 여름날의 이허위안은 호수의 수증기에 안개가 더

해져 늘 희뿌연 모습이었어요. 그래서 우리도 주로 낙수당 주변만 거닐었답니다. 어느 날 태후마마가 흰 목련을 발견하시고는 말씀하셨어요. '이것은 건륭제가 후손에게 남기신 것이구나. 건륭제의 은덕이 지금까지 이어져오고 있는 게야. 그때는 목련이 정말 많았는데. 이쪽 일대에 몇십 그루가 있었고 정말 잘 길렀지. 초봄에 목련꽃이 피면 온 정원에서 그 꽃향기를 맡을 수 있었어. 그때는 '목련향 바다'라고 불렀지. 나중에 건륭제가 붕어하시면서 꽃들도 따라서 사라졌단다. 그래서 우리가 낙수당을 지을 때 먼저 목련부터 보호한 거야. 그런 다음 궁을 지었고. 약소하나마 조상을 그리는 마음이라 할 수 있었지. 우리는 역사를 들을 때 그 의미를 분별할 줄 알아야 돼. 고대에 소공召公이라는 사람이 있었는데 그는 주공周公과 함께 재상을 지내는 자였단다. 조정을 두루 살피고 날마다 쉬지 않고 나랏일을 보살폈지. 하루는 그가 몹시 피곤해서 나무 아래서 잠시 쉬었어. 그러자 백성들은 이 나무를 보호하기 시작했고 '절대로 이 나무를 베지 말자. 일찍이 우리 소공이 쉬셨던 나무야!' 하고 이야기했지. 백성들도 이런 마음을 품을 줄 아는데 하물며 열조가 남기신 진귀한 나무를 대하는 마음이야 말할 것도 없겠지! 나중에 나는 극락사에서 개아그배나무[해당화의 한 종류]도 옮겨왔단다 (극락사는 서직문 밖에 있어요). 이런 고생은 아무도 알아주는 이가 없지. 문종 현황제(함풍제)께서는 해당화를 무척 좋아하셨어. 고종 순황제(건륭)처럼 재능과 사상이 훌륭하셨고 시에도 능하셨으며 늘 자신이 문풍의 황제라고 말씀하셨지. 봄비가 지나가면 그때마다 붉은 해당화에 미련을 두셨고 말이야. 이렇게 해당화를 옮겨와 꽃과 잎이 무성하니 나에게도 위안이 되는구나.'"

"태후마마는 우리에게 이야기하시는 것 같기도 하고 혼잣말을 하시는 것도 같았어요. 한편으로는 꽃을 바라보고 마음속 이야기들을 털어놓으시는 것 같았지요. 아무리 굳건하신 분이라도 나이 많은 과부로서의

낙수당의 오래된 사진. 뜰 안에 목련과 해당화가 심겨져 있다.

애환을 숨길 수 없었겠지요. 태후마마의 이런 모습은 우리 몸종들만 볼 수 있었답니다."

"나중에는 영춘화와 모란도 옮겨왔어요. 그래서 모두 합치면 옥(목련)·당(해당화)·춘(영춘화)·부귀(모란)가 되지요. 이 말은 곧 황실 정원에서 누리는 부귀영화를 상징하는 것이에요. 하지만 이는 단지 정원의 나무와 꽃 조경일 뿐 보통 궁에서는 사시사철 푸른 소나무, 잣나무를 많이 심었답니다. 어쨌든 이는 '옥당춘 부귀'에 대한 태후마마의 현실적인 해석이지요."

여기까지 쓰니 붓을 멈추고 상상하지 않을 수 없다. 허 아주머니은 지혜롭고 영리한 사람이었다. 견문도 넓고 기억력 또한 뛰어나 궁에서 여러 가지 것을 보고 배웠다. 이와 더불어 그 후에 있었던 불행한 개인사 때문에 침묵의 반평생 속에서 새를 기르는 취미가 생겼는지도 모른다. 아주머니은 새를 각별히 좋아했고 각종 새에 대해 세밀하게 관찰했으며 그들의 다양한 습성을 이해하고 있어 나에게 이야기를 들려줄 때도 매우 흥미진진했다. 날씨가 좋을 때 그분은 여러 차례 나를 데리고 룽푸 사隆福寺에 놀러 갔다. 새 시장에서도 허 아주머니은 여러 종류의 새에 대해 자세히 평가할 수 있었다. 우리는 노점 찻집에서 자주 차를 마시고 가까운 곳에서 콩 즙을 샀다. 그리고 나서 자오취안 몇 개와 소금에 절인 매운 야채 반찬을 한 접시 먹으면 오후가 다 지나갔다. 아주머니은 또 나에게 새를 기르는 여러 비법을 알려주었는데 세월이 지나면서 대부분 잊어버리고 말았다.

── 호수 위의 신선

"태후마마가 호수를 유람하시는 것은 간단한 일이 아니랍니다. '수레가 움직이면 방울소리도 따라 울린다'는 말처럼 태후마마가 한번 움직이실 때마다 호위병에서 경사방 사람들까지 모두 함께 움직여야 했으니까요. 이허위안 주위의 담을 따라 순찰도 더 엄격하게 해야 했고요. 궁 밖 사람은 무엇을 하는 이든 이허위안에서 멀리 떨어져 있어야 했지요. 혹여 안으로 물건을 던지거나 해서 행차를 방해하지 않도록 말이에요. 경사방 사람들은 밤새도록 쉬지 못했어요. 주방만 해도 배를 따라가면서 음식을 만들어 올려야 했으니까요. 원래는 요리사가 몇백 명인데 20명 정도만 따로 뽑아서 선상에서의 식사를 담당했지요. 식사를 올리는 일도 매번 심사숙고하지 않으면 안 되었답니다. 배가 정박하는 곳에서도 우리가 저수궁에서 일하는 것처럼 배를 먼지 하나 없이 말끔히 청소하고 가구들도 가지런히 정리해놓아야 했어요. 리롄잉은 이 모든 일을 관리하느라 눈코 뜰 새 없이 바빴지요. 무슨 일이든 그가 고개를 끄덕여야만 검사를 통과할 수 있었답니다. 정말이지 이 기간 동안 얼마나 많은 사람이 벌을 받고 매를 맞았는지 몰라요. 리롄잉은 이런 일들에 대해서는 조금도 빈틈없는 사람이었으니까요."

"태후마마가 타시는 용주龍舟는 외관상으로는 덮개가 있는 큰 배들과 크게 다르지 않았어요. 가운데에 있는 큰 선실은 높고 실내가 탁 트여 있었지요. 선실의 덮개는 목재를 유리기와[유리 유약을 발라서 구운 오지기와]식으로 새기고 그 위에 황색 도료를 칠했는데 진짜 황금 유리기와처럼 금빛과 푸른빛으로 번쩍였어요. 물 위에 떠다닐 때면 정말 아름다웠지요. 선실 안 양쪽 가장자리에는 진주조개를 박은 칸막이가 있었고, 상서로운 용과 봉황이 그려진 휘장이 걸려 있었으며, 금 낚싯바늘 두 개가 높이 걸려 있었어요. 선실 한가운데에는 팔자형 병풍이 놓여 있었고요. 병풍 앞에는 황룡이 몸을 말고 있는 옥좌가 있고 옥좌 앞에는 불상이며 화로 같은 어전용 상식품들이 있었어요. 또 누 개의 둥근 기둥이 선실의 경계를 구분 짓는 현관 역할을 했지요. 기둥들은 모두 붉은 도료로 칠해 반들반들 윤이 났고 위에는 금색 글씨로 대련對聯이 새겨져 있었어요. 아쉽게도 그때 나는 글자를 몰라서 무슨 글귀였는지는 생각이 나지 않네요. 뱃머리에는 돛대와 함께 황룡 깃발이 높이 매달려 나부끼고 있었어요. 비늘까지 세세히 수놓아진 황룡은 공중에서 나부끼며 금빛으로 찬란하게 빛났지요. 무엇보다 가장 아름다웠던 것은 두 마리 용이었어요. 이것은 파란색과 금색으로 수놓은 두 개의 끈이었는데 위에서부터 하늘하늘 휘날리며 선상까지, 선상 아래 물속까지 길게 늘어져 있었답니다. 마치 긴 물고기처럼 배를 따라 노닐며 움직였지요. 선실의 중앙도 빠뜨릴 수 없어요. 옥좌와 병풍 뒤쪽에 걸린 휘장은 태후마마가 옷을 갈아입으시는 장소가 되었지요. 모든 가구는 침전과 똑같이 배치되었답니다."

"태후마마가 타시는 용주 외에 이와 똑같은 크기의 배가 또 한 척 있었어요. 선실 덮개도 용주와 같이 목재로 새긴 유리기와식이었지요. 색깔만 녹색으로 칠했다는 점이 달랐어요. 물론 이 안에는 옥좌가 없었지요. 병풍식의 칸막이가 선실을 이등분하고 병풍 앞 한가운데에 의자가 있었는데 이는 바로 황후마마가 앉으시는 자리였어요. 그 양옆으로 놓인 두 개의 의자는 황후마마를 모시고 동행하는 사람들이 앉는 자리였고요. 동쪽이 더 높은 자리이고 서쪽은 그보다 낮은 자리여서 동행하는 사람의 지위에 따라 자리를 구별해서 앉았지요. 선실 위쪽에는 용주와 마찬가지로 돛대가 서 있었는데 길이가 조금 더 짧고 위에는 채색된 끈이 달려 있었어요. 이 끈도 바람에 따라 가볍게 휘날리며 물속까지 드리워져 있었지요. 선실 입구의 경계는 용주처럼 기둥이 대신했고 다만 기둥 위에 대련만 없었어요."

"여기서 또 잠깐 다른 이야기를 해야겠네요. 자주 태후마마를 모시고 호수를 유람하던 사람들에 대해 이야기해볼게요. 이제껏 그분들에 대한 이야기는 많이 하지 않았는데 그 이유는 다른 게 아니에요. 궁에서는 신분에 대해 대단히 엄격해서 신분의 높고 낮음에 따라 서로 말도 섞지 않았어요. 그분들은 자신의 고귀한 신분을 자각하고 우리와 말하는 것은 체통 없는 일이라 생각했지요. 우리도 머리를 조아리고 인사를 올리는 것 외에는 그분들과 말을 섞지 않았고요. 지금 이야기하는 것도 그저 눈으로 관찰한 인상들뿐이랍니다."

"먼저 첫째 공주부터 이야기해볼게요. 그분은 공친왕恭親王[함풍제의 이복동생 혁흔奕訢, 1833~1898, 함풍제의 죽음 이후 서태후 등과 함께 신유정변을 일으켰다]의 만딸[1854~1911]로 동치제보다 세 살 위였어요. 함풍제가 살아 계실 때 가장 총애했던 질녀였고 도광제의 친손녀였으니 진정 황실의 고귀한 자손이었지요. 태후마마도 그분을 무척 좋아하셨어요. 앞장서서 그분을 고륜공주固倫公主[황후가 낳은 딸의 호칭이다]로 봉하실 정도였으니까요. 이는 공주 중에 가장 높은 지위랍니다. 하지만 그분은 나중에 겸손하게 스스로를 낮추어 영수공주라고 칭했어요. 함풍제에게는 친누님이 있었는데 그분은 부마 경수景壽[1829~1889]에게 시집을 갔어요. 우리 기인들은 부마를 '어푸'라고 불렀답니다. 함풍제의 누님과 어푸, 즉 부마는 혼인한 뒤 아들을 낳았어요. 이후 영수공주의 혼기가 찰 무렵, 여기저기에 신경을 쓰셨던 태후마마는 영수공주의 배필로 경수의 아들을 정해주셨어요. 황족은 본래 혼인할 사람을 정해주는 관습이 있거든요. 한편으로 이것은 우리 기인들의 오랜 풍습이기도 했지요. 말하자면 내 고모가 경수에게 시집을 갔는데 고모의 친정 질녀인 내가 또 경수의 아들에게 시집을 가는 식이에요. 이런 방식으로 겹사돈을 맺는 것을 '고모를 따라 시집간다'고 말하지요. 하지만 안타깝게도 혼례의 기쁨은 오래가지 못했어요. 경수의 아들은 얼마 못 가 세상을 떠나고 영수공주는 젊은 나이에 과부가 되어버렸지요. 사녀도 한 명 없었어요. 태후마마는 안타까움을 금치 못하시고 시시때때로 공주마마를 저수궁과 이허위안으로 불러 외로움을 달래주

영수고륜공주(가운데에 앉은 사람)와 귀족 부인들

려 하셨답니다."

"우리는 그분을 대단히 존경했어요. 황실 직계 혈통이었다는 점뿐 아니라 그분의 올곧고 단정한 기품 때문에도 존경했지요. 그분은 리롄잉의 여동생을 대할 때도 절대 웃는 낯을 보이지 않으셨어요. 눈길조차 제대로 주지 않고 내내 상전다운 도도한 태도를 취했지요. 물론 말을 건네지도 않았고요. 가끔 리롄잉의 여동생이 뵙고 문안을 드려도 가장 많이 받아주는 것이 눈으로 한번 흘긋 보는 정도였어요. 이것이 곧 인사를 받았다는 뜻이지요. 태후마마께도 절대로 아부하거나 완곡하게 환심을 사려 하지 않았어요. 할 말이 있으면 그대로 직언을 올리셨답니다. 하지만 태후마마는 오히려 이러한 태도를 보고 더욱 그분을 총애하셨어요. 심지어 자신의 친정 조카딸보다 더욱 아끼시며 몇십 년간 극진히 총애하셨지요. 태감의 말에 따르면 경수도 사람됨이 진실하고 신중해서 동치제가 글을 배울 때부터 홍덕전弘德殿에서 성심으로 가르치고 동치제가 제위에 오르실 때까지 10여 년을 성실하게 모셨다고 해요. 한마디로 동치제는 경수가 가르쳐 기른 분이라고 할 수 있지요. 게다가 첫째 공주의 아버지 공친왕은 태후마마가 정권을 잡으신 초기에 힘 있는 동지였으니 어느 방면으로 보나 공주마마는 태후마마께 특별한 존재였어요. 내가 감히 한마디 평한다면 태후마마는 은혜와 원수가 항상 분명하셨던 분이랍니다. 아랫사람에 대해서도 마찬가지였어요. 진심으로 태후마마를 모시는 사람은 조금의 실수가 있어도 벌을 주거나 매를 맞게 하지 않으셨지요. 흔히들 태후마마가 눈썹만 까딱해도 곧 사람이 죽어나갔다고 하는데 이 말은 결코 맞지 않아요. 만약 그랬다면 어떻게 40여 년 동안이나 정권을 장악할 수 있었겠어요! 자, 잡담은 여기까지만 하지요."

"공주마마는 키가 크고 몸이 호리호리해서 뒤에서 보면 쏙 룽위 황후와 자매지간 같았어요. 키도 비슷했는데 다만 룽위 황후보다 좀 더 마르셨지요. 용모가 그리 아름다운 분은 아니었어요. 얼굴이 길고 피부도 누르스름했지요. 하지만 조용하고 얌전한 성격에 한눈에도 고귀한 분위기가 물씬 풍겼답니다. 호수를 유람할 때도 자주 태후마마를 모시고 다니면서 말동무가 되어드렸어요. 그분이라야 태후마마의 말상대가 될 수 있었지 다른 사람들은 모시고 있어봤자 별반 할 이야기도 없었답니다. 공주마마도 남편을 일찍 여읜 분이어서 화려한 옷을 입지 않고 늘 화장기 없는 얼굴이었는데 그런 수수한 모습 때문에 더욱 단정하고 기품 있어 보였어요. 하지만 그분은 늘 무표정한 얼굴에 웃는 모습이라고는 찾아볼 수 없어서 누구도 가까이 다가가려고는 하지 않았어요. 우리도 마음으로는 존경했지만 항시 멀리했지요."

"태후마마가 아끼셨던 분이 또 한 분 있어요. 바로 넷째 공주였지요. 이분은 경왕의 딸로 항렬에서 네 번째였기 때문에 넷째 공주라고 불렀답니다. 이분도 태후마마가 배필을 정해주셨는데 혼인한 지 얼마 안 되어 과부가 되었어요. 태후마마도 매우 미안하게 생각하시고 자주 그분을 저수궁이나 이허위안으로 불러서 함께 지내셨지요. 넷째 공주는 굉장히 총명하고 영리하신 데다 말솜씨도 뛰어났어요. 태후마마를 능히 웃게 하실 수 있는 분이었지요. 누구한테든 귀염받을 행동만 하셨고 윗사람을 공경할 줄도 알았답니다. 한 예로 그분과 첫째 공주는 같은 연배였지만 그분은 첫째 공주를 대할 때 항상 자신보다 위 항렬을 대하듯 깍듯이 공경했어요. 또 늘 첫째 공주는 자신의 본보기라고 말씀하셨고요. 태후마마는 그런 모습에 넷째 공주를 더욱 좋아하셨고 학식과 예절에 밝다며 칭찬하셨어요. 넷째 공주가 며칠만 보이지 않아도 태후마마는 그분을 보고 싶어하셨고 자주 저수궁이나 이허위안으로 불러 함께 배를 타고 호수를 유람하셨어요."

"또 한 명 빠뜨릴 수 없는 분이 있어요. 우리는 그분을 위안元 마님이라고 불렸는데 사실 그분은 결코 무슨 마님이 아니었어요. 그분은 내무부 대신인 칭산의 딸이었는데 이분도 마찬가지로 태후마마가 친정 남동생 구이샹桂祥[1849~1952]의 아들을 배필로 정해주셨어요. 그런데 사주단자를 보내고 혼인 날짜도 정해져서 곧 폭죽 소리와 함께 꽃가마를 탈 일만 기다리고 있는데 정말 공교롭게도 구이샹의 아들이 한순간에 세상을 떠나고 말았답니다. 혼례를 올리지는 못했지만 이미 사주단자가 건너갔기 때문에 이분은 구이샹의 며느리로 살아야 했지요. 신랑 집 문턱도 못 넘어본 신부였지만 부인으로서 정절을 지켜야 했어요. 그분의 이름자 중 하나가 '위안'이라고 해서 그분을 위안 마님(일설에는 '위안垣 마님'이라고도 한다. 구이샹의 아들 이름이 '더위안德垣'이고 부인은 보통 남편의 이름으로 불렸기 때문이다)이라고 불렸는데, 사실 그분은 18~19세밖에 안 된 처녀였어요. 그나마 다행인 것은 그분이 남녀 간의 정에 대해 조금도 알지 못하는 좀 아둔한 사람이었다는 것이에요. 유독 먹을 것만 밝히는 분이었지요. 태후마마는 칭산의 얼굴을 봐서 자주 그분을 이허위안으로 불렀어요. 하지만 호수를 유람할 때는 늘 태후마마와 다른 배에 앉아 있었지 태후마마가 계신 배에는 한 번도 오르지 못했지요."

"또 한 명 특별한 인물이 있어요. 바로 리롄잉의 여동생이지요. 왜 특별한 인물이라고 한 줄 아세요? 이허위안의 모든 여인은 만주 복장을 하고 있었는데 그녀만 한족 여인의 복장을 하고 있었거든요. 우리 기하인들은 한인들의 복장을 '만장蠻裝'이라고 불렀어요. 전족을 포함해서 말이지요. 그녀는 위아래 둘로 나뉜 옷을 입었어요. 위로는 테두리가 있는 꽃무늬 비단 저고리를 입었고 아래는 옅은 자줏빛 바지 위에 연푸른색 주름치마를 입었어요. 굉장히 꼼꼼한 차림새였지요. 치마는 발목 주변에서 작은 두 발을 덮었는데 가끔씩 전족을 한 발이 보이기도 했어요. 성격은 어떤 사람이든 능수능란하게 대하는 그녀의 오빠와는 달리 수줍음이 많았고 용모도 그다지 뛰어난 편은 아니었어요. 살이 뼈보다 많아 보이는 통통한 체형이었지요. 정확한 것은 아니지만 아마 이허위안에서만 그녀를 보았던 것 같아요. 저수궁 안에서는 그녀를 본 기억이 없어요. 우리는 등 뒤에서 이렇게 수군댔지요. 궁에서 상전을 응대할 때나 들어가고 물러날 때 지켜야 할 여러 가지 예절은 반드시 오랜 기간 훈련을 거쳐야 하고 일정한 환경이 받쳐줘야지 임시로 가르친 것으로는 어림도 없다고요. 아마 그녀는 그런 진지한 자리에서 바보처럼 멍하니 있을 거라고 속닥거렸지요."

"이것은 내 추측인데요, 이허위안 축조를 맡은 사람은 경왕이었어요. 이허위안 안에 여러 기물을 배치하는 것은 칭산이 담당했고 안팎으로 이허위안 축조를 관리한 것은 리롄잉이었지요. 태후마마는 이런 사람들의 체면을 생각하지 않을 수 없었을 거예요. 덕분에 이 세 집안사람들은 모두 큰 은혜를 입은 것이지요. 그 가속을 이허위안으로 불러 하늘 같은 태후마마를 뵙게 해주었으니까요. 그야말로 막대한 상을 받은 셈이 아니겠어요? 그들의 노고를 알아주신 것이기도 하고요."

"궁 안에서의 상하 구별은 대단히 엄격했어요. 리롄잉의 여동생은 가엾게도 딱히 지위라고 할 만한 게 없었지요. 호수에서 돌아올 때 다른 사람들은 모두 가마를 타고 왔지만 그녀는 두 발로 뛰어와야 했어요. 더구나 전족까지 한 작은 발로 말이에요. 태후마마는 그녀에게 기꺼이 상으로 가마를 내리셨지만 그럼 그 오빠는 어떻게 하나요? 오빠가 태후마마의 가마 다리를 이고 가는데 여동생에게 어떻게 편안히 가마를 타고 오라고 하겠어요? 그러니 그녀만 두 발로 걸어오는 것을 그저 내버려둘 수밖에 없었어요. 그녀의 소매부리 안에는 은표銀票[은으로 바꿀 수 있도록 발행되던 수표, 지폐의 일종]가 있었지만 돈을 주고 사람을 살 수도 없었어요. 무슨 명목으로 돈을 주고 사람을 쓰겠어요? 태감의 여동생은 그저 일개 노비에 불과한데 노비가 돈을 주고 사람을 부린다는 게 어울리기나 한 일인가요?

궁에서는 결코 노비가 상으로 받은 것을 쓰는 일이 없었어요. 상금을 주시는 분이 누구인가요? 노비가 노비에게 돈을 주고 부리다니 굶어 죽는다 해도 그 돈을 받을 사람은 없을 거예요. 그래서 그녀는 처음에 몇 번 이허위안에 왔지만 스스로 흥미를 잃었는지 더 이상 오지 않았어요. 물론 이것은 내 추측이고 확실하다고는 할 수 없어요. 이런 말이 있지요. '노비는 상전에 아첨을 떨고 바짓가랑이 아래 영전[옛날 군대에서 명령을 전달할 때 징표로 썼던 것으로 화살과 모양이 비슷하다]을 꽂고 거창한 일을 하듯이 가장하면서 애초부터 일을 하지는 않는다.'"

"이렇게 이허위안에 자주 들어오는 사람은 이들 외에도 황후마마의 여동생과 구이샹의 작은딸이 있었어요. 구이샹의 작은딸은 이름이 '징팡靜芳'이었는데 굉장히 얌전하고 조용한 사람이었지요. 대개 황후마마를 모시고 의운관宜蕓館에 머물렀어요. 태후마마의 호수 유람을 모시는 사람으로 근비마마와 진비마마도 빼놓을 수 없지요."

"바로 이들이 무술년 전 2, 3년간 태후마마 주변에 있던 사람들이에요. 자주 태후마마를 모시고 호수를 유람하기도 했고요. 태후마마가 배에 오르시고 배가 호수 위에 뜨면 태후마마는 옥좌에 앉아 방석에 기대서 양옆에 있는 작은 깔개에 팔꿈치를 대고 계셨어요. 첫째 공주가 동쪽 상석에 비스듬히 앉아 모시는 가운데 호수의 아름다운 경치를 한껏 즐기셨지요. 태후마마의 용주와 똑같이 생긴 또 다른 배는 6~10미터가량 떨어져서 빠르지도 느리지도 않게 용주 뒤를 따라왔어요. 이 배 외에도 두 척의 작은 배가 용주에서 전방 30미터 거리쯤 떨어져 흔들흔들 좌우로 떠갔지요. 어떤 때는 용주 앞에서 나란히 동행하기도 하고 어떤 때는 앞서거니 뒤서거니 하며 떠갔는데 그 모습이 마치 두 개의 더듬이가 움직이는 것 같았답니다. 또 용주 양옆에서 나란히 동행하는 작은 배가 두 척 더 있었어요. 그중 한 척에는 반짝반짝 빛나는 구리 찻주전자가 또렷이 보였지요.

이 배는 태후마마가 드실 차를 올리는 배였어요. 또 한 척은 태후마마의 식사를 담당하는 배여서 배 위로 밥 짓는 연기가 피어올랐어요. 호수 위 먼 곳에도 두세 척의 작은 배가 눈에 띄었는데 그 크기가 워낙 작아서 어린 태감들은 표주박이 떠다닌다고들 했답니다. 수많은 연꽃 속에 멈춰선 그 배 안에 한 명은 뱃사공이고 또 한 명은 배 위에 쭈그리고 앉아 있는 것이 마치 연꽃을 따려는 모습 같았어요. 그야말로 강남의 호수에서나 맛볼 수 있는 풍미가 물씬 느껴졌지요."

"태후마마가 타신 용주가 거울 같은 수면 위를 미끄러지듯 흘러가고 배 아래에서는 물소리가 콸콸 울렸어요. 태후마마는 먼 곳을 응시하시고 첫째 공주도 멍하니 생각에 잠기셨지요. 그때 갑자기 배 앞 먼 곳에서 피리 소리가 수면 위를 스쳐 지나갔어요. 높고 낮은 음색이 바람을 따라 끊어졌다 이어졌다 흔들리면서 사람의 마음도 흔들어놓았지요. 또 어딘가에 단판[민간 타악기의 하나로 나무 세 쪽을 묶어 박자를 치면서 노래한다]을 치는 사람이 숨어 있는 모양이었어요. 마치 피리 소리에 감탄해서 장단이라도 맞추듯 느린 박자로 가볍게 단판을 두드렸지요. 잠시 후 동쪽에서 들려오던 피리 소리가 끊기고 서쪽에서 퉁소를 부는 소리가 들려왔어요. 깊고 아득하게 울리는 그 소리는 듣고 있으면 모든 것을 잊어버리게 했지요. 배가 천천히 움직이는 가운데 퉁소 소리는 끊이지 않고 바람에 실려왔어요. 그리고 퉁소 소리와 함께 동쪽에서 또다시 피리 소리가 울리기 시작했어요. 맑고 깨끗한 피리 소리가 잠시 동안 듣는 이의 마음까지 밝고 상쾌하게 해주었지요. 단판도 어느새 낭랑한 소리로 바뀌었고요. 이는 모두 더 들이같이 보이던 앞쪽의 두 놀이배가 태후마마를 위해 연주한 악기 소리였어요. 승평서[궁내 연극과 음악을 관장하던 부서]에서 세심하게 준비한 것이었지요. 이때 매사에 분위기 파악을 잘하는 리롄잉과 장푸가 살그머니 뱃고물로 갔어요. 물론 몰래 쉬러 나가는 것이 아니었지요. 두 사람이 뱃고

서태후와 서태후를 수행하는 여러 궁인이 삿대로 젓는 배에서 호수를 유람하고 있다.

물에서 멀리 떠 있는 두세 척의 표주박같이 생긴 배를 바라다보면 배에 있던 사람도 일어서서 태후마마의 배를 바라보고 있는 것이 눈에 띄었어요. 리 대태감이 무슨 지시를 하나 살피는 것이지요. 이 배 역시 리렌잉이 특별히 배치해놓은 것이었답니다. 혹시 모를 급한 명령이 떨어지면 이 작은 배들을 불러 신속히 전달하려는 것이지요. 아무 일 없을 때는 연꽃을 따는 사람들로 가장하고 있고 말이에요."

"해가 떠오르면 수면 위에 햇빛이 만 갈래로 흩어졌어요. 금빛과 푸른빛의 선실은 태양빛을 받아 수면 위에 비치면서 더욱 아름답고 찬란하게 보였어요. 멀리서 물속을 바라보면 선실이 우뚝 솟아 있고 호수 위에 둥둥 떠다니는 사람들의 모습은 마치 수정 속으로 들어가는 것만 같았지요. 서산 위아래에서 불어오는 바람이 뱃머리 위의 용 깃발을 흔들면 용비늘은 광채를 뿜어냈어요. 또 용의 수염은 바람에 흔들리며 물속에 드리워져 반짝반짝 빛을 냈고요. 가까운 곳에는 고결한 자태를 뽐내며 피어난 연꽃들이 끝없이 펼쳐져 있고 먼 곳에서는 한가롭게 날아다니는 갈매기들이 보였지요. 귀로는 음악을 듣고 눈으로는 경치를 감상하고, 정말 황홀하기 그지없는 정경이었답니다."

"배는 포물선을 그리며 서쪽으로 돌아 옥대교에 이르러 서제육교西堤六橋를 유람한 뒤 호수 중심으로 돌아왔어요. 이때 태후마마가 배를 멈추라고 지시하셨어요. 뱃머리와 뱃고물 갑판 아래에는 모두 닻이 준비되어 있었어요. 뱃머리에 두 개, 뱃고물에 두 개씩이요. 배를 관리하는 태감은 재빨리 닻을 물속에 던져 가라앉히고 배를 고정시켰지요. 용주를 따라오던 배도 서둘러 멈추고 용주 옆에 나란히 섰어요. 그러면 배에 있던 사람들은 지위에 따라 일렬로 서서 태후마마께 문안드릴 준비를 했어요. 태후마마는 황후마마와 그 외 동행하는 사람들의 알현과 문안 인사를 받기 위해 선실에서 천천히 나와 탁 트인 선실 마루에서 뱃머리로 걸음을 옮기셨고요. 태후마마가 고개를 끄덕이시면 곧 인사를 받았다는 뜻이지요. 문안 인사가 끝나면 황후마마의 배는 곧 용주 뒤로 와서 널빤지로 용주와 연결했어요. 그러면 우리 궁녀들은 이때를 놓칠세라 재빨리 그 배로 건너갔답니다. 태후마마 배 안의 탈의실은 결코 우리가 쓸 수 있는 공간이 아니었거든요. 참, 어린 궁녀들이 그 큰 발로 원숭이처럼 배 위를 죽자 사자 달렸답니다."

허 아주머님은 웃음을 터뜨렸다.

"태후마마는 식사를 올리라고 분부하셨어요. 식사는 리롄잉 담당이었지요. 리롄잉은 뱃머리로 달려와 미리 준비한 대나무 나팔을 불었어요. 금속 나팔은 보통 귀를 찌를 듯이 시끄러워서 마마를 놀라시게 할까 봐 쓰지 않았거든요. 나지막한 나팔 소리가 길게 세 번 울리면 곧 좌우의 작은 배들이 신속하게 움직였어요. 앞쪽에서 음악을 연주하던 두 작은 배도 용주 근처로 다가왔고요. 찻주전자와 식기들을 싣고 용주 양옆에서 움직이던 두 배는 빠르게 용주에 접근해서 널빤지로 배를 연결하고 사람이 두 줄로 이동할 수 있도록 각기 길을 만들었어요. 동쪽에 있던 배는 식사를 올리는 것을 담당하고 서쪽에 있던 배는 식사를 물리는 것을 담당했지요. 태감들은 각자의 위치에서 질서정연하고 엄숙하게 시중을 들었고요. 식사는 멈춰야 할 때는 멈추고 들어가야 할 때는 들어가고, 모든 것이 시계처럼 정확했답니다. 그 시계의 열쇠는 리롄잉이 쥐고 있었지요. 호수 위에 멈춰 서서 연꽃을 따는 듯이 보였던 작은 표주박 배들은 긴 뱀처럼 지그재그로 연결돼 가장 가까운 기슭의 선창까지 죽 이어져 있었어요. 선창 안에서는 음악을 연주하는 곳, 식사를 준비하는 곳, 차를 만드는 곳, 약을 짓는 곳 할 것 없이 모두 공손히 명령을 기다렸지요. 부르시면 언제든 대령할 수 있도록 말이에요. 아무 일이 없으면 나시 소용히 물러났고요. 장부가 높은 목소리로 식사가 모두 올라왔다고 외쳤어요. 이는 태후마마께 자리에 앉으시기를 청하는 의미이지요. 동시에 리롄잉이 작고 붉은 깃발로 30미터 정도 앞에 떨어져 있는 배에 지시를 내리면 배 안에서 대나무 현이 다양한 소리를 내면서 곧 합주가 시작되었어요. 태후마마의 정찬이 시작되면 이렇게 해가 하늘에 높이 뜨는 것처럼 이곳저곳이 동시에 활기를 띠었답니다. 식사를 맡은 배에서 올린 요리들은 순서에 맞춰 차례대로 들어오고 태감들은 널빤지 위에 서서 한 명 한 명씩 요리를 위로 전달했어요. 우리는 모두 옷매무새를 단정히 하고 순백색 천을 깐 뒤 조금의 실수도 없도록 숨을 죽인 채 시중을 들었고요."

"태후마마의 식사 공간은 좀 협소했어요. 가운데 식탁과 두 번째 식탁은 일찌감치 요리로 꽉 찼지요. 태후마마는 언제 어디서 식사를 하시든 120여 가지 요리에서 한 가지도 줄이지 않으셨거든요. 이유 없이 가짓수를 줄이면 큰일이 났답니다(나라에 큰 재난이 닥쳤을 때만 분부 하에 음식 수를 줄일 수 있었어요). 장푸가 조용히 식사 시중을 드는 첫째 공주마마께 눈짓을 보내면 첫째 공주는 태후마마께 각 요리를 둘러보시도록 청했어요. 그런 다음 드시지 않을 요리는 아래로 물리고 물린 요리들은 두 번째 배로 전달돼 황후마마와 비빈들이 드시게 했지요. 때로 찬고기 요리 같은 것은 곧바로 물려 물린 식사를 받는 배로 들어갔어요. 이렇게 요리가 올라가고 태후마마가 조금 맛보신 뒤 물리시는 것이 쉴 새 없이 되풀이되면서 식사가 진행되었어요. 악기 소리는 식사 내내 멈추지 않고, 리롄잉은 배 옆에 서서 음식을 올리는 일과 물리는 일을 빈틈없이 지휘했지요. 태후마마는 한 시간 정도 식사를 하시고 그동안 첫째 공주마마는 내내 공손하게 서서 식사 시중을 들었어요. 이것이 궁중의 예절이었고 또 무엇보다 영예로운 일이었지요. 다른 사람은 구해도 얻지 못할 기회였답니다. 태후마마가 젓가락을 놓으시면서 공주도 여기서 식사를 하라고 말씀하시면 첫째 공주는 그제야 감사 인사를 올리고 식탁 옆에 서서 식사를 했어요. 태후마마의 말동무가 되어드리면서 말이지요."

"정말이지 '부처님이 좋아하시는' 리렌잉이 가장 수고가 많았어요. '부처님이 좋아하시는'은 리렌잉의 별명이에요. 저수궁에 이런 이야기가 있었지요. 장더푸 어르신이 해주신 이야기를 그대로 옮겨보면 십수 년 전에 동릉 마란위馬蘭峪에서 능지기 중 한 명이 설 기간에 태후마마께 배를 올렸다고 해요. 그 배는 껍질이 검은빛을 띠고 모양도 울퉁불퉁해서 겉보기에는 그리 좋지 않았어요. 하지만 먹어보니 어찌나 달고 아삭거리고 부드러운지 혀끝에 닿기만 해도 스르르 녹았대요. 태후마마도 한번 맛보시고는 칭찬을 아끼지 않았다더군요. 그래서 궁에서는 이 배를 '부처님(태후마마)이 좋아하시는' 배라고 불렀대요. 리렌잉이 꼭 이 배 같다는 데는 누구나 공감했어요. 그는 외모로써는 사람들에게 그다지 호감을 주지 못했지만 일하는 것을 보면 무엇이든 빈틈없이 해내서 궁 안에서 쓰는 말로 '호주머니에 물을 넣어도 한 방울도 흘리지 않을' 사람이라고 불렸으니까요. 태후마마도 그에게 일을 맡기면 마음을 놓으셨지요. 그 덕에 마마의 총애를 듬뿍 받았고 이런 이유에서도 '부처님이 좋아하시는' 사람이라고 불렀답니다. 이렇게 재미있으면서도 무례하지 않은 별명은 궁에서 흔했어요. 문을 지키는 일을 관장하는 천취안푸는 '문신', 추이위구이는 '샤오뤄청小羅成', 장더푸는 '토지신'이라고 불렀지요. 궁 안에서 무엇을 찾거나 사용할 때는 장더푸 어르신에게 묻기만 하면 모두 가르쳐주었으니까요. '부처님이 좋아하시는' 리렌잉도 당시 예순이 넘은 노인이었는데 그럼에도 새벽부터 밤늦게까지 부지런히 일하고 늘 바쁘게 돌아다니면서 한 치의 흐트러짐 없이 착착 일을 해냈어요. 태후마마가 무슨 생각을 하시면 그는 거기에 대해 열 가지 방법을 준비하고 있었지요. 태후마마의 비위를 맞추는 것은 쉬운 일이 아니에요. 호수를 유람하는 일만 해도 엄격하게 준비하고 지휘하지 않으면 안 되었지요. 자신이 심사숙고를 거치지 않은 것은 대부분 태후

서태후가 관음보살로 분한 모습. 왼쪽이 넷째 공주이고 오른쪽이 리롄잉이다.

마마의 마음에도 들지 않았으니까요."

"태후마마가 식사를 마치시면 악곡은 아득하고 은은한 가락으로 바뀌었어요. 때로 태후마마가 좋아하시면 리롄잉이 어느 악공에게 어느 곡을 연주하라고 특별히 지시하기도 했지요. 태후마마는 음률에도 통달하신 분이라 차를 마시며 음악을 들으실 때면 손가락으로 탁자를 가볍게 치시면서 반쯤 취한 사람처럼 또는 넋이 나간 사람처럼 음악에 취하셨답니다. 잠시 후 태후마마가 몸을 일으키시고 천천히 용주 앞쪽으로 다가가셨어요. 왼손은 뒤로 돌려 뒷짐을 지시고 오른손으로는 물담뱃대를 집어 드셨지요. 사방을 둘러보면 동쪽에는 지춘정, 서쪽에는 빈풍교豳風橋, 남쪽에는 용왕묘, 북쪽에는 배운전排雲殿이 있었어요. 그 주변에는 꽃과 나무가 무성하고 호수 가운데는 물과 하늘이 같은 색을 띠고 있었지요. 맑은 바람이 살랑살랑 불어오고, 대나무 악기들은 귀를 즐겁게 하고, 어디를 둘러보아도 기쁨과 환희가 가득 넘쳤답니다. 이것이 바로 태후마마가 호수를 유람하실 때의 정경이었어요."

제3장

청 황궁의 풍속

―― 무당과 식육제

"이야기가 마치 고삐 풀린 망아지 같네요. 어디로 튈지 알 수 없으니 말이에요."

허 아주머님이 웃으면서 내게 말했다.

"우리끼리 편하게 이야기하는 건데요, 뭘. 흘러가는 구름처럼, 흐르는 물처럼 구속받지 말고 자유롭게 이야기하세요. 무료함을 달랠 수만 있다면 그것으로 된 거지요."

겨울날, 깨끗한 눈이 한바탕 내리고 해가 살짝 고개를 내밀었다. 처마 가장자리에는 참새가 깃털을 한껏 부풀리고 있었다. 더 살이 오른 듯하다. 모처럼 맑고 따뜻한 날, 참새들도 나처럼 이 날이 주는 온기를 누리고 있나보다.

"지난번에 저에게 그러셨잖아요. 먼저 배경 설명부터 하고 그다음에 구체적인 일들을 이야기하신다고요. 이제 구체적인 이야기들을 좀 들려주세요."

나는 천천히 허 아주머님에게 선의를 했다. 내 말에 그분은 잠시 멍하니 생각에 잠기더니 이윽고 입을 열었다.

무당의 복색

"구체적인 일이라 해도 혼란스럽기 짝이 없어요. 정사와는 별 관련 없는 자질구레한 이야기들뿐이지요. 정사와 관련된 것은 우리 같은 사람들이 접근할 수도 없었고요."

나는 문득 이렇게 물었다.

"그럼 며칠 전에 말씀하신 무당에 대한 이야기를 좀 해주실 수 있으세요?"

아주머님은 '아이고!' 하며 탄식을 한 번 내뱉고는 말했다.

"하고 싶지 않은 이야기는 꼭 끄집어내네요. 그런 것들은 모두 과거에 금기시했던 일이었어요. 우리 만주인들이 숨겨온 비밀스런 것들이라고 할 수 있지요."

"그래도 보신 것이나 아는 것이 있으면 좀 알려주세요. 이 방면으로는 허 아주머님이 우리보다 훨씬 많은 지식을 가지고 계시잖아요."

아주머님은 잠시 말이 없다가 천천히 이야기를 시작했다.

"그때 무당들은 보통 싸만薩滿[샤머니즘] 할머니 또는 싸마薩麻 할머니라고 불렸어요. 다른 곳도 그랬는지 잘 모르겠지만 궁 안에서는 우리끼리 그냥 무당 할멈이라고 불렀지요. 궁에 있는 무당들의 수는 그리 많지 않았어요. 20명 정도밖에 없었지요. 악귀를 쫓아내고 신령을 보내는 제사를 올릴 때면 가끔 어린 태감들이 귀신 역할을 맡아 했어요. 또 그 여자들은 일반인과 거의 왕래하지 않았어요. 남쪽 세 처소 중 한 곳에서 거처했는데 먹는 것이나 입는 것은 보통 사람들과 똑같았지요. 평소에는 그들을 무슨 신선처럼 대하거나 하지 않았어요. 그들도 태후마마께 와서 문안을 올리거나 '평안쪽지'를 보내곤 했지만 대개는 계절에 따라 왔고 자주 볼 수는 없었어요."

"매년 2월 초하루와 5월 5일, 7월 15일, 9월 9일, 동지에는 항상 하늘과 조상님께 올리는 제사 의식을 거행했어요. 그중 2월 초하루 제사가 가장 성대했지요. 이날은 저녁 전에 황후마마가 예에 참석하셔서 제사를 주관하셨거든요. 끝나면 저녁 6, 7시쯤에는 돌아오셔서 따르는 궁녀들에게 제사 고기를 받쳐 들게 하고 태후마마께 보고를 올렸어요. 의화단 소동이 일어났던 해에 나는 태후마마를 따라 싸만이 올리는 제사 의식에 한 번 참여해본 적이 있답니다."

"평소 우리는 이런 일에 별로 관심이 없었어요. 그냥 태후마마를 따라 향을 피우고 나면 그만이었지요. 그런데 이해에는 조금 달랐어요. 이야기를 시작하려니 또 마음이 아프네요."

허 아주머님은 남쪽 창으로 얼굴을 돌리고 한참이나 말이 없었다. 그분의 얼굴에 눈물방울이 흐르는 것을 분명히 볼 수 있었다. 허 아주머님은 예의 바른 사람이라 다른 사람의 집에서 우는 일은 잘 하지 않았다. 자신 때문에 다른 사람의 기분까지 망치는 것을 삼가는 것이었다. 더구나 내가 병중이라 심란한 얼굴을 더욱 삼갔는데 그런 분이 이런 모습을 보일 때는 분명 참을 수 없이 밀려드는 슬픔 때문일 것이다.

"나는 중간에 한 차례 우여곡절을 겪고 나서(리롄잉의 양자인 류 태감과의 혼인을 가리키는 것) 다시 태후마마 곁으로 돌아왔어요. 그때가 경자년 정월이었지요. 돌아온 뒤 태후마마는 나를 더욱 살뜰히 대해주셨어요. 마치 혼인생활로 무너진 마음을 달래주려는 것처럼 말이에요. 나도 이전보다 더 마음을 다해 태후마마를 섬겼어요. 이해 2월 초하루 제사 때도 그래서 나를 데리고 가신 것이고요. 지금 돌이켜봐도 꽤 또렷하게 기억이 나네요."

"장소는 곤녕궁坤寧宮 쓰허위안[중국 화베이 지방, 베이징의 전통적인 건축양식. 가운데에 뜰을 두고 'ㅁ'자 형태로 본채와 사랑채 등 네 개 건물이 둘러싼 구조다]이었어요. 이 쓰허위안은 굉장히 넓고 중앙에는 약 10미터 높이의 기둥이 하나 서 있었지요. 조금의 흠도 없이 수직으로 곧게 뻗어 있었어요. 다만 기둥 꼭대기에 30센티미터 정도 세로로 갈라진 틈이 있었던 것 같아요. 기둥의 굵기는 45센티미터가 좀 안 되었어요. 지금의 전봇대와 비슷했지요. 기둥 아래에는 기둥을 받치는 바위가 있었어요. 바위에 난 구멍에 기둥을 박고 세운 것이지요."

"태후마마는 이 제사를 '기둥을 세우는 제사立杆大祭'라고 부르셨어요. 이 기둥은 반드시 소나무로 만든 것이어야 했답니다. 높이 자란 소나무는 장수와 변치 않는 젊음, 영원한 번영을 의미했거든요. 쓰허위안 안에서 거행되던 이 제사는 기둥을 세워 하늘에 올리는 제사라고 불렀어요. 옆에 서 있는 황후마마와 근비마마, 왕가 종친의 정실부인, 공주마마들도 모두 경건하게 참례해야 했지요. 그분들은 정전 회랑 아래 늑대 가죽 깔개를 깐 자리에 앉아서 제사에 참여했어요."

"쓰허위안 중앙 방에는 선조들의 위패를 공손하게 올렸어요. 방 한 가운데에는 옛 조상님을, 서북쪽에는 직계 조상을 올렸지요. 우리 만주 풍습으로는 남향, 북향 방을 기준으로 할 때 방의 서쪽을 높은 곳으로 봐요. 만약 동향이나 서향 방에서는 남쪽이 높은 곳이고요. 그래서 기하인들이 신상이나 위패를 두는 곳은 늘 서쪽에 있는 방이랍니다. 이는 한족이 동쪽을 높은 곳으로 보는 것과는 좀 다르지요. 또 기둥을 세우고 하늘에 올리는 쓰허위안에서의 제사이든 실내에서 위패를 세우고 올리는 조상님의 제사이든 그 사방은 전체가 성스러운 영역이에요. 흔히 그곳을 사당堂子이라 불렀는데 사당 안의 뜰과 실내는 모두 향을 피워 종이돈을 태우는 냄새가 끊이지 않았지요. 사당 전체에 향 연기가 자욱해서 굉장히 신비스런 분위기였어요. 제사는 낮 제사와 밤 제사로 나뉘는데, 낮 제사는 황제가 주관하시고 밤 제사는 황후마마가 주관하셨어요."

"드디어 제사 의식이 시작되고 가장 먼저 동쪽, 서쪽 회랑 아래에서 음악을 연주하는 두 무리가 나왔어요. 모두 기괴한 옷을 입고 앞서거니 뒤서거니 피리를 불면서 펄쩍펄쩍 뛰어올랐지요. 그렇게 제사가 드려지는 기둥을 한참 돌더니 그다음에는 실내로 들어가서 돌았어요. 돌면서 피리를 불고 발을 구르고 큰 소리로 고함을 질렀지요. 이것이 한 차례 끝나면 동, 서쪽 회랑 아래로 돌아와 다시 계속 악기를 불어댔어요."

"잠시 후 기이한 복장을 한 한 무리의 마귀들이 나왔어요. 이들도 고함을 지르면서 발을 구르고 불을 토해냈지요. 혹시 옹화궁雍和宮에서 그런 것을 본 적이 있나요? 이곳도 옹화궁에서 하는 것과 형식이 비슷했어요. 한 무리의 마귀들이 한참 의기양양하게 행세할 때 어느 순간 곡조가 바뀌면서 일제히 북소리가 들렸어요. 하늘과 땅을 뒤흔들 듯 울리는 북소리와 함께 싸만(큰 신)이 신복을 입고 나왔지요. 곤곡[장쑤성 남부와 베이징, 허베이 등지에서 유행했던 전통 희곡]에서 「화판火判」이라는 공연을 본 적이 있지요? 새빨간 도포를 입고 금색 얼굴을 그리고 나와서 하는 것 말이에요. 그곳에는 그런 공연에서 보는 것보다 더 기괴한 것이 많았어요. 머리는 풀어헤쳐 산발을 했는데 앞으로 뒤흔들면 얼굴을 덮을 만큼 길었지요. 손과 발, 허리에는 방울을 달았고요. 싸만은 왼손에 구리거울을 들고 오른손에 신검을 쥐고 있었어요. 또 두 번째 큰 신이라 불리는 또 한 명의 싸만이 있었는데 그 역시 신복을 입고 손, 발, 허리에 방울을 달고 한 손에는 북을, 다른 한 손에는 북채를 들고 있었지요. 이 두 싸만은 춤을 추고 노래를 부르면서 제사 기둥을 돌았어요. 두 사람이 합창을 하기도 하고, 서로 번갈아가면서 부르기도 하고, 여러 마귀가 함께 노래하기도 했지요. 제사를 담당하는 사람은 지전[제사 때 죽은 사람이나 귀신에게 태우는 종이 돈]을 뿌리면서 술을 올렸어요. 아마 마귀들에게 평안히 저승으로 돌아가라고 권하는 것이겠지요. 특히 인상 깊었던 것은 두 싸만의 노랫소리가 귀를 찌를 듯이 높고 낭랑했던 것이에요. 내 생각에 그들은 아마 목청이 좋아서 싸만이 되지 않았나 싶어요. 이런 것들이 한바탕 끝나면서 마귀들의 고함 소리가 멈추었어요. 싸만들이 마귀들을 위엄 있게 제압하면서 기쁘고 당당한 모습을 나타냈지요. 두 번째 신이 북을 치는 가운데 둘은 입으로 마귀들을 향한 저주의 말을 읊조리며 사당 안을 돌다가 점점 회랑 아래로 이동했어요. 그리고 돌면서 신들의 거처(실내)로 들어갔지요. 마귀들은 아마 신들의 명령을 듣지 않는 듯 몇 명의 사악한 악귀와 목 없는 귀신, 곰, 호랑이, 조개, 새우, 자라, 게의 모습을 한 것들이 줄줄이 나왔어요. 꼭 금산이 물에 잠기는 듯한 분위기였지요[중국 고대 신화 백과사전에 나오는 고사]. 그들은 또 한바탕 어지럽게 춤을 추고 북채는 정신없이 움직였어요. 싸만과 두 번째 신 역시 수많은 신을 데리고 다시 등장했지요. 이번에는 대단했어요. 싸만의 손에는 신검 대신 부드러운 채찍이 들려서 이것저것 가리지 않고 치고 때렸어요. 치는 것도 약하게 치지 않았어요. 귀신들은 채찍을 맞고 비명을 질러댔지요. 쓰허위안은 크고 바닥이 벽돌이라 평평해서 뛰어 다니기에 충분했어요. 이렇게 한바탕 소동이 끝나면 평정을 되찾고 첫 번째 신은 신들의 무리와 함께 승리의 노래를 부르며 실내로 물러났어요. 매번 조용한 분위기로 돌아갈 때마다 제사를 담당하는 사람과 축원하는 사람은 사당 온 주위에 향을 태우고 지전을 뿌리며 경외의 뜻을 표했어요. 다시 세 번째로 악기 소리가 들리기 시작했어요. 이번에는 경쾌한 소리와 함께 첫 번째 신, 두 번째 신이 한 무리의 신선들을 데리고 북소리에 맞춰 천천히 걸어 나왔지요. 여유롭고 기쁜 모습으로 부드럽게 노래하고 춤추면서 승리 후의 평안함과 안락함을 나타냈어요. 또 귀신들의 무리도 즐거운 분위기로 그 뒤를 따랐어요. 각양각색의 기이한 모습으로 신에게 복종하게 되면서 오는 안락함을 나타냈지요. 이렇게 해서 사악한 것을 물리치고 복을 비는 의식이 끝났어요. 마지막에는 태후마마를 향해 세 번 무릎 꿇고 아홉 번 절하며 큰 소리로 만수무강을 외친 다음 마무리를 했답니다."

"다음은 술과 희생제물을 올리는 순서였어요. 그전에 우선 곤녕궁에 대해 좀 이야기하지 않으면 안 되겠네요. 궁에서는 곤녕궁을 중궁이라고 불렀어요. 앞에는 건청궁, 뒤에는 곤녕궁, 그 가운데에는 교태전交泰殿이 있었지요. 이 구조를 음양교태, 만사형통이라고 일컬었어요. 곤녕궁은 황후마마의 침전으로 정실 황후가 아니면 이곳에 거처할 수 없었어요. 이곳과 금란전金鑾殿, 건청문, 신무문 등은 자오선[천구天球의 두 극과 천정天頂을 지나 적도와 수직으로 만나는 큰 원. 시각의 기준이 된다] 상에 위치해 있지요. 동쪽, 서쪽 정원은 그저 배경일 뿐이고요. 부뚜막 신인 조왕신은 곤녕궁 정전 안에 모셔두었는데 그 의미는 황후마마가 내궁을 다스리시며 궁 안의 살림을 주관하시는 분, 즉 '집안의 갖가지 일을 주관하는 사람', 안주인의 직분을 맡고 계시다는 뜻이지요."

"안주인은 마땅히 직접 가사를 돌보는 법이기에 닭이나 거위를 잡는 일, 장작, 쌀, 기름, 소금과 관련된 일은 모두 이 곤녕궁에서 담당했어요. 곤녕궁 정전은 도축장을 갖춘 하나의 거대한 주방과도 같았지요. 정전 서쪽에는 철을 입힌 직사각형의 큰 나무 작업대가 놓여 있었어요. 황궁의 설비는 일반인의 집과 규모부터 다르지요. 나무 작업대의 나무 판은 두께가 족히 6센티미터는 되었고 크기도 침대보 몇 개를 합쳐놓은 것만큼 컸어요. 바닥에는 큰 동유 천이 깔려 있었고요. 제사에 올릴 가축의 피로 바닥이 지저분해질 것을 대비해 미리 깔아놓은 것이지요. 작업대 뒤에는 깊은 구덩이가 하나 있고, 구덩이 안에는 두 개의 큰 부뚜막이 나란히 놓여 있었는데 그 높이가 사람 키 반 정도는 되었어요. 부뚜막 위에는 두 개의 큰 솥이 있었어요. 솥 크기도 어마어마했답니다. 살찐 돼지를 통째로 넣고 삶을 수 있을 정도로 컸지요. 돼지도 엄청나게 큰 돼지를 썼는데 말이에요. 이 철을 입힌 작업대 말고도 흰 산사나무로 만든 작업대가 또 하나 있었어요. 이것 역시 넓고 두꺼운 목재로 만들어서 매우 묵직하고 둔탁해 보였지요. 이 작업대는 주로 털을 깎고 씻는 데 사용되었어요. 궁의 창문은 세밀

곤녕궁의 옛 사진

한 모서리의 격자창이었는데 흰 창호지를 바깥에서 바른 것부터 해서 곳곳에 만주의 거칠고 실용적인 분위기가 물씬 풍겼지요. 지금도 둥베이 지방에서는 창문을 바를 때 종이를 바깥에서 붙인답니다. 흔히들 '둥베이삼성東北三省'[과거에는 만주로 불렸던 중국의 동북부 지역으로 랴오닝성, 지린성, 헤이룽장성을 가리킨다]에는 기이한 점이 세 가지 있다. 창호지를 창문 밖에 붙이는 것, 17~18세의 처녀가 담뱃대를 물고 다니는 것, 어린아이를 끈으로 매달고 다니는 것이 그것이다'라고 말하지요. 민간 풍습은 잘 변하지 않아요."

"나는 그때 그런 의식을 처음으로 봤어요. 큰 돼지를 통째로 잡아 털을 모조리 뽑았지요. 머리에만 한 움큼의 털을 남겨 붉은 털실로 묶고는 축원하는 사람과 향을 맡은 사람이 앞으로 끌고 갔어요. 그러면 도마를 다루는 사람이 들어다가 기둥 앞 제단 위에 올려놓았지요. 돼지는 일찌감치 솥에서 다 삶아 익힌 상태였어요. 돼지를 삶는 데 사용된 탕은 나라를 세운 뒤 둥베이 지역, 즉 만주 땅의 옛 수도 성경(선양)의 청녕궁淸寧宮의 솥에서 퍼온 것이라고 하더군요. 전용 수레로 운반해왔다고 해요. 여기에는 선조가 남겨준 것을 대대로 계승하고 정중하게 좇는다는 의미가 담겨 있지요."

"악기 소리가 울리면서 황후마마가 가마에 올라 술을 올렸어요. 왕가 종친의 정부인 두 분이 옆에서 시중을 들었는데 한 분은 경왕의 부인이고 다른 한 분은 단왕端王[도광제의 다섯째 왕자인 혁종의 아들 짜이이載漪]의 부인이었어요. 경왕은 이허위안을 수리한 연고로 특별히 총애를 받았고 단왕은 때마침 아들이 황태자로 봉해져 권세가 대단할 때였지요. 더욱이 단왕의 부인은 말솜씨가 좋았어요. 우리는 뒤에서 그분을 '말 잘하는 구관조'라고 부르면서 그 말솜씨에 감탄했답니다(단왕의 부인은 이후 내가 시안에 있을 때도 뵈었어요. 당시 그분은 단왕과 함께 신장으로 귀양을 가게 되었는데 가는 도중에 잠시 와서 태후마마께 인사를 올리고 태지마마인 푸쥔溥儁[단왕의 아들로 무술정변 이후 서태후가 광서제의 뒤를 이을 황태자로 옹립한 인물, 의화단 사건 이후 단왕은 신장으로 유배되고 후에 푸쥔도 황태자의 자리를 박탈당한다]을 만났지요). 황후마마가 사당 곳곳을 한 바퀴 돌면서 술을 뿌리시면 이것으로 의식이 끝났어요."

"이어서 식육제에 대해 이야기해볼게요. 식육제는 가족들이 다 같이 모이는 만주족의 명절이에요. 만주의 발상지인 둥베이 지방은 사실상 봄이 와도 2월에나 얼음이 녹기 시작하지요. 그래서 2월 초하루가 되어야 진정한 봄이 왔다고 여겨요. 이날에는 온 가족이 모여 항렬대로 선물을 주고받으며 다 같이 한 냄비에서 고기를 먹어요. 가족 간의 친밀감을 나타내는 거지요."

"조상 대대로 내려오는 탕에 제물을 삶아서 하늘과 조상님들께 올린 뒤 함께 나누어 먹는 일은 한 조상의 자손임을 상징하는 거예요. 가족들은 항렬에 따라 자리를 정해 앉아요. 돼지고기에는 소금을 넣지 않는데 이것도 모두 선조 때부터 내려온 풍습이지요. 과거 깊은 산속에서 사냥을 할 때도 먼저 사냥한 고기를 불에 익혀서 분배한 다음 소금을 각자에게 따로 나누어주고 먹었대요. 물론 그때는 땅바닥에 앉아서 먹었겠지요. 소금은 볶은 소금으로 안에 회향茴香 같은 향료가 들어갔어요. 지금은 나눈 고기마다 소금 한 주머니씩을 덧붙여주는데 이 소금을 '호염胡鹽'이라고 부른답니다. 내가 듣기로 가장 초기에는 소금을 주지 못하도록 되어 있었는데 강희제 이후부터 작은 주머니에 볶은 소금을 담아주었다고 하네요. 이렇게 소금을 분배하고 제사 고기를 먹으면서 온 가족과 친지가 함께 새해를 보내는 것이 바로 식육제랍니다. 먹고 남은 고기는 각자의 집에 가지고 갔고요. 제사 고기는 굉장히 융숭한 명절 선물이 되었지요!"

"이것은 만주인들의 가장 성대한 명절이라고 할 수 있어요. 아쉽게

곤녕궁에서 제사를 올릴 때 쓰는 솥과 부뚜막

도 내가 아는 것이 별로 없는 데다 사람들에게 이것저것 물어보는 것도 허락되지 않아서 그저 눈으로 본 것만 이야기하고 다른 것은 대부분 추측한 것뿐이네요. 자세한 설명은 못 된 것 같은데 너그럽게 이해해주세요."

"이것은 내가 가장 마지막으로 지낸 만주 명절이에요. 그래서 아직까지도 조금 기억을 할 수 있지요."

긴 이야기를 마친 뒤 허 아주머님은 그대로 창가에 멍하니 앉아 있었다.

빠르지도 느리지도 않은 그분의 말 속에서 나는 환상처럼 어렴풋이 싸만에 대해 알게 되었다. 아, 매번 허 아주머님의 이야기를 듣고 나면 다음번에는 더 이상 이야기를 하지 말라고 하고 싶어졌다. 아주머님의 마음을 또 아프게 할 것 같아서다. 하지만 매일같이 외롭고 힘든 나날들을 견디려면 또 이야기를 청하지 않을 수 없었다. 허 아주머님은 내 기분이 좋지 않은 것을 보면 자신 때문에 나까지 침울해지는 게 아닌지 무척 염려했다. 그래서 이번에도 금세 말머리를 돌렸다.

"다음 날은 2월 2일, 용이 머리를 드는 날이에요. 이날 낮에는 여자 아이들이 바늘을 만질 수 없었지요. 태양신의 생일이라 바느질을 하는 사람은 참새 눈이 되거든요(해가 서산으로 지고 새가 둥지로 들어갈 때가 되면 아무것도 보지 못하게 되는데 이것을 속칭 참새 눈이라고 했답니다). 저녁에는 궁에서 '소창관掃倉官' 놀이를 했어요. 정말 재미있었지요."

허 아주머님은 금세 침울한 분위기를 떨쳐냈다.

―― 2월 2일, 용이 머리를 드는 날

베이싱에 오래 산 사람이면 누구나 북쪽 지역에 봄이 늦게 온다는 것을 몸으로 느낄 것이다. 비록 설에는 "또 한 해의 봄이 찾아와 초목이 푸르고 십 리의 살구꽃이 붉게 물든다'라는 내용의 대련을 붙이지만 사실상 못의 물이 풀리려면 한 달 정도는 더 기다려야 한다. 2월 초는 되어야 건물 남쪽의 눈이 녹고 동풍이 따뜻하게 불어오는 것이다.

허 아주머님은 어젯밤 무슨 좋은 꿈이라도 꾸었는지 아침부터 얼굴에 웃음꽃이 활짝 피고 말도 많았다. 나는 일부러 창가로 건너와 창문 커튼을 열어젖히고 바깥 날씨를 유심히 살폈다. 아주머님이 웃으면서 물었다.

"아침부터 하늘을 보다니 무슨 걱정거리라도 생겼나요?"

"오늘 해가 어느 방향에서 떴는지 보는 거예요. 오늘따라 유별나게 날씨가 화창하네요!"

아주머님이 또 웃었다.

"나를 두고 한 말인 거 다 알아요. 이 노인네 맹세했어요. 오늘 이후로 다시는 우울했던 일들을 이야기하지 않겠다고요. 나 때문에 괜히 눈물이라도 흘리면 어떻게 해요."

허 아주머님의 말에 나는 이렇게 대답했다.

"살아온 날들을 이야기하는데 슬픔과 기쁨, 만남과 이별, 인생의 쓰고 단맛이 빠지면 어떻게 이야기가 되겠어요. 말하는 사람과 듣는 사람이 모두 성의껏 말하고 들으면 그것으로 된 거지요. 사실 말이지, 허 아주머님이 장푸 태감의 긴 이야기를 들려주었을 때는 태감이 무덤 속에서 뒹굴며 난리를 칠까봐 얼마나 심장이 오그라들었는데요."

아주머님이 말했다.

"다시는 그런 폐를 끼치지 않을게요. 더구나 지금 병석에 누워 있는 사람인데……. 오늘은 자랑할 만한 일들을 좀 떠벌일 거예요[베이징 사람들은 자랑이나 허풍 떠는 것을 '산을 말한다'고 한다. 원래 문장은 '탑이라고 해놓고 다시 산이라고 말한다'인데 그 뜻은 고루(옛날에 시간을 알리는 북을 설치한 망루)를 이야기하면서 깃대라고 말한다, 즉 높다는 것 하나만 보고 크게 허풍을 떤다는 의미다]. 사실 잘난 척이 아니라(얼굴에 금딱지를 붙인다는 말은 겉치레를 뜻한다) 실제로 태후마마의 진정한 성품을 아는 이들은 바로 가까이서 시중드는 우리 몸종들이랍니다. 곧바로 2월 2일 이야기를 해보도록 하지요!"

"2월 2일은 명절이라고 볼 수는 없지만 이날을 기점으로 궁중생활에 매우 중요한 변화가 생긴답니다.

첫째로 태후마마의 생활 리듬이 변해요.

둘째로 우리의 복장이 바뀌지요.

셋째로 저수궁의 모습이 바뀌어요.

넷째로 불을 치운답니다.

다섯째로 이날 저녁 때 우리는 궁중 정원에서 '소창관'이라는 놀이를 하고 놀아요.

하나씩 차근차근 이야기해줄게요. 사실 어디다 내놓고 말할 것도 못 되는 케케묵은 이야기들이긴 하지만요. 하지만 이것이야말로 궁중생활의 참모습이지요."

"태후마마는 일생 동안 정신적으로나 육체적으로 강건하셨어요. 평상시는 말할 것도 없었지요. 몸이 좀 편찮으셔도 꼭 일어나 머리를 빗고 얼굴을 씻은 다음 잠시 기대어 쉬셨지 머리가 흐트러진 채 침대에 늘어져 계신 적은 한 번도 없었어요. 음식을 드실 때도 찬찬히 단정하게 드셨고, 신발을 신을 때도 반드시 버선의 선이 신발 입구에 꼭 맞아야 했어요. 조금이라도 선이 맞지 않으면 안 되었지요. 이렇게 타고난 성품이 총기 넘치시고 부지런하신 분이었어요. 또 태후마마의 한마디는 천금과도 같았어요. 한 번 말씀하신 것은 옆 사람이 절대 감히 번복하지 못하도록 하셨지요. 스스로도 자신의 말을 번복하는 것을 용납지 않으셨고요. 태후마마는 미신을 깊이 믿으셨고 무슨 일이든 반드시 절기를 지켜 행하셨으며 절대 그것을 거스르지 않았어요."

"2월 2일을 두고 이야기해보지요. 전날에는 싸만이 제사를 드리고 여러 신선을 천계로 돌려보냈지요. 각 제사가 끝나면 해를 넘기는 모든 절차가 끝난 거라고 볼 수 있어요. 2일부터 궁 안의 모든 것은 평상시로 돌아간답니다. 경칩도 이미 지나고 용이 머리를 드는 2월 2일이 되면 태후마마는 절기에 따라 아침 산책을 나가셨어요. 아침에 세수와 머리 빗는 일이 끝나면 작은 그릇의 백합흰목이 버섯을 드시고 침전에서 나오셨지요. 리렌잉이 모시고 추이위구이가 그 뒤를 따르고 우리 네 궁녀는 두 줄로 서서 시중을 들었어요. 태후마마는 거의 아무 말씀도 안 하시고 조용히 발걸음을 세시며 한 발 한 발 걸으셨어요. 어떤 것도 이 고요한 시간을 방해하지 않기를 원하셨지요. 나는 뒤에서 태후마마의 머리가 오른쪽 왼쪽으로 흔들리는 모습, 발걸음을 멈추시는 모습, 숨을 내쉬는 소리, 호흡을 가다듬는 소리를 가만히 듣고 보았어요. 이날부터 시작해 한겨울 이후까지 태후마마는 시계처럼 정확한 시간에 맞춰 일어나시고 산책을 나가셨어요. 대단히 규칙적인 생활을 하셨지요. 이것은 태후마마가 얼마나 활력 있는 분이었는가를 증명하는 것이에요. 그 부지런함에 우리는 늘 뒤에서 정말 대단하신 분이라고 말하며 감탄했어요. 작정하고 하기도 어려운 일을 날마다 빠짐없이, 단 한 번도 게으름을 피우지 않고 하셨으니까요. 이런 작은 일 하나에서도 능히 태후마마의 성품을 엿볼 수 있었지요."

"이 시기 저수궁 정전에는 발이 높이 걸렸어요. 입춘 이후 처음으로 거는 것이지요. 태후마마는 밖에서 산책을 하고 돌아오실 때 방 안에 퀴퀴한 냄새가 남아 있는 것을 싫어하셨어요. 감각도 대단히 예민하시고 그중에서도 코가 어찌나 민감하신지 조금이라도 이상한 냄새가 나면 바로 알아채셨답니다."

"이날부터는 우리의 복장도 달라졌어요. 앞에서 한번 이야기한 것처럼 궁녀들은 요란한 몸치장을 할 수 없었지요. 여름에는 하늘색, 연두색 홑옷을, 그 외 봄, 가을, 겨울에는 늘 녹색 상의에 자줏빛을 띤 갈색 조끼를 입어야 했어요. 발에는 흰 버선에 파란색 털신을 신었고요. 좀 꾸민다 한들 기껏해야 끈 테두리, 단추 등에만 멋을 부릴 수 있었답니다. 그조차도 큰 변화를 주면 안 되었지요. 연지를 바르는 것은 절대 허락되지 않았고요. 저녁에 바르는 분도 아침이면 깨끗이 씻어내야 했어요. 다시 말해 완전히 민낯 그대로의 수수한 얼굴이어야 했지요. 오로지 머리에만 붉은색이 들어갈 수 있었어요. 머리는 굵게 땋아내려야 하고 머리 위에 색다른 모양을 낼 수는 없었어요. 하늘에서 천둥이 치면 땅 전체에 일제히 울리듯이 궁 안 규범들은 모든 궁에 똑같이 적용되었어요. 궁녀들의 복장에 대한 규범은 강희제 때 효장태후가 정한 것이라고 해요. 200여 년간 내려오면서 누구도 감히 거스르지 못하고 그대로 지켜져온 것이지요. 첫째는 궁 안의 소박한 풍조를 위해서이고 둘째는 같은 복장을 입음으로써 궁녀들이 한마음으로 주인을 모시고, 여타 분쟁이나 말썽이 생기지 않도록 하려는 목적이었어요. 그리고 또 한 가지 중요한 목적은 오직 황후와 비빈들만 붉은색, 녹색 등의 화려한 옷을 입을 수 있게 하고 다른 사람들은 그러지 못하게 함으로써 비빈들의 아름다움이 더 두드러지고 더 총애받도록 하려는 것이었어요. 만약 궁녀들이 아름답게 몸치장을 하고 다니다가 주객이 전도되면 그야말로 노비가 주인에게 모욕을 주는 일이 되지 않겠어요? 그래서 궁이든 이허위안이든 우리의 복장은 항상 이 규범대로 해야 했답니다. 복장이 바뀌는 것은 본래 2월 초하루이지만 초하루는 신선들을 보내는 날이라 하루 연장되지요. 이 역시 오랫동안의 관습이었고요."

"궁에서 불을 치우면 저수궁의 모습도 바뀌었어요. 2월 2일은 궁에서 불을 치우는 날로 정해져 있었지요. 궁에서는 10월 초하루에 불을 피우고 2월 2일에 불을 치우는 것을 규칙으로 했어요. 그러니까 불을 쓰는 기간이 4개월인 셈이지요. 궁에서는 불의 사용을 엄격히 규제했답니다. 불을 치우는 날에는 내무부가 태감들을 보내 세밀히 검사한 다음 각 궁의 바닥 온돌에 봉인 종이를 붙였어요. 다만 태후마마는 연세가 있으셔서 온돌이 멈춘 후에도 따로 숯불 화로 두 개를 준비했지요. 아침에 기침하실 시간에 맞춰 미리 숯불을 피워놓고 방을 훈훈하게 데웠어요. 숯은 붉게 칠한 광주리에 넣고 다녀서 우리는 늘 붉은 광주리 숯이라고 불렀지요. 궁에서 사용한 숯은 두 종류가 있었어요. 하나는 백골숯이었는데 이 숯은 타는 시간이 길고 화력이 셌어요. 다 탄 후에는 완전히 하얀 재가 되었답니다. 그래서 백골숯이라고 불렀지요. 다만 이 숯은 불이 늦게 번지는 것이 단점이었어요. 또 다른 숯은 비교적 굵고 숯의 단면이 자잘한 꽃무늬를 띠고 있어요. 가운데서부터 밖으로 한 층 한 층 불이 번져가는 모습이 꼭 국화 꽃잎 같아서 국화숯이라고 불렀지요. 무게가 가볍고 쉽게 불이 타오르며 재가 푸른 회색빛이었는데 한 가지 큰 단점이 있다면 불똥이 굉장히 잘 튄다는 것이었어요. 우리는 불이 잘 붙으라고 국화숯을 아랫부분에 놓고 백골숯을 윗부분에 놓았어요. 백골숯이 더 화력이 강하고 오랜 시간 타니까요. 숯 피우는 일을 담당하는 궁녀들은 먼저 숯을 하나, 하나 작은 나무막대기로 가볍게 두드려서 주의 깊게 그 소리를 들었어요. 잘 구워진 숯은 두드렸을 때 도자기 그릇을 두드리는 듯한 낭랑한 소리가 났거든요. 제대로 구워지지 않은 숯은 파닥파닥 소리가 났고요. 이런 숯은 불을 피우면 연기가 피어올라서 절대로 쓰면 안 된답니다. 이것은 정말 세심하게 주의를 기울여야 하는 일이었어요. 숯불 화로 속에서 검은 연기가 피어오르면 어떤 사단이 벌어질지 누구나 잘 알고 있으니까요. 숯을 꼼꼼하게 두드려 본 다음에는 젓가락 길이만 한 것을 골라 붉은 광주리에 놓아두었지요."

"태후마마에게는 특이한 습관이 있으셨어요. 초봄에는 침전 안이 따뜻하면서도 상쾌해야 했답니다. 이 때문에 우리는 숯불 화로를 피움과

궁 안의 향로(화로)

동시에 발을 젖혀두어야 했어요. 층계 아래에는 물을 가볍게 뿌려놓아서 뜰이 촉촉이 젖어 있도록 했고요. 그러면 실내에서 상쾌한 향을 맡을 수 있었거든요. 태후마마는 향을 맡으시면서 이것을 '봄기운'이라고 하셨어요. 경칩이 지나고 각종 벌레가 깨어날 무렵이면 사람들도 기력이 왕성해지고 활력이 샘솟지요. 이는 태후마마가 늘 하시던 말씀이에요. 태후마마는 밝고 탁 트인 곳과 깨끗하고 신선한 것을 좋아하셨어요. 용이 머리를 드는 2일은 바로 태후마마의 기력이 왕성해지는 때였지요."

"2월 2일에는 불을 치우는 것과 동시에 청소가 시작되었어요. 옛 베이징에는 모두 이런 습관이 있었지요. 아마 궁도 백성들의 생활 습관에 영향을 받아 이날 대청소를 했던 것 같아요. 궁에서는 이날이 '위생의 날'이라고 할 수 있었어요. 궁 안팎, 회랑, 뜰, 각 벽 모서리 할 것 없이 모두 말끔히 쓸고 물을 뿌렸으니까요. 문짝의 장식이나 지붕창까지도 모두 물로 두 번씩 닦아냈어요. 이렇게 해두면 나중에 휘장을 칠 때 일이 꽤 줄어들었지요(둥베이 지방에서는 창문 커튼을 휘장이라고 불렀어요). 베이징은 봄에 바람이 많이 불지만 자금성 안은 바람이 적어요. 수많은 버드나무가 궁의 담벼락을 둘러싸고 있으니까요. 청명절이 지나면 버들개지가 궁 안으로 날아 들어 침전 밖에 쌓이는데, 만약 아주 빨리 휘장을 치면 휘장 위에 달라붙어서 닦거나 털어도 떨어지지 않는답니다. 그래서 버들개지가 다 날아간 다음에 휘장을 쳐야 하지요. 궁 안에서의 일들은 한 번에 몰아서 열심히 하고, 끝나면 며칠을 쉬었어요. 일이 있으면 작정하고 매달려서 끝내놓은 다음 3~5일간을 일 없이 쉬었지요. 오랜 시간 병사를 훈련시켜 전쟁 때 한꺼번에 쓰듯이 일할 때 죽어라 일해서 시간을 벌어놓는답니다. 어느 곳에서, 어떤 궁녀들이 일하는지는 궁녀들을 관리하는 마마님들이 빠짐없이 기억하셨어요. 만약 누가 할 일을 제대로 하지 않았다면 며칠이 걸려서라도 잡아내서 그에 맞는 벌을 주셨답니다. 그래서 일할 때도 고양이가 오줌을 덮듯이 일하는 것은(고양이는 오줌을 싸면 발로 아무렇게나 흙을 몇 번 차서 덮어요. 대강대강 오줌을 가려놓는 거지요. 일을 책임감 없이 하는 것을 여기에 비유한답니다) 감히 꿈도 꾸지 못했어요."

"침전 안의 가구들은 잘 바꾸지 않았어요. 화분의 꽃만 절기에 따라 바꾸어주었지요. 이는 꽃을 가꾸는 장인들이 인정받을 좋은 기회였어요. 꽃을 가꾸는 이들은 반드시 태후마마의 생활 습관과 심리 상태를 꿰뚫고 있어야 했답니다. 예를 한번 들어보지요. 가장 동쪽에 있는 정실에는 방 북쪽에 긴 탁자가 있고 탁자 위 동북쪽 가장자리에 짙푸른 남천죽[매자나뭇과의 상록 관목] 화분이 놓여 있었어요. 앵두만 한 붉은색 열매가 모자 끈처럼 아래로 늘어져 있었지요. 그 모습이 옥같이 흰 남해대사[관음보살의 분신 중 하나]의 불상과 대비되어 더욱 두드러져 보였어요. 뿐만 아니라 푸퉈산普陀山[보타산, 저장성 저우산 군도에 있는 산. 중국의 4대 불교 명산의 하나이며 불교 성지로 당나라 때에 시작된 관음 신앙의 영지靈地다]에 있는 관음보살상 등 뒤로 자죽림이 있는 것과 꼭 같은 형상이지요. 또 정실 안 꽃을 새긴 칸막이문 아래에는 화려한 매화나무 한 그루가 심어져 있었어요. 정실 안의 유일한 붉은색 꽃이 소박한 방을 멋스럽게 해주었지요. 그리고 무엇보다 돋보이는 것은 꽃과 나무의 배치였어요. 태후마마는 항상 동북쪽 의자에 앉아 문을 마주보고 앉아 계셨는데 거기에 계시면 남천죽 열매가 태후마마 머리 옆에서 나부꼈어요. 매화나무는 태후마마의 눈 맞은 편에 있었고요. 마치 태후마마의 근엄하고 인자한 성품과 남해대사의 아름다움을 상징하듯이 조화롭게 배치되어 있었지요. 그래서인지 태후마마는 정실에 들어가시면 곧 입가에 미소를 띠셨어요. 거기다가 금상첨화로 리롄잉이 몇 마디 감탄의 말까지 올리면 꽃을 가꾸는 장인들은 더 큰 은혜를 입었지요. 리롄잉은 늘 이런 일을 도맡아 해서 태후마마의 총애를 입고 아랫사람들에게 인심을 샀답니다. 위아래 사람 모두에게 잘하는 것이

개와 고양이를 쓰다듬고 있는 어린 궁녀

그의 장점이었지요."

"태후마마를 가장 기쁘게 해드리는 것은 무엇보다 서쪽 침실 안에 있는 난이었어요. 태후마마의 어릴 적 이름이 '란얼蘭兒'[난이라는 뜻]이라는 것을 궁에서 모르는 사람이 없었지요. 물론 누구도 태후마마의 아명을 입 밖에 낼 수는 없었어요. 그저 마음에만 담아두고 금기를 깨지 않도록 조심하지요. 난에 물을 줄 때도 우리는 그냥 꽃에 물을 준다고만 하고 '난蘭'이라는 단어를 말하지 않았어요. 간혹 우연히 자신도 모르게 이 단어를 말해버릴 때도 있었지만 그런 것은 태후마마도 나무라지 않으셨지요. 마찬가지로 내 이름 룽얼도 그랬어요. 태후마마는 편하게 나를 '룽얼'이라고 부르지 않으시고 대부분 '샤오룽쯔'라고 하셨어요. 태후마마의 친여동생이자 황상(광서제)의 생모이신 순醇 부인의 어릴 적 이름이 '룽얼蓉兒'이었거든요. 태후마마는 황상을 존중해서 나를 늘 샤오룽쯔라고 하셨지만 때로 우연히 룽얼이라고 부르실 때도 있었어요. 그렇다고 내 이름을 고치시거나 하지도 않으셨고요. 이는 태후마마가 결코 작은 일들까지 일일이 금기시해서 벌을 주는 분이 아니었음을 말해주지요.

자, 잡다한 이야기는 그만하고 다시 침실의 꽃 이야기를 해볼게요. 화분을 가득히 채우고 있는 봄 난은 화장대 맞은편에 있는 서쪽 벽 탁자에 놓여 있었어요. 연한 푸른빛 자기 화분에는 적갈색으로 둥글게 '수壽'자가 쓰여 있었지요. 난은 항시 그윽한 향기를 뿜어내며 고귀하고 우아한 자태를 뽐내었어요. 태후마마는 거울을 즐겨 보셨는데 그때마다 거울 속에 비친 난을 보면서 마음이 흐뭇해지셨지요. 그러면 또 자연스레 누가 난을 놓았는지 생각하시게 되었고요. 꽃을 가꾸는 장인들이 얼마나 치밀했는지 아시겠지요? 바깥 회랑 동쪽과 서쪽 가장자리에는 산당화 화분 두 개가 놓여 있었어요. 주홍색의 불그스레한 꽃은 가운데 있는 금색 개나리와 굉장히 잘 어울렸지요. 이 꽃들은 딱히 신기할 게 없었지만 그럼에도 둘

다 귀중한 꽃들이었답니다. 봄이 오면 뿌리에서 가지 끝까지 온통 꽃봉오리로 가득했으니까요. 부드러운 가지에만 꽃이 피고 오래된 가지는 그대로인 다른 꽃들과 비교해보면 당연히 사랑스러울 수밖에요. 태후마마는 눈이 밝고 영민하신 분이라 꽃들을 한번 보시기만 해도 그 의미를 금세 알아채셨어요. 그러니 이런 꽃 가꾸는 장인들의 정성을 만족스러워하시는 것은 당연지사였지요."

"태후마마께는 또 하나 살아 있는 보배가 있었어요. 바로 순백색 고양이 한 마리였지요. 우리는 그 고양이를 옥사자라고 불렀어요. 온몸이 눈처럼 희고, 스라소니같이 두 귀 끝에 뾰족하게 털이 나 있었으며 그 아래에는 복숭아 잎 모양의 검은 솜털이 나 있었어요. 짤막한 다리, 노란 눈에 검은 눈동자, 위로 말려 올라간 굵직한 검은 꼬리는 잡털 하나 없이 반드르르 윤이 나서 더욱 눈에 띄었지요. 태후마마는 이 고양이를 '눈 속에 끌리는 솜'이라고 부르시며 무척이나 애지중지하셨답니다. 그래서 대청소를 하는 날에는 반드시 사람을 정해 이 고양이를 잘 돌보고 있어야 했어요. 궁녀들을 관리하는 마마님은 눈썰미가 있고 손발이 빠른 샤오쥐안쯔를 시켜 고양이를 지켜보라고 지시했지요. 대청소 후 태후마마가 밖에서 돌아오시면 저수궁 전체가 완전히 새 건물이 되어 있었어요. 어디를 봐도 만족스러워하실 만큼 말이에요. 말끔한 실내에서 옥사자는 네모난 의자 위 붉은 털 모포에 누워 가볍게 코를 골며 자고 있었고요. 태후마마가 그 모습을 둘러보시고 고개를 끄덕이시면 그제야 모두 마음을 놓았지요."

"또 지금도 눈을 감으면 아른거리는 잊지 못할 정경이 있어요. 정월 대보름이 지나면 날씨가 점점 따뜻해져서 무슨 일을 하든 손발이 오그라들지는 않았지요. 정월 23일은 '소전창'[창고에 곡식을 조금 채워넣고 풍년을 기도하며 좋은 음식을 먹던 풍속]을 하는 날이었어요. 24절기에는 들지 않는 날이지만 북방 농민들의 풍속이었답니다. 먼저 저수궁 뜰에다 나무를 태운 재로 선을 그었어요. 6센티미터 넓이에 3센티미터 높이로 재를 쌓아놓은 다음 쓰허위안같이 방을 여러 개 그렸지요. 남북 방향의 중앙 방과 동서를 마주하는 곁채, 또 문과 창문도 그렸고요. 이어서 쓰허위안 천정 안에 둥근 통가리를 그려놓고 통가리 옆에는 여러 개의 층계를 그렸어요. 통가리 가운데에는 나무 재를 조그맣게 쌓아놓고 그 위에 곡식들을 올려두었지요. 그 외에 별다른 의식은 없었어요. 농사가 막 시작될 때면 북방 농민들은 수확이 풍성하기를 기원하는 마음으로 집집마다 이렇게 한다고 하더라고요. 이것이 바로 소전창이에요. 이날 그려놓은 방들은 25일 대전창 때까지 건드리지 않고 그대로 남겨두었어요."

"대전창은 인룽引龍이라고도 불렸는데, 이때는 물 항아리 아래에서부터 뜰의 통가리 옆까지 쭉 재를 뿌렸어요. 재를 다 뿌리면 이 재 자국을 따라 또 물뿌리개로 물을 뿌렸고요. 이때 재 위에다 물을 뿌리면 안 돼요. 용이 여기서부터 물을 취해 가지고 간다는 것을 의미하니까요. 이는 1년 동안 바람과 비가 때맞춰 적절하게 오기를 기원하는 것이었어요. 그 외에는 딱히 별다른 의식은 없었어요. 간단히 말해서 소천장은 오곡의 풍성한 수확을, 대천장은 적절한 비와 바람을 기원하는 것이었지요."

"두 가지 모두 태감이 궁문을 막 열고 난 뒤 아직 날이 밝기 전에 했어요. 황상은 천단天壇에서 하늘에 제사를 드리시고 선농단先農壇에서 신에게 제사를 드리시는데, 궁 안에서 백성들의 풍습을 따라 천장을 했다는 것이 좀 뜻밖이지요. 이것은 아마 나라를 세우기 전부터 있었던 풍습이었을 거예요. 대천장이 끝나고 저녁이 되면 곧 뜰을 치우고 정리했어요."

"대천장 이후 6, 7일 정도 지나면 곧 2월 2일이에요. 이날 저녁에 우리는 소창관이라는 재미있는 놀이를 했답니다. 지금에서야 하는 말이지만 궁인들은 누구나 이 시간을 기다렸어요."

"이 놀이를 할 때도 미리 어린 태감을 만나서 준비를 해야 했어요.

2, 3일 전에 미리 어린 태감을 시켜 흰 닭의 깃털을 찾아놓게 하지요. 꽁지 부분에 있는 깃털로 길이가 어느 정도 길고 지나치게 단단하지도, 연하지도 않은 것이라야 했어요. 모근 부분의 털을 뜯어내고 끄트머리에만 털을 조금 남기면 꼭 솔 같았답니다. 깃털 외에 또 하얀 사각형 종이 상자를 준비했어요. 이것은 그릇을 받치는 데 쓰였지요. 그리고 그들에게 양각등을 준비하라 이르고 초를 새것으로 갈았어요. 준비할 물건들은 이게 다였지요. 우리를 누이같이 따르는 어린 태감들도 시종일관 흥겨워서 어쩔 줄을 몰랐답니다."

"한편 나는 그 와중에 살그머니 푸 어르신을 찾아갔어요. 그는 제갈 마전과[손가락을 쓰는 점술로 길흉을 즉시 알 수 있다고 한다]를 볼 줄 알아서 그에게 내 점을 좀 봐달라고 했지요. 그는 먼저 나에게 공손한 자세로 잠시 침묵하게 한 다음 생년월일과 태어난 시를 알려달라고 했어요. '무엇을 점치고 싶으냐?' 하는 그의 물음에 '한 해 운수를 좀 봐주세요' 하고 대답했지요. 그러자 그는 눈을 감고 왼손 엄지손가락으로 한 차례 셈을 해보더니 이렇게 말했어요. '넌 올해 굉장히 흥할 운이야. 점괘가 '대안大安'이라고 나오는구나. 점괘 책에 '크게 평안하고 일마다 번창할 것이며 재물을 곤坤[8괘의 하나로 땅, 여자를 상징한다] 방향에서 구하라'고 되어 있어. 제갈공명의 팔괘는 후천팔괘後天八卦야. 건에서 감으로, 반드시 서북쪽부터 세어야 하지. 건, 감, 간, 진……곤까지 세면 서남쪽이야. 네가 재물을 구하거나 사람을 찾거나 물건을 잃어버렸을 때는 서남쪽으로 가면 된단다.' 푸 어르신은 우리 궁에서 '토지신'이나 다름없었어요. 의원 노릇도 하고 점도 볼 줄 알아서 태후마마도 몸이 좀 불편하시면 그에게 물으셨지요. 내의원이 준 처방전 약도 종류별로 그가 살펴보게 하셨고요. 우리도 그를 대단히 신뢰했어요. 그래서 그의 점괘를 듣고 나는 마음속으로 무척 기뻤답니다. 태후마마부터 시작해서 우리 궁 사람들은 누구나 미신을 각별히 믿었지요. 저녁에 궁 안을 돌아다닐 때도 '귀신'을 볼까 무서워 소매로 눈을 가리고 걸었어요. 들리는 얘기로 귀신은 키가 매우 작고 형체가 없는 괴물이라고 하대요."

"이 놀이는 태후마마가 허락하신 놀이라 규모도 크고 진지했어요. 저녁 8시가 되면 리렌잉은 시계보다 더 정확하게 침전에 들어가 머리를 조아리고 인사를 올렸어요. 그런 다음 밖에 등롱을 들고 따라온 어린 태감을 불러 미처 정리하지 못한 것이 없는지, 잠가야 할 곳 중 아직 못 잠근 곳은 없는지 저수궁 구석구석을 한번 쭉 살펴보았지요. 한 바퀴 순회를 마치면 다시 태감들의 당직 교대 상황을 확인하고, 궁문을 잘 잠갔는지 직접 눈으로 확인한 다음 어린 태감들을 시켜 열쇠를 경사방에 올리라고 일렀어요. 날이면 날마다 이렇게 꼼꼼하게 검사했으니 그 성실함은 알아줘야 하지요. 그래서 태후마마도 그를 그토록 신임했던 것이고요!"

"리렌잉이 가고 난 뒤 태후마마가 궁녀들을 관리하는 마마님에게 말을 꺼내셨어요. '이제 놀아들 보거라. 올해는 어떨지, 누구 운이 좋은지 한번 보자꾸나.' 그러면 이때부터 서쪽 편전의 양각등에 불이 밝혀지고 궁녀들은 한 쌍씩 층계 위에서 사뿐사뿐 내려왔어요. 한 사람은 등롱을 들고, 한 사람은 네모난 종이 상자를 들었지요. 궁 안에서는 아무리 즐거운 일이 있어도 시끌벅적 소란을 피우면 안 된답니다. 조용히 머리를 맞대고 조그만 소리로 이야기를 해야 했지요. 서로 각별히 친한 사람들끼리도 붙어 다니면서 방정맞게 행동할 수 없었어요."

"이날은 무슨 명절은 아니었지만 이 놀이는 이날 밤에만 했어요. 경칩이 지나고 이제 막 겨울잠에서 깨어난 벌레들을 찾아내는 놀이였지요. 찾아내서는 어떤 벌레가 많은지 보고 올해 날씨가 가물지 장마가 올지 예측했답니다. 또 누가 잡은 벌레가 종류별로 가장 많은지 보고 올해 가장 운이 좋은 사람을 맞춰보기도 했고요. 모두 이렇게 자신의 운을 점쳐보고 싫어했지요. 이것이 바로 1년에 한 번 하는 소창관 놀이었어요. 우리는 먼저 짝을 정하고 짝끼리는 비밀을 지켰어요. 이심전심 서로 눈만 맞추고 말은 하지 않는 것이지요."

"곧 양각등이 이곳저곳으로 흩어졌어요. 불빛이 올라갔다 내려갔다 밝아졌다 어두워졌다 하는 것만 보이고 등을 든 사람은 잘 보이지 않았지요. 이따금 궁녀의 얼굴 반쪽이나 흰 종이 상자에만 빛이 비쳐서 살짝살짝 보일 뿐이었어요. 아직 어려서 앳되고 고운 얼굴들이 온통 붉은빛으로 빛났지요. 저수궁 안에서는 불현듯 그윽한 향이 풍겨 나와 바깥의 맑고 상쾌한 공기와 한데 섞였어요. 수많은 별이 반짝이는 하늘 아래 뜰은 고요히 흐르는 물 같고 우리가 들고 있는 등은 꼭 물에서 넘실대는 배같이 느껴졌어요. 태감들은 이 시간에 각자 야간 당직을 서고 있었어요. 이때쯤 여기저기서 기침 소리가 들려오는데 이는 어린 궁녀들이 서로 '담을 키우려는' 소리였답니다. 그리고 어둠 속에서 '천 어르신'을 부르는 소리가 들려왔어요. 겁을 쫓기 위해 태감의 응원을 구하는 목소리였지요. 태감들이 어느 곳을 지나가면 그곳의 불빛이 높이 올라갔어요. 태감을 반기는 뜻이었지요. 어느 순간 침전 입구가 밝아지면서 태후마마도 흥이 난 기색으로 나오셨어요. 앞뒤로 각각 한 쌍의 양각등이 보이고 시중드는 궁녀가 부축하는 가운데 태후마마는 각 모퉁이의 사람들과 등롱을 바라보셨지요. 어느 등롱 아래 어느 궁녀들이 있는지 손으로 가리키면서 태후마마의 얼굴에 활짝 웃음꽃이 피었어요. 저 멀리 동쪽, 서쪽 회랑 아래에서는 두 나이든 태감이 마마를 향해 허리를 구부리고 있었고요. 저수궁 봄밤의 이 즐거운 풍경은 지금도 눈을 감으면 선하게 떠오른답니다."

"푸 어르신의 말은 틀리지 않았어요. 내게 곧 방향, 즉 서남쪽에서 재물을 구하라고 하셨는데 그곳은 바로 체화전과 서쪽 편전 사이, 차 끓이는 방이 있는 곳이었어요. 그러니까 푸 어르신은 나에게 그가 있는 그곳으로 오라고 암시하신 것이었어요. 과연 이곳 물 항아리 옆에서 나는 세 마리의 쥐며느리와 벌레같이 생긴 콩(나팔꽃 씨) 두 개를 찾아냈답니다. 태후마마는 이 벌레같이 생긴 콩이 올해 수확할 곡식과 콩을 의미하고, 쥐며느리를 보니 아마도 올해 비가 많이 올 것으로 보인다고 하시면서 나에게 세 알의 작은 진주를 상으로 주셨어요. 올해의 소창관은 나 덕분에 올해 일을 내다볼 수 있었다고 칭찬까지 해주시면서 말이에요. 이 진주는 비록 크진 않지만 광택이 아름다워서 주로 태후마마의 신발을 장식하는 데 쓰였어요. 돌이켜보니 태후마마가 내리신 보물들도 다 잃어버렸네요. 그래도 이 진주만큼은 죽는 한이 있어도 팔고 싶지 않아 지금까지 가지고 있어요. 언젠가 염라대왕이 날 부르는 날이 오면 믿을 만한 사람에게 부탁해서 땅에 묻히기 전에 내 입속에 넣어달라고 하려고요. 태후마마에게서 받은 사랑을 헛되이 하지 않기 위한 내 충성의 표시라고도 할 수 있겠지요."

『장자』에 나오는 '오상아吾喪我[나를 잃어버림]'라는 구절이 떠오른다. 내 멋대로 해석해보면 아마도 영혼이 단단한 육체를 깨고 나온다는 말일 것이다. 허 아주머니는 긴 이야기 한 토막을 마친 뒤 두 손을 멈추고 눈을 창가에 고정시켰다. 굉장히 오랫동안 아주머니의 영혼은 지난날로 날아가고 그분의 몸과 마음은 완전히 기억 저편에 잠겨 있었다.

―― 바느질 솜씨를 구하는 날

40여 년의 시간이 흘렀지만 눈을 감으면 아직도 허 아주머니의 쓸쓸한 얼굴이 눈앞에 선하게 떠오른다. 그분은 나에게 말했다.

"나는 젊은 날 있었던 기쁜 일들은 이야기하고 싶지 않아요. 모진 세월을 함께했던 궁녀들을 한 명씩 떠올려보면 누구 한 사람 좋은 인생을 살다 간 이가 없답니다. 그들의 말로는 전부 산산조각 났지요. 샤오쥐안쯔는 난산 끝에 죽었어요. 춘링쯔는 어느 호위군사에게 시집을 갔는데 남자가 그저 먹고 마시고 오입질과 도박밖에 몰랐지요. 춘링쯔 자신도 겁이 많은 성격이라 늘 맞고 살았어요. 조금 모아둔 돈은 전부 빼앗기고 얼마 안 있어 그 짧은 인생도 그만 끝이 났지요. 샤오추이는 처음에는 그래도 좀 괜찮았는데 중화민국 때 남편이 순경이 되었대요. 당시 베이징의 순경들은 대부분 기하인이었거든요. 그도 체면 따지기 좋아하고 씀씀이가 헤퍼서 다음 끼니 걱정을 안 하고 써대느라 솥뚜껑을 여는 날이 없을 만큼 가난했지요. 얼마 못 가 가난 때문에 죽고 말았어요. 그 애들을 떠올리고 내 자신을 바라보면 내가 무슨 마음으로 즐거웠던 일들을 이야기할 수 있겠어요? 그때 즐거웠던 일들이 지금 와서 돌이켜보면 도리어 더 가슴이 아프고 눈물이 나네요. 그래서 즐거웠던 일들은 모두 가슴에 묻고 죽을 때까지 아무에게도 이야기하지 않겠노라고 마음먹었어요. 당시 궁 밖 사람들은 우리가 풍족하게 먹고 마시며 태후마마, 황상 덕에 호사를 누린다고 떠들어댔지만 그들이 어떻게 알겠어요. 시중드는 이들의 고통을……."

"우리 궁녀들은 오랜 시간 서 있는 것으로 유명하지요. 둥베이 지방 사람들은 물건을 똑바로 세우는 것을 가리켜 독특한 방언戳을 사용했어요. 대나무 장대를 벽에 기대어 세운다든가 할 때 말이에요. 우리는 밤이고 낮이고 하루 종일 대나무 장대처럼 땅에 박혀 서 있어야 했어요. 그래서 어린 태감들은 우리를 보고 '세워져 있는 발'이라고 불렀지요. 태후마마가 연극과 공연을 좋아하시는 것은 누구나 아는 일이지만 나는 한 번도 그 이야기를 한 적이 없지요. 연극 이야기만 나오면 우리는 온몸이 부들부들 떨렸으니까요. 태후마마가 연극을 보실 때면 우리는 항상 옆에 공손하게 서서 마마를 모셔야 했거든요. 시중드는 일은 그래도 나았어요. 무엇보다 서 있는 일이 어려웠지요. 많은 사람이 모여 있는 광장에서 붓처럼 꼿꼿이 서 있는데 한 번 설 때마다 몇 시진을 꼼짝 않고 있어야 하니 다리도

저리고 허리도 끊어질 듯 아팠답니다. 그때는 정말 바닥에 드러눕고만 싶어요. 그러니 연극을 관람할 정신이 어디 있겠어요. 대부분 태후마마가 가장 즐거우신 때는 우리에게 가장 힘든 때였지요. 사람의 기쁨과 고통은 이렇게 불공평하답니다. 하지만 우리 노비들은 뼛속까지 주인의 것이라 누구도 감히 고통을 호소할 수 없었지요."

　　허 아주머님은 맷돌을 갈면서 연신 마음속 말들을 쏟아놓았다. 아주머님의 메마른 얼굴에 냉담한 표정이 깃들었다. 약간 움푹 들어간 눈은 가장자리에 불그스레한 테두리가 있는데 이는 오랜 기간 불을 가까이하면서 생긴 흔적이었다. 유난히 긴 속눈썹은 흐릿한 눈을 덮고 있고, 두 눈꺼풀은 깜박일 때마다 상대방의 태도를 유심히 관찰했다. 이는 오랜 기간에 걸쳐 생긴 그분의 습관이었다. 나는 단지 그분을 주시하며 이야기만 경청할 뿐 말로 위로하려들지는 않았다. 과거의 아픔에 위로가 무슨 소용이 있겠는가. 차라리 한바탕 눈물을 쏟게 해드리는 편이 더 마음 편하실 것이다.

　　"우리의 궁생활을 네 글자로 간단히 표현해보면 '진곡가소眞哭假笑'라고 할 수 있어요. 우는 것은 진짜지만 웃음은 거짓이란 말이지요."

　　허 아주머님은 말꼬리를 길게 끌며 띄엄띄엄 이야기를 해나갔다.

　　"정말 마음속으로 통쾌하게 웃어본 적이 거의 없어요. 아침부터 저녁까지 주인이 웃어야 우리도 따라 웃는 거지요. 우리의 평상시 표정은 늘 미소 띤 얼굴이었어요. 그리고 주인이 화가 나면 우리에게도 좋을 것이 없었지요. 이런 형편이니 자신 때문에 통쾌할 일이 뭐가 있겠어요? 그래서 한 번도 진정으로 웃었던 적이 없어요. 설움을 당할 때도 털어놓을 곳이 없었고요. 또 털어놓는 것도 허용되지 않았지요. 그저 마음속에만 담아두고 어디 사람 없는 구석진 곳을 찾아 혼자 흐느껴 우는 수밖에 없었답니다. 울고 나면 손수건으로 눈물을 훔쳐내 누구도 못 보게 하고 다시 맡은 일을 하러 가야 했어요. 우느라 할 일을 제쳐두어서는 안 되었으니까요. 그러니 궁녀들은 열 명 중 아홉은 독해졌답니다. 나중에는 아랫입술이 피가 나도록 깨물면서도 꾹 참고 고통을 호소하지 않지요. 하소연한들 아무 소용이 없으니까요. 누구 하나 가슴 아파해줄 이도 없는데 말이지요. 이것이 바로 우리 삶의 진짜 모습이었어요."

나는 그분의 넋두리를 듣다가 서둘러 화제를 돌렸다. 허 아주머님은 가끔 이런 이야기를 끊임없이 반복해서, 화제를 돌리지 않으면 오전 내내 하염없이 넋두리를 늘어놓았다. 이는 아마도 그분 마음속에 쌓인 울화일 것이다. 나 역시 얼마나 여러 차례 들었는지 모른다.

"그렇다고 설마 1년 내내 하루도 느슨해지는 날이 없으려고요?"

그러자 맷돌을 갈던 허 아주머님의 손이 돌연 미친 듯이 빨라졌다. 그러다 또 갑자기 손을 멈추고 두 눈을 벽 모퉁이에 고정시킨 채 한동안 미동도 하지 않았다. 내 말은 더더욱 들은 척도 하지 않았다. 나는 그분 마음속의 울화가 또 도졌음을 깨달았다. 이런 때는 아주머님이 좋아할 만한 화제를 찾아 주의를 끄는 수밖에 없었다.

"태후마마는 연극 보시는 것을 그렇게 좋아하셨나요?"

나는 무심한 척 물었다.

"「좌궁坐宮」이라는 극을 가장 좋아하셨다면서요? 철경 공주가 황궁 뜰에 앉아 부마와 함께 마음속 걱정거리들을 알아맞히는 대목이요. 기억하세요?"

아주머님이 말했다.

"그렇게 오래된 극을 모르는 사람이 누가 있나요."

나는 때를 놓칠세라 말을 받았다.

"'이렇게 가만히 놀고 있을 바에야(철경 공주의 대사)' 아주머님이 하고 싶은 이야기들 좀 들려주세요."

허 아주머님은 생각에 잠겼다.

"그럼 칠석날 이야기를 한번 해보지요."

나는 웃으며 농담을 던졌다.

"저는 한인이라 기하인들이 다보보를 먹는 것처럼 부스러기를 죄다 떨어뜨리고 싶지는 않아요. 저는 꽃도 있고 이파리도 있는 이야기가 좋아요."

그제야 아주머님은 웃음을 보였다. 웃으면서 잠시 고개를 숙이고 생각해보더니 이렇게 말했다.

"그렇게 하지요!"

이렇게 해서 화제를 돌리는 데는 일단 성공한 셈이었다. 이제부터는 조용히 아주머님의 이야기를 기다리기만 하면 되었다.

"칠석은 큰 절기라고 볼 수는 없어요. 설이나 단오절, 추석 같은 명절과 비교해보면 그다지 거창한 명절은 아니지요. 하지만 우리 어린 궁녀들에게는 그보다 더 큰 명절이 없었어요. 사실 우리에게는 1년 내내 명절다운 명절이 없었으니까요. 무슨 명절이든 주인이 편하려면 우리가 고생해야 했으니 명절이라 해도 편안하게 쉬는 맛이 없었지요. 어느 때부터 내려온 풍습인지는 잘 모르겠지만 여자아이들에게 바느질을 하지 못하도록 한 날이 그나마 우리의 휴일이라고 할 수 있었어요. 사실 나는 그날도 딱히 휴일이라고 느낀 적이 없어요. 날마다 그랬듯이 그날도 상전을 모셔야 했으니까요. 다만 신발을 수놓거나 바느질을 하는 궁녀들에게는 어렵사리 있는 휴일이었지요. 이날 하루만큼은 정말 자유롭게 보낼 수 있었지요. 궁 안의 젊은 여인들은 칠석을 여인들의 날로 봤어요. 또 암암리에 '부부절'로 보기도 했고요. 남에게 말 못 할 걱정거리가 있는 여자아이들은 깊은 밤 등나무 밑에서나 포도원에서 하늘의 은하수를 바라보며 간절히 자신의 소원을 말했지요."

허 아주머님은 여기까지 말하고 잠시 말을 멈췄다. 눈언저리가 붉그

청대 사람이 그린 「칠석도」. 견우와 직녀가 오작교를 타고 만나는 장면과 여자들이 달을 바라보며 바늘귀에 실을 꿰는 장면을 묘사했다.

레해지더니 곧이어 뜨거운 두 줄기의 눈물이 흘러내렸다.

나는 얼른 말했다.

"무슨 가슴 아픈 일이 있었으면 저 신경 쓰지 마시고 말씀해보세요."

어렵사리 분위기를 바꾸어놓았는데 왜 잠깐 사이 다시 우울해진 것일까?

아주머님은 잠시 말이 없다가 입을 열었다.

"정말 이래서는 안 되는데 또 나 때문에 심란하게 했군요. 궁에 오래 있으면서 한 살씩 나이를 먹고 그러면서 점차 철이 들어갔어요. 한번은, 아마 광서 24년(무술년, 1898)이었던 것 같은데 7월 6일 밤이었어요. 나는 한가로운 시간에 조용히 장푸 어르신을 찾아갔지요. 그리고 아무 일 없다는 듯 무심히 말을 꺼냈어요. '저 고민거리가 하나 있어서 그러는데 제 점 좀 봐주세요.' 그는 눈을 끔벅이며 물었지요. '무슨 일인데 그러느냐?' 장푸 어르신은 외까풀의 작은 눈을 끔벅이면서 곧잘 사람 마음을 꿰뚫어보곤 했어요. 더욱이 이런 날에 그를 찾았으니 호기심이 생기지 않을 수 없겠지요. '구하는 재물도 있고 구하는 일도 있으니 겸사겸사 올해 운수가 어떤지 좀 봐주세요.' 그는 나를 유심히 보더니 말했어요. '손을 씻고 향을 피우고 머리를 조아리려무나. 내 너에게 문왕 64괘를 봐주도록 하마.' 이는 굉장히 큰 괘였어요. 나는 조심스럽게 여섯 개의 엽전이 든 상자를 흔든 뒤, 상자를 열고 안에 있던 동전을 탁자 위에 쏟아냈어요(손으로 만지면 안 돼요). 장푸 어르신은 한참 동안 말이 없으시더니 마침내 입을 열었어요. '룽, 내가 함부로 말하는 것이 아니라 괘가 몹시 좋지 않구나. 굉장히 아래 있는 괘야. 강을 사이에 두고 금을 바라보니 가지고는 싶으나 앞에 놓인 강이 깊구나. 이 괘의 이름은 공망空亡이라고 하는데 재물을 구해도 얻지 못하고 사람을 구해도 보지 못하며 어떤 일을 꾀해도 이루지 못할 괘란다.

룽, 무슨 일을 하든지 신중하고 조심해야 한다. 무슨 일이 생기면 심사숙고해서 일이 허사가 되지 않도록 하고, 또 사람을 조심해야 한다. 지나고 나면 후회해도 소용없으니 말이다.' 장푸 어르신은 패의 모양을 보고 조용히 주의를 주었어요. 무슨 일이 생기면 심사숙고하고 사람의 속임수에 걸리지 않도록 조심하라. 장푸 어르신은 어떤 상황에서도 허튼 말씀을 하시는 분이 아니었어요. 하지만 나는 제대로 심사숙고하지 못했지요. 그러고 보면 얼마나 속이 깊은 분이셨는지! 지금 와서 생각해보니 또 가슴이 미어지는군요. 푸 어르신이 혼자 고심하셨을 것을 생각하니 죄송스럽기까지 해요."

이것도 허 아주머님의 마음병, 입만 열면 금세 쏟아져 나오는 일이다. 나는 아주머님이 가엾어졌다. 아주머님은 나를 가장 의지할 만한 사람으로 여기고 있었다.

나는 천천히 그분을 위로했다.

"사람은 반드시 높은 곳에서 세상을 볼 줄 알아야 하지만, 또 낮은 곳에서도 볼 줄 알아야 한다고 하잖아요. 아주머님보다 고귀한 인생을 산 사람도 적지 않지만 또 아주머님보다 더 고생하며 가난하게 살았던 사람도 적지 않아요. 최선을 다해 앞으로 나아가야지 후회만 하고 있는 것은 아무 소용없어요. 어떤 후회는 살아가는 데 있어 되새길 만한 경험이 되지만 어떤 후회는 정말 아무 소용없는 것들이니까요. 창자를 끊어낸다 해도 돌이킬 수 없는 일들이지요. 책에도 이런 이야기가 있잖아요. 황산黃山 산[안후이 성 동남부에 있으며 높은 봉우리와 독특한 절경으로 유명하다]에서 모자를 잃어버린 사람의 이야기 말이에요. 황산 산은 높고 바람이 강한 산인 거 아시죠? 어떤 사람이 황산 산을 유람하러 갔는데 바람이 불어와 그만 모자가 날아가버렸대요. 하지만 모자를 날려버린 이 사람은 아예 고개도 돌리지 않았어요. 이렇게 산이 높고 바람이 세니 이왕 모자가 날아가버렸으면 도무지 찾을 방법이 없다, 그러니 고개를 돌려봐도 아무 소용없다고 생각한 거지요. 아주머님도 이런 마음가짐이 있으셔야 해요."

하지만 아주머님은 딱 잘라 대답했다.

"모자라면 여덟 개쯤 잃어버린다 해도 뒤돌아보지 않을 거예요. 내가 잃어버린 것은 평생의 행복이에요. 그런데도 가슴이 아프지 않겠어요?"

그 말에 나는 할 말을 잃었다. 또다시 그분의 아픈 곳을 찌르고 만 것이다. 평소에는 이런 실수를 잘 하지 않았는데, 하는 수 없이 화제를 돌려 다른 이야기를 꺼냈다.

"전 그저 책벌레라······. 견우와 직녀 이야기는 2000년 전부터 전해 내려온 이야기이고 궁에서도 명절처럼 지냈다니 그럼 그 얘기 좀 자세히 들려주세요. 대강만이라도 알고 싶어요."

"이야기를 하자면 그 전날 6일부터 시작해야 돼요. 앞서도 말했지만 무슨 일이든 어린 태감들이 없으면 아무것도 할 수 없었지요. 어린 태감들은 6일 이전에 이미 물그릇을 준비해놓았어요. 좀 나이가 있는 궁녀들은 모두 자신의 잔심부름을 해주는 어린 태감이 몇 명씩 있었답니다. 그들은 항상 기꺼이 우리를 도와주었으니까요. 사실 여기에도 이유가 있어요. 그들의 스승들, 즉 나이든 태감들이 암암리에 우리와 친하게 지내면 손해 볼 것이 없다고 일러주곤 했거든요. 못해도 우리를 통해 여러 가지 소식은 얻어들을 수 있다고 말이에요. 본래 칠석에 궁에서는 어느 정도 깊이가 있는 시계 모양의 푸른 자기 물그릇을 준비했어요. 그릇마다 또 작은 자기 접시를 구비해놓았고요. 한 세트의 놀이 도구였지요. 하지만 우리는 그릇이 부족할까봐 어린 태감들에게 좀 더 준비해놓으라고 일러두곤 했어요. 다들 자신의 운이 좋길 바라는 마음이 있으니까요."

"6일 정오가 되면 물그릇을 햇볕에 내놓기 시작해요. 사람마다 각각 서너 그릇의 물을 내놓는데 그릇에는 얼룩이 조금도 묻어 있으면 안 되고 물도 깨끗한 물이라야 했어요. 그릇은 회랑 처마 아래, 해가 잘 비치는 곳에 두고 흙먼지가 들어가지 않도록 해야 했지요. 또 중요한 것은 태후마마가 보시고 평가하기 쉬운 자리여야 한다는 것이에요. 그러려면 태후마마가 점심식사를 마치고 산책하실 때 자주 가시는 곳에 놓아두어야 했지요. 가장 좋은 자리는 차양 밖에서 문으로 들어서면 바로 보이는 연못 근처였어요. 어린 태감들은 두 개의 긴 탁자를 끌고 와서 그릇들을 잘 놓고 깨끗한 물을 채워놓았지요. 전해지는 이야기로 직녀는 이날에 끊임없이 눈물을 흘린다고 해요. 오랜 부부이긴 해도 날이면 날마다 서로를 그리워만 하다가 이제 곧 만날 때가 되니까 마음이 벅차고 그동안의 슬픔이 밀려오겠지요. 그래서 7월 6일과 7일은 늘 비가 왔어요. 직녀가 눈물을 흘렸다 멈췄다 하면 인간 세상에서는 비가 내렸다 그쳤다 어린 태감들만 바빠졌지요. 물그릇을 덮었다가 또 내놓기를 반복해야 했으니까요. 우리는 그들이 이렇게 세심하게 정성을 다해주는 것이 그저 고마울 따름이었어요."

"물을 햇볕에 내놓는 것은 간단한 일이 아니랍니다. 햇볕에 어느 정도 두어 수면에 한 층의 막이 생기면 바늘 한 개를 띄웠을 때 물이 바늘을 떠받치고 있어요. 물 표면에 막이 생긴 것은 어떻게 알 수 있을까요? 손으로 만질 수는 없어요. 입으로 불어서도 안 되고요. 하지만 눈으로만 봐서는 알 수 없지요. 그런데 어린 태감들이 그것을 알려준답니다. 우리 물그릇을 햇볕에 내놓을 때 그들도 자신의 물그릇을 함께 내놓고 시간이 지나면 코로 시험해보는 거예요. 숨을 멈추고 코끝을 가볍게 수면 위에 대보아서 코끝이 약간 시원하고 물이 묻지 않으면서 살짝 패면 곧 막이 생긴 것이에요. 막은 수면 전체에 생기는데 조금만 건드려도 표면이 사라졌어요. 어린 태감들은 물그릇을 보호하려고 서로 돌아가면서 지켜보았지요. 7일 정오 때까지 꼬박 그렇게 했답니다. 궁문(낙수당을 말해요) 밖은 규범이 엄격한 곳이어서 그들은 공손한 자세로 번갈아가며 몇 시진을 서 있어야 했어요. 그래도 이 모든 일을 기꺼이 나서서 해주었으니 정말 사랑스럽고 고마운 아이들이었지요."

"저녁에 일을 마치면 회랑 아래에 앉아서 하늘의 은하수를 바라보며 말로 다 하지 못할 꿈을 꾸었어요. 그전까지만 해도 장난치며 놀았지만 이날만큼은 고요히 적막에 잠겼지요. 다들 한 해 한 해 나이가 들어가면서 이런 날이 되면 생각이 많아졌어요. 사람마다 자신의 마음속 고민들을 가만히 들여다보았지요. 우리 기하인들은 눈이 툭 튀어나온 금붕어처럼 나면서부터 높은 곳만 올려다보며 살아요. 어느 여인이나 출세한 남자에게 시집가기를 바랐지요. 진짜 출세한 남자라면 여러 명의 처첩을 두는 것이 당연할 텐데 어떻게 은하수의 견우와 직녀처럼 낭만적인 사랑을 할 수 있겠어요? 한 남편에 한 아내로, 남자는 밭을 갈고 여자는 베를 짜면서 말이에요. 견우는 우직하고 성실하며 직녀는 총명하고 영리했지요. 두 사람이 그렇게 서로 사랑하며 살다가 시간이 흘러 아들과 딸도 한 명씩 두었어요. 또 온순한 소를 한 마리 두어 밭을 갈았고요. 그렇게 자신의 노력으로 먹을 것과 입을 것을 마련하면서 평안한 하루하루를 보냈지요. 하지만 불행히도 이런 달콤한 나날들을 과부인 서왕모가 가만두지 않았답니다. 듣자 하니 어떤 과부는 다른 부부가 알콩달콩 잘 사는 것을 보면 화를 내고 질투를 한다지요. 아마 서왕모도 그런 인물이었을 거예요. 권세가 대단했던 그녀는 독기를 품고 외쳤어요. 너희가 맡은 직무도 잊고 종일 그렇게 서로만 보고 있으니 내 반드시 너희 둘을 갈라놓고 말 것이다. 서왕모가 지팡이를 한 번 휘두르니 은하수가 생겼어요. 그러고는 1년 중 7월 7일 하루만 서로 만날 수 있다고 소리쳤지요. 서로 지극히 사랑하던 부부가 이렇게 억지로 헤어졌어요. 직녀는 견우를 생각하며 아끼는 베틀 북을 강 너머로 던졌어요. 마음도 아프고 힘도 빠져 간신히 멀리 있는 견우의 눈앞으로 베틀 북을 던지면서 혼잣말로 속삭였지요. '내가 보고 싶을 때 내가 아끼던 이 베틀 북을 바라보세요!' 견우도 소 등 위에 걸어놓은 활을 던지면서 말했어요. '나와 집에 있던 소가 생각나면 내가 아끼는 이 활을 보시오. 아이들은 내가 잘 돌볼 테니 걱정하지 말고. 아들은 어리니 앞에 태우고 딸은 좀 자랐으니 뒤에 태우며 내가 잘 돌보리다.' 이 활은 직녀의 발아래 떨어졌어요. 지금 은하수를 보면 직녀성은 동쪽 하늘에, 견우성보다 약간 높이 올라가 있지요. 그것은 직녀가 밤새도록 발돋움을 하며 견우를 바라보느라 그런 것이에요. 발아래 있는 세 개의 별은 견우의 활이고요. 은하수 서쪽에는 견우가 아들, 딸을 들쳐 업고 직녀를 쫓고 있어요. 견우의 눈앞 멀지 않은 곳에는 돌기 같은 별이 네 개 있는데 바로 직녀가 던져준 베틀 북이지요. 지금도 우직한 견우가 아들, 딸을 태우고 큰 걸음으로 직녀를 향해 흘러가는 모습을 볼 수 있답니다. 강을 사이에 두고 바라만 보고 있는 현모양처 직녀를 목숨 걸고 쫓아가는 것이지요."

"얼마나 아름다운 부부인가요. 또 얼마나 믿음직스러운 남자인가요! 난 정말 이런 부부로 가정을 이루기를 소망했어요. 이렇게 순전히 나만 사랑해주는 남편이 있으면 나도 직녀처럼 내 가정을 소중히 여기고 열심히 가꾸어나가리라 생각했지요. 생각하면 할수록 눈시울이 젖어드네요. 장푸 어르신의 점괘를 생각하니 부들부들 몸서리가 쳐졌어요. 사방을 둘러보니 이미 아무도 없고 고요하기만 했지요. 지금도 또렷이 기억나는데 이날은 내가 출가하기 6개월 전, 7월 6일 밤이었어요. 이날 이후 다시는 이런 환상을 꿈꾸어본 적이 없지요. 내 앞에 있는 것은 오로지 현실뿐, 내 속을 마지막 한 자락까지 무너뜨리는 소위 '가정'이란 게 있을 뿐이었어요. 하! 여인, 여인이라는 것은 닭에게 시집가면 닭을 따르고 개에게 시집가면 개를 따르고 짐짝처럼 묶여서 시집을 가니 옥황상제님, 내가 누구에게 그렇게 큰 잘못을 저질렀습니까?"

우리가 서로 알고 지낸 것도 8, 9년이 되었지만 히 아주머님이 이렇게 속 이야기를 털어놓은 적은 처음이었다. 기하인들은 마음속에 감추어 둔 말을 잘 꺼내놓지 않는다. 아주머님의 이 말은 아마도 고통이 극에 달해 터져 나온 말일 것이다. 아주머님은 두 손을 맷돌에 놓고 머리를 손 위에 묻은 뒤 그대로 한참 동안 아무 말도 하지 못했다.

오랜 시간이 지난 뒤, 아픔이 좀 가라앉고 쓰라린 마음이 좀 진정된 다음에야 그분은 천천히 고개를 들었다. 그러더니 돌연 내게 이렇게 물었다.

"내 이런 모습을 이해해주겠지요? 도무지 참을 수가 없었어요."

내가 그분에게 무슨 말을 할 수 있단 말인가?

아주머님은 아직도 멍한 얼굴로 말을 이었다.

"이런 아픔을 겪은 사람은 나 한 사람뿐만이 아니에요. 나 같은 사람이 이허위안에만도 적지 않았지요."

이 말에 나는 매우 의아해졌다. 설마 청대에도 명대처럼 태감과 궁녀를 혼인시키는 일이 잦았단 말인가?

명대에는 '13세에 들어와 평생을 궁에서 늙는다'는 규정이 있어 궁녀들은 출궁할 기회가 없었다. 이는 청대의 법도와는 매우 달랐다. 청대의 궁녀들은 25세 이전에 궁에서 나와 시집을 가야 하는 것이 규범이었으니까. 이 때문에 명대에는 태감과 궁녀들이 서로를 위해주며 함께 사는 경우가 많았고 궁에서도 이를 결코 금기시하지 않았다. 명나라 희종(천계제)의 유모였던 유명한 봉성부인 객客 씨는 남편이 죽고 나서 더욱 거리낄 것이 없어졌다. 처음에는 왕국신王國臣과, 나중에는 위충현魏忠賢과 함께 살았는데 「천계궁사天啓宮詞」에 따르면 "궁인들도 각기 채호[배우자, 명나라 때 태감과 궁녀가 부부가 되어서 생활하는 것을 이른다]가 있었으니 마치 일반 백성의 부부와 같았나. 객 씨의 처음 재호는 병상국의 노상을 관리하는 왕국신이었다. 왕국신은 위충현과 결탁하여 의형제를 맺었는데 교활한 위충현은 객 씨와 사통하여 그 애정을 갈취했다. 신유년 여름(천계 원년, 1621) 한밤중에 두 사람은 서로 객을 놓고 다투면서 건청궁 서쪽 방에서 소란을 피웠다. 황제가 놀라 문초하니 두 사람은 객과 함께 무릎을 꿇고 처분을 기다렸다. 황제는 웃으면서 물었다. '객, 너는 진심으로 누구를 따르려느냐. 내가 네 대신 정해주마.' 이때 객은 왕국신에 대해 경멸하는 마음을 살짝 내비쳤다. 다음 날 위충현은 황제의 조서라고 하여 왕국신에게 강제로 병가를 내게 한 뒤 목을 졸라 살해했다. 이렇게 해서 위충현은 객의 남편이 되어 함께 동거하기 시작했다"라고 되어 있다. 이는 곧 명대의 태감과 궁녀들이 함께 지내는 일은 이미 공개적인 것이었음을 말해준다. 황제 앞에서도 꺼리지 않았고, '채호'라는 전문 명칭까지 있었으니 이미 오래전부터 있어 왔던 일임을 알 수 있다. 하지만 청대 이래로는 궁중의 법도가 대단히 엄격했고 그중에서도 태감들은 유난히 더 엄격하게 관리했기 때문에 별다른 유언비어가 거의 나돌지 않았다.

하지만 오늘 허 아주머님의 이야기를 들어보면 혹 알려지지 않은 또 다른 일들이 있었던 게 아닐까? 어쨌든 허 아주머님은 궁에서 아랫사람이었고 접촉했던 이들도 대부분 하위계층 사람들이었으니 아마 일반인이 알지 못하는 일들을 더 많이 알고 있을지도 모른다.

아주머님은 '일찌감치 비바람이 한바탕 불어닥친 뒤' 이제 점차 안정을 되찾고 있었다. 그리고 지난날을 회상하며 계속 이야기를 들려주었다.

"본래 7월 7일은 우리에게 가장 좋은 명절이었어요. 윗분들도 딱히 간섭을 하지 않았고 이 궁, 저 궁 구분 없이 의운관 궁녀(황후마마 궁의 궁녀), 망운헌望雲軒 궁녀(넷째 공주 궁의 궁녀), 근비마마와 진비마마의 궁녀들까지 모두 와서 함께 놀았지요. 평소에 그들이 주인을 따라 태후마마를 알현하러 올 때도 우리 낙수당 사람들은 좀 높은 위치라고 그들을 무시하거나 하는 일이 결코 없었기 때문에 몇몇 다른 궁의 궁녀들과도 사이가 꽤 좋았어요. 물을 햇빛에 내놓은 다음 그들도 시간 맞춰 와서 놀기로 약속이 되어 있었지요. 하지만 서쪽에 거처하는 자수를 맡은 여자들은 좀 달랐어요. 그들은 대부분 배운전 서쪽에 있는 방에서 지냈는데 평소에는 얼굴 볼 시간도 없었고 우리와 규범도 달랐지요. 그들은 베이징 내에 친지와 친구들이 있어서 관리하는 사람에게 부탁해 휴가를 내면 이허위안 밖으로 한 차례 나갔다 올 수 있었어요. 물론 나간 그날 바로 돌아와야 했고 밖에서 밤을 넘기면 안 되었지만요. 우리는 이허위안 밖을 나갔다 오는 것이 절대 허락되지 않았거든요. 또한 그들 중에는 기하인이 아닌 사람도 있었어요. 자수를 놓는 사람은 기술만 좋으면 어느 지역에서든 선발되어올 수 있었으니까요. 이렇게 기술이 뛰어나 다른 지역에서 선발되어온 사람들은 오랜 세월 궁에만 머무르면서 고향에 가보지 못할 때가 많았어요. 젊은 시절도 궁에서 다 보내고 출가도 하지 못한 채 나이가 들어 그저 태감들을 벗하며 세월을 보내는 거지요. 어쨌든 그들은 저마다 얻는 것이 있고 갈 곳도 있어서 7월 7일이 되어도 우리와는 거의 같이 놀지 않았어요. 이허위안에 있을 때가 궁보다 좀 더 자유롭긴 했지만 우리 몸종들은 규범이 어찌나 엄한지 배운전 서쪽은 얼씬도 하지 못했지요. 들은 얘기로는 그들 중 상당수가 뒷산 쑤저우 거리 일대에서 태감들과 함께 살고 있다고 하더군요. 예전에 건륭 황제가 남쪽을 유람하실 때 쑤저우, 항저우 사람들이 활기 넘치는 모습으로 거리를 오가는 것을 보시고는 돌아오셔서 이허위안 뒷산에 쑤저우 마을 골목 같은 작은 길을 하나 내셨어요. 그리고 그 길을 쑤저우 거리라 이름붙이셨지요. 하지만 태후마마 때에는 사람들의 왕래가 줄어 우리는 한 번도 그곳에 가본 적이 없어요. 아마 그렇게 외진 곳이 되면서 태감들과 나이든 자수공들이 동거하는 비밀 장소가 된 듯해요. 백성이 고발하지 않으면 관청도 추궁하지 않는다고 하듯이 궁에서도 딱히 문제 삼지 않았고 별 탈 없이 잘 지냈던 것 같아요. 나도 듣기만 하고 가본 적은 한 번도 없는데 나이든 태감들 말로는 새들의 울음소리만 들릴 뿐 사람이 거의 드나들지 않아서 매우 황량하다고 하더군요. 태후마마를 가까이서 모시는 궁녀들은 절대 주인을 멀리 떠나면 안 되었어요. 언제 불러도 곧 올 수 있는 곳에 있어야 하고 어느 곳에 심부름을 가더라도 늘 두 사람이 함께 움직여야 했지요. 만약 낯선 곳에 갔을 때는 돌아와서 반드시 맑은 물에 자신의 앞뒤 모습을 비춰보아야 했어요. 요괴가 사람 몸에 붙으면 물에 비춰볼 때 두 개의 그림자가 비친다고 하더군요. 그러면 요괴는 들킨 것을 알로 스스로 도망가고요. 이것은 궁의 규범이었어요. 이허위안 밖에 많은 묘지가 있다는 것은 우리도 잘 알고 있었지요. 베이징에서 오래 산 사람들은 '성 서쪽 일대는 흙 만두고 성안에 있는 것들은 죄다 거기 들어갈 만두 속이지'라는 말을 자주 했어요. 황량한 무덤들에는 원통한 귀신이 그렇게 많아 자주 사람 몸에 붙는다고 해요. 그래서 우리는 궁으로 돌아오면 반드시 물에 자신의 모습을 비춰보아야 했어요. 나중에는 마치 습관처럼 하게 되었지요. 궁 안에 지저분한 것들이 따라 들어오면 안 되었으니까요."

"내가 또 중요한 이야기는 제쳐두고 잡다한 이야기만 늘어놓았네요."

허 아주머님이 미안하다는 듯 이렇게 말했다.

"잡다한 이야기도 좋아요. 중요한 이야기는 누군가 아는 사람이 있겠지만 자잘한 이야기들은 잘 알려지지 않았을 테니까요."

"정말 잡다한 이야기들을 늘어놓자면 끝이 없어요. 이허위안의 7월은 여느 달과도 달랐답니다. 우선 복날에는 비가 많이 내리고 비가 그치면 작은 개구리와 도마뱀붙이들이 온 땅을 마음대로 뛰어다녔지요. 꼭 대추만 한 크기들이었어요. 도마뱀붙이는 두 개의 검은 팔자 눈썹을 하고 웅크리고 앉아 발을 질질 끌면서 온 땅을 기어다녔어요. 큰 것은 쟁반만 해

오늘날의 쑤저우 거리

서 정말 징그러웠지요. 동물들 중 가장 오싹한 것은 뱀이었어요. 어떤 뱀은 온몸이 초록색이고 머리 주변에 붉은 반점이 있었지요. 이 뱀은 그럭저럭 괜찮았어요. 사람과 마주치면 슬금슬금 기어가버렸으니까요. 가장 무서운 것은 갈색이 도는 누르스름한 뱀이었는데 궁에서는 이 뱀을 '화살대'라고 불렀어요. 사람을 무서워하지 않고 더욱이 7월이 되면 잘 먹어서 몸이 통통해지고 기운이 세졌지요. 해가 중천에 뜨는 정오 전후로 그것들이 기어 나왔는데 어린 태감들은 보고 '비늘을 말린다'고 했어요. 층계 아래며 벽 모퉁이로 마음대로 들어와서는 사람 팔보다 두꺼운 몸으로 똬리를 틀고 바닥에 엎드려 있었답니다. 머리를 들고 미동도 하지 않는 그 모습을 보면 누구도 감히 그곳을 오가지 못했지요. 하지만 뱀은 이허위안을 지키는 것이므로 때리면 안 된다는 태후마마의 명이 있어서 그저 어린 태감들에게 부탁해 대나무 장대로 쫓아버리는 수밖에 없었어요. 우리를 가장 불안하게 했던 것이 바로 이 뱀이었어요. 만약 어느 날 태후마마가 나오시는데 우연히 뱀 한 마리가 튀어나와 태후마마를 놀라게 해드린다고 생각해보세요. 그야말로 누구도 감당 못 할 큰일이 벌어지는 것이지요. 그래서 7월 7일이 되면 우리는 평소보다 더 각별히 조심했어요. 이허위안에서 가장 끔찍했던 것 역시 7월의 뱀이었어요. 심지어는 우리가 쉬는 아래채 입구에 누워 점심식사를 하고 돌아오는 길을 막고 있었지요. 어린 태감들 말로는 뱀들이 벽돌 바닥에 누워 있기를 좋아한다고 해요. 해가 벽돌바닥을 따뜻하게 데워 온돌 같은 효과가 난다나봐요."

"쓸데없는 이야기는 이제 그만해야겠네요. 직녀는 하늘에서 베 짜는 솜씨가 가장 좋은 여인이어서 봄의 아침놀, 여름의 무지개, 가을의 떠다니는 구름, 겨울의 상서로운 눈까지 모두 짤 수 있었어요. 직녀는 또 마음이 착해서 늘 자신의 솜씨를 다른 사람들에게 조금씩 나누어주기도 했지요. 인간 세상에서는 직녀의 솜씨 중 극히 일부만 가져도 엄청난 기술이 되어요. 칠석은 여인들이 직녀를 환영하는 날이고 직녀도 이날 기꺼이 은혜를 베푼답니다. 지상의 여자아이들은 직녀를 향해 그 바느질 솜씨를 나누어달라고 빌어요. 좋은 바느질 솜씨를 마다하는 여자가 어디 있겠어요? 직녀가 주는 솜씨를 조금이라도 받으면 누구보다도 뛰어난 손재주를 얻게 되는데 말이에요. 정말 여자아이들의 아름다운 소망이었지요. 우리는 하늘을 우러러보며 직녀가 오늘 울지 않기를 축원했어요."

"직녀에게 바느질 솜씨를 구하는 일은 몹시 세심하게 주의를 기울여야 하는 것이었어요. 물을 햇볕에 내놓는 7월 6일 정오부터 7일 한낮이 기울 때까지 10시진 정도가 걸리지요. 물에는 일찌감치 막이 생겼고 사각형, 원형의 각종 푸른 자기 접시들 안에는 작은 자수용 바늘이 들어가 있어요. 바늘들은 모두 특별히 고르고 고른 것들이었지요. 바늘을 고를 때는 굵기가 가늘고 바늘귀가 큰 것을 골라야 했답니다. 무엇보다 바늘귀의 크기가 가장 중요했어요."

"이 놀이는 '바늘을 떨어뜨리고 그림자를 보는' 놀이라고 불렀는데 이는 궁중 여인들만의 특별한 놀이였어요. 주인과 노비, 나이든 사람과 젊은 사람이 함께 할 수 있는 놀이였지요."

"2, 3일 전에 이미 우리는 우리를 이끌 제갈량 같은 지도자를 청해 놓았어요. 가장 적당한 분은 물론 태후마마가 가장 아끼시는 넷째 공주마마였지요. 이때 당시 태후마마는 이허위안에서 2, 3년간 정양을 하셨는데, 넷째 공주마마는 봄에 얼음이 녹을 때 오셔서 겨울에 얼음이 두껍게 얼 때 가셨어요. 큰 눈이 내릴 때는 궁 안에서 종종히 나와 눈을 구경했고요. 언젠가 태후마마가 어느 장수한 노인 이야기를 해주신 적이 있어요. 그 노인은 어느 왕의 정실 부인이었는데 큰 눈이 내리는 날이면 손자와 손녀, 친정집 손녀, 외손녀, 이종 사촌 누이의 손녀 및 손자며느리, 여종, 노인 등 대식구를 데리고 노설정蘆雪亭으로 나왔다고 해요. 그곳에서 다함께 술과 사슴 고기를 먹고 마시고, 시와 그림, 바둑, 쉬수를 즐기면서 그렇게 유유자적 복을 누렸다고 하더군요. 또 한편으로 태후마마는 동서고금에 으뜸인 사람을 자처하셨기에 무슨 일을 하든 건륭제와 비교하셨어요. 건륭제는 눈을 맞으며 말을 타고 서산을 오르셨다고 하잖아요? 그래서 태후마마도 눈을 맞으며 이허위안을 거니셨지요. 또 그 장수한 노부인이 눈을 맞으며 손자손녀들을 데리고 유유자적 놀았던 것처럼 태후마마도 비빈과 공주들을 데리고 눈을 감상하며 노셨어요. 반드시 그 노부인보다 더 뛰어나셔야 했지요. 그래서 태후마마는 높은 청려관聽鸝館 실내를 화롯불을 피워 훈훈하게 해놓고 고기 굽는 대를 걸어 양고기며 소고기를 굽게 하셨어요. 이허위안의 솔방울(소나무 열매의 꼭지)들을 장작처럼 태워 아련히 풍기는 소나무 향내를 맡으셨지요. 매번 태후마마께 고기를 구워드리는 분은 넷째 공주마마였어요. 소매를 걷어올리고 작은 앞치마를 질끈 묶은 뒤 태후마마의 식탁과 고기 굽는 대를 오가며 고기를 올려드렸지요. 은방울 굴러가는 듯한 목소리로 우스갯소리를 해가면서 말이에요. 그렇게 총명하고 유머가 넘치시니 태후마마의 사랑을 듬뿍 받을 수밖에요. 또 도르래를 사용해 발을 높이 걸어서 바깥의 눈이 내리는 모습을 마음껏 감상할 수 있었어요. 청려관 전체에 솔 향이 가득하고 식탁 옆에는 손난로가, 발밑에는 발을 쬐는 각로가 있었지요. 태후마마는 사슴고기가 거칠어서 그다지 좋아하지 않으시고 소 등심과 양 뒷다리 윗부분을 즐겨 드셨어요. 정말이지 넷째 공주만큼 태후마마의 성격을 꿰뚫고 있는 분도 없었답니다. 청려관 층계에는 시중드는 태감들이, 통로에는 찬합을 든 사람들이 다들 챙이 큰 모자에 검고 긴 장화를 신고 오갔는데 그 가운데 가장 돋보이는 사람은 단연 넷째 공주마마였어요. 몇 년 동안이나 태후마마의 총애가 식지 않으셨지요. 그래서 우리도 자연히 넷째 공주마마를 우리의 지도자로 칭한 것이고요."

서태후와 넷째 공주가 설경을 감상하고 있다.

"넷째 공주는 성품이 시원시원하셔서 위아래 사람 모두 그분을 좋아했어요. 아마 이허위안에 머무셔서 그랬겠지만 왕부[황족이나 왕족이 기거하던 저택] 안의 공주들처럼 도도한 모습은 찾아볼 수 없었답니다. 룽위 황후의 성격과는 완전히 딴판이었지요. 룽위 황후는 허세로 가득한 분이었어요. 작은 일은 신경도 쓰지 않았고 큰일에는 온갖 생색을 다 냈지요. 태후마마와는 고모와 질녀 사이였는데, 사실 이보다 더 가까운 관계도 없지 않나요? 이치를 따지면 당연히 서로 친밀해야겠지만 태후마마는 한 달에 한 번도 채 황후마마를 보시지 않았어요. 태후마마가 어떻게 대하시든 그래도 고모님이니 황후마마도 태후마마를 마땅히 친밀하게 대해야 할 텐데 그분은 늘 냉랭한 얼굴, 뾰로통한 표정으로 딱딱하게만 굴었어요. 이렇게 되니 넷째 공주가 더욱 총애를 받을 수밖에요. 넷째 공주 역시 실권 세력이었어요. 이허위안을 수리한 경왕의 딸이었으니까요. 경왕은 군기처를 통솔하는 사람이었고 리롄잉과도 막역한 관계였으니 재물이 넘쳐나는 것은 물론이고 이허위안 내에서도 돈을 물 쓰듯 썼지요. 그러니 안팎으로 누구나 넷째 공주마마를 떠받들 수밖에요. 그럼에도 그분은 예를 지킬 줄 알았어요. 설을 쇨 때 첫째 공주가 아랫사람들에게 상으로 200냥의 은을 내리면 넷째 공주는 180냥을 넘지 않았어요. 이는 자신이 무엇을 하든 첫째 공주를 넘어서서는 안 되며 물이 아무리 불어나도 다리를 넘으면 안 된다는 생각에서였지요. 넷째 공주마마는 평소에 아랫사람들에게 상을 자주 내리셨고 이허위안에서 왕부로 돌아갈 때마다 한 차례씩 은 주머니를 주시기도 했어요. 거기다 매번 머리핀이며 장신구 같은 작은 선물을 모두에게 골고루 나누어주셨지요. 그래서 늘 인간관계가 좋았고 모두 그분을 자진해서 따랐답니다. 또 기회가 있을 때마다 그분에게 고마움을 표하려 애썼지요."

"이런 식사는 윗사람이나 아랫사람이나 모두에게 즐거운 일이었어요. 넷째 공주마마는 순풍에 돛을 단 듯 태후마마를 기쁘게 해드렸고요. 정오에도 특별히 태후마마의 식사 시중을 맡으셨어요. 식사를 마치면 태후마마는 차로 입가심을 하고 산책 나갈 준비를 하셨지요."

"태후마마의 산책 모습은 기품이 넘쳤어요. 화로를 든 사람, 우산을 받치는 사람, 물담뱃대를 올리는 사람, 또 두 사람이 등나무 의자를 짊어지고 뒤를 따랐지요. 넷째 공주는 태후마마의 어깨 뒤에 있다가 부르시면 언제든지 대령했고요. 그렇게 물그릇을 내놓은 곳까지 행차하셨어요. 탁자 위 한가운데에 놓인 푸른 자기 항아리는 특별히 태후마마를 위해 준비해놓은 것이었지요. 태후마마께 바느질 솜씨를 달라고 구할 필요는 없었지만 태후마마의 눈이 연세가 더 드셔도 항상 밝으시기를 궁녀들이 직녀에게 기원하는 것이었어요. 태후마마는 이를 가장 기뻐하셨어요. 이때 넷째 공주마마가 눈짓을 하면 샤오쥐안쯔가 곧 손을 씻고, 옆에 있는 사람들도 바가지를 높이 들어 정성스럽게 손 위로 물을 끼얹었어요. 이어서 샤오쥐안쯔는 두 손을 모아 합장을 하고는 두 눈을 감고 세 번 고개를 들었어요. 하늘을 우러러보면서 태후마마 대신 복을 비는 것이었지요. 그리고 하늘을 향한 공경의 뜻으로 머리를 땅에 조아린 뒤 일어나서 말없이 물그릇이 있는 곳으로 갔어요. 이때 샤오추이는 무릎을 꿇고 접시를 머리 위로 받쳐 들지요. 그러면 샤오쥐안쯔가 손톱으로 자수용 바늘 한 개를 집어서 가볍게 수면 위에 놓았어요. 바늘은 놓았을 때 남북을 향하도록 해야 했어요. 바늘 끝이 북쪽을, 바늘귀가 남쪽을 향하도록 말이에요. 또 햇빛이 바늘귀 가운데를 비칠 수 있도록 놓아야 했어요. 이를 '붉은 해가 창을 통과한다'고 말했지요. 바늘은 물 위를 동동 떠다니고 바늘 그림자는 물 아래로 가라앉는데 이때 바늘 그림자 끝부분에 미세한 흰 점을 볼 수 있어요. 바로 바늘귀 사이로 비친 햇빛이지요. 그것을 보면서 태후마마의 눈 건강과 만수무강을 기원했답니다. 이 일은 반드시 영리하고 손끝이 여문 샤오쥐안쯔가 해야 했어요. 바늘귀를 수면 위에 평평하게 놓는 것은 꽤 어려운 일이거든요. 바늘을 잘 놓아야만 '붉은 해가 창을 통과'할 수 있지 만약 바늘귀가 옆으로 돌아가버리면 좋은 결과를 볼 수 없었어요. 이것은 모두 태후마마를 기쁘게 해드리기 위해 넷째 공주가 계획하신 것인데 이것 때문에 그들이 얼마나 연습을 거듭했는지 몰라요."

"그런 다음에는 붉은 해가 창을 통과한 바늘귀를 보이며 태후마마의 공평하신 판단을 청했어요. 물론 이때도 넷째 공주마마가 앞장섰지요. 태후마마가 기뻐하는 얼굴을 보이시면 수많은 궁녀가 덩달아 정신없이 기뻐 날뛰고 태감들은 태후마마의 주위를 둥글게 돌면서 만수무강을 빌었답니다. 그러다가 어느 궁녀가 앞으로 나아가 특별히 인사를 올리고 태후마마의 복에 기대어 다시 바늘을 떨어뜨리지요. 바늘 그림자가 베틀 북 모양으로 나올 때는 넷째 공주마마가 '직녀가 베틀 북을 너에게 빌려주었구나. 네 바느질 솜씨와 옷 다루는 솜씨가 앞으로 더욱 정교해질 것이다'라고 하셨어요. 또 어떤 때는 바늘 그림자가 한쪽은 굵고 다른 한쪽은 가늘게 나오는데 이는 다듬잇돌 위의 다듬이 방망이라고 하시면서 앞으로 옷을 깨끗하게 빠는 솜씨가 더 늘 거라고 말씀해주셨어요. 또 어떤 그림자는 원래의 바늘 모양 그대로 나타났는데 이는 직녀가 자수용 바늘을 주어서 자수를 잘하게 될 것이라고 말씀하셨고요. 때로는 바늘 그림자가 붓처럼 생겨서 직녀가 용과 봉황을 묘사하는 재주를 주신 것이라고 하셨답니다. 가장 안 좋은 바늘 그림자는 두 가장자리가 굵고 가운데가 가늘게 나타나는 것인데 이는 빨랫방망이 그림자라고 불렀어요. 이것은 직녀가 그 사람의 아둔함을 싫어한다는 뜻이어서 태후마마의 실소를 자아냈지요. 어떤 사람은 덜렁대서 바늘이 평평하게 뜨기는커녕 아예 물밑으로 가라앉아버리는 경우도 있었어요. 이것은 직녀와 아무런 연분이 없다는 것을 의미하지요. 바늘 그림자 때문에 입을 삐쭉이고 있는 것을 보면 태후마마는 또

웃음을 참지 못하셨답니다. 모두 오랜만에 태후마마 앞에서 이렇게 재미
있게 놀고 있으니 다른 궁 사람들도 와서 이 바늘 떨어뜨리는 놀이에 참여
했어요. 태후마마도 사람들이 모여드는 것을 좋아하셨고요. 태후마마의
자애로움이 나타날 좋은 기회였으니 말이에요."

"정오인 데다 7월의 날씨는 더워서 이 놀이를 길게 하지는 않았어
요. 태후마마가 산책하시는 동안 했는데 태후마마는 곧 낮잠을 주무셔야
했으니까요. 하지만 놀이를 마무리하면서 넷째 공주마마가 한마디 덧붙이
시지요. 오늘 저녁 바늘에 실 꿰는 시합을 해서 누가 가장 잘하는지 보겠
다고요. 물론 모두 좋아했지요."

"이는 궁중 여자아이들에게 있어서 1년에 한 번 있는 큰 오락회였어
요. 설을 쇨 때보다도 훨씬 더 흥겨운 날이었지요. 내가 수준이 낮아서가
아니라 감히 말하지만 여자아이들에게 있어 이런 것보다 더 흥분되는 일
은 없지요."

"이 시합을 하기 4, 5일 전에 넷째 공주마마가 말씀을 하셔서 미리
바늘과 실을 모두 구비해두었어요. 시합 날 언제, 무엇을 분부하셔도 바로
바로 나올 수 있게끔 말이지요. 먼저 자수용 바늘을 준비해놓고 손으로
잘 골라야 해요. 바늘귀 크기가 모두 비슷한 것을 골라 10개를 한 묶음으
로 해서 바늘 종이 집게 안에 넣어놓지요. 그런 다음 순백색의 얇은 실을
약 15센티미터씩 고르게 잘라 실마리를 떼지 않은 채 10개를 한 묶음으로
해서 함에 넣어놓아요. 이것이 첫 번째 할 일이지요."

"그런 다음에는 짧고 굵은 바늘을 준비해요. 이 바늘은 눈썹 바늘
이라고 불렀는데 두껍고 거친 바느질감을 다룰 때 자주 쓰는 것이었어요.
이것도 바늘귀 크기가 비슷비슷한 것으로 잘 골라 10개를 한 묶음으로 해
서 종이 집게 위에 따로 놓아두어요. 그리고 나서는 두꺼운 실을 준비했어
요. 이 실은 서선鼠線이라고 불렀는데(어쩌면 촉선蜀線이 맞을지도 몰라요. 그

때 분명하게 물어보지 않았어요.) 서선도 약 15센티미터 길이로 실 끝을 가지런하게 잘라서 10개를 한 묶음으로 함에 넣어두었어요. 이렇게 각각 10개의 자수용 바늘과 얇은 실, 눈썹 바늘과 굵은 서선을 맞춰놓지요."

"각 묶음에는 대나무 꼬챙이 두 개를 함께 두었어요. 젓가락 정도의 길이로 매우 정교하고 각각에 공작 장식이 새겨져 있었지요. 그리고 또 길이 약 30센티미터에 3센티미터 넓이의 비단 끈 두 개를 준비했어요. 여기까지 해야 모든 준비가 끝났답니다."

"태후마마는 다 같이 시끌벅적한 것을 좋아하셨어요. 저녁식사를 마친 후에도 한참이 지나서야 날이 어두워지는데 저녁에는 날씨가 선선해 태후마마가 놀이를 즐기시기에 딱 좋았지요. 넷째 공주마마가 태후마마를 모시고 느린 걸음으로 해취원諧趣園으로 향했어요. 이곳은 사방에 굽이진 회랑과 정자가 있었지요. 정중앙에 있는 큰 못에는 맑은 물 위로 연꽃이 가득 피어 있었어요. 넷째 공주마마는 태후마마를 중앙 회랑 안으로 모시고 편안한 의자에 앉으시도록 했어요. 두 궁녀가 태후마마 양옆에 서서 가볍게 부채질을 했고요. 태후마마의 발 옆에는 모기를 쫓기 위한 장향도 놓여 있었지요. 얼마 안 있어 황후마마와 근비마마도 태후마마를 모시러 왔어요. 시원한 바람이 불면서 이허위안 가득히 연꽃 향기가 풍기고 날이 점점 어두워지면서 상현달이 살그머니 서남쪽 하늘에 걸렸어요. 정자 밖 회랑에도 점차 사람들이 모여들기 시작했고요. 모두 바늘귀 꿰기 시합에 참가하거나 구경하려고 각 궁에서 온 사람들이었어요. 이날은 특별 허가로 올 수 있었거든요."

"넷째 공주마마가 태후마마의 분부를 청하고 또 황후마마와 후궁 마마들께도 분부를 청한 뒤 곧 시합의 시작을 알렸어요. 먼저 바늘귀 꿰기 시합에 참가하는 이들에 대해 이야기해볼게요. 이 시합은 원하는 사람이면 누구나 참가할 수 있었고 나이도 관계없었어요. 각 참가자에게는 두 묶음의 바늘과 실, 두 개의 대나무 꼬챙이와 두 개의 끈을 나누어줬지요. 가장 먼저 두 묶음의 바늘에 모두 실을 꿰고(가는 실과 굵은 실) 다 꿴 다음에는 실 끝을 가지런히 해놓았어요. 또 반드시 실 끝부분에 매듭을 짓고 10개의 매듭을 가지런히 놓아두어야 했어요. 그런 다음 바늘에 꿴 실을 늘어뜨려 대나무 꼬챙이에 놓고 잘 맞춘 다음 채색 끈으로 꼬챙이를 묶었지요. 마무리는 끈을 나비 모양으로 묶어 꼬챙이의 공작 머리와 나란히 짝을 맞추면 되었어요. 나비매듭은 크고 아름답게 묶는 것을 잘된 것으로 쳤어요. 모두 숨을 죽이고 넷째 공주의 낭랑한 목소리에 귀를 기울였어요. 공주마마는 말을 마치면 궁녀들을 관리하는 마마님 네 명을 시켜 네 개의 향에 불을 붙이도록 했어요. 동서남북으로 하나씩 불을 붙여 향이 재가 되면 시합이 종료되었답니다.

　　이것은 시간을 다투는 시합이었어요. 비록 달이 뜨긴 하지만 미미한 달빛으로는 잘 보이지 않아 실눈을 뜰 수밖에 없었지요. 실은 또 부드럽고 연약하잖아요. 달빛 아래에서 20개의 바늘에 실을 꿰고, 실을 꿴 바늘을 대나무 꼬챙이 위에 맞추고, 그것을 또 끈으로 묶어서 나비 모양 매듭을 짓고 바늘이 떨어지지 않도록 해야 하니 정말 어려운 시합이었지요."

　　"그래서 달빛 아래에서 바늘을 꿸 때는 결코 눈에 의존하지 않아요. 전부 손의 감각에 의지하지요. 이는 완전히 그 사람의 바느질 실력에 달려 있어요. 자수를 하는 여자들은 본래부터 손 감각이 있어서 왼손 새끼손가락 손톱으로 자수용 바늘을 하나 골라놓고 다시 엄지손가락과 집게손가락으로 바늘을 비비면 바늘귀가 어디에 있는지 금방 알아냈어요. 그렇게 바늘귀를 제 위치에 놓고 오른손 새끼손가락으로 가는 실을 골라놓은 뒤, 이번에도 엄지손가락과 집게손가락으로 실 끝을 세게 비빈 다음 혀로 가볍게 침을 묻히면 실이 가지런해졌어요. 그러고는 왼손으로 바늘을 지탱하면서 가볍게 실을 맞추면 실은 곧 바늘귀에 들어갔지요. 그러면

청대 화가 렁메이冷枚가 그리고 량스정梁詩正이 쓴 「월만청유도책月曼清游圖冊」속의 걸교乞巧. 궁중 여인들이 칠석날 바늘에 실을 꿰고 바늘 그림자를 보면서 바느질 솜씨를 구하던 놀이를 묘사했다.

눈 깜짝할 사이에 오른손으로 날듯이 빠르게 실을 잡고 밖으로 잡아당겨 빼냈답니다. 이렇게 모든 것을 감각에만 의존해서 바늘에 실을 꿰는 일은 정말 보통 실력으로는 안 되는 일이었어요. 왼손의 바늘은 오른손에 있는 실에 걸릴 때 조금도 흔들리지 않아야 하지요. 10개의 자수용 바늘에 실을 꿰고 이어서 10개의 굵은 눈썹 바늘에 실을 꿴 다음에는 가는 실의 끄트머리를 가지런히 놓고 같은 위치에 같은 크기로 매듭을 지은 뒤 다시 가지런히 놓았어요. 그것을 대나무 꼬챙이에 놓고 꼬챙이 위를 채색 비단 끈으로 나비매듭이 나오게 묶었지요. 바늘과 실이 떨어지지 않게 말이에요. 이렇게 해서 첫 번째 승리자가 나오면 완성된 대나무 꼬챙이들을 공작머리가 밖으로 향하도록 양 손에 하나씩 들고 채색 비단 끈을 흔들어요. 그런 다음 넷째 공주마마 앞으로 가서 검사를 받지요. 만약 합격이면 꼬챙이는 마마님께 건네드리고 넷째 공주마마가 친히 태후마마 앞으로 데리고 올라가서 태후마마가 직접 내리는 상을 받았답니다. 태후마마는 손재주가 뛰어난 사람을 좋아하셔서 크게 기뻐하시고 자주 큰 상을 내리셨지요. 그 외에 황후마마가 주시는 상도 있고 넷째 공주마마가 주시는 상도 있었어요. 그런 상들을 받지 못해도 바늘에 실을 다 꿴 사람이면 모두 상이 주어졌답니다."

"7월 초에는 과일들이 익는 시기라 바늘귀 꿰기 시합이 끝나고 나면 관례대로 과일을 하사하셔서 다 같이 과일을 먹으며 즐거운 밤을 보냈어요. 이것이 바로 궁의 칠석날 풍경이었지요."

"한바탕 시끌벅적하게 시합이 끝나면 우리 어린 궁녀들은 또 비밀리에 모임을 가졌어요. 등나무 아래나 포도원 안 같은 곳에서 아무도 모르게 조용히 모였지요. 달그림자가 비치는 곳이면 어디든 상관없었어요. 이 시간이 되면 우리는 맑은 물 한 대야를 떠놓고 우리의 운을 점쳐보았어요. 이날은 까치가 다리를 놓아주어 견우와 직녀가 만나는 날이니 맑은 물 안으로 하늘을 바라보면서 까치들의 그림자를 찾았지요. 만약 까치 그림자를 보게 되면 운이 좋은 것이라 여겼어요. 가장 절친한 궁녀와 함께 이룰 수 없는 환상을 꿈꾸면서 기쁜 미래를 그려보았지요. 그렇게 동이 틀 때까지 밤을 새면서 까치 울음소리를 고대했답니다."

"은하수에는 다리가 없다면서요. 또 서왕모는 견우와 직녀가 상대편이 있는 곳으로 가지 못하게 해서 서로 사랑하는 한 쌍의 부부에게 고통을 주었고요. 까치는 그것을 안타까이 여겨 기꺼이 다리가 되어주었지요. 부부는 까치 다리 가운데서 만나 까치 등을 밟고 서서 다시는 헤어지지 않기를 바랐다지요. 하룻밤 사이 까치 머리의 털은 죄다 빠졌지만 그래도 까치들은 기뻐했어요. 얼마나 착한 새인가요! 우리는 일찌감치 어린 태감들에게 부탁해 살아 있는 청개구리를 사놓고 7월 8일 새벽에 놓아주었어요. 그 착한 까치들의 노고에 대한 답례였지요. 마치 우리가 직녀 대신 보답이라도 하듯이 말이에요. 이것이 우리의 마음이었답니다."

허 아주머님은 말을 마치고 또다시 눈물을 흘렸다. 나도 더 이상 그것을 말릴 수 없었다. 눈앞의 일만 봐도 감정이 생기기 마련인데 가슴 아픈 지난날을 돌이켜보면서 누군들 그러지 않겠는가. 더구나 아주머님처럼 신산한 삶을 산 이라면 더더욱 감정을 추스를 수 없을 것이다. 어린 시절 어디선가 배운 사詞의 구절이 지금 불현듯 떠오른다.

은하수, 은하수,
가을 성에 느릿느릿 새벽이 다가오고
마음속에 근심 있는 사람은 그리움에 잠기는데
아득히 먼 길을 서로 떨어져 있으니
이별, 이별이여,
한 은하수에 있으나 오갈 수 있는 길이 없구나!

마지막 "한 은하수에 있으나 오갈 수 있는 길이 없구나!"라는 구절은 허 아주머님에게 있어서도 특별한 의미가 될 것이다. 아주머님은 은하수를 바라보며 얼마나 많은 눈물을 흘렸을까…….

── **악귀를 쫓는 중원절**

칠석날 바느질 솜씨를 구하는 대목을 쓰고 난 뒤 나는 붓을 멈추고 깊은 생각에 잠기지 않을 수 없었다. 청 황궁에서 있었던 여러 가지 일 중 몇 가지는 『홍루몽紅樓夢』에서 그 흔적을 찾을 수 있다.

나보다 독자들에게 더 익숙한 책이니 굳이 책 내용을 소개하지는 않겠다. 『홍루몽』에는 여자아이들이 바느질하는 장면이 많이 서술되어 있다. 사상운史湘雲 같은 여인은 귀족 가문의 아가씨라 할 수 있음에도 과부인 숙모와 함께 바느질하는 장면이 가장 많이 언급된다. 뿐만 아니라 솜씨 또한 뛰어나 보옥寶玉[『홍루몽』의 남자 주인공 가보옥]에게 향주머니(염낭)를 만들어주고 습인襲人[보옥 집안의 시비]을 대신해 보옥의 신발 등을 만들기도 한다. 부유한 상인의 집에서 자란 설보채薛寶釵[보옥의 아내가 되는 여인] 역시 보옥의 집 대관원으로 옮겨온 뒤 향릉香菱과 함께 깊은 가을 밤 창가에서 바느질을 하고 강운헌에서 습인을 대신해 원앙까지 수놓는다! 게다가 임대옥林黛玉[보옥의 사촌 여동생] 같은 규수도 정교한 향주머니를 만들 줄 알았으니 하물며 아랫사람들은 어땠을까. 각 방의 시녀들은 말할 것도 없고, 혜자연慧紫娟은 회랑에 앉아 바느질을 하면서 보옥의 마음을 시험하지 않았던가? 황금앵黃金鶯도 보옥을 위해 매화무늬 망사주머니를 정교하게 엮어내지 않았던가? 습인은 이홍원에서 연꽃과 원앙을 수놓았으며, 누구보다 가장 손재주가 뛰어났던 이로는 청문晴雯을 꼽을 수 있다. 깊은 밤, 공작 금 가죽옷을 만든 솜씨는 가히 으뜸이라 할 수 있을 것이다. 『홍루몽』에는 이렇듯 여자들이 바느질하는 대목이 수십 군데나 나온다. 가보옥도 사계절 즉흥시에서 이렇게 말하지 않았던가. "자수 놓던 미녀가 낮잠에 빠져들 때, 새장 안의 앵무새는 찻물 바꾸라 소리친다." 그 수고도 상당히 고될 것이다. 보차를 예로 들어보면 "보차는 날씨가 선선하고 밤이 긴 것을 보고 어머니 방에서 바느질거리를 이야기했다…… 여공들은 매일 등불 아래서 삼경에 이를 때까지 일을 하고 잠자리에 들었다"라는 부분이 나온다. 그들에게 바느질 어멈(기하인들은 바느질하는 보모를 바느질 어멈이라 부른다)이 없지는 않았을 것이다. 그럼에도 그들은 직접 바느질을 했다. 이는 아마도 대갓집 규수의 규범이었기 때문일 것이다.

한족은 예로부터 여인들에 대한 네 가지 기준이 있었다. 여인의 덕, 여인의 말, 여인의 용모, 여인의 공이 바로 그것이다. 덕은 성품을 뜻한다. 말은 예절에 상응함을, 모습은 용모와 자태를, 공은 자수나 요리 같은 일솜씨를 가리킨다. 한편 만주 여인들은 누르하치努爾哈赤[청나라의 창건자이자 초대 황제] 때 편성된 우록(수렵, 생산, 전쟁을 담당하는 가장 작은 편제 단위)에서부터 이미 전시체제를 이루었다. 남자는 토벌을, 여자는 직물을 맡는 식으로 여자들은 남자들을 후방에서 돕는 일원이었으며 어릴 때부터 부지런히 일해야 했다. 하지만 나라를 세운 뒤에는 한인 문화가 급속도로 받아들여졌고 만주족 대갓집 규수들도 아마 한족 여인들의 네 가지 덕을 규범으로 받아들였을 것이다. 그렇기에 좋은 옷을 입고 좋은 음식을 먹는 규수라 해도 용과 봉황을 수놓는 뛰어난 손재주가 있었을 것이다. 이것이 아니라면 대관원 속 규수들이 여공의 일을 하는 것을 어떻게 해석해야 할까? 또한 이는 궁 안의 상황과도 비슷하다. 많은 사람이 궁녀들은 바늘조차 만질 줄 모르고 실조차 들어본 적 없다고 알고 있다. 주인을 모실 때 외에는 열 손가락에 물 한 방울 묻히지 않는 한가한 생활을 한 줄로 안다. 이것이야말로 청대의 제도를 오해하고 있는 것이다. 궁녀 대부분은 훗날 바느질이나 하며 세월을 보내기 위해 바느질 연습을 하는 것이 아니라 '숙련된 바느질 솜씨'를 보이기 위해 하는 것이다. 그렇기에 그야말로 공예품 같은 장식물들을 만들어낼 수 있는 것이다. 이런 재봉이나 자수는 남자들의 금기서화琴棋書畫[거문고, 바둑, 글씨, 그림 등은 중국 고대 문인이 갖추어야 할 필수 교양이었다]와 마찬가지로 상위계층 여인들에게 일종의 미덕이 되었다. 속된 말로 시집갈 때 혼수품보다 더 높은 자산이 되는 것이다. 여기서 내 이야기를 한마디 해보겠다. 나는 젊었을 적에 남의 집 문턱을 세는 것을 매우 좋아했고(베이징에서는 한가하게 이웃집에 놀러 가는 것을 속된 말로 남의 집 문턱을 센다고 한다. 보통 부정적인 의미로 쓰인다) 기하인 친구 집에도 여러 번 놀러 갔다. 만주인 가정의 부녀들은 거리에서 빈둥거리며 다보보나 먹는 만주 남자들과는 달랐다. 늘 '위 온돌 침대에는 가위를, 아래 부엌에는 요리하는 주걱을' 두고 살았다. 다시 말해 온돌 침대 위에는 항상 바느질 도구가 있어 겨울에는 솜옷을, 여름에는 홑옷을 재단했고, 부엌에는 언제든 요리를 할 수 있도록 요리 도구들이 갖추어져 있었다는 말이다. 가정마다 그 집의 전문 요리가 있을 정도였다. 이는 만주 여인들의 전통이었다. 이전에 본 「사세동당四世同堂」이라는 텔레비전 연속극을 기억하는데 연속극 속에서 집안 어르신(할아버지)의 생일날 장면을 예로 들어볼 수 있겠다. 어떤 사람이 어르신의 생신을 축하하러 와서 어르신이 손님에게 장수면을 대접했는데, 이때 반드시 정성과 공손함의 표시로 손자며느리가 직접 면을 만들어 상에 올려야 했다. 또 손님도 국수를 다 먹은 후에는 반드시 직접 손자며느리에게 인사를 하며 "면이 잘 만들어졌네요. 잘 먹었습니다" 하고 고마움을 표했다. 그러면 손자며느리는 겸손하게 "변변치 못한 솜씨라 송구스럽습니다" 하고 답해야 했다. 이것을 가리켜 서로 간의 예의라고 했다. 어쨌든 베이징에 오래 산 여인은 덕과 말과 모습과 공을 모두 갖추어야 했다. 그 당시 만약 누구 집을 방문했는데 주인이 기계로 면을 뽑아 손님을 대접한다면 손님은 즉시 인사만 하고 소매를 휘날리며 가버렸을 것이다. 이것이 베이징 사람들의 오랜 풍속이었고 기하인 대부분이 이를 따랐다.

『홍루몽』 속의 여인들도 모두 신분에 맞는 언어와 재능을 갖추고 있다. 이는 곧 덕언용공의 구체적인 모습이다. 누구라도 좋으니 박식하고 고상한 학자가 한 명 나와서 청대의 황실 비급과 기록들을 찾고 파헤쳐 청대의 풍습을 묘사해낼 수 있기를 간절히 희망해본다. 그럼으로써 『홍루몽』과 같은 책들을 고증해내고 후세 사람들에게 도움을 줄 수 있기를 바란다. 이런 풍습은 현대 베이징 사람들의 생활에도 계속해서 영향을 미쳐왔다.

허 아주머님이 들려준 이야기가 기억난다. 경자년에 서태후가 황급히 시안으로 피란한 후 음력 11월 중순쯤 되던 때에 베이징에서 호위무관을 시켜 태후에게 겨울옷을 보내왔다. 이는 진비瑨妃와 유비瑜妃가 태후를 위해 직접 만든 것이었다. 진비와 유비는 동치제의 후궁들로 오랫동안 자령궁에 거처하고 있었다. 서태후가 궁을 떠나 있는 것도 염려스럽고 더욱이 산시성의 겨울은 춥고 보온 설비도 낙후되어 있을 것이라 짐작해 옷을 보내온 것이다. 사실 어느 곳이 궁만큼 따뜻하겠는가. 사방이 담벼락으로 둘러싸여 있고 실내에는 온돌 침대가 있으며 어디를 가든 항상 손난로와 각로가 준비되어 있으니 말이다. 그들은 태후를 위해 특별히 솜버선, 털신, 가죽 바지를 지어 보냈는데 그중에서도 가장 많은 것이 솜버선이었다. 궁에 있을 때 서태후는 하루에 한 켤레씩 새 버선을 신었으니 그것을 고려해 버선을 특별히 많이 만들어 보낸 것이다. 본래 이들은 궁에서 일어난 일들에 조금도 간여하지 않고 그저 염불이나 외는 위치였다. 당연히 자수하는 여공들을 부릴 만한 권세도 없었을 것이다. 즉 이 솜옷과 털신, 버선 등은 모두 자신들이 직접 궁녀들을 데리고 만든 것이었다. 무엇이든 서태후의 마음에 들기란 결코 쉽지 않았고 태후가 고개를 끄덕이며 좋다고 말하는 것은 더욱 드문 일이었는데, 그런 서태후가 솜버선과 신발을 보며 대단히 만족스러워했다. 이는 진비, 유비 두 후궁의 바느질 솜씨가 결코 뒤떨어지지 않았음을 증명하는 것이다. 이것도 시안에서의 일인데, 하루는 서태후가 날을 정해 몸을 정결히 하고 고기를 금했다. 그런 태후를 위해 황후는 직접 샹구몐진을 만들고 근비는 샹춘위香椿魚를 만들었으며 넷째 공주는 독창적인 방법으로 마파두부를 만들었다고 한다. 이때도 태후는 무척 기뻐했다. 내가 이런 일들을 열거하는 이유는 청 황궁의 존귀한 황후나 후궁들도 자수며 요리에 능했다는 것을 설명하기 위해서다. 그러니 그 아랫사람들은 어떠했겠는가? 한편, 다음 이야기도 청조 때 궁의 풍조를 충분히 설명할 수 있을 것이다. 서태후가 공연을 좋아하긴 했지만 내궁에 관악기 같은 것은 없었다. 각 궁 정원에도 생관 소리가 들리거나 하지는 않았다. 평상시에는 궁 전체가 조용하고 한가로운 분위기를 유지했지 '궁 안 깊은 곳에서 가무를 즐기는' 경우는 거의 없었다.

　　이야기가 멀리까지 와버린 것 같다. 계속해서 허 아주머니의 이야기를 써보도록 하겠다. 허 아주머니는 늘 작은 목소리로 느릿느릿 강물이 흘러가듯 이야기했다. 느리긴 해도 분명한 어조가 듣는 이의 귀에 또렷이 박혔다.

　　"7월 7일이 지나면 이허위안 분위기가 조금 달라졌어요. 분위기가 착 가라앉았지요. 이미 여러 번 말했듯이 우리에게는 스스로의 희로애락이라는 게 없었어요. 오로지 태후마마의 기분만 보고 사는 사람들이었지요. 아침에 세수하고 나면 이불을 맡은 궁녀는 발 안에서 손짓을 보내 그날 태후마마의 기분이 어떤지를 가장 먼저 알렸어요. 태후마마의 기분에 따라 모두 말과 행동을 조심하도록 말이지요. 이는 우리 궁녀들 사이의 배려였어요. 태후마마의 성격은 좀 독특한 데가 있었어요. 평상시에도 우리 개개인의 손가락 지문 모양까지 아실 정도였지요. 기분이 좋으실 때는 우리를 앞에 불러다놓고 손가락 끝을 자세히 들여다보시면서 지문을 살피셨답니다. 둥근 모양 지문, 빗자루 모양 지문, 쓰레받기 모양 지문 등 각각 얼마나 있는지를 보시면서 말이에요. 둥근 모양 지문은 두斗라고 불렀는데 두가 많으면 좋은 것이라고 해요. 속설에 아홉 개의 두에 한 개의 쓰레받기 모양 지문이 있으면 남에게 부탁하지 않아도 일이 해결된다고 하지요. 이럴 때 태후마마의 온화한 모습은 마치 할머니가 손녀를 대하는 것 같았어요. 하지만 만일 무슨 잘못을 저질러 태후마마의 노여움을 샀을 경우에는 한마디 명령만 떨어지면 궁 밖으로 끌려 나가 매를 맞아야 했지요. 이런 궁녀들의 말로는 누구도 알 수 없어요. 영원히 궁으로 돌아올 수도 없었고요. 매를 맞고 나서 다시 돌아와 태후마마께 사죄하고 계속 일을 하는 것이 아니었어요. 그런 일은 결코 없었지요. 나는 한 번도 매를 맞은 궁녀가 궁에 돌아온 경우를 본 적이 없어요. 이것은 불가능한 일이었어요. 매를 맞으면 원망하는 마음이 생기게 마련이고 원망하는 마음으로는 태후마마 곁에서 시중을 들 수는 없었으니까요. 태후마마는 이 점을 분명히 알고 계셨던 거지요. 우리 어린 궁녀들도 점차 이것을 이해하게 되었어요. 그래서 무슨 일이고 조심스럽게 태후마마의 안색을 살폈지요. 아침에 일어나면 야간 당직을 섰던 궁녀든 이불 시중을 드는 궁녀든 하나같이 태후마마의 기분부터 살폈어요. 만약 숨이 고르고 느릿느릿 차분한 어조로 말씀하시면 태후마마와 웃으며 이야기를 나눌 수 있었지요. 하지만 말씀하시는 분위기가 뻣뻣하다 싶으면 그날은 아예 입을 닫고 있어야 돼요. 그저 '네' '분부대로 하겠습니다'라는 대답만 해야 했지요. 이때만 잘 피하면 태후마마도 누그러지셔서 무사히 잘 넘길 수 있었어요. 이것이 바로 우리 시중드는 궁녀들의 규범이었어요. 7, 8년간 벌 받지 않고 무사히 지내온 경

이허위안 긴 회랑의 옛 사진

험이기도 하고요."

"본래 7월 15일은 매우 아름다운 절기랍니다. 무더운 여름이 막 지나 날씨가 아침저녁으로 선선해지지요. 기세등등했던 검은 구름도 물고기 배 색깔의 세세한 구름으로 바뀌고, 불어오는 바람도 습기로 끈적이지 않아요. 정말 놀기에도 좋고 무성한 연꽃과 나무들을 보기에도 안성맞춤인 날씨지요. 하지만 태후마마는 하필이면 이런 좋은 날에 외출을 삼가시고 산책도 긴 회랑 북쪽까지만 하셨지요."

"간단히 말하면 태후마마는 귀신을 두려워하셨던 거예요. 중원절은 귀신의 날이라고 하더군요. 궁에서는 이날에 대해 전해 내려오는 이야기가 굉장히 많아요. 사람이 여럿 모여서 말하다보면 이야기에 살이 붙어서 점점 더 허황한 이야기가 되어갔지요. 어떤 사람은 이날이 귀신이 제도의 관문을 통과하는 날이라 했어요. 우리가 사는 세상에서는 동짓날이 바로 그런 날이지요. 동지가 다가오면 참수형을 받고 갇힌 죄수들은 머리를 밀고 수염을 깎아야 했어요. 동짓날에 참수형이 있기 때문에 이를 대비하는 것이에요. 이들의 속마음은 그날 자신의 목이 떨어질까 조마조마하지요. 어떤 사람은 동지에 참수형을 받고 지옥으로 떨어져 악귀가 되고, 어떤 사람은 동지를 넘겨 다시 살 희망이 생기는 거예요. 이것이 우리가 사는 세상이지요. 아마 귀신들이 관문을 통과하는 것도 이와 같을 거예요. 어떤 귀신은 지옥에서 건져져 극락세계로 올라가고 고해苦海에서 벗어나게 되지요. 연등을 띄우는 것은 바로 이러한 의미예요. 관세음보살은 남해에 살잖아요. 남해에는 연꽃이 무성해서 연꽃잎으로 배를 만들어 등을 켜놓는다고 해요. 어두컴컴한 고해에 밝은 등을 놓아 방향을 알려줌으로써 이런 원귀들이 배에 올라 열반에 이르게 하는 것이지요. 이것을 가리켜 '자비의 배로 중생을 제도한다慈航普度'고 말해요. 이렇게 귀신들이 관문을 통과하는 날에 그들을 돕는 것은 큰 공덕을 쌓는 일이에요. 저승도 이 세상과 같아서 온갖 악랄한 죄를 지은 흉악한 귀신은 자신이 제도받지 못한다는 것을 알고 옆 사람이 제도받는 것을 질투하며 더 막무가내로 행동한답니다. 현세 사람들 중에 '능지처참을 무릅쓰고 황제를 말에서 떨어뜨린다'는 식으로 행동하는 이처럼 이판사판 행동하는 거지요. 이렇게 하늘도 법도 모르고 악행을 저지르는 망나니들이 귀신 중에는 더 많다고 하니 바로 이런 악귀들을 조심해야 했어요. 또 한 종류의 귀신은 살아생전에 한을 품고 죽은 뒤 자신을 대신할 몸을 찾는 귀신들이래요. 이것들 역시 어디서나 날뛰고 있지요. 이렇게 하늘로 올라가느냐 지옥으로 떨어지느냐 하는 관문을 넘기는 이날에는 귀신들이 도처에 날뛰고 있어서 태후마마는 이 며칠 동안 호수를 거닐지도 않고 외진 곳에도 가지 않으셨답니다."

"태후마마는 미신을 깊이 믿는 분이었어요. 안 믿는 것보다는 믿는 게 낫다는 식으로 대충 믿는 것이 아니라, 정말 진심으로 믿고 계셨지요. 7월 10일이 지나면 잃어버린 물건이 있어도 찾지 못하게 하셨어요. 예를 들어 태후마마가 부채를 어느 곳에 떨어뜨려도 절대 찾으면 안 되었어요. '찾지 말거라. 며칠 후에 다시 보자꾸나' 하고 말씀하셨지요. 며칠이 지나서 정말 찾으면 태후마마는 분명 이렇게 말씀하셨을 거예요. '내가 찾을 필요 없다고 했잖니. 며칠이 지나면 돌아오니까 말이야.' 다른 물건도 마찬가지였어요. 태후마마는 이 며칠 동안 도처에 귀신이 있어서 무언가 아끼는 물건을 발견하면 며칠간 가지고 놀기 때문에 찾지 말아야 한다고 믿으셨거든요. 귀신들을 대할 때는 속 좁게 굴지 말고 대범하고 넉넉한 마음으로 대해야 한다고 하셨지요. 만약 사람이 조급해하면 그것들은 도리어 물건을 망가뜨려 외진 구석에 던져버린다고 하시면서요. 이는 곧 화가 났다는 표시이지요. 우리 현세에 사는 사람들이 귀신들을 화나게 할 필요가 뭐가 있니요. 태후마마의 이런 세심함과 넓은 도량은 사람들을 대할 때는 많이 볼 수 없었어요. 오직 귀신들에게만 이렇게 큰 아량으로 자비를 베푸셨지요."

"이 기간에는 이허위안에 별별 이야기가 무수히 떠돌았어요. 어느 두 어린 태감이 달빛이 몽롱한 밤 호수 서쪽 기슭 라과교[옥대교의 속칭. 곱사등이 다리, 아치형 교각] 북쪽으로 귀뚜라미를 잡으러 갔는데 거기서 두 사람이 돌다리의 난간에 걸터앉아 있는 것을 보았대요. 서로를 바라보며 앉아 있는 것이 마치 속 이야기를 나누는 것 같기도 하고 무슨 일을 의논하는 것 같기도 했대요. 그중 한 사람은 시종일관 손짓을 하면서 이야기를 했는데 그들이 말하는 목소리는 들리지 않았대요. 두 어린 태감은 호위병들이 야간순찰을 돌다가 서로 다툼이 일어난 줄로 여기고 잠시 바라보다가 금세 지루해져서 돌아섰다지요. 시간이 한참 흐른 뒤 태감들이 다시 가까이 가서 자세히 살펴보니 그 두 사람은 모두 머리가 없고 이야기를 하고 있지도 않았대요. 머리가 없으니 그저 서로 손짓만 주고받고 있었던 거지요. 두 태감은 놀라 귀뚜라미가 든 통을 내팽개치고 걸음아 날 살려라 도망쳤다고 해요. 돌아온 뒤에도 식음을 전폐하고 2, 3일을 정신 나간 사람처럼 보냈는데 마치 큰 병이 난 것 같았다고 하더군요."

"또 이것은 장푸 어르신이 내게 직접 들려준 이야기예요. '어느 날 밤 나는 계속 가슴이 답답해서 밖으로 나갔단다. 긴 회랑에 잠시 앉아 바람을 쐬면서 답답한 속을 풀고 싶었지. 가슴속에 답답한 기운이 있으면 곧 귀신이 와서 그 사람을 속인단다. 내가 등을 회랑 기둥에 기대고 있는데 저 멀리 서쪽 굽이진 회랑에서 어떤 사람이 담배를 피우고 있는 게 보이지 뭐니. 담뱃대 대통 안의 불이 밝아졌다 꺼졌다 하면서 말이야. 나는 속으로 '누가 감히 회랑에서 담배를 피운단 말인가. 회랑 안에서는 어느 때고 담배를 피우지 못하도록 되어 있는데'라고 생각하고는 일어서서 도대체 누구인지 쫓아가보았어. 하지만 서둘러 쫓아도 따라잡을 수가 없는 거야. 대통 안의 불은 더 표연하게 덩어리를 이루며 휘날리고 말이지. 나는 조금

화가 나서 외쳤어. '목이 달아나지 않으려거든 당장 그만두지 못할까!' 하, 그런데 내 말은 도통 무시하지 뭐니. 이때 마침 서쪽에서 야간순찰을 돌던 두 사람이 내가 외치는 소리를 듣고 회랑을 따라 걸어와서 내게 물었어. '방금 누구에게 소리친 거요?' 내가 말했지. '어떤 녀석이 회랑 안에서 담배를 피우고 있더군. 당신들과 함께 맞은편으로 걸어갔는데 보지 못했소?' 그러자 순찰을 돌던 두 사람이 이렇게 말했어. '아무도 만난 사람이 없는데. 아무래도 앉아 있다가 갑자기 일어나면서 눈이 침침해졌나보구려.' 바로 이때 나는 고개를 들고 즉시 두 사람에게 말했어. '보시오. 저 담배 피는 사람이 지금도 회랑 안에서 담뱃재를 떨어내고 있지 않소!' 하지만 그 두 사람은 여전히 '우리는 아무것도 안 보이는데'라고 하는 거야. 하! 시운이 나쁘려니 귀신까지 와서 사람을 놀리는 게지. 룽얼, 아마 나도 죽을 날이 멀지 않은가보다. 이런 별 희한한 일을 다 겪으니 말이다.'"

허 아주머님은 여기까지 이야기하고 돌연 말을 멈췄다. 병중에 있는 나를 위해 일부러 어수선한 이야기를 삼가는 것이었다. 내가 속으로 싫어하거나 마음이 심란해지기라도 하면 얼마나 실례가 될지 염려하는 것이다. 그래서 나는 재빨리 이렇게 말했다.

"신경 쓰지 말고 이야기하세요. 전 그런 것 상관 안 해요. 이따가 제가 잠들 때 황력(옛날에는 달력을 황력이라고 불렀다. '헌서[청대의 책력]'라고도 불렀는데 들리는 얘기로 이 헌서는 액막이를 한다고 한다)을 제 베개 아래 밀어 넣어주시면 그만이에요. 그러면 아무 일도 없을 거예요."

아주머님은 내 농담 섞인 말을 듣고서 마음이 좀 가벼워진 듯했나. 나는 허 아주머님이 들려준 이야기 속에서 대강의 상황을 짐작할 수 있었다. 태후에서 환관에 이르기까지 이허위안 전체가 미신의 안개 속에 싸여 이렇게 우매했으니 나랏일은 어땠는지 미루어 짐작히고도 남음이 있다.

"이런 갖가지 이야기가 조금씩 태후마마의 귀로도 들어갔어요. 태후마마는 이런 이야기들을 들으시면 마음에 새기시며 묵묵히 고개를 끄덕이셨지요. 마치 정말 일어난 일을 듣는 것처럼 말이에요. 넷째 공주마마나 리렌잉 같은 사람들은 양심에 부끄러운 일을 하지 않으면 귀신이 문을 열라고 해도 두려워하지 않는다고 생각했지요. 그리고 웃음으로 적을 낮춘다는 말처럼 전혀 개의치 않는 분위기로 늘 그랬듯이 태후마마를 웃겨드렸어요. 하지만 분위기상 감히 방자하게 굴지는 못했지요. 말하는 어투도 조심스러웠고 그전만큼 활기를 띠지는 못한 것을 볼 수 있었어요. 장푸 어르신은 가을날 서리 맞은 풀처럼 온통 풀이 죽어 있었어요. 귀신에 놀란 가슴이 돌덩이처럼 그를 누르고 있었지요."

"설을 쇨 때 받드는 신선은 하늘에서 내려온 분들인 데다 인자하고 의로우셔서 소란을 피우지 않고 주인님들을 보호해주시지요. 귀신은 땅속에서 튀어나온 것들이고 지옥을 빠져나와 제멋대로 나쁜 짓만 하고 다니는 것들이니 태후마마는 신선은 두려워하지 않으셨지만 악귀들은 두려워하셨어요. 이 때문에 중원절은 귀신에게 제사를 올리는 날이에요. 좋은 일들을 해주어 그들이 소란을 피우지 않게 하려는 것이지요."

"우리 역시 무슨 관문을 통과하는 기분이었어요. 낮에는 그래도 좀 나았지요. 사람이 많으면 서로 의지가 되니까요. 밤이 문제였어요. 밤이 되면 궁녀들은 삼삼오오 무리를 지어 함께 붙어 있었고 혼자서는 방에서 나오지도 못했답니다. 잠을 잘 때는 아무리 날씨가 더워도 항상 이불을 머리끝까지 덮어쓰고 잤어요. 우리는 낙수당 뒤쪽에서 잤는데 이허위안에서 지내보지 않은 사람은 그 기분을 몰라요. 밤새도록 여기저기서 온갖 소리가 다 들려오지요. 7월 15일 전후는 각종 벌레와 작은 동물들이 활발히 돌아다니는 때이기도 해서 안채가 밝으면 큰 메뚜기들이 날아와 창가에 부딪혔어요. 메뚜기뿐 아니라 날개 달린 것들은 죄다 날아들었지요. 그러면 또 삵이나 고슴도치들이 땅에 떨어진 메뚜기들을 노리고 찾아왔어요. 밤에 들짐승을 보고 놀란 사람의 비명 소리, 씩씩대는 숨소리, 서로 간에 다투는 소리들로 인해 바깥은 동이 틀 때까지 소란스러웠답니다. 안 그래도 우리 같은 사람들은 아침에 늦잠을 잘까봐 늘 조마조마한데 그것들은 꼭 밤에 소동을 피웠지요. 야간 당직을 서는 태감이 있어도 일일이 다 신경 쓸 수가 없었어요. 또 삵이나 고슴도치 같은 동물들은 본래부터 사람을 두려워하지 않는답니다. 사람이 앞으로 세 발 가면 그것들은 뒤로 세 발 물러서고, 사람이 세 발 뒤로 물러서면 그것들은 또 앞으로 세 발 전진했지요. 더구나 이곳에는 그놈들이 좋아하는 먹이가 널려 있어서 무슨 짓을 해도 쫓아낼 수가 없었어요. 본래 우리 궁녀들의 침실 문은 빗장을 걸지 못하게 했어요. 당직을 서는 동료가 바깥에 있고 또 여자들은 원래 좀 이것저것 방을 드나들 일이 많잖아요. 그래서 문을 닫아두기만 하는데, 때로는 고슴도치가 틈을 봐서 방 안으로 들어오기도 했어요. 그럴 때는 놀라서 머리까지 이불을 뒤집어쓰고 온몸에 식은땀을 흘려야 했지요. 이허위안이 좋은 곳이라는 것은 모르는 사람이 없지만 이곳에서 겪는 고생은 아마 누구도 상상하지 못할 거예요. 당시 우리는 열 몇 살밖에 안 된 철없는 여자아이들이어서 밤낮으로 전전긍긍하며 지냈답니다."

"중원절이 다가오면 모두 연등을 만들었어요. 이때는 이허위안 사람 전체가 같은 기분에 휩싸였어요. 우리는 오랜 세월 궁에 있으면서 자신의 친지를 추모할 기회가 없거든요. 분향도 하지 못하고 지전을 태우는 것도 안 되었어요. 제물을 바치는 것 또한 금지돼 있었고요. 명절이든 기일이든 그저 사람이 없는 곳을 찾아 혼자 우두커니 서서 조용히 몇 마디 추모의 말을 한 다음 눈을 깜박이는 것이 전부였지요. 오직 연등을 만들 때만 이런 그리움을 쏟아 부을 수 있었답니다. 등을 만들면서 돌아가신 분을 기릴 수 있었으니까요. 한 개뿐 아니라 두 개, 세 개씩 만들어서 여러 친지를 애도할 수도 있었어요. 등을 많이 만들어 슬픔을 마음껏 표현하게 해

불향각에서 내려다본 쿤밍 호

주는 것도 어찌 됐든 은혜였다고 볼 수 있지요."

"물론 등을 만들 때도 자신의 슬픔을 겉으로 드러내지는 못했어요. 입으로는 그저 태후마마의 공덕을 쌓기 위해 만드는 것이라고만 말했지요. 하지만 그 마음은 서로 모르는 사람이 없는 비밀이랍니다. 이런 주변 분위기나 마음속에 감춘 슬픔으로 이허위안 전체는 고요한 분위기에 잠겼어요.

"사실 우리 몸종들에게는 특혜가 좀 있었어요. '너희 돌아가신 친지에게 올릴 보자기(제물)도 가지고 가서 법선[음력 7월 15일에 만들어 태우는 종이배. 이 배를 태우면서 망령을 제도한다고 한다]에 넣도록 해라.' 태후마마가 안에서 무심히 이 한마디를 던지시면 그 순간부터 우리는 주변 사람들에게 두루 귀하신 몸들이 되었어요. 이 말씀이 한번 떨어졌다 하면 곧 이허위안 전체에 소문이 퍼져 좀 권세가 있는 태감들도 우리를 찾아와 사정을 했답니다. 부디 공덕을 쌓는 셈치고 자비를 베풀어 그들의 친지(죽은 영혼)를 위한 제물도 같이 가져가달라고 말이에요. 이 법선은 황실에서 쓰는 것이라 보통 사람이 그곳에 제물을 올린다는 것은 무한한 황은이었지요. 또 결코 쉽지 않은 일이었고요. 그들은 부탁 끝에 연신 무릎을 꿇고 절을 하면서 슬픔이 가득한 얼굴로 한없는 고마움을 표했어요. 그것을 보노라면 정말 마음이 움직이지 않을 수 없지요. 우리와 늘 왕래하는 어린 태감들은 말할 것도 없었고요. 이 며칠 동안 그들은 우리를 엿보고 있다가 틈만 있으면 와서 통사정을 했어요. 올 때도 땅에 엎드린 채 멀리서부터 무릎으로 기어와서 부탁을 했지요. 자신들의 친지에게 올릴 제물도 함께 넣어달라고 말이지요. 그리고 앞으로 시키는 일은 무엇이든 하겠다고 하늘을 가리켜 맹세했어요. 목숨 바쳐 은혜에 보답하겠다는 뜻이지요. 사실 그들은 모두 가엾은 아이들입니다. 엄마 뱃속에서 나오자마자 아버지나 어머니 둘 중 한 사람이 세상을 떠나는 바람에 어쩔 수 없이 환관이 된 경우지요. 그들은 누구보다 미신을 깊이 믿었어요. 그래서 이 법선이 진지에게 베풀어줄 수 있는 다시없을 기회라고 여겼지요. 지난번 칠석날 우리가 빚진 수고를 이렇게 갚는 셈치면 그들에게는 하늘같은 은혜가 되는 것이었어요."

"내 단짝친구였던 춘링쯔가 또 생각나네요. 춘링쯔는 이 며칠 동안 누구보다 침울해 있었어요. 우리도 모두 춘링쯔를 동정했지요. 춘링쯔는 어릴 적에 어머니를 잃고 새어머니는 또 그 애를 무척 냉대했대요. 춘링쯔의 친어머니는 춘링쯔까지 세 명의 딸을 낳았는데 그중 춘링쯔가 막내였어요. 춘링쯔가 네 살 때 그만 돌아가셨다고 하지요. 춘링쯔가 언니에게 들은 얘기로는 어머니가 돌아가시기 전 이런 말을 남겼다고 해요. '살아생전 너희 셋의 옷을 빨고 풀을 먹이느라 몇 통의 물을 썼는지 모른단다. 나는 아마 죽고 나면 저승에서 벌로 그 더러운 물을 모두 마셔야 할 게야. 이 어미가 바라는 건 다른 것 없다. 너희가 종이로 만든 소를 보내주면 나를 대신해 더러운 물을 마시게 할 수 있으니 그것으로 이 어미에게 효를 다했다고 생각하마. 그래서 춘링쯔는 종이 소를 법선에 넣어 돌아가신 어머니께 보내고 싶어했어요. 다만 태후마마가 허락하지 않으실까 그것이 걱정이었지요. 이런 일에 발 빠른 샤오쥐안쯔가 춘링쯔 대신 태후마마께 말씀을 올렸더니 태후마마는 크게 칭찬하시면서 '링쯔가 정말 효심이 깊구나. 그렇게 하도록 해라'라고 말씀하셨답니다. 태후마마가 내리시는 특별한 은혜였지요. 이 시기 태후마마는 무슨 부탁을 드려도 들어주셨어요."

"내가 감히 말하자면 태후마마는 만년에 거의 이러셨어요. 평상시에는 자주 입을 굳게 닫고 한나절이나 아무런 말씀이 없으셨지요. 말이 없다는 것은 마음에 무슨 고민거리가 있다는 뜻이겠지요. 하지만 이런 때 아랫사람들에게는 더욱 자애로우셨답니다. 춘링쯔의 일을 보아도 알 수 있지요. 이때가 대략 무술년(1898) 7월 15일 전후였어요."

사원에서 라마승이 액막이 춤을 추는 모습

"7월 13일 저녁부터 법사가 시작되었어요. 이때가 되면 우리는 더 엄격히 규범을 지켜야 했지요. 첫째로 회랑 남쪽에 가면 안 되고, 둘째는 드나들 때 반드시 대야에 떠놓은 물에 자신의 모습을 비춰봐야 했어요. 법사는 세 개의 장막 안에서 진행되었는데 첫 번째는 불승, 두 번째는 도사, 세 번째는 라마승이 주도했어요. 법사를 맡은 승려들은 모두 가장 유명하고 지위가 높은 승려였지요. 법원사法源寺의 불승, 백운관白雲觀의 도사, 옹화궁의 라마승이 그들이었는데, 평소에는 청해도 잘 오지 않았지만 태후마마가 법사를 할 때만큼은 꼭 와서 법사를 베풀며 사람들과 널리 인연을 맺었어요. 각 장막에 100명씩 모여 각기 불승의 바라, 도사의 장고, 라마승의 법라 같은 절 문을 지키는 법기를 가져와서는 땅거미가 질 무렵부터 불어대면서 법단 주위를 돌았지요. 번갈아 끊임없이 울리는 그 소리를 들으면 종교마다 오묘한 특색들이 있답니다."

"태감들 말을 들으면 불승과 라마승은 사실 같은 유라고 해요. 두 종교 모두 중생의 제도를 이야기하고 선을 권장하며 지장왕보살을 모시니까요. 하지만 도사는 그렇지 않지요. 도사는 법력에 의지하고 또 그들이 이야기하는 것은 혼령들을 붙잡아 진압하고 귀신들을 잡고 최후에는 염구(아귀)에게 시주하는 것[사람이 죽으면 도사가 경을 읽으며 망령을 제도하는 것]이었으니까요."

"염구에게 시주한다고 할 때 염구는 종이로 붙인 염구라는 큰 귀신을 말해요. 염구는 키가 3미터 정도 되고 푸른 도포에 푸른 얼굴을 하고 있지요. 몹시 흉악해 보이는 얼굴에 입가에는 불꽃같이 붉은색을 발라 마치 입에서 화염을 뿜어내는 것 같아요. 그래서 이 귀신을 염구焰口라고 부르지요. 들리는 얘기로 왕사성枉死城 안에는 수천수만의 아귀[생전에 악업을 저질러 늘 굶주리는 벌을 받는 귀신]가 있대요. 그중 푸른 도포에 푸른 얼굴을 한 귀신이 바로 아귀들의 우두머리라고 해요. 7월 15일에 지옥문이 열리면 귀신 무리는 음양계로 가고 불승과 라마승은 경을 읽으며 그들을 제도했어요. 도사는 염구를 붙잡아 그들을 배불리 먹여 지옥에서 나올 수 있게 했지요. 이 세 종교 모두 귀신을 먹이는 음식물을 가리켜 곡식斛食이라고 했는데 이는 밀가루를 큰 판에 놓고 나선형의 둥근 팽이처럼 만든 것이었어요. 과자같이 생긴 이 작고 둥근 밀가루 음식을 가지런히 쌓아올리고 중간 휴식 시간까지 경을 읽으면서 이 음식(작은 밀가루 음식)을 뿌렸답니다. 마지막으로 15일 밤에 귀신들이 배불리 먹고 몸에 힘이 나면 염구는 힘차게 불을 뿜어내 지옥을 밝히고 귀신들은 음양계를 탈출해 이 세상에 다시 태어나지요. 이 법사는 곧 사람과 귀신을 연결하는 일이라고 할 수 있어요."

"법단은 물과 땅, 두 부분으로 나뉘어요. 그래서 수륙도장水陸道場이라고도 불렀지요. 물과 땅은 같은 규모였어요. 염구에게 시주하기 전 종이로 만든 누각을 태우는 순서가 있었어요. 다섯 개의 누각이 나란히 서 있는데 가운데 누각과 옆의 작은 네 누각이 연결되어 있지요. 누각 안에는 금종이와 은종이로 만든 수많은 금은보화를 넣어놓았고요. 물 입구에서 이 누각들을 태웠는데 이는 귀신들에게 여비(노잣돈)를 주는 것이에요. 여비를 가지고 편안하게 가라고 말이지요."

"염구에게 시주하는 것은 법사에서 가장 큰 순서였어요. 북과 바라 소리가 일제히 울리면서 아미타불을 크게 외치고 세 종교가 함께 중생을 제도하지요. 이는 가장 큰 법력이자 가장 큰 자비라고 할 수 있어요. 염구에게 시주하는 동시에 법선을 태워야 했어요. 법선이라는 것은 종이를 발라 만든 큰 배같이 생긴 공간인데 안에는 많은 물건이 들어갈 수 있답니다. 사찰에서 진상한 제물(모두 종이로 만든 것인데 이름 있는 몇몇 사찰만 이것을 만들 자격이 있어요)늘이며 왕부에서 보내온 금박송이논도 있었고, 아미타불, 주문, 천왕경 같은 경서 내용의 종이도 있었지요. 지전도 많았고요. 그 밖에 개인적인 위문품도 있었어요. 이 물건들은 죽은 이와의 헤어짐을 슬퍼하는 것들이었어요. 죽은 혼령으로서도 환생을 위해 가족들과 또다시 이별해야 하는 것이었으니까요. 돌아가신 분의 제사에 예를 다하는 것은 조상을 기리는 중국인의 순박하고 후덕한 정서가 담겨 있는 것이에요. 바로 이런 것에서 그 정서가 여실히 드러나지요. 사람들은 모두 묵념을 하거나 눈물을 흘리면서 조용히 자신의 죽은 가족을 불러보고, 자신이 보낸 위문품이 죽은 이들의 손에 전달되기를 바랐답니다."

"이렇게 해서 모든 준비가 끝났어요. 귀신들은 배불리 먹고 여비도 챙기고 공식적으로 바쳐지는 제물과 개인적인 위문품까지 받았지요. 나루터의 연꽃 배는 일찌감치 준비되어 있었고 배를 이끄는 등불에도 모두 불을 붙여놓았어요. 이 등불이 지옥에서 밝게 빛을 내면 크고 작은 귀신들은 이때를 놓치지 않고 다시 인간 세상으로 태어나야 하지요. 마지막으로 줄 폭죽으로 혼령들을 전송하고 불꽃(상자 모양의 폭죽)을 쏘아 올리고 포도 대를 태워요(복잡하게 생긴 여러 상자 폭죽에 불을 붙이는 것이에요. 몇십 분 동안 불꽃이 지속되었지요). 인간 세상의 가장 장중한 예식으로 그들의 길을 축복해주는 것이지요. 죽은 귀신들을 위해 얼마나 정성을 들여 빈틈없이 준비하는지 아시겠지요."

"그들이 기쁜 마음으로 가야 인간 세상에 말썽이 생기지 않아요. 이것이 바로 중원절 날 법사를 하는 목적이겠지요. 이런 것을 가리켜 돈만 있으면 귀신도 사고 악귀도 쫓아낸다고 하나봐요. 태후마마는 이 도리를 깊이 믿으셨지요."

"법사가 진행되는 동안 태후마마는 청려관 노대에 높이 앉아 계셨어요. 이곳은 바람이 불어 시원하고 모기가 없어서 여름에 자주 가시는 곳이었어요. 또 밝은 달이 가까워 눈을 들어 사방을 둘러보면 법사의 모든 순서를 볼 수 있었지요. 이날은 저녁식사도 이곳에 차렸어요. 7월 15일은 날씨가 더운 때라 음식도 대부분 시원한 것으로 올라갔지요. 수이징지 푸水晶鷄脯(닭 가슴살 요리), 수이징두, 난차오안춘南糟鵪鶉(메추라기 요리), 빙탕야쯔冰糖鴨子(오리 요리) 같은 것들로 말이에요. 식사를 하시면서 승려와 도사들이 경을 암송하는 소리를 들으시고, 이들이 법단을 돌면서 귀신을 보내는 때가 되면 태후마마도 두 손을 합장하고 눈을 감으셨다가 다시 고개를 들어 서남쪽 호숫가 위의 불빛들을 바라보셨어요. 호수 위에서 연화등이 총총히 떠 있는 별처럼 흔들리며 반짝이는 것을 보실 때 아마 마음 속으로 무한한 위안을 느끼셨을 거예요. 이때부터 비와 구름, 안개가 걷히고 모든 것이 화창해졌어요. 중원절 날 마음 깊은 곳에 있던 모든 어두운 그림자가 흩어지는 것처럼 태후마마도 자신의 모든 일에 대해 편안하게 마음을 놓으셨답니다."

허 아주머님의 이야기는 흡사 다음 한 구절을 풀어놓은 듯하다. '송이송이 금빛 연꽃이 물 위에 가득 피고, 법선과 누대를 태우면서 아미타불을 외운다. 깊은 밤 청려관에서 사방을 바라보니 놀라 달아나는 도깨비불이 무수히 많더라.'

옛날 제齊나라 선왕宣王이 맹자에게 말했다. "다른 사람이 품고 있는 마음을 내가 헤아리노라." 즉 풀어서 말하면 '다른 사람의 속마음을 짐작해보겠다'는 것이다. 우리도 여기서 서태후의 속마음을 헤아려볼 수 있을 것 같다. 역사를 공부하다보면 종종 이것저것 연관되는 것들이 있지 않은가. 성어로는 이를 '이고준금以古準今[과거의 일을 지금의 본보기로 삼는다]이라고 한다. 중국에서 가장 처음 권력을 장악한 태후는 여태후였다. 여태후는 조왕 여의如意를 살해하고 조왕의 모친인 척부인戚夫人의 팔다리를 자른 뒤 '인간 돼지'라고 부른 역사상 가장 잔인한 여인이었다. 그런데 최후에는 또 조왕의 망령이 여태후의 목숨을 앗아갔다. 이는 역사서로 권위 있는 『사기史記』 「여태후본기呂太后本紀」에 분명히 기록되어 있다. 3월 중순, 여태후는 침전 밖으로 나가 사악한 것을 제하는 의식에 참례했다. 의식을 마치고 돌아와 지도軹道라는 곳으로 가는데 가는 길에 돌연 검은 개처럼 생긴 물체가 나타나 자신의 겨드랑이 밑을 뚫고 들어오더니 그만 사라져버렸다고 한다. 이에 사람을 불러다 점을 쳐보니 이는 곧 죽은 조왕의 앙갚음이라고 했다. 이때부터 여태후의 겨드랑이 밑에 통증이 오기 시작했다…… 7월 중순, 병세는 더욱 심각해졌고 8월 1일(『사기』에는 7월 30일로 기록되어 있다) 여태후는 그만 세상을 뜨고 말았다. 얼마나 놀라운 일인가! 유방이 죽고 15년 내에 여태후는 대권을 장악하고 마음대로 조종했지만 결국에는 망령에게 죽임을 당하고 말았다. 서태후 역시 이런 궁중 대사를 모를 리 없었을 것이다. 더욱이 이는 중국 역사상 처음으로 대권을 장악한 태후의 말로였다. 서태후의 손에 죽은 사람도 여태후보다 많으면 많았지 결코 적지 않았다. 전례를 돌이켜보고 자신의 말로에 대해 생각해볼 때 서태후는 두려움을 느끼지 않을 수 없었을 것이다. 실권을 장악했던 서태후가 사람은 두려워하지 않아도 귀신을 두려워했던 이유는 아마도 여기에 있었을 것이다.

제4장

서태후와 광서제의 시안 피란

── 시안으로 가기 전에 죽은 진비

우리의 화제는 점차 태후의 시안 피란 이야기로 흘러갔다.

허 아주머님이 이 이야기를 들려주었을 때를 돌이켜보면 대부분 1948년 겨울이었다. 당시는 눈비가 차갑게 내리고 닭 울음소리가 그치지 않던 암울한 시기였다. 국민당 장교 푸쭤이傅作義의 군병들이 흩어져 성으로 들어오고, 해방군[중국공산당이 이끄는 인민군대. 1927년 창군, 1949년 마오쩌둥의 지도 아래 국민당 군대를 섬멸하고 중화인민공화국을 건립했다]이 시험적으로 터뜨린 포탄이 둥단東單 광장에 떨어진 뒤였다. 온 거리는 군병들만이 날뛰었고 우리 집에도 그 파급이 미쳤다. 국민당 군관 한 사람이 집으로 난입해서는 자신의 식솔들이 이곳에 좀 머물러야겠다고 말했다. 마침 그해 겨울에는 아이가 외할머니 집에 가 있어서 방이 비어 있었다. 정말이지 "수재[과거시험의 하나로 명·청대 일반 생원生員을 일컫는 호칭]는 군병을 만나면 아무리 이치에 맞는 말이라도 제대로 할 수 없다"는 말처럼 내 말은 무기 앞에서 무력했고, 그들은 『시경詩經』의 구절대로 "까치집을 비둘기가 차지"하듯이 우리 집을 치지했다. 전헤오는 이야기에 따르면 비둘기 똥은 냄새가 심해 그것을 까치집에 떨어뜨리면 까치는 냄새 때문에 어쩔 수 없이 피한다고 한다. 나는 피해갈 곳조차 없었으니 유일한 방법은 창문을 단단히 닫고 방 안에 틀어박혀 있는 것뿐이었다. 내 병은 눈에 띄게 악화되어갔고 마음 둘 곳이라고는 아무 데도 없었다. 바로 이 시기, 허 아주머님을 불러 태후가 시안으로 피신했던 일이나 들어야겠다는 생각이 들었다.

하지만 아주머님은 정중히 거절했다.

"나는 열세 살에 궁에 들어온 이후 새장에 갇힌 새나 다름없었어요. 신무문 밖으로만 나가면 동서남북이 어리둥절했지요. 그러니 어떻게 태후마마의 시안행을 자세히 설명할 수 있겠어요? 당시 우리는 포롱차를 타고 갔어요. 포롱차란 둥베이 지방 말인데 차 양쪽 측면에 각각 홈이 있고, 3미터가 좀 넘는 대나무 판을 이 홈에 놓고 아치형 틀을 만들어요. 그 안은 갈대를 엮어 만든 삿자리를 깔았고요. 외형을 보면 꼭 라과교 사이사이에 뚫린 구멍같이 생긴 아치형 천막이었지요. 햇빛과 비를 가릴 수 있고 평소에는 통풍이 되게도 할 수 있었어요. 피란을 갈 때 우리 아랫사람들은 이런 차를 타고 갔답니다. 깔개도 많지 않아서 온몸에 땀띠가 나고 옷은 땀에 절어 냄새가 났지요. 머릿속까지 땀띠가 났어요. 또 차가 어찌나 흔들리는지 하루를 타고 가면 온몸의 관절이 늘어나는 것 같았답니다. 그래도 그때는 다 체념하고 아무것도 묻지 않고 차가 어디로 끌고 가든 그 장소에 머물렀어요. 두 달이 넘게 이 어두컴컴하고 암담한 시간들을 보냈지요. 그러니 내가 무엇을 안다고 그때 이야기를 하겠어요!"

허 아주머님은 중얼중얼 한참을 투덜거렸다.

"그래도 자세히 한번 생각해보세요. 일이 일어난 순서대로 하나씩 생각해보면 아마 기억이 좀 나실 거예요. 예를 들면 피란을 떠나기 전 아침이라든가 첫 피란길 정경, 처음 묵었던 곳, 아니면 가는 도중에 있었던 특별한 일 같은 것 말이에요. 인상 깊었던 일이라면 모두 좋은 이야깃거리예요. 그냥 아주머님이 보신 것만 말씀해주시면 돼요."

자금성 낙수당의 옛 사진. 서태후는 이곳에서 만년을 보냈다.

아주머님은 한참이나 말이 없다가 이윽고 고개를 들었다.

"당시 돌아가던 정세나 정치적 암투 같은 거창한 것은 나도 몰라요. 그저 내가 아는 자잘한 일 몇 가지만 이야기할 수 있을 거예요."

"그것도 귀중한 자료가 될 겁니다."

이렇게 해서 아주머님은 띄엄띄엄 이야기를 시작했다.

"피란을 간 때는 광서 26년, 즉 경자년 7월 21일(1900년 8월 15일) 새벽이었어요. 흔히들 말하는 의화단 사건이 있었던 해지요."

그분은 기억을 더듬으며 천천히 말을 이었다.

"그 일이 있은 지 벌써 40여 년이 지났는데도 대강의 상황은 기억이 나네요."

"피란을 갔던 첫날도 기억나요. 7월 20일 오후, 태후마마가 낮잠을 주무시고 일어나신 뒤였지요. 아마 내 기억이 확실할 거예요. 그날 태후마마는 침실에서 낮잠을 주무셨고 궁 안은 조용하기 이를 데 없었어요. 평소 때와 조금도 다름없었지요. 피란을 떠나는 조짐이라고는 전혀 보이지 않았어요. 이날은 마침 내가 낮에 침실 시중을 드는 날이었답니다."

"여기서 몇 마디 부연설명을 또 안 할 수 없네요. 이해는 내가 궁을 나갔다가 다시 돌아온 해였어요. 태후마마는 돌아온 내게 각별히 은혜를 베풀어주셨고 나도 더 조심해서 잘난 척하지 않으려고 애쓰며 온 정성을 다해 태후마마를 모셨지요. 궁 안의 상황도 예전과 많이 달라졌어요. 춘링쯔와 샤오추이는 이미 궁을 떠났고 옛 친구는 샤오쥐안쯔만 남아 있었지요. 샤오쥐안쯔는 내가 궁에 돌아오는 일로 태후마마의 허락이 떨어지도록 얼마나 많은 말로 마마의 환심을 샀는지 몰라요. 물론 샤오쥐안쯔 한 사람의 노력만 있었던 것은 아니지만 어쨌든 나는 그 애가 무척이나 고마웠어요. 그래서 궁에 돌아와서도 샤오쥐안쯔가 시키는 것은 무엇이고 기꺼이 했답니다. 그 애는 총명하고 솔직담백하며 마음속에 사심이 없는 친구였으니까요. 당시 샤오쥐안쯔는 궁에서 궁녀들을 관리하는 큰 마마님이었고 나는 그 애의 조수였어요."

"궁 안에서 우리가 아는 것이라고는 자잘한 일들뿐이었고, 거창한 일들은 조금도 알지 못했어요. 당시 태후마마는 여느 때와 달리 꽤 오랫동안 이허위안에 가지 않으셨지요. 7월 20일이 되기 2, 3일 전, 어린 태감이 알려주는데 힘깨나 쓰는 태감들이 순정문 안 위화위안 두 곳에서 창을 들고 경계 태세를 취하고 있다는 거예요. 왜 그러느냐고 물어도 대답도 하지 않고요. 우리도 밖에서 들려오는 풍문을 듣고 중국인 기독교 신자들을 향해 무슨 소동이 벌어졌다는 것은 알았지만 누구도 무슨 일인지 분명히 아는 사람은 없었지요. 샤오쥐안쯔는 나에게 요 며칠간 각별히 조심하라고 당부했어요. 태후마마의 안색이 하루 종일 굳어 있고 웃는 기색이라고는 조금도 없이 입가가 왼쪽으로 더욱 틀어져 있다고 말이에요. 이는 곧 마음속으로 무언가를 참고 계시며 그것이 언제 터질지 모른다는 것을 의미했어요. 이런 때 궁녀들은 더욱 조심해서 시중을 들어야 했고요. 잠자는 사자의 코털을 건드려 스스로 무덤을 파는 일이 없으려면 말이지요."

"그날 오후, 나는 평상시와 똑같이 침실 서쪽 벽에 기대고 앉아 문 입구를 마주하고 있었어요. 이것은 침실 시중을 드는 자의 규범이었지요. 태후마마는 머리를 서쪽으로 향하고 주무셨고 나는 태후마마의 침대에서 고작 60센티미터 정도 떨어진 곳에 있었어요. 태후마마의 침전에서 일할 때는 보는 사람이 없다 해도 아무도 없는 것처럼 있어서는 안 돼요. 항상 공손하게 책상다리를 하고 앉아서 실눈을 뜬 채 귀를 쫑긋 세우고 있어야 했지요. 온 신경을 집중해서 침대 휘장 안의 소리를 들어야 하니까요."

"그런데 어느 순간 갑자기 태후마마가 벌떡 일어나 앉으시더니 휘장을 걷어올리셨어요. 휘장을 걷는 일은 보통 궁녀가 하는데 이날은 뜻밖에도 태후마마가 직접 일어나서 하시는 거예요. 나는 깜짝 놀라 급히 밖에 있던 궁녀에게 신호를 보냈어요. 태후마마는 황급히 세수를 하시고는 담배도 피우지 않으시고 우리가 올려드린 파인애플 즙도 마다하신 채 한마디 말씀도 없이 낙수당을 나와(이곳은 이허위안의 낙수당이 아니라 저수궁 동쪽 길목에 있는 낙수당이에요) 북쪽으로 걸어가셨어요. 나는 황급히 그 뒤를 쫓았어요. 속으로는 좀 당황스러워서 급히 샤오쥐안쯔에게 이 일을 알렸지요. 샤오쥐안쯔도 뛰어오고, 우리 둘은 서쪽 회랑 중앙까지 태후마마를 황급히 따라갔어요. 그때 태후마마가 말씀하셨지요. "따를 필요 없다." 낮잠에서 깨신 뒤 처음으로 하신 말씀이었어요. 그래서 우리는 태후마마 혼자 북쪽으로 걸어가시는 모습을 그저 바라만 봐야 했어요. 층계를 내려가실 때는 태감 한 명이 태후마마께 인사를 올리고 무슨 이야기를 나누는 것 같았지만 그도 태후마마와 동행하지는 않았어요. 그 역시 우리를 등지고 태후마마가 홀로 이화헌頤和軒으로 들어가시는 것을 바라보기만 했지요."

"음력 7월의 날씨는 정오가 지나면 후덥지근해져요. 반 시진 정도가 지났을 때에야 태후마마가 이화헌에서 나오셨어요. 얼굴은 새파랗게 질리시고 한마디 말씀도 안 하셨지요. 우리는 아까 있던 회랑 위에서 태후마마를 맞았어요."

"실은 바로 이날, 이 시간, 이곳에서 태후마마는 진비마마에게 죽음을 명하셨어요. 사람을 시켜 진비마마를 이화헌 뒤에 있는 우물에 밀어넣으셨지요. 그때에는 아무것도 몰랐지만 저녁에 어떤 사람이 몰래 이야기해주었어요. 그리고 시간이 좀 더 흐른 다음에 일의 전말을 제대로 알게 되었지요. 하지만 알고 난 뒤에는 더더욱 그 일에 대해 한마디도 꺼낼 수 없었답니다."

"내가 아는 중요한 일은 이것이 다예요. 시간이 조용히 흘러가는 동안 인간사는 끊임없이 흥망성쇠를 반복하지요. 옛 왕조가 교체되고 중화민국 시대가 도래하면서 우리 아랫사람들도 아무런 금기 없이 이런 이야기들을 할 수 있는 때가 왔어요. 어느 해 정월, 추이위구이가 우리 집에 놀러와 이 이야기를 나누게 되었지요. 그는 여전히 조금 흥분한 기색으로 태후마마가 자신에게 좀 너무하셨다고 말했어요. 양심에 부끄러운 일이라고도 했고요. 당시 추이위구이와 나눴던 대화를 대강 이야기해볼게요. 똑같이 옮길 수는 없겠지만 차근차근 생각해보도록 하지요."

"추이위구이, 우리는 그를 최 총관이라 부르지 않고 최 회사回事라고 불렀어요. 대태감 리렌잉과 헷갈리지 않기 위해서였지요. 추이위구이는 신축년 태후마마가 시안에서 환궁하신 이후 궁에서 쫓겨나 고루 뒤쪽에 있는 한 사찰에서 지내고 있었어요. 사찰 안에는 궁에서 쫓겨난 여러 태감이 살고 있었지요. 그는 이곳이 궁보다 더 자유롭고 지내기 편하다고 했어요. 그가 쫓겨났어도 이곳에서 지낼 수 있었다는 것은 그래도 그의 사람 됨됨이가 꽤 괜찮았다는 것이에요. 만약 그가 부총관일 때 태감들을 괴롭히고 푸대접했다면 여기서도 머물지 못했을 테니까요. 한 치 혀로 사람을 눌러 죽인다고 여러 사람의 욕을 먹고 쫓겨날 수도 있었겠지만, 그래도 태감들 사이에서 계속 지낼 수 있었다는 것은 그의 인간관계가 꽤 좋았다는 것을 말해주지요. 그는 항시 가족 없이 홀로 지냈어요. 그래서 근심할 일도 없었지요. 평상시에는 아침부터 밤늦게까지 무술을 연마하면서 몸을 단련시키는 것이 소일이었어요."

"나는 그때 베이츠쯔 맹공부孟公府에서 살았고, 머리 빗는 류 태감의 가족이 내자부奶子府 가운데에서 살았어요. 대방가大方家(다팡자) 후통 서쪽 문 안에는 구이공桂公爺(서태후의 친정 남동생 구이샹)이 사셨고요. 추이위구이는 구이공 양아들이었고 또 룽위 황후의 양오라비이기도 했지요. 그 때문에 궁 안에 있을 때노 구이공의 뒷배로 꽤 높은 위치에 있었어요. 태감들이 쓰는 말로는 구이공의 바짓가랑이 사이를 통과했다고 말하지요. 구이공 댁을 오갈 때면 우리 집과 류 태감 가족의 집 앞을 지나야 했어요. 중화민국이 도래한 이래로 추이위구이는 옛 정을 그리며 설이나 명절에는 꼭 구이공 댁을 찾아 얼굴을 보였지요. 비록 구이공은 세상을 떠나셨지만 '살아 있을 때는 정이 있다가 죽으면 버리고 떠나는' 그런 사람으로 남들 입에 오르내리고 싶어하지 않았어요. 옛 은혜를 잊지 않았다는 것을 표시하기 위해 그는 늘 먼저 구이공 댁으로 직행하고 대방가 후통에서 나올 때에야 어슬렁어슬렁 우리 집과 류 태감 집 쪽으로 왔지요. 그는 무술을 연마하는 사람이라 가마 타는 것을 좋아하지 않았어요. 여기까지 온 김에 먼저 내자부의 류 태감 집에 가서 다리를 좀 쉬고 그런 다음에는 우리 집에 놀러왔지요. 늘 이 순서를 지켰답니다. 우리 집에 와서는 자주 밥도 먹고 이야기도 나누다 갔어요. 그와 류(노궁녀의 남편 류 태감)는 예전에 함께 광서제(무술년 전에 태후마마는 추이위구이를 보내 광서제를 살피게 하셨어요)를 모셨고 또 둘 다 기남冀南[허베이 성의 한 지역] 사람이었지요(추이위구이는 허젠河間 사람이고 류는 닝푸寧普 사람이었어요). 원래 고향 사람끼리는 친해지기 마련이잖아요. 뿐만 아니라 둘 다 한곳에서 일해서인지 같이 앉으면 할 이야기도 많았어요. 그는 식성도 좋고 식탐도 컸지요. 북방 사람이라 산둥 음식을 잘 먹었는데 마흔이 넘은 나이에도 큰 접시에 담긴 홍사오하이선[간장 등의 양념을 해서 불에 검붉게 익힌 해삼 요리]을 남김없이 먹어치웠어요. 다 먹고 나서는 입가를 닦고 웃으면서 말했지요. '이제 사흘은 안 먹어도 되겠군.' 그러고는 류와 고향 이야기를 주고받았어요. '우리 기남에 이런 말이 있지. 한 끼를 먹으면 5일은 배가 부르다고 말이야. 그러니 사흘은 적은 편에 속하는 게지!' 그러면 류가 대답하지요. '명색이 주방 총관도 해보신 분이 안 드셔보신 게 뭐가 있습니까?' 그러면 또 그가 응수하지요. '그때는 뭘 먹어도 항상 마음을 졸여야 하는 나날이었지. 지금은 뭐든 편하게 먹을 수 있잖아.'

"추이위구이는 성격이 시원시원해서 일을 할 때도 민첩하고 깔끔했어요. 또 남보다 잘 보이려 애쓰는 구석도 조금은 있었고요. 궁에 있을 때는 나이도 젊었기 때문에 어린 태감들은 그를 가리켜 샤오뤄칭이라 불렀지요. 하지만 그는 좋은 사람이었어요. 결코 뒤에서 남을 음해하는 따위의 사람이 아니었지요. 그래서 태감들도 그를 두려워하긴 했지만 경계하지는 않았어요. 또 그는 어느 정도 기개가 있는 인물이기도 했어요. 그와 리렌잉은 겉으로는 별 문제가 없었지만 사실 그다지 친하지는 않았어요. 궁에서 쫓겨난 뒤에도 그는 리렌잉에게 아무것도 부탁하지 않았지요. 그의 제자이기도 한, 유명한 샤오더장小德張에게도 손을 벌리지 않았고요. 샤오더장은 추이위구이의 손으로 발탁되었다고 할 수 있는 사람이에요. 룽위 황후 때는 궁 안에서 꽤 명망이 높았고요. 그런 샤오더장에게도 한 번도 입을 열지 않았어요. 추이위구이의 말을 그대로 옮기면 '시운이 좋지 않으니 그저 팔짱을 끼고 기다릴 뿐 누구에게도 부탁하지 않는다'는 태도였지요. 기남 사람의 기개가 엿보인다고 해야 할까요. 그는 종종 후문교後門橋에 있는 헌옷 가게에 차를 마시러 갔어요. 이 가게는 궁 안의 물건들을 전문적으로 사들이는 곳이어서 주인장은 그를 귀빈으로 떠받들었지요. 하지만 그는 그들이 준 돈을 쓰지도 않았어요. 후문교에서 동남쪽으로 그다지 멀지 않은 곳에 대불사大佛寺가 있는데 첫째 공주마마인 영수공주의 저택이 바로 거기에 있었지요. 안에는 추이위구이가 아는 사람도 많았고요. 하지만 그는 공주마마를 찾아가 부탁하지도 않았답니다."

"그는 곧잘 부술 사범 같은 차림을 하고 다녔어요. 정월에는 해달의 흰 털을 뽑아 만든 부드러운 털모자를 쓰고 우리 집에 왔지요. 털모자를 쓴 모습이 마치 몽고 사냥꾼을 연상케 했는데 한눈에도 궁중 물건이라는 것을 알 수 있었어요. 해달은 수달보다 좀 더 몸집이 크고 바다에 사는 동물이에요. 해달의 모피는 수달보다 몇 배나 더 비싸지요. 이런 해양 동물은 대설이 되기 전에는 모피에 흰 털이 사라지 않고 반드시 일정한 시기가 되어야 자란답니다. 검게 반들거리는 짧고 두터운 털 위로 10센티미터 길이의 은빛 털이 자라요. 해삼위海參威[블라디보스토크]에서만 진상할 뿐 다른 곳에는 없어서 궁에서는 이것을 '와이쯔 물건'이라고 불렀지요. 한편 모자 아래로 입은 은은한 꽃무늬의 검은 비단 마고자에는 가슴과 등에 각각 용 한 마리씩이 똬리를 틀고 있었어요. 중화민국 이전에는 감히 입을 수 없는 옷이었지요. 목둘레에는 6센티미터 높이의 검은 담비털이 달려 있었고요. 그야말로 '머리에는 금장식, 목에는 진주 목걸이[고위 관리들이 목에 걸었다]를 걸고 검은담비 털을 두른' 형상이었어요. 과거 한림원을 거치지 않은 사람은 검은담비 털을 걸칠 수 없었답니다. 커다란 목둘레 털은 밖으로 드러났는데 이런 것을 '끝이 나온 칼라'라고 하지요. 또 모피로 안을 댄 짙은 연두색 무지木機 춘주 두루마기를 걸치고 계절에 맞게 '흰 여우 소' 털에, 옷섶에는 앞뒤로 '둥근 여우 겸' 털이 뚜렷이 드러났어요. 흰 여우 소란 흰 여우 목 아래에 난 털을 말해요. 여우 몸에서 이 털이 가장 길고 또 가장 가볍지요. 여우의 앞 겨드랑이 아래에는 소용돌이 모양의 털이 나 있는데 이곳의 털 역시 가장 두껍고 좋은 것이랍니다. 잘라내면 마치 동전처럼 둥글게 말린 모양을 하고 있지요. 이것을 여우 겸이라고 해요. 여우 소를 입은 사람은 그래도 꽤 볼 수 있지만 여우 소 털에 겸 털을 함께 걸친 여우 가죽 옷은 그야말로 최상급이라고 할 수 있지요. 아래에는 검은색 춘주 솜바지를 입고 뒤로 접힌 바짓단은 푸른 댕기로 묶었어요. 발에는 구름무늬 가득한 비단 털신을 신었고요. 위는 위풍당당한 귀족의 풍모를 하고 아래는 볼품없는 셈이었지요. 이것이 바로 추이위구이란 사람을 충분히 나타내준다고 할 수 있을 거예요. 그는 자주 호기 있게 말했어요. '나는 금란전에 쪼그리고 앉아 있는 원숭이야. 어떤 고귀한 지위에 올려놓아도 사람의 모습이 될 수는 없지' 왕족의 옷차림을 하고 흔들흔들 대로를 걸어가는 사람은 아마 베이징에서 추이위구이가 유일무이했을 거예요."

"추이위구이는 확실히 대단한 사람이었어요. 50이 다 되어가는 나이에 허리도 온전하고 등도 굽지 않았지요. 얼굴은 홍조를 띠고 양쪽 관자놀이가 활발히 움직이는 것이 다른 태감들과는 딴판이었어요. 그는 늘 입버릇처럼 '살아 있는 동안 즐겁고 신나게 살아야지' 하고 말했지요. 다른 태감들은 마흔이 넘어가면 벌써 허리가 구부러진 새우 같았는데 그는 엄격하게 자기 관리를 했어요. 담배도, 술도 금하고 왼손에는 늘 연붉은색 마노[보석의 일종] 코담배 병을 쥐고 있었지요. 오른손 엄지손가락에는 비취반지를 끼었고요(본래 팔기 용사들은 강궁을 당길 때 가죽 고리로 엄지손가락을 보호했는데 이는 나중에 용사를 상징하는 장식물이 되었어요). 그는 '이 반지는 내 오른손이 쓸데없는 일을 하지 않도록 다스리기 위한 거야' 하고 말했어요. 무술 하는 사람이 자신의 손을 잘 관리하는 것은 쉽지 않은 일이었지요."

"잡설을 좀 덧붙여보자면 태감의 아내로 사는 것은 정말 쉽지 않은 일이랍니다. 태감들은 성격이 모질고 속도 좁은 데다 질투심이 강하고 의심이 많지요. 뿐만 아니라 마음이 극도로 비뚤어져 있어요. 류는 평소에 나에게 어떤 남자와도 말하지 못하게 했어요. 거리에 나가는 것은 더더욱 허락하지 않았고요. 친지를 만나러 가거나 이웃에 놀러 가는 것도 금했어요. 마치 상자 속에 갇혀 사는 느낌이었답니다. 오직 추이위구이가 왔을 때만 함께 앉아 이야기를 나눌 수 있었어요. 그는 우리 속사정을 잘 알고 있고 또 류는 그를 꽤 존경했거든요. 우리 부부는 존대하는 의미로 그를 큰아저씨라고 불렀어요. 추이위구이도 허물없이 나를 조카며느리라고 불렀고요. 이렇게 앉아서 우리는 태후마마가 오시기 전후 상황을 이야기했지요."

"그는 흥분한 모양새로 탁자 위에 코담배 병을 한 번 내려치더니 이렇게 말했어요. '태후마마가 확실히 너무하셨지. 그때 당시 나는 정말 눈코 뜰 새 없이 바빴어. 바깥에서는 중국인 신도들을 타파한다고 난리였는데 그 와중에 내궁을 호위하는 일이 나에게 맡겨졌지 뭐야. 나는 밤낮으로 눈도 못 붙였어. 자칫 소홀히 했다가는 내 목이 날아갈 테니까. 두 번째로 내정을 관리하는 직책이 주어졌지. 바깥 정세는 또 어찌나 어지러운지 하루 동안 규기(대신들과의 접견)를 몇 번이나 했는지 몰라. 나는 바깥 군기처의 일을 태후마마께 올려드리고 또 태후마마의 말씀을 전달해야 했지. 태후마마의 귀와 입이 되어서 안팎으로 뛰어다녔어. 뭐 하나라도 잘못되면 목이 날아갈 판이었으니까. 몸은 하나인데 어떻게 그 많은 것을 다 신경 쓸 수 있겠나. 7월 20일 정오에 나는 태후마마가 식사를 마치고 잠시 담배를 피우시는 시간에 식사 명패를 올려드리면 딱 좋겠다고 생각하고 있었어 (식사 명패란 군기처의 패 위에 알현을 청하는 사람들의 이름을 적은 것이에요. 태후마마나 황상이 식사를 하실 때 내정 총관이 쟁반에 담아가지고 와서 올리면 누구는 만나고 누구는 만나지 않는 것을 결정하시지요. 이 패는 약 15센티미터 길이의 얇은 대나무 편인데 윗부분의 3분의 1은 녹색으로, 나머지 3분의 2는 흰색으로 칠해져 있어요. 이 흰색 부분에 알현을 청하는 사람들의 관직이 쓰여 있고요. 속칭 녹색 머리 패라고도 불렸어요). 내가 이런 면에서 세심한 구석이 있지. 태후마마께 직접 식사 명패를 가지고 가면 번거로운 일을 더는 셈이니까. 이는 내 소관의 일이었기 때문에 더욱 조심스러웠어. 그런데 바로 이때, 태후마마가 나에게 이렇게 분부하시는 거야. 미정[오후 2시]에 진비마마를 보아야겠으니 진비마마께 알려 이화헌에서 기다리라고 말이야. 나보고 진비마마께 그렇게 전달하라고 하셨지.' 그는 이 부분에서 더욱 흥분하면서 목소리를 높였어요."

"나는 가기 전에 고민에 빠졌지. 후궁마마께 명을 전달하려면 항상 두 사람이 함께 가야 했거든. 나 혼자서는 진비마마를 궁 밖으로 나오시게 할 수 없었어. 이건 궁의 규범이니까. 그래서 나는 한 사람을 더 찾아서 같이 가야겠다고 생각했어. 나중에 이 일로 또 말썽이 생기지 않도록 말이야. 낙수당 쪽에서는 천취안푸가 사람을 파견하는 일을 관리하고 있었어. 물론 직접 태후마마의 명을 받은 사람은 나였지만 '물이 범람해도 감히 배위를 넘으면 안 된다'는 말이 있듯이 아무래도 이곳 관리자인 천취안푸를 찾아 상의를 좀 하는 게 좋을 것 같았지. 천취안푸는 궁 일도 오래 했고 경험도 많은 사람이라 내게 이렇게 말했어. '이 일은 자네 한 사람이 하도록 지시받았으니 주저할 것은 없네. 하지만 그렇다고 규범을 어기기는 좀 그렇지. 지금 이화헌 일을 관리하는 사람은 왕더환이니 그와 함께 가도록 하게. 명분이 정당하면 말도 이치에 맞는다고 하지 않나. 태후마마가 이화헌을 언급하셨으니 나중에 혹시 말썽이 나더라도 할 말이 있을 테니.' 나는 그의 말이 옳다고 생각했어.'"

"경기각景祺閣 북쪽에 작은 건물이 하나 덩그러니 있어. 둥베이삼소東北三所라 불리던 곳인데 정문은 항상 잠겨 있었지. 문 위에는 내무부에서 열십자로 문을 봉하는 종이를 붙여놓아서 사람들이 드나들려면 서쪽에 있는 곁문으로 다녀야 했어. 우리가 갔을 때도 정문은 닫혀 있었고 사방의 분위기가 쥐 죽은 듯이 조용했지. 우리는 문을 지키는 태감을 통해 진비마마에게 태후마마의 명을 받드시라고 전해올렸어.'"

"그곳은 아무도 돌아보는 이 없는 쓸쓸한 궁이었지. 내가 그때 거기 간 것도 처음이자 마지막이었고. 나중에 궁에 오래 있었던 태감에게 들은 얘기인데 둥베이삼소와 남삼소南三所는 모두 명대에 황실의 유모가 거처하던 곳이라고 해. 유모도 나름 공로가 있으니 나이가 들었다고 궁 밖으로 내보낼 수 없어 이곳에서 살게 한 거지. 그때는 결코 그렇게 적막한 분위기가 아니었대. 진비마마는 북쪽 세 간의 빙 중 가장 서쪽에 있는 빙에서 지내셨는데 문은 밖으로 다 잠겨 있고 창문만 하나 열려 있었어. 식사나 세

진비

수 같은 것도 모두 아랫사람들이 이 창문으로 넣어주었지. 진비마마는 그때 아랫사람들과 이야기를 나누는 것도 금지됐었어. 말을 할 사람이 아무도 없다는 게 아마 가장 지루하고 답답했을 거야. 드시는 것도 그냥 보통 아랫사람들이 먹는 대로였고 하루에 두 번 요강을 비웠지. 또 두 태감이 돌아가면서 감시를 했어. 이 태감들은 말할 것도 없이 태후마마의 사람들이었지. 가장 고생스러운 때는 명절이나 기일 그리고 매달 초하루와 15일이었어. 이날이 되면 태감들은 명을 받들어 진비마마를 문책해야 했지. 말하자면 태감들이 태후마마를 대신해서 진비마마의 죄상을 낱낱이 열거하고 코와 입을 손가락질하면서 질책하는 거였어. 진비마마는 땅에 꿇어앉아 공손히 들어야 했고. 보통 점심식사 시간에 이 일을 했는데 끝나면 진비마마는 반드시 머리를 땅에 조아리고 태후마마의 은혜에 감사를 표해야 했어. 이는 엄격하게 지켜야 하는 황실의 법도였지. 다른 사람들이 모두 기쁘게 명절을 보낼 때 진비마마는 그런 괴로움을 감수해야 했다니까. 생각해봐. 밥 먹기 전에 꿇어앉아 한바탕 질책을 듣고 또 다 듣고 나면 머리를 조아리고 감사 인사를 올려야 하니, 그러고 나면 밥이 넘어가겠어? 하여간 우리는 명을 전한 다음 잠시 서서 기다렸어. 진비마마도 흐트러진 모습으로 우리를 만나고 싶어하지 않으실 테니 머리 빗을 여유를 드려야 했지. 둥베이삼소를 나오면 한 구간 정도 더 걸어가야 이화헌에 도착해. 진비마마가 나오신 뒤 나는 앞에서 길을 안내하고 왕더환은 뒤를 따랐지. 상전을 모실 때는 우리가 가운데서 걸을 수가 없잖아. 반드시 상전을 가운데 두고 한 명은 앞에, 한 명은 뒤에서 따라가야 했지. 진비마마는 화장기 없는 얼굴에 땋은 머리에는 망도 없었어. 또 연푸른색 긴 비단 치파오에 평범한 암록색 비단 신을 신으셨고(연꽃무늬가 있는 신은 신지 못했어). 벌을 받는 비빈들이 보통 이렇게 입지. 진비마마는 가는 내내 한 말씀도 안 하셨어. 아마 좋은 일로 가는 것이 아니라는 것을 대강 눈치 채고 계셨던 것 같아.'"

"이화헌에 도착하니 태후마마는 이미 오셔서 좌정하고 계셨어. 나는 앞으로 가서 무릎을 꿇고 명을 받들어 진비마마를 모시고 왔다고 아뢰었지. 그런 다음 주위를 한 번 쓱 훑어보는데 어찌 된 게 궁녀라고는 한 명도 보이지 않는 거야. 텅 빈 이화헌 안에 태후마마만 홀로 앉아 계셨지. 그때 뭔가 좀 이상하다는 생각이 들었어.'"

"진비마마도 앞으로 가서 머리를 조아리며 '홍복을 받으소서' 하고 인사를 올렸어. 그런 다음 땅에 꿇어 엎드려 머리를 조아리고 태후마마의 말씀을 기다렸지. 이때 분위기가 어찌나 조용했던지 바늘이 떨어지는 소리마저 다 들릴 지경이었어.'"

"태후마마는 그 자리에서 단도직입적으로 말씀하셨어. '서양인들이 성안으로 쳐들어오려 한다. 바깥은 난리가 나서 누구도 제 한 몸 어떻게 될지 모르는 상황이야. 만일 그들에게 치욕을 당하면 황실의 체통은 전부 끝장이고 선대 조상들께도 얼굴을 들 수 없다는 것쯤은 너도 잘 알고 있겠지.' 매우 강경한 어조셨어. 말씀을 마치시고는 턱을 치켜드시고 진비마마에게 눈길 한번 주시지 않은 채 조용히 대답을 기다리셨지.'"

"진비마마는 잠깐 말이 없다가 이내 이렇게 대답하셨어. '알고 있습니다. 선조의 체면을 깎는 일은 없을 것입니다.' 그러자 태후마마가 다시 입을 여셨어. '너는 아직 젊어서 말썽이 나기 쉽다. 우리는 잠시 몸을 피신하려 하나 젊은 너를 데리고 갈 수는 없을 것 같다.' 진비마마가 대답하셨어. '마마는 몸을 피하시옵소서. 황상을 베이징에 두시어 정세를 돌보도록 하시면 될 것입니다.' 이 말이 태후마마의 심기를 건드렸어. 태후마마는 그 말을 듣자마자 얼굴색이 변하시더니 큰 소리로 꾸짖으셨지. '당장 죽음을 코앞에 둔 것이 감히 뭐라고 지껄이는 게냐!'"

"그러자 진비마마도 외쳤어. '저는 죽을죄가 없사옵니다!'

'죄가 있든지 없든지 너는 죽어야 할 것이다!'

'황상을 한번 뵙게 해주시옵소서. 황상은 저를 죽게 내버려두지 않으실 것입니다!'

'황상도 너를 구하지 못할 것이다. 저 계집을 우물 속으로 집어넣어라! 게 누구 없느냐?'"

"이렇게 해서 나랑 왕더환이 같이 진비마마를 붙들어서 정순문貞順門 안 우물 속으로 밀어넣고 말았지. 진비마마는 계속 황상을 뵙게 해달라고 외치다가 결국에는 큰 소리로 이렇게 말씀하셨지. '황상, 베풀어주신 은혜, 내세에서 갚겠나이다.'"

"내 감히 말하지만 태후마마는 처음부터 작정하고 진비마마를 제거하려 하신 게 분명해. 결코 피란 전 경황이 없으셔서 홧김에 우물 속에 넣으라고 하신 게 아니라고 봐.'"

"나는 이 일을 두고두고 잊지 못할 거야. 내 평생 겪었던 일 중에 가장 참혹한 기억이니까. 그때를 돌이켜보면 참, 진비마마께 감탄이 절로 나와. 스물다섯밖에 안 된 여인이었지만 한마디 한마디가 칼보다 더 예리했지. 당장 죽음을 눈앞에 두고도 떠는 기색 하나 없이 '저는 죽어야 할 죄가 없습니다!' '황상은 저를 죽이지 않을 것입니다!' '도망치려거든 도망치십시오. 하지만 황상은 절대 갈 수 없습니다!' 하고 외칠 수 있다니 말이야. 사실 모두 맞는 말이었지. 태후마마는 한마디 대답도 못 하시고 그저 힘으로만 누르셨어. 궁에서 홀로 3년을 틀어박혀 계시던 분이 그렇게 말할 수 있었다니 정말 대단해.'"

"너희도 알다시피 내가 시안에서 조금 먼저 돌아와 환궁하시는 태후마마를 맞은 지 사흘이 채 못 되어 태후마마는 나를 쫓아내셨어. 태후마마 말씀이 당시 정말 진비마마를 우물에 밀어넣을 마음은 없으셨다는 거야. 그저 화가 몹시 나서 하신 말씀인데 그걸 우리가 헤아리지 못하고

정순문 안의 우물. 진비가 이곳에서 죽임을 당했기에 '진비정珍妃井'이라 불리기도 한다.

진비마마를 죽였다는 거지. 그러니까 안 해도 될 일을 이 추이위구이가 마마의 환심을 사고 싶어 무리하게 진비마마를 우물에 밀어넣었고, 그래서 나를 보니 화가 나고 마음이 상하셨다는 말씀이야. 이런 이유로 태후마마는 나를 궁에서 강제로 쫓아내셨어. 그런데 나중에 구이공은 또 뭐라고 하시는지 알아? 어느 사찰이나 억울하게 죽은 혼령은 있게 마련이라는 거야! 거기다 대고 내가 무슨 말을 하겠어? 시안에서 돌아온 뒤로 태후마마는 서양인들을 대하는 태도가 달라지셨어. 처음 서양인을 접견할 때 그들로 하여금 머리를 조아리게 하시던 때와는 달랐지. 서양인 공사의 부인들을 보면 미소를 띠고 악수도 하게 되셨고. 하지만 진비마마를 우물에 밀어넣어 죽인 일을 서양인들도 모두 알고 있었어. 그래서 마마의 체통을 지키기 위해 그 죄를 나에게 뒤집어씌운 거지. 이것이 바로 태후마마가 나에게 너무하신 부분이라는 거야. 하지만 결코 마마가 잔인하셨다고 할 수는 없어. 그래도 목숨만은 살려주셨으니까. 사실 그때 나에게 죄를 뒤집어씌워 죽이셨다 해도 내가 뭘 어쩌겠어? 지금 와서 생각해보면 참 오싹할 일이지. 그래서 궁을 떠난 후부터 지금까지 목이 날아갈까봐 다시는 궁에 발도 들여놓지 못했어. 구이공 말씀으로는 나를 궁에서 쫓아낸 것은 영수 공주의 생각이었대. 이분도 만만치 않은 분이라니까.'"

"추이위구이의 이야기는 여기까지예요. 나는 피란길에서 광서제를 모셨는데 가엾게도 죽은 양같이 눈에 맥이 풀리고 핏기가 없으셨답니다."

진비의 죽음에 대한 이야기를 들은 뒤 나는 절로 머리가 수그러지며 긴 탄식을 금할 수 없었다. 진비가 아무도 찾지 않는 쓸쓸한 궁에서 3년간 치욕을 참은 것은 오직 광서제가 득세하고 더불어 자신도 밝은 날이 오기를 고대한 것이리라. "황상이 잘된다면 굳게 닫힌 문을 원망할 리 있으냐." 오로지 광서제만 잘된다면 쓸쓸한 궁에서 몇 년을 지낸들 무엇이 대수일까! 두 사람 모두 각기 어려운 상황에 처해 있을 때에 서로 격려되어 있었으니 "몸에 봉황의 두 날개는 없지만 마음에 서우의 뿔이 있어 서로 통하는 것이 있네." 진비와 광서제의 애틋한 정은 쉽게 이해가 간다. 그러나 서태후의 잔인한 압박이 이후에도 계속되었는데 광서제가 어떻게 잘될 수 있었겠는가. 그저 "짐은 한나라 헌제보다 못한 자다" 하고 탄식할 뿐이었다(광서제가 잉타이瀛臺에 유폐되어 있었을 때 『삼국연의三國演義』를 보고 스스로 탄식했던 말이다). 30년이나 황제의 자리에 있었지만 자신이 유일하게 사랑했던 여인마저도 지켜주지 못했으니 그야말로 "겨울 만난 매미처럼 소리조차 낼 수 없는" 꼴이었다. 게다가 그 죽음에 대해 감히 한마디 물어볼 수조차 없었으니 정말 가엾은 왕이 아닐 수 없다.

과거 당나라 때 이상은李商隱은 당 현종[당나라 제6대 황제]을 빗대어 "40년간 천자로 있었으나 막수莫愁가 시집갔던 노 씨 집안盧家만도 못하구나"라고 읊었다. 막수는 옛날 남제南齊 때 낙양 출신의 소녀로 멀리 강동 지방의 노 씨 집안에 시집가 백년해로했다. 현종은 40여 년간 황제의 자리에 있었지만 훗날 주변 사람들의 강요에 못 이겨 마외파馬嵬坡에서 양옥환에게 목을 매어 자살하도록 하였으니, 막수가 시집간 노 씨 집안보다도 못하다는 말이다. 이는 물론 광서제의 경우와는 완전히 다르지만 사정은 달라도 결과는 같은 셈이었다. "아득한 그날, 주유에게 처음 시집가던 소교"처럼[소식蘇軾의 「염노교念奴嬌」 일부를 인용] 진비는 광서제 곁에서 아낌없는 은혜와 총애를 입었다. 한때는 이런 우문을 던지기도 했다. "황상이 이렇게 제게 잘해주시면 다른 사람이 저를 시기할 텐데 그것이 두렵지 않으십니까?" 광서제는 자신 있게 대답했다. "내가 황제이거늘 누가 감히 너를 어찌하겠느냐?"(더링德齡의 『광서비기光緒秘記』 참조) 단순했던 광서제는 모든 것을 아주 간단하게만 생각했고 이는 변법자강운동[무술변법이라고도 한다. 청일전쟁 패배 이후 광서제가 캉유웨이 등을 중심으로 한 변법파를 등용하여 정치, 교육 등 청 전반의 제도를 근본적으로 개혁하고자 한 운동. 그러나 서태후의 수구파에 의해 이 운동은 실패로 돌아가고 광서제는 연금된다]을 일으켰을 때도 마찬가지였다. 정세에 대한 계산과 판단이 무척 단순했던 것이다. 결국에는 그저 피란 도중 종이에 큰 거북을 그려 위안스카이의 이름을 쓰고 벽에 붙인 뒤 젓가락을 활 삼아 갈기갈기 조각을 내며 화풀이나 하는 신세가 되었다. 위풍당당한 천자도 어쩔 도리가 없었다(우융吳永의 『경자서수총담庚子西狩叢談』참조).

우리가 청대의 궁중에서 있었던 일에 대해 확실히 아는 것은 불가능하지만 미루어 짐작할 수는 있을 것이다. 당시 후궁은 재능과 지혜를 겸비해야 했으며 정치에 대해서도 머리가 빨라야 했다. 진비는 이 모든 것을 갖추었고 장래 육궁六宮의 비빈을 거느릴 사람으로 부족함이 없었다. 하지만 서태후와 정치적 견해가 맞지 않았기에 서태후는 진비를 살려두었다가는 큰 근심거리가 될 것이 두려워 기회가 생기자마자 죽여버린 것이다. 흔히 "도량이 작으면 군자가 아니요, 독한 마음이 없으면 대장부가 아니다"라고 하는 것처럼 괜한 자비를 베풀었다가 화를 당하는 꼴을 면하기 위해 과감히 광서제의 수족 같은 사람을 제거한 것이다. 서태후는 이 일을 이미 오래전부터 계획하고 있었다. 나는 추이위구이가 "결코 피란 전에 갑작스럽게 일어난 일이 아니야"라고 한 말에 동의한다. 만약 정말 진비가 무척 젊고 아름다워 황실의 체통에 누가 되는 일이 일어날까 염려되었다면 경왕의 딸인 넷째 공주는 진비보다 더 젊고 역시 뛰어난 용모를 지닌 황실 사람인데 왜 그녀는 시안까지 데리고 갔겠는가? 전후 사정을 비교해보면 태후의 심중이 확연히 드러난다.

옛날에 본 소설에서 송나라 태조 시기에 다음과 같은 일이 있었음을 읽은 적이 있다. 송의 대장군 조빈曹彬이 명을 받고 강남을 정벌하러 갔다. 강남의 왕 이욱李煜은 서둘러 사신을 보내 정벌의 이유가 무엇인지 물었다.

"우리가 어느 한 부분 예의 없이 대한 적이 없지 않느냐. 왜 군사를 일으켜 우리를 치려 하는 것이냐?"

여기에 송나라 황제 조광윤趙匡胤이 직설적으로 답했다.

"대장부가 어찌 자기 침대 옆에서 남이 코를 골며 자는 것을 보고 있겠느냐?"(『송사宋史』와 『신오대사新五代史』의 기록에 따르면 이욱이 사신을 보내 중앙 조정에 군대를 늦추어달라고 애걸했다 한다. 하지만 송 조정은 묵묵부답이었다.) 아마 이 말이 진비를 죽인 이유와 일맥상통할 것이다. 역사는 그 속의 다양한 일을 서로 연관지어 보게 한다.

—— 피신하기 전 두 개의 손톱을 잘라내다

아침에 일어나 방 안을 치우며 내게 주사를 놓아줄 의사를 기다렸다. 그러다 또 무료해져서 허 아주머님을 불러 지난 이야기를 정리해보기로 했다. 침상에 앓아누운 사람이 예순의 노부인과 함께 이야기를 나누는 것 말고 또 무엇을 할 수 있겠는가.

아주머님은 느리고 가는 목소리로 이야기를 시작했다.

"경자년 7월의 일들을 꺼내니 마치 간밤의 꿈처럼 생생하기도 하고 또 모호하기도 하네요. 피란 도중 누가 어디에 앉아 식사를 하고 어떻게 세수를 했는지 눈을 감으면 바로 코앞에 있는 듯이 생생해요. 하지만 또 자세히 생각해보면 가물가물하고요. 이러니 오직 기억에 의존해서 이야기하는 수밖에 없네요. 물론 중간 중간 건너뛰면서 정리가 잘 안 될 거예요. 또 중간에 다른 이야기를 꺼내지 않고 작은 일에서 큰일로 차근차근 이야기할 테니 아마 듣다가 지루해질지도 몰라요."

나는 대답 없이 듣기만 했다. 이런 때는 일일이 대답하지 않아도 되었다.

위화위안 흠안전欽安殿의 옛 사진.

"그러면 먼저 궁 안의 상황부터 이야기해보지요. 무술년 몇 해 전까지 태후마마는 거의 이허위안에 머무르셨고 만수절 이후에야 저수궁으로 돌아와서 설을 맞으셨어요. 사실 만수절이 지나면 겨울이라 이허위안에서 놀 만한 것도 없고 또 추웠으니까요. 베이징은 바람이 센 데다 이허위안은 넓어서 바람이 더 강하게 느껴졌거든요. 그래서 이때가 되면 저수궁으로 돌아오는 것이에요. 무술년 이후에도 여러 가지 일이 있었지만 여전히 반년은 이허위안에, 반년은 저수궁에 머물렀어요."

"저수궁에서의 생활은 지극히 단조로웠어요. 아침 규기를 마치시고 황후마마, 후궁마마들의 알현을 받으신 뒤 이따금 작은 연극을 보시거나 한 바퀴 산책을 도실 때만 좀 변화가 있었지요."

"여름에는 저녁식사를 마치신 다음에도 아직 해가 떨어지지 않아 거의 고정적으로 산책을 나가셨어요. 산책하실 때의 분위기도 무척 위엄 있었지요. 태후마마 측근의 사람들은 거의 다 나와서 태후마마를 모시고 동행했으니까요. 황후마마, 후궁마마, 공주마마까지 모두요. 어떤 때는 동치제의 후궁이셨던 유황귀비瑜皇貴妃, 진황귀비마마縉皇貴妃께서도 동행하셨어요. 전부 합치면 40~50명 이상이었지요. 이 행렬 중 가장 앞에 가는 사람은 구리 찻주전자를 짊어진 두 태감이었어요. 이들은 위화위안 흠안전 앞 월대에 먼저 도착해 어깨를 쉬고 분부를 기다리지요. 이들 뒤를 바짝 따르고 있는 것은 태후마마의 의자를 걸머진 사람이었어요. 이들은 태후마마가 앉으시려 하면 언제든 자리를 준비해야 했기 때문에 한 발짝 앞서 가는 것이었어요. 태후마마는 이들 뒤에서 느긋하게 걸으셨지요. 앞뒤로 사람들을 두고 양옆에는 황후마마, 황귀비마마, 공주마마들이 모시는 가운데 길 한가운데에서 걸으셨어요. 이분들 중 근비마마만이 뒤에 계셨어요. 또 화로를 든 8명의 궁녀는 태후마마의 양옆에서 호위했어요. 손에는 등롱을 든 것처럼 화로를 들었고, 화로 안에서는 한 줄기 상쾌한 장향의 향기가 하늘하늘 풍겨 나왔지요. 그 뒤에서 걷는 것이 바로 우리 몸종들인데 어떤 궁녀는 물담뱃대를, 어떤 궁녀는 빈랑나무 열매가 든 함을 받쳐 들고 갔어요. 태후마마는 식사 후에 빈랑 열매를 먹으면 체기 없이 소화가 잘된다고 하시면서 즐겨 드셨답니다. 이어서 과일이 든 함을 받쳐 든 궁녀들과 그 뒤로 찬합을 걸머진 태감들이 따랐어요. 과일 함과 찬합에는 얼음을 넣은 톈완쯔와 수박, 참외 등의 과일이 들어 있었지요. 대오의 행렬에는 쉬수(이야기)를 하는 나이든 태감도 끼어 있었어요. 위아래로 정갈한 차림을 하고 우아한 걸음걸이로 뒤를 따랐지요. 맨 뒤에는 두 태감이 푹신한 가마를 메고 무리를 따랐어요. 가마는 날이 어두워진 뒤에 행여 태후마마가 길을 걷기 불편하실까봐 특별히 준비한 것이지요."

"태후마마는 마음 내키시는 대로 걷다가 위화위안에 있는 두 가지가 하나로 붙은 나무 아래를 한 바퀴 도신 다음 천추정千秋亭에서 잠깐 숨을 돌리셨어요. 여기서는 종종 원숭이를 구경하셨지요. 이곳에는 어미 원숭이 한 마리가 새끼들과 함께 우리 안에서 살고 있었는데 태후마마를 보면 합장을 하고 눈을 감으며 머리를 조아릴 줄 알았어요. 그런 다음 태후마마에게 먹이를 달라는 시늉을 했지요. 태후마마는 즐거워하시며 곧잘 원숭이들에게 먹이를 주셨답니다. 한번은 태후마마가 원숭이들을 구경하신 뒤 뭔가 마음 한구석이 아리신 듯 이렇게 말씀하셨어요. '동치제가 젊으실 적에 원숭이들에게 장난치는 것을 그렇게 좋아하셨지. 그래서 자주 위화위안에 와 이 녀석들을 구경하시곤 했어. 지금 위화위안에 오니 옛날 생각이 나네.' 이는 유황귀비, 진황귀비마마를 향해 하시는 말씀이었어요. 어머니의 정이 그대로 묻어나는 말씀이셨지요. 위화위안에서 나와 가장 멀리 떨어진 부벽정浮碧亭으로 가셔서는 수련도 구경하시고 금붕어를 보며 장난을 치기도 하셨어요. 그러다 날이 짐짐 어두워지기 시작하면 흠안전 침대로 돌아와서 비스듬히 기대어 계셨지요. 이때쯤 되면 후궁마마들께 '너희도 가서 쉬도록 해라' 하고 말씀하시고 그분들도 인사를 올리고 물러갔어요. 후궁마마들이 가시고 나면 태후마마는 태감이 들려주는 몇 편의 쉬수를 들으시며 달이 나무 끝에 걸리는 것을 구경하셨답니다. 입으로는 톈완쯔를 즐기시면서 사방에 피어오르는 향 연기(모기를 쫓는 용도)와 함께 한없이 한가로운 세월을 보내셨지요."

"여름날 저녁식사 후의 일상은 늘 이랬어요. 경자년 7월 중순부터 이런 여유로운 분위기는 사라졌지요. 태후마마는 시도 때도 없이 조정에 들어가셨고 심지어는 저녁에도 규기를 가셨어요. 궁 안 분위기가 무척 엄해서 누구도 바깥 상황에 대해 물어볼 수조차 없었지요. 다만 눈치를 살피면서 무언가 큰일이 벌어졌다는 것만은 알았어요. 리롄잉도 좀 달라졌어요. 예전에는 태후마마가 한가롭게 계실 때면 늘 마마 주변을 서성댔는데 요 며칠 동안은 마치 뜨거운 솥 위의 개미처럼 시종 나갔다 들어왔다 잠시도 가만있지 않았어요. 20일 오후, 규기를 가셨던 태후마마는 굳은 얼굴로 궁으로 돌아오셨어요. 두 눈을 똑바로 뜨고 줄곧 생각에 잠겨 계셨지요. 뭔가 어려운 일이 생기면 혼자 생각에 잠기시는 것이 태후마마의 버릇이었어요. 누구에게도 말을 걸지 않으시고 의논 같은 것은 더더욱 하지 않으셨지요. 내내 입을 굳게 다무시고 한마디도 안 하셨어요. 리롄잉이 들어와서는 허리를 숙이고 무언가를 아뢰었는데 그게 무엇인지는 아무도 알 수 없었어요. 태감이 상전에게 아뢰는 말은 누구도 들을 수 없는 것이 궁 안의 규범이었거든요. 리롄잉이 밖에서 들어와 흘깃 눈짓을 보내면 우리는 알아서 물러나야 했지요. 이날 저녁 태후마마는 늘 하시던 대로 발을 씻고, 손톱을 담그셨어요. 우리가 바깥소식을 얻어들을 수 있는 길은 오직 어린 태감들을 통해서였지만 사실 그들도 궁 담장 밖으로 나가지 않으면 아무것도 알 수 없었어요. 그저 둥이창 가東一長街에 태감이 여럿 돌아다니고 궁 외곽에 사는 태감들은 궁 밖을 나가는 것이 금지되었다는 것만 알고 있었지요. 또 주방에서 일하는 사람들 중 상당수가 의화단이 되어 도망 갔다고 했어요. 놀랍기도 하고 무서웠지요."

"마침 그날은 내가 야간 당직을 서는 날이었는데, 축시 말 인시 초 (3시와 4시 사이) 무렵 침전 등마루 위에서 사방으로 긴 고양이 울음소리 같은 게 들려왔어요. 처음에는 무심하게 들었어요. 궁에는 원래 야생 고양이가 굉장히 많아서 밤에 고양이 울음소리가 들리는 것은 조금도 신기한 일이 아니었거든요. 다만 이렇게 여운이 긴 소리는 처음이었어요. 인적도 없는 깊은 밤, 좀 더 귀를 기울여보니 그 울음소리는 동쪽에서 들려오고 있었어요. 그러다가 잠시 후에는 동남쪽 방향에서도 그 소리가 들려왔지요. 나중에는 동북쪽에서도 들리기 시작했어요. 궁에서 이렇게 많은 고양이 울음소리가 들린 적은 그때까지 한 번도 없었어요. 나는 뭔가 이상하다는 생각이 들어 살그머니 문을 열고 나와 바깥에서 당직을 서는 사람에게 알렸어요. 흔히들 '먼 곳에서는 물을 조심하고 가까운 곳에서는 귀신을 조심하라'고 하잖아요. 그 전날 진비마마가 우물에서 돌아가셨다는 얘기도 들었으니 그분의 혼이 원귀가 되어 궁으로 돌아온 줄만 알았답니다. 궁에서는 유별나게 귀신을 두려워했으니 우리도 온몸에 소름이 돋는 것만 같았어요. 태후마마가 인정(4시)에 눈을 뜨셨을 때는 이미 해가 서서히 밝아오고 있었어요. 마땅히 고양이 울음소리가 그쳐야 할 때였지요. 하지만 상황은 그 반대였어요. 마치 동쪽, 남쪽, 북쪽, 세 방향에서 몇십 마리의 고양이가 떼를 지어 마구 울어대는 것 같았어요. 태후마마도 그 소리를 자세히 들으시더니 사람을 보내 바깥 동정을 살피라고 분부하셨어요. 하지만 나가보아도 보이는 것은 아무것도 없었답니다. 바로 그때, 리롄잉이 놀라 허둥대며 들어오더니 예의나 금기 같은 것은 차릴 새도 없이 이렇게 아뢰었어요. '외국인들이 도성으로 쳐들어왔습니다.' 태후마마는 급히 명하셨어요. '자세히 고하거라!' 리롄잉이 말했어요. '독일인들은 조양문朝陽門

으로, 일본인들은 동직문東直門으로, 러시아인들은 영정문永定門으로 쳐들어와 천단을 둘러싸고 있습니다. 모두 자금성을 향해 총질을 해대 총탄이 한 발 한 발 공중을 날아오고 있습니다.' 이것은 호군통령護軍統領인 난란 공이 일부러 와서 알려준 것이래요. 우리는 그제야 한밤중에 들린 고양이 울음소리가 바로 총탄이 공중에서 길게 날아오는 소리라는 것을 알았어요. '태후마마께서는 잠시 몸을 피하시어 옥체를 보전하시옵소서.' 팔국연합군이 베이징으로 진격해오고 있었고 우리는 7월 21일 새벽에 처음으로 이 소식을 들었어요. 물론 우리는 태후마마 곁에 있었기에 소식이라도 들을 수 있었지 다른 사람들은 아예 무슨 일이 일어났는지조차 모르고 있었어요. 황상조차도 말이지요. 태후마마는 얼굴이 새파랗게 굳어지시며 아무 말씀도 못 하시다가 간신히 입을 열어 들릴 듯 말 듯 리롄잉에게 분부하셨어요. '여기서 잠시 기다려라.' 우리는 감히 숨도 쉬지 못하고 옆에 서 있었어요. 모두 놀란 나머지 뭘 어떻게 해야 할지 몰랐지요. 태후마마는 끊임없이 침전 안을 빙빙 돌고 계셨어요."

"태후마마의 아침식사를 준비하던 참에 느닷없이 떨어진 청천벽력이었어요. 바로 그때, 유탄 하나가 낙수당 서쪽 편전 방에 떨어져 구르는 소리가 또렷하게 들렸어요. 리롄잉이 외쳤어요. '마마, 얼른 가마에 오르시옵소서!' 태후마마는 그때서야 정말 놀라셔서 사람을 불러 황상을 모셔오고 황후마마와 후궁마마, 자령궁의 태비마마, 궁 안에 있는 공주마마들께도 알려 얼른 낙수당으로 오라고 분부하셨어요. 또 다른 태감을 보내 태자마마께 언제든 출발할 수 있도록 길을 떠날 채비를 하고 있으라고 전하라 하셨지요."

"황상이 오셨는데 늘 입으시던 복장 그대로 오셔서 태후마마께 몇 마디 말씀을 올리셨어요. 무슨 말씀인지는 알 길이 없었지요. 황상이 태후마마 앞에서 말씀하실 때는 늘 조용조용한 목소리로 하셨으니까요. 잠시 후 태후마마는 마음이 급해지신 듯 서둘러 리롄잉에게 호위병들이 있는 곳에서 옷을 몇 벌 가지고 와 황상에게 입혀드리라고 명하셨어요. 리롄잉은 재빨리 또 다른 태감을 불러 이 일을 분부했고요."

"얼마 안 있어 리롄잉은 어디서 가져왔는지 모를 붉은색 보따리를 하나 들고 들어왔어요. 그 안에는 한족들이 입는 바지와 저고리, 신발과 버선이 들어 있었지요. 푸른 대님에 검은 술까지 있을 것은 다 있었어요. 또 한 번도 본 적도, 들은 적도 없는 개미 알 쪽머리(당시 한족 여인들은 뒤로 틀어올린 머리를 짠쭤, 즉 쪽머리라고 불렀어요. 이 머리는 말꼬리 털을 콩팥 모양으로 엮어 위에 검은색 도료를 칠한 것이에요. 가운데 공간이 있어 쪽진 머리가 나올 수 있도록 하고 또 머리 주변을 고정시키지요. 이것을 속칭 개미 알 쪽머리라고 불렀어요)와 틀어올린 머리에 꽂는 비녀가 있었어요. 라오과퍄오[자루 달린 바가지]라고 부르는 이것은 평평한 모양에 한쪽 끝은 가늘고 한쪽 끝은 굵어 마치 작은 숟가락 같았지요. 굵은 쪽은 구리로 되어 있고 위아래 약 6센티미터 길이에 살짝 구부러진 모양이었어요. 라오과퍄오 외에 또 다른 비녀도 있었어요. 나중에 들은 말이지만 이 물건들은 리롄잉이 일찌감치 준비해두고 있었던 것이라고 해요. 그에게 누님이 한 명 있는데 첸먼前門[첸먼, 자금성 정문] 밖 셴위커우 안 훙륭가 일대에 사신다고 하더군요(나는 듣기만 했지 가본 적은 없어요. 류는 거기 가본 적이 있다고 해요). 이 보따리는 모두 그 누님이 마련하신 것이지요. 그래서인지 신발, 양말도 모두 발에 꼭 맞았어요. 그 외에도 보따리 안에는 네다섯 개의 머리 망이 손수건에 싸여 있었는데 모두 둥글고 직경이 6센티미터 정도 되었어요. 구멍이 세밀한 것도 있고 큰 것도 있었지요. 이것은 머리를 빗고 난 뒤 흐트러지지 않도록 씌워서 고정시키는 물건이에요. 한눈에도 준비하는 사람이 얼마나 세심하게 신경을 썼는지 알 수 있었지요. 이런 일들은 선부 내 손으로 직접 만져본 것이라 분명히 기억할 수 있어요. 사실 태후마마 곁에서 일을 할 때는 무엇이건 세밀하게 마음에 담아두고 있어야 한답니다. 일을 끝낸 뒤에도 몇 번씩 되새기며 확실하게 기억해두어야 하지요. 태후마마가 그 일에 대해 물으시면 언제든 정확히 대답해드려야지 애매모호하게 말씀드리면 안 되니까요. 이 때문에 무슨 일이건 일단 머릿속에 기억해두는 버릇이 들었지요."

"이때가 정말 리롄잉이 태후마마의 머리를 빗겨드린 때였어요. 나로서는 처음 보는 일이었지요. 우선 보기에는 미련하고 서투르게 하는 듯 보였지만 손질을 시작하니 꽤 민첩하고 정교했어요. 먼저 머리카락을 풀어헤치고 뜨거운 수건으로 머리카락을 한 번 데워준 다음 흩어지지 않게 잘 모아서 뒤로 빗어 넘겼어요. 그런 다음 왼손으로 머리카락을 잡고 이로 머리끈을 꽉 물고 있다가 오른손으로 머리끈을 감아 묶었지요. 검은 끈은 3센티미터 길이로 돌려 묶고 묶은 곳을 중심으로 머리카락을 두 갈래로 나누어 꽈배기처럼 땋았어요. 길게 땋아 내린 머리는 왼쪽에서 오른쪽으로 돌려 위로 틀어올렸고요. 이때 검은 끈은 반드시 밖으로 나와 있어야 해요. 비녀를 머리 아래로 끼워넣어 틀어올린 머리를 고정시킬 때 이 끈이 다리처럼 받쳐주는 역할을 하거든요. 이 방법은 간단해서 그리 오래 걸리지 않았어요. 이렇게 해서 한족 노부인의 머리 모양이 완성된 셈이지요. 마지막으로는 머리 끈 위로 라오과퍄오를 꽂아 틀어올린 머리가 풀어지지 않도록 했어요. 그런 다음 망으로 감싸 꽉 묶으면 완전히 마무리가 된 것이지요. 리롄잉은 굳이 불편한 개미 알 쪽머리를 하기보다 이렇게 큰뿔 양처럼 틀어올린 머리가 더 편하다고 말했어요. 태후마마도 지금은 그저 그 말에 따르시는 수밖에 없었지요. 이 과정은 모두 내가 옆에서 도우며 내 눈으로 직접 본 것들이랍니다."

"그런 다음 태후마마는 바삐 옷을 갈아입으셨어요. 짙은 푸른색 모시 저고리는 앞섶이 모두 단추로 채우게끔 되어 있었는데 완전히 새 옷은 아니고 세탁한 흔적이 있었지만 그래도 꽤 깨끗했어요. 다만 태후마마가 근래 살이 좀 쪄서서 조금 꽉 끼는 듯 보였지요. 옅은 푸른색 바지는 빨아서 색이 조금 바래 있었어요. 하지만 나머지 대님 한 쌍과 흰 세시포[재질이 세밀한 평직 면포의 일종] 버선, 검은색 천으로 만든 신발 등은 모두 새것이고 발에도 꼭 맞았어요. 모든 준비가 끝나자 태후마마가 쥐안쯔에게 물으셨어요. '내가 분부한 대로 모두 준비했느냐?(가지고 갈 물건을 말씀하시는 것이었어요.)' 쥐안쯔가 대답했어요. '분부하신 대로 모든 준비를 마쳤사옵니다.' 그러자 태후마마가 말씀하셨어요. '쥐안쯔와 룽쯔는 나와 함께 가자꾸나.' 그야말로 천은이었어요. 우리는 누가 먼저랄 것도 없이 머리를 조아렸지요. 태후마마의 이 말씀 한마디면 이 생사의 고비에서 목숨을 건진 것이나 다름없었으니까요. 우리는 감격으로 둘 다 온 얼굴이 눈물에 젖은 채 기어가서 태후마마의 발을 붙잡고 '마마!' 하고 외쳤어요. 그런데 태후마마는 잠시 멍하니 계시더니 갑자기 이렇게 소리치셨어요. '룽쯔, 가서 가위를 가져오너라!' 그때 태후마마는 침전 의자에 앉아서 왼손을 탁자 모서리에 올려놓고 계셨어요. 그 상태로 얼굴을 돌리신 채 떨리는 목소리로 이렇게 말씀하시지 뭐예요. '내 손톱을 잘라버려라!' 태후마마의 손톱을 자른다는 것은 마마의 심장을 도려내는 것이나 다름없었어요. 정말 피신할 결심을 확고히 내리신 것이었지요. 태후마마의 손톱들은 모두 마마가 몇 년씩 정성을 들여 기른 것이었고 특히 왼손 넷째 손가락과 새끼손가락 손톱은 족히 6센티미터는 될 만큼 길었답니다. 이 손톱들이 내 손을 거쳐 잘려나가는 순간이었어요. 난 아마 죽어도 그 순간을 잊을 수 없을 거예요!"

"황상도 옷을 갈아입으셨어요. 칼라가 없고 모시로 보이는 짙은 푸른색 신 두두마기와 통이 넓은 검은색 바지를 입고 둥근 밀짚모자를 쓰셨지요. 그러고 나니 꼭 가게 밖에서 일을 거드는 점원 같았어요. 황후마

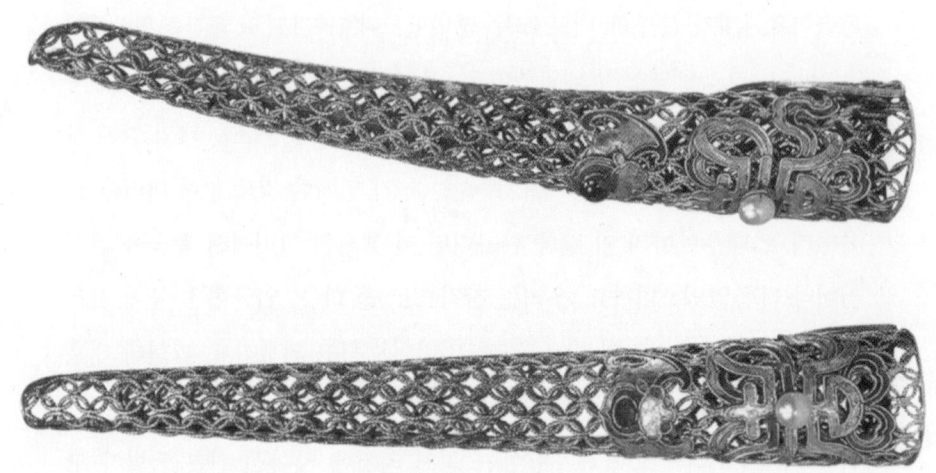

은금에 보석을 박은 손톱 덮개

마와 후궁마마, 셋째 공주마마와 넷째 공주마마, 위안 마님도 모두 전달을 받고 옷을 갈아입으셨어요. 이분들은 가마로 함께 피신할 사람들이었지요 (그때 첫째 공주마마는 궁 안에 계시지 않았어요). 나머지 진황귀비마마나 유황귀비마마 등은 소식을 듣지 못하시고 옷도 갈아입지 못하셔서 궁에 남게 되셨어요. 이 어지러운 때에 외국인들이 쳐들어오면 무슨 짓을 당할지 몰랐기에 저마다 걱정과 근심으로 가득했지요. 모두 상이라도 당한 것처럼 얼굴이 창백했어요. 이때 한 사람이 회랑에서부터 무릎을 꿇고 기어서 침전 문 안으로 들어왔어요. 침전 문에서 다시 태후마마의 발아래까지 기어와 머리를 벽돌바닥에 조아리고 말했지요. '이 노비, 늙고 쓸모없어 태후마마를 모시고 갈 수 없게 되었사오니 태후마마 앞에 머리를 부딪습니다. 부디 모든 일이 태후마마의 뜻대로 되시기를 축원하옵나이다.' 목소리를 들으니 장푸 태감이었어요. 침전 안에 있던 모든 사람이 장푸 태감의 말과 함께 목 놓아 울었지요. 태후마마는 사방을 둘러보시며 말씀하셨어요. '궁 안의 일들은 유황귀비와 진황귀비의 분부를 따라라. 장푸, 천취안푸는 낙수당을 지키도록 하고. 장푸, 잘 들어라. 무슨 일이 닥치더라도 마음을 굳게 먹고 내가 돌아올 때까지 기다려야 한다.' 장푸는 두 손으로 얼굴을 감싸며 그러겠다고 답했어요. 이는 장푸에게만 하신 말씀이 아니라 모두에게 하신 말씀이었지요. 또 피신 직전 태후마마가 궁 안에서 하신 마지막 말씀이기도 했어요. 말씀을 마친 태후마마는 사람들을 이끌고 뒤로 나가서 이화헌을 돌아 진비마마의 우물을 거쳐 정순문으로 향하셨어요."

"정순문 안에는 한 무리의 사람들이 새까맣게 몰려와 있었어요. 태후마마께 인사를 올리러 나온 사람들이었지요. 후궁 동쪽 길의 태감들, 궁녀들이 유, 진황귀비마마를 필두로 모두 길 양쪽에 무릎을 꿇고 있었어요. 두 황귀비마마는 정순문까지만 배웅할 수밖에 없었어요. 이 문이 궁문의 가장 마지막 문이었으니까요. 후궁은 궁문 밖으로 한 발짝도 나갈 수 없거든요. 태후마마가 막 정순문을 지나실 때 이 두 분은 그만 대성통곡을 하셨답니다."

허 아주머님은 긴 한숨을 내쉰 뒤 말을 이었다.

"궁 안에서 일어나는 일 중 상당수는 일반 상식으로 이해할 수 없는 것들이랍니다. 게다가 영원히 그 진상을 알 수 없지요. 진비마마의 죽음처럼 말이에요. 만약 정말 태후마마가 애초부터 진비마마를 죽이려고 작정하고 계셨다면 태감들에게 밧줄을 가져오게 해 줘도 새도 모르게 그분을 제거할 수 있으셨을 거예요. 그런 다음 거짓으로 꾸며내면 그만이지요. 병이 들어 죽었다든지 혹은 죄가 무서워 스스로 목을 매어 죽었다든지 하고 말이에요. 굳이 요란스럽게 그분을 우물에 밀어넣을 필요가 있었을까요? 아무리 그분이 뼈에 사무치도록 미우셨다 해도 굳이 그렇게 발악하며 죽어가는 모습을 보셔야 했을까요? 평소 태후마마의 성격과 심리로 추측해볼 때 나는 아니라고 봐요. 태후마마는 이런 일쯤은 손쉽게 처리할 수 있는 권세가 있는 분이셨어요. 하지만 궁에 있을 때도 그 진상을 알 수 없었고 궁을 나온 뒤 태감들이나 다른 궁녀들과 이야기를 해봐도 분명히 알 수가 없었지요. 나에게 있어 풀리지 않는 첫 번째 의문이랍니다."

"두 번째 의문점은 이것이에요. 태후마마는 피신을 미리부터 준비하고 계셨던 걸까요? 아니면 정말 아무 준비도 없이 갑자기 닥친 일이었을까요? 수수께끼예요. 만약 태후마마가 미리 준비하지 않았다고 한다면 이미 마련되어 있던 그 옷과 신발, 버선은 어떻게 해석해야 될까요? 그것들은 일이 일어나기 전부터 이미 리렌잉이 있는 곳에 보관되어 있었으니까요. 리렌잉이 태후마마보다 앞서 생각하고 미리 준비한 것인지, 아니면 태후마마가 리렌잉에게 언질을 주셨던 것인지? 하지만 또 생각해보면 우리가 황급히 피란길에 올랐을 때 태후마마는 정말 몹시 당황하고 혼란스러워하셨어요. 태후의 깃발도 감히 내걸지 못하고 물건도 많이 가져가지 못

정순문

하고 탄로 나서 무슨 말썽이 생길까 황실의 황자도 입 밖에 내지 못했지요. 가마 역시 변변히 준비되지 못했고 먹을 것, 입을 것도 없었어요. 게다가 목적지도, 뚜렷한 방향도 없이 한 무리의 사람들을 데리고 그저 하늘이 이끄는 대로 길을 떠났지요. 분명한 것은 피신할 아무런 준비도 안 되어 있었다는 것이에요. 이는 내가 직접 눈으로 본 사실이에요. 한평생 가장 수수께끼로 남아 있는 것이 바로 이 두 가지 일이에요. 젊은 시절에는 나도 꽤 눈치가 빠르고 꼼꼼하다고 자신했는데 실상 이런 사건의 진상에 대해서는 제대로 관찰한 것이 없더라고요."

허 아주머님의 이야기는 띄엄띄엄 생각나는 대로 이어졌다. 이런 식의 이야기를 베이징에서는 흔히 한담이라 한다. 아주머님은 한담 가운데 많은 사건을 들려주었고 그 사건에 대한 자신의 느낌도 말해주었다. 정말 이런 기회를 또 어디서 얻을 수 있을까. 한편으로 그분의 이야기는 나에게 교훈을 주기도 했다. 일찍이 루쉰 선생이 했던 말이 생각난다. 고양이가 쥐를 잡으면 바로 먹지 않고 꼭 한 차례 가지고 놀면서 그것이 죽기 전에 두려워하는 모습을 즐긴다고. 약자에 대한 강자의 희롱이자 잔인함일 것이다. 진비에 대한 서태후의 감정도 아마 이런 유에 속하지 않았을까? 궁중의 흑막, 태후의 잔인함, 나는 기존에 있던 지식보다 한 걸음 더 나아가 더 많은 깨달음을 얻을 수 있었다.

──시관스西貫市에서의 하룻밤─고난의 첫 행선지

"후궁 안에는 두 개의 후문이 있어요. 위화위안을 나가 신무문 맞은편 중간 축 선상에 있는 문이 순정문이지요. 거기서 궁 담장을 따라 동쪽으로 가면 또 하나의 후문이 나오는데 이것이 정순문이에요. 이 두 문을 경계로 문 안은 궁 내부이고 문밖은 호위 군사들이 묵는 곳이랍니다. 앞서도 말했지만 비빈들은 궁문 밖으로 한 발짝도 나가지 못하는 것이 궁중의 규범이었어요. 그래서 태후마마를 전송할 때도 정순문 문지방 안까지밖에 나오지 못했지요. 이는 거의 생사를 기약할 수 없는 이별이었어요. 만약 외국인들이 궁으로 쳐들어오면 각자 어떤 운명을 맞이할지 아무도 알지 못했으니까요. 모두 그렇게 대성통곡을 했던 것은 단지 태후마마의 안위만 염려해서가 아니에요. 자신들에게 닥칠 운명에 대한 근심이기도 했지요. 그래서 때마침 태후마마가 떠나시는 것을 구실삼아 그렇게 한바탕 대성통곡을 한 것이에요. 친하게 지내는 궁녀들끼리는 모두 옷깃을 붙잡고 울면서 서로의 뒷일을 부탁했어요. 머리 장식이나 팔찌를 빼서 서로에게 유품으로 주기도 했고요. 나와 샤오쥐안쯔도 아침저녁 함께 지냈던 궁녀들에게서 각자 7, 8개의 장식품을 받았어요. 모두 그들이 몰래 우리 주머니에 채워넣은 것이지요. 마치 우리 둘은 반드시 살아남고 자신들은 반드시 죽게 될 것처럼 말이에요. 이때 얼마나 마음이 아팠는지 몰라요. 어릴 때 집을 떠나 궁으로 왔을 때는 궁이 어떤 곳인지조차 알지 못했고 그저 친척집에 나들이 가는 기분으로 와서 헤어지는 느낌을 잘 몰랐는데, 이때는 정말 태어나서 처음으로 이별의 고통을 맛보았지요. 지금 다시 떠올려도 눈물이 나네요. 또 한편으로 그곳은 진비마마가 돌아가신 우물과 지척이어서 조금 무서운 기분이 들기도 했어요."

"우리는 모두 눈물이 그렁그렁한 눈으로 정순문을 빠져나왔어요. 눈을 들어보니 세 대의 차가 있었지요. 두 대는 휘장을 두르고 말이 끄는 이륜마차였고 한 대는 철망을 씌운 포롱차였어요. 세 차 가운데 한 대는 굉장히 깔끔해 보이는 것이 궁에 있던 차 같았어요. 하지만 가운데 부분과 앞부분의 휘장은 이미 사라지고 없었지요(나는 태후마마가 타실 차가 무엇인지 놀랐어요). 다른 두 차는 사람을 고용해서 왕래하는 생사차䞭子軍[일정한 노선을 왕래하는 차]라는 것을 한눈에 알 수 있었어요. 본래 쟁자차란

청대 이륜마차

사람과 물건을 실어 나르며 매매를 하고 왕복 횟수에 따라 돈을 주는 차를 말해요. 마부들이 묵는 여관에서 사람을 고용해 차를 끌었고요. 당시 대저택의 귀족들은 모두 호화로운 자신의 전용 이륜마차가 있어서 각기 아름다움과 부를 다투었지요. 황궁에도 물론 있었고요. 우리가 여름에 이허위안에 갈 때 자주 타고 갔던 이륜마차는 대안차大鞍車라고 불렀어요. 굉장히 아름다운 차였지요. 차 전체가 모두 하늘하늘한 얇은 휘장으로 덮여 있고 사방으로 바람이 통했어요. 바깥 가운데 부분에는 차양이 휘날렸고요. 이 차양은 부드러운 비단으로, 비단 모서리를 짧은 막대기로 지탱해 만든 것이었어요. 마치 여자아이의 가지런한 앞머리처럼 위아래 30센티미터 길이로 차의 삼면에 드리워져 있었지요. 꼭 토방이 딸려 있는 집같이 말이에요. 바람이 없는 날에도 차가 달리면 짧은 비단이 휘날려 차 안에 있는 사람들도 시원한 바람을 느낄 수 있었어요. 말 위에는 그늘을 만들어주는 3미터가량의 휘장이 있었고요. 휘장은 차 꼭대기와 평행으로 연결되어 있고 끌채와 동일한 넓이였지요. 잘 칠한 장대로 휘장을 받치고 장대의 양 끝은 끌채 위의 구리 구멍으로 지탱했어요. 차창의 발은 모래로 테를 두르고 가운데는 유리였지요. 안에는 원저우溫州 골풀로 만든 부드러운 깔개가 있었고요. 보라색 아교[셀락, 천연 니스]를 칠한 차는 밤색 노새와 아주 잘 어울렸어요. 차가 달리기 시작하면 차를 탄 사람은 마치 천당문穿堂門 안에 앉아 있는 느낌이었답니다. 시원한 바람이 살랑살랑 불어오는 가운데 차도 멋스럽고 사람도 편안했지요. 우리 궁녀들도 평소에는 이렇게 좋은 차를 탔답니다. 하지만 이날은 태후마마가 먼 길을 떠나시는 것이었으니 여관에서 마부를 부르지 않을 수 없었어요. 비록 서양인들이 쳐들어와 말과 병사들이 난리법석인 때라도 태후마마의 말 몇 마디면 마차 몇 대를 준비하는 것은 어려운 일이 아니었지요. 분명 연줄이 있을 테니까요. 나는 더 이상 많은 생각을 할 수가 없었어요. 하늘의 뜻은 짐작하기 어려운 법인데 생사의 갈림길에서 정신을 놓고 있어서는 안 되었으니까요."

"눈앞에 있는 이륜마차에는 아예 휘장이 없었어요. 끌채를 잡은 마부는 온종일 뜨거운 햇살을 받고 비가 오면 그대로 비를 맞아야 했지요. 마차를 둘러싸고 있는 천이나 발은 모두 푸른색이었어요. 통풍이 되고 안 되고는 따질 때가 아니었지요. 차 안에 있으면 답답해서 숨이 막힐 지경이었답니다. 포롱차도 마찬가지였어요. 차 뒷부분은 삿자리를 이어 붙여놓았는데 마치 암탉의 꽁지처럼 뒤로 처져 있었지요. 하지만 어쨌든 우리 목숨은 이 세 차에 달려 있었어요."

"정순문을 통과한 뒤부터는 지위 고하에 따라 자연스럽게 줄을 지어 갔어요. 입고 있는 복장이 모두 달라져서 자세히 봐야 누가 누군지 알 수 있었지요. 황후마마는 항아리 색(갈색)의 죽포竹布[대의 섬유로 짠 천] 상의와 옅은 군청색 바지를 입고 계셨고 발에는 푸른 신발을 신고 계셨어요. 바지통을 앞으로 접어서 키가 더 커 보였지요. 근비마마는 온몸에 옅은 회색 바지와 저고리를 입으시고 머리에는 파란 손수건을 덮으셨어요. 바짓가랑이가 좀 커서 바지가 아래로 늘어져 비둔해 보였지요. 셋째 공주, 넷째 공주, 위안 마님은 모두 파란색 옷차림을 하고 머리에는 수건을 한 장씩 둘러서 뒤에서 보면 누가 누군지 도무지 알 수 없었어요. 가장 눈길을 끄는 사람은 태후마마를 호위하는 리롄잉과 추이위구이였지요."

"추이위구이는 이틀 동안 거의 보지 못했어요. 그는 내궁의 호위를 맡아 젊은 태감들을 데리고 밤낮으로 후궁 안의 중요한 길과 문을 돌았으니까요. 태후마마의 근위병이나 다름없는 대단히 중요한 임무였지요. 각별한 신임과 총애를 받는 사람이 아니면 이런 일이 맡겨지지도 않았어요. 그래서 그 일을 할 때 추이위구이는 무척 자랑스러워했답니다. 피란을 가는 이때도 자신에게 마차를 따르도록 한 것이 호위병 역할이라는 것을 잘 알고 있었지요. 추이위구이는 리롄잉과 달리 자기 자신을 주체하지 못했어요. 뒤에서 그를 보고 있으면 목덜미가 이리저리 흔들리는 것밖에 안 보였어요. 이는 그가 내심 득의양양한 기분이라는 것을 의미했지요. 그는 마부 옆에 앉은 짐꾼처럼 짧은 옷섶에 간편한 복장을 하고 있었어요. 푸른 바지와 저고리를 입고 허리춤에는 끈을 매고 거기에 땀을 닦을 손수건을 끼워 놓았지요. 변발은 틀어올려 손수건으로 감싸고 발에는 산을 오를 때 신는 신을 신었어요. 막노동꾼의 옷차림과 조금도 다를 바가 없었지요. 정말 어깨가 떡 벌어진 서른 살의 차축 인부 같은 기백이었답니다. 다른 사람들은 두려움에 떨고 있었지만, 그는 공을 세울 좋은 기회라고 생각했을 거예요. 리롄잉과 비교하면 활기가 넘쳤지요."

"리롄잉은 이 며칠간 굉장히 풀이 죽어 있었어요. 의화단이 실패한 것도 그 이유 중 하나였지요. 그는 원래 의화단을 동정하는 입장이었거든요. 또 당시 그는 매일같이 밖에서 황급히 들어와 태후마마께 소식을 전하고 또 바쁘게 나갔어요. 태후마마는 다른 사람이 전하는 소식은 듣지 않으시고 오직 그가 전하는 소식만 들으셨지요. 이 며칠간 그의 얼굴은 점점 더 시무룩해지고 그 두꺼운 입술도 뾰로통하게 나왔어요. 후추씨만 한 눈도 활기를 잃고 눈꺼풀은 부은 것처럼 부석부석하게 아래로 처져 있었지요. 피란을 떠나면서 그는 베이징 내에서 자금성의 리롄잉을 모르는 사람이 없다는 것을 잊지 않았어요. 온 베이징 사람들이 그의 얼굴을 알고 있었지요. 그래서 더 공을 들여 위장해야만 했어요. 먼저 머리 부분을 감추기 위해 나이든 농민들이 쓰는 큰 밀짚모자를 썼어요. 넓고 둥근 모자에는 끈이 두 개 달려 있어 아래턱에서 묶게끔 되어 있었지요. 그런 다음 모자의 챙을 아래로 내려 얼굴을 가렸어요. 거기에 낡은 옷을 걸치니 영락없이 마차를 따르는 하인 같았지요. 평상시에 쓰는 3품 관직 모자는 이런 때 아무 소용이 없었어요."

"당장 코앞에 닥친 문제는 사람은 많고 차는 적다는 것이었어요. 태후마마 동쪽 편에는 황상과 태자마마, 또 내가 모르는 젊은 남자 한 분이 서 계셨어요. 나중에야 그가 패자貝子[청대 작위의 하나, 패륵 다음 진국공 위의 지위] 작위의 푸룬溥倫 나으리라는 것을 알았지요. 태후마마 밑으로는 황후마마, 후궁마마, 셋째 공주, 넷째 공주, 위안 마님이 서 계셨어요. 궁녀 무리 중에는 나와 쥐안쯔가 있었고 또 두 공주마마의 시녀가 한 명, 황후마마의 시녀가 한 명 있었지요. 모두 합치면 태감들을 제외하고도 남자가 세 명, 여자가 열 명이나 되었어요. 세 대의 차에 어떻게 이렇게 많은 사람이 탈 수 있겠어요. 이륜마차에는 아무리 많이 들어가도 여섯 명밖에 탈 수 없었어요. 남은 사람은 포롱차에 꽉 끼어 타야 했지요. 때가 때이니만큼 오도 가도 못하는 상황이었으니 그나마 자리가 있어서 목숨을 보전한다는 것만으로 만족해야 했어요. 떠나기 전 태후마마가 말씀하셨어요. '오늘 이 문을 나서는 순간부터 누구도 함부로 입을 열지 말아야 한다. 길에서 어떤 일을 만나든지 나 외에는 누구도 입을 놀려서는 안 된다.' 이렇게 말씀하시면서 태자마마를 주시하셨어요. 당시 태자마마는 열다섯 살밖에 안 된 소년이라 늘 철이 없었고, 조심해야 할 것과 안 해야 할 것을 구별하지 못했거든요. 그래서 더 특별히 주의를 주신 것이지요. 태자마마의 부친은 군기처의 수장인 단왕이었고 숙부는 당시 보군통령步軍統領이었던 난공이었어요. 모두 의화단을 지지하고 시스쿠西什庫 천주교 회당을 불태우는 데 앞장섰던 사람들이었지요. 둥자오민샹東交民巷[베이징 최초의 공사관 구역으로 여러 강대국의 대사관들이 설치되었다] 성당을 치자고 한 것도 이 두 사람의 의견이었고요. 태자마마는 날 때부터 꾸중이나 야단을 들어본 적이 없는 분이셨어요. 무서운 사람은 오직 태후마마뿐이었지요. 태후마마는 잘못하면 매를 들고 제대로 혼을 내셨으니까요. 그는 아둔해서 뭐가 잘못되면 목청껏 소리부터 지르고 가슴을 치며 속 이야기를 다 쏟아놓는 바람에 주변 사람들까지 함께 곤경에 처했답니다. 이 역시 태후마마가 가장 걱정하시는 점이었지요. 어쨌든 드디어 태후마마가 차에 오르라는 지시를 내리셨고 황상이 먼저 마차에 오르셨어요. 푸룬이 끌채를 잡았고요. 태후마마는 샤오쥐안쯔의 부축을 받으며 다른 마차에 오르시고 푸쥔(황태자)이 끌채를 잡았지요. 그를 태후마마의 마차에 둔 것은 아무래도 마음이 놓이지 않아서였어요. 나머지 황후마마와 공주마마들은 포롱차에 끼어 타는 수밖에 없었어요. 차 안에 사람이 꽉 차 나는 앉을 곳조차 없었답니다. 하는 수 없이 차 끄트머리, 노새에게 여물을 줄 때 쓰는 소쿠리 위에 앉았지요. 이렇게 해서 평상시 같으면 조정에 드실 시간에 태후마마가 첫 번째 마차, 황상이 두 번째 마차, 나머지는 포롱차를 타고 바삐 신무문을 빠져나갔어요."

"이때가 경자년 7월 21일 아침이었어요. 이해는 윤8월이라 절기가 모두 뒤로 밀려서 7월 말경이었음에도 평년 7월 초 같았지요. 더위도 장마도 아직 지나가지 않았고 하늘은 온통 흐렸어요. 동쪽 하늘에는 먹구름까지 끼어 있었지요."

"차는 신무문을 빠져나와 목적지도 없이 달렸어요. 서쪽으로 징산을 넘고 징산 서쪽 담장을 따라 다시 북쪽 후문(지안문) 방향으로 달렸지요. 이곳은 내가 아는 길이었지만 지안문을 넘어가면 동서남북, 아무것도 알지 못했어요. 그때 갑자기 짙은 회색 노새를 탄 사람이 태후마마가 타신 차 근처로 오는 것이 보였어요. 자세히 살펴본 뒤에야 그가 추이위구이인 것을 알았지요. 아마도 가는 도중 군기처 사람을 만났는데 아는 사람이라 차를 멈추고 그를 부를지 말지 태후마마께 여쭙는 듯했어요. 잠시 후 그 군기처 사람이 차에서 내려 태후마마께 인사를 올리는 것이 보였어요. 키가 크고 우람한 몸집을 한 사내였는데 태후마마는 그 사람에게 앞에서 길을 열라고 분부하시는 듯했어요. 그는 차에 올라 굉장히 빠르게 앞서갔지요. 듣자 하니 덕성문으로 간다고 했어요. 때마침 고루에서도 마차 한 대와 마주쳤어요. 추이위구이도 아는 사람인 듯했는데 들어보니 다름 아닌 난공이라고 하더군요. 그렇게 해서 난공의 마차에 황후마마와 후궁마마가 드시게 되었어요. 우리는 모두 베이징에서 자란 사람들이었음에도 베이징 성이 어떻게 생겼는지 아무도 몰랐답니다. 또 이때는 대로변이 아닌 외지고 조용한 골목으로만 가고 있어서 여기저기 온통 흙탕물이었어요. 말 여물 소쿠리에 허리를 잔뜩 구부리고 앉아 있던 나는 고생이 이만저만이 아니었지요. 잠시 후 마차는 성벽 끝자락을 따라 달리고 있었어요."

"덕성문 앞은 피란하는 무리로 바글바글했어요. 포장이 덮인 큰 마차, 작은 이륜마차, 짐을 실은 노새, 나귀가 끄는 수레, 모두 서양인이 베이징으로 쳐들어온다는 말을 듣고 지방으로 피란하는 사람들이었어요. 이렇게 시끌벅적 몰려 있는 모습을 보니 정오가 되어도 성을 빠져나가지 못할 것 같았어요. 그래도 길에서 만난 그 키 큰 군기처 사람이 우리 차가 먼저 지나갈 수 있도록 앞을 터준 덕분에 간신히 성을 빠져나올 수 있었지요. 나중에야 알게 되었지만 이 사람은 군기처의 조서교趙舒翹라는 사람이었어요. 들은 바로 그도 의화단을 지지했는데 나중에 태후마마의 손에 죽임을 당했다는군요. 굉장히 끔찍한 방법으로 죽었대요. 얼굴에 창호지를 덮고 그 위에 술을 뿌려 질식시켰다고 해요."

"덕성문을 나오니 상황은 또 달라졌어요. 평소에도 덕성문은 아홉 개의 문 중 가장 견고하면서도 가장 아름다운 문이라는 소문이 자자했지요. 화살을 쏘거나 감시할 수 있도록 성루 위에 뚫은 구멍, 성가퀴, 말이 지나는 길, 군사를 숨겨두는 구멍 등 모두 정교하고 훌륭했어요. 과거 정벌 시기 출병과 전투를 할 때도 모두 덕성문에서 출발했다고 하지요. 괜히 '승리를 얻는 문'이라고 불리는 게 아니었어요[덕성문의 덕德과 '얻다'는 뜻의 득得은 중국어 발음이 같다]. 우리의 피란길도 이 덕성문에서부터 본격적으로 시작되었답니다. 덕성문을 나오니 곧 패잔병들이 곳곳에서 먹을 것을

청말 덕성문

찾는 모습이 보였어요. 상점들은 전부 문을 닫은 터였지요. 일고여덟, 많게는 십수 명의 사람이 무리를 지어 문을 부수고 궤짝들을 뒤엎고 있었어요. 굶주린 난민이나 다름없었어요. 그 밖에도 많은 사람이 머리에 붉은 천을 두르고 웃통을 벗어 상체를 드러내놓고 있었어요. 의화단 사람들이었지요. 아직도 의기양양한 모습이긴 했지만 그들은 그래도 나왔어요. 우리에게 별 관심을 두지 않고 제멋대로들 날뛰고 있었으니까요. 사람들 중에는 성 밖으로 피란을 가는 사람도 있었고 성안으로 몰려드는 사람도 있었는데 이들 무리로 덕성문 일대는 온통 혼란스러웠답니다. 게다가 땅은 노새 똥, 말 오줌 냄새와 함께 흙탕물로 범벅이 되어 있었고, 해가 뜨자 찌는 듯한 열기가 내리쬐었어요. 내가 몰래 훔쳐보니 황후마마, 공주마마 모두 입을 굳게 다물고 아무 말씀도 안 하고 계셨어요."

"네 대의 차는 길옆에서 잠시 멈추었어요. 태후마마는 눈앞의 험난한 여정에 대해 생각하시는 듯 보였어요. 아직 숨 돌릴 시간이 있을 때 방법을 강구해보는 눈치였지요. 아침부터 이미 한나절의 시간이 지났지만 모두 물 한 모금 입에 넣어보지 못했어요. 하지만 누구도 태후마마께 이를 고하거나 성가시게 굴지 않았지요. 리렌잉과 추이위구이는 길 양옆 처마에 멀찍이 서서 피란 가는 여느 행인처럼 오가는 사람들의 무리를 조심스럽게 흘깃흘깃 바라봤어요. 우리 차는 그저 길을 가다 말이 지쳐서 쉬는 것처럼 누구의 눈에도 띄지 않고 그렇게 무사히 성을 빠져나왔답니다."

"이 무렵에야 나는 비로소 태후마마의 세심함을 또 한 번 깨닫게 되었어요. 포롱차에서 곰곰이 생각해보았지요. 백성들이 입는 복장으로 갈아입은 것은 사람들 틈에 끼어 성을 빠져나가기 위해서라는 것쯤은 쉽게 알 수 있었어요. 하지만 황족 분위기를 풍기지 않고 사람들이 눈치 채지 못하게 이 두 대의 마차를 고용한 것은 미리부터 계획해놓지 않은 이상 그 자리에서 쉽게 생각해낼 수 있는 것이 아니었어요. 뿐만 아니라 포롱차를 하층민들의 물건 싣는 차처럼 꾸며놓아 사람들의 이목을 끌지 않은 것도 그렇고요. 가장 놀랄 만한 것은 궁 안의 진기한 보물들을 조금도 가지고 오지 않으시고 그저 자잘한 은 몇 개만 싸가지고 오셨다는 점이에요. 이 모든 것은 황족의 신분을 드러내지 않기 위해서였지요. 태후마마의 그런 주도면밀한 생각과 응급 상황에 대처하는 민첩함, 또 값진 보물들을 미련 없이 포기하는 단호함은 정말 우리 같은 보통 사람에게는 감탄을 자아내기에 충분했어요. 그런데 이때 또 다른 생각이 머릿속을 스쳐 지나갔어요. 그러면 태후마마는 이 피란을 애초부터 준비하고 계셨던 것인가? 아니면 정말 준비 없이 맞닥뜨리신 것인가? 나같이 태후마마를 그림자처럼 따라다니는 몸종도 알 수 없는 노릇이었어요. 늘 죽음을 불사하고 태후마마를 모셨으니 나도 태후마마의 측근이라 할 수 있겠지요? 하지만 이런 나도 태후마마의 심중을 조금도 들여다볼 수 없었답니다. 궁 안 사람들이 항상 태후마마의 속은 바다보다 깊다고 말해왔는데 그 말은 조금도 거짓이 아니었어요."

"내가 이렇게 잡념에 빠져 있을 때 갑자기 차가 움직였어요. 대로를 따라 북쪽으로 가는 것이 아니라 대로를 내려가 서쪽으로 향했지요. 나는 동남쪽에 걸려 있는 해를 보면서 간신히 방향을 가늠했어요. 이렇게 오랜 시간 차에 있으면서 우리는 누구도 입을 열지 않았어요. 이는 태후마마의 분부이기도 했지요. '함부로 입을 열고 말하는 자는 차 밖으로 던져버리겠다!' 태후마마의 천둥벽력 같은 말씀은 누구도 감히 어길 수 없었어요. 그저 묵묵히 주변 상황을 유심히 관찰하기만 했지요."

"차는 매우 빠르게 농지로 들어갔어요. 마침 장마철이라 농가에서 일하는 사람은 얼마 없었어요. 그때서야 셋째 공주마마가 황후마마께 자리를 조금 옮겨 편하게 앉는 게 어떻겠냐고 여쭈었어요. 다들 몸이 경직된 채 불편하게 앉아 있었거든요. 땅은 흙탕물 범벅인 데다 가끔씩 마부가 차 안으로 들어왔어요. 마부가 들어오면 어쩔 수 없이 황후마마, 공주마마와 동석해야 했지요. 정말 천하에 보기 드문 광경이었답니다. 차는 서쪽을 향해 천천히 달려갔고 또 다른 대로에 이르렀어요. 얼마간 시간이 흐른 다음에야 우리가 웨이궁춘에 다다른 것을 알 수 있었지요. 이곳은 이허위안에 갈 때 자주 지나가본 곳이라 나도 익숙했어요. 그리고 그제야 지금 우리가 이허위안으로 가고 있다는 것을 알았지요. 나는 그때까지도 차 뒷부분 소쿠리 위에 다리와 허리를 구부리고 앉아 있느라 엉덩이가 배기고 몹시 힘들었어요. 그래도 감히 말 한마디 못하고 이를 악문 채 잠자코 앉아 있었지요. 대로변에는 더 많은 패잔병이 있었어요. 그들은 몇 명씩 무리를 지어 서쪽으로 가고 있었고 그중 어떤 이는 가축을 끌고 가고 있었어요. 다행히 우리에게 말을 거는 사람은 없었지만 나는 무서워서 심장이 콩닥콩닥 뛰었답니다. 정말 하루가 1년같이 느껴졌어요."

"차는 이허위안의 동쪽 대문으로 들어갔어요. 이전에 엄격히 지켜졌던 규범 같은 것은 생각할 겨를도 없었지요. 그래서 나는 이때 처음으로 이허위안 정문으로 들어가보았어요. 포롱차 끄트머리 여물 소쿠리에 앉아서 말이지요. 차는 계속해서 달리다가 인수전 층계 앞에서 멈췄어요. 우리 궁녀들은 각자의 주인을 모시기 위해 바삐 차에서 뛰어내렸지만 땅을 밟는 순간 다리가 저려 도무지 서 있을 수가 없었답니다. 황후마마의 궁녀는 아예 층계 아래 드러누워버렸어요. 평소 같으면 엄청난 불경죄였지만 이때만큼은 그런 것을 따질 겨를이 없었지요. 이때부터 나는 차에서 내릴 때면 늘 미리 다리를 움직여 근육을 풀어놓는 버릇이 생겼답니다."

"마차를 맞이한 사람은 내무부 대신 은명恩銘이었어요. 이 사람은 평소 태후마마를 자주 알현해서 나 역시 잘 알고 있었지요. 그는 두 손으로 소매를 쓸어내리고는 급히 앞으로 나와 머리를 땅에 조아렸어요. 그런 다음 무슨 말을 한 것도 같았는데 그때 우리 궁녀들은 다들 제정신이 아니어서 귀에 들어오지도 않았지요. 태후마마는 비빈들과 공주들을 이끌고 낙수당으로 가셨어요. 침전인 낙수당에서 잠시 휴식을 취하시는 동안 나는 물담뱃대를 두 대 올려드렸어요. 태후마마는 침대에서 세수를 하신 다음 잠시 눈을 붙이시고 나는 조용히 물러나왔어요. 그리고 나오자마자 마실 물을 찾았답니다. 목이 말라 견딜 수가 없었거든요. 그때까지 태후마마는 내내 아무 말씀이 없으셨어요. 사람들은 감히 흩어지지 못하고 다 함께 차양 안에서 휴식을 취했지요. 다들 고개를 숙이고 아무 말도 하지 않았어요. 궁 안은 쥐죽은 듯 조용했답니다."

"급히 식사가 올라가고 모두 흩어지지 말라는 분부로 사람들은 차양 안에서 서서 식사를 했어요. 이때 추이위구이가 들어와 단왕이 왔다고 아뢰었어요. 잠시 후에는 또 경왕이 왔다고 아뢰었지요. 태후마마는 노기를 띤 얼굴로 알았다고만 대답하실 뿐 아무 말씀도 없으셨어요. 얼마 후에 추이위구이가 숙왕이 덕성문에서 말을 타고 따라왔다고 아뢰었어요. 태후마마는 순간 정신이 번쩍 드신 듯 그들을 안으로 들어오라고 분부하셨지요. 숙왕의 저택은 원래 둥자오민샹(경자년 이후 동사북구조東四北九條로 옮겼어요)에 있었는데, 궁에서 듣기로 의화단이 둥자오민샹을 칠 때 외국인들 역시 그의 집을 엉망으로 부수었다고 해요. 조상의 초상과 조정 대례복까지 모두 가져가 포탄 구멍에 쑤셔넣었다고 했지요. 숙왕이 왔다면 분명 서양인들의 소식을 가지고 왔을 테니 태후마마는 서둘러 그들을 부르신 것이에요. 이허위안 낙수당에서 대신들을 알현하시는 것은 이때가 처음이었지요."

"이 역시 규기라고 할 수 있었어요. 태후마마도 계시고 황상도 계시고 촉박한 시간이나마 알현을 하고 대화를 나누고 차를 마셨으니까요. 태후마마는 매우 자신 있게 말씀하셨어요. '싱황을 보아하니 서양인들은 아직 우리가 나온 것을 모르는 듯하구나. 만약 알게 되면 분명 우리를 쫓아

경친왕[경왕, '친왕'은 청대 최상급의 작위] 이쾅(왼쪽)과
숙친왕(숙왕) 산치善耆

올 것이다. 우리는 더 빨리 피신해야 할 게다.' 물론 단왕, 경왕, 숙왕은 빨리 피신하기를 바랐겠지요. 하지만 태후마마는 단호한 어조로 말씀하셨어요. '이렇게 갈 수는 없다. 황상이 여기에 계시니 할 수 있는 모든 대비를 해서 반드시 살길이 보장되어야 한다! 추이위구이는 사람을 데리고 먼저 길을 앞서 가고, 리렌잉 역시 앞서 가서 수시로 소식을 알아오도록 해라. 황상과 우리는 그 뒤를 따라가고 단왕 등은 우리 뒤를 따라오도록 해라. 이허위안에는 병사도 있으니 그들로 후방을 엄호하게 할 것이다. 이렇게 해야 안심할 수 있을 것이야.' 그야말로 명언이었어요. 다시 말해 모두가 한데 모여 가는 것은 더 위험하다는 뜻이었지요. 태후마마는 앞길에서 부딪힐 여러 곤란한 일보다 뒤에서 쫓아올 서양인 군사들을 더 조심해야 한다고 생각하신 거예요."

"우리가 다시 마차에 오를 때는 란 공의 마차 외에 두 대의 마차가 더 생겼어요. 그중 하나는 황후마마를 위한 것이었어요. 물론 이 역시 귀족풍의 호화로운 마차가 아닌 평범한 2급 마차였지요. 또 다른 한 대는 경왕이 자신의 두 딸, 셋째 공주와 넷째 공주마마를 위해 준비한 것이었어요. 이렇게 황후마마와 후궁마마가 한차에 타시고 두 공주마마와 위안 마님이 한차에 타셨답니다. 덕택에 포롱차도 좀 여유가 생겨 나는 더 이상 여물 소쿠리에 웅크리고 있지 않아도 되었지요. 어찌나 감사하던지!"

"차는 다시 느릿느릿 북쪽으로 달렸어요. 엄청 무성한 옥수수 밭을 뚫고 가고 있었지요. 시간은 이미 정오를 지나 미시[오후 1시에서 3시 사이]에 이르렀어요. 내양은 뜨겁고 하늘에는 먹구름이 몇 짐 있어서 해가 구름 사이로 나왔다 들어갔다 했지요. 바람은 조금도 없었고 지면의 열기는 찌는 듯이 올라왔어요. '흐린 날 개가 일사병으로 죽는다'는 말이 있잖아요. 정말이지 우리가 바로 그 개꼴이었어요. 사람마다 더위로 얼굴이 붉게 달아오르고 등에는 땀이 흘러내렸지요. 얼마나 시간이 흘렀을까, 우리는 원취안溫泉이라는 곳에 도착했어요. 거기서 어느 부호에게 그 집 화장실을 좀 쓰게 해달라고 간청했지요. 가서 말을 전하는 일은 물론 내가 해야 했어요. 사정사정해서 간신히 허락을 얻었답니다. 언제부터 나돈 말인지 모르겠지만 옛 베이징에서는 여자가 화장실을 빌려 쓰면 그 집에 불운이 닥친다고 해서 반드시 문으로 들어가기 전 찬물을 마셔 사악한 기운을 떨치고, 나와서는 붉은 천이나 종이에 싼 돈을 주어 불운한 기운을 제거해야 했어요. 우리는 붉은 종이가 없어서 대신 묵직한 은 두 냥을 주었지요. 그래도 이 은을 태후마마 대신 내가 내 손으로 직접 전달했다는 것이 대단하다면 대단한 일이었어요! 여자가 집 밖을 나서면 가장 곤란한 점이 많이 먹을 수도, 많이 마실 수도 없다는 것이에요. 특히 찬 음식은 절대 금물이었지요. 배라도 아팠다가는 정말 난감한 노릇이었으니까요. 하지만 이곳에는 찬물밖에 없어서 하는 수 없이 표주박으로 돌아가면서 마셨어요. 그래도 불만스러울 정도는 아니었어요. 또 마을 동쪽에는 커다란 회화나무도 있어서 잠시 더위를 식히기도 했어요. 나무그늘 덕에 죽다 살아난 기분이었지요."

"태후마마는 정말 의지력이 대단하셨어요. 단 한 번도 힘들다는 말씀을 안 하셨거든요. 내가 표주박을 헹궈서 태후마마께 물을 떠드리니 태후마마는 먼저 입을 헹군 다음 반 모금 정도 그 물을 마셨어요. 아마 이런 끓이지 않은 찬물을 드셔보시기는 태후마마 평생에 처음이었을 거예요. 원취안의 어느 회색 벽돌 문루에서 마신 것이었는데 보통 사람들에게는 별일 아니겠지만 태후마마에게는 어마어마한 일이었답니다."

허 아주머님은 오랜 시간 계속해서 이야기를 했다. 종종 나에게서 얼굴을 돌리고 남쪽 창문을 바라보면서 혼잣말하듯 중얼중얼 말을 이었다. 모든 것을 잊고 완전히 과거의 기억에 몰입한 듯했다. 흐릿한 눈은 창밖 아카시아 나무에 붙박이고, 호두 표면 같은 얼굴 주름은 더욱 뚜렷이 드러났다. 가끔 이야기 도중에 멍하니 할 말을 잊으면 실내는 쥐죽은 듯 조용해졌다. 그런데 돌연 아주머님이 웃으며 말했다.

"지금은 사람이 죽었을 때 양방[사람이 죽었을 때 음양가에게 부탁해 출관일시, 생년월일, 사망 연월일 등을 써서 받는 것]을 쓰지 못하잖아요. 만약 써도 된다면 나에 대해서는 이렇게 쓸 수 있을 거예요. '태후마마가 시안에 가시던 길에 첫 은을 태후마마 대신 지불한 사람, 태후마마께 처음으로 끓이지 않은 찬물을 떠드린 궁녀'라고 말이에요. 아마 내 생애 가장 엄청난 일이라고 할 수 있지 않을까요?"

마음씀씀이가 세심한 분이라 분위기가 착 가라앉으면 늘 이렇게 농담으로 분위기를 바꾸곤 했다. 옛날에는 사람이 죽으면 그 일생의 공로와 영예를 종이에 쓰고 그것을 패에 붙여 대문 입구에 붙여놓았는데 이것을 양방을 붙인다고 했다. 물론 지금 이 말은 아주머님이 우스갯소리로 한 것이었다.

이번에는 탄식이 가득 섞인 어조로 말했다.

"사람은 천 번 만 번 계획해도 예상치 못한 일이 생길 수 있지요. 태후마마는 피란길에 오르시면서 아무것도 가지고 오지 않으셨어요. 오직 은 몇 개만 몸에 지니셨지요. 길을 가다보면 반드시 물건을 파는 곳이 나올 것이고 우선 돈만 가지고 있으면 무엇이든 살 수 있을 거라고 생각하신 거예요. 여기까지 오는 동안 이 생각은 완전히 빗나갔어요. 본래 하이뎬[베이징 성 서북쪽 교외 일대]에서 원취안까지, 원취안 북쪽에서 쥐융관居庸關까지 가는 길은 예로부터 남과 북을 오가는 중요한 길목이었어요. 하지만 응당 문을 열고 사람이 있어야 할 상점이나 객잔, 심지어 역참까지도 이때는 모두 어디론가 사라지고 없었지요. 패잔병들은 뭐라도 보이면 앞 다투어 약탈하기 일쑤였고, 붉은 두건을 쓰고 무리를 지어 다니는 의화단 역시 보이는 대로 물건을 집어가고 있었어요. 재산이 좀 있는 사람들은 죄다 숨어버리고, 피신도 하지 못하고 남은 사람들은 아무것도 없이 목숨만 부지하고 있었지요. 그러니 권세도 소용없고 돈이 있어도 쓸 수가 없는 형편이었어요. 은이 있어도 먹을 것으로 바꿀 수가 없었으니까요. 우리는 이렇게 한 발 한 발 고생길로 들어섰답니다."

"해는 이미 서남쪽으로 기울어가고 있었어요. 밭의 옥수수 잎사귀들은 모두 햇볕에 시들었고 바람이라고는 한 점 없는 날씨에 우리는 그저 손으로 부채질을 할 수밖에 없었어요. 옷은 땀으로 흠뻑 젖었지요. 한 번도 이런 거친 옷감의 옷을 입어본 적이 없어 몸에 걸친 것이 꼭 소가죽처럼 느껴졌고 온몸이 가려웠답니다. 목 아래, 겨드랑이 주위에는 좁쌀알 같은 땀띠가 나 긁지 않고는 견딜 수 없었어요. 또 긁으면 몹시 쓰라렸고요. 이제까지 느껴보지 못한 또 다른 고통을 맛보는 셈이었어요. 어느덧 마을에 도착했을 때는 이미 사람도, 말도 모두 지쳐 있었답니다. 마부는 더 이상 갈 수 없다며 여기서 말에게 먹이를 줘야 한다고 말했지요. 사람들도 뭔가를 먹어야 했어요. 하지만 도대체 어디서 먹을 것을 구해야 할지 막막했지요. 인원도 적지 않은데 말이에요. 다행히 마부가 이곳에 아는 사람이 아직 마부들이 묵는 여관을 지키고 있다고 해서 우리는 온갖 좋은 말로 그 사람에게 잘 좀 부탁해보라고 사정했어요. 많은 은을 지급하겠다고 하고 말이에요. 하지만 그도 별 뾰족한 수는 없었어요. 만들어놓은 음식 같은 것은 눈을 씻고 봐도 찾을 수 없고 그나마 밭에 동부[콩과의 한해살이 덩굴 풀. 씨와 어린 깍지를 먹는다]가 있어서 삶아먹을 수 있다고 했지요. 가난한 사람들이 가을비가 그치지 않고 묵은 곡식이 다 떨어졌을 때 종종 이런 것을 먹었어요. 어쨌든 대략 이야기가 잘되어 우리는 은을 주고 밭의 작물들, 동부와 푸른 옥수수를 따서 삶았어요. 한 사람당 삶은 옥수수 한 개와 반 그릇의 동부 열매가 돌아갔지요. 이것이 태후마마와 황상, 황후마마 등께 올려드린 피란길의 첫 점심식사였답니다. 태후마마는 일체 들지 않으셨어요. 그래도 옥수수를 끓인 죽은 가뭄의 단비처럼 귀한 음식이 되어 너 한 그릇, 나 한 그릇 앞 다투어 먹었지요. 황상도 한 그릇 드셨고요. 내 눈으로 직접 봤어요."

"사실 우리는 모두 이 곡식이 뭐고 저 곡식이 뭔지 분간조차 못 하는 사람들이었어요. 무엇이 옥수수고 무엇이 수수인지도 아예 몰랐지요. 어떻게 생겼는지는 말할 것도 없고요. 이런 음식도 그때 처음으로 먹어본 것이었어요. 동부는 젓가락만큼 길고 알이 한 줄 한 줄 탱탱하게 콩꼬투리에 싸여 있었답니다. 입만 벌리면 먹을 것이 있는 좋은 때는 이제 다 지났지요. 우리 네 궁녀는 직접 손을 움직여 동부를 줄기에서 끊어내고 푸른 옥수수 껍질을 벗겨 냄비에 넣고 삶았어요. 당시는 비가 많이 올 때라 마른 나무 같은 것은 없었지요. 그래서 검은 석탄 가루에 물을 섞어서 부뚜막 안에 채워넣었어요. 그런데 이런 일에 하나같이 문외한이라 석탄을 넣어도 불꽃은 안 일어나고 검은 연기만 피어오르지 뭐예요? 마침 옆에 나무 상자가 있었는데 풀무라고 했어요. 그래서 나와 샤오쥐안쯔가 돌아가며 풀무질을 해서 불을 피웠지요. 이는 힘이 들어가야 하는 일이라 스무 번 넘게 밀고 나니 어깨와 허리가 쑤시고 온몸에 땀이 흘렀어요. 어쨌든 우리는 어렵사리 물을 데워서 조금 떠가지고 태후마마께 얼굴을 씻으시도록 올려드렸답니다. 태후마마도 탄복을 하셨지요. '그래도 룽쯔와 쥐안쯔밖에 없구나.' 몸도 마음도 기진맥진한 터에 태후마마의 이 말씀을 들으니 눈물이 절로 샘솟았답니다. 둘 다 눈가가 빨개진 채 태후마마가 계신 방에서 물러나왔지요. 그때 샤오쥐안쯔가 나에게 말했어요. '지금 서양인들은 아마 궁 안으로 들어왔겠지. 궁 안에 있는 친구들은 어떻게 되었을까? 어쩌면 목을 매달았을지도 몰라. 우물에 뛰어들었을지도 모르고.' 우리는 헤어질 때 그들이 준 상식물들을 어루만져보나가 끝내 울면서 부엌으로 돌아왔어요. 샤오쥐안쯔는 그들이 죽었을 거라는 예감이 든다고 했어요."

"그런데 부엌으로 들어서니 우리가 없는데도 연기와 수증기가 계속 올라가고 풀무도 계속 움직이지 뭐예요? 누가 혼자서 풀무질을 하고 있는 모양이었어요. 자세히 보니 추이위구이였지요. 궁에서 우리는 그와 거의 이야기를 나누지 않았지만 이제는 생사의 고락을 같이하는 사이가 되었어요. 추이위구이가 엄숙하게 우리 둘에게 말했지요. '상황을 보아하니 지금 이곳에는 마마께 올려드릴 만한 것이 거의 없는 것 같다. 물건을 사는 것도 쉽지 않으니 아마 다들 고생을 각오해야 할 거야. 우리 아랫사람들은 무슨 일이 있어도 어르신이 배를 곯는 일은 없도록 해야 돼.' 이때는 피신 중에 성가신 일이 생기지 않도록 모두 태후마마를 어르신이라 불렀어요."

"샤오쥐안쯔가 울먹이며 대꾸했어요. '그럼 우리 살이라도 떼다 올리시지요! 제 살부터 떼세요. 전 하나도 안 무서워요.' 추이위구이가 대답했어요. '쥐안쯔, 누구 살을 떼겠다는 것이 아니라 방법을 생각해보자는 거야. 지금 우리가 반 묘畝 정도의 땅에서 딴 채소들 중 조금 남은 것은 대부분 병사들이 앞 다투어 가져갔어. 그러니 당장이라도 옥수수 껍질을 벗기고 동부 꼬투리를 훑고 옥수수 대는 베어 묶어 마차에 실어야 돼. 사람도, 가축도 모두 필요한 것이니까. 지금 우린 아무 데도 기댈 곳이 없어. '부유할 때 미리 없을 때의 어려움을 생각하고, 아무것도 없을 때 있던 시절을 부러워하지 말라'는 말이 있잖아. 지금은 우리 모두가 나서서 함께 움직여야 돼. 길에서 굶어 죽지 않으려면 말이야.'"

"추이위구이의 말에 우리는 정신이 번쩍 들었어요. 그래서 나와 쥐안쯔는 다른 두 궁녀와 함께 동부를 잘라내서 훑고 마부의 포대 자루에 담기 시작했지요. 남은 옥수수는 말 사료 소쿠리에 쌓아놓았고요. 옥수수 대는 두 개로 묶어서 차 뒷부분에 묶어놓았어요. 나는 굶주린 사람들이 무엇이고 닥치는 대로 훔쳐가는 것을 실제로 목격했답니다. 우리가 벗겨놓은 옥수수도 그들은 날것째 입가에 즙을 질질 흘리며 갉아 먹었지요. 여관 안에 불시에 들이닥친 패잔병들은 가져갈 물건이 없으니 찬물을 한 그릇 가득 떠서 마시고 그릇은 대로변에 아무렇게나 내동댕이쳤어요. 국법이란 것은 대체 무엇인지? 이곳에는 '법'이라는 단어가 존재하지 않았어요. 우리는 이런 상황에 두려워 벌벌 떨 수밖에 없었어요. 내가 절망적인 눈으로 추이위구이를 바라보자 그는 큰 소리로 이렇게 말했지요."

"룽, 무서워하지 마라. 우리는 이미 죽었다고 생각해. 지금 며칠 더 살고 있는 것은 거저 얻은 삶이야. 잘 기억해라. 막다른 곳에 이를수록 마음을 더 굳게 먹고 담대해져야 돼. 죽는 것을 두려워하지 않으면 더 이상 무서울 게 뭐가 있겠니.' 이 말은 내게 한 말이기도 하고 모두에게 한 말이기도 했어요. 또한 내게 이 말은 무섭고 떨리는 마음을 잡아준 진정제와도 같았지요. 지금도 또렷하게 기억해요. '막다른 곳에 이를수록 마음을 더 굳게 먹고 담대해져야 돼.' 아마 평생 동안 이 말을 잊지 못할 거예요. 말을 할 때 그가 한 발을 문턱 위에 올려놓고 얼굴을 비스듬히 돌린 자세로 말했던 것까지 다 기억난답니다. 몇십 년이 흘렀지만 여전히 내 귓가에 울리고 있어요. 이후에도 수없이 많은 고난을 겪으면서 극한의 상황에 이를 때면 나는 추이위구이가 한 이 말을 떠올렸지요."

허 아주머님은 또다시 취한 듯 멍하니 생각에 빠져들었다. 마치 노승이 수행하듯 몸을 가볍게 앞뒤로 흔들면서 한참 동안 아무 말도 하지 않았다. 나 역시 그저 침묵으로 공감하는 수밖에 없었다.

"마차가 다시 앞으로 나아갔어요. 길 위의 사람들도 점점 줄어들었지요. 그때, 샤오쥐안쯔가 나와 차를 바꿔 타고 싶다고 우겼어요. 실은 태후마마의 시중을 나에게 반나절 양보해주려는 것이었지요. 나는 마음속으로 고마워 금세 눈물이 고였답니다. 우리는 각자 여관 주방에서 삶은 옥수수를 몰래 가져왔어요. 무엇보다 태후마마가 굶으시면 안 되었으니까요. 말하지 않아도 그런 서로의 마음을 잘 알고 있었지요. 삶지 않은 푸른 옥수수가 더 많았지만 푸른 옥수수를 가져오면 삶는 것이 문제였어요. 냄비를 빌릴 곳도, 물을 구할 곳도 없고 또 삶을 시간이 있을는지도 알지 못했으니까요. 게다가 우리 스스로 할 줄 아는 것도 거의 없었고요. 우리 둘은 부드럽게 잘 삶아진 옥수수를 하나하나 손수건에 쌌어요. 차 안에서 태후마마께 옥수수 알을 드시게 하고 싶었거든요. 우리 둘 다 태후마마가 아무것도 드시지 않은 것을 잘 알고 있었지요. 정말 진심으로 태후마마를 기쁘게 해드리고 싶었어요. 그런데 샤오쥐안쯔는 나와 차를 바꿔 타고 이 좋은 일을 나에게 양보하려고 한 것이에요. 쥐안쯔는 손수건으로 싼 것을 나에게 쥐여주고 말했어요. '이것을 주인 어르신께 정성스럽게 올려드려 (안전을 위해 우리는 황상을 주인 어르신이라고 불렀어요).' 나는 눈물이 가득 고인 눈으로 고개를 끄덕였어요. 뱃가죽이 달라붙을 고생스러운 시기에 이런 친구를 보면서 어떻게 감격하지 않을 수 있겠어요! 차 안에서 나는 샤오쥐안쯔의 진심을 태후마마께 낱낱이 아뢰었답니다. 내가 어떻게 다른 사람의 정성과 공로를 가로챌 수 있겠어요. 때마침 궁이라면 낮잠 후 간식을 드실 시간이어서 우리는 황상께 잘 삶은 옥수수를 올려드리고 태후마마께 옥수수 낟알을 떼어드렸어요. 태후마마가 한 입 한 입 드시는 것을 보니 그제야 우리 노비들의 소임을 다한 것 같았지요."

"차 안은 열기로 찜통 같았고 삐딱하게 걸린 해는 사람을 말려 죽이려는 것만 같았어요. 마신 물은 모두 땀이 되어버렸지요. 땀이 많이 날 때 손으로 얼굴을 한번 만져보면 완전히 소금 바닥이었어요. 차 안의 뜨거운 공기에 성냥을 그으면 불이 붙을 것만 같았지요. 비가 내리고 난 뒤 땅에 해가 비치면 열기가 피어오르고 그것이 가축의 몸에서 나는 냄새와 뒤섞여 속이 뒤집힐 것 같았어요. 다행히 나는 여관에서 낡은 파초선을 하나 주워와서 그것으로 태후마마께 부채질을 해드렸지요. 입추 후의 오후 날씨는 유독 공기가 더 답답하답니다. 어느 곳을 만져봐도 뜨겁지 않은 데가 없었어요. 마차 휘장, 방석 할 것 없이 모두 손이 델 지경이었지요. 간신히 해가 서쪽으로 기운다 싶었는데 이때는 또 각다귀들이 극성이었어요. 아마도 가축의 몸에서 나는 냄새를 맡고 몰려온 듯했는데 노새 주위를 둘러싸고는 쫓아도 가지 않고 차를 따라왔답니다. 어떤 때는 사람의 얼굴에 부딪히기도 했는데 조심하지 않고 눈에 부딪히면 통증과 함께 눈이 붉게 부어오르면서 눈물이 났어요. 특히 왕파리같이 생긴 등에, 처음에는 그 벌레의 이름을 몰랐는데 나중에 그것이 쇠파리라는 것을 알았어요. 이 쇠파리는 죽음도 두려워하지 않을 기세로 달려들었어요. 어찌나 끈질긴지 한번 물면 때려죽여도 문 것을 놓지 않았답니다. 쇠파리에게 물리면 그 즉시 큰 물집이 생기고 붉게 부풀어 오르면서 무척 가려웠어요. 그래서 나는 태후마마를 보호하는 데 온 신경을 곤두세웠지요. 하지만 나도 그놈에게 발목을 한번 물리고 말았어요. 이놈은 독까지 있어서 물린 부분에 진물이 흐르고 나중에는 그것이 고름으로 변하지요. 이 고름은 산시성 타이위안[산시성의 성도]에 다다랐을 때에야 좀 나아졌답니다."

"땀을 많이 흘리고 나면 갈증이 심해졌어요. 마치 목구멍에서 연기가 나는 듯한 느낌이었지요. 그럴 때면 우리는 옥수수 대를 씹기 시작했어요. 태후마마도 도저히 견디기 어려우실 때는 우리와 함께 옥수수 대를 씹으셨답니다. 길은 갈수록 가파르고 노새도 애를 많이 먹었어요. 그때 앞서 가던 리롄잉이 돌아와서는 길옆에 서서 창핑昌平 경내로 들어섰다고 아뢰었어요."

"해가 서산으로 뉘엿뉘엿 기울어갈 무렵, 우리는 어느 큰 마을에 도착했어요. 나중에야 알았지만 그곳은 시관스였지요. 시관스는 비교적 규모가 큰 마을이어서 거리에서 보면 푸른 벽돌집이 적지 않았어요. 하지만 나라가 어지러운 마당에 어느 집도 우리를 받아주려 하지 않았답니다. 게

다가 이 마을 사람들은 모두 이슬람교를 믿는 회족들이라 풍속과 생활 습관이 우리와 완전히 달랐어요. 그들은 평소 한족과 섞이길 좋아하지 않았지요. 리롄잉 등이 상의한 끝에 마을 꼭대기에 낡은 이슬람 사원이 하나 있는데 오랫동안 수리를 하지 않아서 이미 폐가가 되고 지금은 그저 울타리를 친 타작마당으로 변했다고 해요. 그곳에 쉴 수 있는 방이 몇 개 있으니 거기에서 머무는 것이 어떻겠냐고 했어요. 태후마마도 흔쾌히 그러자고 하셨지요. 이미 하루를 꼬박 달려왔으니 모두 어디든 쉴 곳을 찾아 다리를 뻗고 싶어했어요. 자, 먼저 큰 배경 설명부터 하고 그다음 상세한 이야기를 해줄게요."

"우선 물을 마시는 것이 해결되었어요. 마당에 우물이 하나 있었거든요. 우물 주변에는 오지동이가 하나 놓여 있고 이 동이 위에 밧줄이 매여 있어서 물을 퍼올릴 수 있었답니다. 다만 우물에 난간이 없어서 물을 길 때마다 매번 떨어질까 마음을 졸여야 했어요. 다행히 여름이라 우물물이 꽤 차 있어서 물을 퍼올리는 것은 그리 어렵지 않았지요."

"이곳은 거의 텅 빈 공터였어요. 담장도 없는, 그냥 작고 아무것도 없는 맨 땅이었지요. 위쪽에는 보리 짚이 한 무더기 쌓여 있고 반쯤 깔개로 덮여 있었는데 비가 온 뒤라 축축하게 젖어 보였어요. 사방은 채소밭이었고요. 마당에서 둘러본 정경은 이랬어요."

"정북쪽에는 방이 세 개 있었는데 문도 없었고 창문에 창호지도 없었어요. 서쪽을 돌아보면 여러 채의 방이 한 줄로 늘어선 낮은 가옥이 있었어요. 이곳 역시 문도, 창문도, 담도 없고 오직 어지럽게 널려 있는 풀 더미와 농기구뿐이었지요. 방 안으로 들어가보니 그래도 북쪽 세 방은 그리 나쁘지 않았어요. 바깥과 연결된 두 방과 한 개의 내실이 칸막이로 나뉘어 있었어요. 가운데 방에는 금이 간 항아리가 있었는데 간신히 물을 담을 수는 있었지요. 부뚜막은 동쪽 방의 온돌 침대와 연결되어 있었는데 온

시관스 이슬람 사원 대문

돌 위는 아무것도 없이 민숭민숭했고 부뚜막에는 냄비와 낡은 냄비 뚜껑이 있었어요. 동쪽 방을 들어가보니 온돌 위에 쓰레받기가 하나 내동댕이쳐져 있었는데 앞부분은 모두 부서져 나가 있었어요. 바닥 벽 모서리에는 다리 세 개에 등받이가 없는 낮은 의자가 있었는데 아무도 가져가지 않을 것 같은 물건이었지요. 그 밖에 부서진 벽돌이 몇 개 눈에 띄었어요. 방 안은 텅 비어 썰렁했고 바닥에도 벽돌 외에는 아무것도 없었답니다. 나는 멍하니 서서 생각했어요. '여기서 밤을 새야 하는구나. 어제는 천국, 오늘은 지옥이네. 이런 처지가 될 줄 어느 누가 예상했을까.' 어쨌든 태후마마가 방으로 드셨어요. 태후마마가 방에 드시면 시중드는 궁녀 외에 일반 사람은 3미터 밖으로 떨어져 있어야 했어요. 창문 가까이에 있어서도 안 되고요. 두 태감이 돌아다니면서 감시를 하지요."

"나는 먼저 태후마마가 편히 앉으시도록 했어요. 온돌은 아무 깔개도 없이 민숭민숭했고, 딱히 방법이 없어 나와 샤오쥐안쯔는 마차의 방석을 가져와 자리를 마련해드렸지요. 태후마마는 아침에 차에 오르신 뒤 여전히 아무 말씀도 없으셨어요. 화가 나신 것 같지도 않았어요. 위엄을 지키기 위한 도도한 모습도 아니었지요. 그보다는 외부에서 어떤 시련과 고난이 가해져도 참고 견뎌내려는 태도였어요. 이제는 예절 같은 것도 차릴 처지가 아니었으니까요. 고개를 돌려 황상을 보니 황상은 손을 펼친 채 목석처럼 가만히 서 계셨지요. 나는 부대 자루를 가져와 접어서 낮은 의자에 놓고 황상께 앉으시도록 권해드렸어요. 황상은 눈을 들어 태후마마를 바라보고 태후마마가 '황상도 앉으시지요'라고 한마디 하시자 그제야 자리에 앉으셨어요. 이때 리렌잉과 추이위구이는 모두 거리로 먹을 것을 구하러 갔지요."

"안에 남은 나와 쥐안쯔는 어찌해야 할지 몰라 발만 동동 굴렀어요. 당장 필요한 것들이 하나도 없었으니까요. 태후마마가 입가심을 하시도록 물을 드리고 싶어도 그릇이 없었고 손을 씻으시려 해도 대야가 없었어요. 그렇다고 우리 둘이 손을 벌려 물을 올려드릴 수는 없는 노릇이잖아요. 생각다 못해 포롱차 아래 노새에게 물을 먹이는 대야가 걸려 있었는데 우리는 그것을 깨끗이 씻어다가 태후마마께 세숫물을 떠드리기로 했어요. 나중에는 태감들도 이 대야를 가져다가 황상께 올려드렸지요. 이렇게 한바탕 혼란스럽고 어수선한 상황이 지나갔답니다. 이 대야는 한밤중까지 사용했어요. 모든 사람이 이 대야로 씻은 후에야 제자리에 갖다놓았지요."

"가장 곤란했던 것은 무엇보다 사람에게 제일 중요한 일, 즉 식사 문제였어요. 지금 무척 자잘하게 얘기하는 것 같은데 하나하나 분명히 말하지 않으면 마음이 놓이지 않아서 그래요. 이때는 내가 가장 바쁘게 불려다니는 사람이었답니다."

"내가 막 태후마마의 세수를 시중들고 났을 때 태후마마가 의미심장하게 말씀하셨지요. '지금은 규범을 따질 수 있는 때도 아니고, 저 애들은(쥐안쯔와 다른 궁녀들) 외부인을 만나본 적도 없으니(아직 시집도 가본 적 없다는 말씀이에요) 룽쯔 네가 좀 이것저것 나서도록 해라.' 나는 공손히 그러겠다고 대답했어요. 또 내게는 요긴한 보물이 하나 있었지요. 바로 내 부시 주머니였어요. 길을 가는 도중 반드시 불을 쏠 일이 있을 거라고 생각해서 이허위안에서 아침을 먹을 때 챙겨온 것이었어요. 부싯깃, 부싯돌, 담뱃불을 붙일 때 쓰는 종이도 꽤 많이 가져왔지요. 때가 때이니만큼 이 종이는 그야말로 금덩어리나 다름없었어요. 노중에 물건을 파는 곳도 없었으니까요. 많은 사람이 용변을 볼 때 내게 종이를 빌려야 했어요. 나중에 나는 각 사람에게 종이를 한 장씩만 나누어주고 나머지는 남겨서 태후마마께 드렸지요. 하지만 내 부시 주머니를 빌려갈 수는 없었기에 내가 직접 불을 붙여주기 위해 여기지기 뛰어다녀야 했답니다. 여기서 부르고 저기서 외치고 몸이 열 개라도 모자랐지요."

"리롄잉은 물 항아리처럼 큰 찻주전자와 파란색 꽃무늬 물그릇 몇 개를 들고 왔어요. 추이위구이는 큰 대접을 안고 젓가락을 여러 개 들고 왔지요. 그곳에 사는 사람이 주었다고 하더군요. 자금성의 첫째, 둘째가는 이 두 사람은 이때도 거친 일을 마다 않고 움직였어요. 주전자 안에는 냉차가 들어 있었는데 찻물은 장국처럼 짙은 갈색을 띠고 있었어요. 태후마마는 두 모금, 황상은 한 모금을 드시고는 더 이상 드시지 않았어요. 맹물보다 맛이 없다고 하셨지요. 추이위구이가 가져온 대접에는 죽이 들어 있었는데 보통의 방식으로 끓인 팥죽이 아니라 그 지역 사람들이 '수반水飯'이라고 부르는 일종의 식사대용 음식이었어요. 좁쌀과 팥을 한데 섞어서 끓인 뒤 찬물을 넣어 그것을 식히는 방식이었지요. 찬물은 굉장히 여러 번 넣는데 물이 찰수록 좋았어요. 그런 다음 숟가락으로 그릇에 떠서 먹었어요. 배가 많이 고픈 사람은 걸쭉한 부분을 떠서 쌀을 많이 먹고 배가 많이 고프지 않은 사람은 묽은 부분을 떠먹으면 되었지요. 이는 그 지역 사람들이 여름에 한 끼 식사로 먹는 음식이어서 태후마마와 황상, 황후마마 등도 이런 음식을 드셔야 했어요. 물론 한 대접 가지고는 모자랐지요. 더 놀라웠던 것은 찻주전자와 찻잔 등을 다시 돌려줄 필요가 없다는 것이었어요. 원래의 주인이 싫어한다고 했지요. 회족들은 한족이 썼던 물건, 그중에서도 밥을 짓고 차를 끓이는 도구 등은 쓰지 않기 때문이래요. 그래서 나와 쥐안쯔는 그릇 두 개를 남겨두고 계속 썼답니다."

"나머지 마차들이 일렬로 들어왔어요. 따라오던 대신들의 마차였지요. 그들은 옷을 턴 뒤 소매를 쓸어내리며 공손히 태후마마께 인사를 올렸어요. 태후마마는 창문 너머에 계셨는데 사실 바로 앞에서 대면한 것이나 다름없었어요. 창에는 창호지조차 없었으니까요. 태후마마가 말씀하셨어요. '모두 오면서 별일 없었느냐. 황상도 여기 계시고 우리는 잠시 쉬고 있던 참이다.' 그들은 태후마마의 동태를 여쭌 뒤 물러나서 다시 각자의 마차로 돌아갔어요. 이곳에는 더 이상 다리를 펴고 쉴 만한 곳이 없어서 자신의 차 안에 들어가 쉬려는 것이었지요."

"하늘은 점점 어두워지고 또 어디서 수많은 모기떼가 굴러들어왔어요. 정말 굴러들어왔다고 표현할 수밖에 없는 것이 창문 윗부분, 처마 아래에 한 무더기의 모기들이 둥근 공처럼 뭉쳐서 온통 웽웽거리고 있었답니다. 정말 깜짝 놀랄 만큼 시끄러웠어요. 전통 극에서 치는 소라[꽹과리보다 작은 징] 소리를 들어본 적 있지요? 소라를 계속해서 두드릴 때 쉴 새 없이 울리는 그 소리, 이때의 모기 소리가 꼭 그랬어요. 고막이 터져버릴 것만 같아서 나는 재빨리 방 안으로 뛰어 들어와 태후마마께 모기를 쫓으시라고 파초선을 건네드렸지요. 뿐만 아니라 보고 있자니 모기떼는 사람을 뜯어 먹을 기세였어요. 방 안에 불빛이 있으면 안 되었지요. 조금이라도 불빛이 보이면 옥수수 나방이 날아 들어왔으니까요. 그것들은 목숨을 걸고 날아 들어와 얼굴, 목, 손 할 것 없이 아무 데나 부딪혔어요. 손으로 쳐서 잡으면 썩은 살구처럼 배에서 체액이 흘러나와 소름이 돋게 했지요. 우리 중 셋째 공주마마는 유독 겁이 많고 벌레를 무서워하셔서 벽 모퉁이에 움츠리고 계신 채 꼼짝도 하지 않으셨어요. 이뿐만이 아니었어요. 벌레보다 더 고역이었던 것은 화장실에 가는 일이었지요. 이곳은 지저분한 똥통이지 도저히 화장실이라 할 수 없었어요. 오물로 뒤범벅되어 발을 디딜 곳이 없었어요. 아무튼 상상할 수 있는 만큼 더러웠답니다. 바닥에는 두꺼비가 여기저기 마음대로 기어다니고 길고 큼직한 구더기들은 보기만 해도 구역질이 날 것 같았어요. 쥐안쯔와 나는 태후마마를 부축하고 화상실에 갔는데 태후마마를 부축하느라 두 손을 못 쓰는 사이에 파리들이 제멋대로 우리 얼굴을 기어다녔지요. 찐득찐득한 파리들은 쫓아도 도망가지 않고 한번 몸에 붙으면 십수 마리가 닐아들었어요. 정말 지옥이 이런 곳이구나 싶었답니다."

시관스 이슬람 사원 예배당

"누가 알려준 방법인지는 모르겠는데 누군가가 나에게 보리 짚으로 작은 더미를 만들어서 불로 태우고 그 위에 마 잎 몇 장을 덮어 실내에 두라고 했어요. 보리 짚이 타고 나면 진한 연기만 피어오르는데 모기와 그 외 벌레들이 이 연기가 무서워 방 안으로 들어오지 못한다고 했지요. 게다가 방 안에 있는 모기도 쫓아버릴 수 있고요. 나는 태후마마가 연기에 숨이 막히지 않겠느냐고 물었지요. 그러자 그들은 연기는 높은 곳으로 피어오르고 태후마마가 앉으신 곳은 낮으니 걱정하지 말라고 했어요. 또 지금 이렇게라도 하지 않으면 밤새도록 어떻게 잠을 자겠느냐고 해서 나는 태후마마께 여쭈어보고 그 말대로 했지요. 연기를 피워 모기를 쫓기 시작했더니 과연 효과가 있었어요. 적어도 처마에 있던 모기들은 죄다 사라졌답니다. 태후마마도 상당히 만족하셨고요. 하지만 나는 온 머리가 재투성이가 되었고 얼굴을 한 번이라도 만지면 시커먼 줄이 남았어요."

"서둘러 먹을 것을 준비하느라 우리는 또 바빠졌어요. 정말 추이위구이 말대로 정오에 남은 동부와 옥수수밖에 기댈 것이 없었지요. 이런 고된 나날들은 우리도 처음이었어요. 하지만 일하지 않으면 아무런 먹을거리가 없고 배를 곯아야 했으니 억지로라도 일하지 않을 수 없었지요. 몸이 천근만근이고 다리는 이미 한 발짝도 내딛기 힘들 만큼 쑤셨지만 이를 악물었어요. 정말 고생이란 게 무엇인지 그제야 알 것 같더군요. 대신들이 도착하면서 그들의 마부들도 함께 오고 사람이 더 늘어났어요. 나는 추이위구이에게 가서 옥수수 삶는 일에 마부를 동원해달라고 했지요. 냄비가 모자라 가운데 방을 뒤져 냄비를 끌어내리고 부뚜막도 마땅치 않아 마당 구석에 있는 오래된 벽돌을 주워 새 부뚜막을 하나 만들었어요. 장작도 없어서 보리 짚더미를 뒤져 젖지 않은 짚을 골라 장작으로 삼았고요. 이렇게 해도 냄비는 작고 사람은 많았지요. 그때 경험이 많은 마부 한 사람이 옥수수는 구워서도 먹을 수 있다고 알려줬어요. 그래서 보리 짚 무더기를 몇 개 만들어서 옥수수를 안에 묻고 구워보았지요. 옥수수가 익은 다음에는 다시 냄비에 동부 알을 넣고 삶았어요. 이렇게 하니 늘 설익은 상태로 먹었던 옥수수를 제대로 먹을 수 있게 되었지요. 나는 잘 구운 옥수수를 쪼개어 동부 알과 함께 두 그릇에 나누어 담아 태후마마와 황상께 올려드렸어요. 이미 밤이 깊었지만 태후마마는 여전히 벽에 기대어 주무시지 않았고 나와 쥐안쯔는 태후마마께 옥수수 알을 떼어드렸지요. 마마는 머리에 꽂는 비녀로 동부 알을 꿰어 드셨어요. 황상은 여전히 바닥에 앉아 계셨고요. 우리 둘은 또 동부 탕을 두 그릇 만들어 태후마마와 황상께 올려드리고, 다 드신 다음에는 태후마마가 주무시는 것을 시중들었어요. 우선 대님을 풀어 느슨하게 했다가 대님으로 벌레가 들어올까봐 다시 묶었지요. 머리카락은 손으로 모아 다듬어드렸고요. 그런 다음 온돌에 내동댕이쳐져 있던 낡은 쓰레받기를 뒤집어 그 위에 손수건을 깔아 태후마마의 베개를 만들어드렸어요. 또 벌레가 물지 않도록 주워온 파초선을 태후마마의 얼굴에 덮어드렸고요. 그러고도 두 손이 밖으로 나와 있었지요. 우리는 손수건으로 태후마마의 손을 감싸드렸어요. 밖으로 드러난 부분이 없으면 벌레도 물 도리가 없겠지요. 돌아보니 태후마마는 더위를 견디느라 눈을 감고 정신을 가다듬으신 덕에 잠시 동안 눈을 붙이실 수 있었던 것 같았고, 황상은 마차에 깔던 방석 위에 앉아 모자로 얼굴을 덮고 두 다리를 뻗으신 채 벽 모퉁이에서 억지로 잠을 청하고 계셨어요. 우리 둘은 조심조심 물러나와 창밖에서 찢어진 밀짚모자를 하나 주워들고 바람이 들지 않도록 태후마마의 맞은편 창문을 틀어막았어요. 그리고 그때서야 무언가를 입에 넣었지요. 우리의 저녁식사인 셈이었어요. 그래도 이렇게나마 황상과 태후마마가 함께 계셨으니 모자가 한방에 있는 것은 이때가 처음이었답니다!"

"중앙 채 동쪽 방의 태후마마와 황상은 이미 잠이 드셨는지 아무

소리도 들리지 않았고 서쪽 방의 황후마마와 후궁마마, 셋째 공주, 넷째 공주, 위안 마님도 조용했어요. 다들 교양 있으신 분들이라 이런 상황에서 누구도 힘들다는 말씀을 하지 않으셨지요. 가운데 공간에는 우리 네 궁녀가 바닥에 부대 자루를 깔고 각 방의 소리를 주의 깊게 들으면서 함께 잠을 잤어요. 대신들은 태자마마와 푸룬 패자를 포함해 마차 안에서 잠을 잤고 리롄잉, 추이위구이 등은 포롱차에서 잤지요. 마부들은 모두 서쪽 낮은 가옥에 모여서 잤고요. 여름 하늘은 어둑어둑하고 하현달은 이미 서남쪽 아래로 내려가 있었어요. 이 마을은 그래도 안정된 분위기였답니다. 모두 회족이라 다른 종교를 믿는 사람이 거의 없었고 그래서 소란스러운 일도 별로 없었던 거지요. 우리가 이곳에 도착한 날부터 봐도 남자, 여자, 아이들 누구 하나 소란스럽거나 시끌벅적한 사람이 거의 없었어요. 우리와 이야기를 나눌 때도 무엇을 꼬치꼬치 묻거나 하는 일이 일체 없었고요. 그만큼 예의를 아는 사람들이기도 했지요. 날이 밝자 닭 우는 소리가 들려왔어요. 궁 안에 있을 때는 듣지 못했던 것이지요. 하루 동안 얼굴도, 몸도 제대로 씻지 못해 정신을 좀 차려보니 온몸에 땀띠가 나 있었어요. 손을 대보면 온통 작은 좁쌀알 같은 것이 만져졌지요. 손끝에 느껴지는 오돌토돌한 느낌이 내 피부 같지가 않았답니다. 그때 추이위구이가 한 말을 다시한번 떠올렸어요. '우리는 이미 죽었다고 생각해.' 그렇게 생각하니 마음이 좀 가라앉았지요."

"잠깐 동안 눈을 붙였는데 하늘은 금세 밝아져 있었어요. 나는 얼른 일어나 태후마마를 모시러 갔지요. 간밤에 앓아누우셨기라도 하면 큰일이었으니까요. 다행히 태후마마와 황상 모두 좋아 보이셔서 마음이 놓였어요. 하지만 또 성가신 일이 일어났어요. 밤사이 누가 그랬는지 물을 긷는 동이가 부서져 있지요. 바쁠수록 사고가 터진다고, 우리는 서둘러 사람을 불러 거리에 나가 은을 주고 동이를 사오도록 부탁했어요. 이때는 이미 날이 밝은 지 꽤 되었을 때라 어떤 소문이 새어나갈지 알 수 없었지요. 거리의 좀 알 만한 부호들은 이미 태후마마와 황상이 이곳에 계시다는 것을 알고 몇 개의 만두를 보내주었거든요. 일반 원형의 만두가 아니라 날이 두터운 칼로 자른 사각형의 만두였어요. 또 주사위처럼 작고 네모난 절인 야채와 두 통의 좁쌀죽도 보내주었고요. 정말이지 눈 속에서 숯을 얻은 기분이었답니다. 그들도 감히 황후마마와 황상께 올린다는 말을 입 밖에 내지 못하고 그저 하인들에게 주는 것이라고 했지요. 궁의 법도가 삼엄하다는 것을 알고 있었으니까요. 그것 말고도 산길을 가야 한다는 것을 알고 특별히 노새가 끄는 뤄튀자오騾馱轎[일종의 여행용 가마로 앞뒤의 두 마리 노새 등에 장대를 걸치고 그 위에 가마를 얹은 것] 세 개를 바쳤답니다."

"아마 앞으로도 이때 겪었던 새로운 일들을 잊지 못할 거예요. 모두 예전에는 경험해보지 못한 일들이었지요. 뤄튀자오라는 것은 무슨 낙타가 끄는 마차 같은 것이 아니랍니다[낙타와 나태의 중국어 발음이 유사한 데서 연유한 말]. 낙타와는 아무 관련도 없지요. 구체적으로 설명하면 두 마리 노새 등 가운데에 가마를 올린 것이에요. 끌채를 씌운 앞의 노새는 방향을 파악하고 길을 선택하지요. 뒤에 있는 노새는 '따라가는 노새'라고 부르는데 속도와 보폭을 일정하게 유지하면서 앞의 길잡이 노새를 바짝 따라갔어요. 이 두 마리 노새는 보통 서로 친밀한 경우가 많고 훈련도 함께 시키지요. 평소에 훈련되지 않은 노새는 뤄튀자오에 쓸 수 없답니다. 이런 차는 일반 가축이 끄는 마차보다 덜 흔들리고, 사람의 힘으로 드는 가마보다 속도도 빨랐어요. 위아래 좁은 비탈길도 수월하게 갈 수 있었고요. 뿐만 아니라 가마 아래에 원반이 있어서 앞의 노새가 굽이진 곳을 돌 때도 뒤틀리지 않고 균형을 유지할 수 있었답니다. 이 원반은 방향을 바꾸는 대로 돌아가서 회전반이라고 불렀지요. 뤄튀자오는 서부 지역 부호들의 주요 교통수단이었어요. 시관스의 가문에서 뤄튀자오를 세 대나 보내준 것은 실

뤄튀자오

로 대단한 일이었지요. 세 대면 여섯 필의 노새와 세 명의 마부가 함께 오는 것이었으니까요. 어지러운 시기에 누리는 호사였지요."

"순서대로 차근차근 이야기해볼게요. 들리는 얘기로 이 시관스의 부호는 성이 리李이고 여객이나 화물을 안전하게 호송하는 운송업체鏢局를 한다고 했어요. 무관 출신에 의협심이 있는 사람으로 이 일대에서는 꽤 유명했지요. 그는 차뿐 아니라 길 안내자까지 한 명 보내주었답니다. 이 사람은 성이 양 씨였는데 나이는 마흔 살쯤 되었고 머리도 굉장히 좋았어요. 내가 이 양 씨를 기억하는 것은 그가 이후에도 우리를 장자커우 북쪽까지 계속 안내해주었기 때문이에요. 여정이 길어지면서 그에 대해 더 자세히 알게 된 것이지요. 호송을 맡은 차는 어느 고장에 도착하면 큰 소리로 상호를 외치는데 이를 전문 용어로 당자를 외친다고 하고 그 외치는 사람을 당자수라고 했어요. 이 양 씨는 바로 당자수였지요. 이것도 다 피란 중에 얻은 새로운 지식이랍니다."

"뭐뭐자오는 굉장히 높고 가마 끝에 발을 디디는 의자가 있어서 우리는 그 의자를 가져다가 태후마마가 가마에 오르실 때 부축해드렸어요. 태후마마가 가장 먼저 오르시고 두 번째로 황상이, 세 번째로 황후마마가 오르신 뒤 시관스를 떠났지요. 또 새 마차를 고용해 우리 궁녀들이 타게끔 하셨답니다. 이때부터 포롱차는 더 이상 가지고 가지 않았어요. 몹시 느려서 마차의 속도를 따라올 수 없었거든요."

"이 일이 태후마마를 처음으로 마음 편하게 해드렸어요. 궁을 떠난 이후에도 누군가 물건을 바쳐 도와주는데 당연히 기쁘고 위안이 되지 않을 수 없었지요. 우리 궁녀들 역시 고생스러웠던 첫날밤을 어쨌든 잘 견뎌낸 셈이었어요. 내가 너무 엄벙덤벙 이야기했지요. 하지만 이것이 대략의 상황이었어요."

고전에 "곤경에 처한 원숭이가 수풀 속에서 어찌 나무를 가릴 수 있겠느냐"라는 말이 있다. 서태후가 시관스에서 묵었던 하룻밤을 바로 여기에 빗댈 수 있을 것이다.*

——— 창핑에서 화이라이까지

"그때가 광서 26년(1900)인 경자년 7월 22일 아침이었어요. 우리는 태후마마를 모시고 시관스에서 출발해 만리장성으로 향했지요. 사실 이때도 우리는 어디로 가야 할지 알지 못했어요."

"7월의 아침은 땅의 수증기와 하늘의 안개가 한데 뒤섞여 뿌옇기만 할 뿐 그날 맑을지 흐릴지 분명히 알 수 없어요. 태후마마의 분부대로 추이위구이는 일행보다 앞서 가고 있었는데 그날따라 추이위구이는 새 조수가 한 명 생겨 몹시 만족스러운 모습이었어요. 바로 길 안내자 양 씨였지요. 출발 전 나와 쥐안쯔는 그 두 사람이 주고받는 이야기를 들었는데 두 사람 모두 무술에 일가견이 있었어요. 베이징의 유명한 무술 사범들을 들어가며 서로 이야기가 잘 통했지요. 양 씨는 또 지리에 능통해서 어느 곳에 어느 집이 있고 그 집주인의 이름이 무엇인지까지 꿰뚫고 있었어요. 더욱이 이 일대에는 무술을 연마하는 사람이 많아 어느 곳에 가면 어느 사범이 있어 금방 도움을 받을 수 있을 거라고 하니, 무술 좋아하고 승부욕 강한 데다 강호 사람 같은 성격의 추이위구이에게는 그만이었지요. 추이

---

*『베이징만보北京晚報』 1986년 6월 7일자에는 본적이 시관스였던 리페이룬李佩倫 선생의 「뭐튀자오·시관스」라는 글이 실려 있다. "서태후는 베이징에서 피신해 처음으로 시관스 마을에서 묵었다······." 시관스는 리 씨 성 사람들을 중심으로 한 회족 촌이었다. 이곳은 서직문을 나와 하이뎬, 원취안을 거쳐 북쪽 쥐융관으로 올라가는 길목에 있었으며 남북을 오가는 요충지 가운데 하나여서 관리, 상인, 무관이 매우 많았다. 광유光裕가 곧 리 씨가 운영했던 사업의 상호로 동광유, 서광유 두 개의 상호가 있었다. 서태후가 황망히 서관으로 도망쳐 왔을 때 마침 광유의 주인인 리쯔헝李子恒이 집에 있어 자신의 집에 있던 뭐튀자오를 바쳤다. 또 같은 마을에 사는 양쥐촨楊巨川이 길 안내를 하게 되어 가마의 서행길을 호송했다. 서태후는 이후 조정에 돌아온 뒤에도 이 일을 잊지 않고 길 안내한 양쥐촨의 공을 인정해 귀족으로 봉하고 리쯔헝은 신장 이리伊犁 현을 다스리는 현령이 되었다. 참고가 될 만한 글이다.

위구이는 금세 양 씨의 어깨를 두드리며 그를 '형제'라고 불렀어요. 양 씨의 나이가 많든 적든 상관없이 말이지요. 추이위구이는 이렇게 거리낌 없고 호탕한 사람이었어요. 샤오쥐안쯔는 그를 별로 좋아하지 않았지만요. 그들이 간 후에도 등 뒤에서 이렇게 말했지요. '성한 사내도 아닌 주제에 개도 고개를 절레절레 흔들 인간이지. 입에 바람만 잔뜩 들어가지고. 아마 저 양반은 아버지가 와도 어깨를 치면서 형제라고 부를 거야.' 이는 궁에서 하는 욕으로 '죽어서 개에게 먹힌다 해도 개도 고개를 절레절레 흔들 만큼 허풍이 심하다'는 뜻이에요. 궁에서는 '죽는다'나 '죽인다'와 같은 거칠고 불길한 말을 쓸 수 없었으니까요. 나는 웃으면서 대꾸했어요. '왜 그렇게 욕을 해?' 내가 웃자 쥐안쯔도 웃음을 터뜨렸어요. '하여간 저렇게 방정맞게 구는 꼴을 못 봐주겠다니까. 그저 제 자랑밖에 할 줄 모르잖아.' 내가 또 말했지요. '어휴! 가족도 없이 혈혈단신에, 죽으면 묻힐 고향도 없고 그날그날 즐거운 맛으로 사니 담을 넘어도 귀도 안 걸리는 건 당연하지(담을 넘어도 귀도 안 걸린다는 말은 베이징 토속어로 조금의 근심도 없다는 말이에요).' 영리한 쥐안쯔는 내 말에서 어두운 분위기를 눈치채고 고개를 들어 책망했어요. '궁을 떠난 지 이제 겨우 하루밖에 안 지났는데 온통 죽네 사네 하는 말만 하는구나. 이틀이나 제대로 못 잤으니 잠깐이래도 눈이나 좀 붙여.' 사실 이는 책망이 아니라 나를 생각해서 해준 말이었어요."

"정말이지 오랜만에 얻어보는 평안함이었어요. 이렇게 쥐안쯔와 붙어 있는 것도 쉽지 않은 기회였고요. 바로 그 전해, 내가 소위 혼인이라는 것을 했을 때 쥐안쯔는 나에게 값비싼 선물을 보내주었답니다. 나는 그것이 석별의 정임을 알았지요. 7, 8년을 같이 지내면서 온갖 기쁨과 슬픔을 함께했으니 자매보다 더 가까운 사이였어요. 지옥으로 들어가는 것이나 다름없던 나에게 그 선물은 제물이 되는 셈이었지요. 입 밖에 내지 못하는 아쉬움의 표시이기도 했고요. 혼인 후에 다시 만났을 때도 쥐안쯔는 선물에 대해 아무 말도 하지 않았어요. 나도 딱히 고맙다는 인사를 하지 않았고요. 좀 예의가 아니긴 했지만 서로 아무 말이 없으니 마치 아무 일도 없었던 것처럼 되어버렸지요. 일반적인 관점으로 봤을 때는 예의가 없어 보이겠지만 우리 둘 사이는 이미 그런 겉치레를 뛰어넘을 만큼 허물이 없었답니다. 또 매번 내가 감정이 북받칠 때면 쥐안쯔는 늘 화제를 돌려 내 기분을 바꾸어주곤 했어요. 이날 우리 둘은 한차에 앉아서 서로 아무 말도 하지 않았지만 마음속으로는 무한한 우정을 느꼈어요. 속으로는 그 애를 꼭 껴안고 한바탕 속 시원하게 울면서 내 힘든 속을 털어놓고 싶었지만 그럴 수 없어 아쉬웠지요. 쥐안쯔는 일찌감치 이런 내 마음을 꿰뚫고는 일부러 차갑게 나를 외면하고 말이 없었어요. 그리고 잠시 생각에 잠겼다가 냉랭한 얼굴로 이렇게 말했지요. '네 힘든 마음 다 알아. 하지만 아직은 울 때가 아니야. 지금 상황을 보면 그래도 우리 둘은 목숨이나마 보전할 수 있겠지만 궁 안에 남은 친구들은 죽었는지 살았는지조차 알 수 없어. 나중에 궁으로 돌아가면 우리가 그 애들의 시신을 정리하고 무덤을 만들고 제사를 지내 혼백을 위로해야겠지. 지난해 정월에 들은 쉬수 천위안위안陳圓圓 이야기 아직 기억하지? 성이 함락되어 궁인들은 포로가 되고 육궁의 사람들은 몰려나와 새 주인을 맞이하고 사방에서 둥둥 북소리가 울리면서 만 송이의 꽃이 호랑이 한 마리를 영접하는 풍경 말이야. 정말 궁이 함락되었다면 나는 차라리 친구들이 모두 죽었으면 해. 한 명도 남지 않고, 한 송이의 꽃도 남지 않고 다! 그때는 나도 가슴이 터져라 눈물이 마를 때까지 울겠지. 너도 그때가 되면 실컷 울어. 그때는 친구들을 따라 죽는다 해도 안 말릴 테니까.' 그렇게 말하고 쥐안쯔는 별안간 두 손을 뻗어 내 목을 끌어안더니 온몸으로 흐느껴 울기 시작했어요. 끝없이 황량한 길을 달리는 마자 안에서 말이지요."

"쥐안쯔는 이렇게 순수하고 가슴이 뜨거운 친구였어요. 속으로는 궁에서 끔찍한 재난을 맞았을 친구들을 늘 생각하고 있었던 거예요."

"고개를 들어보니 앞에는 뤄튀자오에 높이 걸린 가마 세 대가 흔들 흔들 움직이고 있었어요. 우리 시중드는 사람들은 주인에게서 지나치게 멀리 뒤떨어지면 안 되었지요. 뤄튀자오 뒤가 바로 우리가 탄 마차였어요. 뤄튀자오는 전에 보지 못했던 새로운 것이라 우리는 어느덧 그것을 자세히 관찰하기 시작했답니다. 내 생각에 뤄튀자오는 무척 높아서 타도 그리 편할 것 같지 않았어요. 이륜마차는 끌채와 말의 어깨가 평행으로 되어 있고 바퀴의 차축도 땅 위로 약 60센티미터를 넘지 않지요. 뤄튀자오는 달랐어요. 앞뒤 말 등에 걸친 가마는 우물 정#자 형태였고 사람이 들어가는 곳은 매우 높았어요. 이륜마차보다 대략 60센티미터는 더 높았지요. 울퉁불퉁한 산길을 걸을 때는 말의 움직임에 따라 가마도 흔들리고 안에 탄 사람도 위아래로 들썩거리게 된답니다. 계속 그렇게 가면 태후마마가 견디실 수 있을까 싶었는데 태후마마는 시종일관 아무 말씀도 없이 잘 견디셨어요. 궁을 떠나온 뒤부터 태후마마는 거의 말씀이 없으셨지요. 한편 산의 오르막길이라 한 발 한 발 까마득히 높이 올라가는데 그래도 추이위구이와 양 씨 이 두 사람의 모습은 뚜렷이 눈에 들어왔어요. 그 둘은 태후마마의 정찰병 혹은 길잡이라고 할 수 있었지요. 태후마마의 가마나 황상의 가마나 앞이 휑하니 마부 말고는 시위병 한 사람 없는 것을 보니 긴 탄식이 절로 나왔어요."

"평소에는 태후마마가 이허위안에만 가셔도 큰 가마 앞에 행차를 호위하는 의장병들이 일렬로 줄을 서서 호위했지요. 그 줄만 400미터는 족히 되었을 거예요. 다른 것은 다 제하고 가마 앞에서 길을 이끄는 말만 보아도 한 줄에 네 마리가, 앞뒤 네 줄로 함께 걸어갔답니다. 얼마나 위엄 있고 위풍당당한 모습이었는지 몰라요. 수많은 인파 속에서 온몸이 검은 건장한 말들이 걷고 있는 모습을 상상해보세요. 털은 기름을 바른 듯이 반드르르 윤이 나는 것이 꼭 고운 비단 같았지요. 말의 앞이마에는 모두 붉은 술을 묶었고 재갈, 고리, 안장, 안장 밑의 깔개 모두 반짝반짝 빛나는 구리 장식물들과 잘 어울렸어요. 좌우로 고삐가 말안장 위에 잘 놓여 있고, 네 필이 한 줄로 질서정연하게 서 있는 모습은 정말 감탄을 자아냈지요. 그중 가장 절묘한 것은 말의 걸음걸이였어요. 이 말들은 태후마마를 호위하며 앞에서 길을 여는 역할이었기에 가마에서 아주 멀리 떨어져 있으면 안 되었지요. 이 때문에 말들은 가마꾼과 똑같은 속도로 걸어야 했는데 이게 보통 어려운 것이 아니랍니다. 당당하고 준수한 풍모를 보이기 위해 말들은 모두 머리를 들고 다 함께 큰 걸음으로 걸어야 했어요. 이때 머리 위의 붉은 술이 나란히 한 줄로 맞춰지는 것이 정말 장관이었어요. 또 묘미 중의 묘미는 이것인데, 말들은 먼저 큰 걸음을 내딛다가 발굽이 땅에 닿는 듯 닿지 않을 때 천천히 발굽을 안으로 45센티미터 정도 구부려요. 그래서 크게 걷는 것처럼 보이지만 실제 걸음은 15센티미터 정도만 나아가는 셈이지요. 이렇게 걸음으로써 가마꾼과 보조를 맞추고 가마 앞에서 일정한 거리를 벗어나지 않는 것이에요. 한 무리의 말들이 모두 똑같이 머리를 들고 똑같이 큰 걸음을 내딛다가 똑같이 발굽을 구부리는 그 완벽한 모습은 실로 수를 놓은 것 같답니다. 이것만으로도 더할 나위 없이 훌륭하지만 가장 뛰어난 것은 말이 발굽을 구부릴 때 허리와 함께 단단한 엉덩이가 따라 흔들리는 모습이에요. 말을 탄 사람 역시 말의 움직임에 따라 몸이 살짝 흔들리고 거기에 맞춰 머리에 쓴 모자의 붉은 술도 흔들리지요. 왼발을 구부리면 오른쪽으로 흔들리고 오른발을 구부리면 왼쪽으로 흔들리는 것이 정말 보기 좋았어요. 이는 모두 난의위鑾儀衛[청대 관서로 수레, 가마와 의장 등을 담당하였다]들이 힘과 정성을 다해 훈련시킨 덕분이랍니다. 또 그 소리를 들어보면 말발굽이 땅을 내딛는 '달그락' 소리와 가마꾼이 가마를 메고 길을 걷는 '저벅저벅' 소리가 대단히 조화롭게 들리지요.

산길을 오르고 있는 뤄튀자오

긴 버드나무 그늘이 진 조용한 길 위에서 군대의 훈련처럼 엄숙하고 질서정연한 가운데 이 소리만 서화문에서 이허위안까지 이어졌어요. 정말 황실의 위엄이라는 것은 무엇에 견줄 수 있을까요! 이것이 불과 며칠 전의 일이었는데 지금 눈앞에 있는 것은 회색 노새를 타고 태후마마의 가마 앞에서 길을 여는 추이위구이뿐이었어요. 정말 혼란스러운 기분이 들었지요. 눈앞에는 돌멩이들이 여기저기 뒹구는 황량한 산, 그 산길을 흔들흔들 가고 있는 세 대의 뤄톼자오, 맨 앞에 있는 노새의 방울 소리는 무겁게 딸랑딸랑 울리는 것이 들을수록 졸음이 오게 했어요."

"길은 점점 가파른 오르막길로 변했어요. 동쪽, 서쪽으로 산들이 빽빽하게 둘러싸여 있는 모습이 마치 흉악한 야수가 양옆에서 같은 먹잇감을 두고 달려드는 모양 같았지요. 마침내 이 두 야수가 머리를 맞닿은 지점, 바로 산으로 들어가는 입구에 이르렀어요. 나중에야 알았지만 이곳은 난커우南口였어요."

"여름날 오전이라 그런지 시간이 무척이나 길게 느껴졌어요. 어느 시진인지도 감이 오지 않았지요. 하늘은 흐렸지만 바람 한 점 없었고 두터운 구름은 머리를 짓누르듯이 낮게 깔려 있어 숨이 막힐 듯했어요. 난커우로 들어간 뒤에는 더욱 답답했지요. 마치 호리병 속을 뚫고 들어가는 기분이었답니다. 공기가 어찌나 답답한지 입을 벌리고 숨을 쉬어야 할 정도였어요. 바싹 마른 개천의 물고기가 하늘을 바라보며 입을 빼끔거리듯이 헐떡이며 숨을 쉬었지요. 땅에서 찜통같이 습한 열기가 뿜어져 나와 목이 타고 답답했어요. 본래부터 열이 많고 성격도 급한 샤오쥐안쯔는 거의 미칠 지경이었지요. 몸의 땀띠는 점점 더 늘어나고 얼굴은 새빨개졌어요. 머리에는 땀이 흥건했고요. 이틀간 벗지 못한 옷은 땀이 흠뻑 배어 고약처럼 몸에 잘싹 달라붙어 있었어요. 쥐안쯔의 옷을 실쩍 들어올리고 보니 좁쌀만 했던 땀띠가 크게 번져 있었어요. 살은 온통 붉게 달아오르고 땀띠 끝에 보일락 말락 하얀 수포가 돋은 것이 아무래도 곪은 듯했지요. 궁에서 수년간 깨끗하게 씻는 습관을 기르고 연지와 분으로 피부를 부드럽게 가꾸어왔는데 지금은 그것이 도리어 해가 된 셈이었어요. 작열하는 햇빛과 열기에 피부가 손상되고 옷은 땀에 흠뻑 젖은 채 바람이 조금도 통하지 않았으니 땀띠가 안 나고 배길 수가 있겠어요. 하지만 그저 옷자락을 들어올려 이리저리 흔들어주는 수밖에 다른 방법이 없었지요. 그렇게라도 바람이 통하게 해서 쥐안쯔의 고통을 덜어주고 싶었어요. 쥐안쯔는 눈물이 가득 고인 눈으로 나에게 말했어요. '아침에 내가 태후마마의 얼굴을 씻겨드릴 때 보니까 틀어올린 머리 아래랑 목 주위에 온통 붉은 땀띠가 나 있었어. 태후마마께 아프지 않느냐고 여쭈었더니 마마는 시선을 옆으로 돌리시면서 대꾸조차 하지 않으셨지. 아파도 무슨 조치를 취할 수 있는 여건이 되어야 말씀을 하시지. 여건이 이전 같지 않으니 아무 말씀도 안 하신 거야. 아프다고 말해본들 지금 뭘 어떻게 하겠어.' 쥐안쯔는 중얼중얼 이야기했어요. 어떻게 된 게 궁을 떠나고 친구들과 헤어지고 난 이 이틀간은 줄곧 마음이 아려서 말하지 않아도 저절로 눈물부터 흘러나왔답니다."

"그때 갑자기 맨 앞에 있던 말의 방울 소리가 들리지 않았어요. 고개를 들어 내다보니 태후마마의 가마가 멈춰서 있었지요. 우리는 얼른 마차에서 내려 태후마마의 가마 앞으로 달려갔어요. 가마가 높아서 서서 고개를 들고 여쭙는 수밖에 없었지요. 사실 이것은 궁에서라면 절대로 안 되는 일이랍니다. 태후마마는 낮은 목소리로 우리 둘에게 용변을 해결해야겠다고 말씀하셨어요. 우리는 잠시 멍해졌지요. 이 황량한 교외에서 앞뒤로 마을도 없고 어떻게 태후마마의 용변을 해결할 수 있을까 해서 말이에요. 태후마마는 과감히 말씀하셨어요. '여기 풀이 빽빽한 곳에서 해결할 테니까 나를 둘러서서 가리도록 해라.' 정말 현명하신 판단이었어요. 화장실 한 번 쓰기 위해 애걸복걸해야 했던 원취안이나 시관스의 똥통보다는 몇 배나 나은 조건이었지요. 적어도 구역질날 만한 것은 없었으니까요. 우리 궁녀들은 재빨리 둥글게 벽을 만들었고 이 벽 안에서 태후마마, 황후마마, 후궁마마, 공주마마들까지 차례로 용변을 해결했어요. 정말이지 갈 데까지 갔구나 하는 탄식이 절로 흘러나왔지요. 화장지도 없어서 야생 마잎으로 대신해야 했답니다."

"계속해서 길을 가다가 문득 고개를 돌려 왔던 길을 되돌아보니 행렬의 모습이 그래도 꽤 풍모를 갖추었어요. 막 궁에서 나왔을 때와는 많이 달라졌지요. 차도 단 몇 대뿐이던 것이 열 대, 스무 대로 늘어났고요. 비록 만리장성의 옛길이지만 한때는 고관들이 빈번하게 오갔던 지역이며 지금 눈앞에 몇십 대의 마차가 줄을 지어 가는 모습을 보니 꽤 그럴싸했지요. 나는 쥐안쯔에게 속삭였어요. '지금 보니까 호위하는 사람이 더 늘어난 것 같아.' 그랬더니 쥐안쯔는 입을 삐죽이며 대꾸했어요. '글쎄, 그들이 가마를 호위하는 것인지, 가마가 그들을 호위하는 것인지……. 태후마마를 보호하러 온 것인지, 태후마마의 보호를 받으려고 온 것인지, 그 속은 자신들이 제일 잘 알겠지.' 본래 우리 같은 사람들은 나랏일에 대해 이야기할 수 없었지만 광야를 달리고 있는 마차 안이었기에 감히 이런 말을 몇 마디 주고받을 수 있었어요. '계산 한번 제대로 한 거지! 서양인이 성으로 쳐들어오는 통에 재빨리 도망쳐 나왔으니 우선은 생목숨이 날아가는 것을 면했고 또 가마를 호위한다는 명분까지 서니까 말이야. 설사 길에서 죽는다 해도 헛된 죽음은 아니잖아. 충신이라는 명예를 얻게 될 테니. 집에 있는 아내와 아이들은 어떻게 되는 내버려두고 말이야. 마누라는 옷이나 다름없지. 해지면 벗어버리고 새것으로 갈아입는 거지. 붉은 옷이 못쓰게 되면 녹색 옷을 입으면 그만인 거야. 오직 제 목숨 하나 보전하고 있으면 그런 것들이야 나중에 어떻게든 할 수 있다는 속셈인 거지. 내가 볼 때 저들이 태후마마를 따르는 것은 솔직히 제 목숨 줄 끊어질까 두려워서이지 다른 게 아니라고 봐. 태후마마를 보호한다는 것은 그저 구실이고. 군주가 굴욕을 당하면 신하는 죽음을 택한다는 이치는 나 같은 아랫것도 다 알 수 있는걸.' 쥐안쯔는 연신 투덜댔어요. '어차피 네 일도 아닌데 뭘 그렇게 흥분해?' 내가 이렇게 말해도 쥐안쯔는 여전히 불만스런 어조였지요. '나중에 지옥에 내려가 혀가 뽑히더라도 이 세상에 있는 동안은 할 말은 하고 살 거야. 너도 봐봐. 이 이틀간 우리가 그렇게 죽을 고생을 했는데도 누구 한 사람 도와주는 거 봤어? 모두 뒤로 물러나서 구경만 했잖아. 태후마마도 지금은 이를 악물고 참고 계시지만 머릿속으로는 다 생각해두고 계실걸. 누가 진심으로 섬기고 누가 가짜로 섬기는지. 언젠가는 다 밝혀지겠지. 그저 앞에서 꼬리만 흔드는 사람들은 언젠가 그 진상이 다 밝혀질 거야. 평소에는 마치 산이라도 옮기고 바다라도 메울 듯이 말하더니 그 모습은 다 어디 갔는지. 그나마 태후마마께 옥수수라도 익혀 드시게 한 것은 우리 둘뿐이잖아! 춘추시대에 중이重耳가 진晉나라에서 도망쳐 굶주릴 때도 허벅지 살을 잘라내 주인의 배를 채운 신하가 있잖아![춘추시대 진의 군주 문공(중이)이 왕이 되기 전 망명생활을 하며 굶주릴 때 문공에게 자신의 허벅지 살을 떼어 먹인 개자추介子推를 일컫는다.] 여기 있는 대신들이 과연 그러겠어?' 쥐안쯔는 점점 더 흥분했어요. 평소라면 감히 내뱉지 못할 말들이었지요. 대신들을 비방하는 것은 몽둥이로 맞아 죽어도 쌀 일이었으니까요. 이때는 그래도 산야에 있을 때여서 이렇게나마 마음에 쌓인 것을 풀 수 있었어요. 나는 쥐안쯔에게 말했어요. '진정해. 땀띠 더 날라. 그렇게 원망할 거 뭐 있어? 원망해봤자 다 쓸데없는 일이지.' 그러자 쥐안쯔는 목을 꼿꼿이 세운 채 더 이상 아무 말도 하지 않았어요."

"길은 점점 더 가팔라지고 하늘은 점점 더 가까워졌어요. 사방이 산으로 둘러싸여 있었지요. 우리가 흙구덩이 우물 속에서 꿈틀대는 벌레 같았다면 먹구름은 우물 덮개처럼 우리 위를 덮었어요. 푹푹 찌는 열기에

습하기까지 해서 더욱 답답하고 목이 탔답니다. 그런데 그때, 하늘에서 별안간 천둥이 치기 시작했어요. 둔탁한 천둥소리가 머리 위를 내리치며 울렸지요. 이어서 손뼉을 치는 듯한 소리를 내며 굵은 빗방울이 떨어지기 시작했어요. 우리는 앞서 가는 태후마마의 뤄뒤자오를 바라보았지요. 빗방울이 거세지는 것을 보면서 아무 생각도 하지 않고 태후마마를 부르며 뤄뒤자오 앞으로 달려갔어요. 마부는 방수포 두 개로만 간신히 가마 꼭대기를 가리고 있었어요. 다른 곳은 어떻게 해볼 도리가 없었지요. 비는 끊임없이 안으로 들이치고 우리 둘은 태후마마를 둘러싸고 등을 가마의 발에 바짝 붙인 채 비를 막았어요. 작은 가마 안에 사람이 꽉 차 있으니 어쨌든 태후마마가 비에 젖지 않도록 가려드린 셈이었지요. 태후마마는 묵묵히 우리 둘을 바라보시기만 했어요. 서로의 속마음은 말하지 않아도 알 수 있었지요. 우리 둘 역시 말없이 입을 다물고 있었어요. 그런 상황에서 무슨 말을 할 수 있었겠어요? 내가 몰래 훔쳐보니 쥐안쯔는 눈물을 훔치고 있었어요. 빗물과 눈물이 한데 섞여 흘러내리고 있었지요."

"그 깊은 산골짜기에서 비는 점점 더 거세졌어요. 우리같이 궁에서 지내던 사람들이 이런 경험을 해보기나 했겠어요? 하늘에서는 천둥소리가 끊임없이 울려댔어요. 찢어지는 듯한 격렬한 소리가 아니라 낮고 무겁게 울리는 소리였지요. 또 한 방향에서 울리는 것이 아니라 동서남북 사방에서 울려대고 있었어요. 천둥과 함께 벼락도 뱀처럼 이곳저곳을 오가며 번쩍였답니다. 산도 울리고 골짜기도 울리고 정말이지 세상 모든 산이 진동하고 모든 골짜기가 울리는 것 같았어요. 무서워서 온몸이 딜딜 떨릴 지경이었지요. 우리는 생사를 하늘에 맡겼어요. 차는 일찌감치 멈춰 섰고 뤄뒤자오의 마부들은 산길에서 마대 자루를 머리에 뒤집어쓰고 몸을 웅크린 채 돌 위에 앉아 있지요. 말은 그 자리에서 땅에 박힌 것처럼 미동도 하지 않은 채 머리를 숙이고 있었고요. 늘어뜨린 귀를 따라 빗물이 흘러내리고 있었어요. 비가 내리는 것이 아니라 완전히 물을 들이붓는 것 같았답니다. 빗방울조차 보이지 않고 온통 뿌옇게 쏟아져 내리니 시야가 가려져 몇 걸음 앞도 분간할 수 없었어요. 태후마마는 여전히 말없이 생각에만 잠겨 계셨어요. 비가 가마 휘장을 때리며 온몸에 튀었지만 마치 모든 감각이 사라지신 것만 같았지요. 이렇게 한 시진이 지나고서야 비가 조금씩 사그라졌어요. 하지만 샤오쥐안쯔와 나는 가마에서 내려갈 수가 없었어요. 옷이 비에 흠뻑 젖어 몸에 착 달라붙어버렸거든요. 여름에 이대로 나가면 어떻게 고개를 들 수 있겠어요. 다행히 바람이 불지 않았기에 옷이 마르면서 부들부들 떨 일은 없었지요."

"큰 비는 그쳤지만 여전히 작은 빗방울이 흩날리고 있었어요. 가마 발 밖으로 내다보니 산 위로 흰 구름이 층층이 몰려 있었지요. 산등성이는 시시각각 흰 구름 속에 묻히고 구름도 불시에 말 머리 위를 뒤덮었어요. 가슴을 졸이게 했던 한 차례의 천둥과 장대비는 지나간 셈이었지요. 나는 문득 몸에 가지고 있던 물건이 생각났어요. 내 부시 주머니, 담배, 불붙이는 종이 같은 것들 말이에요. 막 태후마마의 가마에 오를 때 나는 조심해서 그것들을 챙겨놓았지요. 신발을 벗어 불붙이는 종이와 부시 주머니를 한쪽 신발 안에 넣고 두 신발을 맞댄 다음 바닥을 바깥으로 향하게 해서 급한 대로 가마 안 방석 밑에 넣어두었어요. 그 덕에 우리는 탕 속에 들어간 닭처럼 젖었지만 담배와 부시, 종이는 다행히 젖지 않았답니다. 이는 유일하게 궁에서 가지고 나온 것이고 태후마마를 기쁘게 해드릴 물건이었어요. 태후마마가 야생 마 잎이나 피우시게 할 수는 없으니까요."

"산길의 양 가장자리는 비탈이 가파르고 고랑이 깊어 빗물이 굉장히 빠르게 흘러내려갔어요. 그래서 길이 질퍽거리는 진창이 되었지요. 이곳의 흙은 베이징 성 부근의 흙과는 좀 달랐답니다. 유난히 끈적이는 황토였어요. 발로 디디면 흔들어도 흙이 잘 떨어지지 않았지요. 발을 떼는

쥐융관의 옛길을 왕래하는 사람들

것은 더 힘들었고요. 한 걸음 내디딜 때마다 미끄러졌어요. 그때, 저 멀리서 황색 동유 방수포를 걸친 사람이 다가왔어요. 가까이 왔을 때에야 그가 추이위구이라는 것을 알아보았지요. 길을 앞서 갔던 그는 주둔하고 있던 군대에서 빌려온 우비를 입고 있었어요. 그래도 궁중에서 일하던 사람인지라 우선 방수포 우비를 벗고 모자를 정리한 다음 단추를 채우고 걷어 올린 바짓단을 내렸지요. 그러고 나서 우비를 바닥에 깔고 공손하게 가마 앞에 무릎을 꿇었어요. '노비 추이위구이 가마를 알현하오니 태후마마는 만수무강하시옵소서. 태후마마께 아뢰옵니다. 조금 더 가시면 주둔하고 있는 군대가 있사옵니다. 이미 방을 비우고 가마를 맞을 준비를 하고 있사옵니다.' 나와 쥐안쯔는 태후마마가 말씀하시기 편하도록 가마의 발 가장자리로 물러섰어요. 태후마마는 '알았다' 이 한마디만 하셨고 추이위구이는 '네' 하는 대답과 함께 머리를 조아리고 일어나 다시 총총히 앞으로 걸어갔지요."

"과연 반 시진 정도를 더 가니 군대가 주둔하고 있는 진영이 나왔어요. 그들은 세 개의 방과 뜰 하나를 비워두고 있었지요. 이전처럼 태후마마와 황상이 동쪽 방에 머무르시고 서쪽 방은 나머지 여자들이 사용했어요. 그 동쪽 방 안쪽에 작은 방이 하나 딸려 있던 것이 기억나요. 태후마마는 이 방에서 세수를 하시고 휴식을 취하셨어요. 황상도 두 태감의 시중을 받으면서 쉬셨고요. 그때, 리롄잉이 총총히 들어와 아뢰었어요. 군대의 한 관리가 밖에서 태후마마와 황상께 머리를 조아리고 있다고 했지요. '태후마마와 황상이 오실 줄 모르고 갑작스럽게 준비하느라 보잘것없는 차와 식사밖에 마련하지 못하였으니 신은 죽어 마땅하옵니다!' 관리들의 말에 태후마마는 '알았다. 무슨 음식이든 상관없다'고 대답하셨어요. 한편 리롄잉은 얼굴과 눈이 불그스레하게 붓고 몹시 초췌해 보였어요. 태후마마도 그를 보시고 몸이 안 좋은 것을 짐작하셨지요. 그래서 일을 잠시 쉬고 들어가 쉬라고 분부하셨어요. 리렌잉은 무릎을 꿇고 연신 머리를 조아렸어요. 나는 이때 궁에 들어온 이래 처음으로 그가 눈물을 흘리는 것을 보았답니다. 그는 나와서 황상께 인사를 올리고 황상도 온화한 얼굴로 그에게 고개를 끄덕여 보이셨어요. 보아하니 황상은 그에 대해 아무런 원망이 없으신 듯했어요. 물론 이것은 그냥 내 느낌일 뿐이지만요. 궁에서의 일들은 겉으로 드러나는 것만 가지고는 알 수 없으니까요. 의화단이 실패한 후 이 '부처님이 좋아하시는' 리렌잉은 줄곧 어딘가 풀이 죽은 기색이었답니다. 안 그래도 근심걱정을 달고 사는 사람이 이렇게 밖에서 풍찬노숙을 하니 예순이 넘은 나이에 병이 안 생길 수 없었겠지요."

"내가 태후마마의 얼굴을 씻겨드릴 때 태후마마는 끓이지 않은 물로 땀띠를 적시지 말라고 분부하셨어요. 땀띠에 이런 물이 닿으면 곪기 쉽고 나중에는 좀처럼 낫지 않는 종기가 된다고 말씀하셨지요. '지금 좀 참는 게 낫다. 환경이 좀 좋아지면 끓여서 식힌 물로 씻으면 된다. 끓인 물로 몇 번 씻으면 곧 나아질 게다.' 이것은 장푸 태감이 알려준 것이라고 하셨어요. 태후마마가 장푸 태감 말씀을 하실 때 궁을 생각하며 그리워하실 심정은 말씀하시지 않아도 짐작할 수 있었지요. 그날 정오에는 무엇을 먹었는지 기억이 안 나요. 식사 끝에 마지막으로 가는 당면이 들어간 오이 탕이 한 그릇 나왔는데 태후마마가 그것을 굉장히 달게 드시던 것만 기억나요. 우리는 옷이 흠뻑 젖어서 이만저만 불편한 게 아니었어요. 황후마마, 후궁마마, 공주마마들도 태후마마가 계신 방문 입구에서 인사만 올리고 서둘러 서쪽 방으로 들어갔지요. 황상이 안에 계신데 젖은 옷으로는 들어가 뵐 도리가 없었으니까요. 추이위구이는 보이지 않았어요. 앞쪽으로 길을 찾으러 갔다고 하더군요. 다행히 이곳 뜰은 관련 없는 외부인은 일체 들어올 수 없어서 우리에게 비교적 자유로운 곳이었지요. 유일하게 늘어난 물건이 있다면 불붙이는 종이였어요. 군대의 우두머리에게 부탁한 것이지요. 나중에야 알았지만 우리가 머문 곳은 쥐융관 내 중간 성이었어요."

"우리는 점심식사를 마치자마자 서둘러 출발했어요. 비가 온 뒤로 길에는 사람이 많아졌지요. 삼삼오오 여기저기 흩어져 길을 걷고 있었는데 그중 붉은 두건을 쓰고 몰려다니는 이들은 모두 의화단이었어요. 털 빠진 가축을 끌고 가는 패잔병들도 있었고요. 가축은 틀림없이 노략질한 물건이었을 거예요. 하지만 그들과 주둔하고 있던 군대는 서로 간섭하지 않았어요. 우물물이 시내와 섞이지 않는 것처럼 말이에요. 발 디딜 틈이 없을 정도로 사람들이 붐볐지만 누구도 서로 간섭하지 않았어요. 우리 차를 보고도 곁눈으로 한번 흘깃 보고는 느릿느릿 지나갈 뿐이었지요. 물론 우리도 그들을 건드리지 못했고요. 날씨는 여전히 흐리고 착 가라앉아 있었어요. 눈물을 가득 머금은 듯한 기운이 언제 또 빗방울이 떨어질지 몰랐지요. 우리는 차 안에서 안절부절 못하고 있었어요. 과거 쉬수에서 여러 명의 젊은 여인이 떠돌이 병사들에게 납치된 뒤 행방이 묘연해졌다는 이야기를 들은 적이 있거든요. 이때도 만약 장정 몇 명이 우리 차를 강탈해간다면 우리 역시 어쩔 도리가 없었겠지요. 나와 쥐안쯔는 죽어도 떨어지지 말자고 차에서 맹세했어요. 에휴, 세상 물정 모르는 두 여자아이가 두렵고 정처 없는 피란길에서 어떤 방법으로 죽을지까지 이야기하고 있었답니다. 우리 마음도 궁 담장 안에 있을 친구들의 마음보다 더 편할 것이 없었지요. 친구들은 장식물을 우리에게 맡기며 자신들의 마지막을 위탁했지만 이제 우리는 누구에게 장식물을 위탁해야 할지? 산봉우리 너머에 있는 구름이 야생마처럼 빠르게 흘러가는 것을 보면서 그저 얼굴을 가리고 마주 우는 수밖에 없었어요."

"뭐뭐자오의 방울 소리가 빠르지도 느리지도 않게 울리면서 마침내 높은 산봉우리 앞까지 왔어요. 만리장성은 구불구불 양쪽으로 길게 늘어져 쥐융관 입구를 이루고 있었지요. 쥐융관 앞으로 가서 보니 그 웅장한 성문은 신무문보다도 높고 두꺼웠어요. 성문 양쪽에는 두 개의 병영이 있었는데 분위기가 굉장히 삼엄해서 보고 있자니 가슴이 떨려왔지요. 우리가 탄 뤄튀자오와 마차들은 모두 멈추고 잠시 휴식을 취했어요. 성문에는 시원한 바람이 거세게 불고 있었지요. 궁을 떠나 처음으로 강한 북풍을 느껴보았어요. 나중에 누가 알려줬는데 이곳 쥐융관은 중국에서 가장 유명한 관문이라고 하더군요. 난커우에서 들어와 양옆의 산들이 늘어서 있는 가운데 마치 좁은 통로를 지나듯 협소한 길로 여기 쥐융관 입구까지 온 것이에요. 고개를 들어 높은 산과 험한 길을 올려다보니 성문 하나에다 양 가장자리에 군영만 즐비해서 무섭기까지 했어요. 문득 「용희봉龍戱鳳」이라는 극의 이봉저李鳳姐라는 여인이 떠올랐어요. 전해 내려오기로 그는 정덕제正德皇帝[명나라 무종]와 함께 돌아오다가 쥐융관으로 들어서자마자 몹시 놀라 죽었다고 하지요. 우리가 이날 여기 왔을 때도 나는 무서워서 가슴이 쿵쾅쿵쾅 뛰었답니다. 이곳에는 우물이 하나 있었던 게 기억나요. 우물물은 대단히 차서 이가 시릴 정도였지만 맛은 괜찮았지요. 내가 물을 한 그릇 떠서 태후마마께 올려드렸더니 태후마마도 마치 옥천산의 물 같다며 물맛을 칭찬하셨어요. 비가 많이 오는 계절에 이렇게 혼탁하지 않고 맑은 우물물을 마시기는 어렵다고 하시면서 말이에요. 이때는 신시[오후 3시에서 5시 사이]가 되었을 무렵인데 하늘은 여전히 흐렸어요. 오전에 큰 비가 한차례 왔지만 조금도 상쾌한 기운이 없었지요."

"뤄튀자오는 계속해서 앞으로 나아갔어요. 속으로 계산해보니 난커우로 들어온 뒤 세 개의 성곽을 지나 쥐융관에 도착한 것이었어요. 신부문같이 생긴 기나긴 쥐융관 성문 안으로 들어왔을 때 나와 쥐안쯔는 눈물이 떨어지는 것을 참을 수 없었답니다. 우리 둘은 손을 모으고 하늘에 빌었어요. 우리가 쥐융관을 나간 후에도 실사서 궁으로 돌아올 수 있기를, 절대로 궁 밖에서 객사하는 일이 없기를 말이지요.

쥐융관 만리장성의 옛 사진

"마부의 말을 들으니 쥐융관을 나오면 거기서부터는 연경주延慶州[1912년 지금 이름인 옌칭현延慶懸으로 바뀌었음] 관할 지역이라고 했어요. 길바닥은 울퉁불퉁해서 정말 가기 불편했어요. 돌맹이도 어찌나 많은지 차가 기우뚱거리며 마구 흔들렸지요. 길옆의 무성한 푸른 옥수수 밭과 수풀이 길까지 들어와 있었고 양옆의 산들은 크고 황량해 보였어요. 태후마마의 뤄퉈자오는 무성한 옥수수 밭 위를 둥둥 떠갔고 무거운 방울 소리가 끊임없이 들려왔지요. 하늘은 뿌옇게 가라앉아 있고 사람도 착 가라앉아 몽롱한 기분이었답니다. 한창 꿈속같이 몽롱하던 때에 갑자기 동북쪽 맞은편 옆에서 우리 쪽으로 몇 발의 총소리가 들려왔어요. 그러고 나서 잠시 잠잠하다가 또 연달아 몇 발의 총소리가 울렸지요. 총알이 '쉭쉭' 소리를 내며 무성한 옥수수 밭 안에 떨어지는 것이 또렷이 들려왔답니다. 화승총이었어요. 우리가 타고 있는 뤄퉈자오와 마차를 향해 쏜 것이 분명했지요. 하지만 쏜 사람은 옥수수 밭에 몸을 숨기고 있어 누구인지 알 수 없었어요. 이 갑작스런 소동에 우리는 그야말로 혼이 빠진 듯이 놀랐답니다. 한순간 얼이 빠져 있다가 정신이 좀 드니 도망치는 것보다 가마를 구하는 것이 더 급하다는 생각이 들었어요. 급히 차에서 뛰어내려 태후마마의 뤄퉈자오로 달려갔지요. 쥐안쯔가 외쳤어요. '죽기 살기로 해보자!' 리롄잉과 푸룬 패자貝子도 재빨리 앞으로 달려가 가마를 보호했어요. 태후마마는 누구도 가마에 오르지 못하게 하고 홀로 뤄퉈자오 왼편에 서 계셨지요. 이 위급한 때에 리롄잉의 충심을 엿볼 수 있었어요. 리롄잉은 몸으로 뤄퉈자오 앞을 가로막고 태후마마의 오른쪽 앞에 서 있었어요. 푸룬 패자 역시 대단했어요. 그는 황상의 뤄퉈자오 옆에 딱 붙어서 있었답니다. 나와 쥐안쯔는 둘 다 손발이 굳어 있었어요. 발아래는 진흙과 돌뿐이라 그저 뤄퉈자오를 붙잡고 서 있는 수밖에 없었지요. 거의 온몸이 마비된 상태로 말이에요. 뤄퉈자오를 모는 마부는 경험이 많은 사람이라 뤄퉈자오를 멈추고

(아마 태후마마가 멈추라고 하셨을 거예요) 왼편 앞쪽에 서서 노새 뒤에 몸을 숨겼어요. 손으로는 고삐를 꽉 쥐고 미동도 하지 않았지요. 도적떼가 다시 고개를 들고 총을 쏘아대자 행렬은 앞으로 나아갈 수가 없었어요. 하지만 쥐융관 안으로 되돌아간다면 분명 태후마마가 뒤처지게 되겠지요. 그러니 오직 제자리에서 움직이지 않는 수밖에 없었어요. 다행히 쥐융관에서 멀리 나오지 않았고 꽤 오래 머물러 있었기에 때마침 뒤따라오던 대신들의 마차가 도착했어요. 이허위안에서부터 계속 따라오며 후방을 호위하던 병사들도 도착했고요. 늦은 감이 없지 않았지만 고양이는 본능적으로 쥐를 쫓는 법이지요. 총소리를 듣고 추이위구이와 양 씨도 급히 되돌아왔어요. 우리 쪽 사람이 많아지면서 열세가 되자 도적떼는 감히 모습을 드러내지 못하고 사라져버렸답니다. 그렇게 해서 일은 무사히 끝났지만 이 소동에 다들 무척이나 놀랐어요. 양 씨는 이들이 현지인 같지 않고 해산된 패잔병들 같다고 했어요. 이곳에는 용맹하고 무술을 익힌 사람이 많은 데다 그다지 부유한 곳이 아니라서 나쁜 무리가 와도 오래 머물지 않는데, 관문 밖에서는 제멋대로 날뛰며 노략질을 일삼는다고 했지요. 그러다가 마침 관리의 마차로 보이는 행렬이 홀로 지나가자 약탈하려고 했던 것이에요. 이런 위험한 고비를 넘긴 후 태후마마는 호위병들을 이끄는 마 씨에게 행렬보다 앞서 가라고 명하셨어요. 마침 군기처 사람들이 연경주 관리에게 연락을 취한다고 해서 태후마마는 추이위구이에게 특명을 내려 보내셨지요. 그곳에서 가마까지 준비된다면 가장 좋을 거라고 덧붙이시면서요."

"흐린 날이라 하늘은 비교적 이른 시간에 어두워졌어요. 신시가 끝나갈 무렵이었지요. 오전에는 폭우를 만나고 오후에는 도적떼를 만나는 통에 하루 동안 간 거리는 얼마 되지 않았어요. 뤼튀자오를 따라 계속해서 전진한 지 얼마 안 되어 성이 하나 보였어요. 성은 높다랗게 대로 가운데를 차지하고 서 있었지요. 성 밖 주위는 모두 울퉁불퉁한 돌길이어서 마차 안에 있으니 몹시 힘들었어요. 아마 뤄뤄자오를 타고 계신 태후마마도 무척 불편하셨을 거예요. 우리는 마차 안에서 양손으로 몸을 지탱하지 않으면 안 될 정도였답니다."

"이곳은 차다오岔道라고 하는 곳이었어요. 차다오커우岔道口라고 부르기도 하고 차다오 성이라고도 했지요. 쥐융관에서 5, 6리 정도 떨어진 곳으로 북쪽으로 향하는 유일한 길이었어요. 듣기로 이 성을 지나면 갈림길이 나온다고 했어요. 그래서 이곳을 '차다오커우[갈림목이라는 뜻]'라 부르는 것이었고요. 이 성은 웅장하면서도 견고했어요. 성벽 위에는 포가 설치되어 있는 포대와 아문 그리고 수비병들까지 갖추어져 있었지요. 뿐만 아니라 물건을 파는 상점과 역참, 공관에 공연을 하는 누대까지 있었어요. 그도 그럴 것이 이곳은 남과 북을 오가는 요충지였으니까요. 청조 200여 년간 북방의 몽고와 화친을 맺어 이곳은 조상들의 옛터를 순례하는 요충지가 되었어요. 왕래하는 몽고 고관들도 모두 이곳에서 쉬어갔다고 해요. 그래서 성의 풍모가 위풍당당하고 인구도 많고 물자 또한 풍부했지요. 하지만 지금은 좀 달랐어요. 우리는 성의 동쪽 문으로 들어갔는데 들어서자마자 어수선한 분위기가 느껴졌지요. 이야기를 들어보니 동문만 열려 있고, 거리마다 모래주머니가 쌓여 있다고 했어요. 이상하게도 성을 지키는 일을 수비병이 아닌 의화단이 대신하고 있었지요. 그들은 몇십 명이 무리를 이루어 거리를 활보하고 있었고 수비병들은 오히려 한가하게 병영에 머무르고 있었어요. 거리 곳곳에는 향냄새가 나고 있었고 둘러보니 상점들은 이미 며칠 동안 문을 닫고 있었던지 문 앞이 썰렁했지요. 큰비가 지나간 탓에 거리 한가운데는 진흙 구덩이가 되어 있었고요. 사방은 칠흑같이 컴컴했어요. 7월의 저녁은 한창 사람들이 여유롭게 차를 마시고 더위를 식히며 잡담을 나누고 있을 때라고 늘었는데 지금은 집집마다 문이 굳게 닫혀 있고 화를 당할까 두려워 다들 집 안에 숨어 있었어요. 분명 무슨 변란이 일어났던 것이지요."

"뤄뤄자오는 계속해서 안으로 들어가 어느 저택의 안뜰에 이르렀어요. 뜰 안은 텅 비어 조용한 것이 분명 우리를 위해 따로 준비해둔 듯했지요. 본래는 병영이었던 모양인지 문이 매우 컸어요. 이곳으로 뤄뤄자오 몇 대가 들어와서 한번 선회하다가 다시 문을 나갔어요. 이곳은 앞뜰과 뒤뜰로 나뉘었는데 뒤뜰의 쓰허위안에서 세 칸의 방이 있는 북쪽 가옥에는 회랑이 딸려 있고 가옥 동쪽으로 작은 방 두 개가 붙어 있었지요. 또 쓰허위안 동쪽과 서쪽에는 각각 동쪽 곁채, 서쪽 곁채가 있었어요. 이는 대칭 구조가 아닌 쓰허위안이었지요. 측문을 통해 서쪽 뜰로 들어가보니 주방이 나왔어요. 북쪽 세 칸의 방 가운데 태후마마는 동쪽, 황상은 서쪽 방을 쓰시고 황후마마, 후궁마마, 공주마마들은 동쪽 작은 방을 쓰시면서 태후마마와 가까이 계시기로 했어요. 아랫사람들은 동쪽 곁채와 서쪽 곁채에서 묵기로 했고요. 시관스에서와는 달리 이곳 서쪽 주방에는 뜨거운 물이 있었어요. 또 젖은 석탄이 아니라 큰 나무로 불을 땔 수 있어서 우리는 태후마마의 얼굴과 몸, 발을 씻겨드릴 수 있었답니다. 비록 갈아입을 옷은 없었지만 그래도 시관스보다는 훨씬 나은 여건이었지요. 집 안에는 남향 창 아래에 온돌 침대가 있었고 그 위에 담요와 비스듬히 휜 작은 앉은뱅이책상이 놓여 있었어요. 기름때가 낀 베게도 하나 있었고요. 태후마마는 몸을 옆으로 누이시며 앉은뱅이책상에 기대셨어요. 무척 피곤해 보이셨지요. 불평도 없으셨고, 아무 말씀 없이 그저 눈을 감고 조용히 생각에만 잠기셨어요. 우리는 둘 다 숨을 죽이고 시중을 들었답니다. 옆방에 머무르시기로 한 황후마마, 후궁마마, 공주마마들이 차에서 내려 인사를 올린 다음 조용히 옆방으로 들어갔어요. 방 안은 아무도 없는 것처럼 조용했지요. 시중 드는 사람이 많든 적든 걷는 소리를 전혀 들을 수 없는 황궁과 똑같았어요."

"잠시 후 리롄잉이 왔어요. 태후마마는 황상을 부르셔서 함께 베이징 성안 서양인들의 소식과 궁 안의 소식을 들으셨어요. 비록 리롄잉의 몸 상태가 안 좋긴 했지만 이것은 그의 소임이었으니까요. 지금 상황으로는 대단히 중요한 임무였지요. 그는 물러나면서 우리에게 서양인들이 아직 궁으로 들어오지 않았다고 알려주었어요. 이는 우리 둘에게만 몰래 알려주는 것이었지요. 물론 우리가 함부로 입을 놀려 그에게 누를 끼치지 않을 것이라고 믿었기 때문이기도 하고요. 그 덕에 우리는 궁 안의 소식을 누구보다 먼저 듣게 되었답니다. 궁 안의 친구들이 아직 살아 있다는 소식도 들었지요. 리롄잉이 다녀간 다음 태후마마의 안색도 다시 좋아졌어요. 차를 올리니 태후마마는 평소처럼 천천히 음미하시면서 이곳의 물이 좋다고 칭찬하셨어요. 위취안 산의 물처럼 달다고 말이에요."

"과연 쥐안쯔가 예측한 대로 대신의 수는 더 많아졌어요. 저녁식사 후 사람들이 새까맣게 몰려와 인사를 올리려고 품계에 따라 뜰에 서 있었지요. 우리는 물론 누가 누군지 알 수 없었어요. 궁에 있을 때도 대신들을 만나본 적은 없었으니까요. 그저 동쪽 곁채 우리 방에서 창문 너머로 바라만 볼 뿐이었지요. 태후마마와 황상은 방을 나와 회랑에 서서 그들이 무릎 꿇고 절을 하는 모습을 지켜보셨어요. 태후마마가 리롄잉에게 눈짓을 하시니 리롄잉이 대신들에게 '그만 들어가 쉬시지요' 하고 말했지요. 그제야 그들은 줄줄이 흩어졌어요. 이미 리롄잉이 전해주는 여러 소식을 전해 들으신 터라 그들을 따로 접견하실 필요가 없었던 것이에요. 좀 의아했던 것은 길에서 도적떼를 만난 일에 대해 태후마마가 조금도 내색하지 않으셨다는 것이에요. 그때만 안 하신 것이 아니라 이후에도 일체 말씀하지 않으셨답니다. 마치 이 일이 태후마마의 체면을 떨어뜨리는 일이라도 되는 것처럼 말이에요."

"대신들 가운데 가장 처음 태후마마를 따랐던 단왕, 경왕, 숙왕 외

차다오 성 서쪽 문

에 예왕禮王爺, 나왕那王爺이 새로이 동행했고 란 공 외에 쩌澤 공이, 푸룬 패자 외에 쑤橚 패자가 더 동행했어요. 군기처에서는 처음 동행했던 조서교 대인 외에 강이 대인剛毅大人, 잉녠 대인英年大人이 동행했고요. 사실 그들 역시 서양인이 궁으로 쳐들어온다고 해서 도망 나온 것이었지요. 우리보다 늦게 나온 것도 아니었고 새로운 소식을 가지고 나온 것도 아니었어요. 하지만 몇십 대의 마차가 대로에서 함께 움직이니 가는 길마다 군인과 사람들이 놀랄 수밖에요. 황상과 태후마마, 대신들이 죄다 궁을 나와 도망치고 있었으니까요. 게다가 의화단의 소란으로 곳곳의 상점과 주민들이 더욱 문을 굳게 닫고 있었으니 시내에서 구할 수 있는 것은 아무것도 없었답니다."

"밤중에 추이위구이가 돌아왔어요. 듣기로는 큰 차로 한 대의 가마를 끌고 왔다고 했지요. 가마꾼도 몇 명 데리고 왔고요. 쥐안쯔는 또 제 공로를 자랑할 거리가 생겼다고 비아냥댔어요. 우리는 아침에 일어나 태후마마의 시중을 들고 난 뒤 앞뜰로 가서 그것들을 살펴보았어요. 그것은 주州 관리가 다른 곳에 손님으로 초대받아 갈 때 타는 푸른 나사[양털이나 양털에 무명, 명주, 인조 견사 따위를 섞어서 짠 모직물] 가마로 속칭 '사인교四人抬[네 사람이 멘다는 뜻]'라고 불렀지요. 그런데 자세히 보니 나사가 아니라 가랍咔啦이었어요. 이는 중국 서북쪽 지역에서 짜는 직물로 두껍고 단단하며 짙은 붉은색과 군청색, 단 두 가지 색밖에 없지요. 주로 모피 방석의 겉면을 만드는 데 쓰이고, 재질이 견고해 궁에서 우리의 봄가을 신발 재료가 되기도 했어요. 하지만 여름에 가마를 이 직물로 만든 것은 부적절했지요. 두껍고 바람이 잘 통하지 않아서 안에 타면 무척 답답할 테니까요. 그래도 이때는 그럭저럭 아쉬운 대로 써야 했어요. 답답한 것 외에도 네 사람이 드는 가마라 무겁고 움직임이 둔했어요. 싱안에서 돌아다닐 때나 적당하지 먼 길을 여행하는 데는 그리 적합하지 않았지요. 만약 5리에 한 번 가마꾼이 교대한다고 치면 두세 차례는 돌아가며 사람을 바꾸어야 하니까요. 그러면 앞에서 네 사람이 가마를 들고 있을 때 나머지 여덟 사람은 뒤에서 큰 차를 타고 쉬면서 교대를 준비해야겠지요. 얼마나 번거롭겠어요. 그렇다고 교대로 하지 않으면 이 무더운 여름에 가마를 드는 사람이 버텨내지 못할 테고요. 이 어려운 시기에 예삿일이 아니었지만 태후마마가 이렇게 하셔야 한다면 이렇게 할 수밖에 없었지요."

"리렌잉과 우리는 가마를 살펴보라는 명을 받았어요. 가마는 이미 밤에 목수를 불러다 내부 의자를 새로이 손보고 차 마실 때 쓰는 낮은 탁자를 튼튼하게 고정시켜놓아서 대강 한 번 청소만 하면 되었지요."

"추이위구이를 연경주로 안내한 사람은 물론 양 씨였어요. 추이위구이와 양 씨의 말에 따르면 연경주는 의화단이 밀집해 있는 곳이래요. 온 사방의 문들이 굳게 닫히고 의화단 사람들이 성을 지킨다고 했지요. 이곳의 아문은 일을 놓은 지 이미 오래이고요. 그래도 양 씨는 방법을 짜내 동쪽 길 식량 보급을 독촉하는 사람으로 사칭해(의화단은 식량이 부족했어요) 어렵사리 성으로 들어갔다고 해요. 들어간 다음 연경주 관리를 만나고 나서야 사실을 털어놓았지요. 관리와 두 명의 고문이 함께 맞이해주긴 했지만 서신을 가지고 온 것도 아니고 신분을 증명할 만한 것이 아무것도 없었으니 관리들이 어떻게 믿을 수 있겠어요? 다행히 연경주는 궁과 항상 왕래가 있었어요. 궁에서 쓰는 숯이 바로 연경주에서 진상한 것이었지요. 1년에 몇십만 근은 되는 어마어마한 양의 숯을 이곳에서 공급했어요. 추이위구이가 베이징 서사북西四北 홍라창紅羅廠에서 숯을 정리하는 어느 태감의 이름을 대니 그제야 그들이 믿더래요. 마침 두 명의 고문 중 한 명이 그 태감과 예전부터 알던 사이였다는군요. 이렇게 해서 그들은 마음을 놓고 이미 밤이 되었음에도 잡역을 하는 사람을 불러 깔끔하게 가마를 수리하고 가마꾼을 불러준 것이었어요. 그리고 관리는 관청의 도장을 가지고 고

문과 함께 추이위구이와 양 씨를 따라 차다오 성까지 왔어요. 그들 말로는 이 어지러운 시기에 자칫 잘못하면 도장을 잃어버릴 수 있지만 도장은 관리의 목숨과도 같은 것이라 그것을 잃어버리면 목숨마저 위태롭다고 했지요. 그래서 그들은 몇 명의 친지와 함께 도장을 잘 보관하고 있었대요. 그리고 한밤중에 두려움으로 잔뜩 움츠린 채 추이위구이와 양 씨를 따라온 것이지요. 그런 그들에게 무엇을 더 바랄 수 있겠어요. 막료는 이것이 하늘이 내린 은혜라며 부처에게 꽃을 바치겠다고 했대요. 또 과거 그들은 늘 궁에 충성을 다하고 융통성 없이 굴지 않았지만 지금은 수중에 아무것도 남아 있는 게 없어서 그렇게 할 수가 없다고 했지요. 연경주의 몇몇 사람은 그래도 똑똑한 편이어서 추이위구이 앞에서 관료 티를 내지 않았어요. 겉치레 없이 있는 그대로, 실질적인 이야기를 하는 것이 추이위구이와 잘 맞았지요. 추이위구이의 말투로 봐서 그는 연경주 관리가 꽤 안쓰러웠던 모양이에요. 그가 태후마마께 아뢴다면 분명 그들을 단번에 거절하시지는 않을 것 같았어요. 사실 기회를 봐서 나쁜 말을 고하는 것은 태감들이 일처리를 할 때 흔히 있는 일이었어요. 태감에게 잘못했다가는 큰일이 나지요. 더욱이 추이위구이는 말 한마디로 나라가 흥하고 망하는 사람이었으니까요. 그의 혀 아래에는 갖가지 꿀과 독이 들어 있었답니다."

"연경주 관리는 태후마마를 알현하지는 않았어요. 우리는 그가 들어오는 것을 보지 못했거든요. 이미 날이 밝아 우리가 묵고 있는 이 쓰허위 안을 자세히 살펴보니 여자가 살았던 적은 없는 듯했어요. 사방 구석구석 해지고 낡은 부분이 눈에 띄었지요. 우리가 있는 방에는 온돌 침대 하나밖에 없었어요. 침대 위에 낡은 깔개 한 장이 깔려 있을 뿐 다른 가구는 없었지요. 가장 잘 증명해주는 것은 남자 화장실만 있고 여자 화장실이 없다는 것이에요. 한밤중에는 누군가 뜰로 들어와 항아리에 물을 가득 채워놓고 부뚜막에 쪼갠 장작을 넣어주었지만 낮에는 한 사람도 볼 수 없었어요. 그렇게 이곳에서 하룻밤을 묵었는데 어쨌든 괜찮았어요. 적어도 먹을 것이 있어서 굶주림은 면할 수 있었으니까요."

"차가 다시 출발했어요. 이날은 7월 23일 묘정[오전 6시] 무렵이었어요. 날씨는 여전히 흐리고 조금 서늘하기도 했어요. 쥐융관처럼 찌는 듯이 무덥지는 않았답니다. 다만 태후마마나 황상, 황후마마, 후궁마마, 세 분의 공주마마 그리고 우리까지 모두 홑옷을 입은 데다 비에 젖어서 간밤에 덜덜 떨릴 만큼 추웠어요. 하지만 달리 방법이 없었지요. 나와 쥐안쯔는 안채 곁 서쪽 뜰 주방으로 가 우선 태후마마의 옷, 그중에서도 버선을 불에 말리면서 몸을 좀 녹였어요. 이 이틀 동안 우리는 이미 머리가 흐트러진 부뚜막 귀신들이 되어 있었답니다. 흥, 대신들은 정말이지 양심이 없었어요. 황상은 여전히 낡은 두루마기에 호위병들이 입는 녹색 바지를 입고 계시고 갈아입을 옷 한 벌이 없으신데도 그들 중 누구 한 사람 나서서 자신의 옷을 벗어드리는 사람이 없었어요. 황상이 고생하시는 모습을 우리 궁녀들 눈으로 똑똑히 보았지요. 군왕의 녹을 먹고 사느니 하는 말들은 그저 남들 듣는 데서만 떠들어댈 줄 알았지 원……"

"그렇게 밤을 보내고 태후마마가 가마에 오르실 때가 되자 사람들이 가마를 뜰 중앙으로 메고 왔어요. 대신들은 각기 구석에서 나와 태후마마가 가마에 오르시는 것을 공손히 지켜보고는 동쪽 문으로 나왔어요. 황실의 행차라고는 볼 수 없을 만큼 쓸쓸하고 적막한 분위기 속에서 푸른색 작은 가마를 필두로 황상의 뤄튀자오, 황후마마의 뤄튀자오가 차례차례 출발했어요. 이어 리롄잉이 뤄튀자오를 타고 뒤를 따랐어요. 그는 몸이 안 좋아 특별히 뤄튀자오를 타고 가도록 마마의 허락이 떨어졌지요. 우리 궁녀들의 마차는 이전처럼 뤄튀자오 뒤에 바짝 붙어 갔고요. 나머지 사람들은 태자마마, 후궁마마, 공주마마 순서로 기다란 용처럼 줄을 지어 출발했답니다. 이날 아침에 먹은 것은 검은 만두와 동과[박과의 한해살이 식물로 열매는 호박과 비슷하디]탕이었어요. 누가 보내줬다는 것만 알 뿐 어디서 보내온 것인지는 알 수 없었지요."

"동쪽 문을 나와 성벽을 따라가다가 길을 돌아 경수로京綏通路로 들어섰어요. 길에는 뿔뿔이 흩어져 돌아다니는 패잔병들이 더 늘어나 삼삼오오 끊임없이 오가고 있었어요. 그들은 우리 차를 보고도 절대로 길을 비켜주려 하지 않았지요. 오히려 우리 차와 길을 다투며 한데 섞여 갔답니다. 우리도 불편했지만 다른 방법이 없었지요. 한 시진 정도 갔더니 화이라이懷來 경내가 가까워졌다고 했어요. 그때 갑자기 큰 비가 쏟아졌어요. 그 전날 맞은 비보다도 더 큰 폭우였지요. 비바람까지 불면서 천지를 뒤덮을 만큼 맹렬하게 쏟아져 내렸답니다. 천둥도 쳤어요. 번개가 번쩍하고 비치면 쟁쟁한 천둥소리가 곧바로 이어졌지요. 노새도 귀를 쫑긋 세울 만큼 놀랐어요. 또 빗방울이 흩날릴 만큼 휘몰아치는 바람에 마차의 발이 열리고 온몸에 물을 퍼붓듯이 비를 맞았답니다. 쥐안쯔와 나는 차의 발을 꼭 붙들고 어떻게든 비를 막아보려고 애썼어요. 더욱 무서웠던 것은 차가 움직이지 못하고 있는데 몇 명의 패잔병이 비를 피할 곳이 없으니 우리가 탄 마차 밑으로 뛰어 들어오는 것이었어요. 세상에! 만약 그들이 나쁜 마음을 먹고 우리를 해코지라도 하려 든다면 큰일이었지요. 소리를 질러도 폭우 때문에 밖으로 들리지 않을 테니까요. 우리는 이 위기를 모면하기 위해 모든 방법을 다 궁리했어요. 이때 수없이 들었던 생각은 태후마마는 만인지상이시지만 이날만큼은 두 명의 몸종도 지켜주지 못하는 처지라는 것이었지요. 그것이 두려울 따름이었어요. 우리 둘은 공기도 빠져나가지 못하도록 죽을힘을 다해 차창의 발을 붙잡았어요. 동시에 온 신경을 집중해 차 밑의 소리에 귀를 기울였지요. 심장이 목구멍까지 치받쳐 올라올 듯 두근거리고 온몸이 떨려왔어요. 돌이켜보면 이내가 피란길 중 가장 비참한 때였던 것 같아요. 지금 내가 이렇게 말하지 않으면 이 세상 누구도 알지 못하겠지요."

"날은 아직 완전히 개지 않았지만 그래도 빗줄기가 조금 가늘어졌어요. 마차는 진흙탕을 밟으며 앞으로 나아갔고 우리 둘은 그저 차가 어디로든 출발하기만을 바라고 있었어요. 어디로 가든 병사들이 차 밑에 웅크리고 있는 것보다는 나았으니까요. 거리 옆에 집 두 채가 보였어요. 창은 모두 열려 있어 마치 두 개의 검은 구멍 같았어요. 문밖에는 우물이 하나 있었고 그 옆에 큰 밀짚모자 하나가 바람에 이리저리 나부끼고 있었지요. 마차를 몰던 마부가 문득 무슨 생각이 떠올랐는지 이 모자를 주우려고 달려갔어요. 하지만 모자를 한번 들추어보더니 세상에나, 얼른 손을 놓고 뛰어서 돌아왔어요. 그것은 사람의 시신이었답니다. 파리가 어지럽게 붙어 있었는데 아마도 누군가가 그를 죽이고 우물 옆에 매장한 듯했어요. 그 시신은 머리만 땅으로 드러나 있었는데 온 얼굴이 피투성이였고 밀짚모자가 목에 매달려 있었어요. 마부는 뛰어오면서 넘어져 온몸이 진흙 범벅이 되었지요. 그 모습에 우리는 더욱 몸을 떨었고요. 그 당시는 정말이지 언제 죽을지 알 수 없는 상황이었답니다. 우리는 모두 그저 숨을 죽이고 생사를 운명에 맡기는 수밖에 없었지요. 뿐만 아니라 우리는 물도 마실 수 없었어요. 시관스를 나오고부터는 흙을 파내 만든 우물이 적지 않았지만 우리는 목이 말라 죽을 지경이 되어도 그 물을 마시지 않았어요. 비가 많이 와서 팔을 뻗으면 수면에 닿을 만큼 우물물이 불어날 때는 누르스름한 황톳물에 푸른 거품이 뜬 것이 보이기만 해도 역겨웠거든요. 더 끔찍했던 것은 우물 안에 종종 시체가 있었다는 것이에요. 죽은 사람의 머리가 있기도 하고 시신 한 구가 통째로 물 위에 떠 있기도 했지요. 이것은 마부가 우리에게 말해준 것이었어요. 그들도 이런 물을 마시지 않았고 노새에게도 먹이지 않았어요. 피란 도중의 여정이 얼마나 고되고 힘들었는지 가히 짐작할 수 있겠지요."

"나는 이날 7월 23일을 영원히 잊지 못할 거예요. 우리는 사시[오전 9시에서 11시 사이]를 넘어 정오가 되었을 무렵 어느 큰 마을에 도착했어요. 이곳은 위린바오榆林堡였어요. 그전 이틀 동안이 어두컴컴했다면 이곳은 그래도 볕이 드는 곳이었어요. 쥐안쯔와 나는 이곳을 음양계라고 불렀답니다."

"우선 지역 관리가 나와 가마를 맞아주었어요. 또 북쪽에서 온 군대가 가마를 호위했고요. 우리 궁녀들은 이러쿵저러쿵 끼어들 신분이 못 되어서 그저 눈으로 보기만 하고 귀로 듣기만 할 뿐 1년 내내 할 수 있는 말이 몇 마디 없지요. 매일같이 입에 달고 사는 말은 '네'뿐이고요. 하지만 이렇게 지내는 시간이 길어지면 한편으로는 상대방의 말과 안색만 보고도 그 의중을 헤아리는 재주가 생긴답니다. 위린바오에 도착해서 지역 관리가 구슬 목걸이에 대례복을 차려입고 나와 무릎을 꿇으며 가마를 맞으러 오니 태후마마의 얼굴은 절로 활짝 펴지셨어요. 높은 지위에 부유한 생활을 누리시고 사람들에게서 늘 만수무강 소리를 듣던 분이 궁에서 나와 아무도 돌아봐주지 않는 생활을 하시니 얼마나 힘이 드셨겠어요. 이제야 누군가가 무릎을 꿇고 오니 그 마음이 얼마나 편안해지셨을지 충분히 짐작할 수 있었지요. 우리도 따라서 사흘 내내 긴장했던 마음이 풀어졌고요."

"위린바오는 화이라이 현에서 30리 정도 떨어진 곳으로 옌칭, 화이라이와 맞닿아 있었어요. 바로 화이라이 현 관리가 몸소 30리 길을 와서 가마를 맞아준 것이었지요. 이 사람은 순서대로 먼저 첫 번째 가마, 두 번째 뤄뤄자오 앞으로 와서 이름을 대고 무릎을 꿇었어요. 그런 다음 세 번째 뤄뤄자오에 무릎을 꿇고 인사를 올린 뒤 나머지 마차에는 응대를 하지 않았지요. 인사를 끝내고는 몸을 일으켜 말에 오르더니 앞장서서 길을 안내해 마을 안으로 들어섰어요. 아마도 누군가가 미리 가마에 누가 타고 있는지 알려준 것 같았어요. 첫 번째 가마에는 태후마마가, 두 번째 뤄뤄자오에는 황상이, 세 번째 뤄뤄자오에는 황후마마가 계시고 나머지는 굳이 신경 쓰지 않아도 된다는 것을 말이지요."

"위린바오의 규모는 그리 크지 않았어요. 중앙 대로가 하나 있고 대로 북쪽에 노새와 마차가 머무는 여관이 세 채 있었어요. 이곳은 관청이나 역참의 심부름꾼들을 위해 마련된 곳으로 당시 이곳에 이런 사람들이 자주 오갔다는 것을 알 수 있었지요. 우리가 갔을 때는 이미 인적이 뜸해져서 집집마다 문이 닫혀 있었지만요. 거리에는 패잔병들이 흩어져 있었고 노새 똥 냄새가 코를 찔렀어요. 비가 온 뒤라 거리는 온통 진창이었지요. 태후마마는 안내하는 대로 서쪽 끄트머리에 있는 큰 여관으로 가셨어요. 이곳 역시 쓰허위안으로 북쪽에 큰 방이 세 칸 있었어요. 한 칸은 뜰과 연결되어 있고 두 칸은 내실이었지요. 그 밖의 것은 기억이 잘 안 나고 층계가 유별나게 높았던 것만 기억나요. 방 가운데에는 찻상, 의자, 침구가 놓여 있었고 동쪽, 서쪽으로 나무 칸막이가 되어 있었어요. 문 입구에는 대나무 발이, 벽에는 서화 한 점이 걸려 있었지요. 그것들을 보니 이곳은 의화단이나 도적떼의 침입을 받지 않은 듯했어요."

"여름이라 정오에는 해가 없는 날도 찌는 듯이 더웠어요. 파리도 많아서 얼굴에 달라붙곤 했고요. 뜰에는 잠자리들이 어지럽게 날아다녀서 무척 성가셨지요. 우리는 안채와 뜰을 드나들며 얼굴을 씻고 입가심할 물을 날랐는데 이때도 조심해야 했어요. 땅이 미끄럽고 층계가 높아서 넘어지기 십상이었거든요. 다행히 이곳에서는 불을 피울 때 숯을 써서 물을 사용하기가 더 편리했어요. 이곳 세 채의 여관에서는 본래 큰 솥 세 개에 녹두좁쌀죽을 준비해놓고 우리를 기다렸는데 패잔병들과 굶주린 이들이 들이닥쳐서는 깡그리 훔쳐가버렸대요. 무슨 짓을 해도 그들을 막을 수 없었다지요. 이 뜰에 조금 남아 있는 것만이 그나마 여러 번 간청해서 남겨

위린바오의 오래된 집 한 채. 서태후가 피란 시에 이곳에서 묵었다고 한다.

둔 것이라고 해요. 이 시기 패잔병들은 떼를 지어 몰려다녔고 이들이 여관 앞을 지나가면 아무도 건드리지 못했어요. 권세 있는 자도 죽음을 겁내지 않는 사람은 두려워할 수밖에 없다고 하잖아요. 이들은 모두 목숨을 내놓고 나쁜 짓을 일삼았기에 누구도 잘못 건드렸다가 화를 당하고 싶어하지 않았어요."

"태후마마는 얼굴을 씻고 입을 헹구신 뒤 화이라이 현 관리를 만나셨어요. 우리는 동쪽 내실에 들어가 있었고요. 리렌잉의 안내를 받으며 들어온 이 관리는 아마도 남쪽 지역 출신인 듯했어요. 무슨 말을 했는지는 잘 들리지 않아 거의 기억나지 않지만 말투에 간간이 사투리가 섞여 있었던 것이 생각나요. 태후마마는 그를 크게 칭찬하셨지요. 그도 그럴 것이 이 어지러운 시기에 극심한 더위와 비를 무릅쓰고 화이라이 현에서 30리 길을 나와 두 현의 접경지역에서 공손하게 가마를 맞아주었으니까요. 난세에 충신을 알아본다고 이런 진심어린 마음은 실로 얻기 어려운 것이라고 말씀하셨어요. 흔히 말하기를 옥석을 알아보는 것보다 더 고된 일은 여러 돌 중에서 그것을 가리는 일이라고들 하잖아요. 그 전날에는 현(창평현)[1999년에 창평구昌平區로 바뀜]에 도착해 총 세례를 받고 도망쳤는데 이 날 화이라이에서는 관리가 몸소 접경지역인 위린바오까지 나와 맞아주었으니 태후마마가 감동하신 것은 당연했지요."

"잠시 후 주방 심부름꾼이 녹두죽을 올렸고 황상을 모시는 태감이 갖고 들어왔어요. 각 사람이 중간 크기 그릇에 담긴 것밖에 못 먹었는데 달리 특별한 음식은 아니었어요. 먼저 들어온 두 그릇에는 그래도 가늘게 채쳐 소금에 절인 채소 반찬이 곁들여졌지만 나머지 그릇에는 그것조차 없었어요. 초라한 점심식사였지요. 젓가락도 없어서 태후마마는 수수 대를 가져오게 하셨어요. 이것은 요전 이틀 동안 익숙한 일이 되었지요. 죽을 다 먹은 후 태후마마는 늘 그러셨듯이 산책을 좀 하셨는데 내가 옆에 있는 것을 보시더니 갑자기 '룽얼, 물담배 있느냐?' 하고 물으셨어요. 나는 '물담배, 부시 모두 있는데 담뱃대만 없습니다' 하고 대답했어요. 리렌잉은 바삐 담뱃대를 찾으러 갔지요. 마침 관리가 여관 입구에 있기에 그에게 말했더니 얼른 보내주었어요. 태후마마는 태감과 궁녀들이 옆에 있는 것을 개의치 않고 이것저것 잡다한 것들을 청하셨어요. '이번 출궁은 매우 갑작스러웠다. 황상, 황후, 공주들도 모두 몸만 빠져나와 갈아입을 옷조차 없구나. 자네가 갈아입을 옷가지들을 좀 구해다주지 않겠나?' 현 관리가 무릎을 꿇고 아뢰었어요. '미천한 신의 아내가 이미 세상을 떠나 옷은 거의 상자에 넣어 베이징 성에 부쳤습니다. 오직 미천한 신의 누님과 매형이 신을 따라 출사하여 이곳에 있고 신의 모친이 남기신 몇 벌의 유품을 아직 가지고 있으니 태후마마께는 미천한 물건이오나 신 힘을 다해 올려다 바치겠사옵니다.' 이 관리는 말솜씨도 빼어나 매우 조리 있게 아뢰었어요. 태후마마는 그에게 몸을 일으키라 명하시고 낮은 목소리로 또 말씀하셨지요. '계란도 몇 개 구할 수 있다면 더욱 좋겠구나.' 관리가 대답했어요. '신 온 힘을 다해 구해오겠나이다.' 그러고는 무릎 꿇고 인사를 올린 뒤 물러났어요. 얼마 안 있어 현 관리는 몸소 쟁반에 다섯 개의 계란을 담아 들고 소금까지 갖춰서 공손히 태후마마께 올려드렸어요. 집집마다 백성들이 모두 피신하고 없어 여러 집을 돌아다녔다고 했지요. 그러다가 어느 집 서랍에서 계란 다섯 개를 찾아내 그것을 삶아다가 태후마마께 올리는 것이라고 아뢰었어요. 또 태후마마가 노중에 매우 피곤하실 것이라 생각되어 특별히 가마를 한 대 준비했다고 했어요. 가마꾼은 모두 몇 년씩 가마를 들어보아서 길을 오가는 데 이력이 난 사람들이니 안심하셔도 좋다고 했고요. 이렇게 그가 여러 말을 늘어놓는 사이 우리는 손을 씻고 태후마마가 드시기 편하도록 계란을 까놓았지요. 눈에 설킨 발 너머로 현 관리를 건너다보니 나이는 서른다섯쯤 되어 보였고 야윈 얼굴에 매우 점잖은 풍모였어요.

태후마마는 그에게 내려가 쉬라고 명하신 뒤 연달아 계란 세 개를 잡수셨답니다. 두려움도 거의 사그라지고 이틀 동안 식사도 제대로 못 하셨으니까요. 남은 계란 두 개는 리롄잉을 시켜 황상에게 올리라고 하셨어요. 다른 사람 몫보다 우선 황상을 챙기신 것은 황상에 대한 정을 드러내신 것이지요. 계란을 다 드신 뒤에는 물담배를 몇 대 피우셨어요. 그러고는 다시 얼굴을 씻고 등을 닦으시니 피로가 좀 가시는 듯 사람을 불러 출발을 명하셨답니다.

"태후마마는 화이라이 현에서 준비한 가마를 타시고 황상은 연경주에서 올린 가마를 타셨어요. 황후마마와 후궁마마는 한 뤄둬자오에 오르시고 태자마마와 푸룬 패자가 또 한 뤄둬자오에 올랐지요. 뒤이어 리롄잉이 남은 뤄둬자오에 오르고 나머지 사람들은 순서대로 마차에 탔어요. 그렇게 위린바오를 나와 여러 촌락을 지났는데 그곳들은 더욱 꼴이 말이 아니었어요. 문이고 창문이고 제대로 붙어 있는 것이 없었지요. 모두 패잔병들 손에 망가지고 부서져 있었어요. 그들은 눈에 보이는 대로 훔쳐갔으니까요. 문이 잠겨 있으면 창문을 타고 넘어갔지요. 담이나 울타리도 다 허물고 들어와서는 찢어진 솜이나 낡은 저고리들을 모조리 길거리로 내던졌어요. 마치 가는 곳마다 곡식을 갉아먹어 황무지를 만들어놓는 메뚜기 떼처럼 무리를 지어 몰려다니면서 백성들의 것을 남김없이 먹어치웠답니다. 이것은 우리도 직접 목격한 바 있지요."

"꼭 필요한 설명은 아니지만 이 이야기를 좀 해야겠어요. 리롄잉은 궁을 떠나올 때부터 몹시 풀이 죽어 있었다고 했지요? 또 길에서 큰 비를 맞으면서 몸이 안 좋아졌다고도 했고요. 하지만 이때부터는 이전과 달리 의기양양해지면서 생기가 돌기 시작했어요. 바로 가마를 호위할 천춘쉬안 岑春煊이 왔기 때문이에요. 그가 '숙부!' 하고 리롄잉을 크게 소리쳐 부르자 리롄잉의 얼굴에 금세 생기가 돌았어요. 나와 쥐안쯔가 볼 때는 그랬지요."

"우리 궁녀들은 궁을 나올 수가 없어 보지도, 듣지도 못하고 소식을 들을 데라고는 오직 어린 태감들뿐이었어요. 그들은 조금이라도 바깥소식을 들으면 몰래 우리에게 달려와 알려주어야만 직성이 풀렸지요. 어린 태감들 말로 천춘쉬안은 본래 무관이 아니라 간쑤성에서 재정과 식량을 관리하는 '번사藩司'라는 관직에 있었대요. '번대藩臺'라고도 하지요. 또 말도 많고 큰 소리도 잘 치며 허풍도 심한 사람이라고 했어요. 거칠고 제멋대로인 구석이 있어 일명 '먀오쯔苗子[고집이 센 사람을 일컫는다]'라고 불렸고 또 집안에서 세 번째 항렬이기도 해서 다들 뒤에서 그를 '천삼' 또는 '묘삼'이라 불렀어요. 서양인들이 톈진 연안에서 소란을 피울 때 그는 목소리를 높여 출병을 청했고 서양인들이 톈진을 침공한 뒤에는 더욱 펄쩍펄쩍 뛰며 황제를 보위해야 한다고 주장했어요. 간쑤 순무(행정 장관)는 그의 요구가 무척 강경한 데다 혼자서 말렸다가는 원망을 살까 두렵고 또 눈에 안 보이는 것이 마음이라도 편할 것 같아서 그냥 그를 보냈다고 해요. 결국 그에게 2000여 명의 군사와 5만 냥의 은이 주어졌고 그는 북로를 따라 베이징 성으로 왔어요. 베이징에 도착은 했지만 군기처는 그에게 별 관심을 두지 않았고 그의 보병은 본래 장자커우에 주둔해 있었기에 그에게 차하얼察哈爾 지역을 방어하라는 임무가 떨어졌지요. 그러다가 태후마마와 황상이 피신을 떠났다는 소식을 듣고 곧 화이라이로 쫓아온 것이었어요. 그는 이때가 기회다 하고 큰 소리를 치면서 가마를 호위하기 위해 간쑤에서 일부러 베이징 밖으로 병사들을 데리고 왔다고 했어요. 어찌나 허풍이 심하던지. 그의 부친은 잠육영岑毓英이란 사람으로 윈난 지역의 총독이었는데 일찍이 리롄잉과 잘 아는 사이였어요. 그래서 그도 화이라이의 위린바오에 오자마자 먼저 리롄잉을 찾은 것이지요. '숙부!' 하고 리롄잉을 부르는 목소리노 어찌나 써렁써렁 울리던시요. 리롄잉으로서는 군내까지 거느린 조카가 달려온 셈이니 뜻밖에 지원군을 얻은 셈이었어요. 아무래도 가까운 사람이라 자신을 수족처럼 잘 따를 테니까요. 또 천춘쉬안으로서도 리롄잉이 있으면 윗분들과 더 쉽게 연줄이 닿을 수 있을 테니 파견 나온 일도 잘 될 것이 분명했지요. 본래가 줄서기에 능한 사람이니 이 굵직한 세력에 기대어 벼락출세를 하게 될 테고요. 이렇게 서로 뜻이 맞는 사람들끼리 만났으니 당연히 얼굴에 생기가 돌 수밖에요. 리롄잉은 더 이상 풀 죽은 기색이 보이지 않았고, 위린바오에서부터 신축년에 궁으로 돌아갈 때까지 이 두 숙부님과 조카님은 꼭 붙어다니며 함께 일했답니다. 천춘쉬안이 그토록 태후마마의 측근이 되어 가마를 보필할 수 있었던 것도 실질적으로는 리롄잉이 천거한 것이었지요. 리롄잉이 줄곧 그에 대해 좋은 말을 해주어서 천춘쉬안에 대한 윗분들의 총애는 그치지 않았답니다. 이후 그는 반년이 채 안 되어 산시陝西 순무로 승진했고 후에는 광둥과 광시 지역의 총독이 되었어요. 이 모든 출세가 위린바오에서 '숙부!'를 외칠 때부터 시작된 것이지요. 그러니 그 흙탕물 투성이인 작은 마을도 우습게보면 안 되는 거예요. 이러한 과정은 우리 같은 궁녀들도 직접 보고 기억하지만 밖에서는 그 속내까지 자세히 알기 어렵지요. 물론 이 역시 우리가 함부로 입 밖에 내서는 안 되는 일이기도 하고요. 어쨌든 아버지의 가업을 아들이 물려받는다고 결과적으로 잠육영은 아들 교육을 제대로 한 셈이 되었어요. 흔히들 '고양이가 지붕 위에서 자는 버릇은 대대로 전해진다'고 하잖아요. 말 그대로지요."

"자, 쓸데없는 말은 그만하고 본래의 이야기로 돌아가보지요. 화이라이 현 관리가 가마를 맞이하면서부터 대신들도 분주해지기 시작했어요. 주마가편이라고, 먼저 태후마마가 머무시는 곳을 살피고 그다음 자신들이 머물 곳이 어떤지 살피는데 시관스에 묵을 때 쥐죽은 듯 조용했던 분위기와는 사뭇 달랐답니다. 뿐만 아니라 위린바오에서 가마에 오르실 때부터 화이라이 현 성城까지 30리 길을 가는 동안 두세 번이나 말을 타

천춘쉬안

고 가마를 살피러 왔어요. 쥐안쯔 표현대로 하자면 죽었다가 이제야 되살아난 것이지요. 미시 초에 위린바오를 떠났는데 신정[오후 4시]에 벌써 화이라이 현 성에 도착했어요. 이곳은 작은 현이라 성안 거리가 온통 자갈투성이어서 가기가 굉장히 힘들었어요. 마차 안에 있으니 뼈가 다 부스러지는 것만 같았지요. 하지만 이따금 문밖에 가마를 환영한다는 뜻의 붉은 종이가 붙어 있는 집이 두세 채 보였어요. 한눈에 현 관리가 미리 지시해놓았음을 알 수 있었지요. 베이징에 오래된 속담이 하나 있어요. '음력 1월 19일에 등롱을 거니 걸어도 냉랭한 분위기다.' 정월 15일이 이미 지났으니 그저 정황상 걸어놓았다는 뜻이지요."

"태후마마와 황상의 가마는 곧바로 관 아문 안 저택 입구까지 들어갔어요. 이 현 관리는 일 처리도 빨라 관청 전체를 비워서 태후마마가 임시로 머물 곳을 마련했지요. 과도하리만큼 공경과 친절을 다했어요. 관저라 보위하기도 수월했고요. 또한 수하에 유능한 사람들도 있어서 말로는 정리가 덜되고 준비가 미흡하다고 했지만 문과 뜰을 깨끗하게 청소해놓았어요. 중앙채의 큰 세 방은 태후마마가 머무실 곳이었는데 아마 본래는 현 관리의 침실이었던 것 같았어요. 가구는 많지 않았지만 매우 우아하고 정갈한 분위기였거든요. 방 서쪽에는 침대가 놓여 있었고 얇은 비단 휘장 아래 연두색의 부드러운 단자 겹이불과 새 베개, 자리까지 갖추어져 있었어요. 방 북쪽에는 탁자 하나와 팔선상 하나, 선홍색 방석이 깔려 있는 두 개의 태사의[등널과 팔걸이가 반원형으로 되어 있고 다리를 접을 수 있는 구식 팔걸이의자]가 매우 조화롭게 배치되어 있었고요. 부서진 쓰레받기만 놓인 채 아무것도 깔려 있지 않았던 시관스의 온돌 침대와는 정말 하늘과 땅 차이였지요. 태후마마가 만족하신 것은 말할 것도 없고요. 방 동쪽으로는 작은 방이 두 개 붙어 있어 방과 칸막이를 사이에 두고 드나들 수 있었어요. 아랫사람들이 오가며 일하기에 편리했지요. 황상은 바깥뜰의 집무실에 묵으셨어요. 이곳은 현 관리가 공무를 보거나 손님을 접견하는 곳이었어요. 뜰 서쪽 응접실 세 칸에는 황후마마, 후궁마마, 공주마마들이 묵고 푸쥔(황태자)과 푸룬 패자는 황상의 방과 이어진 옆방에 머물렀어요. 우리는 물론 태후마마의 시중을 들기 쉽도록 중앙채 방 옆에 딸린 작은방에 묵었지요. 현 관리의 식솔 중 여자들은 모두 서북쪽에 있는 단층 가옥으로 옮겨간 터였어요. 저녁식사도 풍성했답니다. 소고기, 돼지고기, 닭고기, 간 등 궁을 떠나온 이후 처음으로 먹어보는 고기 요리였고 그래서 그런지 더욱 맛있게 느껴졌어요. 이 고기들은 이 지역 어느 세도가가 준비한 것이었는데 산중에 있는 지역에서 참 고생이 많았을 거예요. 게다가 불시에 귀족, 대신들, 태감, 궁녀들이 여기저기 꽉 들어차 있으니 이 자그마한 성이 미어터질 것만 같았지요."

"저녁식사를 막 마친 뒤 리렌잉은 현 관리를 데리고 들어왔어요. 어린 태감이 보자기로 싼 네 개의 보따리를 받쳐 들고 따라왔지요. 리렌잉이 관리를 대신해서 아뢰었어요. 현령 누구누구는 태후마마, 황상이 궁을 나오실 때 의복을 미처 준비하지 못하신 것을 알고 특별히 선인의 유품과 자신의 옷가지들을 바치오나 준비가 미흡하고 초라하기 이를 데 없어 태후마마께 죄를 청한다고 말이지요. 태후마마는 고개를 끄덕이시며 '알았다. 물러가거라' 하고 말씀하셨어요. 그가 물러간 다음 가져온 보따리를 풀어보니 얇고 푸른 나사 겉저고리와 짙은 회색의 비단 바지 한 벌, 칼라 없이 안에 입는 부드러운 비단 상의 한 벌, 역시 안에 입는 흰 비단 바지 한 벌이 들어 있었어요. 이것은 태후마마에 드리는 것이있지요. 또 다른 보따리를 풀어보니 강주江綢로 만든 소매가 넓은 마고자 한 벌, 푸른 두루마기 한 벌, 몸에 맞는 속옷 한 벌이 들어 있었어요. 이것은 분명 황상께 올리는 것이었지요. 세 번째 보따리는 황후마마와 후궁마마, 공주마마들을 위한 것이었어요. 모두 기하인이라 마련한 옷들도 남자 두루마기나 바지 같은 것들이었답니다. 가장 만족스러웠던 것은 마지막 보따리였어요. 이 안에는 흰 세시포로 만든 버선이 전부 새것으로 들어 있었어요. 대략 10여 켤레는 되었지요. 이틀간 두 번의 비를 맞으면서 다른 무엇보다도 젖은 버선을 계속 신고 있는 것이 가장 견디기 어려웠거든요. 또 마음에 들었던 물건은 발허리 부분이 낮고, 가느다란 모에 부드러운 천으로 속을 댄 펠트 장화 한 켤레였어요. 높고 추운 산간지대인 데다 습하고 축축하기까지 한 날씨라 태후마마가 몸을 씻으신 다음 이 장화로 바꿔 신으시도록 마련한 것이었지요. 태후마마도 이것을 보시고 칭찬을 안 하실 수 없었어요. '이렇게 세심할 데가 있나.' 그 밖에도 어린 태감이 화장도구함 둘을 가지고 왔어요. 안에는 빗과 연지, 분 모두 빠짐없이 갖추어져 있었지요. 그것을 보시더니 태후마마는 사흘 동안 거울 한 번 보지 못해 무슨 꼴을 하고 있는지조차 모르겠다고 말씀하셨어요."

"우리는 재빨리 물을 길어다 태후마마의 머리와 얼굴, 몸을 씻겨드렸어요. 리롄잉은 정성스럽게 빗질을 해드렸고요. 이전의 한족식으로 틀어올린 머리 모양을 만주족 머리 모양으로 바꾸어드렸어요. 의상도 이때부터 다시 기하인의 옷을 입으셨지요. 황후마마, 후궁마마, 공주마마도 제각기 남자 두루마기를 입어보시면서 본래의 만주 복장으로 돌아왔어요. 태후마마의 머리를 빗겨드릴 때 나도 옆에서 시중을 들었어요. 그래서 리롄잉이 마마께 아뢰는 말도 얻어들을 수 있었지요. 그는 태후마마께 베이징의 군기처 대신 왕문소王文韶가 왔다고 아뢰었어요. 군기처의 모든 도장을 가지고 나왔다고 했지요. 태후마마는 고개를 끄덕이셨어요. 군기처의 도장을 모두 태후마마께 가지고 왔다는 것은 태후마마가 길을 가는 도중에도 명령을 내리고 모든 국사를 조정할 수 있음을 의미하는 대단히 중요한 일이었어요. 태후마마는 내일 군기처 사람들을 접견한다고 전하라 명하셨어요. 여기서 한마디 덧붙일 이야기가 있어요. 원취안을 나와 노중에서 내가 독이 있는 쇠파리에게 발목을 물렸다고 했지요. 물린 복사뼈 부위가 점점 부어오르다가 비까지 맞는 통에 곪아버려서 나는 이 무렵 길을 걸을 때마다 절뚝거려야 했어요. 태후마마는 그런 나를 보시고 펠트 장화를 나에게 상으로 내리셨답니다. 나는 그것을 20여 년간 간직했는데 나중에 이사를 가면서 그만 잃어버리고 말았어요. 한편 이 화이라이 현 관리는 시안까지 동행하면서 앞길의 병참을 살피고 중간 중간 자주 태후마마를 알현했어요. 그래서 나도 그의 성이 '우吳' 씨이며 증국번의 조카사위라는 것을 알았지요. 태후마마는 옛 신하에 대한 그리움 때문에 자연히 그를 더 각별히 생각해주셨어요."

"그 이튿날, 화이라이 현 성에서 묵은 지 하루가 지났어요. 아침에 '규기'가 시작되었지요. 궁을 떠난 이후 처음으로 있는 엄숙한 모임이었어요. 아침식사를 마친 뒤 태후마마는 옷깃을 바로잡으시고 위엄 있는 모습으로 중앙 방 동쪽 태사의에 앉으셨어요. 만주식의 머리가 무척이나 단정하고 정갈해 보였지요. 황상은 푸른 마고자와 연푸른색 비단 상의에 새하얀 버선을 신으시고 태후마마처럼 진지하고 위엄 있는 모습으로 서쪽에 앉아 계셨어요. 우리 궁녀들은 대신들이 절할 수 있도록 바닥에 깔개를 깐 다음 자리를 피해 물러났지요. 이 규기에는 만주족과 한족, 거의 모든 군기대신이 한 명도 빠짐없이 온 듯했어요. 우리는 안에서 무슨 일이 일어나고 있는지 감히 물을 수 없었고 리롄잉, 추이위구이도 아래채에서 시중만 들었지요. 이 규기 이후 왕문소는 당일 밤에 베이징으로 돌아갔고, 경왕은 두 역참을 더 동행하면서 매일 몇 차례씩 태후마마를 알현하다가 나중에는 그도 베이징으로 돌아갔어요. 이는 열강과의 강화를 준비하기 위함이었지요."

"경자년 7월 25일 아침, 우리는 태후마마의 기미를 좇아 화이라이의 서쪽 관문을 나와서 쉬안화宣化 현을 지나고 화이안懷安 현을 거쳤어요.

8월 초에는 이미 산시 지경 부근까지 이르렀지요. 이때부터는 식사를 제공하는 곳도 있었고 길을 갈 때 군대가 호위도 해주었어요. 우리도 다시 '입만 벌리면 밥이 들어오고 손만 뻗으면 옷이 있는' 생활을 회복할 수 있었지요. 물론 그렇다 해도 궁에서 생활할 때와 비교해보면 천지 차이였지만요. 풍찬노숙에 울퉁불퉁한 길을 지나느라 마차 속에서 수없이 흔들리고, 일교차로 아침에는 솜옷을, 점심에는 얇은 옷을 입고 흐렸다 맑았다를 반복하는 계절을 맞아야 했으니까요. 나와 쥐안쯔는 어느새 멍하니 베이징 성을 그리는 일이 잦아졌답니다."

―― **서행길**

"태후마마가 서쪽으로 향하시던 중에 행렬의 마차는 눈덩이처럼 불어났어요. 맨 처음 고작 차 세 대로 출발했던 것이 이제는 30여 대로 늘어났지요. 시중을 드는 사람도 10여 명이나 되었고요. 이 때문에 행차는 점점 황실의 면모를 갖추어갔어요. 아마 안전을 위해서였겠지만 우리는 경수로를 피하고 일부러 경수로에 근접해 있는 울퉁불퉁한 좁은 길로 갔어요. 가장 처음에 있었던 곳은 그래도 지명을 기억해두었는데 이후에는 그러지도 못했지요. 산을 넘고 물을 건너며 이곳저곳을 돌아다닌 긴 여행길은 무척이나 고생스러웠답니다. 그래도 시중드는 일은 비교적 가벼웠어요. 정오의 점심식사 시중은 태감들이 들고 밤에 자기 전 씻고 입을 헹구는 일만 우리가 거들었거든요. 또 태후마마는 여독으로 피곤해서 일찍 잠자리에 드시는 때가 많아 할 일이 많지 않았어요. 가장 신기했던 것은 여정 중에 태후마마가 거의 화를 내시는 일이 없었다는 거예요. 그리고 규범이 느슨해지니 과거에는 눈조차 못 마주쳤던 분들도 이제는 정면으로 바라보게 되었어요. 물론 황상은 제외하고 말이지요."

"견디기 힘들었던 것은 노중의 지루함이었어요. 눈에 보이는 것이라고는 끝없이 펼쳐진 무성한 옥수수 밭뿐이었지요. 설령 무슨 유적이 나온대도 볼 기운이 없을 정도였어요. 눈만 뜨면 보이는 녹색 풍경은 신물이 나기 시작했고요. 하지만 아무리 지루해도 잠을 잘 수는 없었어요. 조금만 정신을 놓았다가 차가 기울면 머리를 부딪기 십상이었거든요. 이 무료하고 지루하기 짝이 없는 때에 별안간 뒤에 있던 뤄튀자오 안에서 이호二胡[호금의 일종으로 현이 둘이고 음이 낮은 악기] 소리가 또렷하게 들려왔어요. 연주하는 솜씨도 매우 숙련된 솜씨였지요. 가만히 들어보니 태자마마의 가마 안에서 들려오고 있었어요. 노랫소리까지 몇 구절 바람을 타고 흘러왔지요. '첫 번째 북소리에 밥을 짓고, 두 번째 북소리에 갑옷을 입고, 세 번째 북소리에 칼을 꺼내 잡고, 네 번째 북소리에 전투가 벌어지니 앞으로 나가는 자는 모두 상을 받고, 뒤로 도망가는 자는……' 낭랑하고 또렷한 연주에 자신만의 곡조로 가사를 잘 소화하고 있어 탄신페이譚鑫培[청대의 유명한 경극 배우, 서태후를 위해서도 많은 공연을 했다]와 같은 분위기가 났답니다. 이는 태자마마가 긴 여정의 지루함 속에서 처음으로 악기를 연주한 것이었어요."

"태자마마는 기해년(광서 25) 12월에 궁에 들어오셨는데 당시 열네 살 정도였어요. 그는 단왕 짜이이의 아들이었지요. 단왕은 당시 풍류로 유명한 사람이었어요. 가무와 여색, 개 사육, 승마는 물론 온갖 종류의 악기를 연주할 줄 알았고 노래도 못 하는 것이 없었답니다. 그에게는 훌륭한 부인이 있었어요. 말솜씨도 좋고 누구에게나 호감을 얻는 팔방미인이었지요. 자주 궁에 들어와 태후마마를 모시면서 큰 총애를 얻기도 했고요. 남편이 부인 덕에 잘된다고들 했는데 조금도 틀린 말이 아니었어요. 이들은 무술정변[서태후의 수구파가 광서제의 변법자강운동에 반발해 변법파를 몰아내고 광서제를 궁에 감금한 사건] 이후 광서제가 뜻을 이루지 못한 틈을 타

서태후의 서행길(서양인이 묘사한 작품)

자신들의 아들을 천거하여 궁으로 불러들였어요. 말 그대로 천거였어요. 모두가 전하는 말을 들어보니 단왕 자신이 직접 태후마마께 '신의 아들은 황태자가 될 수 있나이다' 하고 고해 올렸다고 해요."

"태자마마의 이름은 푸쥔인데 그에 대한 이야기를 하자면, 아! 정말 칭찬할 만한 것이 없답니다. 그렇다고 그가 어리석은 분이었다는 것은 아니에요. 사실 그는 굉장히 총명했어요. 탄신페이, 왕다터우汪大頭를 공부할 때는 입만 벌리면 이들의 노래를 그대로 따라할 만큼 능력이 있었으니까요. 무공을 겨루는 장면에서는 손목을 휘둘러가며 단피(작은 북)를 격렬하고 낭랑하게 쳤답니다. 때로 정교한 놀이 도구를 분해했다가 원래대로 복구해놓기도 했고요. 손재주가 굉장히 좋았지요. 하지만 그렇다고 또 그가 영리했다고 말할 수도 없어요. 인간관계에 관한 일에는 조금도 눈치가 없었거든요. 궁 안에서 무언가 자기 뜻대로 되지 않으면 곧잘 하늘을 향해 큰 소리로 울부짖었어요. 누가 뭐라 해도 듣지 않고 말이에요. 하지만 또 그가 나쁜 사람이었냐고 하면 그것도 아니에요. 한평생 무슨 악한 일을 도모해본 적이 없었지요. 그저 먹고 마시고 놀고, 마음껏 즐기고 누릴 뿐 누구와 다투는 일도 없고 무슨 분란을 일으킨 적도 없었어요. 그저 무엇이 필요하면 달라고 할 뿐이었지요. 그렇다고 선한 사람이었냐고 하면 그 역시 아니에요. 한평생 좋은 일이라고는 해본 적이 없으니 선의 '시옷'자도 꺼낼 수 없지요. 그는 한평생 돈이 무엇에 쓰는 물건인지 모르는 사람이었어요. 필요한 것이 있으면 무엇이든 아랫사람에게 요청하면 그만이었으니까요. 물건을 팔아 돈으로 바꾸는 일이나 그것을 얼마에 바꾸는지, 그 물건이 살 만한 가치가 있는지 없는지 이런 것에 대해서는 조금도 알지 못했어요. 알고 싶어하지도 않았고요. 신축년 궁으로 돌아온 후 그는 황태자 자리를 박탈낭하고 말았어요. 이후 궁을 나갔고 호칭도 '태자마마'에서 나으리로 바뀌었지요. 몇 세대에 걸쳐 모은 보물, 서화, 가옥과 토지 등도 모조리 탕진했어요. 물론 중간에서 착복한 사람도 적지 않았고요. 청년 시절부터 죽을 때까지 그는 이렇게 살았어요. 마흔이 넘어가면서부터는 여색과 술, 아편을 지나치게 해서 두 눈이 실명할 지경에 이르렀지요. 사람도 더 의기소침해졌고요. 하지만 그는 한 번도 자신이 한때 황태자였다는 것을 과시하거나 하지 않았어요. 단왕의 아들이라고 허세를 부리며 다니지도 않았고요. 중년에는 베이징 허우하이後海 거리 몽고 나왕부羅王府에 살았지만 이후에는 눈도 멀고 가세도 기울어, 예전에 그를 속여 한 밑천 잡은 전당포 주인의 도움을 받아 국수 한 사발과 담뱃재 속에서 세월을 보냈어요. 그리고 일본 침략 시기에 아무도 모르게 조용히 세상을 떠났답니다."

"이 얘기는 여기까지 하지요. 태자마마의 후일담은 말하자면 끝이 없어요. 다시 본래 이야기로 돌아와서 서행길 도중에 있었던 그의 이야기를 해볼게요."

"15, 16세밖에 안 된 어린 나이에, 집에서 하인을 부리고 부족한 것 없이 응석받이로 자란 사람이 오랜 기간 답답한 뤼튀자오 안에서 지내니 얼마나 힘들었겠어요? 먹고 잘 때 외에는 땅을 밟아볼 수 없었으니까요. 그래서 생각다 못해 악기 연주로 시간을 때운 것이지요. 태자마마는 뤼튀자오 안에서 온갖 놀이를 했어요. 수고手鼓[위구르 등 소수민족들이 치는 탬버린과 비슷한 타악기]는 중국 서북쪽 지역 사람들이 즐겨 치는 악기인데 태자마마는 이것도 능수능란하게 다루었지요. 치면서 노래도 곁들였어요. '일생의 품은 뜻이 때를 만나지 못했으니 교룡이 얕은 물에 갇혀 있는 것과 같구나.' 이는 미형[삼국시대의 뛰어난 선비였으나 불손한 태도로 조조의 미움을 받아 북 치는 하급 관리가 되었다]이 북을 치며 조조를 원망하는 구절로 노래에 한 가닥 오만함이 서려 있지요. 눈에 보이는 것은 무엇이든 노래할 줄 아는 것을 보면 태자마마의 총명함이 엿보였어요."

"어느 날 아침, 막 차에 오르는데 구름 한 점 없이 맑은 날씨에 서북풍이 정면으로 불어왔어요. 초가을 기운을 물씬 느낄 수 있었지요. 그때 갑자기 태자마마가 탄 뤄퉈자오 안에서 청아한 수르나이[회족이 연주하는 관악기의 일종] 소리가 들려왔어요. 머리 회전이 빠른 샤오쥐안쯔는 즉시 마부에게 마차를 멈추라고 한 뒤 시중드는 태감을 찾아 태자마마께 절대로 악기를 불지 마시라고, 만약 부시려거든 피리 구멍을 손수건으로 막아 악기 소리가 태후마마 귀에 들어가지 않도록 하시라고 전했어요. 생각해보세요. 태후마마가 앞에 가시는데 뒤에서 수르나이를 불며 따라가면 그야말로 장사지낼 때 시신을 운구하는 풍경이 아니고 뭐겠어요? 태후마마가 들으셨다면 얼굴을 붉히며 화를 내실 게 뻔했지요. 다행히 눈치 빠른 샤오쥐안쯔가 듣고 한바탕 소동이 일어날 뻔한 상황을 막은 셈이었어요. 태자마마는 천하에 무서운 것이 없었지만 태후마마의 매만큼은 무서워했답니다. 이때부터 태자마마는 우리 둘에게 호감을 갖고 대해주셨어요."

"태자마마는 뤄퉈자오 뒤에 차 한 대를 바싹 따르게 해서 자신에게 놀이거리를 제공하도록 했어요. 토끼 두 마리를 우리에 넣고 기르기도 했지요. 하얀 집토끼가 아니라 누르스름한 야생 토끼였는데 오줌 지린내가 심했어요. 개도 두 마리 길렀는데 고급 품종이 아니라 그냥 평범한 개였어요. 보통 궁 안에서 기르는 개들은 크고 우람하고 위풍당당하거나 아니면 발바리같이 작고 귀여운 개였지요. 이렇게 크지도 작지도 않은 평범한 개는 그다지 고급스런 개로 치지 않아서 '이판등二板凳'이라고 불렀어요. 지위가 낮은 태감들은 등받이 의자에 앉거나 높은 자리에 앉을 자격이 없기 때문에 늘 벽에 붙어 있는 등받이 없는 의자에 두세 사람이 함께 앉았는데 이런 의자를 이판등이라고 했답니다. 어린 태감들이 서로를 놀리는 말로 곧잘 '가서 이판등에나 앉아 있어' 하고 말했는데, 이 말은 곧 '넌 여러 말 말고 구석에 박혀 있으라'는 말이었지요. 개를 이판등이라고 하는 것도 한 단계 아래 품종임을 뜻하는 것이에요. 서행길에 이런 개를 기른 것도 지루함과 적막함이 극에 달했음을 뜻했지요."

"태자마마는 지루한 것을 못 견디는 분이었어요. 길에서 산 여치만 해도 20~30마리가 넘었을 거예요. 화창한 날에는 시끌벅적 소란을 피우며 무슨 놀이거리든 찾아내고야 말았지요. 어미 여치도 열 몇 마리나 사셨어요. 우리도 그때 처음으로 그것을 봤는데 반드르르한 검은 빛깔이면서도 한편으로는 푸른빛이 돌았답니다. 꽁지 부분에는 두 개의 갈퀴가 한데 모여 길게 뻗어 있었지요. 이 꽁지 부분을 진흙 속에 집어넣고 알을 낳았어요. 기상천외하신 태자마마는 어미 여치가 알을 낳도록 얼마나 많은 돈을 쓰셨는지 몰라요. 큰 사각형 상자를 사서 흙을 채우고 흙에 잔디를 깔고 상자 사면에 기둥을 몇 개 세운 뒤 거기에 모기장을 걸듯이 얇은 천을 걸어놓았지요. 그리고 그 안에 어미 여치들을 넣었어요. 산란 방은 그토록 훌륭했지만 안타깝게도 어미 여치들은 서로를 잔인하게 물어 죽였답니다. 살아남은 몇 마리는 앞다리나 뒷다리가 물려서 떨어져 나갔고요. 태자마마는 무척 상심하시고는 어쩔 수 없이 따로따로 '침전'을 만들어주셨어요."

"마침내 태자마마가 기뻐할 만한 일이 생겼어요. 베이징에서 사람이 왔지요. 태자마마의 아버지 단왕의 집에서 태자마마에게 보물 두 개를 보내주었어요. 태자마마에게 진주나 비취, 마노같이 차갑고 딱딱한 물건, 먹을 수도, 가지고 놀 수도 없는 물건은 보물이 아니었어요. 그에게 진정한 보물은 작은 동물, 가지고 놀 수 있고 사람을 즐겁게 해주는 것들이었답니다. 이때 단왕의 저택에서 온 사람은 그에게 두 마리 왕귀뚜라미를 전해주었어요. 태자마마는 그것을 보고 좋아서 어쩔 줄 몰라 했고요."

"이 왕귀뚜라미는 유명한 십삼릉의 왕귀뚜라미였어요. 궁 안 사람들을 대략 둘로 나눠보면, 하나는 자손이 없는 태감들이고 또 하나는 그저 되는 대로 살아가면서 죽을 날만 기다리는 나이든 과부라고 할 수 있어요. 둘 다 무료함이 극에 달해 온갖 방법을 써서 기댈 만한 것을 찾지요. 하지만 무엇을 해도 외로움은 좀처럼 가시지 않아요. 그래서 여기저기를 돌아다니며 놀잇거리를 수집한답니다. 십삼릉의 왕귀뚜라미는 바로 궁에서 수집하는 것이에요. 백로절[24절기의 하나로 처서와 추분 사이 9월 8일경]이 되면 후문교 남쪽 일대는 왕귀뚜라미를 파는 장사꾼들로 북적대요. 이곳에서 왕귀뚜라미를 파는 가장 큰 이유는 궁에서 찾기 때문이에요. 징산산 서쪽 판교 일대, 징산 산 동쪽 황화문 일대, 베이하이北海 호[고궁 안에 있는 세 호수 중 하나로 고궁 서북쪽에 위치해 있다] 동쪽 내궁감 일대, 이 넓은 지역이 모두 태감들이 거주하는 곳이거든요. 태감들은 궁에서 일을 마치면 곧잘 이곳에 모여서 차를 마시거나 쉬수를 들었어요. 또 신기한 물건이 보이면 사서 궁에 가지고 가기도 했고요. 주인에게 보이면 많은 돈을 들이지 않고도 칭찬을 들을 수 있었으니까요. 이 때문에 시기에 맞춰 갖가지 신기한 물건이 많이 나왔지요."

"어린 태감이 우리에게 우쭐대며 말해준 바로는 베이징 서쪽의 왕귀뚜라미는 몸이 매끄러워서 풀왕귀뚜라미라고 부르는데 일은 잘 안 하고 노래만 부른다고 해요. 반면 십삼릉의 왕귀뚜라미는 산귀뚜라미라고도 불리며 우직하고 부지런해서 일하는 것을 좋아한다고 했지요. 수명도 길고요. 풀왕귀뚜라미는 동지까지밖에 못 사는데 십삼릉의 산귀뚜라미는 대한까지 살 수 있다고 해요. 색깔도 다르다더군요. 십삼릉 왕귀뚜라미는 푸른색이 돌고 게딱지 색을 띤다고 하여 푸른 게딱지蟹殼靑라고 부르지만, 베이징 서쪽의 귀뚜라미는 목 아래가 붉은빛이고 잠시도 가만있지 않고 뛰어다니길 좋아한다고 해요. 왕귀뚜라미를 사는 가장 큰 목적은 그 노랫소리를 듣기 위해서예요. 십삼릉의 왕귀뚜라미는 노래를 굉장히 잘했어요. 매일 서녁, 날이 어두워지면 노래를 부르기 시작해서 밤이 새노록 그치지 않았답니다. 소리가 높아졌다 낮아졌다, 빨라졌다 느려졌다 하면서 잠시도 쉬지 않고 울어댔어요. 그리고 일반 귀뚜라미의 울음소리와는 좀 달랐지요. 일반 귀뚜라미가 우는 귀뚤귀뚤 소리는 한 음, 한 음씩 나는데 왕귀뚜라미 소리는 끊이지 않고 계속 이어졌어요. 소리의 장단도 달라서 듣고 있으면 굽이굽이 창자를 뒤흔드는 듯한 애끓는 소리가 났지요. 긴 긴 밤 잠 못 이루는 궁녀들의 마음과도 잘 맞았어요. 처량한 가을바람, 가을비 속에서 어떤 존재가 이 견디기 어려운 밤을 함께 보내고 있는 셈이니까요. 이 때문에 궁에서는 왕귀뚜라미를 기르는 것이 매해 가을 일종의 풍습이 되었답니다."

"이때 태자마마께 전해진 왕귀뚜라미는 조롱박 통 속에 들어 있었어요. 이 통은 '범範'이라는 틀에 맞춰 만드는 것인데 보통 궁이나 각 귀족의 왕부에서 만들었답니다. 봄에 조롱박을 심을 때 작은 조롱을 맺는 박을 심어요. 그리고 박이 열매를 맺으면 '범'이라 부르는 모형 틀 안에 어린 조롱을 넣어 그 틀 모양대로 자라게 하지요. 범의 모양은 사각형도 있고 원형도 있고 납작한 것도 있어요. 범 안에 각양각색 정교하게 새겨진 꽃무늬를 넣기도 하고요. 이렇게 틀 모양대로 다 자란 조롱박을 매끄럽게 닦고 기름칠 하면 훌륭한 예술품이 하나 탄생하는 것이지요. 태자마마를 모시는 태감은 이 조롱박 통 안에 있는 왕귀뚜라미를 품속에 고이 넣어 가져왔어요. 그만큼 진귀한 물건이라는 거지요. 태자마마가 기뻐한 것도 당연했어요. 그는 몰래 어린 태감을 시켜 우리에게 특별히 그 왕귀뚜라미를 보여주었답니다."

"태자마마가 가장 기뻐하신 때는 옌베이에 하루 머물렀을 적이에요. 아직 이른 시간에 어린 태감이 밖에서 비둘기 몇 마리를 사서 들어왔지요. 처음에는 별 관심이 없었는데 나중에 날개를 펼친 모습을 보니 놀랍게도 검은 머리에 검은 날개를 지닌 비둘기였답니다. 바로 철시오鐵翅鳥였어요. 당시 베이징에는 아직 이 품종이 없었지요. 태자마마는 놀라면서 크게 기뻐하셨어요. 그때 베이징에는 갈색 머리에 갈색 날개를 지닌 동시오 銅翅鳥만 있을 뿐 철시오는 없었거든요. 다음 날 길을 가면서 태자마마는 어린 태감에게 철시오를 바구니에 메고 가 우리에게 보여주도록 했어요. 또 이곳 현지인이 사온 것이라고 귀띔해주기도 했지요. 며칠이 지나서 그는 또 어린 태감을 시켜 우리에게 이 비둘기가 나는 모습이 무척 아름답지만 잘 날려 하지는 않는다고 알려주었어요. 베이징에 아직까지 유행하는 말이 하나 있지요. '열 마리 새 중 아홉 마리가 게으르니 한 마리만 있어도 나쁘지 않다.' 이 말은 바로 태자마마가 서행길 중에 지어서 부른 구절이랍니다."

"대청국의 마지막 태자가 남긴 말이 겨우 이 한마디였어요. 이 말이 태자마마가 하신 말씀이라는 것을 아는 사람조차 거의 없지요. 서행길 중 우리가 탄 마차와 태자마마의 가마가 이렇게 나란히 붙어 약 두 달 반을 동행했는데 비록 신분에 귀천이 있고 남녀가 유별했지만 우리는 순간순간 태자마마의 티 없는 동심을 엿볼 수 있었답니다. 그는 애초부터 황제가 무엇인지 알지 못했어요. 나는 왜 태후마마가 그를 황태자로 택했는지 정말 모르겠어요. 매해 가을이 되어 날씨가 선선해지고 짙푸른 하늘에 비둘기떼가 날아가는 것을 보면 절로 태자마마가 생각나요. 그분의 철시오도 생각나고요. 아! 이 청 말기의 황태자를 아는 사람이 몇 명이나 될까요. 그는 어른들에게 휘둘려 조소거리가 된 아이나 다름없었어요. 더구나 그를 그렇게 만든 첫 장본인은 그를 천거한 그의 아버지였지요."

"단왕은 전전긍긍 온갖 궁리를 다해 아들이 황제가 되길 바랐어요. 그러면 자신은 자연히 태상황이 되겠지요. 흔히 아버지만큼 아들을 잘 아는 이는 없다고 하잖아요. 아들이 용인지 미꾸라지인지 애초부터 알았을 텐데도, 아니, 도리어 잘 알기 때문에 태상황이 되면 더욱 자신의 뜻대로 할 수 있다는 것을 노린 것이지요. 태후마마가 계신다 해도 이미 일흔이

다 되셨으니 앞으로 얼마나 더 사시겠어요? 하지만 단왕 자신도 그러한 자리에 오르기에 자신의 덕망이 부족하다는 것을 알았어요. 그래서 의화단을 이용해 외세를 배척하면서 태후마마의 비위를 맞추려고 했지요. 그 결과는 커다란 재난을 불러일으킨 꼴이 되고 말았고요. 이 모두가 황태자란 자리 때문에 빚어진 일이지요."

─── 광서제가 머리를 깎다

"먼저 이 점을 분명히 해둘게요. 이 이야기는 모두 내가 직접 본 것이 아니라 들은 것들이에요. 나중에 내가 사실과 다르게 이야기했다고 나무라지 말아주세요. 끝까지 파고들면서 캐묻지도 마시고요. 어디까지나 내가 들은 대로만 이야기한 것이니까요. 우리가 자주 하는 우스갯소리가 있지요. '노 마나님이 기장가루 죽을 먹는다', 즉 흐리멍덩하다는 말이에요. 말하는 사람도 흐리멍덩하게 말하고 듣는 사람도 대충 들어 넘기자고요. 하지만 아랫사람들의 이야기라 세간에 알려진 바가 거의 없으니 나도 이렇게 이야기하지 않으면 아무도 모르게 묻혀버릴지도 모르지요."

"궁에는 '안마처'라고 하는 곳이 있었어요. 경사방에서 관리하는데 200여 명의 사람이 있어 규모도 작지 않았지요. 위로는 황상의 목욕, 이발, 발 손질을 담당하고 아래로는 일반 태감들의 이발, 귀밑 털 손질(태감들은 수염이 없어서 수염을 깎는다는 말을 금기시했답니다)을 담당했어요. 그 중 가장 주된 일은 태비마마들의 안마였어요. 허리가 아프거나 다리가 아프실 때, 근골이 뻐근하실 때, 심지어 밤에 주무시다가 흔히 베개를 잘못 베어 목이 뻣뻣해진다고 하는 증상까지 모두 안마처에서 해결했지요. 또 태감들도 뼈를 접질리거나 인대가 손상되는 일이 다반사였기 때문에 이곳 안마처에서 치료를 받았어요. 간단히 말해서 황상에게 황실의 약방이 있다면 태감들에게는 안마처가 있었다고 보면 돼요. 이곳은 윗사람, 아랫사람 할 것 없이 가장 폭넓게 궁 사람들을 접촉한다고 할 수 있어요. 맡은 일도 가지각색이었고요."

"또 옛날이야기를 하나 꺼내야겠네요. 그렇다고 내가 선생님 앞에서 감히 아는 척을 하려는 것은 아니에요. 보잘것없는 일에 속하던 이발에는 200~300년 동안 이러한 이야기가 전해져왔어요."

"오랜 옛날에 있었던 일이지요. 노감왕老憨王(누르하치를 부르는 기하인들의 존칭이자 애칭이에요. 어떤 때는 더 친근하게 '우리의 노감왕'이라고 하기도 하지요)이 건국建國 초기에 한족과 구별하기 위해 건주建州 사람(만주족)과 만주족으로 귀순하는 사람은 모두 머리를 초승달 모양으로 깎도록 했어요. 머리 모양으로 명확한 표시가 되도록 말이지요. 첫째는 귀순한 사람이 다른 마음을 품고 이쪽저쪽으로 오가지 못하도록 하기 위해서였고, 둘째는 명대 사람들이 머리를 깎은 사람을 보기만 하면 죽였기 때문이에요. 그래서 머리를 깎음으로써 수하의 백성들을 더욱 한마음으로 단결시키고 목숨을 걸어서라도 명대 사람에게 저항하도록 하기 위함이었지요. 한족들은 예로부터 머리카락을 깎지 않고 길렀어요. 한 올의 머리카락도 부모님이 주신 것, 부모님이 물려주신 살과 피라고 말하며 머리카락을 굉장히 중시했지요. 그들에게 있어 머리카락을 건드리는 것은 부모를 죽이는 것이나 다름없었던 거예요. 그래서 만주인들은 나라를 세운 후 머리를 깎고 안 깎고를 귀순하느냐 안 하느냐의 기준으로 삼았어요. 머리를 깎으면 만주족에 투항한다는 뜻으로 받아들이고 귀순한 백성으로 대우했지요. 만약 깎지 않으면 항복하지 않겠다는 뜻으로 받아들이고 폭도로 간주했어요. 즉, 때려죽여도 무방했지요. 이것이 당시 내려진 명령이에요. '목을 남기고 싶으면 머리카락을 남기지 못할 것이요, 머리카락을 남기고 싶으면 목을 남기지 못한다', 다시 말해 살고 싶으면 반드시 머리를 깎고 머리를 깎지 않으면 목을 베겠다는 뜻이에요. 저항하지 않으면 곧 죽음이라는 말이었지요. 그리고 이 명령은 굉장히 엄격하게 준행되었어요."

"당시 이발하는 장인들(이때 당시 이발하는 장인들은 모두 병영에 속한 병사들이었어요)은 호랑이 덕에 권세를 얻은 여우처럼 자연스레 콧대가 높아졌지요. 다른 것은 제쳐두고 머리를 깎을 때 메고 오는 멜대만 봐도 완전히 사람을 죽이는 형틀이나 다름없었어요."

"지금은 이러한 멜대를 거의 볼 수 없지요. 이 멜대의 앞부분에는 대략 수통만 한 굵기의 둥근 나무통이 걸려 있어요. 나무통 안에는 작은 화로가 있어서 나무 숯으로 불을 피웠지요. 화로 윗부분에는 철 틀이 있어서 구리 반구 모양의 대야를 불 위에 놓고 물을 데웠어요. 머리를 깎기 전에 먼저 머리와 얼굴을 씻는 용도였지요. 멜대 뒷부분에는 대개 의자가 걸려 있었어요. 머리를 깎는 사람은 늘 자리에 앉아서 깎으니까요. 의자도 다리가 네 개 달린 평범한 것이 아니었어요. 다리는 애초에 없고 나무판자 몇 개를 대강 이어 붙여 만든 것이었지요. 고기를 써는 도마나 매한가지였어요. 베이징에서는 이 물건을 '올두兀頭[등받이가 없는 네모난 의자]'라고 불렀어요. 의자 중간 부분은 비어 있고 나무상자가 하나 있었는데 이 상자에 칼이나 빗 같은 것이 들어 있었지요."

"지금 보기에는 이 멜대가 그다지 신기할 것이 없지만 청군이 나라를 세울 초기에는 이 물건을 보기만 해도 다들 벌벌 떨었을 거예요."

"첫째, 가죽숫돌(칼날이 예리해지도록 칼을 가죽 천 위에 놓고 문지르면서 가는 것이에요)은 약 30센티미터 길이의 두꺼운 범포로 만든 것이었는데 뒷면에는 큰 글자로 이 구절이 쓰여 있었어요. '목을 남기고 싶으면 머리카락을 남기지 못할 것이요, 머리카락을 남기고 싶으면 목을 남기지 못한다.' 이는 당시 황제가 내린 조서로, 머리 깎는 모든 멜대에 걸어놓으라고 지시했대요. 그러니까 머리를 깎는 사람들은 한족의 머리를 강제로 깎을

머리를 깎을 때 준비했던 멜대

권리가 있었지요. 만약 깎지 않으면 목을 베어 죄를 다스렸고요. 한낱 이발사의 권한이 이렇게 컸던 거예요. 머리를 깎는 사람이 아니라 완전히 생사를 손에 쥔 사람이었지요."

"둘째는 멜대 위의 고리예요. 이 고리는 보통 고리보다 훨씬 크고 단단했어요. 거의 휘장을 거는 고리만큼이나 컸지요. 물론 이 고리도 대부분은 수건을 걸어놓는 용도로 쓰였어요. 얼굴과 머리를 씻고 나서 닦는 수건을 통상 여기에 걸어놓으니까요. 하지만 이 고리에는 또 다른 쓰임새가 있었답니다. 바로 머리를 깎지 않고 죽임을 당한 사람의 목을 걸어 만인에게 보여주기 위한 용도였지요. 고리가 그토록 크고 단단한 것도 바로 이 때문이고요."

"셋째는 앞부분의 물을 데우는 수통이에요. 이 나무통 허리 부분의 색깔은 언제나 붉은색이었어요. 이는 통 안에 사람의 머리가 들어가 있을지 모른다는 암시이기도 했고 또 한편으로는 고리 위에 걸린 사람의 머리에서 떨어진 핏자국을 나타내는 것이었지요."

"또 하나 기이한 물건이 있었어요. 바로 머리 깎는 사람이 앉는 의자였어요. 이것 역시 선명한 붉은색이었어요. 왜 더 편리한 다리 네 개 달린 의자를 사용하지 않고 이런 무거운 나무 도마 같은 의자를 사용했을까요? 그 이유는 여기에 있어요. 도마 본연의 용도, 즉 사람이 앉을 수도 있지만 사람을 벨 수도 있는 용도였기 때문이지요. 누가 머리를 깎는 것에 저항하기라도 하면 즉시 끌고 와 도마 위에 놓고 머리를 베는 것이에요. 후에 나온 멜대는 조금 바뀌었어요. 나무판자를 몇 개 이어 붙인 도마 같은 형태를 유지하면서 그 아래 서랍을 만들어 머리 깎는 도구를 담아두었지요."

"이 머리 깎는 멜대 하나만 봐도 정복자가 피정복자를 얼마나 잔인하게 대했는지 그 흔적이 충분히 드러나지요. 내가 수다스럽게 이 말을 하는 이유는 청조 때는 나라를 세울 당시부터 머리 깎는 장인들이 늘 존중받아왔다는 것을 설명하기 위해서예요. 궁에서 이 일을 하는 사람 역시 다른 태감들보다 지위가 높았어요. 스승이 제자에게 야단을 칠 때 외에는 다른 사람의 질책 같은 것을 거의 받지 않았지요. 이 이야기는 모두 류에게서 들은 것이에요. 류 역시 자신의 윗대 스승에게서 이런 역사가 있었다고 들은 것이고요. 당시에는 이런 이야기들을 집 안에서만 몰래 해야 했어요. 궁 안에서는 감히 입 밖에 낼 수 없었지요."

"설명을 조금 더 하고 넘어갈게요. 안마는 머리를 깎는 일까지 포함해요. 머리를 깎는 모든 장인은 반드시 안마도 할 줄 알아야 했지요. 안마처 사람들은 고생이 굉장히 많았어요. 여덟, 아홉 살 때부터 사람의 각 혈도穴道를 안마하는 훈련을 시작했으니까요. 열네다섯 살이 되면 혼자 안마를 할 실력을 갖추게 되지요. 태비마마를 안마하는 사람도 모두 열네다섯 살 먹은 아이들이었어요. 성인은 태비마마의 안마를 맡을 수 없었지요. 뿐만 아니라 그들은 총명하고 영리하고 용모도 수려해야 했답니다. 그들은 안마를 자신들의 말로 '방수放睡'라고 불렀는데 이게 무슨 뜻인지는 나도 도통 모르겠어요. 대략 몸의 각 부위를 풀어주어 편안하게 잠들게 한다는 의미인 것 같아요. 아마 이것이 안마를 하는 가장 큰 목적이겠지요. 류가 자랑스레 이야기해준 바로 그는 어린아이였을 때부터 이미 태비마마들의 안마를 도맡아 했대요. 한번은 한 시진 정도 계속 안마를 하느라 허리가 쑤시고 다리가 아팠다고 하지요. 그 고생스러움은 말로 다 표현하지 못하지만 좋은 점도 있었대요. 태비마마늘은 먹을 것이 있으면 늘상 그들에게 상으로 주었다더군요."

"이 이야기 듣고 놀라지 말아요. 한번은 내가 두통이 와서 류가 내게 안마를 해주었어요. 그는 먼저 양손을 열이 나도록 비빈 다음 합장을 하듯이 두 손바닥을 마주 합치고 손가락과 손가락 사이를 조금 벌려 틈을 두었어요. 그런 다음 두 손으로 채소를 다지듯이 내 머리와 얼굴 위를 왔다 갔다 하며 두드렸지요. 열 손가락 관절에서 모두 낭랑하고 경쾌한 소리가 났는데 무척 듣기 좋았어요. 마치 정월에 주사위 놀이를 할 때 주사위가 자기 그릇 안에서 굴러다니는 소리 같았지요. 한 자루의 호두가 자루 속에서 이리저리 부딪칠 때 나는 소리와도 비슷했고요. 잠시 후 류는 등을 두드려주었어요. 이때는 다른 타법으로 바꾸어서 손바닥이 아닌 주먹으로 두드렸어요. 양손의 손가락을 느슨하게 구부리고 '빠르게, 느리게, 가볍게, 무겁게'를 반복하면서 두드려주었지요. 그들의 전문 용어로는 오화권五花拳을 한다고 해요. 이는 무슨 무술 권법이 아니라 안마 기술 중 등과 다리를 두드릴 때 사용하는 전문 기술을 말하는 것이에요. 두드릴 때도 열 손가락에서 모두 소리가 났는데 꼭 정월에 사당 근처의 장터에서 팔던 바람개비가 바람에 빙글빙글 돌아갈 때 수숫대에서 나는 맑은 소리 같았어요. 류는 두드리면서 노래까지 불렀답니다. 물론 나에게 안마를 해줄 때만 불렀고 황상이나 태비마마 앞에서는 부를 수 없었지요. 아쉽게도 당시 나는 그것을 들을 마음의 여유가 없었어요. 기억력도 좋지 않았고요. 하지만 그 노랫소리는 지금도 내 귓가에 울려요. 띄엄띄엄 몇 개의 구절도 기억나고요. 무슨 '앞으로는 가슴을 안마하고 뒤로는 등을 두드리고 이것을 가리켜 방수라고 부르지' 하는 구절도 있었고, 또 무슨 '용천에서 백회까지(용천은 발바닥 중심을 말하고 백회는 머리 꼭대기를 말해요) 온몸의 360개 혈도를 모두 할 줄 알아야 돼' 하는 것도 있었고, 또 다음 부분은 마치 만담을 하듯이 혹은 요리 이름을 줄줄이 고하듯이 각 혈의 이름을 줄줄이 나열하는 구절이었지요. 먼저 어느 부분을 두드리고 다음으로 어느 부분을 두드리고 또 무슨 취혈醉穴이니 마근麻筋이니 나는 도통 들어본 적 없는 말들을 되뇌었어요. 아마 그래서 마음에 담아두지 않고 그냥 무심히 들었던 것 같아요. 그래도 마지막 구절은 기억나요. '오화권은 왜 이렇게 느슨하게 치는가, 모두 견습생일 때 고생들을 했기 때문이지.' 뒷구절은 아마 그들 스스로 지어낸 것이지, 스승이 가르쳐준 구절은 아닐 거예요. 또 한편으로는 그도 그럴 것이 오화권은 북을 두드리듯이 가볍고 낭랑한 소리를 중시했어요. 가볍고 무거움, 느리고 빠름이 잘 조화되어야 하고 일정한 박자에 따라 해야 되지요. 궁중에서 하는 일들은 그 실질적인 효력과 함께 겉으로 보이는 아름다움까지도 모두 따졌으니까요."

"아마도 그때 류가 내게 '고약을 판 것'이겠지요(베이징 토속어로 과거 베이징 텐차오天橋[북경시 영정문 안, 청말부터 점차 민간 예술인이 모여 공연하던 지역]에서 기예를 보이며 돈을 버는 사람들이 기예를 마친 후 고약을 팔았는데 고약의 효과에 대해 곧잘 과장해서 팔곤 했다. 어떤 사람이 고약이 이상하다면서 말하기를 당신네 고약은 붙여도 몸에 붙어 있지 않는다고 했다. 그랬더니 고약을 파는 사람이 크게 허풍을 떨면서 이 고약은 몸에 붙이면 스스로 돌아다니며 병을 잡으러 다닌다고 말했다. 이 문장에서도 허풍을 떤다는 의미다). 그가 말하기를 '우리의 안마는 우주만물의 이치에 부합하는 거야. 도가에서 늘 하는 것이 입으로 더러운 기를 토하고 코로 신선한 기를 마시는 훈련이잖아. 말이 거창하지 결국은 숨을 내쉬고 들이마시고 하는 거지. 정靜과 송松, 이 두 가지를 행하는 것이기도 하고. 정은 숨을 들이마시는 거야. 들이마실 때 오만 가지 생각을 다 비우고 아무 생각도 하지 않는 거지. 송은 숨을 내쉬면서 온몸의 근육과 뼈마디를 모두 풀어놓는 거야. 이렇게 해야 자신의 뇌를 조절하고 온몸의 혈맥을 원활하게 할 수 있어. 가장 좋은 휴식 상태가 되는 거지. 도교의 도사들은 스스로 노력해서 자신을 조절하는데 이것을 우리가 수련이라고 부르는 거야. 하지만 황상과 태비마마들은 스스로 수련할 수 없으니 다른 사람이 대신해서 수련하게끔 해주는 거지. 동시에 해수는 자신도 비슷한 효과를 얻을 수 있어. 이것이 바로 안마야.'"

"안마는 혈의 위치에 따라 근육과 관절을 모두 주물러서 풀어주는 거야. 주무르는 과정에 또 오화권을 사용해서 귀로 그 낭랑한 소리를 들으며 머릿속에 다른 잡념이 떠오르지 않도록 하지. 정신을 오화권 소리에 완전히 집중하면서 말이야. 이렇게 잠에 빠진 듯 몽롱하게 취한 상태에 들어가게 되면 이때 가장 큰 편안함과 안락함이 찾아와. 궁에서 왜 안마처를 두고 여러 아이를 양성하겠어? 바로 이런 이유 때문이야. 우리가 안마를 할 때 왜 오화권을 사용하는 줄 알아? 역시 그에 맞는 이치가 있기 때문이지.' 중화민국이 들어서면서 안마처는 사라졌어요. 이런 기술을 전문적으로 배우는 사람도 눈에 띄게 줄어들었고요. 병을 치료하는 목적의 안마나 몸을 편안하게 해주는 안마 역시 거의 자취를 감추었지요. 이런 손재주가 전수되지 못하고 점차 대가 끊긴 것이에요."

"황상의 안마를 하기까지는 얼마나 고생스러운 과정을 거쳐야 하는지 몰라요. 우선 머리를 깎는 일만 해도 각고의 노력으로 배우고 훈련받아야 하지요. 류는 농담처럼 이렇게 말했어요. '그들은 한림원[당대 초기에 설치되어 국사 편수, 경서 진강, 조칙 작성, 황제 자문 등의 역할을 담당한 관아]의 어르신들과 다를 바 없어. 한림원 어르신들은 3년에 한 번 대과[청대에 한림원 선비들에게 치르게 했던 시험]를 치르시지. 서화의 감을 잃지 않도록 말이야. 또 하루도 빠짐없이 백선지를 접어 글씨 연습을 하고(백선지를 접어 작은 글자의 해서체를 연습해요). 나이가 들어가면서 눈이 어두워지고 손이 떨리는 것을 염려해서야. 머리를 깎는 것도 마찬가지지. 하루라도 연습하지 않으면 손이 떨리고 눈썰미가 없어져. 그래서 봄, 겨울에는 자신의 팔과 손등에 대고 연습을 해. 오른손에 칼을 잡고 왼쪽 팔 위의 솜털을 전부 깎는 거지. 이게 오래되면 왼쪽 팔의 피부가 눈에 띄게 거칠어져. 또 여름, 가을에는 동과 껍질을 가지고 연습해. 갓 딴 동과 열매에는 전체적으로 털이 많이 나 있거든. 이것을 왼손으로 받치고 오른손으로 깎는데 이때 두 손 모두 흔들리지 않아야 돼. 이거야말로 훈련이 필요한 일이지. 어떤 때는 동과 열매를 다 깎고 나서 온 얼굴에 땀범벅이 된다니까.' 황상을 모시기 위해서 얼마나 많은 고생을 해야 하는지 잘 알 수 있는 대목이었지요."

"말이 지나치게 길어졌네요. 다시 원래 이야기로 돌아가보지요. 황상의 시중을 드는 것은 굉장히 어려운 일이에요. 금기시되는 말로 해보자면 그야말로 사람이 할 수 있는 일이 아니지요. 머리 깎는 일을 예로 들어보면 다음 세 가지 계율이 있어요."

"첫째, 오른손으로만 칼을 잡고 황상의 머리카락을 다룬다. 왼손으로는 황상의 어떤 부위에도 손댈 수 없다. 이는 곧 한쪽 어깨만 움직여 일을 해야 한다는 말이에요. 이렇게 하면 왼쪽 어깨는 자연히 축 처지겠지요. 만약 양손을 모두 황제의 머리에 얹었다가는 그야말로 큰죄를 범하는 것이었답니다. 류가 동과 열매의 털 깎는 연습을 할 때 왼손으로 받치고 오른손으로만 깎아야 한다고 한 것이 다 이런 이유였지요. 오직 오른손 하나로만 정확하면서도 안정되게 일을 할 수 있어야 했으니까요. 물론 황상의 머리를 깎다가 칼날이 스쳐 조금이라도 피가 나오면 신형사愼刑司[내무부 소속 기관. 태감에 대한 형벌은 주로 여기서 집행했다]에 넘겨져 고문을 당해야 했어요. 직책도 잃고요. 그러니 정말 가슴이 조마조마한 직책이었지요. 조금이라도 한눈을 팔면 큰 벌이 기다리고 있었으니까요."

"둘째, 정방향으로만 깎고 역방향으로 깎아서는 안 된다. 머리를 깎든 수염을 깎든 오직 털이 나 있는 자연스런 방향으로 깎아야지 반대 방향으로 깎으면 안 되었어요. 이것은 머리를 깎을 때는 별 상관이 없지만 수염을 깎을 때는 더욱 어려워지지요."

"셋째, 숨을 죽이고 일한다. 황상의 머리에 대고 악취를 내뿜어서는 안 된다."

"이렇게 머리를 깎을 때나나 선선긍긍 긴장의 연속이니 한번 일을 하고 나면 두 다리가 다 풀려버려요. 류도 집에 돌아오면 꼭 얼이 빠진 사람처럼 두 눈을 멍하니 뜨고 한참이나 말이 없었지요. 거의 사흘이 멀다 하고 이랬으니 그도 고생이 이만저만이 아니었어요."

"『수호지』에서 임충이 귀양 가는 대목은 아마 거의 모든 사람이 읽었을 거예요. 임충은 계략에 속아 보검을 사게 되지요. 기쁜 마음에 서로의 보검을 비교해보자는 고구의 제안을 흔쾌히 받아들이지만 결국 백호절당으로 유인을 당해 고구가 쳐놓은 함정에 빠지고요. 그리고 창저우滄州로 유배되지요. 본래 백호당은 군대 최고위관이 있는 곳이라 칼을 차고 들어갈 수 없었으니까요. 고구는 청국의 품계로 치면 최고 관리가 되겠고 백호당은 병부 아문의 중앙 집무실 정도가 되겠지요. 하지만 그게 아무리 대단하다 한들 황상의 침전만 할 수 있겠어요? 그 경계의 삼엄함과 위엄이 비교가 되겠어요? 군부의 집무실에 불과한 백호당조차 칼을 차고 들어오면 안 되는데 하물며 황제의 침전은 어떻겠어요? 류가 황상의 머리를 깎을 때도 절대로 머리 깎는 칼을 가지고 들어올 수 없었어요."

"황상은 머리를 깎는 날짜가 정해져 있었어요. 매월 초하루, 11일, 21일이었지요. 그러니까 열흘 간격으로 한 번씩 머리를 깎은 셈이에요. 머리를 깎기로 정해진 날은 무슨 일이 있어도 지체되지 않았어요. 큰 행사라도 있는 때면 일이 더 늘어났지요. 머리를 깎는 시간은 해가 동남쪽으로 떠오를 때, 즉 사정[오전 10시]이었어요. 떠오르는 아침 해를 취한다는 의미를 담고 있지요. 또 아직 해가 중천에 이르지 않은 시점이라는 것도 중요해요. 해가 중천에 뜨는 것은 곧 서쪽으로 떨어질 것을 의미하니까요. 황상이 머리를 깎는 일은 궁에서 상당히 큰일에 속했어요. 언제든지 부르실 때 가서 해드리는 수염 깎는 일과는 달랐답니다."

"생각해보세요. 고귀하고 고귀하신 단 한 분의 천자, 평소에는 아무리 가까운 대신도 칼을 차고 들어오면 중벌을 받는 침전에서 천한 노비 한 명이, 황상과는 감히 가까워질 수도 없는 자가 칼을 들고 머리와 수염을 깎는다고 말이에요. 황상과의 거리도 인후에서 3센티미터 정도밖에 안 되는, 위험스러울 만큼 가까운 거리이지요. 일하는 시간도 비교적 길고 자칫 방심했다가는 무슨 화를 당할지 모르는 그런 상황이에요. 가슴이 조마조마한 것은 당연한 일이겠지요. 또 그만큼 호위가 삼엄하지 않을 수 없을 테고요. 여기서 만약 '어장검魚藏劍'[춘추전국시대의 명검으로 초나라에서 망명한 오자서의 부하가 오나라 요왕을 시해할 때 사용되었다고 한다]과 같은 일이 벌어진다면 그때는 모든 사람이 능지처참을 당하는 것이에요. 그래서 류는 이 일을 할 때마다 먼저 밖에서 검사를 받고, 입고 있는 옷을 벗은 다음 황실에서 특별히 만든 옷으로 갈아입어야 했어요. 소매통이 좁고 수수한 옷에 작은 모자를 갖춘 다음 황상 앞에서 머리를 조아리고 머리 깎을 칼을 청했지요. 칼은 황색 구름과 용무늬의 박달나무 상자에 넣어 보관했는데 황상의 호위병이 가져와 류에게 내려주었어요. 류는 침전을 둘러싼 호위병들의 감시 속에서 황상의 머리와 수염을 깎아야 했어요. 다들 눈도 거의 깜빡이지 않고 류의 손만 노려보고 있었지요. 머리를 감고 얼굴을 닦는 것도 모두 황상 측근의 태감들이 하고 류는 칼만 움직였어요. 침전 위, 아래, 주변에서 누구도 소리를 내지 않았답니다. 또 30분 정도 이 일을 하는 동안 황상은 시종 눈을 감은 채 침묵하고 계셨어요. 머리를 다 깎고 나면 황상께 안마를 해드릴지 여쭈었어요. 광서제가 성질이 급하시고 소소한 것들은 잘 따지지 않으신다는 것은 모두 잘 알고 있었지요. 이런 일에는 일찌감치 진저리를 내고 계셔서 여쭈면 늘 고개를 흔드실 뿐 노비의 잘못을 잡아내 책망한다거나 하는 일도 거의 없었어요. 노비가 예를 올릴 때도 황상은 눈꺼풀조차 들지 않으시고 멍하니 자기 생각에만 빠져 계셨답니다. 류 말로는 황상이 웃는 얼굴을 보이시는 때는 거의 없었다고 해요. 몰래 나에게 귀띔하기를 황상은 신경증이 있는 것 같다고도 했어요."

"내가 지금껏 한 이야기는 궁에서 머리를 깎는 상황이에요. 서행길에 오르고부터는 상황이 완전히 달라졌지요."

"궁을 떠난 날이 7월 21일이라 마침 황상이 머리를 깎으시는 날이었어요. 물론 상황이 상황인지라 깎지 못하셨지요. 그래서 화이라이에 이르렀을 때는 이미 황상의 머리가 꽤 길고 온 얼굴이 수염으로 덮이셨어요. 게다가 객지를 다니며 고생을 해서 그런지 황상의 용안은 더욱 나이 들고 초췌해 보였지요. 정말 이발하는 사람을 찾지 못해서인지 아니면 다른 염려 때문인지는 알 수 없었지만요. 대신들은 황상께 빈틈없이 예의를 차리는 사람들이었지만 이 일만큼은 속으로만 생각하고 이야기하길 망설였어요. 나서서 해결해드린다 해도 얻는 것은 없고 만일 잘못됐다가는 큰일이 나니 누가 이런 일을 떠맡고 싶겠어요? 그래서 화이라이에서 머리 깎는 사람을 찾지 못한 것도 어느 정도 예상한 일이었어요. 그렇게 쉬안화까지 와서야 이 지역 관리가 머리를 깎는 곳에서 사람을 한 명 구해왔지요. 푸싱溥興이 그를 황상 앞으로 안내했고요. 이는 궁을 나와 처음으로 머리를 깎는 것이었어요. 듣기로는 두 냥의 은을 주어 두둑하게 보상했다고 해요. 이는 일반 태감의 한 달 보수였지요."

"이때는 베이징을 떠난 지 20여 일이 지난 때였어요. 대략 8월 10일 전후였지요. 아마 10일 이후였을 거예요. 우리는 진베이晉北의 요충지인 옌먼관雁門關에 이르렀어요. 이 당시 태후마마의 기분은 그리 긴장되어 보이지 않았어요. 팔국연합군의 서양인들이 남쪽으로 바오딩保定[허베이 중서부에 있는 도시]까지 내려가고 더 이상 내려가지 않았거든요. 또 산시로 들어오지도 않았고요. 북쪽으로는 장자커우까지 갔지만 역시 일종의 순찰이나 다름없어 이틀간 주둔하다가 베이징 성으로 철군했어요. 어쨌든 산시 경계까지는 오지 않았지요. 그래서 태후마마는 산시에 계실 때 비교적 안정을 되찾으셨어요. 게다가 중신들도 산시에 모여 있었고요. 무엇보다 영록榮祿[청대 말기의 관리이자 장군, 서태후의 신임이 컸으며 무술정변 때 자신의 부대로 변법파를 몰아내고 광서제를 감금시켰다]이 와서 태후마마께 앞으로의 계책을 내놓으면서 태후마마는 마음이 좀 든든해지고 의지가 되시는 것 같았어요. 때마침 날씨도 좋아져서 옌먼관에 도착해서는 하루 동안 쉬시면서 진베이 요새의 풍광을 한껏 만끽하셨답니다."

"이날은 성대한 날이었어요. 태후마마가 베이징을 떠나신 후 처음으로 산수를 유람하시며 오랜 시간 긴장했던 답답한 심기를 푸셨으니까요. 각 측근의 대신들과 시중드는 아랫사람들은 기회를 놓치지 않고 여러 가지 말로 태후마마의 비위를 맞추려 안달이었어요. 이 때문에 리롄잉과 추이위구이만 무척 바빠졌지요. 태후마마는 그 둘의 의견 외에 다른 사람의 의견은 그다지 염두에 두지 않으셨거든요. 지방 관리라 해도 그저 말없이 그 두 사람의 결정을 따라야 했어요. 그런 분위기 아마 짐작하시겠지요? 꼭 경극「법문사法門寺」를 보는 듯했어요."

"그날 우리는 이른 아침에 일어나 태후마마를 따라 옌먼을 순행할 준비를 했어요. 진베이의 날씨는 한창 가을이라 맑을 때 맑고 비올 때가 되면 비가 오는 쾌청한 날씨였어요. 또 아침저녁으로는 쌀쌀하고 정오에는 무더웠지요. 이곳은 황량한 지역이라 겉치레를 따지기도 어려웠어요. 태후마마는 아침 일찍 머리 빗기와 세수, 식사를 마치신 다음 가마에 오르셨어요. 가마 앞에는 길잡이 말이 몇 마리 있었고 추이위구이가 그 속에 끼어 있었지요. 그 뒤로는 가마 네 채, 즉 태후마마, 황상, 황후마마, 태자마마의 가마가 줄줄이 행차했고요. 사실 좀 체면이 깎이는 모습이긴 했어요. 햇빛이 비치니 색이 모두 바랜 가마의 몰골이 그대로 드러났고 비에 젖은 흔적도 뚜렷이 남아 있었으니까요. 가마는 서북쪽으로 직행해 대로를 따라 옌먼관의 바깥문 앞까지 이르렀어요. 둥그런 바깥문은 쥐융관의 문과 비교해보면 규보가 훨씬 더 삭았어요. 성문노 아니었고 아무것도 없이 빈숭빈숭했지요. 다시 태후마마를 따라 전진해서 옌먼관을 나왔어요. 그곳이 아

옌먼관

마 쉬수에서 들었던 새외塞外[만리장성 이북 지역. 새북塞北이라고도 한다]였을 거예요. 계절이 8월이라 농작물은 이미 수확이 끝났고 텅 빈 들판은 잡초로 가득했어요. 오직 북쪽에서 불어오는 모래바람만이 따끔따끔 얼굴을 때렸지요. 모래바람 때문에 북쪽을 바로 보지 못하고 몸을 옆으로 돌리고 있어야 했어요. 처음으로 새외 가을바람의 위력을 체험했지요. 만약 입을 벌린 채로 북쪽을 향해 있었다면 모래바람이 입으로 들어와 목이 메어 죽었을 거예요."

"방향을 돌려 다시 옌먼관 안으로 들어와서는 서쪽으로 비스듬히 돌아갔어요. 가마는 산허리 중간까지밖에 들 수 없었지요. 산에는 풀도 하나 없고 오직 거무튀튀한 돌뿐이었어요. 산 동남쪽에는 사면으로 몇십 미터는 되는 평탄한 지대가 있었어요. 그 가운데에는 거의 5, 6칸의 방만큼이나 크고 편평한 반석이 있었답니다. 듣자 하니 이것은 사태군佘太君의 점장대点將臺[성에서 전투를 지휘하던 곳]라고 하더군요. 태후마마는 우리를 이끌고 이곳에 오르셔서는 푸르디푸른 하늘을 바라보셨어요. 그냥 파랗다기보다 쪽빛 물감을 들인 듯이 새파란 색이었지요. 양쪽으로는 크고 작은 산들이 끝이 보이지 않을 만큼 이어져 있었어요. 마치 머리가 수없이 달린 맹수 한 마리가 힘차게 내달리는 느낌이었지요. 양쪽의 봉화대는 오랜 기간 돌보지 않아서 이미 내려앉아 황폐한 모습을 드러내고 있었어요. 당시 북을 치며 장수를 임명하고 삼관에 연회를 베풀던 사태군의 영웅호기를 생각해보면 지금은 그 흔적조차 찾아볼 수 없는 초라한 모습이었지요. 다시 고개를 돌려 가마를 따라오는 대신들을 바라보았어요. 그들은 그저 행렬을 좇는 것 외에는 아무것도 할 줄 몰랐지요. 배부르게 먹고 난 뒤에는 지역 관리를 찔러 시종에게 베이징 성에 있는 처자식의 소식을 알아보게 하는 것이 그들이 유일하게 하는 일이었어요. 본래는 점장내에서 오찬을 준비하려 했는데 새외의 바람이 강하고 회오리바람까지 불어왔어요. 굴뚝 연기가 높이 치솟듯이 바람이 하늘 높이 치솟아 황토며 시든 나뭇잎들이 휩쓸려오는 바람에 우리는 흥을 잃고 돌아올 수밖에 없었답니다."

"이날 가장 즐겁고 수확이 큰 사람은 아마도 태자마마였을 거예요. 진베이 옌먼관 산에는 짙은 녹색에 두 다리에 가시가 달린 큰 메뚜기 한 종류가 살고 있었어요. 굉장히 멀리 뛰는 데다 가느다란 발로 발길질도 하고 입에는 검은 기름이 흘렀지요. 잡을 때 조심하지 않으면 손바닥을 채여 상처가 날 정도였어요. 채이면 굉장히 아팠답니다. 현지인들은 그것을 '덩산다오登山倒'라 불렀어요. 태자마마는 자신을 따르는 어린 태감과 함께 돌아다니며 이 곤충을 열 몇 마리나 잡았어요. 저녁에 어린 태감이 몰래 가져와 우리에게 보여주었지요. 태자마마는 좋은 물건이라 생각되면 곧잘 누군가에게 보여주길 좋아하셨거든요. 상대방이 좋다고 한마디 하면 매우 만족해하셨지요. 우리도 그 메뚜기를 보고 칭찬과 감탄을 아끼지 않았어요. 어린 태감 역시 태자마마에게 가서 우리의 감탄을 더 부풀려 잘 전했을 거예요."

── 신저우의 가을밤

"옌먼관에서 지낸 때가 8월 12일 아니면 13일쯤이었을 거예요. 8월 15일에 도착한 곳은 신저우忻州였어요. 이곳은 우리에게 굉장히 인상 깊은 곳이었답니다. 우리는 신저우의 공원貢院[과거시험을 치르던 곳]에 머물렀는데 가옥이 넓고 밝은 데다 구석구석 깨끗이 치워져 있어 보기만 해도 편안했어요. 안 그래도 기분 좋은 가을 날씨에 집까지 탁 트여 있어 더욱 밝고 시원스럽게 느껴졌지요. 이곳은 본래 수재시험을 보던 시험장이었어요. 태후마마는 학정學政[조정에서 과거를 주관하도록 각 성으로 파견한 관원]이 지내던 방에 묵으셨어요. 중앙에는 회랑이 딸린 다섯 개의 방이 있었는데 매우 우아하고 정갈했지요. 벌써 추석 분위기가 만연해 과일 향이 풍기고 있었는데 저수궁의 과일 향과도 비슷했어요. 나는 밖에서 말끔하게 가꾸어진 정원을 감상하고 있었는데 갑자기 불안한 소식을 듣게 되었어요. 리렌잉이 회랑 아래에서 나에게 류샹이 오늘 이곳으로 온다고 알려주는 것이에요. 나도 모르게 몸에 한기가 돌았답니다."

"본래 류가 올 것을 예상하고 있긴 했지만 나는 제발 그 대신 다른 사람이 오길 바라고 있었거든요. 그를 보기만 해도 가슴이 꽉 막히고 당황스러울 테니까요. 피란 도중은 궁 안과 또 달라요. 궁 안에서는 여러 가지 일로 바빠 누가 와도 얼굴조차 제대로 볼 수 없지만 여기서는 내내 함께 길을 가면서 고개만 들면 서로 부딪치게 되겠지요. 사람들이 등 뒤에서 속닥거리면 아내된 나로서는 정말 고개를 들 수 없을 것 같았어요. 눈치 빠른 샤오쥐안쯔는 이런 내 마음을 일찌감치 알아차리고 밥을 먹을 때 특별히 이렇게 당부했어요. '절대 겉으로 싫은 티를 내면 안 돼. 태후마마 눈이 얼마나 예리하신데. 류가 와서 네 안색이 안 좋은 것을 보시면 분명 네가 혼인생활에 만족하지 못했다고 생각하실 거야. 네 앞길을 생각해서 마음속 걱정은 묻어두고 평상시보다 더 기쁜 얼굴을 하고 있어. 태후마마가 조금도 눈치 채지 못하시도록. 이렇게 하는 게 네게 더 도움이 될 거야.' 나는 이 진심어린 충고에 깊이 감사했어요. 휴, 하지만 그 말을 듣고 눈물이 났지요. 세상에, 속은 말할 수 없이 괴로운데도 겉으로는 아닌 척 연극을 해야 했으니까요. 정말이지 펑펑 드러내놓고 우는 것보다 더 힘든 일이었어요. 이곳에서 타이위안까지는 이틀 정도 더 가야 했는데 나는 타이위안에 도착한 이후에야 류와 대면했어요. 우리 궁녀들은 자신의 주인만 섬길 수 있고, 자신이 속한 궁에서 같이 일하는 태감들과만 말을 섞을 수 있지요. 나른 궁의 태감들과 이야기를 나누는 것은 엄격히 금했어요. 류는 다른 궁 사람이어서 내가 그와 만날 때도 반드시 태후마마의 허락을 받아야 했어요. 태후마마의 허락을 얻어 우리는 잠시 이야기를 나눌 수 있었지요. 이후 타이위안에서 시안으로 가면서 노중에 잠깐 마주쳐도 그저 다른 동행인과 똑같이 데면데면하게 대했어요. 사실 태자마마가 가끔 어린 태감을 우리에게 보내 이야기를 나눌 수 있는 것도 실은 태후마마가 미리 우리에게 분부해놓으셨기에 가능한 것이었어요. 언제든지 태자마마를 성심성의껏 보좌하라고 말이지요. 태후마마의 분부가 없었다면 간이 배 밖에 나오지 않고서야 감히 어떻게 다른 궁 사람과 왕래할 수 있겠어요. 아무리 태후마마를 가까이 모시는 사람이라도 이런 제도에 있어서는 조금의 예외가 없답니다. 나는 가슴이 두근거리는 것을 참을 수 없었지만 샤오쥐안쯔의 말대로 속마음을 조금도 드러내지 않았어요."

"노중이긴 해도 궁중의 제도는 여전히 엄격하게 지켜졌어요. 태후마마는 신저우에서 내려 잠시 휴식을 취하시고, 황상은 황후마마, 후궁마마를 데리고 문안을 올렸어요. 공주마마들은 부르지 않으면 따로 올 필요가 없었지요. 이날은 추석이라 황상과 후궁마마들이 함께 태후마마께 명절 인사를 올린 것이에요. 황상과 황후마마가 물러나신 뒤에는 대신들이 들어가 인사를 올리고 그런 다음 저녁식사가 들어갔어요. 이날 저녁식사 시중은 황상과 황후마마가 드셨기 때문에 우리가 할 일은 거의 없었지요. 그래서 태후마마가 무엇을 드셨는지는 보지 못했지만 어쨌든 우리에게 주어진 식사는 피신 길에서 먹은 것 중 가장 풍성했어요. 아마 이날이 궁을 떠나온 후 처음으로 맞는 명절이었을 거예요. 진베이에서 추석을 어떻게 지내는지는 잘 몰랐지만 아무튼 이날 우리에게 준 식사는 사사석四四席이라고 부르는 것이었어요. 나는 지금까지도 이날이 기억나요. 네 가지 차운 고기 요리, 네 가지 볶음 요리, 네 가지 작은 그릇 요리, 네 가지 중간 그릇 요리, 네 가지 큰 사발 요리, 네 가지 큰 쟁반 요리, 마지막에는 커다란 사발에 탕이 올라왔어요. 이런 상차림을 가리켜 사사도저四四到底라고 불

신저우의 성 북문

렸지요. 아마 외우기 쉬워서 아직까지 잊어버리지 않았나봐요. 우리에게는 법도상 과분한 음식이었지요."

"저녁식사 후에는 궁의 관습대로 황후마마가 '태음군'에게 제를 올렸어요. 이는 아마 둥베이 지역의 '남자는 달에게 제사지내지 않고 여자는 부뚜막 신에게 제사지내지 않는다'는 풍습을 따른 것인 듯해요. 각 가정의 부녀들은 태음군에게 제를 올려요. 정원 동남쪽에 제사상을 놓고 신이 그려진 종이를 꺼내서(달에서 방아를 찧는 토끼 그림을 찍어넣은 그림) 향단 안에 꽂아넣지요. 향단은 사각형의 움푹한 말斗이었어요. 진베이의 말은 원형이 아니라 사각형이랍니다. 때로 거리에서 진베이 사람이 부르는 노랫소리가 들려왔어요. '달만큼 둥근 것은 없고 말만큼 네모난 것은 없네. 또 보드라운 아기 여동생만큼 귀여운 것은 없지.' 여기서도 알 수 있듯이 진베이의 말들은 모두 사각형이었어요(저수궁에 있을 때 한밤중에 딱딱한 빵을 파는 사람들이 거리를 다니며 외치는 소리와 동틀 무렵에 구운 전병을 파는 사람들의 딱따기 소리를 들을 수 있듯이, 진베이 거리에서는 밤에 물을 긷는 소리와 지나는 사람의 노랫소리를 들을 수 있었답니다). 태음군의 제에는 말에 햇수수를 가득 담고 말 입구에 황색 종이를 붙이고 제사상 위에는 과일과 월병이 각각 네 접시씩 올라갔어요. 월병은 대략 15센티미터 높이로 쌓아올렸지요. 가운데에는 큰 나무 쟁반에 직경 30센티미터 정도의 둥근 월병을 올려놓았고요. 이는 달 토끼에게 제사할 때만 올리는 것이랍니다. 또 해콩 두 꼬투리도 있었어요. 찻잎을 잔 안에 넣고 찬물로 우린 녹차도 네 잔을 올렸지요. 이렇게 해서 황후마마가 후궁마마, 공주마마 등을 이끌고 제사를 마쳤어요. 그러면 우리는 제사가 끝나자마자 모두 밖으로 달려 나갔어요. 다들 미신을 믿는 사람들이라 혹여 제사에서 조금이라도 예를 다하지 못한 부분이 있으면 신이 노해서 자신에게 무슨 재앙이 떨어질까봐 그런 것이에요. 그래서 신에게 머리를 조아릴 기회가 있으면 누구 한 사람 빠지지 않고 모두 앞 다투어 참여했어요. 나와 쥐안쯔도 교대로 와서 머리를 조아렸지요."

"가을이 한창이고 밤낮의 길이가 같아지는 추분이 막 지난 때였어요. 우리가 달을 향한 제사를 마치고 나니 달 속의 옥토끼는 벌써 동쪽으로 올라가고 있었어요. 우리는 그것을 보고 나서 조용히 태후마마 곁으로 돌아왔지요. 태후마마는 회랑 안에 앉아 달을 구경하고 계셨어요. 겉옷을 걸치고 의자에 기댄 채 의자 앞에 있는 낮은 의자에 두 발을 올려놓고 계셨지요. 다리 위에는 털 담요를 덮고 양옆의 찻상 위에는 과일과 월병 같은 음식들이 놓여 있었어요. 한가로운 모습이었지요. 그 옆에서 리롄잉은 태후마마께 무슨 일을 아뢰는 듯 몸을 굽히고 바싹 붙어 서 있었어요. 그때 쥐안쯔가 뒤에서 한 손을 마구 저어 신호를 보내는 것이 달빛 아래서 뚜렷이 보였어요. 나에게 자세히 들어보라는 신호였지요. 아마도 나와 관련된 일인 것 같았어요. 귀를 기울여보니 과연 리롄잉은 지금 류가 베이징 성에서 출발한 이야기를 고해 올리고 있었어요."

"물론 리롄잉은 류에 대한 칭찬을 한바탕 늘어놓았지요. '노비 류샹은 태후마마와 황상이 궁 밖에서 순행하고 계심을 알고 자나 깨나 태후마마와 황상이 베풀어주신 은혜를 되새겼사옵니다. 그저 어떻게서든 가마를 좇아 충심을 다해 두 분의 은혜에 보답할 생각만 하고 있습니다. 그는 7월 27일 궁을 떠나 안정문安定門으로 나왔다고 합니다. 7월 21일 아침 서양인이 베이징으로 들어온 이후 조양문 내 동쪽 네 건물에서 북쪽으로 신무문 일대까지 전부 일본군의 감시 아래 있다고 합니다. 또 조양문 내 동서 대로 이남, 천안문, 동화문, 어하교는 모두 독일군이 주둔하고 있고, 팔국연합군의 통솔자는 중난하이中南海 호[고궁 서쪽에 위치한 호수]의 의란전 내에 머물고 있다고 합니다. 그 외의 상황은 아직 불분명합니다. 싱안의 의화단을 긴급히 잡아들이고 있어 누구도 감히 문밖을 나오지 못한다고 합니다. 나올 일이 있을 때는 깃발을(그곳에 주둔하고 있는 국가의 국기) 흔들면서 서너 명이 무리를 지어 의화단이 아님을 증명해야 하고, 혼자 다니면 화를 면키 어렵다고 합니다. 류샹도 세 명이서 함께 일본 국기를 흔들면서 안정문으로 빠져나왔다고 합니다.'"

"류샹이 이렇게 말했습니다. '선조와 태후마마와 황상의 복으로 궁 안은 무탈하오니 부디 태후마마와 황상의 평안만을 바라고 또 바라옵니다. 7월 21일 태후마마가 피란길에 오르신 이후 모든 궁은 경의황귀비마마(동치제의 후궁 유황귀비마마를 말해요. 본래는 유비로 봉해졌지만 후에 태후마마의 명을 받들어 목종경의황귀비로 봉해졌지요)의 분부를 받들어 궁정 후문 중 정순문을 폐쇄했고 출입하는 사람은 순정문으로만 다니게 했습니다. 동궁의 궁녀들은 죄다 서궁으로 옮겨왔고 동궁은 태감들만 남아 주야로 돌아가면서 지키고 있습니다. 어떤 일이 있더라도 맡은 임무를 소홀히 하지 않을 것입니다. 각 궁은 인원수를 점검하고 매일 각 궁의 총관이 순찰을 돌아 조금도 착오 없이 위에 보고합니다. 그래서 궁 안은 아직 별 탈 없이 조용합니다. 부디 태후마마와 황상의 평안만을 바라오며 노비, 태후마마와 황상께 머리를 조아립니다.'"

"'21일 오전, 조정에서 물러나올 때 갑자기 베이징 성 동남쪽 위로 짙은 연기가 피어오르더니 잠시 후 번쩍하고 불빛이 보였습니다. 마침 동남풍이 불고 있어서 동쪽에서 서쪽으로 연기가 가득 퍼졌고 궁에서 가까운 거리라 짙은 연기가 궁 안으로 들어왔습니다. 궁 안은 한바탕 난리가 났지요. 호위병의 보고에 따르면 동강미항東江米巷[동자오민샹의 옛 호칭]에 붙잡혀 있던 서양인들이 보복하기 위해 한림원을 불태웠다고 합니다. 서쪽으로 내의원太醫院이 연결되어 있는 대기창台基倉과 어하교御河橋 이남 일대입니다.'"

"'오후에는 시스쿠에서 붙잡혔던 서양인들과 신도들이 함께 들고일

팔국연합군 우두머리는 중난하이 호에 있었다.
가운데 서 있는 사람은 군사령관 독일인 알프레트 그라프 폰 발더제瓦德西다.

어나 곧장 호국사로 도망쳤습니다. 그리고 보선사 거리에 들이닥쳐서는 서쪽 단왕의 왕부로 뛰어들어 먼저 물건을 약탈하고, 그다음 집을 때려 부수고 마지막엔 불을 놓아 단왕부를 모조리 불살라버렸습니다. 큰불이 저녁 때까지 타올라 궁에서 서북쪽을 바라보면 밤중에 맹렬하게 타오르는 불빛을 볼 수 있었습니다. 왕부 안에서 죽은 사람도 적지 않습니다. 그놈들이 왕부를 에워싸고 누구도 나오지 못하게 했기 때문이지요.'"

"그런데 22일 오전에는 돌연 한 일본인이 뒤따르는 사람 둘을 데리고 신무문 밖으로 말을 타고 와서는 일본군 사령관의 명을 전하러 왔다고 했습니다. 이 사람은 굉장히 유창한 베이징 말을 썼습니다. 그의 말에 따르면 일본군 사령관이 선언하기를 이번에 일본군이 출병한 것은 의화단을 치기 위해서일 뿐 중국의 황제를 상대하기 위함이 아니니 무기를 내려놓고 저항하지 말라고 했다 합니다. 또 일본군은 결코 황궁을 침입하지 않을 것이며 황궁 안은 종전대로 호위 군사들이 지키고 황궁 밖은 우리 연합군이 지킬 것이니 궁 안의 모든 일은 평소대로 하면 된다고 했습니다. 어쨌든 이 말로 한시름 놓고 태후마마의 은혜와 황상의 홍복으로 황궁은 무탈하게 되었습니다. 이후 허리에 차는 출입패를 200개 발급하여 궁 안 사람들은 이 패로 출입할 수 있게 되었습니다.* 하지만 궁 밖 사정은 이렇지 않습니다. 의화단을 긴급히 잡아들이는가 하면 백성들을 사정없이 붙잡아다 잡일을 시키고 있습니다. 분뇨를 퍼내는 일, 물을 긷는 일, 사체를 지는 일, 빨래 할 것 없이 눈에 띄기만 하면 남자고 여자고 잡아들이는 바람에 성안 사람들은 누구도 감히 밖으로 나올 생각을 못하지요. 그래서 아는 소식도 거의 없습니다. 노비 류샹 등은 어쨌든 도망쳐 나와 태후마마와 황상을 모실 수 있게 되었으니 정말이지 하늘이 주신 큰 복이 아닐 수 없나이다.'"

"리롄잉이 아뢰기를 마치자 태후마마는 긴 한숨을 쉬셨어요. 이는 하늘이 도우셔서 20여 일 만에 처음으로 듣는 궁 안의 생생한 소식이었어요. 류샹은 어쨌든 태후마마께 칭찬을 들을 것이고 쥐안쯔는 쉬지 않고 손을 모아 나를 향해 고마움을 표했지요. 밤은 점점 깊어지고 내 머릿속은 더욱 복잡해졌어요. 잠시도 마음이 놓이지 않았지요."

"모두 하루 동안 피로에 지친 몸을 누이고 단잠에 빠졌지만 내 마음속에선 괴로움이 자꾸만 고개를 들었답니다. 류샹이 칭찬을 듣는다 한들 내가 뭐가 기쁘겠어요. 창문으로 바깥을 내다보니 달은 하늘에 높이 떠 있고 달빛이 물처럼 정원을 가득 내리비추었어요. 휘영청 밝으면서도 맑고 서늘한 기운이 꼭 내 마음 같았지요. 태후마마는 왜 나를 태감에게 시집보내셨을까? 왜 하필이면 태감에게 보내서 사랑도, 앞날도, 자식도, 행복도 없는 삶을 살게 하셨을까? 이 처량하고 적막하고 쓰디쓴 한평생은 내 운명이 되어버렸어요. 쥐안쯔는 내게 어찌할 수 없는 외부의 역경은 고분고분 참고 견뎌내야 한다고, 다른 사람을 보고 배우라고 말했지요. 대체 누구를 보고 배우란 말이지? 이는 분명 의미가 있는 말이었어요. 나는 곰곰이 생각에 빠져들면서 태후마마 주위 사람들을 한 명 한 명 꼽아보기

---

* 황궁에 와서 이 말을 전했다고 하는 일본인은 바로 가와시마 나니와川島浪速다. 그는 당시 주중 일본 공사관에서 무관으로 부임해 일본에서 파견한 군사령관 후쿠시마 야스마사福島安正 소장의 수하에서 통역을 맡고 있었다. 궁에 사령관의 말을 전한 뒤 가와시마는 청대 사람들 사이에서 명망을 얻어 이후 숙왕과 친밀한 관계를 맺게 된다. 숙왕은 내부대 신으로 있을 당시 그를 초빙해 경찰총감 교습, 즉 경찰총감의 높은 고문 자리를 맡긴다. 가와시마 나니와는 타이완 침략에도 가담하고 러일전쟁에도 참전했으며 만주국[위만주국, 1932년 만주사변 직후 일본이 푸이를 황제로 내세워 중국 동베이 지방에 세운 괴뢰정부]을 획책할 때도 함께했다. 이해 그가 경찰총감 교습을 맡았을 때 그 수하의 일본 교관들은 이후 거의 전부가 위만주국의 중심인물이 되었다. 그가 중국에 위해를 가한 정도와 활동 범위는 일본의 유명한 전범 도이하라 겐지土肥原賢二 이상이었다. 뿐만 아니라 그는 숙왕의 열네 번째 딸을 양녀로 삼아 일본에서 기르며 특수 임무를 달성하도록 훈련시켰다. 그녀가 바로 잘 알려진 가와시마 요시코川島芳子다. 그는 자신의 인맥을 동원해 요시코에게 일본 중국 침략의 우두 머리인 토야마 미치쿠頭山満, 폭탄으로 징쭤린張作霖을 암살한 고모도 다이사쿠河本人作 대령, 중국을 침략한 일본 외상 마쓰오카 요스케松崗洋右, 일본 주중 소장 다다 하야오多田駿 등과 사귀도록 했다. 가와시마 요시코는 훗날 비밀리에 푸이溥儀[청의 마지막 황제]의 황후 완룽婉容을 위만주국으로 불러들였다. 요시코는 푸이의 호위를 담당한 위만주국 황궁의 여관장이었고 위몽고군의 사령관이었다. 또 베이징에 있던 위만주국 동향회同鄕會의 회장을 맡기도 했고 화북금광회사의 이사장으로도 일했다. 가장 악독한 것은 1937년 일본이 베이징을 함락한 후 베이징대학교의 옛터, 당시 중국 소식통을 담당한 일본 헌병 사령부에서 얼마나 많은 애국지사가 취조됐는지 모른다는 것이다! 필자의 스승과 친구들 역시 요시코의 수하에서 물고문을 비롯해 온갖 고문을 당했다. 일본이 투항한 뒤 1948년 그녀는 체포되어 총살당했다. 서태후가 피신하던 당시 일본인은 황궁을 칠 의도는 없었다. 정치적인 필요 때문이기도 했고 또 수천 년간 지속되어온 중국의 국보를 탐내 조만간 통째로 그들의 손아귀에 넣으려 했기 때문이다. 어쨌든 그 때문에 궁 안은 오히려 가장 안전한 곳이 되었다.

시작했어요. 그리고 천천히 깨달았지요."

"첫째 공주마마는 태후마마가 혼인을 정해주셔서 부마 경수의 아들에게 시집을 갔다고 했지요. 경수는 함풍제의 매형 되시는 분이었으니 고모가 경수에게 시집을 가고 질녀가 경수의 아들에게 시집을 간 셈이에요. 이를 가리켜 '고모를 따라 시집간다'고 하지요. 즉 친척끼리 겹사돈을 맺는 것이에요. 가정은 매우 화목했어요. 이 한 쌍의 젊은 부부는 서로 아껴주며 다정다감하게 지냈지요. 하지만 태후마마는 젊은 신혼부부의 마음을 이해하지 못하시고 1년 내내 첫째 공주를 궁에 머물게 하시면서 태후마마를 모시고 세월을 보내도록 하셨어요. 그것이 태후마마의 은혜를 더하는 것이라는 그럴듯한 명목을 붙여서 말이에요. 결국은 이렇게 되어버렸지요. 신랑은 2, 3년이 못 되어 세상을 떠나고, 자식 한 명 보지 못한 채 첫째 공주의 청춘만 허비해버렸지요."

"넷째 공주마마도 마찬가지였어요. 이분은 즈리直隸[허베이성의 옛 이름] 총독 유록裕祿의 아홉째 아들에게 시집갔어요. 항렬이 아홉째라 구나으리라고 불렀지요. 넷째 공주마마의 사람됨을 보면 인품과 용모는 천에 하나 따를 자가 없고 일도 못 하는 일이 없이 팔방미인이었어요. 하는 일마다 맵시 있고 야무지며 인간관계도 좋아 누구든 좋아하지 않는 이가 없었지요. 물론 부부 금슬도 더할 나위 없었고요. 하지만 이분 역시 궁에서 놓아주질 않아서 늘 궁에 남아 태후마마의 말벗이 되어야 했어요. 이후 남편은 몇 년 못 가 세상을 떠났고 마찬가지로 자식 한 명 없이 여자 혼자 일생을 보내야 했어요."

"가장 이상했던 것은 칠왕 내외분이었어요. 칠왕은 사람됨이 충직하고 온후했으며 칠왕의 부인은 조신하고 신중해서 집안 살림을 빈틈없이 꾸려나갔지요. 부부가 굉장히 화목하고 금슬이 좋았답니다. 또 태후마마가 맺어준 사이이기도 했고요. 두 사람의 금슬이 좋으면 태후마마는 기뻐하시는 것이 당연할 텐데 들리는 말에 따르면 그렇지 않으시고 꼭 그 둘 사이를 갈라놓으려 하셨대요. 나중에 태후마마는 궁녀를 뽑을 때 성이 옌자顔札인 여인을 억지로 칠왕에게 주어 첩으로 삼게 하셨다지요. 칠왕 부인은 어떤 입장이 됐겠어요? 그 여자를 눈 아래 두고 대하자니 태후마마가 친히 내리신 첩이니 안 될 일이지요. 태후마마의 성의를 무시하는 셈이 되니까요. 그렇다고 이 여자를 받들자니 정말이지 속이 썩을 일이었어요. 다행히 첩은 몇 년 살지 못하고 죽었대요. 한 어미에게서 난 자매는 어머니가 돌아가시고 나면 세상에서 둘도 없이 가까운 사람이 되잖아요. 그런데 태후마마는 어째서 그렇게 친여동생 입에서 고통의 한숨이 나오게 했을까요?(당시 허 아주머님이 이 말을 할 때 나는 적당히 흘려들으면서 서태후가 아직 눈과 귀가 멀지 않아 그랬다고만 여겼다. 그런데 해방 후 문사자료출판사文史資料出版社에서 출판한 『만청궁정생활견문晚淸宮廷生活見聞』 중 푸제溥傑 선생이 쓴 「순친왕부의 생활을 회고하다回憶醇親王府的生活」의 기록을 보니 확실히 이런 일이 있었음을 알 수 있었다. '내 조부의 정실인 조모님의 성은 예허나라葉赫那拉 씨로 서태후의 친여동생 되신다. 내 조부님과 이분은 사이가 꽤 좋았다고 한다······. 나중에 서태후가 내무부 궁녀 중 옌자 씨 성의 여인을 한 명 골라 내 조부에게 내리셨다.')"

"이 사람들 모두 자신에게 가해진 역경들을 묵묵히 받아들이고 입 밖에 내지 않았답니다. 샤오쥐안쯔는 바로 이들을 보고 배우라고 암시한 것이었어요. 이와 반대로 압력과 핍박에 고분고분 순종하지 않은 사람이 있지요. 바로 진비마마예요. 진비마마를 생각하니 나는 몸서리가 쳐지는 것을 어찌할 수 없었어요. 태후마마는 자신과 가까운 사람들이 화목하게 혼인생활을 하는 것을 그다지 보고 싶어하지 않으시는구나. 이 생각이 계속 내 마음을 맴돌았지요."

"밤은 더욱 깊어지고 한차례 가을바람이 불어오면서 땅의 나뭇가지 그림자가 흔들렸어요. 하지만 나는 그저 눈앞이 몽롱했지요."

허 아주머님의 이야기를 들으면서 나는 이 한마디가 떠올랐다. "이 그리움 씻어줄 묘책이 없어라. 겨우 님 생각을 잊었는가 싶더니 다시 마음 한 곳에서 그리움이 치솟는다[중국 송대 시인 이청조의 시 「일전매」에서 인용]." 서태후가 허 아주머님에게 준 고통은 가히 썩어가는 고름과도 같았다고 할 수 있다. 그러니 어떻게 그 마음에서 지울 수 있을까.

── 타이위안에서 게를 먹으며 술잔을 들다

"손을 꼽아보니 우리가 궁을 떠난 지도 벌써 한 달이 되었어요. 태후마마가 나직이 하시는 말씀을 들으니 타이위안에 서둘러 도착해 그곳에서 추석을 지내고 싶은 생각뿐이신 것 같았어요. 듣기로는 산시 순무 위셴도 상주를 받고 와서(그는 외지에 나갔다 급히 돌아오는 것이었어요) 추석에 타이위안 왕부에서 가마를 맞을 준비를 한다고 했지요. 모두 기쁨에 들떠 있었답니다. 하지만 뜻밖에도 날씨가 말썽이었어요. 연이어 내리는 가을비로 날이 흐려져 가마가 갈 수 없었던 거예요. 마차는 그럭저럭 갈 수 있었지만 여덟 명이 드는 태후마마의 큰 가마는 도무지 갈 방법이 없었지요. 날씨가 갠 뒤에야 급히 서둘러 갔지만 결국 타이위안에 도착하지 못해 할 수 없이 신저우에서 추석을 지내게 되었어요. 비록 위셴이 수레로 밤새 공물을 보내주긴 했지만 타이위안에서 즐기는 풍광에는 미치지 못했지요. 그러고 보니 이해 추석에는 달이 어느 쪽에서 떴는지도 모르겠네요. 우리는 이때 추석을 세 번이나 지냈거든요. 신저우의 공원에서 지낸 것이 첫 번째, 8월 18일 타이위안에 가서 지낸 것이 두 번째, 그리고 시안에 도착해 윤팔월 추석을 지낸 것이 세 번째라고 할 수 있지요."

"타이위안의 순무 아문 관청 안에서 위셴이 준 붉은 봉투를 받은 것이 아직도 또렷이 기억나요. 삼기三旗의 말로 하면 '머릿기름 돈添梳頭油錢'이라고 하지요."

"우리 기하인들은 예절을 굉장히 중시해요. 부유한 귀족 가문에서나 지키던 예절은 일반 사람들이 굳이 알 필요 없겠지만 성가시지 않다면 몇 가지 이야기해볼게요. 이런 기회에나마 말하지 않으면 아무도 이런 번잡한 예절에 대해 알지 못한 채 묻혀버릴 테니까요. 자세히 들여다보면 이런 예절들도 다 나름의 이치가 있답니다."

"효를 다하는 것은 자식된 자의 당연한 도리이지요. 이는 만주족이나 한족이나 다 같아요. 흔히 충을 다하려면 효를 다할 수 없다고들 하는데 이는 남자들에게 해당되는 말이지요. 부모를 멀리 떠나 타지에서 벼슬을 하게 되면 효를 행하는 일은 어쩔 수 없이 다른 사람에게 맡겨야 하니까요. 또 여자는 장성하면 시집을 가야 한다고들 하지요. 언제까지나 부모 곁에만 있을 수는 없잖아요. 부모를 떠나 남편을 따라 살게 되면 마찬가지로 효를 행하는 일은 다른 사람에게 맡길 수밖에 없지요. 그럼 대체 누구에게 맡겨야 하나요? 대갓집의 연세 드신 노인들은 모두 시중드는 몸종을 데리고 있어요. 몸종들은 노인에게 담배나 차를 올리고, 문안을 여쭈며 보살펴드리고, 주야로 그 곁을 떠나지 않지요. 아들된 사람도, 딸된 사람도, 사위된 사람도, 심지어 모든 직계 자손이 이 몸종에게 노인을 맡기는 셈이에요. 노인 입장에서는 이 몸종들이 자손들을 대신해 큰 효도를 해주는 셈이고요. 그래서 자손들은 부모를 위해 많이 수고하고 신경써달라는 부탁의 뜻으로 이들에게 얼마간 돈을 건네주어요. 자신이 직접 효를 다하지 못하는 책임을 보상함과 동시에 감사의 뜻을 전하는 것이지요. 딱히 뭐라고 칭해야 좋을지 모르겠지만 바로 이런 돈을 가리켜 '머릿기름 돈'이라고 한답니다. 몸종들에 대한 납례도 '머리에 바르는 기름을 보내주는' 것이에요."

"이것은 결코 상으로 주는 돈이 아니에요! 자녀들은 부모를 시중드

타이위안 순무 아문의 옛 사진

는 몸종에게 상으로 무언가를 내릴 자격이 없어요. 돈을 보내는 것도 공손한 태도로 하지요. 서로 평등한 관계이지 결코 주인된 태도로 몸종들에게 이래라저래라 할 수 없답니다. 이런 것을 가리켜 '부(처를 보아 중을 공경)한다'고 하지요. 대갓집에서 따지는 예절이란 바로 이런 규범들이에요. 또 시중드는 여자들도 각각의 등급이 있답니다.(허 아주머님의 이 말은 매우 새롭게 다가온다.『홍루몽』에서도 윗대 유모를 대하는 모습에서 이를 알 수 있다. 뇌대賴大[가씨 집안의 총관 집사]의 아내 같은 사람도 가모賈母[가보옥의 아버지 가정의 모친] 앞에서 모두 자리가 있으며, 왕부인[가보옥의 어머니]과 희봉[왕부인의 친정조카] 같은 사람들도 그녀를 공경하는 태도로 대한다. 가모의 손아래 몸종들 역시 원앙, 호박에서 자견, 습인 세대까지 주인의 지위와 별 차이 없이 대한다). 돈을 주는 것은 자신들을 대신해 우리 몸종들이 노인에게 효를 다해주기를 부탁하는 것이에요. 우리를 향한 예, 즉 수고에 대한 감사와 답례이지 결코 상으로 얼마간의 용돈을 주는 것이 아니랍니다. 이는 대저택의 자제가 행하는 학식과 교양, 예절이었어요."

"궁 밖의 관원은 품계가 높든 낮든 궁 안의 궁녀와 아무런 상관이 없어요. 하지만 위셴은 보통 지역 관리와는 좀 달랐어요. 그는 산시 순무이자 황실의 가까운 일가이기도 했거든요. 그래서 바깥 대청에서는 군신의 예로 태후마마를 알현했지만 후당에서는 또 조카뻘 되는 친척으로 다시 태후마마께 인사를 올렸답니다. 또 그렇기에 태후마마를 통해 궁녀들에게 붉은 봉투를 전달한 것이고요. 집안 어른에 대한 효를 행한 것이자 왕가의 자제가 천 리 길 밖에서 웃어른께 그리웠던 마음을 표시한 것이지요. 궁을 떠나온 이후 먹는 것도 배불리 못 먹고 잠도 편히 자지 못하고 비바람에 젖으며 산 넘고 물 건너 타이위안에 왔는데, 이곳에서 지역 고관을 만나고 또 그가 황실 자제라 집안 어른을 대하는 태도로 태후마마를 맞이하니 태후마마께서 감동하신 것은 당연했지요. 그래서 태후마마도 한 집안 식구의 예로 그를 대하셨고 전례 없이 쥐안쯔와 나를 불러 그에게 감사 인사를 올리라고 명하셨어요. 그로서는 굉장히 영예로운 대우였고 우리로서도 입궁 이래 처음이자 마지막으로 지방 고관을 만나보는 것이었지요. 그래서 아직까지도 또렷이 기억한답니다."

"나중에 쥐안쯔가 뒤에서 소곤소곤 이야기해주었어요. '위셴은 본래 산둥 순무였대. 의화단이 바로 산둥 연해에서 먼저 일어나 위셴의 지지를 얻어 허난, 즈리까지 확장된 거야. 이후 위셴은 산시로 옮겨가 순무가 되었지. 지금 의화단이 이런 큰 난리를 일으켰으니 팔국연합군이 그를 가만 둘 리 없잖아. 이 상황을 태후마마도 모르실 리 없을 거야. 위셴도 마음속으로 분명히 감지하고 있을 거고. 이번에 이렇게 정중히 태후마마를 맞이하고 왕가 자손의 예를 다하는 것도 암암리에 태후마마께 앞으로 자신의 권속들과 자손들을 잘 보살펴달라는 부탁이 담겨 있는 거야. 영명하신 우리 태후마마는 이런 생각을 충분히 읽어내셨겠지. 그래서 특별히 더 그의 체면을 세워주기 위해 우리 둘을 나오게 해서 감사 인사를 올리라 하신 것이고. 이렇게 함으로써 그의 생각을 잘 알았다는 뜻을 내비치신 것이지. 서로 상대의 마음을 잘 읽은 거야. 너 우리가 감사 인사드릴 때 못 봤어? 위셴이 머리를 살짝 숙이면서 눈가가 촉촉해지던 것 말이야. 또 우리가 나오는 것을 보고는 한발 앞으로 나와서 우아하게 답례까지 해주었잖아. 얼마나 교양이 넘치는 사람이니?' 아, 쥐안쯔같이 눈치 빠르고 예리한 사람이 또 있을까요? 위셴의 심리, 태후마마의 심리까지 모두 꿰뚫고 있었으니 말이에요."

"이 왕손 자제분은 마음도 세심하고 예절에도 빈틈이 없는 분이었어요. 첫날 저녁식사 때는 태감들이 태후마마의 식사 시중을 들어서 우리는 보지 못했지만 우리 아랫사람들에게 접대한 것들도 모두 상당히 고급스러운 요리들이었답니다. 결코 우리를 아랫사람 취급하지 않고 귀한 손님처럼 공손히 대접해준 것이에요. 둘째 날은 일가의 예를 다해 태후마마께 게 요리를 대접했어요. 산시같이 수산물이 나지 않는 고장에서 이는 결코 쉬운 일이 아니랍니다. 게도 매우 귀했으니까요. 우스갯소리로 산시 사람이 손님을 대접할 때는 생선이 부족해 나무로 물고기를 조각해서 접시에 담아 가짓수를 맞춘다고 하잖아요. 우리도 궁을 나온 이후 처음으로 먹어보는 게 요리였어요. 앞서도 말했듯이 궁에서는 음식도 모두 계절과 절기에 맞춰서 먹는답니다. 게를 먹을 때도 7월에는 수게, 8월에는 암게, 9월에는 등롱자燈籠籽를 먹었지요. 등롱자는 딱지가 크고 두꺼운 일종의 작은 암게를 말해요. 게딱지 가득 알이 붙어 있어 속칭 등롱자라고 했지요. 등롱자는 모두 바이양 호에서 올라오고 운송되는 과정에서도 고도의 기술을 갖춘 사육사가 있어야 했어요. 게살이 빠지지 않도록 말이지요."

"대청 병풍 옆에 놓인 네 개의 화분에는 사람 키 반 정도 되는 붉은 계수나무가 서 있었어요. 나무에는 주사[붉고 광택이 나는 광석] 같은 작은 꽃이 가득 피어 있었지요. 안채 입구의 발 안에는 몸단장을 게을리 한 오두국화鰲頭菊 화분 몇 개가 보였어요. 미인의 긴 머리 같은 꽃잎을 한쪽으로 비스듬히 늘어뜨리고 있었지요. 대청 한쪽 옆에는 푸른 자기 대야 안에 몇 개의 나무 숯이 붉게 타오르고 있었고 그 위에는 작은 질그릇을 걸어 고급 사오싱주紹興酒를 데우고 있었어요(사오싱주는 구리나 철 그릇으로 데우지 못하도록 되어 있어요). 게살은 성질이 차고 음에 속하는 음식이라 먹고 난 뒤 위 쓰림을 방지하려면 생강초에 찍어 먹고 따뜻하게 데운 술을 마셔야 한답니다. 소위 말하듯 '생강을 갈아 넣은 식초를 뿌리고 데운 술을 곁들여야' 맛이 나는 법이지요."

"태후마마는 대청 중앙에 앉아 계셨어요. 실내는 네 개의 등이 비추어 그야말로 붉게 흔들리는 촛불처럼 아름다웠지요. 뒤쪽에서는 붉은 계수나무의 청아한 향기가 풍겨오고 있고 발 틈으로는 간간이 나무 숯 타는 냄새가 새어 들어왔어요. 깊은 가을에 맡는 나무 숯 냄새는 정말 기분 좋았어요. 질그릇에서도 소흥주를 데우는 냄새가 풍겨와 대청은 곳곳이 향기로 가득했답니다. 식탁에는 상아 젓가락, 상아 꼬챙이, 상아 집게 등이 놓여 있었어요. 또 작은 추와 받침돌도 있었는데 이 역시 상아로 만든 것이었지요. 큰 게딱지를 먹을 때 이것을 사용하기 때문에 미리 준비해놓은 것이에요. 게살은 철기에 닿지 않는 것이 가장 좋거든요. 우리는 이런 것들을 어떻게 시중드는지 몰라 그저 병풍 옆에 가만히 서서 태감들을 바라보기만 했어요. 두 태감이 양쪽 보조 식탁에서 껍질을 발랐어요. 이 온화하고 고귀하면서도 풍요로운 분위기 속에서 먹는 게살 한 입, 소흥주 한 모금은 하늘과 인간 세상을 막론하고 신선의 경지라 할 만한 것이었어요. 궁을 막 나왔을 때 먹을 것이 없어서 동부를 끓여 먹던 것과 비교해보면 정말이지 하늘과 땅 차이였지요."

"여기서 몇 가지 이야기를 좀 덧붙여야겠어요. 우리 기하인들의 습성을 제대로 이해하는 것은 결코 쉬운 일이 아니랍니다. 귀족들은 더하지요. 기하인 귀족들에게 있어 돈은 그리 큰 문제가 되지 않아요. 공물을 갖다 바치는 이가 한둘이 아니고 또 대부분 땅이 많이 있어 소작료를 받으니까요. 그들이 신경 쓰는 것은 '어떻게 돈을 쓰느냐, 얼마나 돈을 쓰느냐'이지요. 귀족 가문의 사람이라면 재물에 대해 잘 알고 또 잘 쓸 줄 알아야 해요. 돈을 잘 쓰는 것은 결코 만만치 않은 일이랍니다. 각각 요긴한 곳에 적절히 사용하고 손해를 보거나 낭비하지 않아야 하니까요. 가장 골치 아픈 경우는 돈까지 썼는데 일이 뜻대로 되지 않는 때에요. 분명 내 돈으로 먹고 마신 사람이 은연중에 내 재물을 도적질하고, 입으로만 나를 받들 뿐 뒤에서 조소한다면 그야말로 헛돈을 쓴 셈이지요. 대부분의 귀족은 돈을 쓸 줄만 알지 잘 쓸 줄은 몰라요. 솔직히 말하면 태반이 얼뜨기지요. 그래서 대갓집에서는 혼사나 장례, 생신 같은 큰일이 있을 때면 접대인(전문적으로 집안의 큰일을 맡아 처리하는 사람)을 불러 주인 대신 돈 관리를 맡긴답니다. 예를 들어 집안 어르신의 생신이라고 하면 접대인에게 10만 냥의 은을 주며 남기지 말고 모두 쓰되 호화롭고 성대하게, 집안의 체면이 서도록 준비하게 하는 것이에요. 이것은 결코 쉬운 일이 아니에요. 생신이라 하면 마땅히 축하 공연이 있지 않겠어요? 공연을 할 배우들을 청하는 것이 무엇보다 어려운 일이지요. 바로 이 축하 공연으로 그 집안의 실제적인 부와 지위를 가늠할 수 있으니까요. 당시 탄신페이는 탄 패륵貝勒[청나라 종실 및 몽고 외번에 수여된 작위]이라 불릴 만큼 명성이 대단했지요. 궁중에서도 다른 사람 앞에서는 하지 않고 오직 태후마마 앞에서만 공연했어요. 만약 그를 잔치에 초청해 「만상홀滿床笏」을 부르게 한다면 사람들의 칭송도 자자할 것이고 접대인의 비상한 수완도 충분히 인정받는 셈이 되겠지요. 주인은 몇만 냥의 은을 더 써도 좋을 만큼 기분이 좋아질 거예요. 이것이 바로 기하인들이랍니다. 사람들 사이에 명망을 얻고 체면이 선다면 가산을 탕진해도 개의치 않지요. 위셴도 바로 이런 사람이었어요. 그는 돈을 쓸 때 쓸 줄 알고 인맥도 넓고 수완도 비상하며 음식도 태후마마같이 절기를 따져서 먹었어요. 상한 살구 반 광주리를 먹느니 신선한 복숭아 한 입을 먹는 것을 택할 사람이었지요. 마마의 비위를 잘 맞출 줄도 알아서 태후마마의 총애가 굉장히 깊었답니다. 황실 귀족 자제 중에 이렇게 영명하고 사리에 밝은 사람은 극히 드물었어요."

"이 설명을 하는 데는 또 다른 이유가 있답니다. 아무리 이곳 환경과 인심이 좋아도 태후마마는 여기서 오래 머무실 수 없었어요. 이유는 간단했지요. 위셴은 의화단을 일으킨 인물 중 한 사람이고 서양인들의 눈엣가시라 숨겨도 모자랄 지경인데 어떻게 그를 의지하겠어요. 그 자신이 코가 석 자인데 말이에요. 그러니 그와 오래 머문다면 어떤 봉변을 당할지 알 수 없었지요. '뱀에 한번 물리면 10년간 우물 밧줄만 봐도 겁을 낸다'고, 태후마마가 얼마나 영리하신 분인데 여기 오래 머무는 일을 자처하시겠어요. 그래서 우리는 사흘만 머물고 서둘러 이곳을 떠났어요."

"타이위안을 떠나니 정말 가을이 깊어졌다는 것이 느껴졌어요. '대추씨 날씨', 그러니까 아침저녁으로는 쌀쌀하고 낮에는 더운 날씨가 두드러지게 나타났지요. 또 얼굴이 새카매지도록 서북풍이 불어댔답니다. 나와 쥐안쯔는 같은 차에 앉아 태후마마의 가마 뒤를 바짝 따라갔어요. 태후마마가 부르시면 언제든지 달려갈 수 있도록 말이지요. 떠나기 전 위셴이 왔던 것이 또 생각나네요. 그는 우리가 떠나기 직전 사람을 보내 우리에게 보온병을 건네주었답니다. 호리호리한 모양에 주석으로 만들어져 부딪혀도 깨지지 않는 것이었지요. 황색 구리로 된 손잡이가 두 개 달려 있었고, 병 윗부분 두 곳에는 손가락 마디만 한 붉은 마노가 박혀 있었어요. 가는 등나무 줄기로 엮은 황색 보온병 덮개는 바닥과 뚜껑까지 있었어요. 뚜껑 위에는 날고 있는 다섯 마리의 보라색 박쥐무늬가 있었고 덮개 속은 보온을 위해 풀솜으로 채워져 있었지요. 보온병 외에 경태람으로 만든 물그릇도 하나 주었어요. 보온병은 전체적으로 타원형이었는데 병 안에 물을 넣어놓으면 아침부터 점심때까지는 확실히 온도를 유지했기 때문에 태후마마가 무척 좋아하셨답니다. 카이펑開封[허난성의 한 도시]에 도착할 때까지 계속 이것을 쓰다가 나중에는 어떻게 했는지 기억이 안 나요. 또 위셴은 우리에게 찻잎을 대여섯 통 주었어요. 이는 진상품으로 올리는 찻잎으로, 명절에 궁에서 대신들에게 상으로 내리는 것이었어요. 찻잎은 주머니로 싸거나 상자에 포장되어 있지 않고 크기가 균일한 대나무 통(마디를 따라 잘라낸)에 들어 있었어요. 또 찻잎을 담고 입구를 봉한 다음 밀랍을 단단히 발라놓았지요. 통 옆에는 황색 생견[생사로 좀 거칠게 짠 비단]을 씌워 진상품의 품목과 진상한 성省의 이름이 쓰여 있었고요. 우리가 궁에서 마시던 차들은 모두 이런 대나무 통에 든, 남쪽 지역에서 진상한 것들이랍니

청말 타이위안의 패루牌樓

다. 이때도 궁에서 마시던 차를 마시게 된 것이지요. 이것만 봐도 위셴이 태후마마를 일가 어른으로, 우리를 그 측근으로 얼마나 귀하게 대접했는지 알 수 있지요."

"태후마마가 당시 나에게 하셨던 말씀이 떠오르네요. 화이라이에 도착한 이후부터 우리는 궁중의 법도대로 생활했어요. 저녁마다 야간 당직을 서는 사람도 있었고요. 매우 간단했지요. 모포를 문 앞에 깔고 우리가 빗장처럼 누워 있는 거예요. 만약 누가 들어오면 안으로 들어가기 전에 먼저 우리 몸을 밟게 되는 거지요. 이런 야간 당직은 대부분 쥐안쯔와 내가 맡았어요. 우리 둘은 낮에 마차 안에서 잠을 잘 수 있었으니까요. 태후마마는 여전히 예전 습관대로 베개가 있어야 주무셨고 주무시다 한 번 깨시면 다시 깊은 잠에 드시지 못했어요. 닭이 울면 종종 우리와 이야기를 나누셨지요. 하지만 그때도 우리는 조정의 일에 관해서는 절대 입 밖에 내지 못했어요. 궁 안의 일에 대해서도요. 이는 규범이었으니까요. 그래서 대부분의 이야기는 생활과 관련된 소소한 것들이었어요. 위셴의 요리사가 요리를 무척 잘하더라, 모두 베이징에서 직접 데려온 사람들이라더라 하는 이야기 같은 것이요."

"태후마마는 비스듬히 누워서 두 눈을 감고 한 팔을 뻗어 몸 옆에 있는 베개에 얹고 계셨어요. 궁에 계실 때 늘 그랬던 것처럼 침상 양옆에는 두 개의 작은 베개가 놓여 있었지요. 어의가 진맥을 할 때처럼 손목 아래 작은 베개를 받치고 계셨어요. 여기에는 특별한 이유가 있답니다."

"태후마마는 젊었을 적에 무척 아름다우셨대요. 그리고 항상 두 손목에 모두 팔찌를 끼고 다니셨다고 해요. 태후마마가 가장 좋아하시던 비취 팔찌 한 쌍은 오랜 세월 끼셨는데 나이가 들면서 오른쪽 팔찌 하나는 작아져 다시 낄 수 없게 되었고 왼쪽 팔찌는 아예 벗겨지지가 않아 돌아가실 때까지 끼고 계셨어요. 이 팔찌 때문에 태후마마는 특별히 궁녀들에게 두 개의 작은 베개를 만들라고 분부하셨어요. 두 베개를 침대 왼쪽과 오른쪽에 두고 비스듬히 누워 계실 때는 팔찌가 베개 위에 놓이도록 하셨지요. 태후마마는 이 두 베개를 '받치는 베개'라고 부르셨고 우리 같은 아랫사람들은 그냥 작은 베개라고 불렀어요. 고생스러운 여행길 도중 나와 쥐안쯔는 늘 태후마마 옆에 있던 이 베개가 없다는 것을 생각했어요. 그래서 태감에게 붉은 비단을 사오도록 해서 두 개의 작은 베개를 만들어 태후마마의 손목을 받치도록 했어요. 아! 이런 일도 태후마마를 가까이서 모시는 우리 몇 사람만 알던 것인데 이제는 그나마 나 한 사람밖에 남지 않았네요."

"태후마마는 몸을 옆으로 돌려 누우시고는 두 눈을 감고 침묵하셨어요. 이것은 그분의 오랜 습관이었지요. 태후마마는 한 번도 늦게 일어나시는 법이 없었어요. 여름이든 겨울이든 날이 밝으면 정확한 시간에 일어나셨답니다. 일어나시기 전 눈을 감고 잠시 생각에 잠기셨다가 시간이 좀 흐른 뒤에야 입을 여셨지요. 이것은 고정된 습관이었어요. 태후마마가 우리에게 말씀하셨어요. '이틀간 점심식사에 후이거추燴鴿雛라는 요리가 있었단다. 이는 제철 음식이고 장수 음식이지. 또 열이 많은 음식이고. 벌써 추분이 다 되어서 양기가 떨어지고 음기가 상승하는 때인데 마침 이 음식을 먹으니 나 같은 노인은 꼭 보약을 먹은 것 같구나. 위셴이 생각이 깊어 애를 많이 쓴 게야.' 한마디 한마디 생각하시면서 천천히 말씀하셨지요."

"쥐안쯔는 뒤에서 내 손가락을 잡았어요. 우리는 마음속으로 분명히 깨달았지요. 태후마마는 성격이 유별나게 세심하신 데다 오랜 세월 말을 신중히 가려 하는 습관이 몸에 배셨지요. 이 말씀은 요리를 칭찬한 것이라기보다는 분명 위셴에 대한 염려가 담겨 있는 것이었어요. 태후마마도 힘은 있으나 마음먹은 내로 되시 않을 때가 있지요. 이런 때는 말씀하실 때도 기운이 없었어요."

허 아주머님은 종종 이런 쓸쓸함을 느끼셨다. 하지만 이런 감정은 말할 곳도 없고 토로할 사람도 없어 그냥 마음속에 묻어두는 듯했다.

"겨울이 되어 강화가 시작되고 나서 과연 쥐안쯔가 말한 것처럼 위셴은 사건의 우두머리로 가장 먼저 죽임을 당했어요. 지금도 그가 붉은 봉투를 보낼 때의 소탈하던 모습을 떠올려보면 그의 얼굴까지도 기억이 난답니다."

제5장

내궁의
소소한 이야기들

── 서태후의 친정

겨울의 해는 느릿느릿 창살을 기어오르고 커튼은 꼭 닫혀 있다. 허 아주머님은 또 작은 맷돌로 두부를 갈고 있었다. 맷돌 가는 소리만 울릴 뿐 집 안은 고요했다. 이 침묵 속에서 우리는 옛이야기를 정리하기 시작했다. 허 아주머님은 맷돌을 갈고 나는 숟가락으로 맷돌 구멍 안에 콩을 넣으면서 그분이 무심하게 들려주는 서태후의 피란길 이야기며 친정집 이야기들을 들었다.

"서행길은 혼란스럽고 엉망진창인 여정이었어요. 밥 먹고, 어느 마을에 묵고, 그저 모든 것이 지루하기 짝이 없는 무미건조한 생활이었지요. 무슨 밝혀낼 만한 비밀스런 일 같은 것도 없었어요. 동행하는 사람이 점점 많아졌다뿐이지요. 베이징 성안에 남아 있던 왕족들은 걱정과 두려움에 휩싸여 있다가 그나마 눈치 빠른 이는 태후마마를 좇아 동행했어요. 그 바람에 일행이 점점 더 많아졌고요. 구이 공 일가도 나중에 쫓아와서 함께 다니게 되었지요."

허 아주머님은 소용히 물고기가 뻐끔뻐끔 물거품을 뿜어내듯이 연달아 한마디 한마디를 내뱉었다.

"나는 복이 없어 이 황가의 외조모(룽위 황후의 어머니를 가리킨다. 선통제[푸이의 연호]가 즉위한 후 룽위는 태후가 되었고 그 친정어머니인 구이샹의 부인 역시 지위가 격상되었다. 궁인들은 그녀를 황가의 외조모라는 존칭으로 불렀다. 허 아주머님은 그전에 궁을 떠났지만 떠난 이후에도 궁의 호칭을 따라 이렇게 불렀다)를 모셔본 적이 없어요. 도리어 이분이 세상을 떠난 후에야 나와 그분 사이에 한 가닥 인연이 맺어졌지요. 그분을 묘사하자면…… 꼭 개가 달을 무는 격이네요. 어디서부터 말을 해야 할지 모르겠어요. 한마디로 요약해보면 '성품이 다른 사람보다 좀 유별났던' 분이라고 할 수 있어요."

"지루하지 않다면 천천히 이야기해볼게요. 그분은 몸도 건강하시고 키도 크셨으며 다리가 학처럼 길었어요. 등은 곧고 아랫배가 조금 나오고 길을 걸으실 때는 팔자걸음으로 걸으셨지요. 쟁반처럼 둥글고 평평한 얼굴에 귀밑머리는 듬성듬성하고 안으로 좀 들어가 있어 양미간이 더 팽팽하고 훤해 보였어요. 주먹코에 얇은 입술, 큰 입, 듬성듬성한 눈썹은 약간 누르스름하고 크고 둥근 눈은 쌍꺼풀이 졌어요. 한 가지 독특한 점은 동공에 황색 테두리가 있었다는 것이에요. 그래서 말하지 않아도 몽고인의 혈통임을 알아볼 수 있었지요. 코와 입이 좀 다르다는 것 외에 다른 부위는 룽위 황후와 몹시 닮았어요. 지금도 눈을 감으면 그분의 모습을 그려볼 수 있답니다."

"그분은 대단한 인물이었어요. 궁 안팎으로 이름난 분이셨지요. 그분은 팡자위안芳嘉園 후통에 사셨어요. 어떤 사람은 대방가 후통에 사셨다고 말하는데 사실 같은 곳이랍니다(현재 차오네이朝內 남쪽 작은 거리의 동쪽에 있는 두 개의 이어진 후통). 나는 그전에는 한 번도 그분 댁에 가본 적이 없어요. 그런데 선통제가 재위할 당시 그분이 돌아가시고 제사를 위해 어느 정도 명망 있는 궁녀를 찾느라 나에게까지 오게 된 것이지요. 나는 태후마마를 시중든 사람인 데다 사람들 사이에 꽤 알려져 있었으니 그분 집에서는 나 같은 사람이 더할 나위 없이 적합했지요. 그래서 접삼[사람이 죽은 지 사흘째 되는 날에 지내는 제사]에서 출관까지 보름가량을 계속 그 집에서 일을 거들었어요. 비록 노비의 신분이었지만 '여접대인'이라는 명칭으로 불러주었지요. 혼사나 장례, 생신 등 큰 연회에 꼭 필요한 그 접대인 말이에요. 접대인은 반드시 예법을 잘 알아야 한답니다. 누구는 어떤 예절로 맞이해야 한다든지 같은 것 말이에요. 우리가 직접 손님을 대면할 필요는 없었고 그 집의 하녀들을 지도해서 하면 되었어요. 이때 내 지위가 좀 높으면 자연히 죽은 이의 품위도 높아지게 되지요. 태후마마를 모셔본 사람이 그 임종을 지킨다면 남이 보기에 죽은 이의 위신이 열 배는 더 높아지지 않겠어요? 내가 조금 전 이분이 세상을 떠난 후에야 인연이 맺어졌다고 한 것은 바로 이런 의미예요. 기하인들은 혼인이나 장례같이 큰일을 맞을 때 지켜야 할 자질구레한 법도가 굉장히 많답니다. 하나라도 제대로 행하지 않으면 손님들의 노여움을 살 뿐 아니라 예에 어긋났다는 소문이 파다하게 나서 가문에 먹칠을 하게 되지요. 내 역할은 이곳에서 그러한 법도를 지도하고 안배하는 것이었어요. 그리고 설령 조그마한 착오가 있다 해도 충분히 넘어갈 수 있었지요. 태후마마의 분부를 받들던 사람이 지도하는데 누가 감히 이러쿵저러쿵하겠어요? 나는 일종의 이런 바람막이 역할을 맡은 셈이었지요."

"2대에 걸쳐 승은공[황제의 장인에게 준 작위]을 배출한 이 저택은 결코 사치스럽지 않았어요. 더 구체적으로 말하면 매우 협소했답니다. 이 집은 광자위안 남쪽 입구의 첫 번째 대문이었고 동시에 대방가 후통 서쪽 입구 안이기도 했어요. 광자위안은 서쪽으로 들어가 모퉁이를 돌아서 남북으로 뻗어 있는 후통이지요. 북쪽에서 남쪽으로 여러 차례 모퉁이를 돌아 들어가면 남쪽 입구의 대방가 후통에 이르러요. 흔히 이런 후통을 가리켜 수레꾼 후통轆轆把式이라고 불렀지요. 조양문에서 매우 가까웠어요.

현재 구이샹의 저택

사방으로 이어진 대로도 아니었고 저택 입구 밖도 그리 넓지 않았답니다. 말 네 필이 끄는 마차가 지나가지 못할 정도였지요. 마차는 대방가 후퉁 서쪽 입구로 들어와서는 모퉁이를 돌지 못하고, 팡자위안 후퉁으로 들어와 북쪽으로 크게 돌아오는 수밖에 없었어요. 다른 왕부들과 비교해볼 때 그다지 아름답다고 할 수도 없었답니다. 저택 안도 정자나 누각, 발코니 같은 것이 딱히 없었어요. 정원은 말할 것도 없었고요. 오직 몇 층의 회랑이 있었는데 회랑도 그리 넓지 않았어요. 눈에 띄는 것은 대문을 들어서면 붉은 바탕에 검은 글씨로 '자기동래紫氣東來'[상서로운 기운이 동쪽에서 온다]라고 써서 걸어놓은 액자였어요. 바로 이 액자가 2대에 걸쳐 황후를 배출한 곳, 즉 승은공 저택임을 나타내주었지요."

"주위의 집들도 그다지 단정치 못했어요. 부근에 사는 사람들도 무슨 고매한 선비 같은 이들이 결코 아니었고요. 옛날 말로 모두 소매상인이나 미장이를 겸한 목수였고, '풍수'로 이야기해보자면 사방에 모두 가난한 기운이 흘렀지요. 그러니 개천에서 두 마리 용이 난 셈이었어요."

허 아주머님이 팡자위안 이야기를 꺼내실 때 나는 나도 모르게 어떤 생각에 빠져들었다.

"무슨 생각을 하세요?"

허 아주머님의 물음에 내가 입을 열었다.

"그 지역은 본래 명대에 매우 유명했던 곳이에요. 무슨 명승고적이라 유명했던 것이 아니라 관기로 이름이 난 곳이지요. 지금까지도 후퉁의 이름에 그 흔적이 남아 있어요. 명대부터 내려온 것이지요."

대방가 후퉁은 길 서쪽 맞은편에 있는 후퉁으로 본래는 구란勾欄[거우란, 기생집이란 뜻] 후퉁이라 불렸다(지금의 내무부 거리). 이곳은 기녀가 손님을 받고 몸을 파는 곳이었나. 팡사위안 서남쪽은 관기를 관리하는 아문이었다. 교방사教坊司, 즉 관기를 관장하는 부서가 자리 잡고 있었다.

지금은 번쓰小司 후통이라 불리는데 이 역시 옛 이름을 따른 것이다. 번쓰 후통 안에는 특별한 곳이 두 곳 있다. 하나는 동화정, 하나는 서화정이라 부르는 곳으로 번쓰 후통 동쪽에 바짝 붙어 있다. 그곳은 고관과 귀인들이 호화롭고 사치스런 나날을 보내던 곳으로 한가로이 술잔을 기울이며 노래를 읊조리고 여인들과 유흥을 즐기던 곳이었다. 이곳의 기녀들은 그래도 꽤 상급 기녀들이었다. 청 말기 베이징의 최고 기루와도 같이 말이다. 이곳 역시 명대의 이름을 지니고 있다. 팡자위안 후통 맞은편으로 북쪽의 한 지점은 옌러演樂 후통이라고 불렀는데 그곳은 기녀들이 거처하면서 가무를 배우고 연습하던 곳이었다. 이곳도 명대의 이름을 계속 사용하고 있다. 죽간 골목(지금의 죽간 후통)과 노군당(지금의 북죽간 후통)은 나이든 기녀들이 기녀생활을 그만둔 뒤 예전에 알던 사람들을 상대로 일하던 곳이었다. 소위 '교방을 벗어나 화장을 씻어내니 여유로운 마음이 떨어지는 꽃잎과도 같다'고 하는 나이든 기녀들이 연 사창가다.

  명대 조정은 관리들을 매우 엄하게 다스렸다. 죄를 범하면 종종 가산을 몰수하고 가문을 멸했으며 남자는 관노가 되고 여자는 교방사의 기녀, 즉 관기가 되었다. 청대에는 수도를 베이징으로 정한 뒤 성안에 기녀가 있지 못하도록 했기에 이곳도 따라서 적막해졌다. 대신 전문 서쪽 일대가 흥하기 시작했다. 조양문 남쪽 작은 거리에서 동쪽 성 끝자락 일대는 본래 번화가도 아니었고 그렇다고 풍경이 좋은 곳도 아니어서 고관이나 귀인들이 거의 거주하지 않았다. 마치 지체 높은 사람이라면 팔대 후통八大胡同(전문 서쪽 기녀들이 거주하던 지역)에 살기를 꺼리는 것처럼 말이다. 사는 지역으로만 보면 서태후의 친정집은 결코 무슨 고관의 집이라 할 수 없었다.

  "아!"

  허 아주머님이 길게 한숨을 내뱉었다. 꼭 공자가 깊이 탄식하며 한숨을 쉬는 듯한 모양새였다.

"집집마다 읽기 어려운 경서가 한 권씩 있듯이 태후마마도 자신의 친정에 대해 말 못 할 애로 사항이 있었어요. 우리 기하인들이 지키는 예절은 가짓수가 지나치게 많긴 하지만 그것도 때로 좋은 점이 있답니다. 예를 들어 친정집이 출가한 딸을 대하는 예절 같은 것이요. 이런 예절은 대대로 전수돼야 해요. 친정집에서는 출가한 딸에게 정월이 아닌 설 전날에 설 선물을 보내요. 친정 부모, 친정오라비 부부, 남동생 부부 모두 시집간 여식에게 후한 선물을 보내야 하지요. 무슨 진귀한 보배를 보내는 것은 아니지만 보통은 다른 사람이 보낼 수 없는 물건들을 보낸답니다. 예를 들어 올케언니가 시누이 몸에 꼭 맞는 옷이나 배두렁이를 지어 보내는 것처럼 말이지요. 태후마마 만년에는 마마의 친정집에서 잠잘 때 신는 버선과 편하게 신을 수 있는 신발을 보내왔어요. 남동생의 처는 속옷과 잠방이를 지어 보냈고요. 이는 곧 딸이 시집오기 전에 올케들과 허물없이 잘 지냈다는 것을 말해주지요. 가정의 화목했던 분위기를 나타내주는 것이기도 하고요. 또 부모 형제들은 출가한 딸이 혼인 전에 집에서 잘 먹었던 음식에도 신경을 써요. 흔히 말하기를 아무리 맛있는 음식이 있어도 좋아하는 음식보다 못하고, 시댁이 아무리 풍성해도 친정집 음식이 더 좋다고 하잖아요. 그래서 시집간 딸이 예전에 좋아했던 음식을 몇 가지 만들어서 부모 형제의 정, 골육 간의 정을 표시한답니다. 평상시에는 외부에서 궁으로 먹을 것을 전하는 일을 금했지만 설만큼은 가능했어요. 물론 검사를 통과해야 했지만요. 태후마마께 보내온 음식은 나도 본 적이 있어요. 푸르대콩이나 생완두, 목이버섯 같은 검은 빛깔의 음식, 꿩 발 볶음도 있었고 샹둥러우飼凍肉, 흰 강낭콩, 건포도, 연밥과 함께 찐 기장떡 같은 것도 있었지요. 흰 강낭콩은 최고급 품질로 손가락 마디만큼 컸답니다. 태후마마가 혼인 전에 즐겨 드시던 것이라고 해요. 출가한 딸이 친정집을 그리고 친정집에서 출가한 딸을 생각하는 것은 어디서나 변치 않는 당연한 이치이지요."

"어느 해인가, 막 설이 다가오던 때였어요. 정오에 우리가 태후마마를 모시고 산책하던 중이었지요. 시얼창 가를 남쪽에서 북쪽으로 거닐고 있었어요. 시얼창 가는 서궁 안에 남북으로 뻗어 있는 통로예요. 익곤궁翊坤宮, 장춘궁, 저수궁 등을 지나는 곧고 평평한 길로, 남쪽의 종사문에서 시작해 북쪽 백자문百子門까지 이어져 있지요. 쉬수에서 들은 것인데 주나라 문왕은 99명의 아들이 있었다잖아요. 나중에 하늘에서 천둥번개가 치면서 또 한 명의 아들을 내려주어 천둥의 아들이라고 불렀대요. 이로써 100명의 아들이 채워져 주나라 조정은 크게 번성했다고 하지요. 백자문도 이와 같은 뜻이 있어요. 대략 황후마마와 후궁마마들이 황상께 100명의 아이를 낳아주기를 희망한다는 의미겠지요. 평소 우리는 일을 쉴 때면 두세 명씩 모여서 이 거리를 거닐 수 있었어요. 물론 남쪽으로 종사문을 넘어가서는 안 되고 북쪽 백자문을 넘어서는 안 되었지요. 오직 그 범위 안에서만 다닐 수 있었지 궁을 넘나드는 것은 절대로 안 될 일이었어요. 백자문을 넘어 동쪽으로는 바로 위화위안이었어요. 이곳 역시 상전을 따라 나올 때 외에는 절대 마음대로 들어갈 수 없는 곳이었지요. 연말이 되면 상신지(글자나 그림을 새긴 붉은 면 종이로 설에 거는 장식품 중 하나. 가운데에는 도안형의 꽃무늬가 있고 그 중앙에는 '연년익수延年益壽'라는 문구가 있다. 직사각형으로 문에 붙여놓으며 길조를 상징한다. 대략 원서지 전체 크기의 4분의 1 정도 된다)를 바로 이 백자문에 붙여놓았어요. 섣달 25일 이전에는 바람에 떨어져 나갈까봐 상신지를 붙이지 않았지요."

"백자문 위에는 본래 문신門神이 붙어 있었어요. 평범한 일반 문신이 아니었지요. 『서유기西游記』 도입 부분에 무슨 전문후무前文後武라는 말이 나오면서 서무공, 위정이 앞문에 서 있고 진경, 위지공이 후문에 서 있는 내용이 있는데, 그런 것이 아니라 이와 다른 두 신이었어요. 바로 사찰을 수호하는 '흥' '하' 이 두 인왕이 그려져 있었지요. 동쪽에 있는 신은 뇌

자금성 서쪽 시얼창 가

신의 얼굴에 닭의 입을 한 신으로, 오른손에는 악귀를 물리치는 방망이를 높이 쳐들고 있고 한 발은 들어올리고 왼손으로는 앞을 가리키면서 코로 흰 김을 내뿜고 있었어요. 흰 김은 발까지 닿을 정도로 굉장히 길었지요. 그 김 안에 '흥! 왔느냐?' 하는 말이 들어가 있어요. 땅에는 작은 요괴가 신이 내뿜은 흰 김에 싸여 있고요. 서쪽에 있는 신도 마찬가지로 뇌신의 얼굴에 닭의 입을 하고 오른손으로 방망이를 높이 쳐들고 있었지요. 한 발은 들어올리고 왼손은 앞을 가리키고 있고요. 이 신은 입속에서 흰 김이 뿜어져 나오고 있었어요. 그 흰 김은 발까지 길게 닿아 있고요. 흰 김 안에 '하! 바로 너를 잡아야겠다'라고 하는 말이 들어가 있지요. 땅에는 작은 요괴가 흰 김 속에 웅크리고 있었어요. 이 그림은 두 인왕이 요괴를 잡고 있는 모습이랍니다. 바로 이 '흥! 왔느냐?' '하! 바로 너를 잡아야겠다!'가 함께 어우러져 서궁의 후문을 지키고 있는 것이지요."

"사실 우리 궁녀들은 글을 몰라서 이것도 어린 태감들이 장난칠 때 알게 된 것이에요. 관리하는 분이 없는 틈을 타 두 어린 태감이 장난을 치기 시작했지요. 한 아이가 문 한쪽에 서서 손과 다리를 들어올리고 있다가 다른 아이가 문에 들어오면 '흥, 왔구나' '하! 바로 너를 잡아야겠다!'고 말하면서 들어온 아이를 놀라게 했어요. 이것을 보고서야 우리는 문신이 내뱉은 말이 무엇인지 알게 되었지요. 이 그림은 우리에게도 좋은 점이 있었어요. 당시 우리는 익곤궁 서쪽 편전에 거처했지요. 그때 익곤궁은 아무도 살지 않는 빈 궁이었고 태후마마도 연세가 많아 우리 몸종들이 아침저녁으로 드나들기 편하도록 익곤궁 서쪽 편전에 배치한 것이에요. 익곤궁은 이 백자문에 바로 붙어 있었어요. 앞서도 말했듯이 연초는 신과 귀신을 가장 두려워하는 때였지만 이 두 인왕이 후문을 지키고 있다는 것을 알았기에 우리는 마음이 든든했고 드나들 때도 그렇게 무섭지 않았답니다. 이런 것이 우리에게는 좋은 점이었지요. 알아둘 것은 어느 궁, 어느 전,

어느 구석, 어느 때, 어느 장소든 모두 원한을 품고 죽은 태감과 궁녀가 있다는 것이에요. 무술년에 광서제를 모시던 태감들은 하룻밤 사이에 수십 명이 사라졌어요. 그래도 누구 한 사람 감히 여쭈어보지 못했지요. 그랬으니 어느 구석인들 원귀가 없겠어요!"

"이 정도로 하지요. 젊었던 시절의 일을 꺼낼라치면 끝이 없답니다. 쓸데없는 생각만 많아질 테니 다시 태후마마의 산책 이야기나 해보도록 하지요."

"태후마마도 아마 그것을 보시고 불현듯 감정이 동하셨던 거겠지요. 문 위에 붙은 상신지를 보시고 문 입구에 새로 붙인 문신을 보시더니 궁으로 돌아오셔서 관리하는 태감에게 이렇게 분부하셨어요. '전문 밖 정명재正明齋[베이징의 전통 과자점]에 가서 간식 두 상자를 사오너라. 한 상자는 돼지기름을 섞어 만든 떡, 한 상자는 라마떡喇嘛糕[둥근 모양의 작은 카스텔라]으로 말이다. 그리고 나서 둥쓰東四 부용재芙蓉齋[베이징 둥쓰 일대에 있는 과자점]에 가서 닭기름 전병 한 상자를 포장하고 황봉떡[스펀지케이크, 잘 부풀어서 표면이 벌집 같은 떡] 두 묶음을 사도록 해라. 돼지기름도 챙기고. 그리고 부용떡[찹쌀과 설탕으로 만들어 기름에 튀긴 과자]도 한 상자 사서 같이 친정집에 보내도록 해라.' 이것들은 모두 일반 가정집에서 먹는 간식이에요. 보통 중상위층 집안에서 설을 쇨 때 언제든 먹을 수 있도록 만들어두는 것들이지요. 아마 태후마마의 친정 부모님이 평소 즐겨 드시던 것이었나봐요. 명절이 오면 항상 친지들이 더 생각나는 법이잖아요. 태후마마도 친정집 부모님을 떠올리며 그리워하셨어요. 부모가 정말 좋아하는 음식이 무엇인지 아는 사람은 친딸뿐이지요. 궁에서는 다른 성씨의 사람에게 향을 피우거나 제물을 올리거나 제사하는 것이 금지되어 있었어요. 관가의 세례도 형식상의 의식이있지요. 그래서 태후마마도 그저 어린 태감을 시켜 먹을거리를 좀 사서 친정집에 보내 정을 표하는 수밖에 없었어요. 태후마마도 친정집에 대한 정이 두터우셨답니다. 태후마마의 남동생 되시는 구이 공이 변변치 못했던 것이 아쉬울 따름이지요."

"태후마마의 성격은 겉으로 쉽게 드러나는 편이었어요. 마음에 품은 뜻은 하늘보다 높았고 성품은 타오르는 불같았지요. 하지만 구이 공에 대해서만큼은 별수 없었어요. 흔히 말하기를 옥석을 알아보는 것보다 더 고된 일은 그것들을 전부 비교하는 일이라고 하잖아요. 동치제의 승은공(장인)은 만주족과 한족의 장원[옛날, 과거의 최고 시험인 전시에 1위로 합격한 사람]이셨지요(숭기崇綺를 가리킨다). 그런데 광서제의 승은공인 구이 공은 어떤가요? 문무가 모두 신통치 않은 아편쟁이였어요. 문장만 변변치 못할 뿐 아니라 말 한마디도 단정치 못했답니다. 태후마마의 표현대로 하면 이렇지요. '윈난 아편(윈난에서 나는 생아편), 광둥 아편(광둥에서 나는 생아편), 또 무슨 서구 아편(냥쯔관娘子關으로 들어오는 생아편), 베이커우 아편(구베이커우古北口[만리장성의 예전 북쪽 관문]로 들어오는 생아편)밖에 모르는 놈, 온종일 아랫사람들과 진주 거품이니, 밤 주머니니, 소 눈이니 하는 것들만 보고 있으니 원.' 이것은 모두 아편을 불에 달일 때 쓰는 전문용어랍니다. 생아편이란 아직 달이거나 가공하지 않은 아편을 말해요. 반드시 달여야 잘 익은 끈끈한 고약같이 되지요. 아편을 달이는 데는 상당히 높은 기술이 있어야 돼요. 불을 아주 작게 하면 아편의 향이 사라지고 불이 무척 크면 빨아들일 때 숨이 막히니까요. 반드시 빨아들였을 때 볶은 참깨 알 같은 향미가 나야 제대로 된 것이래요. 즉, 달일 때 불의 세기와 시간을 주의해야 하는 거지요. 거품은 보글보글한 상태에서 점점 커져야 해요. 묽은 아편 고약이 끈끈한 상태로 가는 과정이지요. 먼저는 진주거품이 얼마나 오래가는지 보고 나중에는 밤 주머니만 한 거품이 얼마나 계속되는지 보고 마지막에는 큰 거품이 소 눈알만큼 일어나요. 그러면 얼른 냄비를 거두어야 하지요. 과거 귀족들은 전문적으로 아편을 달이는 하인을 두고 마치 요리사처럼 서로 자랑했어요. 평소 왕래하던 손님과 차츰 친해지면 반드시 아편 쟁반을 올려 맛보게 했지요. 그래야 끈끈한 정을 나누는 셈이 되었답니다. 당시 아편을 권하는 것은 오늘날 담배를 권하는 것과 다름없었어요. 당시 사회가 얼마나 부패했는지 알 수 있지요. 태감들이 우리에게 알려준 바로는 구이 공은 1년 내내 신발을 질질 끌고 다니고 신발 뒤축이 올라가 있는 날이 없었대요. 아편을 피울 때는 두 개의 평상(침대)이 필요하답니다. 왼쪽 평상에서 아편을 다 피우면 다시 오른쪽 평상에서 피우지요. 이를 자리를 바꾼다고 하는데 이런 습관이 곧 아편 중독의 원인이 되었어요. 정말 제대로 중독된 아편중독자는 해가 떨어질 때가 되어서야 아침식사를 해요. 낮과 밤이 바뀌어서 어두컴컴한 밤이 되어서야 낮에 할 일을 하는 것이지요. 구이 공이 이런 분이셨으니 태후마마가 어떻게 벼슬자리에 등용할 수 있었겠어요? 그저 마음껏 아편이나 피우도록 내버려두는 수밖에 없었지요.”

"태후마마는 친정에 무심한 분이 아니었어요. 친정집 사람들이 제대로 살지 못한 거지요. 제 한 몸 추스르지 못하는 사람을 등용해서 뭘 어쩌겠어요. 군기처에 들어가 총독 자리 하나 꿰찰 재량이 된다면 마마가 왜 등용하지 않았겠어요. 친정집 꼴을 보고 있자니 그저 물건이나 보낼 뿐 등용은 그만두신 거지요."

"아! 정말이지 태후마마는 '장도릉張道陵[중국 후한 말기 도교의 일파인 오두미도五斗米道의 창시자]이 귀신들에게 홀린' 격이라고 할 수 있었어요. 큰 법력이 있어도 사용하지 못하는 셈이었지요. 태후마마도 성격이 괴팍하셔서 구이 공의 호주머니 사정이 여의치 않은 것을 뻔히 아심에도 은을 많이 주시는 법이 없으셨어요. 그저 친정집의 얼굴을 봐서 이것저것 물건늘만 많이 보내셨지요. 하지만 여기에도 간교하기 이를 데 없는 태감들의 술책이 도사리고 있었어요. 자손을 볼 수 없는 이 '태감'이라는 무리는

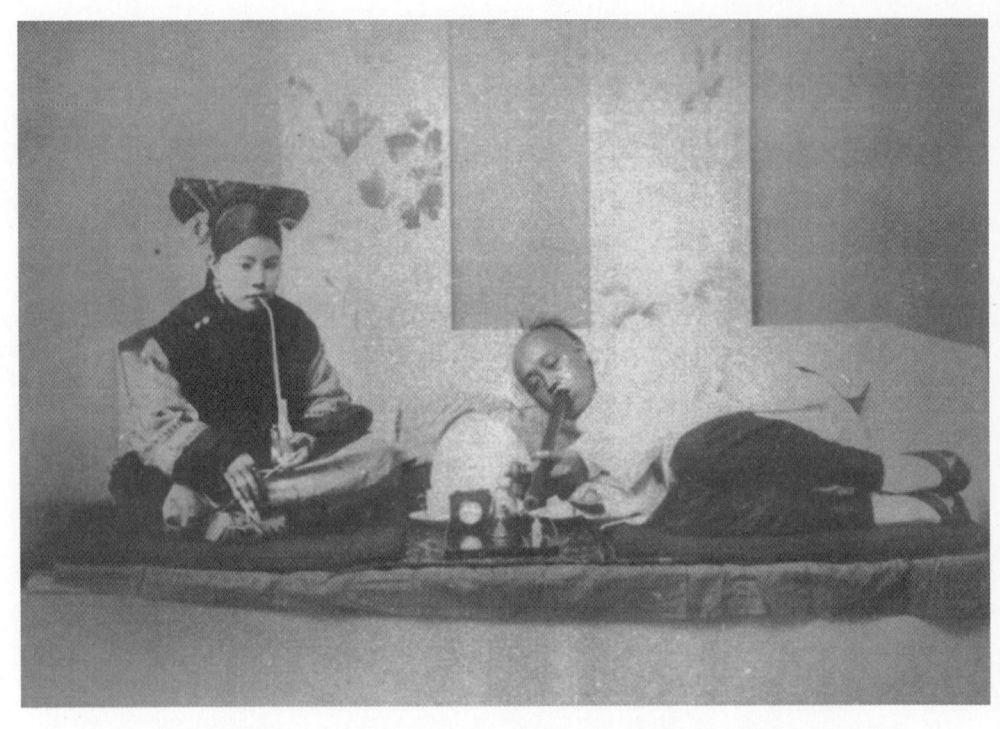

만주족 남녀. 남자의 손에는 큰 아편 담뱃대가 들려 있고 한창 연등煙燈[아편에 불을 붙이는 등]을 앞에 놓고 아편을 피우는 중이다. 옆에 있는 여인은 물담배를 피우고 있다.

온갖 방법을 짜내서 다른 사람의 돈을 긁어내는 사람들이랍니다. 누구도 그 대상에서 예외가 아니었어요. 태후마마까지도 말이지요. 구이 공에게 물건을 보낼 때도 그들은 우선 시간을 잘 맞추어서 갔어요. 아주 이른 시간에 물건을 전하러 가면 안 되었지요. 일찍 가봤자 받는 사람이 일찍 일어나는 사람도 아니었고 깨우면 짜증만 내기 마련이었으니까요. 오후 시간 궁에서 간식을 올리기 전쯤에 가야 했어요. 그렇다고 또 아주 늦은 시간에 가서도 안 되었어요. 그러면 전당포가 문을 닫아 물건을 돈으로 바꿀 수 없었으니까요. 말하고 보니 정말 우습네요. 태후마마가 구이 공에게 물건을 보내시면 구이 공은 완전히 생고생을 해야 했답니다. 태감들이 태후마마가 내리신 물건을 받쳐 들고 구이 공 집을 방문하면 집주인은 태감들에게 얼마간 돈을 주는 것이 관례인데, 집에는 돈이 없으니 전당포를 찾아 물건을 저당잡히는 수밖에 없었지요. 그래서 앞문으로는 선물이 들어오고 뒷문으로는 전당포를 찾아 나서기 바빴어요. 그렇게 돈을 구해와서 태감들에게 상금으로 주었지요. 태감들은 이런 상황을 매우 분명히 계산하고 전당포에 들를 여유가 있도록 늦지 않게 가는 것이었어요. 태감들의 목적은 상으로 받는 돈뿐이니까요. 물건을 전하면서 태감들은 아주 참을성 있게 천천히 차를 마시고 여기저기 문안을 여쭈며 친근하게 비위를 맞추어요. 더욱이 구이 마님께 대한 인사는 절대로 잊지 않지요. 이들은 구이 마님의 성격까지 간파하고 있었으니까요. 구이 마님, 즉 구이 공의 부인은 아부에 약했고 태감들은 모두 입에 발린 소리에 능한 자들이었으니 구이 마님의 마음을 천지 분간 못 하도록 사로잡았지요. 이렇게 해서 전당포에서 바꿔온 은은 한 줌 가득 태감들 손으로 흘러 들어갔답니다. 따져보면 태후마마가 구이 공에게 내리신 물건들은 거의 절반이 태감들 몫이 되는 셈이었어요. 구이 마님의 손이 큰 것은 궁에서도 알아주었거든요. 사실 태감들은 등 뒤에서는 좋은 말이라고는 할 줄 몰라요. 구이 마님을 두고서도 없이 사는 주제에 씀씀이가 헤프다느니 하며 헐뜯기 일쑤였지요. 나도 나중에 류가 말해줘서 알았어요."

"태후마마도 그런 속셈들에 대해서는 딱히 방법이 없으셨지요. 구이 공에게 물건을 보내는 일은 태감 두 명 정도면 충분했지만 태감들은 굳이 어린 태감을 두 명씩 혹은 네 명씩 데리고 가려 했어요. 겉으로는 구이 공과 마님을 뵙고 어린 태감들에게 세상 물정도 좀 보게 하고 규범도 가르치고자 한다고 그럴듯하게 말하지만 실은 구이 공 허리춤에서 돈을 뜯어 가려는 속셈이었지요. 뻔히 들여다보였지만 그래도 묵인해주는 수밖에 없었어요. 구이 공의 체면과도 관련이 있는 문제였기에 태후마마도 그냥 눈 감아주셨고요. 이는 구이 마님의 허세와 돈 씀씀이로 체면을 세우려는 습관을 더욱 부추기게 되었답니다. 구이 마님은 집안의 부뚜막 신, 즉 안주인이었으니 구이 공조차도 부인의 말을 따라야 했지요. 태후마마의 친정집 상황은 대략 이랬답니다."

── **장모가 사위를 때리다**

"구이 마님의 명성에 대해 말하자면 가히 황실을 놀라게 하고 조정과 재야를 뒤흔들었다고 할 수 있어요. 대청국 200년 역사 속에서 유일무이한, 누구도 감히 하지 못했던 사건을 벌였으니까요. 바로 장모가 사위를 때린 일이지요."

"정말이지 세상천지에 보기 드문 일이었어요. 그 당사자가 바로 구이 마님이었지요. 10여 년 전의 일이에요. 나도 몰래 훔쳐들은 것인데(베이징 토속어로 다른 사람의 개인적인 이야기, 듣지 말아야 할 말을 엿들었다는 의미이다) 간단히 말하면 이런 일이었어요."

"도광제는 모두 아홉 명의 왕자를 두셨는데 첫째 왕자부터 내리 세

분이 일찍 세상을 떠나셨답니다. 넷째 왕자가 바로 도광제의 뒤를 이어 황제의 자리에 오르신 함풍제이시지요. 다섯째 왕자는 도광제의 바로 아래 남동생의 양아들로 들어갔으니 방계에 속한다고 봐야겠지요. 여섯째 왕자는 도광제가 돌아가시기 전 친필로 봉하신 공친왕恭親王이에요. 가장 위엄 있고 뛰어났던 왕족이셨지요. 일곱째 왕자는 순친왕醇親王이고 그 부인은 바로 태후마마의 여동생이에요. 여덟째 왕자는 종군왕鐘郡王이시고 아홉째 왕자는 부군왕孚郡王이셨답니다.”

"지금은 아홉째 왕자의 아들이신 짜이수載澍에 대해서만 이야기해 볼게요. 이분은 태후마마가 혼사를 주관하셔서 룽위 황후의 여동생인 싼뉴三妞를 아내로 맞으셨어요. 싼뉴는 룽위 황후보다 두 살이 어렸지만(광서제와 같은 나이였어요) 룽위 황후보다 일찍 시집을 가시게 되었지요. 짜이수는 그야말로 정통성 있는 황제의 자손이라고 할 수 있어요. 도광제의 손자이자 함풍제의 조카이시고 동치제, 광서제의 사촌동생이셨으니 높디높은 황족이라 할 수 있었지요. 하지만 싼뉴와의 혼인생활은 그다지 원만치 못해서 시시때때로 다툼이 일어났대요. 후에 룽위 황후 역시 황후마마가 되신 이후 부부생활이 원만치 못하셨지요. 게다가 날이 갈수록 사이가 멀어지셔서 결국 돌이킬 수 없는 지경까지 이르셨고요. 구이 마님은 속으로 화가 치밀어 오르는 것을 어쩌지 못하셨어요. 황손들이랍시고 꽝자위안을 얕보고 자신의 딸들을 무시해 꽝자위안의 체면을 떨어뜨렸다고 생각하신 거지요. 광서제는 룽위 황후에게 화가 나셔도 언쟁을 하지 않으셨어요. 그냥 없는 셈치고 피하셨지요. 베이징 말로 하면 아예 무시하고 내버려두신 거예요. 황후마마로서는 죽음보다 더한 고통이었지요. 하지만 구이 마님이 이 때문에 아무리 울화가 치밀어도 소용없는 것이 광서제는 흠을 잡아낼 수 없는 분이었어요. 그렇지만 짜이수는 달랐지요. 규방에서 말다툼이 일어나면 화가 나서 입에서 나오는 대로 말을 하게 마련이고 그러면 또 친정집의 좋고 나쁜 것까지 들쑤시게 되지요. 혼인을 주관한 사람에 대한 불만 같은 것도 터져 나오게 되고요. 짠뉴 또한 덕이 부족한 여자라 그 말들은 그대로 구이 마님 귀에까지 들어갔어요. 불에 기름을 끼얹은 셈이었지요. 구이 마님은 소매를 걷어붙이고 부군왕의 부인을 찾아가 따졌어요."

"부왕의 부인은 성품이 온화하고 부드러운 분이었어요. 누구에게 험한 말도 잘 못 하셨지만 도리에 있어서는 분명하신 분이었지요. 부왕 부인은 이렇게 말씀하셨어요. '규방 안에서의 말다툼은 젊은 부부라면 어느 부부에게나 흔히 있는 일이며, 누구의 잘잘못을 따지기도 어려운 일입니다. 부모된 사람으로서 더더욱 참견을 삼가야지요. 옆 사람이 끼어들수록 부부 사이는 더 멀어지기 마련입니다. 본래 감정이라는 것은 시비를 가리기 어려운 법입니다. 만약 그들 사이가 정말 심각하다 하더라도 잘 타일러서 지나친 말과 행동을 삼가도록 해야지요. 가정이라는 것은 화목을 중시해야 하는 법입니다.' 정말 이치에 맞는 말이지요. 부모된 사람으로서 한 가정을 지키는 바른 도리를 잘 설명해주신 거예요."

"하지만 구이 마님은 이런 이치를 고분고분 들을 분이 아니셨지요. 딸 문제로 화가 잔뜩 나서 왔는데 그 원망을 쏟아놓지 않고 그냥 갔겠어요? 구이 마님은 부왕 부인에게 삿대질을 하며 말했어요. '그래서 상관하지 않겠다고? 당신이 상관 안 하면 내가 하지!' 이렇게 해서 짜이수가 꽝자위안에 터뜨린 불만, 혼사를 주관하신 태후마마에 대해 내뱉은 원망의 말들을 하나하나 낱낱이, 있는 말 없는 말 모두 붙여서 태후마마께 고해 올리고 말았어요. 태후마마가 노하신 것은 당연했지요. 태후마마는 친정인 꽝자위안의 체면도 있고 자신의 위신을 위해서, 또 꽝서제에게 경고를 주기 위해서 이 일을 엄중히 다루셨어요. 가문의 어르신을 모시고 모든 왕족을 청해 짜이수의 죄상을 논하셨답니다. 짜이수는 입이 열 개라도 할 말이 없었지요. 다른 누구도 아닌 장모가 나서서 죄를 고하니 그저 엎드려

구이샹 부부의 노년 모습

처분만 기다릴 수밖에요. 태후마마가 대역죄로 참수해야 한다고 강경하게 나오시는 것을 다행히 도광제의 다섯째 왕자와 여섯째 왕자 공친왕이 극구 말리시고 부군왕의 후사 문제를 들어 간청을 드렸답니다. 그 덕분에 간신히 직위를 박탈하고 저택을 몰수하는 것으로 그쳤어요. 그리고 벌로 곤장 백 대를 맞고 영원히 종인부에 감금당하는 신세가 되었지요. 곤장을 맞을 때도 구이 마님이 직접 감시했어요. 매가 느슨해지는 것을 보면 곧바로 태후마마께 고해 곤장을 때리는 사람들도 감히 대충 때리지 못했답니다. 본래 종인부에서 형 집행을 할 때는 한 대, 두 대 소리만 크게 해서 곤장 수를 세지 실제로는 몽둥이를 가볍게 휘둘러요. 맞는 사람이 몇 번 크게 고함을 지르면 곧 끝나지요. 정말 제대로 때리는 일은 거의 없었어요. 하지만 이번에는 달랐지요. 정말 제대로 때리지 않으면 안 되게끔 구이 마님이 두 눈을 부릅뜨고 계셨으니까요. 그렇게 백 대의 곤장을 다 맞고 나니 짜이수의 바지에서는 피와 살이 한데 뒤섞여 범벅이 되어 있었대요. 그리고 부왕의 부인도 한순간에 베이징 서쪽 교외의 위취안 묘지로 옮겨가게 되었고요. 짜이수는 경자년에 서양인들이 베이징 성으로 쳐들어와 여러 죄인을 풀어주었을 때에야 비로소 풀려나 어머니와 함께 묘지 안에서 지냈대요. 그전까지 장장 10여 년을 종인부의 높은 담 안에 감금되어 있었던 거지요."

"이 일을 계기로 구이 마님은 왕가에서는 물론이고 조정과 재야에까지 그 명성을 두루 알리게 되었어요. '한번 붙으면 보통내기가 아니더라. 가짜로 때리지 않고 진짜로 때렸대. 살살 때린 것도 아니고 정말 사정없이 때렸대. 자기 사위를 피투성이가 되도록 때렸대.' 하지만 그 결과는 어땠을까요? 흥! 구이 마님의 집은 친척들의 발길이 끊어지고 딸은 아무도 데려가는 사람이 없어 몰래 쌴뉴를 자신의 집으로 데려와 생과부로 지내게 하는 수밖에 없었어요. 그분은 이렇게 눈앞의 일만 따질 뿐 앞뒤 안 가리고 나중에 돌아올 결과를 생각지 못하는 분이었어요. 자기 생각밖에 못하고 옆 사람을 돌아볼 줄 모르는 '유별난' 사람이었고요. 베이징 말로 소 힘줄 같은 성격이었지요. 게다가 죽어도 자신의 잘못은 뉘우칠 줄 모르고 누가 한마디 하면 오히려 더 목을 꼿꼿이 세우고 대거리를 했답니다."

여기까지 말하고 허 아주머님은 다시 말머리를 돌려 광서제와 그의 황후 룽위에 대해 이야기하기 시작했다.

──── 광서제와 룽위

"룽위 황후는 이런 어머니를 두었어요. 이런 어머니가 배경이 되었고, 이런 어머니 밑에서 가르침과 지지, 조종을 받았으니 생각해보세요, 황후마마가 다정하게 고분고분 광서제를 대할 수 있었을까요? 기회만 있었다면 그 자신도 광서제를 피투성이가 되도록 때렸을지 몰라요!"

"광서제도 이 점을 깊이 깨닫고 계셨지요. 하지만 도저히 참을 수 없는 때가 있는 법이에요. 광서제는 병이 깊었을 때 중난하이의 함원전涵元殿에 거처하셨어요. 이때도 류가 규범에 따라 광서제의 수염과 이발을 맡았지요. 광서제는 나무토막같이 말씀도 하지 않으시고 움직이지도 않으시고 그저 아랫사람들이 하는 대로 가만히 있으셨대요. 아랫사람들도 모두 광서제의 성격을 알았기에 서둘러 시중을 들고 성가시지 않도록 재빨리 물러갔어요. 혼자 있는 것이 몸에 밴 사람은 누가 옆에서 방해하는 것을 극도로 싫어하지요. 광서제 앞에서 시중을 드는 사람들은 모두 눈을 내리깔고 한마디 말도 없이 일을 했어요. 이것이 계속 관행처럼 되어버렸어요. 그 당시 황후마마가 자주 와서 문안을 드렸는데 광서제는 태후마마께 문안을 여쭐 때 외에는 늘 그랬던 것처럼 여전히 냉랭하게 한마디 말씀도 하지 않으셨대요. 사실 서로가 서로의 속내를 잘 알고 있었던 거지요.

광서제의 황후(룽위)

황후마마가 오신 것은 또 다른 임무 때문이었으니까요. 바로 황제의 상태와 기분을 관찰해서 말 한마디, 행동거지 하나하나를 태후마마께 보고하기 위함이었어요. 그래서 황후마마가 오시면 황상은 늘 불편해하시고 때로는 화를 내셨답니다. 광서제는 속이 좁고 쉽게 화를 터뜨리는 성격이셨어요. 다만 수년간의 궁중생활을 겪으시면서 얼마간 지혜가 쌓였지요. 하루는 황후마마가 알현을 마친 뒤 황상께서 '그만 물러가시오' 하고 분부하셨대요. 황제의 침전이니 누가 옆에 있는 것이 싫으면 나가라고 할 수 있는 절대적 권한이 있었지요. 더욱이 그때는 병중이었고요. 그런데 광서제가 두 번이나 이 말씀을 반복하셨는데도 황후마마는 못 들은 척하셨대요. 아무래도 윗분의 명령으로 온 것이니 믿는 구석이 있어서 그랬겠지요. 결국 광서제는 분노가 폭발하셔서 몸소 자리에서 일어나 황후마마의 머리칼을 붙잡고 끌어내셨고 그 바람에 옥비녀가 빠져서 떨어졌어요. 이 일은 광서제의 입장을 충분히 이해할 수 있지요. 광서제가 돌아가시기 열흘 남짓 전에 일어났던 일이었어요. 즉, 그 두 분은 죽을 때까지 마음속의 응어리를 풀지 못하셨던 거예요. 이러한 일은 광서제를 모셨던 태감이라면 누구든 한두 가지 정도는 알고 있답니다."

"우리가 쉬수에서 자주 들었던 말 중에 이런 것이 있었어요. '말 한마디로 흥하고 말 한마디로 망한다.' 또 속어로는 이런 말이 있지요. '좋은 일이 없는 것은 염려하지 않으나 좋은 사람이 없는 것을 염려한다.' 만약 룽위 황후가 좀 더 좋은 가정교육을 받았더라면, 출가한 뒤에도 잘 교육받고 배웠더라면, 좀 더 부드럽고 현숙한 태도로 광서제를 대했더라면 광서제도 사리를 모르는 분이 아니니 그렇게까지 냉랭하게 하시지는 않았을 거예요. 말하자면 황후마마는 친정어머니의 지시에 따르고 태후마마의 뒷배에 의지해 무턱대고 강경하게 맞대응하면서 결국 돌이킬 수 없는 지경까지 이른 거지요. 그분은 이미 아내로서의 미덕을 잃었어요. 청 말기 궁중의 내막을 살펴보면서 팡자위안, 그중에서도 구이 마님의 영향력을 가볍게 넘긴다면 이는 불충분한 것이에요. 청 말기의 역사를 이야기하는 사람은 누구나 이렇게 말하더군요. 부부간의 불화가 모자간의 불화로 이어지고 모자간의 불화가 정치적 견해의 불일치에 영향을 미쳤다고요. 만약 이 말이 사실이라면 부부간 불화의 가장 근본 원인은 팡자위안에서부터 시작되었다고 볼 수 있어요."

"나는 지식이나 교양과는 거리가 멀지만 『삼국三國』을 들어본 적이 있어요. 『소요진逍遙津』도 들어본 적 있고요. 한나라 헌제에게는 충성스러운 장인 복완伏完과 서로 아끼고 사랑하던 복 황후가 있었다지요. 하지만 광서제는 어떤가요? 자신의 아내조차 자신을 감시하는 적이었으니 스스로 고독한 신세를 한탄한 것도 무리가 아니었지요. 돌아가실 때까지 한을 품고 돌아가셨으니 함원전이 그야말로 함원전숨寃殿['원망을 품다'라는 의미]이 된 셈이에요. 내가 너무 노골적으로 말했지요?"

"그래도 무례한 일이지만 이 한마디를 더 해야겠어요. 이런 것을 알지 못하면 청대 궁중의 내막을 제대로 알 수 없으니까요. 마마의 친정집 입김, 등 뒤에서 오간 말들이 매사에 종종 결정적인 영향을 미쳤어요."

한 단락의 이야기가 끝나고 늘 그랬듯 잠시 침묵이 흘렀다. 그 시간 동안 우리는 이야기의 내용을 곱씹은 다음 사소한 부분이나 빼놓은 부분을 자유롭게 이야기하기 시작했다.

내가 먼저 입을 열었다.

"허 아주머님도 아마 「방자상전綁子上殿」이라는 연극을 보신 적 있으시겠죠? 이것은 당나라 때 곽자의郭子儀의 이야기예요. 곽자의는 당대의 군사전문가로, 반란을 일으킨 안녹산安祿山, 사사명史思明을 진압했지요. 곽자의가 안사의 난을 평정한 이후 당나라는 새로운 중흥을 맞이했고 자신도 이름을 드날리며 분양왕으로 봉해졌어요. 곽자의의 아들은 황제의 딸과 혼인해 부마가 되었고요. 그런데 뜻하지 않게 이 젊은 부부에게 말다툼이 일어났어요. 공주는 아버지인 황제를 믿고 남편 위에 서려고 했지요. 남자도 지지 않고 이렇게 말했어요. '당신 아버지가 황제의 자리에 계신 것은 다 우리 아버지가 뒤에서 받쳐주시는 덕이야. 우리 아버지가 보호해주지 않았다면 당신 아버지는 하루도 그 자리를 보전하지 못하실걸.' 그 말을 들은 공주는 성이 나서 그 일을 낱낱이 황제에게 고해바쳤대요. 곽자의는 이 사실을 알고 온몸에 식은땀이 났지요. 속으로 '이는 대역죄다. 빨리 내 아들을 붙잡아 죄를 청하는 수밖에 없다'고 생각했어요. 그런데 정말 뜻밖에도 황제가 미소를 지으며 이렇게 말했대요. '이보게, 그 두 아이가 규방에서 한 말일세. 자네가 나서서 뭣하나. 벙어리, 귀머거리가 아니면 한 집안 어른이 될 수 없는 법. 자네는 집으로 돌아가 마음 편히 계시게.' 그러고는 자신의 딸을 돌아보며 '이후 다시는 규방 안에서 주고받았던 말들을 규방 밖까지 떠들고 다니지 말아라'라고 훈계했대요. 서태후에게 이런 도량이 있었더라면 좋았겠지요. 태후라면 사실 이런 일은 식은 죽 먹기보다 쉬운 일일 테니까요!"

허 아주머님은 한참을 아무 말도 하지 않고 멍하니 앉아만 있다가 길게 한숨을 쉬며 이렇게 덧붙였다.

"어찌어찌 10년간을 이야기했네요. 하지만 그래도 아직 태후마마에 대해 다 이해하지는 못할 거예요. 태후마마는 오랜 시간 궁에서 온갖 암투를 겪으며 자라신 분이니까요. 강하고 거칠게 훈련되어오신 게지요. 누구를 대하셔도 '네가 잠시라도 내 기분을 상하게 한다면 나는 너에게 일생 동안 고통을 느끼게 해주마' 하는 태도로 대하셨으니 무슨 도량을 따지겠어요. 이는 아무리 가까운 사람이라도 예외가 아니었어요. 광서제를 대하는 것만 봐도 그렇잖아요. 태후마마 주변의 모든 이를 한번 잘 생각해보세요……"

──── 광서제

그럭저럭 허 아주머님과 10년의 세월을 이웃으로 함께 지내면서 광서제의 이야기를 적지 않게 들을 수 있었다. 하지만 따져보면 모두 단편적인 이야기들이었다. 예를 들면 이런 식이었다.

"광서제는 담이 작아서 여름에 천둥이 치는 것을 가장 두려워하셨어요. 일단 폭우가 쏟아졌다 하면 문과 창을 모두 단단히 닫고 태감들을 양쪽에 서 있게 하고 자신은 귀를 꼭 막고 계셨지요. 하지만 한편으로는 폭우가 쏟아진 다음 궁에서 수로를 따라 물이 졸졸 흘러가는 소리를 듣기 좋아하셨답니다. 그래서 자주 비를 맞으면서까지 위화위안 동북쪽에 있는 정자를 찾으셨지요. 정자 아래 연못에는 돌로 만든 배수구가 높이 걸려 있었어요. 후궁後宮의 빗물은 이 배수구로 뿜어져 나와 깊은 연못 속으로 쏟아졌지요. 마치 폭포 같은 모양으로 오랫동안 콸콸 소리를 내면서 위화위안의 개울로 흘러들어갔어요. 광서제는 바로 이 모습, 이 소리를 가장 좋아하셨어요. 또 있어요. 그분은 성정이 급하셔서 기분이 수시로 바뀌었어요. 광서제 수하의 태감들도 감히 그분 가까이 접근하지 못했지요. 자주 밤에 잠을 이루지 못하시고 한밤중에 일어나 공문서나 상소문 등을 읽기도 하셨어요. 그러다 마음에 안 드는 일이라도 생기면 곧 책상을 치고 욕을 내뱉으셨지요. 상소문을 보고 그러시는 것인지 시중드는 태감을 향해 그러시는 것인지도 모른 채 태감들은 놀라 가슴을 졸였답니다."

이런 지리멸렬한 일화처럼 허 아주머님은 많은 말을 하긴 했지만 종합해보면 몇 마디밖에 안 되는 짤막한 것들이라 기록하기가 쉽지 않았다. 자세히 생각해보면 이는 광서제의 성격과도 부합한다고 볼 수 있다. "구중궁궐에서 태어나 여인의 손에 자란"(송 태조가 이욱[당나라 멸망 후 오대십국 시대 남당의 마지막 황제, 남당의 후주後主]에게 했던 말) 그였기에 그토록 담도 작고 성미도 급했는지 모른다.

또 어떤 일은 기록할 만한 것이긴 하지만 사실인지 불분명할 때가 있다. "궁에 업고 들어가는 것背宮과 걸어 들어가는 것走宮"이 그 한 예다.

허 아주머님이 매우 익살스럽게 우리에게 말했다.

"아마 모두 궁 안에서 후궁을 부르는 이야기를 듣고 싶겠지요? 전해지기로는 황제가 저녁에 후궁을 부를 때면 우선 황제의 안전을 위해 후궁은 입고 있는 옷을 모두 벗고 소매 없는 망토만 걸친 채 태감이 황제의 침전으로 업고 들어갔다고 해요. 이것을 '궁에 업고 들어간다'고 하지요. 사실 제대로 얘기하자면 완전히 이런 것은 아니었어요. 황상이 침전에 드실 때면 태감이 승행부[황상이 총애하는 후궁을 기록한 명단]를 황상 앞에 올려 드렸지요. 물론 몸이 아프거나 월경 중인 후궁은 제외하고 그 외에는 황상이 마음대로 선택하실 수 있었어요. 그러면 태감이 등롱을 들고 그 후궁을 모시러 갔지요. 후궁은 미리 공손히 기다리고 있다가 태감이 오면 서둘러 몸단장을 마치고 태감의 뒤를 따라요. 태감이 앞서서 길을 안내하고 몸종이 그 뒤를 따르지요. 이렇게 황제의 침전 옆에 있는 편전으로 들면 이곳에서는 이미 준비가 다 되어 있어요. 몸을 씻고 화장을 하는 과정을 한 차례 거친 뒤 옷을 모두 벗고 소리 쳐서 명을 받들 준비가 되었음을 알리지요. 그러면 태감이 침전까지 업고 가는 거예요. 이것도 그저 몇 발자국 움직이는 것뿐이지 무슨 후궁을 업고 동궁에서 서궁까지 돌아다니는 게 아니랍니다. 이런 이야기는 모두 궁녀들끼리 한가하게 잡담을 할 때 마마님들이 하시는 이야기를 들은 것이에요. 그리고 우리가 궁에서 일할 때 이런 우스갯소리도 전해졌지요. 궁녀들 중에 누군가의 용모가 꽤 아름답고 맵시도 있으면 다들 그 사람을 두고 농담으로 이렇게 말했어요. '와, 머리부터 발끝까지 어쩌면 이렇게 예쁘니! 꼭 갓 피어나 이슬을 머금은 꽃 같구나. 조심해라. 저녁에 노공(태감)이 와서 업어갈지 모르니!' 또 누군가를 화나게 했을 때는 이런 욕도 들을 수 있었지요. '에잇, 저 썩은 혀뿌리 같으니, 나중에 성질 더럽고 덩치 크고 곰보에 구레나룻 시커먼 사내에게 시집 가버려라. 흑곰黑瞎子(둥베이 지방 말이에요)같이 네 얼굴을 핥아서 그 허튼 소리 좀 못 하게!' 이 역시 궁녀들의 재치 있고 해학적인 말이라고 볼 수 있어요. 이런 것을 보면 궁에서 전해지던 '후궁을 궁에 업고 들어가는' 이야 기 같은 것도 어느 시대부터 있었는지 불분명하지요."

"'궁을 걸어 들어가는' 것은 '업고 들어가는' 것과 차원이 달랐어요. 후궁이 궁에 걸어 들어간다는 것은 그만큼 황제가 그 여인을 마음 깊이 아끼는 사람, 마음을 터놓고 나누는 사람으로 여겨 황상이 정무를 처리하는 방에 들이신다는 뜻이거든요. 궁중의 법도로는 일반적으로 정무를 처리하는 방에 비빈이 출입하는 것을 엄격히 금했어요. 하지만 때로 후궁이 남장을 하고 이 방에 들어가는 것이 가능했답니다. 두루마기, 저고리를 입고 변발을 늘어뜨리고 가운데 벽옥이 박힌 둥근 모자를 쓰고 머리에는 붉은 매듭을, 발에는 연한 바탕의 긴 신을 신어서 젊은 도련님같이 꾸미고 말이지요. 들어가서 황상께 먹을 갈아드리거나 벼루를 받들 수도 있고 또 황상과 이런저런 이야기들을 나눌 수도 있었어요. 조정에 관한 이야기만 아니라면 말이에요. 또 시와 서화에 대해 이야기하거나 황상을 모시고 바둑을 둘 수도 있었어요. 이는 가장 총애받는 대우였답니다. 옆 사람의 부러움을 사기에 충분한 일이었지요. 한마디 더 하자면 이는 '궁에 업고 들어가는' 경우와 완전히 달라요. 우선은 신분과 격이 다르지요. 무술년 전에 광서제가 총애하시던 진비마마가 바로 이런 대우를 받았어요. 그래서 진비마마는 종종 남장을 하고 황상의 부르심을 기다렸지요. 이 때문에 진비마마를 시기하던 사람들은 진비가 조정 일에 간여한다느니, 복장이 궁중의 법도에 어긋난다느니, 남장을 즐기는 것은 크게 불손한 일이라느니 말들이 많았어요. 태후마마도 일찍이 이 일을 두고 조서를 내려서 진비마마를 거론하신 적이 있고요. 사실 그것은 모두 룽위 황후의 질투가 원인이

광서제

었답니다. 근비마마도 마찬가지였고요."

허 아주머님이 이야기한 이것은 풍문이지 결코 근거가 있는 사실은 아니다. 그래서 광서제에 대한 기록은 비교적 적어졌다.

진비만 봐도 결코 기품 있는 사람이 아니었고 진흙 속에서도 더러워지지 않는 고고한 인물은 더더욱 아니었다. 그녀 역시 정권을 농락하고 벼슬을 팔았다. 다만 서태후의 위엄이 그녀의 방자함을 가만히 두고 보지 않아 도리어 광서제의 동정을 사게 된 것이었다. 여기서는 광서제의 정치적 업적에 대한 이야기보다 그의 일상, 그중에서도 그의 사랑에 대해서만 이야기해보도록 하겠다. 우리는 그를 사랑에 눈먼 황제라고 말한다. 현재 적지 않은 사극이 만들어지고 있음에도 광서제의 사랑을 다룬 작품이 하나도 없다는 것은 퍽 아쉬운 일이다. 그의 사랑은 당 현종과 양귀비의 사랑이나 양산백梁山伯과 축영대祝英台[민간 설화이자 중국판 로미오와 줄리엣이라고 알려진 전통극 양산백과 축영대 이야기의 두 주인공]의 사랑과 비교해볼 때 몇 배나 더 드라마틱하다.

허 아주머님의 말을 빌리면 다음과 같다.

"류는 산시로 온 뒤부터 광서제 곁에서 시중들게 되었어요. 궁에서 왔기에 얼마간 의지가 되었고 규범도 잘 알았기 때문이지요. 리 대태감의 제자인 연고도 있었고요. 그도 광서제가 온종일 멍하니 앉아 있는 모습, 신분에 상관없이 아무하고나 거리낌 없이 대화하는 것, 음식도 가리기는 커녕 먹는 것에 일체 관심 없이 매 끼니를 탕 하나에 여섯 가지 반찬으로 때우는 모습을 직접 보았어요. 다른 사람들이 무엇을 먹든 그분은 시안에 도착할 때까지 계속 이랬지요. 가장 유쾌한 때는 광서제가 태감들과 함께 장기를 둘 때였어요. 그들과 아주 쉽게 어울려서 말이에요. 장기를 다 두고 난 뒤에는 다시 나무토막처럼 두 눈을 멍하니 뜨고 미동도 하지 않았어요. 조급하게 화를 내던 모습은 전혀 찾아볼 수 없었지요. 마치 마음을 단단히 먹고 바깥세상이 어떻게 돌아가든 백치가 되어버리기로 결심한 사람 같았어요. 혈기왕성했던 사람이 이 정도가 되기까지는 무척이나 힘든 일이었겠지요."

"광서제가 자나 깨나 잊지 못하는 것은 오직 단 한 사람, 자신의 마음을 알아주던 진비마마뿐이었어요. 진비마마에게 푹 빠지신 광서제께서 궁중 속 험악한 암투를 알기나 했을까요?"

"'황상이 이렇게 제게 잘해주시면 다른 사람이 저를 시기할 텐데 그것이 두렵지 않으십니까?' 달콤한 나날들 속에서 진비마마가 광서제를 향해 살며시 물으셨지요. '내가 황제이거늘 누가 감히 너를 어찌하겠느냐?' 광서제는 자신을 위풍당당한 천자로 여기셨어요. 누가 나에게 뭐라 하겠느냐? 이는 궁중에서 암암리에 전해지는 두 분의 대화랍니다. 결국 이 넘치는 총애는 궁중 안에서 여러 사람의 불만을 초래했어요. 가장 중심에 있는 분은 물론 태후마마셨지요. 태후마마의 도도하고 거침없는 성정으로 볼 때 천하에 자신이 내린 것을 받아들이지 않는 사람은 오직 광서제 한 분뿐이었던 거예요. '내가 너와 맺어준 황후를 그렇게도 멀리한다는 것은 하늘 아래 만인 앞에서 이 태후의 존엄에 흠집을 내는 일, 이런 굴욕은 반드시 갚아줘야 하는 법이다.' 광서제는 사랑에 눈이 멀었고 순진한 진비마마도 좀 더 일찍 조심하지 못하셨어요. 그 결과 한 분은 죽음에, 한 분은 감금되는 지경에 이르셨지요. '보복을 안 하는 것이 아니라 때를 기다릴 따름이다.' 태후마마의 독한 성품은 모르는 사람이 없지요."

"시안에서 우리가 북쪽 아문에 머무를 때(남쪽 아문은 총독의 아문이고 북쪽 아문은 순무의 아문이었어요. 태후마마는 먼저 남쪽 아문에서 지내시다가 나중에 북쪽 아문으로 옮기셨어요), 장소가 몹시 좁아서 황후마마와 황상이 한방에서 지내시게 되었어요. 가운데를 칸막이로 나누고 두 방이 연결되게 해놓았으니 이는 아마도 태후마마의 지혜였을 거예요. 하지만 광서제는 황후마마를 한 번도 거들떠보지 않으셨어요. 황후마마는 또 어떻고요. 역시 단 한 번도 숙이고 들어가신 적이 없으셨지요!"

"누군가는 진비마마가 돌아가시고 난 이후 진비마마를 향한 광서제의 마음이 근비마마에게로 옮겨졌다고 했지요. 하지만 그것도 사실무근이에요. 그런 일은 단 한 번도 없었어요. 광서제는 성정이 외곬인 데다 의심이 많은 분이었어요. 한번 마음을 먹으면 소 아홉 마리가 끌어도 돌이키지 않으셨지요. 그분은 근비마마가 결코 진심어린 충정으로 자신과 마음을 같이할 수 있는 사람이 아니라고 일찌감치 단정지으셨어요. 진비마마가 홀로 사람이 찾지 않는 방에 갇히시고 룽위 황후에게서 뺨을 맞는 수치를 당하실 때 그분은 이것을 분명히 깨달으셨어요. 근비마마도 일찍이 대세를 따라 이치에 맞지 않는 나쁜 말을 하셨거든요. 그래서 광서제는 근비마마도 냉랭하게 대하셨어요. 시안에 있을 때도 근비마마를 향해 단 한 번도 좋은 낯빛을 보이지 않으셨지요."

"신축년에 궁으로 돌아온 이후 광서제는 태후마마의 잔학함을 덮기 위해, 또 국내외 여론을 진정시키기 위해 진비마마가 서양인들에게 수치를 당할까봐 서양인들이 궁으로 들어오기 전 우물로 뛰어들어 정절을 지켰다고 말씀하셨지요. 그리고 특명을 내려 진비마마의 친정집 식구들이 우물에서 시신을 건져올릴 수 있도록 윤허하셨어요. 본래 규범에 따르면 후궁의 가족들은 후궁이 아이를 낳았을 때 외에는 일체 궁으로 들어올 수 없거든요. 평상시라면 태감을 통해서만 후궁의 소식을 들을 수 있었고 이 역시 태감들에게 몰래 한몫 쥐여줘야 가능한 일이었지요. 그러니 진비마마의 가족들을 들여 시신을 건져올리게 한 일은 크나큰 은혜라 할 수 있었어요."

"진비마마는 광서 2년(1876)에 태어나셨어요. 성은 타타라 씨他他拉氏이고, 팔기 중 양홍기鑲紅旗에 속했지요. 집안에서는 근비마마가 항렬이 더 높아 넷째이고, 진비마마가 다섯째였어요(진비마마의 가문은 중화민국 이후 탕唐 씨로 개명했어요). 광서 14년, 열세 살의 나이로 궁에 들어와 일찍이 동쪽 육궁 중 하나인 경인궁景仁宮에 거처하셨고, 광서 20년(1894)에 진비로 책봉되셨지요. 뛰어난 용모에 총명하고 서화를 즐겨 광서제의 사랑을 독차지하셨어요. 그 때문에 룽위 황후의 심기를 거슬러 태후마마의 지지 아래 고문을 당하시고 귀인으로 강등되셨다가 나중에 다시 비의 작위를 회복하셨지요. 광서 24년 변법자강운동이 일어났을 때 태후마마의 명에 따라 궁내 둥베이삼소에 유폐되셨고 2년 후 광서 26년(1900) 팔국연합군이 베이징으로 쳐들어올 때 역시 태후마마의 명으로 우물 속에서 세상을 떠나셨어요. 그때 나이 겨우 스물다섯이었답니다. 우리는 동시대인이라 할 수 있지요. 그분은 나보다 고작 다섯 살 위였어요. 이 모든 일은 거의 다 내 눈으로 직접 본 것들이고요. 그래서 진비마마에 관한 일은 비교적 분명히 알고 있어요."

"시신을 건지던 시기가 언제였는지는 잘 모르겠어요. 대략 궁으로 돌아와서 2년 뒤 늦봄에 건져올리는 작업이 시작되었을 거예요. 날씨가 아직 쌀쌀해서 진비마마가 우물에서 돌아가실 때와는 분위기가 많이 달랐지요. 정순문 안에서 낙수당까지는 접근 금지 구역으로 구분해놓았어요. 먼저 향을 피워 불교식 법사를 하고 밤을 새며 경을 읽었지요. 또 싸만이 굿을 해서 혼을 경인궁에서 이끌어냈어요. 친정집 사람들은 뼹 둘러서서 땅에 절을 했고요. 근비마마는 죽은 이가 자신보다 지위가 높았기 때문에 땅에 머리를 대고 절하며 예를 올렸어요. 정순문 안 동쪽의 북쪽 담장에는 바깥에 나무 닫집[옥좌 위나 불좌 위에 만들어 다는 집 모형]을 달았답니다. 이는 진비마마를 추도하기 위한 것으로 우물 입구를 정면으로 마주하고 있었지요. 황색 천으로 만든 발이 닫집 안 양쪽에 걸려 있고 닫집 밖 양쪽에도 마치 죽은 사람을 애도하는 대련처럼 두 폭의 황색 천을 걸

'진비의 인'이라 새겨진 금 도장

어놓았어요. 꼭 대련이 담벼락에 붙어 있는 듯한 모습으로요. 이상한 점은 거기에 아무런 글도 쓰여 있지 않다는 것이에요. 듣자 하니 닫집 안에도 아무런 글이 없다고 하더군요. 그 당시 나는 이미 궁을 떠난 뒤였고 이 일들은 모두 류가 이야기해준 것이랍니다(1946년 가을, 우리는 허 아주머님과 함께 고궁을 구경하러 갔는데 그 나무 닫집은 그때까지도 거기에 있었다)."

"우물에서 먼저 건져올린 것은 해진 대나무 돗자리였어요. 당시 진비마마의 몸을 싸맸던 것이라고 하더군요. 직접 건져올린 사람의 말을 들으니 시신은 심하게 부풀어오른 상태라 이미 형태를 알아볼 수 없었다고 해요. 우물 입구가 매우 좁아서 두 사람이 들어갈 수 없었기 때문에 입구를 쪼개고 건져올렸다고 하더군요."

"이쯤에서 그만 이야기할게요. 이야기하자니 끝이 안 나네요. 한 가지 중요한 것은 진비마마의 시신을 건져올릴 때 광서제는 모습을 드러내지 않으셨다는 점이에요. 이것도 류가 말해준 것이에요."

"나중에 광서제는 진비마마가 둥베이삼소에 계실 때 걸었던 낡은 휘장을 가져오게 해서 종종 이것을 멍하니 바라보셨대요. 그리고 그때부터 돌아가실 때까지 어떤 여인도 가까이하지 않으셨답니다. 진비마마에 대한 애틋한 정을 끝까지 지켰다고 할 수 있겠지요."

우리는 허 아주머님의 이야기를 듣고 절로 안타까운 긴 한숨이 흘러나왔다. 황제든 평민이든 사랑에 대해서는 지조가 있어야 하고 수없이 닥치는 시련에도 변하지 말아야 한다. 어찌됐든 이 이야기는 듣는 이의 감탄을 자아낼 일이다. 게다가 황제로서는 매우 드문 일이기도 하다. 좀 당돌하게 몇 마디 해본다면『홍루몽』에서 가보옥은 임대옥에게 '약수弱水[신선이 살았다는 물 이름] 삼천리라 하더라도 나는 한 바가지의 물만 취하겠노라……' 하고 맹세했지만 지켜내지 못했다. 그는 병약한 임대옥의 '정'을 더 사랑하면서도 한편으로는 아름다운 습인의 '육'을 사랑했다. 즉, 양자를 모두 저버리지 못한 것이다. 광서제는 결코 이렇지 않았다. 좋은 시절에도 오직 한마음으로 진비만을 사랑했고, 함께 시련을 겪을 때는 마치 한나라 말기 악부樂府에서 묘사된 한 쌍의 공작과도 같았다. 수컷과 암컷의 공작이 있었는데 암컷은 병들고 수컷은 몸에 상처를 입어 어찌할 수 없는 지경이 되었다. 수컷이 노래하면서 '내가 그대를 등에 업고자 하나 깃털에 힘이 없고 그대를 부리로 물려고 해도 부리를 벌릴 수가 없구나'라는 구절을 읊는다. 내 마음은 당신을 업고 가고 싶은데 안타깝게도 깃털이 모두 빠졌고 당신을 물어서 가려고 해도 사람 손에 부리가 묶여 있어 벌릴 수가 없다는 뜻이다. 무술년 이후에도 두 사람은 여전했다. '아름다움이 잠긴 우물가에 매미가 슬피 울던 가을'이라 할 수 있는 변고가 일어난 이후 다른 여인을 가까이하지 않겠다고 스스로 맹세한 것이다. 대고서大鼓書[중국 민간 노래이야기의 하나로 북과 함께 반주하며 두 사람이 이야기를 연창한다] 가사를 한마디 인용해보면 이렇다. "이 한 마음 일편단심 오직 너밖에 없으니 만약 다른 마음을 품는다면 하늘이 용서치 않으리." 이러한 마음과 몸으로 다른 이를 가까이 두지 않기로 맹세하고 한스럽게 세상을 떠났다. 그야말로 함원전에서 원망을 품고 떠난 셈이며 오직 하나의 눈먼 사랑을 진비에게만 쏟은 것이다.

  우리는 바로 이 사실에 있어 광서제에게 감탄했다. 거짓됨이 없는 진정한 사랑에 감탄했고, 꿈이 아닌 사실이라는 것에 감탄했다.

―― **부모가 준 골육은 버리지 않는다―어느 태감이 전하는 이야기**
  내가 또 한번 사족을 달까 한다.
  루쉰 선생은 일찍이 태감과 첩, 아편은 중국의 고유한 문화유산이라 할 수 있다고 말한 적이 있다. 물론 이는 반어법이다. 일단 문화유산이라 한 것은 그만큼 그 역사가 유구하다는 뜻이 된다. 태감이라는 기형적 존재 하나만 봐도 궁과 함께 탄생하여 중국에서 적어도 2000여 년의 시간 동안 존재해오지 않았나. 역대 중국 정치의 흥망성쇠는 종종 이 환관이라는 존재와 밀접한 관계가 있었다. 나는 역사를 잘 알지 못하고 정치는 더욱 모르는 사람이니 오로지 조금이나마 얻어들은 태감의 일상을 가지고 이야기해보겠다. 태감에게 있어서 가장 큰 일은 거세라고 할 수 있을 것이다.

나는 종종 스스로 반성해본다. 나는 학문을 한 사람이라고 할 수도 없고 또 학문을 하는 사람은 수신, 제가, 치국을 이루어야 하는데 나는 늘 책을 덮고 사색에 빠져 터무니없는 생각이나 하고 앉아 있다. 청대 초기 왕위창王譽昌이 쓴 「숭정궁사崇禎宮詞」의 글귀를 예로 들어보겠다.

"바람이 잎을 떨어뜨려 한순간에 우수수 흐트러뜨리고 물이 가득히 넘쳐 부평초가 도처에 널려 있구나.
기나라 사람이 하늘이 무너질까 걱정하는 것을 비웃지 마라. 오늘날 과연 하늘이 무너지는 것을 보게 되는구나."

본래의 주석은 다음과 같다. "당시 환관 7만 명이 모두 떠들썩하게 달아나니 궁 안 사람들도 급히 시내로 도망쳤다."

이 시는 갑신년 나라가 망하던 상황에 쓰인 것으로 육차운陸次雲의 『비궁인전費宮人傳』보다 더욱 생생하게 쓰여 있다. 명나라 숭정제崇禎帝는 "임금이 망국의 임금이 아니라 신하들이 망국의 신하들"이라 여겼다. 그는 여러 차례 조서를 내려 자신의 식사 가짓수를 줄인 근검한 왕이었다. 그러나 나라가 망하고 스스로 목숨을 끊을 그때도 후궁後宮 안에서는 7만 명의 태감을 양성하고 있었다. 정말 풍자거리가 될 만한 우스꽝스러운 노릇이 아닐 수 없다. 하지만 그보다 내가 말하고 싶은 것은 한 시대에 거세를 하고 궁에 의탁하여 산 태감이 무려 7, 8만여 명이나 되었다는 사실이다. 또한 이를 미루어볼 때 당시 거세술이 얼마나 보편화되었는지, 얼마나 정교하게 발달했는지 짐작할 수 있다. 청대에는 태감의 수가 비교적 적었고 또 상당히 엄격한 기준으로 뽑았다. 명대에 주로 외진 지역인 민시閩西, 산베이陝北에서 태감을 뽑았다면 청대에는 점차 루베이魯北, 지중冀中[허베이 성의 중부], 치난齊南 일대로 집중되었다. 이로 인해 거세술도 남북 두 파가 생겼다고 전해진다. 도자장들(거세를 담당한 이들은 그다지 덕스럽지 못한 일을 도맡아 했기 때문에 보통 폄하하는 의미로 도자장이라 불렸다) 역시 파벌을 지향함으로써 그 기술을 후손들에게 대대로 전수했다. 한나라 이전의 거세가 고환만 제거한 것인지騸 고환과 함께 음경까지 제거했는지劓는 아직 불분명하다. 한 무제 때에 이르러서야 다음과 같은 말에서 좀 명확해진다. "태사공(사마천)을 궁형을 받는 감방으로 보내 그 생식기를 거세하라." 궁형을 받는 감방은 온도가 높고 바람이 통하지 않는 방이었다. 생식기는 생식과 관계된 신체 부위를 말한다. 칼로 거세했는지, 활시위를 사용했는지는(강궁의 가는 활시위 한 쌍을 마주 죄어서) 이때도 알 길이 없다. 다행스러운 것은 태사공은 비록 쉰이 다 된 나이에 거세를 당했지만(왕궈웨이王國維 선생의 「태사공행년고太史公行年考」에 따르면 무제 3년, 즉 기원전 98년에 사마천은 48세였고 이해에 궁형을 받았다) 이후에도 한 무제를 따라 여기저기 돌아다니고 사원을 찾아가 참배할 수 있었다니(태사공 「보임안서報任安書」 참조) 거세 후 상태가 나쁘지는 않았던 모양이다.

베이징 성에는 거세에 있어 가장 권위 있던 두 세도가가 있었다. 한 명은 남쪽 거리南長街 회계사 후퉁會計司胡同의 비우畢五였고 다른 한 명은 지안문 밖 방전 후퉁方磚胡同의 '작은 칼잡이 류'였다. 두 집의 거세술은 대대로 전수된 것으로 황제의 작위까지 받았으며 두 사람 모두 6품 벼슬을

나이든 태감

받았다. 이는 현 관리보다도 한 급 더 높은 것이었다. 두 집은 계절이 바뀔 때마다 청 조정 내무부에 40명의 태감을 보내야 했다고 한다. 각 집에는 모두 거세 설비를 갖추고 있었다. 팔국연합군이 베이징에 쳐들어왔던 그 해에야 황궁에 태감을 공급하던 이 두 집의 독점 체제는 풀어졌다.

쓸데없는 이야기가 길어진 듯하니 허 아주머님의 이야기로 돌아가 보도록 하겠다.

허 아주머님은 다시 남쪽 창가 자리에 앉았다. 이곳은 허 아주머님의 전용 자리였다. 쌀을 고르거나 바느질할 때 이 자리에서 하면 햇살이 밝게 비쳐 일하기가 수월한 모양이었다. 허 아주머님도 확실히 나이가 드셨다. 눈 색깔도 흐릿해지고 눈 가장자리에는 적갈색 자국이 보였다. 아마 오랜 기간 화로에서 불을 피우느라 생긴 흔적인 듯하다. 이는 그분의 노년이 그리 안락하지 못함을 말해주는 것이었다. 그럼에도 허 아주머님은 언제나 말씨가 차분했다. 들떠서 수선스럽게 말한 적도 없었고 흥분해서 손뼉을 치는 일은 더더욱 없었다. 언제나 온화하고 차분하게 한마디, 한마디 이야기를 들려주었다.

"이런 일이 있었어요. 봄에 청명절이 지나면 우리는 곧 이허위안으로 옮겨갔지요. 궁에서 입던 솜옷을 입고 가서 돌아올 때 그대로 입고 왔어요. 솔직히 말하면 우리는 궁에 있는 것보다 이허위안에 있는 것이 더 좋았어요. 그저 풍경이 좋아서가 아니었지요. 뭐니 뭐니 해도 이허위안에 있을 때가 규범이 더 느슨하고 행동도 자유롭기 때문이에요. 또 가끔 놀 기회도 있었고요. 예를 들면 익모초[꿀풀과의 두해살이풀로 혈액 순환을 돕고 어혈, 자궁 수축, 불임증을 비롯한 각종 부인과 질환에 좋은 효과를 나타낸다]를 고를 때 등등 말이지요."

"태후마마는 젊을 때 월경과 관련된 질환이 있으셔서 여러 해 동안 익모초 고약을 사용하셨어요. 여름만 되면 손수 고약을 만드셨답니다. 일단 만들기 시작하면 세상에서 가장 좋은 것이 되어야 했지요. 천단에도, 이허위안 뒷산에도 모두 이 풀이 자라서 태후마마가 약을 만드시기에 충분했어요. 우리는 단오가 지나면 곧 익모초를 캐기 시작했어요. 익모초는 야생으로 자라는 대마처럼 잎이 길고 자잘하답니다. 수수 알 크기의 흰 꽃이 피고 흰 꽃잎 위로 미세하게 옅은 자주 빛깔이 보여요. 약 1미터 높이의 줄기들이 줄줄이 서 있었고요. 태후마마는 노년에도 이 약을 꾸준히 드셨어요. 혈액순환을 돕고 장의 열기를 가라앉히며 기운을 북돋운다고 말이지요. 우리는 익모초를 고를 만한 적당한 장소로 뒷산 근처 화중유[이허위안 완서우 산 서쪽 산자락에 세워진 정자식 누각] 서쪽 회랑 아래를 택해 그곳에서 일했어요. 여름에는 남쪽에서 바람이 불어와 매우 상쾌했지요. 장소도 좋고 태후마마의 칭찬을 받을 수 있는 일이어서 나이 많은 장푸 태감도 자주 왔어요. 어린 태감이 장푸에게 차를 가져다주면 그는 관동 담배를 피우면서 우리가 어떻게 익모초를 골라야 하는지 가르쳐주었지요. 나는 야간 당직을 마친 뒤 눈을 좀 붙이고 일어나면 자주 이곳으로 왔어요. 그런데 하루는 우연히 베어낸 익모초 속에서 대마 한 줄기를 발견했답니다. 아주까리나 야생 대마가 아니라 흔히 '냄새나는 대마'라고 부르는 종류였어요. 크고 짙은 녹색 잎이 사람 손바닥처럼 뻗어 있고, 눈처럼 흰 꽃은 종 모양으로 나팔처럼 벌어져 있었지요. 그 위로는 아직 모양이 잡히지 않은 열매 두 개가 보였어요. 작은 술잔 크기에 둥글고, 손으로 한번 비비면 잎에서 고약한 냄새가 났지요. 장푸 태감이 놀란 목소리로 말했어요. '이야! 이건 솜처럼 구하기 힘든 좋은 약재야! 내 생명을 구해준 보배로운 약이기도 하고.' 그가 혼잣말로 이렇게 중얼거리는 것을 듣고 우리는 어째서 이것이 그의 목숨을 구한 약인지 물었답니다."

"장푸 대감은 깊은 한숨을 내쉬더니 말했어요. '흔히 사람을 때릴 때 얼굴은 때리지 않는다고 하잖아. 다시 말해 사람의 자존심은 건드리면 안 된다는 거지. 조상님들이 하신 옛말에 불효에는 세 가지가 있는데 후손이 없는 것이 가장 큰 불효라고 하지. 태감은 바로 여기에 속해. 누구든 이런 태감들의 아픈 곳을 건드리는 사람이 있으면 우리는 그를 사람 밥을 못 먹고 큰 놈이라고 욕을 한단다. 일찍이 우리 대청국의 열조와 선왕께서는 태감들에게 지극히 후한 은혜를 베푸셨어. 태감이 설사 죄를 지어도 함부로 시장 구석 같은 데 보내지 않으셨지. 이미 한 번 칼을 맞아본 적이 있는 우리의 가련한 처지를 돌아보신 게야. 우리도 참 비참한 인생들이지. 젊은 처자들과는 이야기조차 제대로 나눌 수 없으니까.' 장푸는 띄엄띄엄 우리를 향해 이렇게 이야기를 시작했어요. 우리는 눈을 동그랗게 뜨고 그를 바라보면서 다음 말이 나오기를 기다렸지요."

"내 고향은 즈리 남쪽 지역인 허젠 부야. 찢어지게 가난한 동네였지. 땅은 염분이 많아 곡식이 나지 않았고 사람들은 정말 대책 없이 가난했어. 그래서 유난히 태감이 많이 나왔지. 대대로 태감이 되는 사람도 많았기에 거세에 있어서도 상당히 이름난 사람이 배출되었어. 사람들은 그를 장인이라는 존칭으로 대했단다. 쉽게 말해 도자장이지."

"거세술은 아버지가 아들에게 전수해줘. 듣기로는 거세에도 여러 기술이 있다더구나. 하지만 다른 사람에게는 비밀로 하고 절대로 전수하지 않는대. 태감들에게 있어 도자장은 중에게 수계[불교에 귀의한 사람이 지켜야 할 계율을 받는 일]를 주는 스승과 같은 존재야. 평생 가는 스승이지. 거세를 받고자 하는 사람은 먼저 스승을 뵙고 절을 한 다음에야 거세를 받을 수 있어. 그리고 태감이 되고 나면 얼마나 출세했든 거세를 해준 스승에게 최대한의 공경을 표하지. 스승을 뵐 때 가져가는 선물도 가장 평범한 것이 돼지머리(또는 닭 한 마리)와 백주 한 병이야. 거세할 때 지불하는 돈은 그 집 형편을 보고 상의해서 결정해. 대부분은 현금 없이 아이만 두고 이야기하지. 장래에 출세하게 되면 스승을 잊지 않을 테니 말이야."

"도자장은 거세를 받는 아이의 보호자 또는 대리인과 계약을 맺어. 당시에는 문서라고 불렀지. 노인과 젊은이 등 여러 사람을 들게 해서 증인으로 삼고 자원해서 거세를 받는 것임을 분명하게 쓰도록 했어. 또 생사에 책임을 묻지 않는다는 것도 말이야. 나중에 성가신 일이 생겨서 도자장까지 감옥에 가는 일을 방지하기 위해서지. 하지만 이것은 그리 중요한 게 아니야. 요점은 도자장은 아이에게 돈을 투자하는 것과 같다는 거야. 이 거세한 아이가 나중에 출세하면 그에 따라 재물이 들어오게 되니까. 그래서 도자장은 당장은 손해를 감수하고 몇 푼의 돈을 받지 못해도 그리 신경 쓰지 않아. 오로지 이 문서가 본인이 자원해서 거세했고, 한 푼의 돈도 취하지 않았다는 것을 명확하게 표명하면 나중에 자연스럽게 언외의 보답이 들어오거든. 하지만 이런 사적인 거래에도 생명을 보장하는 사람이냐, 거세만 하고 생명은 보장 못 하는 사람이냐에 따라 보상이 달라."

"거세를 받을 사람은 최소한 이것들을 마련해가지고 가야 돼. 첫째, 좁쌀 30근. 이것은 한 달 치 식량이야."

"둘째, 큰 광주리 몇 개에 옥수수심(옥수수 알을 모두 훑어낸 것, 온돌에 불을 피울 때 사용해)을 준비해. 셋째, 참깨 줄기 몇백 근(태워서 재를 만든 뒤 하체 부위에 뿌려서 지저분한 것을 씻어내는 데 사용해. 참깨 줄기 재가 가장 고와서 피부가 화끈거리지 않거든), 넷째, 창호지 50장(창에 잘 붙여서 바람이 통하지 않게 해)."

"우리 집이 가장 가난했어. 굶어 죽을 지경이 되니 칼 맞아 죽고 사는 문제는 더 이상 눈에 보이지 않더라고. 친지와 이웃들에게 구걸하듯 해서 좁쌀 20여 근을 얻고 장작 몇백 근을 짊어지고 창에 창호지를 발라서 거세해줄 분을 찾아갔어. 가서는 세발 나에게 거세를 해달라고 애걸했어. 거세하다 죽든 살든 하늘의 뜻에 따를 작정이었지. 그렇게 스승을 뵙고 절

태감들의 단체사진

을 한 다음 그분은 나를 자신의 집으로 데리고 갔어.'"

"'거세를 할 때는 계절을 잘 선택해야 돼. 가장 좋은 때는 늦봄 초여름이지. 기온이 높지도 낮지도 않고 파리나 모기도 없는 때라 가장 좋아. 거세를 하고 나면 아랫도리에 옷을 입지 못하도록 하거든.'"

"'거세를 하는 방은 침실 밖의 작은 독방이었어. 깨진 벽돌과 흙벽돌 부스러기를 쌓아놓은 방이었지. 시골에서 고구마를 심을 때는 먼저 뜨거운 온돌에서 싹을 틔우는데 바로 이 고구마 온돌방에서 거세를 했어. 겸용이었지. 온돌 침대 위에는 반드시 벽돌을 깔아놓아. 한 달 동안 대소변을 온돌 침대 위에서 보게 되니까. 이것도 아직 굽지 않은 흙벽돌을 깔면 변 때문에 진흙탕이 되기 때문에 반드시 완전히 구운 벽돌로 깔았어. 거세한 사람은 귀신이 울듯이 3, 4일을 울부짖어야 견딜 수 있어. 독방이 아니면 누구도 그 소리를 듣고 있기 어렵지.'"

"'거세하는 방 온돌 침대 위에는 판자 같은 나무 문짝을 하나 놓았어. 한 사람이 간신히 누울 수 있을 만큼 좁은 것으로. 양끝은 온돌 침대에서 13~16센티미터 높이로 밑에 벽돌을 받쳐놓았지. 나무 판 주변에는 축축하게 젖은 볏짚을 두었고. 거세하는 사람은 하루 전부터 아무것도 먹지 말아야 돼. 수술 후 하루 이틀간은 대변을 보지 않도록 말이야. 이때는 이미 보리 줄기가 길게 자랄 때라 긴 보릿대를 찾아서 잘라내. 자른 단면이 동글동글해야 하지. 새 보릿대는 부드럽고 수분이 있어서 요도에 끼워넣을 때 사용하는 거야. 문짝 가운데에는 여닫을 수 있는 구멍이 하나 있어. 대변을 보기 편하도록 만들어둔 것이지. 문짝에는 상중하 모두 쇠사슬이 있어서 거세한 사람의 손과 발, 허벅지를 단단히 묶어놓았어. 수술할 때 함부로 움직이면 안 되니까. 수술을 한 뒤에는 더더욱 손으로 함부로 만지거나 하면 안 되고. 세균에 감염돼서 곪을 수 있거든.'"

"'그럼 이제 '냄새나는 대마' 이야기를 해볼까. 여름에는 산의 양지 바른 언덕을 제외하고는 이것이 거의 자라지 않아. 입추가 지나서야 흙더미 위 또는 담장 모서리에 흩어져 있는 벽돌이나 기와 주변에서 뾰족하니 올라오지. 처음에는 자잘하게 한 줄기씩 자라다가 날씨가 서늘해질수록 점점 더 무성해진단다. 약으로 쓰는 대마는 갓 자란 것을 쓰지 않아. 한 해 전 가을 겨울에 난 것을 쓰지. 이 대마를 뿌리까지 잘 뽑아 지붕에 널어서 햇볕에 말리고 된서리를 맞고 한 다음, 잘 보관했다가 약으로 쓰는 게야. 주로 그 이파리를 쓰지. 그 밖에 쑥, 민들레, 인동덩굴을 준비해서 뜨거운 물에 달일 준비를 하고 하체를 깨끗이 씻어. 스승이 나를 자신의 집에 데리고 간 것은 손님으로 접대하기 위해서가 아니라 잡일을 시키기 위해서야. 이런 자질구레한 일을 전부 내가 해야 했으니까. 스스로 흙을 퍼서 무덤도 만들었어. 혹 수술이 잘못되어 죽으면 자신이 퍼낸 흙 속에 매장되는 거지. 당시 나는 이미 일곱 살이나 되어서 대강의 사정을 이해했어. 마음속으로 말할 수 없는 슬픔이 밀려와 얼마나 눈물을 쏟았는지 몰라.”

"스승은 신선한 돼지 담낭을 두 개 준비했어. 그들은 이런 것을 손쉽게 구할 수 있었지. 사람을 거세하는 일 외에 돼지, 말 같은 가축들을 거세하는 일도 함께 했으니까. 백정들과도 연결되어 있었고. 냄새 나는 대마를 삶을 때는 계란 두 개도 함께 삶아야 했어. 오래 삶을수록 계란이 더 단단해져서 좋았지.”

"어릴 적에 아버지를 따라 양을 치던 것이 떠올랐어. 설이나 명절이 되면 양을 도살장으로 보내는 데 따라가야 했지. 우리 아버지는 머슴살이를 했어. 양을 끌고 가는 일 같은 것은 당연히 아버지가 도맡았지. 양은 도살장에 도착해서 피 냄새를 한번 맡으면 좋지 못한 일이 벌어질 것을 예감하고 때려죽여도 안으로 들어가지 않아. 그래서 밧줄로 양 머리를 붙들어 매고 힘으로 끌고 들어가지 않으면 안 되지. 나는 종종 아버지를 도와 양을 끌었어. 그런데 이제는 내가 그 꼴이 될 참이었어. 나에게는 양처럼 저항할 권리마저도 없었어. 얌전히 아랫도리를 씻고 삶은 대마 즙을 마시고 알아서 나무 침대 위에 누워 조용히 내 살을 베어내기를 기다렸지. 생사의 계약을 맺은 후부터 친지는 더 이상 접근하지 못해. 일곱 살 된 아이였어도 그 상황이 이해가 돼서 울어도 소용없다는 것을 알았지. 그저 속으로만 눈물을 삼켰어. 내가 태어나자마자 어머니는 곧 돌아가시고, 내 위로 형과 누나도 많아서 나란 존재는 본래부터 보잘것없었지. 나까지 먹여 살릴 밥이 어디 있었겠어! 어린 나이였지만 나무 침대 위에 누워서 이런저런 생각들을 했어.'"

"'냄새 나는 대마 삶은 물을 마시고 나니 머릿속은 어질어질하고 멍했어. 또 살가죽은 붓고 마비가 왔지. 마치 내 몸 각 부위의 살이 전부 떨리는 것 같았어. 어릴 적에 나는 꽤 장난꾸러기였어. 한번은 뱀을 가지고 놀다가 잎담배 주머니 속에 있던 담뱃진들을 모두 꺼내 뱀의 입속에 밀어넣었던 적이 있지. 얼마 지나지 않아 뱀은 온몸을 떨기 시작했어. 누워 있으면서 나는 내가 지금 그때의 뱀처럼 담뱃진을 먹은 것 같다고 생각했어. 오래돼서 흐물흐물한 종이로 바른 창은 본래는 거무튀튀했지만 그때는 방이 비교적 환했어. 해가 이미 창문 가득히 들어왔지. 거세할 시간이 된 거야.'"

"'나는 고분고분 손발을 묶이고 허리 부분도 단단히 묶였어. 낡은 대님으로 눈을 가리고 참깨 줄기 재를 몸 아래에 뿌렸지. 누워 있는 나무 침대 위에다가도 뿌리고. 돼지 담낭은 두 조각으로 쪼개고 계란 두 개도 껍질을 잘 벗겨두었어. 보릿대 같은 것도 머리맡에 잘 두었고. 모든 준비가 끝나고 이제 거세할 순서가 되자 나는 도살당하는 양처럼 온몸의 살이 떨려왔어. 왠지 모르게 방 안이 몹시 춥게 느껴지고 위아래 이가 모두 덜거덕거렸지.'"

"'수술은 두 부위로 나뉘어서 진행돼. 첫 단계는 고환을 제거하는 거야. 우선 음낭 좌우를 각각 베어서 구멍을 내. 이때 가로로 베지 세로로 베지 않아. 그런 다음 먼저 힘줄을 끊고 구멍 밖으로 고환을 짜내기 시작해. 음낭을 짼 입구에서 짜내는데 이것이 말할 수 없이 고통스러워. 하지만 그것도 다 하는 요령이 있지. 짜내기 전에 껍질을 까놓은 삶은 계란을 입에 쑤셔넣어 내 목구멍을 막아. 소리를 못 지르는 것은 둘째 문제고 더 답답한 것은 숨을 쉴 수가 없다는 거야. 이러다가는 다른 것보다 숨이 막혀 죽을 지경이었어. 그것에 온 신경을 쓰느라 몸이 꼿꼿이 긴장되고 아랫배는 밖으로 땡땡하게 부풀어 오르지. 그렇게 죽을힘을 다해 버티는 틈에 고환을 짜내는 거야. 그러고는 잘라놓은 돼지 담낭을 음낭 양쪽에 붙여. 돼지 담낭은 끈적끈적해서 피를 멎고 붓기를 가라앉힐 수 있거든. 왜인지는 모르겠지만 나는 온몸에 식은땀이 났어. 머리카락 뿌리까지 땀방울이 찬 느낌이었지. 온몸에 힘이 하나도 남아 있지 않았어."

"두 번째 단계는 음경을 베는 거야(태감들은 음경을 변발이라고 부르는데 아마 채찍과 발음이 같아서 그럴 거야[변발을 뜻하는 변자辮子와 채찍을 뜻하는 편자鞭子의 중국어 발음이 유사하다]). 이는 기술을 요하는 작업이지. 만약 거세할 때 지나치게 얇게, 제대로 베어내지 못하고 남은 부분이 있으면 나중에 속에서 연골이 튀어나올 수 있거든. 그렇게 되면 반드시 2차 거세를 받아야 해. 속칭 밑동을 깎아낸다고 刷茬 하는 것 말이야. 2차 거세를 받을 때의 고통도 처음 거세 못지않아. 첫 거세 때 깊이 제대로 베어내면 나중에 완쾌되고 나서 살이 안으로 움푹하게 함몰된단다. 그래서 소변 볼 때 오줌이 부채 모양처럼 흘러나오지. 평생 불편한 노릇이야. 태감들 중 열에 아홉은 오줌으로 바짓가랑이를 적시는 고질병이 있는데 대부분이 거세의 후유증이란다. 거세를 하는 스승은 고환 제거를 마치면 칼을 갈아. 그리고 음경을 손가락으로 눌러보지. 뿌리 부분을 세게 눌러. 조수에게는 다시 차갑고 단단한 삶은 계란을 내 입속에 밀어넣어 목구멍을 틀어막으라고 하고. 나는 아랫도리를 부집게로 집는 것 같은 극도의 아픔을 느끼다가 한

순간 정신이 혼미해지더니 그다음은 아무것도 알 수 없었어.'"

"또 짧은 순간 하반신을 불로 지지는 듯한 고통이 느껴졌어. 이때는 이미 거세가 끝나고 보릿대를 끼워넣은 상태였지. 나머지 돼지 담낭을 나비 모양으로 쪼개서 보릿대 구멍만 남기고 상처 부위에 덮었어. 마지막으로 잘 깎은 좁은 나무 판을 내 두 다리 가운데에 놓고 음낭을 받쳤지. 이때 나는 온몸이 부들부들 떨려서 귀밑 살까지 뛰고 있는 것이 느껴졌어. 목구멍은 불이라도 지핀 것처럼 마르고 얼얼했지. 그러고 나서 한참이 지나니 한 사람이 들어오더군. 내가 그에게 물을 좀 달라고 하니 낡은 가죽 공을 하나 가져왔어. 가죽 공 위에 작고 둥근 구멍이 하나 나 있어서 그 구멍으로 물을 빨아들였지. 질항아리에는 내가 아침에 삶은 냄새 나는 대마 물이 들어 있었어. 2, 3일간 마시기에 충분할 만큼.'"

"도자장은 마음이 자애롭다는 말이 있는데 나는 안 믿어. 수술 전 대마 삶은 물을 마시는 이유는 정신을 혼미하게 해서 수술하기 편하도록 하기 위해서야. 수술 후에 또 대마 삶은 물을 마시는데 이는 설사를 유도하기 위해서지. 대마는 설사약이라 마시고 나면 소변 배출량이 줄어들거든. 이 역시 수술을 성공적으로 마치기 위해서야. 내 생각에 그들은 수술 받는 사람이 느끼는 통증에 대해서는 별로 생각하지 않는 것 같아. 이튿날이 되어서야 좁쌀죽을 주었는데 이 역시 낡은 가죽 공으로 죽을 빨아들여서 내 입에 갖다대주었어. 하긴 누가 살뜰하게 죽을 그릇에 받쳐서 내게 먹여주겠어! 그러고 나서는 나무 침대 아래 깨진 오지 대야 한 개가 놓여 있었는데 나더러 거기다 마음대로 설사를 하라고 했어.'"

"사흘을 그러고 있다가 아랫도리를 보니 쪼글쪼글한 빈 음낭만 남아 있었지. 하지만 고통은 아직 끝난 게 아니었어. 매일 세 차례씩 내 다리를 잡아당겼는데 한 번 잡아당길 때마다 내장이 끊어지는 듯한 고통이 느껴졌어. 온몸이 부들부들 떨릴 만큼 아팠다니까. 그렇게 잡아당겨주지 않으면 등이 구부러져서 평생 곧게 펴지 못한다더군. 나는 그저 모든 것을 견디어내는 수밖에 없었지.'"

"잘라낸 부위는 도자장이 보물처럼 전부 모아놔. 거세를 받은 사람은 이를 달라고 할 권리가 없어. 모두 도자장이 보관해두지. 도자장은 미리 되를 하나 준비해두는데 되 안에는 절반이 좀 못 되게 석회가 담겨 있어. 여기에 한 쌍의 고환과 한 개의 음경을 가지런히 놓으면 석회가 수분을 빨아들여 썩는 것을 방지하지. 그런 다음 거세 계약서를 기름종이로 잘 싸서 되 안에 넣고 붉은 천으로 입구를 단단히 봉해놓아. 그리고 조심스럽게 그것을 지붕 아래 대들보 위에 올려놓지. 이를 홍포고승紅布高升['홍포'는 붉은 천을 가리키며 '승'과 '되'에는 오른다는 의미가 있다]이라고 부른단다. 거세한 사람이 앞으로 계속해서 운이 트이고 출세하기를 미리 축원하는 거야. 나중에 거세를 받은 사람이 출세해서 자신의 몸에서 베어낸 물건을 가지러 오면 그때서야 들고 온 재물을 보고 되돌려준단다.'"

"우리 중국인에게는 좋은 전통이 하나 있어. 동서남북 어디로 가서 살든 나이가 들면 고향 땅으로 돌아와 그곳에 묻히고 싶어한다는 것이지. 사람을 묻을 흙은 어디에나 있지만 고향의 흙을 따져서 얼굴에 덮고 싶어하는 거야. 이것을 가리켜 낙엽귀근落葉歸根[떨어지는 잎은 뿌리로 돌아간다는 뜻]이라고 하지. 태감이 되고 나서는 아무리 고생스러워도 얼마간 돈을 모아서 자신이 잃어버린 물건을 되찾아오려고 해. 나중에 자신이 세상을 떠날 때 시신과 함께 관 속에 넣어야 하니까 말이야. 안 그랬다가는 조상의 묘에 들어가지 못하고 부모의 발아래 묻힐 수 없거든. 이것을 골육이 집으로 돌아간다고 말한단다. 젊은 사람들은 나이든 태감의 쓰라린 속을 이해 못 하지. 듣기로는 그것을 되돌려 받지 못하면 죽은 후에 염라대왕이 받아주지 않는다고 하더군. 남자고 여자고 육근(불교에서 말하는 눈視根·귀聽根·코嗅根·혀味根·몸觸根·뜻(念慮의 根)을 가리킨다)이 온전치 못한데 염라대왕이 무슨 수로 받아주겠어? 그래서 우리 태감들이 불쌍한 게야!'"

"'골육이 집으로 돌아간다. 이는 태감에게 있어 일생 중 가장 큰 경사야. 태감들은 대부분 40~50세가 되면 반드시 양자를 두기 마련이지. 그래서 양자가 나와 머리를 조아리며 아비의 되를 받들어. 아들이 해야 체면이 서지. 처음에는 거세한 가엾은 아이로 출발했지만 여기저기 부탁해 태감이 되고 20~30년간을 고생해서 품계가 올라가고 또 황상과 상전의 은혜를 입어 수중에 얼마간 은을 모으면 고향으로 돌아가 허리를 펴고 돈을 풀어 체면을 세우게 되는 거야. 이것은 아무것도 아니야. 가장 큰 수혜자는 바로 거세를 해준 스승이라고 봐야지.'"

"'태감은 선물을 가지고 우선 고향 땅에서 가장 유력한 사람에게 부탁해 거세해준 스승의 집에 인사를 드리러 가. 가서는 온 이유를 설명하지. 도자장들은 대대로 세상 물정을 알 만큼 아는 사람들이야. 허풍을 떨었다가 사람을 추켜세웠다가 하면서 이야기를 늘어놓는 가운데 상대방이 얼마만큼 돈을 쓸 것인지(보상의 규모) 정확히 파악해. 다들 음식을 보고 젓가락을 드는 일에 능한 사람들이라고. 몇십 년을 기다려 마침내 살찐 돼지가 상에 올라왔으니 한입 가득 물어야겠지. 그렇게 보상 액수를 이야기하고 나면 우선 은이 전달돼.'"

"'그러고는 정식으로 되를 받을 날짜가 되면 신부를 맞이하는 것과 비슷한 의식을 치른단다. 양자로 들인 아들이 꽃가마를 들고 붉은 쟁반을 받쳐 올리는데 안에는 온전한 모양의 마제은이 들어 있어. 이 은은 잔치 때 쓰는 돈이라 할 수 있지. 물건을 되돌려 받는 가격에는 포함되지 않아. 거세를 해준 스승의 집 문 입구에서는 줄 폭죽 소리가 가득 울리고 시끌벅적 크게 나팔을 불어대. 이것을 가리켜 도자장의 체면치레를 해준다고 하지. 도자장은 이때 명예와 재물을 둘 다 얻게 되는 거야.'"

"정식으로 되를 보내고 받는 의식은 굉장히 엄숙해. 도자장은 향로 며 촛대를 올릴 긴 탁자를 놓고 홍포를 깔고 되를 가지고 나오지. 탁자 둘레에는 손님과 친구들이 꽉 차게 앉아. 이때 가문의 나이 많은 어른이 주축이 되어 앞으로 나와 되를 받아들어. 그는 먼저 도자장에게 읍한 다음 되를 덮은 홍포를 걷고 처음에 썼던 계약서를 꺼내 친지와 친구들 앞에서 낭랑한 목소리로 읽어. 그리고 이 계약서를 되 안의 물건과 함께 오늘 우리가 되찾아간다는 것을 설명하지. 문밖에서는 또 한 차례 악기를 두드리는 소리가 울리고 줄 폭죽이 요란스럽게 터진단다. 되를 받는 태감은 거세를 해준 스승, 가문의 어르신, 손님과 친구들에게 여러 차례 공손하게 절하며 감사 인사를 올리고. 그런 다음 되를 붉은 쟁반에 받쳐 들고는 가마를 타고 묘지로 향해. 가문의 어르신과 도자장이 마차를 타고 그 뒤를 따르지.'"

"조상들의 묘에 이르면 태감은 먼저 도착해 공손히 기다리고 있고 가문의 어른 되는 사람이 제사상 앞에서 거세 계약을 낭독해. 오늘 골육이 집으로 돌아간다는 것을 선포할 때 또 한 번 줄 폭죽 소리, 악기 소리가 한데 뒤섞여 울리지. 태감은 그의 자식, 조카뻘 되는 사람들과 함께 꿇어 엎드리고. 그렇게 해서 거세 계약을 태우려는 순간 갑자기 간장을 끊는 듯이 길게 울부짖는 소리가 들려. 태감이 온 땅을 구르며 대성통곡을 하는 거지. '아버지가 나에게 뼈를 주시고 어머니가 나에게 살을 주셨는데 이제 내가 그것을 받들고 돌아가니 오늘이 바로 조상님을 새롭게 알고 조상님께 인정받는 날이구나!' 그렇게 거세의 비통함과 반평생의 고생, 가슴속에 첩첩이 쌓인 굴욕 등을 모조리 쏟아놓는 거야. 손으로 부모님 묘지의 흙을 두드리면서 쉰 목으로 소리 높여 외쳐. '아버지, 어머니의 피와 살, 이 아들이 하루도 잊지 않았습니다······.'"

"종이를 태운 재의 흩날림, 북풍과 들불, 공중을 나부끼는 의식적인 울부짖음, 이것이 바로 우리 태감들의 일생이야.' 장푸 태감은 가쁜 숨

위화위안에서 당직을 서는 태감들

을 몰아쉬며 이 긴 이야기를 들려주었어요. 이야기를 마치고는 찻잔을 받쳐 올려 얼굴을 반쯤 가렸지요. 분명 그의 눈에는 뜨거운 눈물방울이 맺혀 있었어요. 우리는 양옆에 앉아 나무토막처럼 누구도 그의 눈을 마주 보지 못했답니다."

"오랜 시간 침묵이 흘렀어요. 누구 한 사람 입을 열지 않았지요. 어린 태감 두 명만 얼굴을 돌리고 눈물을 훔쳐냈어요. 침묵을 깨고 마침내 장푸 태감이 천천히 입을 열었어요. '백 리가 떨어지면 풍속이 다른 법이지. 내가 태어났던 그곳은 가난해서 의술도 변변치 못했고 약재도 전부 땅에서 채집했어. 아마 그 밖의 지역에서는 조금 다르게 했을지 몰라. 하지만 나는 어느 곳이나 거의 비슷했을 거라 생각해. 우리 태감들에게는 공통된 명절이 있지. 4월 28일, 이날은 대대로 약의 왕, 신농씨神農氏의 생일이라고 전해져. 우리는 약의 왕을 모시는 사람들이야. 이날이 되면 우리끼리 서로 길일을 축하하지. 대략 거세 후에 무사히 회복된 것을 기념하는 날이라고 할 수 있어. 큰 수술을 받고도 죽지 않았으니 우리 사이에서는 진심으로 축하할 만한 일이지.' 그는 아래턱을 덜덜 떨면서 느릿느릿 이야기했어요."

"'태감이 궁에 들어갈 수 있다는 것은 검사에 합격했다는 뜻이지. 불합격한 태감은 절대로 궁에 들어가지 못해. 만약 검사에 합격하지 못한 태감이 궁 안에 있는 것이 발견되면 내무부 대신에서 경사방 총관에 이르기까지 목이 날아가는 꼴을 당하게 돼. 대청국 200여 년간 궁중은 최고로 깨끗했어. 태감의 몸을 검사하는 방은 궁 밖 징산 산 동쪽 면의 동북쪽 모서리에 있단다. 황화문黃化門이라고 하지. 황화문(지금은 후퉁 이름) 입구로 들어가면 큰 사찰이 나오고 사찰 담장 뒤에 방이 몇 개 줄지어 있어. 이 방들이 바로 태감의 몸을 검사하고 2차 거세를 하는 곳이야. 태감들은 1년에 한 번씩 몸 검사를 받아야 한단다. 궁 안의 태감뿐 아니라 각 왕부에 있는 태감들도 모두 이곳으로 와서 검사를 받아야 하지. 이는 경사방의 규범이야. 다만 좀 지위가 있는 나이든 태감들은 얼굴만 내밀고 잡담을 나누거나 차를 마셔도 돼. 이들은 이미 몇십 번이나 검사를 받아서 문제가 생길 염려가 없으니까. 이곳에도 도자장이 배치되어 있어. 2차 거세를 맡은 사람이지. 하지만 이것도 전부 태감으로 충당하고 일반 의사는 없어.' 장푸의 이야기는 여기서 끝났어요."

　　허 아주머님은 장푸 태감의 긴 이야기를 모두 들려준 후 얼굴이 흐려졌다. 두 눈을 멍하니 뜨고 있다가 굉장히 오랜 시간이 지나서야 정신이 돌아왔다.

　　다소 번잡스러울 것을 무릅쓰고 나는 여기에 태감의 이야기를 써냈다. 주된 이유는 이 신체적으로 비정상적인 사람들이 이미 역사 속에서 사라져가고 있기 때문이다. 베이징은 태감들이 집단적으로 거주했던 곳이다. 하지만 지금 살아 있는 태감은 한두 명에 불과하다. 게다가 이들마저도 이미 스스로 생활을 꾸려나갈 수 없는 지경이다. 아마 앞으로 환관의 생활을 소재로 한 작품은 갈수록 적어지지 않을까 한다. 장푸의 이야기는 모두 장푸의 입에서만 나온 것 같지는 않다. 허 아주머님은 리롄잉의 양자 류 태감에게 시집을 갔고 류 태감도 지난 일대(들은 바에 따르면 닝푸현) 출신이니 분명 그에게서 거세에 대한 것을 상세히 알게 되었을 것이다. 그리고 장푸 태감의 입을 빌려 류 태감의 이야기를 했을 가능성이 매우 높다. 궁중에서는 말을 할 때도 분별해서 가려 하는 것을 대단히 따진다. 장푸가 산전수전 다 겪은 나이 많은 태감임을 짐작해볼 때 결코 16, 17세의 다 자란 여인들 앞에서 그런 말을 거리낌 없이 하지는 않았을 것이다. 나는 이미 전부터 허 아주머님에게 태감들의 거세에 관한 이야기를 해달라고 여러 차례 청했다. 심지어 성생활에 관한 이야기까지 부탁했다. 되도록 지금 많이 들어두지 않으면 이런 사람들이 세상을 떠난 뒤에는 정말 자문을 구할 방법이 없다는 것을 알기 때문이다. 허 아주머님은 내 물음에 대한 직접적인 대답은 모두 피했지만 장푸 태감의 입을 빌려 어쨌든 답을 해준 셈이었다. 나는 크게 고마움을 느꼈다. 이 역시 그분의 지혜로운 면이라 하지 않을 수 없다.

──── 리 피석에서 은제장에 이르기까지─내가 알고 있는 리롄잉

"솔직히 말하면 나는 내가 겪은 지난날의 일들을 결코 이야기하고 싶지 않아요. 수년간 한데 쌓여 있던 앙금을 다시 휘젓는 느낌이랍니다. 특히 쓰라린 기억들은 상처와도 같아서 들추어내면 이전의 고통이 또다시 되살아나요. 돌이켜 생각할 때마다 그 비참한 고통이 되풀이되는 거지요. 그러니 웬만하면 생각하지 않는 게 좋아요. 뭐하러 굳이 자신을 괴롭히겠어요!"

리롄잉에 관한 것을 물었을 때 허 아주머님이 내게 하신 첫 마디였다. 흐린 눈을 아래로 내리깔고 얼굴의 주름이 한곳으로 단단히 모였다. 한눈에도 무척 괴로운 심정인 듯했다.

잠시 동안의 침묵이 흐른 후 허 아주머님은 혼잣말을 하듯 입을 열었다.

"옛 베이징에는 이런 속담이 있어요. '죽은 사람에게는 더 이상 원한을 품지 않는다.' 사람이 죽으면 모든 것이 끝나는 거지요. 사람과 귀신 간에 풀지 못할 원한이 어디 있겠어요? 나와 리롄잉의 관계도 '죽음으로 모든 원한이 끝난' 경우인 셈이에요."

"그는 내 은인이기도 하고 원수라고도 할 수 있어요. 궁에서 지낸 18년 동안 앞에서든 뒤에서든 언제나 나를 보호해주었으니까요. 정말 고마운 노릇이지요. 하지만 태후마마가 혼인을 정해주실 때 나를 류에게 보내신 것은 의심할 여지없이 리롄잉의 생각이에요. 내게 그런, 사람도, 귀신

서태후가 이허위안 인수전 앞에서 가마를 탄 모습.
앞의 오른쪽은 대태감 리롄잉이고 왼쪽은 두 번째 총관 추이위구이다.

도 아닌 삶을 살게 한 것도 바로 그였고요. 하지만 개인적인 은혜와 원한을 젖혀두고 논한다면 나는 그 사람에 대해 감탄하지 않을 수 없어요. 처세를 보든 사람됨을 보든 정말 대단했죠."

"여러 측면에서 그 이유를 들 수 있어요. 그에 대해 어느 정도는 상세히 알고 있으니까요. 하지만 내가 아무리 상세히 말한다 해도 수박 겉핥기라고 할 수 있을 거예요. 그가 어떻게 뇌물을 받고 어떻게 권력을 휘둘렀는지, 어떻게 사람을 모함했는지 등은 그만 알고 있는 비밀이니까요. 물론 나 역시 아는 바가 없고요."

"그는 지난 일대의 허젠 부 다이청 현大城懸 리자(李家, 李賈) 촌 사람이에요. 쯔야 강子牙河 주변 가까이에 있는 지역이지요. 베이징에서 300리 정도 되는데 거의 매년 홍수가 나는 곳이었어요. 여름에 비가 좀 많다 싶으면 여지없이 홍수가 나 농작물은 쌀알 한 톨 건지지 못했지요. 그 지방 토속어로 말하면 '두꺼비가 오줌을 싸니 물이 넘친다'고 해요. 그래서 이 지역은 무척 빈곤했어요."

"쯔야 강을 지나면 바로 허젠 부예요. 그 일대는 태감(속칭 노공)들이 많이 배출되는 지역이었지요. 청 황궁의 태감 중 90퍼센트는 베이징 남쪽 200~300리 반경에서 나왔어요. 유명한 추이위구이 역시 쯔야 강 주변 허젠 부 출신이고요. 강 하나를 사이에 두고 리자 촌에서 30리가 채 못 되는 추이장지崔張吉 마을 사람이지요. 추이장지 마을과 리자 촌은 땅이 서로 연결되어 있어서 두 마을 사람들이 서로 혼인관계를 맺는 경우가 많았어요. 매우 가까운 이웃 마을이라 할 수 있지요. 유명한 안더하이安德海 같은 사람도 역시 베이징 남쪽 칭靑 현 사람이에요. 추이위구이, 리롄잉의 고향과 불과 몇십 리밖에 떨어져 있지 않지요. 그 지역 사람들은 사투리가 심하고 비음이 세답니다. 멀리서도 그 지역 사투리를 알아챌 수 있을 정도예요. 이곳에는 신산한 우스갯소리가 하나 전해지지요."

"이 지방에는 독특한 개구리 한 종류가 살고 있어요. 청개구리라고는 할 수 없는 게 몸 색깔이 전부 황갈색이에요. 흙 색깔과 같았지요. 뾰족한 입에 바싹 마른 몸집, 거기에 두 뒷다리는 매우 길고 청개구리보다 몸집이 약간 작았어요. 생긴 것은 못생겼지만 커다란 볼주머니가 있어서 우는 소리가 무척이나 크고 낭랑했답니다. 또 리듬감도 강하고 콧구멍을 벌름거리면서 아주 센 비음을 내 울었어요."

"현지인들은 이 개구리를 '항비자骯鼻子'라고 불렀어요. 나도 이 개구리를 본 적이 있답니다. 류의 고향 사람이 베이징으로 가지고 와서 뜰 어항 속에 넣어 길렀거든요. 정말 시끄러웠지요."

"보통 사람들은 이야기를 할 때 상대방의 의견을 존중하는 의미로 또는 연배가 더 낮은 사람이 높은 사람의 분부를 들을 때 종종 몸을 숙이면서 '네' 하고 대답하잖아요. 다이칭 현 부근의 사람들은 상대방의 이야기에 말대답을 해줄 때 종종 '응, 응' 하고 대답해요. '응' 할 때의 비음도 매우 세고요. 그 지역 사람들이 한방에 모여 대화하는 것을 창밖에서 들으면 센 비음으로 '응, 응' 하는 소리가 끊임없이 들린답니다. 베이징 남쪽 다른 현 사람들이 그들을 가리켜 '항비자'라고 하는 것도 다 이런 이유에서이지요."

"진짜 항비자는 특징이 하나 있어요. 봄에 번식을 하지 않고 여름철 비가 연일 계속되는 장마 때 번식을 하지요. 그래서 현지인들 사이에서는 이런 속담이 있어요. '폭우보다 항비자 우는 소리가 더 무섭다.' 사실 장마가 아닌 그냥 여름 폭우는 한차례 거세게 내렸다가도 금방 지나가서 크게 무서울 게 없잖아요. 하지만 항비자들이 번식기를 맞아 울기 시작하면 곧 장마가 시작된다는 것을 알 수 있지요. 흐린 날씨가 계속되고 홍수가 나서 땅에 물이 넘칠 것을 예고하는 것이나 다름없었지요. 그렇게 되면 현지인들은 흉작과 기근에 시달리고요. 그래서 이런 말이 생겨난 거예요. '항비자가 마구 울어대니 사람들은 무서워 심장이 뛰고 살이 떨린다. 젊은이들은 기근 때문에 살던 곳을 떠나 여기저기로 흩어지고 늙은이들은 배고픔을 못 견뎌 목을 맨다.' 거리 곳곳에서도 젊은이들의 이런 대화를 들을 수 있었어요. '응, 응, 조추하러 가자. 조추하러 가자.' '조추找秋'란 현지 말로 밖으로 나가 품팔이를 한다는 뜻이에요. 즉, 이런 말이지요. '우리는 이제 어쩔 수 없어. 그만 도망가자. 도망가서 기근을 피하자!' 이렇게 해서 이들은 찢어진 밀짚모자를 쓰고 작은 낫을 허리 뒤에 꽂고 마을을 떠나요. 낡은 저고리를 겨드랑이에 끼우고 전 재산과 비상식량을 챙겨 갈 곳도 없이 구걸을 하며 떠돌아다니는 거지요. 이곳이 바로 리렌잉의 고향이었어요."

"리렌잉의 조부모님은 바로 이 연일 장맛비가 쏟아지는 계절에 굶주림으로 쓰러지셨어요. 장마가 지나고 나서는 또 가을 전염병이 돌았지요. 불행이 꼬리를 물고 찾아온 거예요. 안타깝게도 두 노인은 아들 한 명만 외로이 남겨두고 함께 저세상으로 떠났어요. 이제 갓 열일곱 살 먹은 아들은 이름이 리위李玉였어요. 어릴 때는 쇳덩이라고 불렸고요. 이 사람이 바로 리렌잉의 아버지예요. 흔히 타지 사람은 속여도 고향 사람은 속사정을 잘 알고 있어서 못 속인다고 하잖아요. 이 말은 전부 추이위구이가 한 말이에요. 시골 사람들은 조상 대대로 한 지역에 살기 때문에 한 다리 건너 친척이지요. 리렌잉의 종고모는 추이위구이의 사촌형에게 시집갔어요. 또 리렌잉은 추이위구이를 종숙이라고 불렀지요. 그해 리 씨 집안에서 일어난 일들은 추이 집안도 대부분 다 알았어요."

"리위 역시 부모님의 장사를 치르고 나니 아무것도 남은 게 없었어요. 시골에서는 이를 '엉덩이를 두드리며 이사를 간다'고 말하지요. 그저 구걸에 품팔이를 하며 목숨을 부지하는 수밖에 없었답니다. 다행히 아직 어려서 먹는 것만 밝힐 뿐 품삯도 바라지 않고 근처 마을들을 어슬렁거렸지요. 이때 같은 종씨의 리주李柱라 하는 친척 아저씨가 있었어요. 리주 내외는 아들도 딸도 없어서 자주 그에게 먹을 것을 주며 도와주었지요. 리위도 눈치가 빠른 아이라 이들이 오랜 기간 자신이 비빌 수 있는 언덕이라는 것을 알아차리고, 봄에 파종할 때나 가을에 수확할 때면 부르지 않아도 와서 일을 거들곤 했어요. 특히 돼지를 먹이고 맷돌을 갈고 닭장을 청소하는 등 숙모가 할 일을 일일이 대신해주어서 노부인의 환심을 샀지요. 몇 년이 지나 두 노인은 나이가 더 들면서 리위를 아들로 삼았답니다. 이때 리위는 이미 한 집안 살림을 떠맡을 만한 건장한 청년이 되어 있었어요."

"게다가 리주 내외는 조금씩 사들이고 모은 20여 묘의 땅과 약 반 묘의 밭이 있었어요. 돌볼 자식이 없었으니 한번 들어가면 나오지 않고 일만 하며 세월을 보냈지요. 또 대저택에서 하는 것을 본떠 집을 한 채 세우고 영덕당永德堂이라고 이름 지었어요. 장에 나가 물건을 팔 때도 상호가 있어야 하니까요. 나중에는 정말 대단했어요. 리렌잉의 영덕당에 대한 명성이 지난 전역에 퍼지면서 몇백 경頃의 땅에 소작인들 우두머리만 열 명이 넘었답니다. 세금 징수 장부만도 몇 자루나 되었지요. 현령들조차 놀라서 덜덜 떨 정도였어요. 이 이야기는 주제에서 벗어나니 잠시 접어둘게요."

"리주 내외가 리위에게 혼담을 꺼낼 때가 되었어요. 집안의 큰일이었지요. 두 내외가 허리띠를 졸라매며 모은 가산인데 어떻게 아무에게나 넘겨주겠어요? 옥신각신 여러 차례 의논을 하다가 부인의 의견이 우세해서 친정집 질녀를 신부로 맞이하게 되었답니다. 어쨌든 가산이 남의 손에 넘어가진 않은 셈이 되었지요. 노부인은 대단히 만족해했어요. 이렇게 해서 들어온 신부가 바로 리렌잉의 어머니, 유명한 조曹(차오) 씨 부인이랍니다."

"조 씨 부인이 유명한 것은 용모가 빼어나서가 아니에요. 바로 뛰어난 일솜씨 때문이지요. 조 씨 부인은 예쁜 얼굴은 결코 아니었지만 이목구비가 고르고 사람이 성실하다는 인상을 주었어요. 장에 나가든 밭일을 나가든 언제나 손끝이 여물었지요. 시부모에게는 효성스럽고 이웃들과도 사이가 좋았어요. 가난한 집 사람 특유의 거칠고 고생에 찌든 느낌이 전혀 없었답니다. 특히 시어머니에게 그렇게 잘했어요. 집안이 잘되고 안 되고는 바로 여기에 있어요. 시어머니와 며느리 사이가 좋으면 부자간에도 좋은 영향을 미치고 집안도 장작불이 활활 타오르는 것처럼 잘되지요. 금상첨화라고 이듬해에는 건강한 아들까지 낳았답니다. 후손이 없던 집안이라 오랫동안 아이를 보지 못한 터에 노부부 내외에게 큰 기쁨을 안겨다준 셈이지요. 조 씨는 일을 잘할 뿐 아니라 아이도 쑥쑥 낳아 잘 길렀어요. 아들을 잇달아 다섯이나 줄줄이 낳았지요. 큰아이는 건강하고 포동포동했지만 조금 모자란 데가 있었어요. 하루 종일 주는 대로 먹고 잘 때 되면 잤지요. 머리가 좀 느리고 아둔한 구석이 있었지만 성격은 고분고분하고 일도 굉장히 잘했어요. 둘째 아들은 굉장히 총명했어요. 눈은 그리 크지 않았지만 눈알을 또랑또랑 굴리는 것이 할머니, 할아버지의 사랑을 듬뿍 받았지요. 그래서 이름도 지링機靈이라 붙여졌답니다. 이 아이가 바로 그 이름 높은 리렌잉이에요."

"흔히 될성부른 나무는 떡잎부터 알아본다고 하잖아요. 아이가 영리한지 아닌지는 어릴 때부터 알아볼 수 있지요. 지난 일대는 비록 가난한 지역이긴 했지만 좋은 풍습이 하나 있었어요. 겨울이 오면 장도 서지 않고 논밭도 텅 비는데 이때를 이용해 아이들에게 공부를 시켰지요. 그렇다고 무슨 학교나 서당에 보내는 것은 아니었고 겨울 3개월 동안 글자를 익히는 정도였어요. 대략 입동 후에 시작해서 음력 12월 15일 전후에 마쳤지요. 글을 가르칠 선생을 한 분 청하고 빈방을 하나 마련하면 그만이었어요. 어느 집 아이든 오고 싶은 대로 오면 되고 자리도 고정되어 있지 않았지요. 등받이 없는 긴 나무 의자를 옮겨 온돌 침대 가장자리 아래에 앉으면 모든 수업 준비가 다 된 셈이었어요. 선생님도 수업료를 따로 받으려 하지 않았고요. 그저 때에 따라 장 씨 집 아이가 자잘한 땔나무 조각을 한 광주리 짊어지고 오거나 이 씨 집 아이가 대추를 쥐고 오는 식이었어요. 심지어는 아무것도 가져오지 않고 수업을 받은 뒤 나중에 여름이 되어 선생님께 채소 몇 포기를 가져다드리는 경우도 있었지요. 이 모든 것이 다 수업료인 셈이었어요. 시골 사람들은 이를 스승의 은혜에 보답하는 정이라고 불렀답니다."

"선생의 학문 수준은 가장 높아봤자 『백가성百家姓』『삼자경』『천자문千字文』을 읽을 수 있는 정도였기에 학생들도 이것만 배웠어요. 그래도 선생은 절대적 권위가 있었지요. 부모들은 아이를 보낼 때 아이에 대해 행사할 권위까지 선생에게 위임했어요. 아이가 말을 듣지 않으면 제대로 맞도록 했고 맞아 죽어도 선생을 원망하지 않았지요. 선생이 담뱃대를 들고 담뱃진을 질겅질겅 씹다가 누가 공부를 제대로 안 하는 것이 눈에 띄면 곧바로 담뱃대가 날아갔어요. 구리 대통이 머리를 '딱' 치면 꿀밤이 따로 없지요. 하지만 굴레 없는 망아지처럼 날뛰는 녀석들이니 그냥 넘어갈 리 있나요. 그래서 낭랑하게 책 읽는 소리 가운데 자연스레 '주오정왕, 스승님은 침대에 누워, 노사정상, 종이를 이불 삼아 덮으시고' '사람은 태어날 때의 본성이 선하다. 담배통에 계란을 볶아 먹자. 아버지는 맞으면 맞을수록 공부를 더 안 하신다'와 같은 말들이 섞이게 되지요."

"내가 말하지 않아도 알겠지만 이 모든 것은 류가 자세히 이야기해 준 것이에요. 안 그러면 내가 어떻게 이런 일들을 알았겠어요."

"일곱 살 된 지렁은 다른 아이들처럼 이런 어리석은 짓을 하지 않았어요. 그는 겨울이면 매일 아침 일찍 글방에 가서 청소를 싹 해놓고 선생님의 담배 소쿠리 속 연초 줄기를 골라냈지요. 저녁에 공부를 마치면 선생님을 도와 온돌에 불을 땠고요. 그래서 선생님의 귀여움을 듬뿍 받았답니다. 또 그는 '책을 읽고 뜻을 모르면 곡식을 심고 김을 매지 않는 것과 같다'는 어머니의 말씀을 잘 새겨듣고 글자를 안 이후부터 곧잘 선생님께 그 의미를 물었어요. 어린 나이에 그 짧은 몇 달 동안 『백가성』을 거의 다 떼었으니 정말 대단하지요. 이때부터 글공부의 기초가 다져진 거예요. 또 글씨 연습도 좋아해서 일이 없을 때는 땅에다 제멋대로 글씨를 쓰며 놀았답니다. 리렌잉은 어릴 때부터 이렇게 똑똑했던 사람이었어요."

"집에 있을 때도 그랬어요. 여름이면 일찍 일어나 아버지를 따라 밭에 물을 주었어요. 아버지가 달구지를 몰고 가면 그는 땅뙈기의 틈을 파내는 일을 맡아 했지요. 가을이면 아버지와 함께 채소밭에서 벌레를 잡았고요. 만약 어머니가 밭일을 하시고 할머니가 마당에 나가시면 집을 지키며 남동생을 돌보았어요. 어릴 때부터 이렇게 부지런하고 믿음직스러운 아이였던 거지요. 이런 성격은 전부 어머니인 조 씨 부인 손에서 길러진 것이었어요. 그만 그랬던 것이 아니라 그 밑의 세 남동생도 모두 행동거지가 단정하고 착실했지요. 사람들도 모두 지렁이 동생들을 잘 데리고 다닌다고 칭찬했어요."

"하늘에는 예측할 수 없는 풍운이 일어난다고, 지렁이 일곱 살 먹은 바로 그해 말에 늙은 리주는 세상을 떠나고 말았어요. 갑작스런 변고에 리위는 큰 충격을 받았고 리위의 가정은 거의 망할 지경이 되었답니다."

"그 속사정을 차근차근 이야기해보자면 이래요. 흔히들 '자손이 없는 사람은 재산에 집착하고, 나이든 사람은 목숨을 아까워한다'고 하잖아요. 평상시에 리주는 이웃이나 종친들에게 인색했어요. 남들이 그에게 빌붙을까 두려워했지요. 리위를 양자로 들인 것도 그가 건장하고 일을 잘하는 것을 탐내서였어요. 또 부모 없는 혼자 몸이라 이후에 무슨 성가신 일이 없을 것 같아서이기도 했고요. 하지만 시골 사람들은 전통적으로 양자로 들인 자식에 대해서는 대단히 엄격해서 무슨 일이든 불합리하다 싶은 일이 생기면 종종 집안 간에 싸움이 일어나기도 했어요. 리위는 본래 리주의 친아들도, 친조카도 아니었고 가까운 일가도 아니었지요. 혈통으로 따지면 리주의 재산을 물려받을 권리가 전혀 없었어요. 전통적인 규범에 따르면 친아들이 없으니 마땅히 가까운 혈통의 조카가 재산을 물려받아야 했지요."

"리주에게는 친조카는 없었지만 가까운 일가 중 조카가 있었어요. 이 가까운 조카를 놔두고 먼 친척을 양자로 들인 것은 본래부터 불합리한 일이라 일가 쪽에서는 받아들일 수 없다는 입장이었지요. 모두 혈안이 되어 불편한 심기로 그를 바라봤어요. 시골 사람들은 돈 몇 푼에도 눈이 벌게지기 마련인데 하물며 한집안의 재산이니 어쨌겠어요."

"과연 누가 리주의 뒤를 잇는 사람이 되느냐 하는 문제는 돌아가신 노인의 장례 때 누가 조기弔旗를 드느냐 하는 것에 달려 있어요. 그래서 리주가 세상을 떠나고 장례를 치르기 전 누가 조기를 들 것인지 논의해야 했지요. 시골에서는 이것을 '절손한 집 조기를 두고 다툰다'고들 말해요. 전통 관습에 따르면 조기를 들고 장례 행렬의 앞에 서는 상주에게 계승권이 있었거든요."

"이러한 역경 가운데서도 리위는 냉정을 잃지 않고 영리하게 행동했어요. 누구에게나 읍하고 머리를 조아렸지만 마음속은 '풍랑이 일어나도 고기잡이배에 침착하게 앉아 있는' 모습이었지요. 자신이 직접 나서지 않고 리주의 부인이 나서게 해서 어찌됐든 우선 리주의 장례를 치르게 했지요. 노부인은 자신이 리주의 유해가 담긴 항아리를 안고 가겠다고 했어요. 그런 다음 다시 재산 문제를 논의하기로 했지요. 이에 조카들도 고개를 끄덕일 수밖에 없었어요. 노부인의 이런 지혜는 물론 모두 조 씨의 생각이었어요. 노부인이 하루라도 살아 있는 한 가산은 누구도 나눌 수 없으니까요. 노부인의 죽음을 돌볼 자식이 아니고서야 누구든 가산을 나누어야 한다는 말을 입 밖에 낼 수 없지요. 대단한 수였어요. 덕분에 가산을 두고 일어난 풍랑은 잠시 잠잠해졌지요."

"하지만 리주의 부인도 내심 알고 있었어요. 수년간 고생해서 모은 재산이지만 지켜낼 수 없다는 것을 말이지요. 그래서 리주의 장례 때문에 빚을 졌다고 크게 소문을 낸 다음 먼저 밭을 팔고 그다음 땅을 팔았어요. 마침 조 씨 부인의 친정집 사촌오빠가 손재주가 좀 있어 베이징에서 피혁점을 하며 먹고사는데 설을 맞아 그와 계획을 세웠지요. 리위는 조 씨 부인과 의논을 마친 뒤 좀 더 근본적인 해결 방법을 썼어요. 노부인과 큰아들을 집에 두고 노부인에게 집에서 땅을 팔게 한 뒤 그 돈을 조금씩 베이징으로 옮겼답니다. 이 모든 것이 조 씨가 중간에서 다리를 놓고 힘을 쓴 덕이었지요."

"리위가 왜 고향을 등지고 베이징 성에 가게 되었느냐고 묻는다면, 표면적으로는 베이징에 가서 장사를 하기 위해서이지만 실질적으로는 종친들 등쌀에 리자 촌에서 쫓겨난 것이라 할 수 있어요."

"리렌잉이 베이징에 오게 된 것도 이 때문이었어요. 지금 하는 이 이야기들은 결코 시시콜콜한 잡담이 아니에요. 리위가 누리던 번영은 산산이 부서지고 가산은 눈앞에 뻔히 보면서도 지켜낼 수 없게 되었어요. 마음속에 분이 가득 쌓인 것은 당연했지요. 조 씨 부인 역시 시어머니와 한마음으로 리위 대신 불평하면서 두 내외가 불만을 가득 품고 베이징에 오게 되었어요."

"날이 갈수록 아이들은 많아지고 생활은 막막했어요. 코앞에 닥친 상황이 이러니 리위와 조 씨 부인은 자연히 조급해지고 여러 생각을 하지 않을 수 없었지요. 다시 득의양양하게 고향으로 돌아가자면 그나마 가까운 방법은 아이가 태감이 되는 것뿐이었어요. 지렁은 이미 여덟 살이 되어 마침 거세하기에 적합한 나이였지요. 그러니 그 아이를 태감으로 만들 것을 생각하지 않을 수 없었답니다. 리위는 여러 차례 마음을 독하게 먹고

청 말기 베이징 전문 밖 대로

결심을 했지만 조 씨 부인은 계속 결정을 내리지 못하고 망설였어요. 정말 어쩔 수 없는 순간이 아니고서야 누가 친아들을 내시로 만들고 싶겠어요? 여기서 잠시 당시 상황에 대한 이야기를 좀 해야겠네요."

"전문 밖 주스커우珠市口 대로 서쪽에 동증同增 가죽 제품 가게가 있었어요. 그리 크지 않은 두 칸짜리 점포였고 신제품을 팔 때도 헌옷을 함께 끼어 팔았지요. 낡은 가죽제품을 사들여 바느질로 이어 붙이는 등 한바탕 수선을 거쳐서 좋은 값에 팔았어요. 조 씨의 사촌오빠가 바로 여기서 일을 했는데 하급 피혁 상인들과 연분이 있어서 리위에게 무두질한 가죽을 다루는 작업장을 세워주었어요. 생가죽을 받아서 무두질한 다음 다시 동증 가죽제품점에 파는 것이었지요. 하급 직업 중 하나였어요."

"무두질한 가죽은 여러 단계의 손질을 거쳐야 해요. 가장 중요한 단계는 초석으로 문지르는 것이지요. 그래서 가죽 작업장에서는 초석이 떨어질 날이 없어요. 초석에는 독성이 있어서 냄새도 심하고 눈이 맵지요. 또 손이 심하게 상하고 숨이 탁 막히는 느낌이에요. 또 무두질한 가죽은 힘을 써서 못으로 바닥이나 벽에 팽팽하게 잡아당겨 고정시키고, 초석으로 문지르기를 마친 다음 다시 큰 항아리에 넣고 물로 씻는답니다. 젖은 가죽은 굉장히 무거워서 건질 때 힘이 많이 들어요. 조 씨 부인도 이 일을 함께 거들지 않으면 안 되었지요. 핏기가 남아 있는 가죽은 다시 물 항아리에 집어넣는데 이때도 망초 냄새가 심하게 난답니다. 그 냄새가 한번 퍼지면 마치 요강 속 암모니아 냄새같이 숨이 막히고 눈이 맵대요. 벽에는 양이나 개의 가죽을 펴놓고 마당에는 일고여덟 개의 큰 항아리에 냄새 나는 물이 가득 차 있다고 생각해보세요. 여름이면 파리와 모기가 사방을 날아다니고 땅은 더러운 핏물로 범벅이 되겠지요. 겨울에는 마당 전체에 언 얼음 때문에 밤이고 낮이고 악취가 풍겼어요. 이것이 리위와 조 씨 부인의 베이징 생활이었답니다. 부부는 마음을 독하게 먹고 죽기 살기로 일했지만 고생은 고생대로 하고 살림은 좀처럼 펴질 줄 몰랐어요. 지링도 이미 세상을 알 만한 나이가 되어서 눈앞에서 부모가 이렇게 고생하는 모습을 보고는 남몰래 결심을 했지요."

"추가 설명을 좀 하자면 이런 작업장은 베이징 성안에 들어올 수 없었답니다. 지저분한 환경과 냄새 때문에 성 밖에 세워야 했지요. 남쪽 성에는 노초원蘆草園, 용수구龍須溝 일대에 많았고 서쪽 성에는 서직문 밖 호성하 일대에 많았어요. 리위가 연 작업장은 바로 서직문 밖 당자堂子(탕쯔) 후통의 동쪽을 등지고 서쪽을 향한 싼허위안[삼면이 주택 건물이고, 앞쪽은 담장, 가운데는 마당으로 이루어져 있는 'ㄷ'자 모양의 집] 안에 있었어요. 문 입구에는 약 30센티미터 길이의 나무 명패가 있고 묵필로 '영덕당 리 가죽 작업장永德堂李皮作坊'이라고 크게 쓰여 있었지요. 나중에 리렌잉이 '리 피석皮硝李'이라 불리게 된 것도 이런 이유에서에요."

"리 피석이라는 호칭은 결코 좋은 의미가 아니었어요. 조소하는 의미에 가까웠지요. 그 자신도 이 호칭을 들먹인 적이 한 번도 없었고요. 그렇게 자랑할 만한 별명이 아니었으니까요. 나중에 누군가가 이런 호칭을 '가죽 장인의 아들 샤오리小李'라는 의미로 해석했는데 이는 맞지 않아요. 리 피석이라는 말은 리렌잉 한 사람만을 가리키는 호칭이 아니거든요. 그보다는 리위를 선두로, 조 씨 부인을 포함한 집안 전체를 가리키는 호칭이지요. 나중에 리위가 점차 부유해진 뒤로는 바로 이러한 이유 때문에 조 씨 부인과 아이들을 데리고 당자 후통을 떠나 하이뎬 다유 촌에 집을 세내어 이사했답니다."

"류는 리렌잉의 제자로 한때 리렌잉의 시중을 들었어요. 궁에서 스승과 제자의 관계는 평범한 사제지간이 아니랍니다. '사제는 부자와 같다', 한 번 스승은 일생 동안 아버지와 같았지요. 스승이 잠자리에 들 때만 고요하고 사람이 적어 서로 눈물을 흘리거나 마음 아픈 일을 토로했어요.

오로지 이때만 마음속의 말을 털어놓으며 진심을 드러내 보일 수 있었지요."

"류가 그러는데 리롄잉이 직접 이런 이야기를 한 적이 있대요. '집안의 아버지는 오직 돈을 벌어 가족을 부양하는 것에 골몰한다. 돈을 대단히 중요시 여기지. 하지만 아이들에 대한 정은 비교적 옅어. 반면 어머니가 아들에게 쏟는 정은 훨씬 더 깊지. 내가 스스로 거세를 하겠다고 나섰을 때 어머니는 온몸을 부들부들 떠셨단다. 하지만 그 당시 어머니가 내게 줄 수 있는 유일한 위안은 좋은 도자장을 찾아주는 것뿐이었어. 아는 사람에게 부탁해 허젠의 선瀋(심) 씨 성을 지닌 나이든 태감에게 청해서 작은 칼잡이 류 밑으로 가게 해달라고 했지. 내궁 안의 태감이 나와서 부탁하는 것이면 작은 칼잡이 류의 이름값이나 몸 검사 비용 같은 것이 모두 감해졌거든."

"작은 칼잡이 류는 궁중 도자장이야. 듣자 하니 6품 벼슬에 집안 대대로 내려오는 기술을 쓴다더군. 후문 방전 후통 북쪽의 쓰허위안에 사는데 뒤뜰 지하에 거세하는 방이 있었지. 계절마다 궁에 거세한 아이를 몇십 명씩 올려야 하는 것이 그의 일이었어. 그의 거세술은 그 방면에서는 가장 기술이 좋다고 할 수 있었지.'"

"내가 거세하기로 결심한 뒤부터 어머니는 매일 저녁 향을 피우고 무릎을 꿇으셨어. 깊은 밤 고요한 시간에 향을 피워놓고 보살에게 나를 지켜달라고 비셨지. 한밤중이 될 때까지 그렇게 꿇어앉아 계셨어. 그리고 내가 거세하기 하루 전날 밤에는 부처 앞에 맹세했지. 수년간 채식을 하겠으니(즉 고기와 소금을 멀리하겠다는 뜻이다) 나를 무사히 지켜달라고 말이야. 이때부터 어머니는 정말 몇십 년 동안 고기를 입에 대지 않으셨어.'"

"작은 칼잡이 류는 거세를 마친 뒤 나에게 집에 돌아가 수술 부위를 돌보라고 했어. 이때가 우리 어머니에게는 가장 힘들고 고생스러운 해였지. 또 나와 가장 많이 이야기를 나눴던 때이기도 하고. 눈물을 머금은 채 '너는 이러이러한 사람이 되어야 한다' '어떻게 살아가야 한다'는 말씀들을 해주셨지. 어머니는 내게 이렇게 일러주셨어. 남을 다치게 해서 분을 품게 하는 일은 절대로 해서는 안 된다고. 자신이 배부르게 먹었으면 반드시 다른 사람도 생각할 줄 알아야 한다고. 또 착한 일을 하면 하늘은 결코 그 사람을 저버리지 않는다는 것이며, 현세에 공덕을 쌓지 못하면 내세에 쌓아야 한다는 등의 이야기를 말이야. 그 말씀 덕분에 나는 궁에 들어온 이후 한 발짝도 잘못된 길로 들어서지 않았단다. 나는 여덟 살에 거세를 하고 아홉 살에 궁에 들어왔어. 작은 칼잡이 류의 이름을 달고 말이야. 집을 떠나기 전날 밤 어머니는 밤새도록 한잠도 안 주무시고 흐느껴 우셨어. 아버지는 큰 손수레에 나를 태워 이끄시고 어머니는 수레를 따라오시면서 서직문 앞까지 배웅해주셨단다. 그리고 헤어지기 직전 내 주머니에 삶은 달걀을 두 개 넣어주셨지. 지금 눈을 감으니 작은 칼잡이 류의 거세실에 와 있는 것 같구나. 땅딸막한 사내가 한 명 보여. 붉고 평평한 코에 온 얼굴이 종기투성이인 한 사람이 내 앞에서 왔다 갔다 하는구나. 또 한밤중에 허리를 구부린 채 향불 앞에 무릎을 꿇고 계신 우리 어머니 모습도 아른거리고. 우리의 고통은 무엇으로도 대신할 수 없었단다. 아버지, 어머니가 나를 낳아주셨으니 나는 어떤 방법으로든 두 노인이 또다시 가난의 고통을 겪지 않으시도록 해야 했어. 그럴 수만 있다면 그것으로 만족이었지. 설마하니 관리가 한밑천 잡으면 떨어지는 게 없겠어? 늑대가 고기를 물어오면 개에게 뼈다귀 한 조각이라도 주지 않겠어? 다른 생각은 더 할 수도 없었지."

"스승과 제자가 마음을 터놓고 한 이야기였지요. 내 생각에 이것은 아마도 진심이었던 것 같아요. 리롄잉이 궁에 들어온 이후, 조 씨 부인은 또 두 딸을 낳았답니다. 모두 하이뎬 다유 촌에서 낳은 아이들이었지요. 큰딸은 매우 얌전해서 밖에 잘 나오지 않았고, 작은딸은 생긴 것도 귀엽고 영리했어요. 태후마마를 따르면서 곁에서 시중을 든 적도 있지요. 나중에는 내무부 사람 중 바이라이쩡白來增이란 자에게 시집을 갔어요. 이름이 바이라이썽이고 호가 서우산壽山인데 키가 크고 사람도 매우 좋았답니다. 태도도 점잖고, 말투도 순박하고 진실했지요. 글은 많이 알지 못했지만 자신의 분수에 만족하며 본분을 지키는 사람이었어요. 베이쯔쯔 중심부에 살았는데 우리 집과도 그리 멀지 않아서 가끔 드나들었답니다. 설이나 명절 때도 서로 인사를 주고받았고요. 특히 중화민국 이후로는 둘 다 청조 때의 사람이었으니 옛날에 대한 향수 같은 것이 있었지요. 자연히 그렇지 않겠어요?"

"리롄잉에게는 리더푸李德福라고 하는 양자가 한 명 있었어요. 그의 넷째 남동생의 아들이었지요. 순서를 따지면 리롄잉이 집안에서 둘째니까 당연히 셋째 형제의 아이를 양자로 들이는 것이 순서겠지만 셋째는 아들이 한 명뿐이라 하는 수 없이 넷째 남동생의 두 번째 아들을 양자로 들인 것이래요. 이 아들은 일찌감치 돈을 써서 병부의 원외랑[관직 이름, 정원 외에 추가로 배치한 낭관郎官] 관직을 사들였는데, 하는 일 없이 빈둥거리고 돈이나 뿌리며 유흥을 즐기는 사람이었어요. 배우나 기녀들의 뒤를 봐주는 사람들이 종종 있듯이 배우들을 돈으로 밀어주는 뒷배 역할을 즐기기도 했고요. 기방 골목이나 들락거리고 사치스러운 겉치레에나 신경을 썼지요. 리롄잉이 그에게 주는 10만 냥이 넘는 은도 손에 들어오는 대로 써버리기 일쑤였어요."

"리롄잉의 형제들은 타이泰(태) 자가 돌림이에요. 첫째는 리궈타이李國泰, 둘째는 리잉타이李英泰, 셋째는 리바오타이李寶泰, 넷째는 리성타이李升泰, 다섯째는 리스타이李世泰, 그리고 두 명의 여동생이 있었지요. 리잉타이는 궁에 들어와서 리롄잉으로 이름을 바꾸었어요. '지링'이라는 아명은 앞뒤를 바꾸어 비슷한 음의 '링제靈傑'로 고쳐서 자신의 자字로 삼았고요. 리롄잉은 바이윈관白雲觀[베이징 서직문 밖에 있는 도교 사원]에서 도교에 입문했어요. 도교에서 붙여준 이름은 '러위안樂元'이었지요. 그는 도광제 28년 10월 17일에 태어났지만 한 번도 자신의 생일을 남에게 드러내지 않았어요. 자기 수하의 몇몇 제자 외에는 다른 사람의 생일 축하 방문도 받지 않았지요. 태후마마의 만수절을 치르고 난 뒤 며칠 후가 그의 생일이었지만 그는 언제나 그 날짜에 맞춰 일부러 휴가를 내서 자신의 생일을 숨겼어요. 광서제 14년 때 그는 순친왕과 함께 바다에 가서 해군을 시찰하는 일에 파견되었어요. 마침 그의 마흔 살 생일일 때였지요. 또 그가 가장 권세 있을 때이기도 했고요."

"이 일은 제가 따라가서 본 것이 아니라 전해지는 이야기를 들은 것이에요. 궁 안의 크고 작은 태감들이 모두 뒤에서 엄지손가락을 치켜들며 으뜸이라고 말했거든요. 혀까지 차며 떠들썩하게 칭찬을 늘어놓고 마음속으로도 감탄을 금치 못했지요."

"광서제 14년에 태후마마는 칠왕 혁현奕譞에게 북양北洋[청말 평톈, 즈리, 산둥 연해 지역을 일컫던 이름] 지역 해군을 시찰하라는 칙명을 내리시고 리롄잉이 동행하도록 했어요. 칠왕이 주 임무를 맡고, 리롄잉이 보좌하는 위치라고 할 수 있었지요. 태감이 흠차대신이 되어 해군을 시찰한 것은 대청국에서 처음 있는 일이었어요. 선조 대에는 제도가 무척 엄격해서 태감은 정치에 대해 일체 물을 수 없었거든요. 리롄잉도 이 점을 굉장히 잘 알고 있어서 2품을 4품으로 바꾸었어요. 선조 대의 제도상으로 태감의 가장 높은 품계는 4품을 넘지 못했으니까요. 이렇게 법도에 맞춘 뒤 칠왕을 따라 출발했답니다. 그를 위해 마련된 배는 칠왕의 호화로운 배에 버금가는 것이었지만 그는 여기서 묵기를 사양했어요. '내가 어떻게 감히 칠왕, 이홍장과 견줄 수 있겠는가?' 하면서 끝내 칠왕의 본채에 딸린 작은방에 묵

순친왕이 해군을 시찰할 때 탔던 최고 사령관의 배

고 어떤 관원과도 접촉하지 않았어요. 낮에는 오직 칠왕 앞에 서서 시중을 들고, 장죽과 어린 사슴 가죽으로 만든 담배쌈지를 들고 옆에 서서 공손하게 눈을 내리깔고 있었지요. 자신은 그저 태후마마가 칠왕을 모시라고 파견한 사람이라는 자세로 말이에요. 저녁이면 칠왕의 발을 씻겨드릴 뜨거운 물을 미리 준비했어요. '평소에 제가 칠왕을 모실 기회가 없어 이제야 마음을 다해 모시고자 하니 잘 부탁드립니다.' 칠왕은 감동해서 연신 두 손을 맞잡고 답례를 했대요. 임무를 마치고 돌아온 뒤에는 리렌잉의 명성이 몇 배나 더 높아졌어요. 칠왕과 이홍장은 태후마마 앞에서 앞 다투어 리렌잉을 칭찬했고 태후마마도 더욱 기뻐하셨지요. 이 일로 확실히 태후마마의 체면을 더 세워드린 것이에요. 기고만장한 일반 조정 대신들의 입을 틀어막은 셈도 되었고요. 다들 태후마마가 헛되이 리렌잉을 아낀 것이 아니라고 입을 모았으니까요."

"만수절이 지나고 10월 17일이 바로 리렌잉의 마흔 살 생일이었어요. 태후마마는 한 상의 요리를 특별히 그에게 상으로 내리셨지요. 말이 한 상이지 실은 수선방에서의 식사이기 때문에 몇 상이든 마음대로 주문할 수 있었어요. 하지만 그는 윗대 태감, 동년배 친구들, 몇 명의 제자만 초청해서 조용히 마흔 살 생일을 보냈어요. 그가 직접 한 말에 따르면 태후마마, 황상, 황후마마께 감사하고 아버지, 어머니께 인사 올리는 편이 더 마음 편히 생일을 보낼 수 있다는 거지요. 리렌잉의 이런 모습은 안더하이와 비교해보면 정말 하늘과 땅 차이였어요. 안더하이는 본 데 배운 데 없이 천박하고 '개의 뱃속에는 두 냥의 기름도 담지 못한다'는 말처럼 속이 좁았지만, 리렌잉은 말똥구리가 매미로 변해서 하늘을 나는 모습이었지요. 그는 어떤 순간에도 흥분하지 않고 언제나 냉정하게 사리를 분별해서 일을 처리했어요. 이것이 그의 가장 큰 상점이었지요. 뿐만 아니라 평상시 태감들이 잘못을 범하면 항상 인자함과 엄격함을 겸해서 다스렸고 그러면서도 뒤에서는 남몰래 보호해주었어요. 그러니 태감들도 모두 그를 우러러보며 가까이 지내고 싶어했지요."

"그뿐만이 아니에요. 태후마마가 돌아가시니 그로서는 가까이서 기대고 의지했던 큰 세력이 사라진 셈이 되었지요. 리롄잉 자신도 어떻게 될지 모르는 판이었어요. 천자가 바뀌면 신하도 바뀐다고, 궁중이란 곳은 소용없어진 사람은 즉시 차버리기 마련인데 하물며 마마가 살아 계실 때 그토록 권세가 대단했던 리 대태감이니 어땠겠어요? 그는 이 점을 분명히 예측하고 있었어요. 정말이지 나는 리롄잉이란 사람을 생각하면 탄복이 절로 나와요. 아마 그는 이러한 상황에 대해 일찌감치 대비를 하고 있었던 것 같아요. 글쎄, 여러 해 동안 태후마마께 받은 보물들을 7개의 큰 함에 모아서 송두리째 룽위 황후에게 올렸지 뭐예요. '이것은 황가의 물건이니 민간에 흘러들어가서는 안 됩니다. 노비가 황가를 대신해 몇십 년간 조심스레 보존해두고 있었으나 이제는 나이가 들어 노쇠한 몸이 되었으니 삼가 궁을 떠날 것을 청하오며 이 모든 보물을 주인에게 돌려드리나이다.' 룽위 황후는 이런 그의 태도에 무척 감동했어요. 그래서 태후마마가 돌아가신 뒤에도 그에 대한 황후마마의 총애가 여전히 식지 않았지요. 그가 죽고 난 뒤에는 대신의 예로 대하며 장례비용으로 2000냥을 내리셨답니다. 이것만 봐도 그 총애가 어느 정도였는지 알 수 있지요. 그는 일찍부터 최후의 상황을 내다보고 자신이 받은 보물들을 남겨두었다가 위기에서 벗어날 도구로 사용한 것이에요. 일개 태감이 이렇게 명석한 지략으로 자신의 살 길을 터나가는 것도 참 보기 드문 일이라 할 수 있겠지요."

"리롄잉은 집안일에 대해서도 매우 분별 있게 처리했어요. 무술년 이전 그의 어머니가 아직 돌아가시지 않았을 때 그는 자신의 재산을 7등분으로 나누었고 땅도 다섯 형제에 따라 균등하게 나누었어요. 대략 370경이었지요. 돈도 7등분해서 두 여동생에게도 동일한 몫을 주었고요.

액수는 정확히 모르겠어요. 들리는 소문으로는 여동생들이 각각 17만 냥을 받았대요. 그 밖에 장식품이며 보석들도 함 7개에 나누어 각 형제자매에게 주었다고 해요. 이런 모습에 그의 노모는 당연히 크게 기뻐했지요. 또한 그는 조카들에게도 재물이 많으면 화가 많아지는 법이니 항상 조심해야 한다고 말했어요."

"그래서 내가 아까 이렇게 말한 거예요. 개인적인 은혜나 원한을 제쳐둔다면 그의 사람됨이나 처세는 나 역시 정말 존경할 만하다고요."

"하지만 아무리 리렌잉이라고 해도 총애가 영원히 식지 않으라는 법은 없지요. 이건 내 눈으로 직접 보고 느낀 것인데 무술년 이후 태후마마는 그를 이전처럼 그렇게 크게 신임하지 않으셨어요. 리렌잉 같은 거물급 태감들은 맡은 일에 대해 한 차례의 실수도 용납되지 않지요. 마치 줄타기를 하는 것처럼 한 발짝이라도 잘못 내딛으면 아래로 곤두박질쳐서 헤어나오지 못하는 거예요! 무술년에는 입장이 굉장히 난처해졌지요. 우리는 태후마마를 모시는 사람들이니 당연히 태후마마께 충성해야 하지만 그렇다고 황상께도 아무렇게나 해서는 안 되었어요. 그런데 무술년에는 태후마마와 황상, 둘 중 한 분께만 충성해야 하는, 동시에 두 분을 따를 수는 없는 상황이 되어버렸지요. 한낱 태감이 어느 쪽에 앞날이 있을지 어떻게 알겠어요? 태후마마의 뜻을 따르자면 황상께는 일일이 불충이 되는데, 그러다가 만약 태후마마가 일찍 돌아가시게 되면 그 후로는 살아남기 어렵지요. 하지만 그렇다고 태후마마의 뜻을 따르지 않는다면 당장 목숨이 위태로워지고요. 눈앞의 상황에 대처하는 동시에 나중 일도 생각하지 않으면 안 되는 시기였어요. 굉장히 난처한 입장이었지요. 리렌잉 역시 양쪽에서 망설이다가 그 속내를 태후마마께 들키고 말았어요. 태후마마는 그가 더 이상 고분고분 자기 마음대로 움직일 수 있는 사람이 아니라는 것을 눈치 채셨지요. 이로 인해 그는 태후마마의 신임을 얼마간 잃게 되었어요.

무술년 이후에는 추이위구이가 더 각별히 총애를 받았답니다. 잉타이瀛臺[변법자강운동 이후 광서제가 연금된 곳]에서 광서제를 감시하게 한 것도 추이위구이였고 진비마마를 우물 속에 빠뜨린 일도 추이위구이를 시켜서 했지요. 어쨌든 그 덕에 리롄잉은 이런 일에 아무런 개입의 흔적을 남기지 않았어요. 아마 이 역시 그의 줄타기 기교라 할 수 있겠지요. 게다가 시안에서 궁으로 돌아오는 길에는 광서제에게 극진히 마음을 썼답니다. 은연중에 광서제의 마음에 들도록 말이에요."

"궁에는 이런 우스갯소리가 있어요. 사람을 사귈 때 다음 두 직업을 가진 사람은 결코 사귀지 말라는 얘기에요. 하나는 전당포를 운영하는 사람, 또 하나는 회자수[사형을 집행하는 사람]지요. 전당포를 운영하는 사람은 나와 아무리 막역한 사이라도 내가 새 모피 두루마기를 입고 옥 반지를 낀 것을 보면 분명 자신도 모르게 계산을 하고 있을 테니까요. 저것들을 전당포에 들이면 돈이 얼마나 될까 하고 말이지요. 회자수와 사귀게 된다면 아무리 막역한 사이라도 내 뒷목덜미를 볼 때마다 어느 부분에 칼을 내리쳐야 가장 적합할지 절로 생각하게 될 테고요. 태감들은 가장 보수적이고 또 미신을 가장 깊이 믿는 사람들이에요. 만약 누군가가 태감의 목덜미를 그렇게 바라본다면 그들은 성을 내며 고개를 돌리고는 자신들의 고향 사투리로 '개자식'이라고 사납게 욕을 한마디 하겠지요. 추이위구이라면 더 직설적으로 '내 목덜미 볼 필요 없습니다, 어르신네(윗대와 동년배에게 모두 썼던 호칭으로 그가 입버릇처럼 자주 쓰는 말이었어요). 내 목덜미는 일찌감치 떨어져나갔습니다. 어느 때고 세상이 바뀌어 태후마마가 세상을 떠나시면 이후 내 목은 자연히 이사를 갈 겁니다'라고 할 거예요. 태감들은 늘 조마조마한 마음으로 언제 목이 날아갈까 걱정하는 사람들이었어요. 리롄잉도 물론 그랬지요. 권세 있는 사람에게는 감히 일을 엄격하게 처리하지 못했어요. '남풍이 항상 북쪽을 향해 분다고 말하지 마라. 때로는 북풍이 남풍이 되는 때도 있는 법이다'라는 말처럼 말이에요. 누가 자신의 목숨을 담보로 그렇게 함부로 처신하겠어요?"

"게다가 광서제는 무술년 이후부터 작정하고 약을 드시지 않았어요. 태감들의 말을 들으니 광서제는 '약을 먹지 않는 것도 중간급의 치료'라고 말씀하셨다는군요. 어의가 치료를 하면 호전될 수도 있지만 악화될 가능성도 있지요. 하지만 약을 먹지 않으면 좋지도 나쁘지도 않은 상태, 몸 본래 수준의 상태를 유지하는 것이 되니 약을 먹지 않는 것도 중간급의 치료나 다름없다는 것이에요. 그분은 돌아가실 때까지 그 작정하신 바를 지키셨대요. 이는 류가 황상의 머리를 깎아드리고 돌아와서 내게 말해준 것이에요. '황상은 올해 만수절 때 수염을 깎으신 뒤로 한 번도 나를 부르지 않으셨어. 그때도 두 다리가 전부 부어올라 이미 걸음을 내딛으실 수 없는 상태였지. 하지만 죽어도 약을 드시지 않으셔. 자기 자신에게도 정말 모진 분이라니까.' 광서제가 이렇게 조심하고 신중했던 것은 의심할 바 없이 태감들을 경계한 것이었어요. 만약 태후마마가 광서제보다 먼저 돌아가시면 광서제가 세력을 얻게 되고 오랜 세월 가슴속에 쌓였던 한을 푸실 테니까요. 광서제의 성품은 모르는 사람이 없으니 누가 걸려들어 그 풍파를 맞을지 예측할 수 없겠지요. 누구도 앞날을 장담 못 할 상황이 되는 것이니까요."

"광서제 34년의 일이었어요. 황상이 10월 21일 저녁 눈을 감으시고 그 이튿날 태후마마도 붕어하셨지요. 리롄잉은 태후마마를 위해 100일 동안 애도하며 예를 다한 뒤 선통제 원년 정월 말에 룽위 황후께 머리를 조아리고 사직을 청했어요. '제가 태후마마를 모신 시간이 52년입니다. 태후마마께 입은 은혜는 한평생 갚을 길이 없사오니 다음 생애에 보답하겠습니다. 궁을 떠나고 나서도 태후마마를 위해 삼년상을 치러 미약하나마 노비의 충심을 다하도록 하겠습니다.' 이렇게 말하고 그는 조용히 황궁을 떠났어요."

"그 이후로 리롄잉은 다시 모습을 드러내지 않았답니다. 그의 집은 명의상으로는 하이뎬 황장(황좡) 채화방(차이허팡)이었어요. 석가산[정원에 돌을 쌓아 만든 작은 산]과 화원까지 있는 굉장히 훌륭한 저택이었지요. 이 산은 경왕과 내무부 대신 리산立山이 준 것이라고 해요. 당시 경왕은 이허위안의 총책임자였고 리산도 와서 일을 도왔지요. 리산은 성이 양 씨인데 베이징의 유명한 재력가였어요. 관리들 사이에서 매우 활발히 활동했지요. 이허위안을 짓는 일은 당연히 리롄잉과 연줄을 맺는 것이 가장 편리했어요. 그들은 리롄잉이 태후마마의 가장 유능한 환관이니 태후마마가 앞으로 이허위안에서 지내시게 되면 마마를 모시기 편하도록 하이뎬에 특별히 리 총관을 위한 저택을 하나 지어주겠다고 큰 소리를 쳤지요. 사실 이는 공사를 하는 김에 좀 더 인심을 쓴 것뿐이었어요. 이허위안을 건축하는 돈으로 리롄잉의 저택을 하나 더 지어준 것뿐이지요. 이 양리산이라는 사람은 그 당시 명기였던 싸이진화賽金花와 굉장히 가까웠어요. 경자년에 그가 의화단에게 살해당했을 때 싸이진화는 양리산을 대신해 복수하기로 마음먹고 팔국연합군 통솔자와의 교분을 이용해 의화단을 크게 소탕했지요. 차이스커우 서쪽 학년당鶴年堂[베이징의 전통 점포] 입구에 제단 장막을 높이 치고 양리산을 제사지내며, 의화단 우두머리의 목이 땅에 떨어지는 것을 자신의 눈으로 직접 확인했답니다. 당시 베이징에서 멋모르는 사람들은 그녀를 의기義妓라고 칭송했어요. 그 당시 이것 때문에 한차례 시끌벅적했지요."

"채화방의 리 씨 명패는 없어졌어요. 이때부터 리롄잉은 모든 사회적인 교제를 끊었답니다. 아마 그때 그는 결코 이곳에서 지내지 않았을 거예요. 치안이 좀 어수선했거든요. 노상강도는 물론 횃불과 무기를 들고 공공연히 약탈을 일삼았고 사람을 납치하는 일도 빈번히 일어났으니까요.

자금성 황극전의 옛 사진. 서태후가 죽은 후 장례를 치르기 전 이곳에 잠시 영구를 안치했다. 리롄잉은 이곳에서 서태후의 영전을 지켰다.

원교, 근교 할 것 없이 말이지요. 리렌잉에게는 호위하는 사람이 10명 넘게 있었지만 그래도 대담하게 교외에서 지내지는 못했을 거예요. 어떤 사람은 그가 바이윈관에서 지냈다고 했어요. 태후마마의 친정어머님이 만년에 도교에 심취하셔서 예전부터 바이윈관에 거처하셨는데 들리는 이야기로는 리렌잉이 바로 그곳, 태후마마의 모친이 지내던 곳에서 살았다고 하더군요. 하지만 이 역시 불가능한 일이에요. 나무가 크면 바람도 세다고 명성이 높을수록 다른 사람의 시기와 공격을 많이 받게 마련이잖아요. 리렌잉도 재산이 그토록 많았으니 그를 해코지하려는 사람이 왜 없었겠어요? 듣기로는 쉬안난宣南에 남화원南花園이란 곳이 있는데 그가 거기서 은거했대요. 내 예측에 그는 베이징 외곽에 거주하는 것이 불가능했을 거예요. 아무튼 그는 궁을 떠날 때 누구에게도 알리지 않았어요. 그의 제자들에게 조차 말이지요. 그 이후로 다시는 그의 얼굴을 볼 수 없었어요."

"선통제 3년 청명절 전에 나는 그의 부고를 받았어요. 바이서우 산百壽山에서 어떤 모르는 사람이 보낸 것이었지요. 류는 마침 병중이었어요. 지금도 똑똑히 기억나는데 그해에는 꽃샘추위로 정월 내내 흐린 날이 계속되었어요. 리렌잉은 이렇게 계속되는 궂은 날씨 속에 이질에 걸려 죽었다고 해요. 정월 29일에 증세가 나타나 밤사이 배가 쥐어짜듯이 아파오면서 다음 날 고름과 피가 나오는 것을 발견했다지요. 병증이 나타나고부터는 아무것도 먹지 못하고 2월 4일에 그만 세상을 떠나고 말았대요. 그의 가족이 한 말에 따르면 이는 쇄후리鎖喉痢라고 불리는, 인후가 막히는 이질로 굉장히 빠른 시간 내에 죽는다고 해요. 하지만 어느 곳에서 죽었는지는 집안 식구들도 입을 닫고 말하지 않았어요. 어쨌든 출관은 황장 채화방에서 했지요. 이 시기 대청조는 이미 쇠퇴기에 접어들었어요. 더욱이 태후마마가 돌아가시고 난 뒤부터는 리 대태감도 그다지 큰 권세가 없었고요. 집안의 조카뻘 되는 사람들은 혹여 성가신 일이 일어날까봐 장례를 간략하게 치렀어요. 하이뎬 채화방에서 장례를 치렀는데 이는 성안의 이목을 끌까 두려워서였지요. 그래도 현지의 가난한 사람들을 위로하고 또 오랫동안 묘지를 안전하게 지키기 위해서 '대파효大破孝'를 했답니다."

"베이징에는 이런 풍습이 있어요. 사람이 죽고 나면 여러 해 함께 살아온 동네 사람들과 널리 좋은 인연을 맺기 위해 영구를 안치해둔 장막에 누구든 들어와 머리를 조아리며 애도의 뜻을 표할 수 있도록 했어요. 아는 사람이든 모르는 사람이든, 심지어 길을 건너는 행인까지, 장막에 걸어 들어갈 수 있는 사람이면 누구든 말이지요. 들어오면 상제가 쓰는 모자와 허리띠, 무릎 위로 올라오는 절반 길이의 상복 한 벌, 만두 세 개, 고기 요리 한 그릇을 나눠주지요. 이를 대파효, 또는 사효라고 불렀어요. 물론 사람들이 오고 가는 것을 안내하는 이도 있었고요. 이는 당시 굉장히 유명했어요. 웬만한 재력과 인력이 없으면 하기 어려웠지만 대파효를 한 집은 상당히 체면이 섰고 또 사람들의 인심을 샀지요. 나중에 곰곰이 생각해보니 아마 부득이하게 이렇게 했던 것 같아요. 아무튼 그의 장례는 서둘러 마무리되었어요. 4일에 영구를 안치하고 6일에는 죽은 지 사흘이 되어 혼을 맞는 제사를 지내고 7, 8, 9일에는 조문을 받고 10일에 점주[상례의 하나로 죽은 사람의 위패에 '신주神主'라는 글자를 쓸 때 '주主'자의 위 점을 일부러 쓰지 않고 두었다가 발인할 때 점을 찍는 것]하고 11일에 발인을 했지요. 리 씨 집안사람들은 '죽은 사람은 땅에 묻혀야 편안하다'는 이유로 황망히 장례를 치렀어요."

"시신은 은제장에 묻혔어요. 은제장 또는 은제사라고 불리는 이곳은 부성문 밖 하이뎬 구 팔리장(바리좡) 서쪽에서 약 1킬로미터 떨어진 곳이에요. 이곳은 태감들만의 묘지로, 묘지 가운데 관제묘[관우를 모신 사찰]를 세워놓았어요. 이 사찰의 이름이 은제사라서 이곳도 자연스럽게 그 이름으로 불리게 된 것이지요. 사찰 앞에는 비문이 하나 있는데 옹정제가 은제장을 하사했다는 내용이 여기에 기록되어 있답니다."

"비문에 기록된 바에 의하면 옹정제는 태감들이 죽은 후 뼈를 묻을 곳을 위해 특별히 은 1만 냥을 하사하시고 수만 제곱미터의 땅을 지정하셨어요. 또 칙명을 내려 관제묘를 건축하게 하시고 사람이 거처하면서 대대로 그것을 지키게 하셨지요. 은제라는 명칭에는 은혜라는 의미가 담겨 있어요. 역대 태감들이 황상의 이런 은혜를 기리고자 함이었지요."

"리롄잉이 죽은 뒤 나는 한 차례만 조문을 갔어요. 당시 류가 병이 들어서 그를 대신해 추도하러 간 것이지요. 그 집에는 여자 손님이 많지 않았고 나도 그다지 얼굴을 내밀고 싶은 마음이 없었어요. 차를 타고 가서 적당히 응대하고는 다시 차를 타고 돌아왔지요. 그 집에서 사람을 대하는 태도가 어찌나 냉랭하던지 혀를 내두를 지경이었어요. 이후 다시 은제장을 찾았는데 이때는 순전히 내 개인적인 일 때문이었어요. 중화민국 2년에 류가 병으로 세상을 떠나 은제장에 장사지냈거든요. 나는 과부의 자격으로 영구를 뒤따르고 혼령을 보내고 유골이 담긴 항아리를 안고 이곳, 태감들의 묘지에 왔어요. 태감의 아내가 태감의 영구를 전송하는 일은 전례 없는 일이었지요. 이때서야 나는 은제장의 모습을 찬찬히 제대로 둘러보았어요. 그리고 겸사해서 리롄잉의 무덤에도 가보았지요."

"그곳은 매우 뚜렷하게 세 부분으로 나뉘었어요. 관제묘를 중심으로 해서 남쪽은 탁 트인 벌판이었고 바로 이곳에 크고 작은 무덤들이 있었지요. 대략 2600~2700명의 태감이 묻혀 있었어요. 묘지를 지키는 쑨孫 영감의 말에 따르면 과거 태감들은 내무부 소속의 공동 조합이 있어서 묘지 정리를 도와주었대요. 매년 청명절이면 사람을 고용해 각각의 봉분에 흙을 보태고 무덤 주위로 나무를 심고 그 밖의 여러 가지 일을 하며 한바탕 손질을 했다고 하네요. 무덤도 아무 위치에나 묻었던 것이 아니라 다 각기 순서가 있었어요. 무덤구덩이는 모두 사전에 정렬해놓고 번호를 짜서 죽은 시기의 선후에 따라 순서대로 배치했어요. 맨 꼭대기에는 굉장히 큰 봉분이 있는데 그것은 안에 사람이 없는 빈 무덤이었어요. 또 높다란 돌비석이 세워져 있어서 이것을 경계삼아 동서 두 구역으로 나뉘었지요. 이곳에서도 태감들의 빈부 격차를 볼 수 있었어요. 살아생전 부유했던 태감은 한 사람이 몇 개의 구덩이를 차지해 커다란 묘를 만들 수 있었지요. 또 비석을 세우고 제상을 놓을 수도 있었고요. 가난했던 태감은 오직 한 줌의 흙과 한 개의 봉분뿐이었어요. 이들은 한평생 고생스럽게 살다가 관청에서 내주는 8개 판자의 버드나무관에 들어가 1미터30센티미터 남짓한 한 개의 구덩이에 묻힌 거지요. 관도 없이 흙속에 그대로 묻혀 들개에게 뜯어먹히지 않는 것만으로도 감지덕지인 거예요(사형을 받아 죽은 태감은 관을 내리지 않았고 무덤을 만드는 것도 금지되었어요. 들판에 아무렇게나 버려져 들개들이 뜯어먹도록 내버려두었지요)."

"관제묘 북쪽은 확연히 달랐어요. 남쪽은 황량한 언덕배기에 무덤들만 줄줄이 놓여 있어 쓸쓸하고 적막한 분위기였지만 북쪽을 보면 키 작은 나무들이 울창하고 벽돌 기와집이 있어 그 차이가 확연하게 느껴졌지요."

"관제묘 북쪽에는 몇십 보 떨어진 거리에 아치형 다리가 하나 있었어요. 다리를 건너니 돌담으로 둘러싸인 뜰이 나오고 그곳에 돌로 된 패방 하나가 우뚝 서 있는 것이 보였지요. 패방 윗부분에는 가로로 '리 대총관에게 하사하신 묘'라는 글귀가 쓰여 있었어요(추이위구이는 리롄잉에게 하사하신 묘 구덩이라는 말에 대해 굉장히 성을 냈어요. 나중에 그는 하이뎬 란뎬창 리마 관제묘에 6경 80묘의 땅을 사서 묘지로 삼고 결코 은제장에 들어가지 않았답니다). 매장 후에 석공이 새긴 것이겠지요. 패방으로 들어가는 길은 대리석 통로로 묘 구덩이까지 이어졌어요. 이런 길을 신도, 즉 묘소로 가는 길이라 불렀답니다. 묘 구덩이 위에는 황토 무더기가 높다랗게 쌓여 있어 봉분을 이루고 있었어요. 황토 아랫면이 그의 음택으로 그 안에 그의 영구가 놓여 있지요. 태후마마께서 그의 생전에 묘 구덩이를 정하도록 구두로 허락하신 바 있었기에 그렇게 해놓았지 그렇지 않았다면 아무리 그라도 감히 '하사하신'이라는 말을 함부로 쓸 수는 없었을 거예요. 묘소로 가는 길 양쪽에는 각각 돌 받침이 있고 그 위에 벽돌로 쌓은 정자가 있었어요. 이런 정자를 제정祭亭이라고 부르지요. 길 동쪽 옆에는 한백옥[허베이 팡산 현에서 나는 흰 돌로 궁전 건축 장식 재료로 쓰인다] 비석이 서 있고 거기에 그의 일생이 기록되어 있었어요. 하지만 그 어떤 장식을 해놓아도 겉은 둘러싸인 돌담, 안은 쓸쓸한 봉분일 뿐 처량하기 그지없어 살아생전 대총관으로 누리던 위풍당당함은 찾아볼 수 없었답니다."

"서쪽의 이공사李公祠[리렌잉의 사당이라는 뜻]가 묘지에서 매우 가까이 연결되어 있었어요. 애초에 묘지를 건축한 사람은 틀림없이 리렌잉과 교분이 있고 그의 취향을 잘 아는 사람이었을 거예요. 리렌잉은 생긴 것은 좀 우둔해 보이지만 대단히 고상한 취향을 지녔거든요. 태후마마도 자주 그 내면에 숨겨진 고상함을 칭찬하실 정도였으니까요. 이 사당은 궁 안의 서재 양식을 그대로 본떠 만든 것이었어요. 북쪽 방 세 칸, 벽돌을 다듬어 빈틈없이 이어 쌓은 형태, 약 1미터50센티미터의 회랑, 굵은 기둥 위의 적갈색 대련, 사각벽돌 바닥, 각양각색의 격자 창, 낮은 나무 창턱, 한백옥으로 만든 층계 등, 둘러보는데 대단히 깔끔한 느낌이 들었지요. 문이 잠겨 있어 창문 너머로 안을 들여다보니 안에는 제상이 있고 그 위에 신주와 목갑이 놓여 있었어요. 중앙 방 서쪽으로는 두 개의 작은방이 딸려 있고 바깥쪽은 병풍으로 칸막이를 쳐놓았지요. 아마도 여자들이 묵는 곳인 듯했어요. 또 서쪽 곁채 세 칸은 손님 접대용으로 사용하는 곳인 것 같았어요. 뜰이 온통 거미줄과 먼지투성이인 것을 보니 오랫동안 찾아온 사람이 없는 듯했어요."

"관제묘로 돌아가니 쑨 영감이 서쪽 편전 안에 리롄잉의 초상이 있다면서 나에게 들어가서 실제 그의 모습과 닮았는지 그렇지 않은지 그림을 좀 봐달라고 부탁하더군요."

"나는 무척 놀랐어요. 향을 피울 수 있는 리 씨 사당 안에 초상을 걸지 않고 관제묘 편전에 걸어놓았다니 그 영문을 알 수 없었지요. 서쪽 편전에 도착해보니 과연 리롄잉의 초상화 한 폭이 있었어요. 앉은 자세의 전신 초상화로 길이는 위아래 60센티미터 정도 되었지요."

"머리부터 발끝까지 찬찬히 살펴보니 2품 품계의 붉은 모자, 가슴팍에 용이 둥글게 똬리를 틀고 있는 황색 마고자, 짙은 자줏빛 길복吉服, 앞가슴에 건 고관들이 거는 목걸이가 눈에 들어왔어요. 연한 바탕의 목이 긴 장화를 신은 두 발은 팔자 형태로 발 받침대를 딛고 있었지요. 두 손은 자연스럽게 늘어뜨려 두 다리 위에 올려놓았고요. 머리는 오른쪽으로 살짝 기울어져 있었는데 이는 모자 뒤의 공작 깃털을 그림에 담기 위해서예요. 청조의 고관들 초상화에서는 흔히들 이렇게 했지요. 얼굴을 보니 누르스름한 황갈색에 튀어나온 광대뼈, 약간 길어 보이는 두 뺨, 부은 눈두덩이, 살짝 감긴 듯한 눈, 큰 코에 두꺼운 입술, 긴 아래턱 등이 확실히 리롄잉이었어요. 다만 눈이 조금 다르게 그려졌지요. 그의 눈은 후추씨만 하지만 작아도 대단히 날카롭거든요. 그런데 그림에는 이런 느낌이 조금도 나타나 있지 않았어요. 아마도 그는 장중하고 후덕한 이미지를 후대에 남기려 했던 모양이에요."

"사찰을 지키는 쑨 영감이 알려주었어요. '이 그림은 그 집안 후손이 특별히 이곳으로 보내온 것이오. 나에게 그들을 대신해 향을 피우고 예를 올려달라는 뜻이지. 설이나 명절이면 내게 돈을 조금씩 보내주면서 말이오. 세상이 아무리 어수선하고 불안정해도 나 한 사람만은 그들을 대신해 정성을 올려달라는 것이지요.'"

리롄잉의 초상.
노궁녀가 관제묘에서 본 초상화가 아마도 이 그림이라 짐작된다.

"나는 쑨 영감에게 향을 달라고 하고 몸에 지니고 있던 먹을거리를 제상 위에 놓은 뒤 '죽은 사람을 귀히 여기는' 옛 베이징의 관습대로 공손하게 무릎을 꿇고 절을 올렸어요. 그저 나중에 갈 사람이 먼저 간 사람에게 올리는 정성이었지요. 어쨌든 그는 몇 년간을 궁에서 동고동락한 사람이잖아요."

"중화민국 2년에 류를 장사지내고 이듬해 기일에 한 번 더 묘지를 찾은 뒤로 다시는 그곳에 가본 적이 없어요. 그곳은 인적이 드물고 도적들이 출몰하곤 했거든요. 그 당시 나 같은 젊은 과부가 무슨 애꿎은 일을 당하려고 자주 발걸음을 하겠어요? 하지만…… 언젠가 한번은 그곳에 가야겠지요."

이는 아마도 허 아주머님이 장차 그곳에 묻힐 것임을 내게 암시하는 것이리라.

허 아주머님의 길고 긴 이야기가 끝난 후 우리 둘은 함께 멍하니 침묵에 잠겼다. 점차 머릿속이 정리되면서 나도 모르게 지난날 젊었을 적 일이 떠올랐다.

나는 어릴 적 공부보다는 심심풀이로 책읽기를 좋아했다. 지금껏 리롄잉에 관해 두서없이 언급했지만 이제 대략적인 윤곽을 알았으니 좀 더 분명하게 정리해보도록 하겠다. 나와 같은 호기심을 지닌 사람들에게도 얼마간 근접한 사실들을 제공할 수 있으리라 본다.

묘비의 기록에 따르면 리롄잉은 도광제 28년 10월 17일(1848년 11월 12일) 생이다. 함풍제 5년(1855) 여덟 살에 거세를 했고, 함풍제 6년(1856) 9세에 궁에 들어왔다. 함풍제 10년(1860) 그의 나이 열두 살에 영국과 프랑스 연합군이 원명원을 불태웠고 그는 황제의 가마를 따라 열하로 피신했다. 함풍제 11년(1861) 그가 열세 살일 때 함풍제가 죽고 두 태후를 따라 베이징으로 돌아왔다. 이후 청국은 동태후, 서태후 두 태후가 수

렴청정을 했다. 동치제 6년(1867) 19세에 2총관으로 봉해졌고, 동치제 8년(1869) 스물한 살 되던 해에 안덕해가 죽임을 당하고 그가 대태감으로 승진했다. 광서제 14년(1888) 마흔에 순친왕을 따라 해군을 시찰했고, 광서제 24년(1898) 쉰에는 한동안 총애를 받지 못했다. 광서 26년(1900) 그의 나이 쉰둘에 팔국연합군이 베이징을 진격해와 서태후를 따라 시안으로 피란 갔다가 광서제 27년(1901) 쉰세 살에 태후와 함께 돌아왔다. 광서제 34년(1908) 그가 예순 되던 해에 서태후가 죽고 룽위 황후에게 그동안 받은 보석들을 바치며 사직을 청했다. 선통제 원년(1909), 그의 나이 예순하나에 서태후가 죽은 지 100일이 지나 궁을 떠났고, 선통제 3년(1911) 예순넷의 나이로 세상을 떠났다. 아홉 살의 나이로 궁에 들어와 예순한 살에 궁을 떠났으니 그 시간을 합산해보면 장장 52년의 세월이다. 그야말로 일생 동안 서태후를 따랐으며 청 말기 역사의 중요한 인물이었다고 할 수 있다.

그의 공적에 대해서는 응당 역사가가 평해야지 나는 왈가왈부할 자격이 되지 못한다. 이 이야기를 이렇게 장황하게 늘어놓는 것은 나 자신이 어린 시절 패관 야사의 거짓된 기록에 속아봤기 때문이다. 리롄잉이 청년 시절에 유곽에서 창기와 놀았다느니, 부녀자를 납치해 창기로 팔았다느니, 일이 발각되어 궁에서 벌을 받을까 두려워 원명원에서 '사춘[함풍제가 원명원에 숨겨두고 총애했다는 네 미녀로 모란춘牡丹春, 해당춘海棠春, 행화춘杏花春, 무릉춘武陵春을 가리킨다]'을 잡아들였다느니 하는 이야기들이며 또 그가 서태후의 총애를 깊이 얻어 열하에 있을 때 변발 속에 고약으로 밀서를 붙여 공친왕을 직접 알현해 계책을 논했다는 등의 이야기들 말이다. 심지어 리롄잉의 후손들 중에도 그가 열하에서 큰 공을 세웠다고 하는 이가 있다. 진중한 동태후와 지략가였던 서태후가 죽기 살기로 권력을 다투는 큰일을 열두세 살 먹은 어린아이에게 맡겼다니 절대 있을 수 없는 일이다.

청 말기 학자 왕자오王照(자는 샤오항小航) 선생이 「팡자위안잡영기사方家園雜詠紀事」를 쓸 때 거리에 떠도는 야사가 면면이 얼마나 황당무계했는지 분노했다고 한 것이 기억난다. 후기에는 이런 말이 있다. "심지어 공친왕 혁흔이 왕위 찬탈을 도모하고 이홍장이 일본에 나라를 팔아먹었으며 광서제가 캉유웨이康有爲에게 황제의 자리를 양보했다고들 말한다. 가지가지 괴상하고 터무니없는 이야기가 난무한다. 혹여 사람들이 그것을 믿을까 하여 부득이하게 이 책을 펴내고 알리니 이로써 그 망령됨을 깨뜨리려 하노라." 나는 이런 광대한 재능과 큰 뜻은 없다. 그저 펜이 가는 대로 쓰면서 내가 젊은 시절 야사에 속았던 분노를 털어내려 할 뿐이다.

── **추이위구이가 다시 궁에 돌아오다**

　　신축년에 시안에서 궁으로 돌아온 이후 추이위구이는 확실히 궁에서 쫓겨났다. 하지만 또 확실한 것은 그가 다시 궁으로 돌아왔다는 사실이다.

　　나는 일찍이 『서행로상西行路上』에서 「세 분의 양어머니가 함께 오다三位乾媽一起來了」라는 글로 추이위구이의 이야기를 한 차례 보충하려 한 적이 있다. 하지만 게을렀던 탓도 있고 또 오른손이 병으로 마비되는 바람에 완성하지 못하고 그만두었다. 대신 여기서 허 아주머님의 이야기를 간략하게 소개해보겠다.

　　"추이위구이는 태후마마의 친정 남동생 구이 공의 양아들이었어요. 앞서도 말한 바 있지요. 뿐만 아니라 그 이전에는 경왕의 양아들이었답니다. 추이위구이가 궁에 들어온 것은 바로 경왕 저택에서 천거한 연고예요. 그는 어릴 때 먼서 경왕 저택에서 태감으로 일했는데 영특하고 장래성이 있었지요. 당시에는 각 왕부에서 어린 태감을 궁에 바쳐 일을 시키는 제도가 있었기에 경왕은 곧 그를 천거해 올렸어요. 궁 밖으로는 경왕 같은 군기대신의 뒷배가 있고 궁내에는 또 경왕의 딸인 넷째 공주마마가 계셔서 추이위구이는 궁 안팎으로 주목받는 인물이었지요. 경왕은 태후마마께 굉장히 쓸모 있는 사람을 한 명 붙여준 셈이었어요."

"경자년 시안으로 피신할 때 사성沙城에서 경왕은 명을 받들고 외국과의 강화를 위해 베이징으로 돌아갔지요. 베이징으로 돌아와서는 자신의 두 부인에게 태후마마의 가마를 좇으라 했어요. 두 부인은 또 길에서 구이 마님을 만나 동행했고요. 그분 역시 베이징에서 도망나온 것이지요. 이들은 8월 초 함께 산시에 와서 가마를 알현했어요. 추이위구이로서는 세 명의 양어머니가 함께 온 셈이었지요. 그 때문에 불시에 분주해졌답니다."

"태감들에게 있어 한 번 주인은 평생 주인이에요. 하물며 양아들이니 어떻겠어요. 시안에서 추이위구이는 동분서주하며 태후마마를 모시고 또 두 처소에 있는 양어머니들 시중까지 들었으니 정말 고생이 많았지요."

"그런데 궁에 돌아온 뒤 뜻밖에도 날벼락 같은 명령이 떨어진 게지요. 태후마마는 진비마마의 사인을 추이위구이에게 돌려 그를 궁 밖으로 쫓아내셨어요."

허 아주머님은 진지하게 이야기했다.

"태후마마는 변하셨어요. 대외적으로 자비로운 보살 같은 이미지를 심어주려 하셨지요. 각 공사관 부인들 앞에서 며느리를 우물에 빠뜨려 죽인 흉악한 이미지로 비치면 얼마나 보기 안 좋겠어요. 반드시 자애롭고 선량한 국모의 모습을 하고 외국 부인들을 만나셔야 했어요. 하지만 이미 일어난 일인데 그게 가능한가요? 그러니 추이위구이에게 그 일을 뒤집어씌운 것이지요. 구이 공이 와서 사정해봤지만 당연히 안 되었어요. 태후마마의 친정집 사람인 데다 평소에도 그리 신통찮은 사람이었으니 아무런 영향력도 미치지 못했지요. 평상시 그리도 변변치 못한 처지였는데 어떻게 자기 체면을 봐서 용서해주십사 할 수 있겠어요. 태후마마는 오히려 이 일을 핑계삼아 한바탕 잔소리를 하시며 벌컥 화를 내셨답니다. 며칠이 지나 경왕의 부인이 다시 궁을 찾았어요."

"경왕은 외국과의 강화를 담당한 대신이었지요. 이홍장이 죽고 경왕은 강화의 일등공신이 되었어요. 또 추이위구이와는 특별한 관계였고요. 경왕의 딸 넷째 공주마마 역시 태후마마의 마음속을 꿰뚫어보았어요. 사실 태후마마는 진비마마의 죽음을 진심으로 후회하시는 것이 결코 아니었지요. 진비마마를 우물에 빠뜨렸던 추이위구이를 정말 미워한 것은 더더욱 아니었고요. 눈엣가시가 사라져서 가슴속이 후련한데 무슨 후회 같은 것이 있겠어요? 단지 성급하게 사람을 죽인 데다 더욱이 광서제가 총애하던 후궁이었으니 각국 공사관 부인들을 볼 낯이 없는 것이었지요. 단지 이것만이 태후마마의 고민이었어요! 태후마마를 대신해 처음 명령을 돌릴 수 있는 사람은 경왕이 적격이었지요. 그래서 경왕의 부인이 궁에 와서 간청한 것이에요. 사실 태감 한 명을 내쫓는 것은 무슨 군대를 일으키거나 대중을 동원할 필요도 없는 간단한 일이지요. 하지만 추이위구이를 위해서가 아니라 태후마마를 위해 각국 공사관이 모두 이 일을 듣도록 일부러 그렇게 요란스럽게 내쫓았던 것이에요. 추이위구이가 쫓겨남으로써 태후마마의 목적은 달성되었어요. 하지만 추이위구이는 몇 날을 인내해서 다시 궁으로 돌아왔지요. 사실 이는 구이 공, 경왕이 태후마마가 직접 할 수 없는 일을 대신해준 것뿐이었던 거예요."

"추이위구이로 말할 것 같으면 무술을 좋아하고 거들먹거리기 좋아하고 허풍을 입에 달고 다니던 사람이지요. 대청국 시기에는 감히 입도 벙긋하시 못했시반 숭화민국 이후에는 궁에서 쫓겨난 일을 도리어 자랑스럽게 여기저기 말하고 다녔어요."

추이위구이가 다시 궁에 들어갔다고 한 것이 바로 이 이야기다. 허 아주머님이 우리에게 들려준 이야기를 여기에 기록하여 앞서 기록한 글을 보충하고자 한다.

후기

　후기를 쓰자니 나도 모르게 여러 가지 생각이 끊임없이 떠오른다. 수많은 말이 머릿속을 스쳐 지나간다.
　　나는 자금성 잡지사 편집부와 조금의 연고도 없다. 편집부와 종이 한 장 오간 적도 없었고 편집장은 더더욱 얼굴 한 번 본 적 없었다. 단지 우연한 기회에 내 친구 양나이지가 편집부에 들렀다가 친구 부부가 서태후를 모셨던 궁녀와 오랜 시간 알고 지내면서 궁중의 소소한 일들을 얻어듣는다는 이야기를 하게 되었다. 이 이야기를 듣고 편집장은 내 누추한 집도 마다 않고 찾아와 우리가 알고 있는 것, 들은 이야기들을 공개해줄 것을 청했다. 그 간곡한 정성과 호의에 우리는 고마움과 부끄러움을 금할 수 없었다. 그래서 "복숭아를 던져주니 자두로 보답한다"는 마음으로 경망히 회답을 하며 이 인연을 소중히 여겼다. 이 정다운 호의가 오랜 기간 우리 마음속에 남아 이제 이곳에 감사의 인사를 쓰려고 한다. 그들의 열정과 젊은 사람이 나이든 사람에게 베풀어준 격려에 대해, 또 그들이 3년여 간 우리에게 나누어준 우정에 감사한다. 어떤 금은보화로도 살 수 없는 값진 것이었다.
　　기억이란 것은 한 폭의 그림에 비유할 수 있다. 우선 산수화에 비교해보자. 산이 있고 물이 있고 하늘에 떠가는 구름이 있고 멀리 보이는 산봉우리가 있다. 언덕과 계곡, 외로운 돛단배와 판자로 이루어진 다리가 있다. 초가집이 있고 조그마한 정자가 있고 세상을 등지고 사는 선비가 있으며 칠현금을 타는 아이가 있다. 또 꽃과 나무가 무성하여 자연스럽게 정취를 자아낸다. 하지만 오랜 시간 그림을 돌보지 않으면 그림은 갈라지고 자잘하게 떨어져나가 한 뭉치 종이 나부랭이로 변해버린다. 반드시 세심하게 종이를 발라 표구하는 과정을 거쳐야 본래의 모습을 어렴풋이나마 회복할 수 있다. 나와 내 처는 스스로 3년여 간 표구사가 되었다고 생각하고 최선을 다해 원래 그림을 복구해나갔다. 한 단락의 이야기가 끝날 때마다 마치 돌 하나, 나무 한 토막, 언덕 하나, 계곡 하나를 종이로 바르는 것 같았다. 원래의 그림에 부합하지 않는 곳은 없는지 세세하게 생각하고 또 생각했다. 기억을 되돌리는 것은 사실 매우 힘든 일이다. 생각하는 시간이 쓰는 시간보다 몇 곱절이나 더 길었다. 우연히 내 처가 당시 장작과 쌀, 기름, 소금 등 생활필수품들을 적은 가계부를 들춰보다가 띄엄띄엄 허 아주머님과 이야기한 내용이 적혀 있는 것을 발견했다. 우리는 이것으로 얼마간 기억을 되살릴 수 있기를 희망했지만 이미 몇 년이나 지나버렸고 그 내용도 당시 아무렇게나 적어둔 것들이어서 대략의 날짜밖에는 확인할 수 없었다. 마치 다른 사람이 쓴 일기를 보는 것 같아 도리어 더 갈피를 잡을 수 없었다.

다만 진지하게 말할 수 있는 것은 우리가 스스로 표구사로 여겼으니 당연히 표구사의 본분을 충실히 지키려 했다는 점이다. 가지나 잎을 더하지 않고, 어떤 장식을 덧붙여 그리지 않고, 최대한 본래의 모습에 부합하도록 했다. 머리말에서 이미 "전하기만 하고 짓지 아니하며 옛것을 믿고 좋아하는 것은 마음속으로 노팽을 본받고자 함이다"(공자의 말)라는 구절을 언급했던 것처럼 최대한 신뢰할 수 있는 것이 되도록 했다. 우리는 이 맹세를 어기지 않았음을 자신한다.

모든 근거 없는 과장, 임의로 신비감을 더하는 것, 암암리에 기만하는 것, 현실성 없이 허황된 것을 배제하고, 모르는 것을 억지로 아는 것처럼 쓰는 것을 최대한 피하려고 노력했다. 이는 자금성 잡지사의 엄격하고 신중한 풍격에도 부합한다. 삼가 독자들의 평가를 바란다.

감히 독자들을 향해 자랑하고 싶은 것은 이 책의 내용이다.

이 이야기는 온전히 서태후 만년의 생활을 중심으로 하며 그녀가 백성의 고혈을 돌아보지 않고 극도의 사치로 향락을 누리던 궁중생활이 반영되어 있다. 또한 서태후의 일상이라든지 연회와 유람, 먹고 마시고 자는 등의 소소한 이야기들까지 모두 상세하게 서술되어 있다. 이런 생활 속에서 궁중의 체제를 대략적으로 엿볼 수 있으며 한편으로는 봉건사회 통치계급이 정한 삼엄하고 잔혹한 제도를 깨달을 수 있을 것이다. 한 사람의 위엄이 하늘 아래 만백성 위에 자리하고, 한 사람의 사욕이 나라와 민족이 망하게 되는 지경까지 이르렀던 것을 말이다. "떨어지는 나뭇잎으로 가을이 왔음을 안다", 누구나 아는 이 말처럼 서태후가 추구했던 바를 보고 그녀의 속마음이 무엇을 향했는지 이 책을 통해 알 수 있을 것이다. 청나라 말기 기록에 이런 시가 있던 것이 기억난다.

"삼십삼천 하늘 위 하늘, 가장 높은 곳, 옥황상제의 머리 위 왕관,
왕관 위에 깃대를 꽂고, 나 부처는 그 깃대 꼭대기에 있노라."

스스로 '서천의 태후 부처님'의 나라 씨라 칭하던 서태후였으니 그 높고 높은 지위를 미루어 짐작할 수 있다. 이 시는 그 지위를 신랄하게 비꼰 것이라 할 수 있다. 하지만 이런 풍자시는 풍자를 하기에는 충분하나 세세한 진상을 알기에는 부족한 감이 있다. 도대체 그녀는 어떻게 고귀함을 유지했는지, 어느 정도의 고귀함이었는지? 먹는 것은 어떻게 먹었는지? 자는 것은 어떻게 잤는지? 또 무엇을 하면서 즐겼는지? 이런 생생하고 사실직인 일들은 바로 이 책을 보면서 보충하기 바란다. 여기에 소개된 이야기들은 하나하나 모두 생생하고 충실하다. 이 이야기를 읽은 독자들은 책을

덮고 절로 생각에 잠기게 될 것이다. 강대한 이웃 나라들이 국경까지 밀어닥치며 호시탐탐 나라를 노리고 나라가 열강에 쪼개질 지경에 이른 상황임에도 고군분투하여 나라의 힘을 키울 생각은 하지 않고 도리어 악랄한 착취를 일삼았다. 만백성의 피와 땀을 흥청망청 쓰며 중국 염황의 자손들, 아름다운 산수를 조금씩 외세의 반봉건 반식민지의 심연에 빠뜨렸다. 말은 이에 그치나 그 통한은 이루 말할 수 없을 것이다. 아아, 오욕과 수치가 없는 만수무강한 나라여, 여인을 향해 술잔을 부딪치며 조소를 보낸다(자금성출판사가 출간한 『서태후』라는 책 중 「장타이옌章太炎이 서태후를 비판한 대련 한 토막」에 이러한 구절이 기록되어 있다. "오늘은 난위안南苑[북경 교외]에 가고 내일은 베이하이 호에 가니 어느 날에 옛 장안을 가볼까? 백성들의 고혈이 마르는데 오직 한 사람을 위해 경축함을 한탄하노라. 50세에 류큐琉球[오키나와]가 넘어가고 60세에 타이완이 넘어가고 이제 또 둥베이삼성이 넘어가는구나! 중국 국경의 존망이 날로 급박해지는 것이 비통하다. 매순간 만수무강하기를 축원하노라.")

장 씨의 대련은 분명 서태후의 70세 생일에 쓰인 것이다. 즉, 1904년 음력 10월 10일 무렵이다. 서태후가 중국을 통치한 지 44년째 되던 해였다. 장타이옌은 날카로운 풍자로 그녀의 40여 년간 통치 역사, 곧 중국 인민의 고난의 역사를 거침없이 폭로했다.

서태후 만년에는 외세를 배척하던 것에서 외세의 비위를 맞추는 쪽으로 바뀌었다. 소위 '중국의 물력을 계산해 외국의 환심을 산다'는 태도였다. 제국주의자들에게 굴복하고 자주 연회를 열어 각국 공사관 부인들을 초청하고 웃는 낯으로 열강의 비위를 맞추려 했다.

우리가 이 책을 쓴 요지는 여기에 있다. 이 간절한 마음을 독자들에게 전하는 바이다.

한편, 독자들께 죄송스런 부분도 있다.

머리말에서 이미 언급했던 대로 이 책은 네 가지 항목으로 엮었다. 첫째, 궁녀의 생활, 둘째, 서태후의 일상, 셋째, 광서제에 관한 일화, 넷째, 기타 사소한 이야기들. 하지만 막상 글을 쓰고 보니 이 틀을 엄격히 지키지 못했다. 앞뒤 말이 맞지 않은 셈이다. 글을 쓰는 도중 이미 이런 것들을 고려했지만 나중에는 독자들이 연상하기 쉽도록 굳이 이 항목에 따라 쓰지 않았다. 예를 들어 '네 명의 금강역사, 500명의 아라한' 부분은 물론 서태후의 일상에 속한다. 그리고 '다보보' 이야기는 확실히 기타 사소한 이야기에 속한다. 하지만 이 두 이야기를 연이어 보면 궁 안에서 태후는 천하제일의 연회를 즐기지만 궁 밖에서 팔기 자제들은 다보보를 먹는 꼴사나운 모습을 알 수 있다. 만주인이 세운 청 왕조의 기둥, 기하인들이 말이다. 이 두 모습을 대조해보면서 독자들은 자연 결론을 얻을 수 있을 것이다. 서태후의 팔옥누대八玉樓臺 역시 모래 위에 세운 성에 지나지 않았다는 것을 말이다. 그래서 아예 이 두 이야기를 함께 배치했다. 또 한 예를 들면 다음과 같다. 궁에서 연지를 제작하는 이야기를 쓰고 나니 이는 늦봄의 일이라 펜이 가는 대로 초여름의 익모초 연고를 만드는 이야기까지 썼다. 또 중간에 냄새나는 대마 이야기들을 발견해서 장푸의 거세 이야기에 연결해서 썼다. 서행길 이야기를 쓸 때는 피란의 긴 여정 중 서태후의 가마 이야기 외에도 태후를 따라 서쪽으로 함께 피란한 사람들 이야기까지 써야 했다. 그래서 '서행길' 부분에 황태자 이야기며 '광서제가 머리를 깎다' 편 등을 수록했다. 줄줄이 연결되는 모든 이야기는 그저 펜이 가는 대로 탄생한 것들이다. 이 일들을 각기 따로 분리시켜놓을 수 없어 머리말에서 언급한 틀을 엄격히 지키지 못했다. 우리가 처음부터 좀 더 세심하게 고려하지 못해 질서정연하지 못한 구조를 낳았으니 삼가 독자들의 이해를 구하며, 독자들 스스로 종합할 수 있도록 새롭게 편집하지 않는 바이다(작가 가족들의 동의를 얻어 제3판은 책 전체를 다시 조정했다-편집자).

마무리를 짓기 전에 허 아주머님에 대해 좀 더 이야기해보려 한다.

허 아주머님은 자신의 과거에 대한 이야기는 늘 일부러 피하셨고 우리도 그분의 가정사에 대해 캐묻기를 조심스러워했다. 마치 어떤 '말 못할 사정'이라도 있는 듯 보였다. 허 아주머님의 혼인은 아마도 아편을 피우고 재물을 탐했던 그분의 아버지가 일부러 리렌잉에게 부탁해 서태후의 명으로 류와 혼인을 맺어줄 것을 청한 것으로 보인다. 허 아주머님은 때때로 아버지의 이런 양심 없는 행동에 대해 탄식하곤 했다. 아, 어쨌든 고난은 시시각각 그분의 마음을 죄었다.

허 아주머님은 확실히 선량한 분이었다!

가슴속의 말을 몇 마디 하자면 우리가 허 아주머님을 그리워하는 것도 사실 면목 없는 것이다. 해방 전 10년 동안 우리는 생활의 궁핍, 자녀들의 고생, 질병의 괴로움에 시달렸다. 정말 식량이 부족해 끼니를 굶는 생활, 굶주림과 추위에 시달리는 극도의 비참한 생활 속에서 옷 솔기를 기우고 약을 달이고 탕을 끓이는 등 한두 가지가 아닌 고된 일들이 허 아주머님 한 사람의 어깨에 지워졌다. 하지만 허 아주머님은 언제나 한결같은 모습으로 우리를 도와주었다. 홀로 지낼 만한 더 좋은 곳을 찾을 수도 있었지만 그렇게 하지 않았다. 가난 때문에 뜻을 바꾸지 않았고 인정을 버리지 않았다. 처지에 따라 사람을 가리는 사회에서 이렇게 인정 많고 신의 있는 사람을 찾을 수 있다는 것은 결코 쉽지 않은 일이었다. 허 아주머님이 무척 그립다. 그분은 단순히 우리 집 일을 거들어준 사람이 아니라 우리와 고난을 함께한 친구 같은 분이었다.

서태후를 대할 때의 태도는 더했다. 일편단심 충성을 다하고 신처럼 떠받들었다. 시안 피란길에서도 목숨을 아끼지 않고 온 마음을 다해 모셨다. 또 혼인을 정해주었을 때도 태후의 한마디 명령에 다른 마음을 품지 않고 평생을 바쳐 그 명을 지켰다. 물론 가끔 태후가 좀 잘못했다느니, 자신을 억울하게 했다느니 원망의 말이 나올 때가 있었다. 하지만 원망의 말을 할지언정 분을 품는 일은 결코 없었다. 푸념을 늘어놓을지언정 태후의 뜻을 거스르지는 않았다. 죽는 날까지 주인에게 충성해야 한다는 이 봉건 사상은 허 아주머님의 일생을 지배했다.

태감 류샹과의 혼인은 서태후의 한마디 명령일 뿐이었다. 중화민국 초기에 류샹은 병으로 죽었고 정세 또한 달라졌다. 또 이때 허 아주머님의 나이는 불과 서른 살에 지나지 않았다. 서태후의 명령이어서 그랬든 부부간의 인정과 의리에서 그랬든 허 아주머님은 혼인생활에 성심을 다했으며 양심에 부끄러운 행동은 조금도 하지 않았다. 새로운 사람에게 재가해 남은 반평생을 보내도 될 만큼 말이다. 하지만 허 아주머님은 그러지 않았다. "그들이 살아 있을 때 내가 그들에게 떳떳했듯이 그들이 죽은 후에도 나는 그들을 떳떳하게 볼 낯이 있어야 돼요." 우리는 이 말을 듣고 가련함과 존경스러움을 금할 수 없었다. 이처럼 "닭에게 시집가면 닭을 따르고, 개에게 시집가면 개를 따른다" "오직 죽음으로 군왕의 은혜를 갚는다" 같은 사상이 허 아주머님을 꽁꽁 얽매고 있었다.

손을 꼽아보면 경자년(1900)에 허 아주머님이 스무 살이었으니 1950년이면 족히 일흔이 된다. 이때 그분은 두려움과 불안함을 느끼며 이제 이 세상에 있을 날이 얼마 남지 않았다는 것을 예감했다. 그래서 그분은 서쪽 교외로 가서 살기로 결심했다. 우리의 짐작으로는 은제장 부근에 있는 기하인 집을 찾아 그곳에서 지내셨으리라 본다. 오래 사셔도 1, 2년이었을 테니 그곳 고향 사람에게 부탁해 세상을 떠난 후 자신을 류샹의 유골과 함께 류샹의 묘 안에 묻어달라고 했을 것이다. 그렇게 함으로써 서태후의 명을 끝까지 완수하고 대청국에 대한 작은 충심을 다했을 것이다.

허 아주머님은 확실히 노비였다. 하지만 그분은 정말 선하고 올바른 사람이었다!

아쉬운 것은 우리의 보잘것없는 재주와 서투른 필력 때문에 그분의 완곡한 말투, 솜 같고 구름 같은 그 느낌을 제대로 살리지 못한 것이다. 듣고 알리는 재주는 더더욱 없어 그분의 그 낭랑하고 아름다운 말들을 종이에 적어냈다. 저승과 이승은 아득히 머니 우리는 그지 고인을 그리워하는 수밖에 없다. 일찍이 『문심조룡文心雕龍』에 이런 말이 있다. "막 붓을 들고 글을 쓸 때는 할 말이 배나 많았는데 문장을 완성하고 보니 마음속의 말들을 반밖에 이루지 못하였다." 즉 '붓을 들 때에는 하고 싶은 수많은 말이 떠올랐지만 다 쓰고 나서 돌아보니 마음속의 말들을 반밖에 써내지 못했다'는 뜻이다. 이름난 고대 작가들도 이러한데 하물며 우리 같은 평범한 부부는 어떠하겠는가. 이 책은 여기서 이만 맺는다.

1988년 7월 1일 전야

부록 1

내가 아는 '노궁녀' _류야오신劉曜昕

　　나와 진이 부부는 이미 50년 된 벗이다. 50년의 세월을 교제하는 동안 우리는 학문 토론과 연구를 함께했을 뿐 아니라 고난과 시련도 함께 거쳤다. 이 점은 옛 성인들을 본받았다 할 수 있다.

　　진이는 퇴직한 뒤에도 학문을 그만두지 않고 여력을 다해 가볍지 않은 『서태후와 궁녀들』(원제: 궁녀담왕록宮女談往錄)을 써냈고 이어서 자금성 잡지사에 발표했다. 그의 재능과 노력, 기억, 앞을 보는 식견은 나를 탄복케 했다.

　　나는 그의 친필 원고를 여러 차례 보아온 독자다. '노궁녀'의 이야기는 내 기억들을 적지 않게 불러일으켰다. 사실 나는 진이보다 먼저 이 노궁녀를 알았다고 할 수 있다. 또한 진이가 나로 인해 노궁녀를 알게 되었다고 할 수 있다. 하지만 노궁녀가 그의 집에서 보모 역할을 하며 집안일을 거들어준 것은 내 소개로 한 것이 아니다. 이 이야기는 꽤 길다.

　　1942년 나는 공부를 계속할 수 없는 상황에 부딪혔다. 고향은 전쟁으로 폐허가 되었고 나는 어렵사리 베이징 사탄沙灘 부근의 한 공동 가옥에 살게 되었다. '공동 가옥'은 그 집의 본래 명칭일 뿐이다. 일본군이 베이징을 점령한 뒤로 모든 업종이 침체되고 학생들은 급격히 줄어든 시기에 이 가옥은 실질적으로 여러 가구가 밀집해 살고 있는 복합 주거지로 변해 있었다. 그중 타지역에서 온 사람은 오직 나 한 사람뿐이었다.

이 집의 주인은 베이징 대학의 사환으로 오래전부터 알던 사람이었다. 나를 받아준 것도 이러한 인연 덕분이었다. 그는 방을 청소하고 찻물을 공급하고 문단속 관리와 주거인들의 식사를 담당했으며 그 비용도 모두 부담하고 있었다.

그곳은 규격에 좀 맞지 않는 쓰허위안이었다. 북쪽 방 세 칸에는 집주인 부부와 자녀들까지 네 사람이 살았다. 또 동서쪽 각기 다섯 칸, 합쳐서 열 개의 방 중 한 칸은 내가 쓰고 나머지 아홉 칸에는 여덟 가구가 나누어 살았다. 모두 추위와 굶주림의 선상에서 치열하게 발버둥치는 어린 직공 또는 노동자들이었다. 남쪽 방은 세 칸 중 한 칸이 통로였고 사람이 묵고 있는 방은 두 칸뿐이었다. 이곳에 사는 사람은 나이든 혼자 몸의 여인과 그녀의 두 남동생이었다. 두 형제는 아침 일찍 나가서 정오에 돌아왔는데 아마도 채소 행상을 하는 것 같았다. 이 여인이 바로 진이가 쓴 노궁녀였다. 아홉 가구 중 오직 그녀만 주인과 친분이 있는 관계였다.

학교 사환이었던 집주인은 성격이 온순하고 나약하기까지 한 사람이었다. 집안의 실질적인 주인은 그의 아내였다. 그녀는 불과 스무 살이 안 된 어린 나이였지만 세상 물정에 밝은 사람이었다. 세를 든 사람이 대부분 가난한 이들이었으니 방세가 밀리는 일이 없을 리 없었다. 심지어 어떤 때는 그에게 돈을 꾸기도 했다. 그래서 안주인은 자신을 이 사람들의 은인이자 보호자라고 여겼다. 세든 사람들은 모두 그녀의 아랫사람이었다. 간혹 나를 대할 때도 종종 자기 마음대로 부리는 태도가 느껴지는 것이 마치 윗사람이라도 된 듯했다. 다만 남쪽 방 사람들을 대할 때는 굉장히 상냥했는데, 그것도 노궁녀를 대할 때만 그랬고 채소 장수인 두 남동생을 대할 때는 여전히 하대하는 말투나 조소하는 낯빛을 보이곤 했다.

내가 그곳에 머문 지 꽤 오래되었을 때였다. 간혹 학교 사환이 집을 비우면 찻물을 공급하는 일은 어쩔 수 없이 안주인이 맡아야 했다. 그녀로서는 아랫사람들의 시중을 들어야 하는, 체면이 깎이는 일이었다. 어떤 때는 내 하나뿐인 낡은 등나무 의자에 앉아 집안 이야기로 한바탕 허세를 늘어놓으며 자신의 민망함을 하소연했다. 간혹 몇 방울의 눈물을 떨어뜨려 동정심과 존경심을 자극하기도 했다. 내가 동정을 표하니 그녀 역시 나에 대한 태도가 좋게 바뀌었다.

안주인이 늘어놓는 이야기 속에서 나는 그녀와 노궁녀의 사정을 얼마간 알 수 있었다. 안주인은 기하인이었고 한족 성으로 바꾼 것은 구이桂였다. 그녀의 아버지는 경찰계에서 순관巡官[순경의 장으로 순장보다 상급의 직위](청말 중화민국 초기에 경관이나 경찰들 중에는 기하인이 매우 많았다)으로 일했다고 한다. 예전에도 안주인은 이렇게 말한 적이 있었다. "30년 전에는 길거리 상점, 인력거꾼, 가마꾼들은 말할 것도 없고 전문 일대에서 구이 다섯째 나리를 몰라보는 사람이 없었어요. 영감(학교 사환)은 재봉사였는데 1년 내내 우리 집 일을 해줬지요. 일감을 갖다주는 사람은 문간방까지만 발걸음할 수 있었고 안에서 부르지 않으면 방에 오를 수 없었어요……. 그래도 그 사람 됨됨이가 성실해 보이고 손재주가 있어서 그럭저럭 밥벌이를 했지요……. 아휴, 이런 경우를 가리켜 '사람은 운명을 거스를 수 없다'고 하는 건가봐요!" 그 말투에는 금석지감[지금과 옛날을 비교해볼 때 차이가 몹시 심해 나는 느낌]이 묻어났다. 이때서야 나는 이해했다. 학교 사환 영감이 고분고분 노여움을 참고 사는 것은 단순히 늙은 남편에 어린 아내여서가 아니라 주인과 종의 관계도 있었기 때문이라는 것을. 일을 해주던 주인집 아가씨와 혼인을 했으니 자연히 주인은 계속 주인 노릇을 하려 하고 아랫사람은 그 신분이 높아지지 않는 것이었다.

안주인과 노궁녀의 관계는 고모와 질녀 관계로 노궁녀가 고모였다. 이는 내가 미루어 심삭한 것이다. 수인집 아이가 노궁녀를 외할아버지라고 불렀기 때문이다. 만주족은 결혼을 하지 않은 나이든 처녀는 남자 형제들과 동일한 호칭으로 불리기 때문에 질녀도 고모라고 부르지 않고 작은아버지 또는 큰아버지라고 부른다. 안주인도 아이들을 따라 노궁녀를 외할아버지라고 불렀다. 그래서 나는 처음에 그들이 모두 구이 씨인 줄 알았는데 진이의 작품을 읽고 나서야 노궁녀의 성이 허 씨임을 알았다. 물론 이 성은 기하인의 한족 성이다. 그렇다면 그들의 관계는 친척이긴 하나 종친은 아니라는 말이 된다.

이 노궁녀에 대해 안주인은 다음과 같이 이야기했다.

"그분을 하찮게 보지 마세요. 서태후의 시중을 들던 시절에는 꽤 지위가 있는 분이었다고요. 궁에서 막 나오셨을 때 머리에 꽂고 있던 것과 손에 끼고 있던 장신구들은 집안 가산과 맞먹었다니까요. 윗분들이 하사한 것들을 모아둔 상자와 보자기들은 더 말할 것도 없고요. 궁에서 나오시자마자 집 세 채를 사셨어요. 아편을 피운대도 넉넉한 집이었지요. 친지들은 너나할 것 없이 그분을 떠받들었고요! 정말이지 그때 좋은 사람 한 명 만나서 남은 인생 편히 사셨어야 했는데. 봐요. 이제는 '높은 것은 쳐다볼 수 없고 낮은 것은 눈에 안 차는' 어중간한 신세가 되어버렸잖아요. 평생 저 두 '귀하신 몸'(노궁녀의 두 남동생을 가리키는 것이었다. 본뜻은 식객임을 의미했다)에 피땀을 다 쏟아 붓고 말이에요. 하지만 저 두 사람도 오늘날 저렇게 되었다고 무시하지 마세요. 예전에는 대갓집 도련님들처럼 새장을 들고 유유자적하며 살았으니까요. 다행히 아편은 피우지 않았어요. 하지만 매일같이 씀씀이는 크고 수입은 적으니 그 속 살림부터 비고 나중에는 도저히 감당할 수가 없어 집을 팔았지요. 집 두 채를 팔고 난 뒤에는 아무런 수입이 없어 그때부터 가세가 급속도로 기울었어요. 그리고 20년 세월이 흐르면서 오늘날 저 모양 저 꼴이 되고 만 거지요. 우리 아버지가 살아 계셨을 때 저 두 명에게 가게 일이라도 거들게 하려 하셨지만 사람들이 모양새가 빠진답시고 기어코 안 갔어요. 그러면서 이제 저렇게 힘든 일은 도리어 체면을 마다않고 하고 있지요. 그저 우리 외할아버지(고모)만 불쌍해요. 이날 이때까지 저들을 위해 저렇게 애를 쓰고 계시니까요. 저 둘은 돈을 좀 벌어도 그저 제 입에 넣을 줄만 안다니까요. 보세요! 저 주제에 술이며, 차며, 코담배며 이런 데다 다 써버리니. 외할아버지는 바느질거리라도 받아서 생활비를 보태는데. 이 집은 규격상 전구가 25와트를 넘지 않는데 내가 저분에게는 40와트 것을 달아주었어요……."

안주인은 이렇게 말하더니 돌연 동쪽을 바라보며 목소리를 높였다.

"그러고 싶지 않은 사람이 누가 있어? 어느 집이나 노인과 아이들이 있다고! 어떻게 된 게 그까짓 일을 가지고 뒤에서 쑥덕쑥덕이야. 할 말이 있으면 밝은 데서 해보든가!"

일부러 누군가에게 들으라고 하는 말이었다. 틀림없이 동쪽 방 누군가가 전기세 문제로 불만이 있었던 것 같다.

"마지막 남은 집을 팔고는 갈 곳이 없어졌는데 내가 어떻게 가만히 두고 보겠어요? 그건 안 되지요. 그래서 데리고 왔어요. 돈이 있을 때면 얼마간 받고 없을 때도 재촉하지 않았지요. 이것도 나이 드신 이에 대한 도리이지요."

주인집도 노궁녀에게 무슨 덕을 본 일이 있는 것인가? 지출만 계산하고 수입은 계산하지 않거나 적게 계산한다고 한 것은 노궁녀에게 베푼 은혜를 과장한 것이 아닐까? 이는 알 도리가 없었다. 하지만 안주인이 노궁녀를 대할 때 항상 예의와 공경의 태도로 일관하는 것은 나도 여러 차례 목도한 것이었다.

노궁녀는 매우 얌전한 사람이었다. 집 밖으로 나돌아다니거나 하는 일도 거의 없었다. 안주인 방에도 그렇게 자주 드나드는 편은 아니었고 일이 있을 때만 와서 잠시 앉았다가 갔다. 주인집에서 자고 가는 일도 거의 없었다. 안주인은 아침에 일어나 노궁녀를 보면 항상 기하인식으로 다리를 구부리며 인사했다. 또 노궁녀가 안주인 집에 올 때면 항상 문발을 걷어올리며 맞이했고, 집을 나올 때면 두어 걸음 배웅하며 '조심해서 들어가세요' 하고 인사했다. 안주인의 사람 됨됨이로 볼 때 이는 매우 보기 어려운 일이었다.

    나는 노궁녀를 보며 조용한 노인이라는 인상을 받았다. 당시 연세가 아마 예순 아니면 그 이상이었을 것이다. 비록 주름진 백발의 노인이었지만 긴 눈썹과 가느다란 눈 등 용모에 아직 수려한 아름다움이 남아 있었고 이도 건강했다. 그분에게서 가장 인상적이었던 것은 용모보다 남다른 기품이었다. 말과 행동이 물 흐르듯 완만하고 여유로웠으며 항상 단정하고 격식을 잃지 않았다. 요즘 말로 하면 품위가 있었다고 할 수 있다. 품위 있다는 말은 겉모습이 아름답다는 뜻이 아니다. 그보다는 격조 높은 사람이라는 뜻이다. 특히 그분이 오가다 누군가를 만나 인사를 나누는 모습을 보면 상체를 곧게 편 채 두 손이 무릎에 닿게끔 허리를 조금 구부리는 모습이 일반 만주인 노부인보다 몇 배나 더 정중했다. 전족을 한 채 엉덩이를 치켜들고 인사하는 한족 노부인들과는 비교도 안 되었다. 길을 걷는 모습도 여느 사람들과 크게 다른 점은 없었지만 머리와 어깨를 흔들지 않고 침착하고 점잖은 자세로 걸었다. 또 앉을 때도 손발이 무의식적으로 움직이거나 하지 않았다. 이는 아마 오랜 기간 궁중생활을 하는 가운데 단련된 것이리라.

    노궁녀의 차림새는 매우 소박했다. 일반 만주족 노부인들처럼 가운데 둥글게 말아올린 머리에는 한 가닥 은 비녀 외에 아무 장식도 없었다. 귀고리는 노란빛을 띠고 있었는데 내 생각에 도금한 금은 아닌 듯했다. 그분은 1년 내내 무릎을 넘어가는 길지도 짧지도 않은 웃옷을 입었다. 또 오직 옅은 푸른색, 짙은 푸른색, 이 두 가지 색으로만 입었다. 바지는 늘 검은색이었고 바짓가랑이는 대님으로 동여맸는데 대님은 뜻밖에도 견사였다.

발에는 흰 버선에 푸른 신을 신었다. 버선은 흰 옥양목으로 지은 것이었으며 입구가 둥글고 바닥이 평평한 푸른 신도 직접 만든 것이었다. 긴 여름 딱히 할 일이 없어 어슬렁거릴 때면 종종 그분이 집 문 앞에 앉아 있는 모습이 보였다. 그분은 돋보기안경을 쓰고 버선 바닥을 짓고 있었다. 언젠가 안주인이 노궁녀가 지은 버선 바닥 한 켤레를 세 들어 사는 여자들에게 보여준 적이 있었는데 그것을 보고는 다들 감탄을 연발했다.

"세상에, 그렇게 연세가 많으신 분이 아직도 이렇게 꼼꼼한 일을 하시다니 대단하시네!"

물건이 어땠는지 나는 보지 못했지만 구경하던 여자들의 기색을 보니 아부를 하는 것 같지는 않았다. 안주인은 자랑스럽게 말했다.

"왜 속된 말로 '과부가 애를 낳았을 때는 다 내막이 있다'고 하잖아. 그분이 젊었을 때 만든 것들을 한번 봤어야 해. 참, 그거야말로 대단한 솜씨지. 젊었을 때 만든 물건이 그야말로 물건이야. 암, 그렇고말고. 어떻게나 정교했던지 당신처럼 삯바느질을 해서 먹고살 수 있을 정도였다니까."

이 말에 모두 또 한 번 맞장구를 치며 감탄했다. '정말 그러네.' '누가 아니래?' '내 말이 그 말이라니까!'

노궁녀의 차림새는 소박하긴 해도 정갈했다. 내 기억에 그분이 기운 옷을 입고 있었던 적은 한 번도 없었던 것 같다. 그렇다고 결벽증이 있었던 것은 아니지만 어쨌든 정말 깨끗하고 깔끔한 성격이었다. 그분의 두 채소 장수 남동생 역시 추운 날만 아니면 항상 깔끔하게 하고 다녔다. 겨울에는 좀 곤란한 것이 새벽부터 어두워질 때까지 채소를 받아 파는데 온몸에 진흙이 적잖이 묻을 수밖에 없다. 하지만 양가죽 저고리에 솜두루마기는 자주 뜯어 빨기 어려운 법이다. 그래서 그냥 대문을 들어서자마자 벗어버렸나. 노궁녀는 일찌감치 뜨거운 물을 준비해놓고 있다가 두 동생이 씻는 것을 거들었다. 그리고 그럴 때면 곧잘 한두 마디 잔소리를 늘어놓았다. 아마도 이 두 형제는 예전에 누나의 재산을 물 쓰듯 다 써버리고 이 지경이 되었을 것이다. 혹은 누나의 위엄에 눌려서인지도 몰랐다. 어쨌든 노궁녀를 대하는 모습이 확실히 고분고분했다. 더운 날이면 건들건들한 품세로 뜰에 앉아 차를 마시고 코담배를 피우다가도 노궁녀가 밖에 나갔다 돌아오는 것을 보면 얼른 손을 내리고 일어서서 인사를 했다. 반면 노궁녀는 심부름을 시키거나 무언가 꾸지람을 할 때 외에는 눈길 한번 주지 않고 안으로 들어갔다. 노궁녀가 무슨 말을 하든지 두 형제는 항상 공손하게 '네, 누님' 하고 대답했다.

내가 노궁녀를 처음 대면한 것은 안주인의 소개를 통해서였다. 나란 사람은 스스로 꼼꼼히 챙기는 성격은 못 되면서도 칠칠맞게 하고 다니는 것은 좋아하지 않았다. 빨래를 예로 들어보면 옷을 깨끗이 빨지도, 말끔히 다리지도 못하지만 그러면서도 쭈글쭈글 주름이 진 것은 참지 못해서 자주 집 밖 세탁소로 가지고 나갔다. 안주인은 이를 눈여겨보고 노궁녀에게 이 일을 한번 맡겨보자고 생각했던 모양이다. 그녀가 나에게 말했다.

"밖에서 해주는 빨래는 옷을 잿물에 담그고 거친 솔로 문지르고 하니 돈은 돈대로 들고 옷도 망쳐요. 앞으로는 밖에다 맡기지 말고 외할아버지더러 좀 빨아달라고 해봐요. 손이 가볍고 섬세해서 깨끗하면서도 옷을 망치지 않고 빠세요. 삯을 많이 달라고도 하지 않을 거예요."

나는 이미 이 '보호자'의 명령식 건의에 익숙해져 있어 자동으로 따랐다. 그녀는 추가 조건을 달았다.

"그런데 하나만 유의하세요. 사람이 비록 나이는 잡수셨지만 어찌 됐든 혼자 몸의 여인네예요. 다 큰 사내 속옷 같은 것은 주면 안 돼요."

이런 당부에 도리어 '다 큰 사내'인 내 얼굴이 새빨개졌다. '네, 안 그래요, 안 그래요' 하고 급히 대답하니 안주인은 웃음을 터뜨렸다.

"별말도 아닌데 뭘 그렇게……."

나는 황급히 그녀의 말을 막았다.

"알아요, 무슨 말씀인지 다 알아요."

그날 이후로 내 두루마기, 바지, 저고리, 침대보 등은 노궁녀의 손에 맡겨졌다. 나는 세탁소에서 치르는 값만큼 돈을 드렸다. 노궁녀는 옷을 깨끗하게 빨아서 가지런하게 개켜놓았고 때로는 터진 곳을 꿰매주기까지 했다. 당시는 물가가 치솟고 일용품도 부족했던 때라 안주인이 나서서 말하기 전에 나도 사례를 좀 더 해드렸다. 가끔 '일광日光표 비누'를 보면 사다드리기도 했다. 그럴 때면 노궁녀는 늘 극구 고마움을 표했다. 하지만 그 눈빛에는 항상 어딘지 모르게 지워지지 않는 슬픔이 묻어났다. 마치 어떤 상실감으로 부끄럽고 민망한 느낌이 드는 것 같았다.

노궁녀의 자존심과 자중함은 꽤 두드러지게 드러났다. 말수도 적었고 쓰허위안 안에서도 다른 여자들과 이야기하는 일이 거의 없었다. 쓰허위안을 방문하는 외부인에 대해서는 말할 것도 없었다. 다른 사람들은 그분을 거만하다고 여겼지만 사실 이는 신분과 재산의 갑작스런 몰락에 따른 일종의 상실감이라 할 수 있었다. 그 자존심 속에는 자괴감도 함께 뒤섞여 있었다. 사람들이 무시할까봐 두렵고 현재의 처지도 달갑지 않으나 그렇다고 스스로 헤어 나올 방법도 없으니 그저 가만히 위축되어 있는 것이었다. 다른 사람을 업신여기는 것이 아니라 사람들을 피하는 것이었다. 이런 억눌린 마음이 일단 상처를 받아 폭발하면 누구도 감당 못 할 일이 벌어질 수 있다. 나는 언젠가 한번 그분이 크게 격노하는 것을 본 적이 있다. 그것은 같은 쓰허위안 서쪽 방에 사는 부부와 싸움이 일어났을 때였다.

그 집 남자는 직업이 자동차 수리공이어서 항상 온몸이 기름범벅이었다. 아이가 두 명 있었는데 작은애는 매우 귀염성 있었지만 큰애는 미움받을 짓을 사수 했다. 톈진 사투리를 쓰는 아이들의 엄마는 머리며 얼굴이며 깔끔했지만 정작 아이들은 둘 다 지저분한 모습으로 돌아다녔다. 이 여자는 이 집 저 집 돌아다니기를 좋아했고 사람들과 어울려 마작도 즐겨 했다. 노름에 아주 빠져 살아서 한번 노름판에 앉으면 일어설 줄을 몰랐다. 남자가 일을 마치고 돌아와 아내 대신 노름판에 끼어들면 그제야 자리에서 일어나는 것이었다. 먹는 것은 종종 밖에서 사온 워터우[옥수수 가루, 수수 가루 등의 잡곡 가루를 원추형으로 빚어 찐 음식으로 옛날에 보통 가난한 집의 주식이었다]나 전병에 나물 탕과 절인 반찬을 곁들일 뿐이었다. 여자들이 노름판을 벌이는 곳은 안주인의 방들 중 바깥과 연결된 방이었다. 쓰허위안 전체에서 오직 그곳에만 노름판 상을 놓을 수 있었다. 수리공 집 여자는 마작을 챙겨왔다. 안주인도 가끔 거기에 끼었지만 다른 사람이 오면 금방 자리를 털고 일어났다. 노름판에서는 얼마간 개평[노름이나 내기에서 남이 가지게 된 몫에서 조금 얻어 가지는 공짓]을 떼기 마련이다. 두 판을 벌이면 몇 마오[중국의 화폐 단위, 위안元의 10분의 1]의 돈이 나왔다. 수리공의 아내는 노름판을 열성적으로 주도하는 사람이었고 안주인에게도 얼마간 수익금을 떼어주곤 했다. 그래서 안주인은 수리공 집 여자의 큰아이는 싫어해도 여자를 대할 때는 항상 상냥스러운 얼굴로 아주머니, 아주머니 하고 불렀다. 노궁녀와 이 수리공의 집은 거리상으로는 가장 가까웠지만 가장 왕래가 적었다. 노궁녀는 깔끔한 것을 좋아했으니 당연히 지저분한 모습으로 마구 뛰어다니는 아이들이 썩 내키지 않았을 것이다. 하지만 대부분은 그냥 참아넘겼고 어쩌다 한마디 할 때도 부드러운 낯빛으로 아이들을 달래서 보낼 뿐이었다.

  그 싸움의 원인은 불분명했다. 내가 밖에 나갔다 돌아와 보니 벌써 어떻게 손써볼 수 없는 상황이 되어 있었다. 노궁녀는 뜰에서 욕을 퍼붓고 있었고 수리공 아내는 집 안에서 말대꾸를 하고 있었다. 아마도 주인집을 염두에 두어서인가 대꾸하는 품이 다른 사람과 싸울 때처럼 그렇게 드세지 않았다. 수리공은 희죽거리기까지 하며 문 입구에서 부인의 맞장구를

쳐주고 있었다. 나는 이렇게 웃으면서 싸우는 남자를 그때까지 한 번도 본 적이 없었다. 음흉한 웃음에 비아냥거리면서 사람을 약 올리는 모습이 몹시도 고약해 보였다. 그는 싸운다기보다 노인을 놀리고 있는 것이었다.

노궁녀의 바싹 여윈 얼굴은 백지장같이 창백했고, 노여움으로 온몸을 부들부들 떨면서도 쩌렁쩌렁한 목소리로 말했다.

"나는 황실을 받들었던 사람이야. 태후마마를 모셨던 사람이라고. 네까짓 게 뭐라고! 너희 집안 지붕 꼭대기도 내 발밑에 있어! 네까짓 게 뭐니? 너, 너……"

수리공 부인의 목소리도 높긴 했지만 어딘지 무미건조하게 대꾸하고 있었다. 수리공이란 양반은 히죽히죽 조소를 머금고 있었다.

"한나절 동안 떠들어보시지. 그래봤자 당신은 일개 노비야. 알아? 노비라고……!"

"노비가 어때서? 태후마마 앞에서는 황제의 종친들도 다 노비인데, 노비가 어때서! 나 같은 노비가 선 자리에 너 같은 건 감히 발도 못 붙인다. 무덤 속에 있는 너희 조상들도 마찬가지야."

노궁녀는 서 있는 것조차 불안정한 모습으로 부르르 떨며 수리공을 가리켰다.

"됐네요! 노비가 무슨 벼슬이라도 되는 줄 아시나보네. 우리 조상 무덤에야말로 노비라고는 없습니다."

수리공은 여전히 괴상야릇한 태도였다. 뜰 안은 구경하는 사람, 말리는 사람, 밀고 당기는 사람들로 시끌벅적했다.

"지금 뭣들 하는 게야!"

크게 꾸짖는 한마디와 함께 안주인이 문발을 젖히고 나왔다.

"꼭두새벽부터 시끄럽게 이게 뭐하는 짓들이야?"

말은 쌍방 모두에게 하는 것 같았지만 눈은 수리공을 노려보고 있었다.

"누구든 이곳에 사는 게 불만이거든 이사해! 그리고 거기 수리공 양반, 노비가 어쨌다는 거야? 대청국 시기에는 모든 백성이 황상의 노비였는데. 당신들 집안은 어디 프랑스에서 살았어? 왜 가만있는 사람 속을 건드리고그래? 당신 이러면 여러 사람한테 미움 사는 거 몰라? 이제 중화민국이 되었으니 노비는 하인이라 이거지? 그럼 한번 물어봅시다. 당신 지금 누구 돈 갖다 쓰고 누구 말 듣고 누구 밥을 먹고 있는지, 당신 말대로라면 나한테도 주인이라고 말 못 하겠네. 주는 대로 먹고 살면서 대체 당신이 노비보다 나은 게 뭐가 있어!"

수리공은 꿀 먹은 벙어리가 되었다. 노궁녀도 부축을 받으면서 남쪽 방 자신의 집으로 들어갔다. 안주인은 이렇게 말하며 상황을 마무리했다.

"내가 한마디 하지요. 이렇게 모두 한곳에서 더불어 사는 것도 이를테면 인연인 거예요. 사는 게 쉬운 사람이 어디 있어요? 매사에 서로 조금씩 참고 양보해가면서 살아야지. 자기 마음에 안 드는 일이 어디 한둘이야? 어디들 말해보세요. 내 말이 틀려요?"

사람들은 여기저기서 맞장구를 쳤다. "맞지, 맞아!" "옳은 말이야." "에휴, 누구 나무랄 것도 없어. 가난할수록 사람이 더 날카로워지는 법이야."

안주인은 다들 그만 들어가라고 지시했다.

"모두 그만 자기 일 보러들 가세요!"

그러고는 남쪽 방으로 바삐 쫓아 들어가는데 그 와중에도 나를 돌아보며 한마디 했다.

"오셨네요. 편지가 한 통 와 있던데. 책상 위에 놓아두었어요. 없는 사이 이 난리 통이 일어났네, 나 원 참……."

안주인은 고개를 절레절레 저었다.

나는 내 방으로 들어왔지만 마음은 여전히 불안했다. 가엾은 노인네! 이 진퇴양난, 앞으로도 뒤로도 갈 수 없는 모순된 상황 속에 고통받고 있는 이 노인, 대체 누가 이 노인을 이렇게 만든 것인가! 역사에 버림받은 존재, 무겁디무거운 고난을 짊어진 삶. 일생을 태후에게 충성하고 자신에게 빌붙어 사는 두 동생에게 바쳤다. 하지만 그럼에도 그분은 오직 고통스러워만 할 뿐 후회는 하지 않았다. 그분이 위로받을 수 있는 때는 아마 아련한 꿈속을 그릴 때뿐일 것이다.

그런 풍파가 있은 지 오래지 않아 수리공 일가는 이사를 갔다. 노궁녀와 나는 여전히 평상시처럼 왕래했다. 다른 일은 기억나지 않고 한 가지 일만 생생히 떠오른다. 하루는 주인집에서 노궁녀와 마주쳤다. 주인집 안주인은 한참 점심식사를 준비하고 있었다. 국수를 뽑고 자장을 볶고 있었는데 나는 그녀가 면을 그렇게 빠르게, 또 가늘고 일정하게 뽑아내는 것을 보고 무심결에 감탄을 내뱉었다. 안주인은 기분 좋은 얼굴로 겸손하게 말했다.

"내 손재주는 별거 아니에요. 외할아버지가 하는 것이야말로 예술이지요."

그 말에 노궁녀는 쑥스러워하며 응대했다.

"비행기 태우지 마라. 남들이 보고 흉이나 안 보면 다행이지."

그날은 그렇게만 이야기하고 넘어갔다. 그런데 다음 날 정오, 내가 밥을 먹으러 밖에 나갈 채비를 하고 있을 때였다. 생각지도 못하게 노궁녀가 나를 붙잡으며 말했다.

"오늘은 나가서 들지 마시고 내가 만든 자장면을 좀 들어보세요. 맛없다고 흉보지 마시고 맛있게 들어주세요."

그 말에 나도 더는 사양하지 못했다.

얼마 지나지 않아 노궁녀는 쟁반에 음식을 보내왔다. 두 개의 작은 그릇에 뽑은 면발이 담겨 있었는데 눈대중으로 봤을 때 최대 4소량小兩 (125그램)[소량은 무게 단위로 근의 16분의 1이다]을 넘지 않는 생면인 것 같았다. 그보다 좀 더 작은 다른 그릇에는 기름이 자르르 흐르는 짙은 갈색 자장이 담겨 있었다. 자장 속에는 비계와 살코기가 반반씩 섞인 고기도 군데군데 눈에 띄었다. 또 약 20센티미터 길이의 접시에는 자장에 함께 넣어 비빌 야채들이 몇 가지 놓여 있었는데 오이, 순무, 콩나물, 완두콩, 풋마늘 등 여섯 일곱 가지나 되었다. 어떤 것은 채치고, 어떤 것은 다듬고, 각각 한 입 거리로 알맞게 담겨 있었다. 양은 많지 않았지만 상 위에 오밀조밀 차려 놓은 것이 보는 사람의 구미를 당겼다.

나는 거듭 감사 인사를 했고 노궁녀는 겸손하게 대답했다.

"집에서 늘 먹는 보잘것없는 것이에요. 항상 밖에서 음식을 드시니까 집 밥을 좀 들어보시라고요. 요즘 계속 신경을 쓰시게 해서 남 같지 않아 드리는 거지, 실은 정말 볼품없는 솜씨랍니다. 어서 드세요. 모자라면 더 갖다드릴게요. 냄비에 넣기만 하면 금방 돼요."

그분은 이렇게 말하고 돌아갔다.

사실 밖에서 먹는다 해도 내가 무슨 큰 식당에 들어가 거창한 음식을 먹는 것은 아니었다. 작은 음식점조차 자주 가지 못하고 그저 전병, 국수를 파는 분식집에나 단골로 드나들 뿐이었다. 그래서 자장면은 평소에도 자주 먹는 것이긴 했다. 하지만 그런 데서 먹는 자장면은 항상 굵은 면발이었다. 손님이 대부분 노동자였기 때문에 면을 굵게 뽑아야 양을 채울 수 있기 때문이다. 자장도 질이 훨씬 떨어졌고, 자장과 같이 비비는 야채도 늘 오이와 마늘 한 쪽만 주문해서 먹었다. 그러니 그것과 비교해보면 이 자장면은 내 생애 가장 고급스러운 자장면이 아닐 수 없었다. 나는 보통 한 끼에 적어도 6소량을 먹었다. 중간 크기 그릇과 작은 그릇을 합친 양이다. 그래서 노궁녀가 준 양은 확실히 좀 부족해 보였지만 양이 적어 오히려 더 맛있게 느껴졌다. 순식간에 그릇을 깨끗이 비우고 막 젓가락을 내려놓는데 마침 노궁녀가 국수 삶은 물을 아까처럼 쟁반에 받쳐 들고 들어왔다. 일일이 쟁반에 받쳐 오는 것도 손가락이 그릇에 닿지 않을까 염려한 것이었다.

"좀 더 갖다드릴게요."

"아닙니다. 많이 먹었습니다. 배부르게 잘 먹었습니다."

나는 황급히 말했다.

"공부를 하신 분이라 그런지 말씀도 점잖게 하시네요. 그럼 국수 삶은 물 좀 드세요. 원래 음식을 먹고 나면 그 음식을 삶은 국물로 소화를 시키는 법이에요."

나는 국물을 마시면서 진심어린 칭찬을 덧붙였다.

"이래서 주인집 안주인이 할머님 손재주가 예술이라고 하는군요. 정말 이렇게 훌륭한 자장면은 처음입니다."

"무슨 말씀을요! 예의상 하시는 말씀인 거 알아요. 재료도 완전하지 않고 오늘 산 고기는 비계와 살코기가 딱딱해서 질이 좀 떨어지는 돼지 엉덩이 살이었어요. 장도 그저 그렇고요. 나는 장을 만들 때 두 가지 장을 섞어요. 절반은 된장, 절반은 춘장으로 해서 충분히 볶지요. 된장이 없으면 첫 맛이 그리 달지 않거든요. 우리 같은 북방 사람들은 무엇이건 달아야 하잖아요. 또 춘장을 얼마나 쓰든 술 향기가 제대로 나야 하고요."

그다지 큰 비용을 들이지 않고도 나를 이렇게 감동시킨 그분의 자장면 속에는 아마도 과거 궁에서 일할 때와 같은 정통성과 섬세함이 담겨 있었으리라. 그래서인지 노궁녀는 활기차 보이기까지 했다. 이때 언뜻 면을 담은 그릇이 눈에 띄었다. 푸른 바탕에 군청색 꽃무늬가 들어가 있는 자기 그릇은 얇고 가벼우면서 반짝반짝 윤이 났다. 가볍게 두드리면 매우 낭랑한 소리가 울렸다. 나는 감탄 섞인 목소리로 말했다.

"지금은 아마 이런 자기를 구하기도 쉽지 않을 거예요."

노궁녀는 내가 이 그릇에 주의를 기울이는 것을 눈여겨보더니 눈빛에 한 가닥 기쁨이 서렸다.

"장시 지방 정통 자기예요. 선대부터 내려온 것이지요. 그러고 보니 100년이 넘었네요. 그래도 무슨 골동품까지는 못 돼요. 선대에도 주로 집에서나 쓰던 물건이었고 큰 잔칫상 같은 데는 올리지 못했거든요. 그나마도 모두 깨져서 남은 것은 이것 하나뿐이랍니다. 설령 완전한 세트로 물려받았다 해도 오늘까지 남아 있지는 못했을 거예요."

말을 하다보니 또 어딘가 침울해진 듯했다. 나는 서둘러 화제를 돌리기 위해 내가 설거지를 대신 해드리겠다고 했다. 하지만 그분은 극구 사양하면서 그릇을 가지고 갔다.

그 후 시간이 흘러 나는 대리 강의를 할 곳을 찾게 되었다. 더불어 숙식을 해결할 곳도 생겨 이 공동 가옥을 떠나게 되었다. 내가 노궁녀를 다시 만났을 때는 이미 8년의 세월이 흐른 뒤였다. 그분은 진이의 집에서 진이의 부인 대신 아이를 돌보고 있었다.

공동 가옥에서 살았던 시간 동안 견디기 어려웠던 것은 궁핍함보다 외로움이었다. 다행히 친한 동창 몇 명이 가끔 와서 잠시 앉아 있다 가는 것이 그나마 외로움을 이기게 해주었다. 그중에서도 진이는 나를 자주 찾아와주었고 어떤 때는 지금의 부인(그때는 아직 결혼 전이었다)과 함께 오기도 했다. 간단한 차와 술을 놓고 이야기에 웃음꽃을 피우다보면 함께 수업을 듣던 지난날의 기분이 되살아났다. 내가 대리 강의를 하게 된 지 얼마 안 되어 진이는 결혼을 했고 각자 사는 곳이 그리 멀지 않아 나는 자주 진이의 집을 방문했다. 그는 나와 취미가 비슷해서 독서도 같이 하고 책을 같이 사러 다니기도 했다. 피차 돈이 없었으니 어떻게 좀 싼값에 좋은 책을 구할 수 없는지 어슬렁어슬렁 추운 노점을 서성였다. 우연히 그런 책을 발견하면 마치 진기한 보물을 얻은 것처럼 뛸 듯이 기뻐했다. 우리의 우정은 종종 이런 것으로 더욱 돈독해졌다. 내가 그의 집에 가면 인사를 나눈 뒤 먼저 서재로 달려가고 그다음에는 침대 머리맡으로 갔다. 한바탕 탐색이 끝나면 그가 요즘 어떤 책을 읽고 어떤 책을 구했는지 모두 알게 되었다. 진이는 항상 공부하고 있는 책, 새로 구한 책들은 서재에 두고, 자주 읽는 책은 침대 옆에 두었기 때문이다. 간혹 귀로만 무수히 듣고 아직 보지 못한 유명한 책이나 오랫동안 보고 싶었던 책을 발견하면 나는 즉시 앉아서 책에 빠져들고 진이는 자신이 하던 일을 계속했다. 그렇게 진이의 부인이 식사 얘기를 하러 들어올 때까지 주인과 손님이 둘 다 말없이 자기 일에 빠져 있었다. 진이의 부인이 들어오면 그때서야 나는 시간이 훌쩍 흐른 것을 깨닫고 아직 처리하지 못한 일들이 생각나 '아이쿠' 하며 함께 황급히 집을 나왔다. 이런 내 모습에 진이의 부인은 종종 웃음을 터뜨리곤 했다. 간혹 일이 없을 때는 좀 더 오래 머물러 있기도 했다. 진이는 정규 학문 연구 외에도 남는 시간에 사적, 풍토, 일화, 고증 같은 것들을 두루 읽기 좋아했다. 소위 '잡학'에 대해 깊고 풍부한 지식을 쌓아두고 있었다. 그런 그였기에 그 '식견'을 바탕으로 이 책을 써낼 수 있었던 것이다.

'공동 가옥'에서 지내던 때에 나는 분명 진이에게 노궁녀에 대한 이야기를 한 적이 있었을 것이다. 내가 나중에 진이의 집에서 노궁녀와 마주쳤을 때 진이가 "아는 사이지?"라고 물은 것을 봐서 알 수 있다. 나는 당연히 그분을 알았다. 하지만 노궁녀는 나를 단번에 알아보지 못했다. 과거의 일을 이야기하니 그제야 기억이 나는 모양이었다. 그분은 혈혈단신, 곁에 아무도 없었다. 그 두 '귀하신 몸'은 어디에 있는 것인가? 하지만 물어볼 엄두가 나지 않아 그저 그분이 여전히 매우 정정하다고만 말했다. 실제로는 그분도 많이 늙었다. 보아하니 진이와 꽤 친밀하게 지내고 있는 것 같았다. 진이의 부인도 성격이 너그럽고 후한 데다 진이로서는 노궁녀를 만난 것이 보물창고를 얻은 것이나 다름없어 보였다. 진이는 노궁녀에 대해 이렇게 칭찬했다.

"이분이 알고 있는 궁중 일화들이 정말 어마어마하게 많아. 노인인데도 기억력이 대단하셔. 몇십 년 전의 일을 아직도 생생하게 기억하신다니까. 다만 이야기를 들을 때 참을성 있게 들어야 돼. 어느 한 주제로 이야기를 시작했다가도 순식간에 삼천포로 빠지시거든. 다시 처음 화제로 돌아오려면 머리를 굴려야 하지. 하지만 삼천포로 빠진 이야기들도 결코 쓸데없는 것은 아니야. 그 역시 또 다른 궁중 이야기지. 그것도 굉장히 재미있어."

어떤 때는 이렇게 탄식하기도 했다.

"검증을 해보니 그동안 사람들 사이에서 기록이나 자잘한 소문으로 전해지던 궁중 이야기들은 근거 없이 떠도는 것이 아주 많아. 어떤 것은 와전되고 또 상당수는 그러려니 추측한 것들이야."

이는 확실히 그가 노궁녀에게서 직접 얻은 자료를 통해 뼛속깊이 느끼는 바였다.

나는 진이가 완성한 책이 매우 의미 있는 것이라고 본다. 이 책은 오직 직접 겪고, 직접 본 경험자의 말만을 기록했다. 화자의 신분적인 제한이 있긴 하나 모두 보고 들은 내용이다. 혹여 다 하지 못한 말은 있을지언정 사실이 아닌 것은 없다. 노궁녀의 추억은 결국 후세 사람들에게 믿을 만한 자료, 변형되거나 변질된 위조품이 아닌 진실한 자료로 남게 되었다. 생각건대 아마 지금쯤 화장되었거나 땅에 묻혔을 노궁녀 역시 지하에서 알면 크게 기뻐하고 위안을 얻었을 것이다!

또한 나는 진이의 공적 역시 크다고 본다. 보물창고는 그 자체로 진귀한 것이지만 그 보물의 가치를 알아본 사람과 발굴한 사람은 더욱 존경받아 마땅하다. 문화 수준과 소양이 그다지 높지 않은 노인 한 사람이 우리가 오늘날 읽는 이런 광대한 작품을 혼자 이루어낼 수는 없는 법이다. 바로 여기서 우리는 저자의 학식과 소양을 엿볼 수 있다. 우선은 아이를 돌봐주며 집안일이나 거들던 노인의 짤막짤막한 이야기들에서 역사적 가치를 발견한 그 식견, 또한 깊이 들어가 그 보물을 발굴하고 탐색해낸 점, 이 두 가지는 모두 이런 분야에 숙련된 전문가라야 가능하다. 틀림없이 진이의 '잡학'이 결정적인 역할을 했을 것이다. 마치 지질학자나 고고학자를 방불케 한다. 그리고 마지막으로 발굴해낸 것을 정리하고 삭제하고 편집하는 극작가와 감독의 역할까지 겸비했다. 노궁녀가 한 '이야기'는 매우 진귀하긴 하지만 하나의 소재 이상이라고는 할 수 없었는데 말이다.

나는 진이가 이 책에 들인 정성이 우리 같은 보통 사람들에게 역사적 사료를 제공해줄 뿐 아니라 나아가 옛 궁중에 대해 열성으로 연구하는 이들에게도 참조할 만한 소중한 자료가 되기를 바란다. 그럼으로써 추측한 것에만 의존하여 일종의 '신화'를 지어내 후세에 잘못된 사료를 전하는 일이 우리 가운데 없기를 바라는 바다.

부록 2

작은 정성으로 가난한 사람을 도왔던 50년:
진이와 함께한 날들을 돌아보며 _선이링

1. 베이징 대학

　　1939년 나는 베이징 제1여중을 졸업하고 베이징 대학 문학원文學院[단과대학 중 하나] 중문과에 입학해 진이를 알게 되었다. 학교에서 부르던 본명은 왕시판王錫璠이었고, 허베이 성 위톈 사람이었다. 당시 반에는 지둥冀東[허베이 성 동부] 일대 사람이 적지 않았다. 류야오신은 펑룬 현 사람이었고, 쉬서우중徐守忠과 먀오전화苗貞華는 우칭 현 사람이었으며 츄환샹仇煥香은 순이 현 사람이었다. 이들은 재학 중에 의형제를 맺어 '베이징 대학 칠형제'로 불렸다. 나중에는 '시와 사 연구회詩詞研究會'까지 조직했는데 회원 수가 반의 절반 가까이 늘어났다. 여학생들도 가입했다.

　　당시에 활동했던 것들이 아직도 기억난다. 구궁박물원을 참관하기도 했고, 저수궁에 가서 서태후의 60세 생일잔치 때 쓰인 「만수무강부萬壽無疆賦」, 루룬샹陸潤庠[청 말기 대신]의 글 등을 보기도 했다. 듣기로는 서태후는 그다지 만족하지 않았다고 한다. 또 『홍루몽』을 전문으로 연구한 학자 위핑보俞平伯의 집을 방문한 적도 있다. 하필이면 그날 위 선생은 일이 있어 외출하신 바람에 만날 수 없었지만 다행히 위핑보 선생의 아버지, 한린 위비윈翰林 俞陛雲 선생을 만나 뵐 수 있었다. 위비윈 선생님은 아담한 체구에 조금 살집이 있으시고 머리가 컸다. 말씀은 대단히 교양 있고 예의를 갖추셨다. 위핑보 선생을 가리켜 '어린 아들 핑보'라고 하신 말씀에 우리 모두 박장대소했던 기억이 있다.

　　또 민가에서 살고 있는 노궁녀 한 분을 만나 뵌 적도 있다. 그분은 징산 산 동쪽 거리의 중라오 후퉁에서 살고 있었다. 그곳은 베이징 대학 기숙사에서 매우 가까운 거리였고 학교에서 일하시던 리 아저씨가 소개해 준 분이었다. 노궁녀는 그와 같은 쓰허위안에 이웃해서 살고 있었다. 나는 그분의 집을 방문했던 날을 분명히 기억한다. 때가 상강[24절기의 하나로 10월 23일, 24일경] 전후여서 땅에는 이미 살얼음이 보였고 그분의 집 안에서도 화로에 불을 지폈다. 그분은 쓰허위안의 서쪽 방에 거주했는데 방이 그리 크지는 않았지만 10미터 남짓은 되어 보였다. 방 안에는 구식의 낡은 가재도구가 몇 개 보였고 남쪽 벽에는 새카맣게 칠을 한 큰 궤짝이 하나 있었다. 분명 옛날 서태후가 그분에게 내린 혼수품으로 사들인 물건일 것이다. 북쪽 벽에는 2층으로 된 한 쌍의 벽장이 있었고 장식물(구리 세공품)들이 반짝반짝 닦여 있었다. 또 옻칠을 한 느릅나무 팔선상 하나와 등받이 의자 두 개가 보였고 긴 탁자 위에는 탁상시계, 먼지떨이 꽂이, 거울, 또 모자를 얹어두는 자기 통 등이 놓여 있었다. 전형적인 옛 베이징 사람의 집이었다. 노궁녀는 한 주전자의 차를 우려 대접했다. 우리가 가지고 간 가루 차(찻잎 가루)였다. 그분의 나이는 50여 세로 얼굴은 희끄무레한 거울 같았고 머리는 이제 막 희끗희끗 세기 시작했다. 푸른색 바지와 군청색 저고리를 입고 있었고 발에는 벌써부터 푸른 융털 신(낙타 혹 모양의 솜 신발)을 신고 있었다. 용모며 차림새가 보는 사람에게 매우 깨끗하고 단정한 인상을 주었다. 말씨는 차분했고 목소리를 높이는 일도 없었으며 말을 가로채거나 급하게 말하지도 않았다. 늘어진 눈꺼풀 아래 눈은 사람을 똑바로 주시해서 보지 않았다. 젊었을 때 황궁에서 훈련된 습관이 아직 남아 있는 듯했다. 그분은 자신이 궁에서 보았던 것들, 예를 들어 아침에 일어나서 태후가 조정에 들기 전 담배 시중을 들었던 일 등을 우리에게 간단히 이야기해주었다. 어떻게 담뱃불을 붙이는지도 직접 자세를 취하여 보여주었다. 궁에서의 하루 세 끼 식사 자리는 모두 태감들이 시중을 들었기 때문에 그저 멀리 떨어져서 보기만 했다고 한다. 또 밤에 잠을 잘 때 어떻게 당직을 서는지도 알려주었다. 야간 당직을 서게 되면 밤새 서태후의 발아래 바닥에 드러누워 있다는 것, 궁 안에는 화장실이 없으며 태후가 어떻게 일을(대소변) 보는지 등도 설명했다. '관방을 올리는 것'은 곧 요강을 가져오는 것이라는 것, 또 요강의 모양을 비롯해 안에 단향목 가루를 넣어두어 냄새를 막고 어린 태감이 요강을 이고 왔다 이고 간다는 것 등등.

한 시진 남짓한 시간이 순식간에 지나갔다. 리 아저씨가 우리에게 눈짓을 해 그만 가야 한다고 알렸다. 우리는 아주 만족스러웠다. 책에도 나와 있지 않고 공식 문헌에도 기록되어 있지 않은 것들을 알게 되었으니 말이다. 노궁녀는 당시 연대, 당시 역사를 직접 경험한 귀한 산증인이었다. 이것이 바로 우리와 노궁녀와 첫 만남이었다. 또한 대학생활의 추억 중 하나이기도 하다.

2. 졸업, 그리고 실업

베이징 대학에서 보낸 4년의 시간 동안 나와 시판은 종종 대학 도서관(베이징 대학 홍루[신문화운동기념관] 북측)에서 책을 보거나 자료를 열람하고 요점을 골라 필기하며 논문을 준비했다. 시간이 흐르면서 이 도서관은 점차 우리 둘 사이가 가까워지는 장소가 되었다. 그리고 대학을 졸업하기 전날 저녁, 우리는 결혼식을 올렸다. 우리 둘은 취미도 같고 대화도 잘 통했다. 우리는 행복한 신혼부부였다.

하지만 해방 전, 갓 대학을 졸업한 우리 부부는 둘 다 직장을 잡기 어려웠다. 졸업을 하자마자 실업자가 된 셈이었다. 이곳저곳을 돌아다니며 친지와 친구들을 통해 두루 알아보았지만 쉬운 일이 아니었다. 강단에서 수업을 하던 사람이 두루마기를 벗고 인력거를 끌거나 담배를 파는 것이 예삿일이고, 길에서는 행인의 소지품을 훔쳐 달아나는 일이 빈번하게 일어나던 시절이었다.

　　우리는 어떻게 한다? 학문을 하는 사람에게 책은 목숨과도 같다. 하지만 우리에게 있는 것은 오직 책밖에 없었다. 우리는 눈물을 머금고 책을 팔기로 결심했다! 우선 우리 각자가 가지고 있던 『사기史記』『설문說文』『루쉰 전집』을 한 부는 팔고 한 부는 남겨두었다. 정전둬鄭振鐸의 삽화본 문학사를 팔 때는 어찌나 마음이 아팠는지 모른다. 적지 않은 양의 책을 팔고 더 이상은 팔 수 없어 그다음으로는 결혼반지를 팔았다. 어머니가 마음 아파하실까 걱정되어 몰래 금도금을 한 것으로 바꾸어 끼었다. 또 무엇을 판다? 결혼할 때 친구들이 사준 선물들을 팔았다. 장식용 스탠드, 큰 유리 화병……. 그런 다음에는 정말 더 이상 팔 것이 없었다. 일본 청주가 4근이나 담긴 병을 단돈 4마오, 입에 풀칠할 국수와 바꾸었으니! 이는 우리가 결혼한 후 처음으로 넘어야 했던 가난의 봉우리였다.

3. 일본 히로시마행

　　가장 어려웠던 이 시기에 당시 베이징 대학 총장 첸다오쑨 선생이 시판을 베이징 대학 우등생이라는 명분으로 히로시마 대학 문리과대 교수 자리에 추천했다. 당시 우리는 일본으로 건너가는 것이 어쩌면 유일한 살길인지도 모른다고 생각했다. 하지만 우리 생각은 틀렸다. 히로시마행은 우리 부부의 반평생에 수많은 불행의 씨앗이 되었다. 일본 군국주의는 대외석인 침략을 감행하여 남자들은 전쟁터로 나가고, 우리 주위는 사방이 과부들뿐이었다. 또 국민은 백이면 백 '배급'으로 생활하고 있었다. 히로시마에 있는 동안 우리는 무슨 식료품이나 일용품 같은 것을 본 적이 없다. 상점들은 모두 문을 닫고 영업을 중지해 살 수 있는 물건이 없었다. 시장은 지독한 불황이었다. 우리 큰아들은 이때 심각한 영양실조로 불구가 되고 말았다. 우리에게는 평생의 한이었다. 그리고 우리는 묵묵히 결심했다. '고국으로 돌아가자! 이 황폐하고 메마른 땅을 떠나자. 여인국이 되어버린 땅, 훗날 어떤 치명적인 재난이 닥칠지 모를 이 불길한 땅 히로시마를 떠나자.'

때마침 어머니가 보내신 '모친위독즉래'라는 한 장의 긴급 전보는 우리 세 식구의 목숨을 건진 셈이 되었다. 얼마 지나지 않아 미국이 일본 히로시마와 나가사키에 원자폭탄을 투하해 전 세계를 놀라게 했기 때문이다. 그때 이미 우리는 무사히 귀국해 고향 베이징의 품으로 돌아와 있었다. 천행으로 우리 가족은 재난을 피했고 어머니의 병도 오래지 않아 회복되었다.

그 뒤 40년이 지난 1984년, 중일 국교정상화 12주년을 맞아 당시 중국공산당 총서기 후야오방胡耀邦의 초청으로 3000명의 일본 청년이 중국을 방문했다. 이들을 위한 환영회가 베이징에서 열렸는데 그중 일본 히로시마 대학 문리과 학생들이 우리 집에 손님으로 초청되기도 했다. 당시 학생들과의 화기애애하던 분위기는 아직까지도 기억에 선하다. 이때 시판은 「히로시마를 추억하며憶廣島」라는 글을 잡지에 실었다. 이는 우리가 겪은 역사의 한 자락에 대한 추억과 고증이라 할 수 있다.

4. 지난에서의 고된 날들

일본에서 베이징으로 돌아오고, 시판이 일 없이 집에서 시간을 보낼 무렵 새 초청장 한 장이 날아왔다. 지난 은행 조사실의 업무를 맡아달라는 내용이었다. 우선 생계를 이을 일이 생겼다는 것은 다행스러웠지만 좋지 못한 일도 일어났다. 가는 도중 기차가 철로에서 폭발하는 사건이 일어나 크게 놀라고 그 때문에 끼니도 제대로 챙기지 못한 채 여러 곳을 거쳐서 어렵사리 지난에 도착한 것이다.

취안청泉城[지난의 다른 이름]은 매우 아름다운 곳이었다. 다밍 호大明湖[지난 시의 고성古城 북쪽에 있는 호수], 바오투취안趵突泉[지난에 있는 샘] 모두 유명한 관광지였다. 하지만 우리 속은 말이 아니었다. 둘째 아들이 열이 펄펄 끓는데 제때 병원에 가서 주사를 맞고 치료를 받을 수가 없었다. 일본 통제 하에 이뤄지는 지난 등화관제로 밤에 경계가 삼엄했기 때문이다. 날이 밝기를 기다렸을 때는 이미 응급 치료를 할 시기를 놓쳤고 아이는 그 어린 나이에 지난에서 생을 다하고 말았다. 태어난 지 겨우 8개월 만에 말이다.

우리가 천릿길을 달려 지난에 온 것은 생계를 위해서였다. 시판을 초빙한 중국연합준비은행[중일전쟁 시기 일본이 점령지인 난징에 세운 은행으로 중앙은행 역할을 함]은 지난에 조사실을 개설했지만 시판이 일을 채 맡기도 전에 문을 닫고 말았다. 결국 우리는 보잘것없는 약간의 해고 수당에 의지하여 곤궁한 생활을 이어가야 했다. 전등조차 끊겨 촛불을 켜고 지내는 생활이었다. 베이징으로 돌아가려 해도 길이 막혀 무려 7개월이나 그곳에 더 머물렀다. 마지막에는 어쩔 수 없이 대부분의 살림살이와 옷가지를 지난에 버려두고 몸만 간신히 베이징으로 돌아왔다. 어쨌든 돌아왔다는 것만으로 감지덕지할 지경이었다. 지난에서의 시간은 불행하고 비참했다. 물건만 잃은 것이 아니라 혈육까지 잃었다. 게다가 시판은 병까지 얻어 돌아왔다.

5. 콩팥 제거 수술

1947년경 시판은 은사님의 추천으로 베이징 제2중에서 학생들을 가르치게 되었다. 그는 아픈 몸으로 출근을 했고 해방 때까지 견디다가 마침내는 자리에 눕고 말았다. 1950년 시판은 콩팥을 제거하는 수술을 받았다. 절개 부위가 40센티미터 가까이 되는 대수술이었다. 치료비도 적지 않았지만 다행히 국비 보조를 받을 수 있었다. 수술 후 그는 하루하루 좋아졌다. 링거만 맞다가 유동식, 반유동식을 넘기고 마침내는 정상적인 식사를 할 수 있게 되었다. 퇴원할 때 우吳 의사가 그에게 말했다.

"상태가 아주 좋습니다. 회복 속도도 빠르고요. 신장은 하나 제거해도 생활에 크게 지장이 없습니다. 실은 저도 신장이 하나밖에 없지요. 다른 환자들도 일흔 살까지는 너끈히 살 수 있으니 당신도 그럴 겁니다."

낙관과 희망으로 가득 찬 우 의사의 말은 환자에게도 영향을 미쳤다. 시판은 그 뒤로 매일같이 의사의 말을 생각하며 늘 희희낙락, 즐겁게 생활했다.

6. 노궁녀가 집에 오다

퇴원 뒤에도 시판은 어느 정도 요양을 해야 했다. 하지만 이때 나는 베이징 제25중(당시에는 사립영재중등학교였다)에서 수업과 함께 담임을 맡게 되었다. 일이 상당히 바빠 도와줄 사람을 구할 수밖에 없었다. 하지만 당시는 막 해방이 된 시기라 "고용은 착취"라는 구호 아래 사람을 구하기가 하늘의 별 따기였다. 이때 우리의 대학 동창이자 지기인 류야오신이 말했다.

"노궁녀께 부탁해보면 어때? 마음씨가 좋으신 분이라 기꺼이 와주실지도 몰라."

노궁녀로 말할 것 같으면 우리로서는 안면이 있었다. 대학 시절에 그분의 집을 방문해 청 황궁의 이런저런 이야기들을 들은 적이 있기 때문이다. 하지만 그분은(사람들은 그분을 큰누님大姑이라고 불렀다) 깔끔한 성격인 데다 수중에 모아둔 돈도 어느 정도 있을 텐데 과연 오려고 하실까? 그런데 류야오신 말로는 그분도 이제는 옛날 같지 않아 그다지 편히 지내지 못한다고 했다. 옛날 서태후가 그분에게 내린 물건들도 일찌감치 팔아야 했고 남편인 류 태감은 식탐도 대단했을 뿐 아니라 아편과 도박에 빠져 살았다고 한다. 류 태감이 죽고 나서는 혈혈단신이 되었고 그나마 남은 물건마저도 강도들에게 도둑맞아 지금은 거의 도산 지경이라고 했다.

류야오신은 적극적으로 나서서 정말 노궁녀를 우리 집에 소개시켜 주었다. 우리는 그분을 손윗사람으로 존중해 허 아주머님이라 불렀고 애들에게는 허 할머니라고 부르도록 했다. 이때부터 우리와 노궁녀는 오랜 기간 친밀한 관계로 지냈다. 그분은 틈틈이 궁에서 보고 들은 것, 직접 경험한 일들을 매우 상세하게 우리에게 들려주었다. 그중에는 대중에게 잘 알려지지 않은 귀한 역사적 자료들도 있었다. 노궁녀 허 아주머님은 시판의 건강이 완전히 회복될 때까지 계속 우리와 함께 지내다가 시판이 다시 직장에 다니게 되고 아이들도 초등학교에 들어갈 무렵이 되어서야 우리 집을 떠났다. 당시 우리는 그분을 붙잡으며 돌아가실 때까지 노후를 보살펴드리고자 했으나 그분은 고개를 저었다. 떠나면서는 남편을 보러 은제장에 가겠다고 말했다. 은제장은 태감들의 묘지다. 우리가 노궁녀와 맺었던 인연은 이렇게 끝나고 말았다. 하지만 그분과 그분이 들려준 황궁의 이야기들은 오랫동안 우리 마음속에 남을 것이다.

7. 베이징 제2중에서

　　1947년경에 시판은 베이징 제2중에서 수업을 했다. 베이징 제2중은 유명하고 역사도 오래된 학교다. 예부터 문과와 이과를 모두 중시했으며 특히 문과는 사회적인 명성도 높았고 작가들도 배출되었다. 이 학교 출신 작가는 그 수도 많을뿐더러 영향력도 크고 분야도 광범위하다. 향토문학 작가 고 류사오탕劉紹棠, 대장문학 작가 충웨이시叢維熙, 경미문학 작가 한사오화韓少華, 아동문학 작가 인스린尹世霖 등과 같은 사람들은 일찌감치 전국적으로 명성을 얻었으며 그 작품들은 여러 나라 말로 번역되었다. 뿐만 아니라 수상도 해 해외에까지 그 이름을 떨쳤다. 시판은 운이 좋은 것인지 사람 복이 많은 것인지 어쨌든 이 유명한 사람들이 학생일 때 만나 가르쳤다. 충웨이시는 "왕시판 선생님은 나의 '48년 전 스승'"이라고 말했고, 한사오화는 그의 작품 『추창몽秋窓 1』에 가장 큰 영감을 준 사람이 바로 제2중에 재학할 당시 왕 선생님이라고 회상했다. 또 류사오탕은 "나는 왕 선생님의 수업을 들은 적은 없지만 일찍이 그분께 가르침을 청한 적이 있다"고 말했다. 칭화 대학을 졸업하고 오늘날 유명한 홍학[『홍루몽』을 연구하는 학문] 학자가 된 양나이지는 베이징 제2중에 재학하던 시절을 떠올릴 때마다 왕시판 선생님이 한위韓愈의 「제십이랑문祭十二郎文」을 수업할 때 그 생동감 넘치던 모습이 항상 뇌리에서 떠나지 않고 생생하게 기억난다고 했다. 현대문학관의 상무부관장인 장수이長舒乙 역시 제2중 출신으로 시판은 과거 그의 담임을 맡은 적이 있다. 학생 시절의 수이는 학급 임원을 맡아 당시 우리 집에도 와서 학과 내용이나 학급 일에 관한 것들을 묻곤 했다. 벌써 몇십 년이 지났다. 시판이 베이징 제2중에서 수업을 했던 기간은 단 몇 년뿐이지만 적지 않은 사람에게 깊은 인상을 남겼다.

8. 란저우행

1950년대 초에 시판은 베이징 제2중을 떠나 란저우蘭州 시베이 사범대학에서 강의를 하게 되었다. 역시 은사님이 추천해주신 자리였다. 음운학 학자 자오인탕趙蔭棠 선생은 그를 이렇게 평가했다. "왕시판이 만약 교수 급의 호칭으로 평가받지 못한다면 정말 말이 안 되는 일이다." 이 얼마나 큰 인정과 신임인가! 하지만 시판은 은사님의 기대를 저버리고 학교를 그만두지 않을 수 없었다. 정상의 몸이 아닌 상태로 서북부의 기후와 생활환경에 쉽게 적응하지 못했던 것이다. 무엇보다 의료시설 등이 낙후되어 있었다. 그는 무척 쇠약해진 몸으로 베이징에 돌아왔다. 그날은 추운 겨울날 밤이었던 것으로 기억된다. 객지에서 이리저리 부대끼다 돌아와 대문을 열고 들어와서 한 그의 첫 마디는 이것이었다.

"나 돌아왔어. 다시는 밖으로 나가지 않을 거야(다시는 베이징 밖으로 나가 일하지 않겠다는 뜻이었다)."

그의 얼굴은 먼지와 살얼음 투성이었고 눈에는 차디찬 눈물이 넘쳐흐르고 있었다. 그도 늙은 것이다. 남들보다 더 일찍 늙어버렸다. 사실 그때는 아직 쉰도 되지 않은 나이였으니까. 란저우에서 돌아온 이후 그는 한 번도 먼 지역으로 나가지 않았다. 다시는 베이징을 떠나지 않았으며 집을 떠나지도 않았다. 퇴직할 때까지, 세상에 작별을 고할 때까지.

노년이 되었을 무렵 시판이 자신의 마음을 털어놓은 적이 있다.

"만약 우리가 결혼하지 않았다면, 만약 내가 당신과 결혼하지 않았다면, 만약 내가 당신을 만나지 못했다면 나는 일흔까지 살지도 못했을 거야. 많이 살아야 서른 몇 살이었겠지. 우리 아버지처럼. 일찍 생을 마감했을 거야. 확실히 생각과 뜻이 같고 공통된 취미가 있다는 것, 서로 추구하는 바가 같고 말이 통한다는 것, 이것은 정신생활의 기본인 것 같아. 물론 물질적인 보살핌도 빼놓을 수 없는 필수조건이지만."

시판의 일생은 가난의 연속이었고 질병과 끊임없이 다투어야 했던 삶이었다. 또 정치운동의 소용돌이 속에서 발버둥치고 나뒹굴어야 했던 삶이다. 대체 어떤 힘이 그를 움직여 갖가지 불행과 싸워 이기고 굳건하게 일흔여섯 살까지 살 수 있도록 한 것일까?

그에게는 따뜻한 가정이 있었다. 우리는 2남2녀를 두었고 네 아이는 햇살같이 따스한 가정환경 속에서 성장했다. 비록 풍족한 생활은 아니었고 급료에 의지해 살아가야 했지만 그 가운데 즐겁고 화목한 날들이 있었다.

우리 네 아이는 졸업 후 직장 배치를 받을 때가 될 무렵, 작은딸은 중국인민해방군 헤이룽장 생산건설병단에 지원했고 10년 만에 모범 노동자[중국의 노동 분야에서 탁월한 성적을 내거나 중대한 공헌을 한 인물에게 주어지는 영예로운 칭호의 하나]가 되었다. 둘째와 셋째는 공장에 들어가 빠른 기간 내 공장에서, 부서에서 선진적 모범으로 평가받아 상을 받아들고 집에 왔다. 우리 큰아들은 비록 장애를 얻어 불구의 몸이 되었지만 사회에 쓸모없는 사람이 되지는 않았다. 기술 혁신과 발명을 이루어 베이징 시의 모범 노동자로 평가받았다. 당시 아들이 베이징 시장, 국가 총리와 악수를 나눈 사진은 노동인민문화궁 안에 걸렸고 신문과 잡지에도 여러 차례 그의 우수한 행적이 실렸다. 나 역시 이 시기에 베이징 시 둥청 구 인민 대표로 두 차례 선출되어 '베이징 시 문교 위생계통 선진 업무자 대회('군영회群英會'라고도 칭한다)'에 자리하는 영예를 얻게 되었다. 오래지 않아 우리 집은 '전국 5대 좋은 가정'으로 평가되었다.

시판은 이런 아름다운 가정생활 속에서 생을 보냈다.

9. 성인 대상 교육에 종사하다

베이징에서 시판은 또 다른 교육 영역에 발을 내딛었다. 그는 석탄공업부, 제1기계공업부 547공장의 공장 노동자들을 교육하는 학교에서 공장 사람과 간부들을 가르치며 그들의 문화 수준을 높였다. 매일 아침 시판은 자전거를 타고 수업을 하러 북쪽 교외로 향했다. 그는 성실하게 공장 노동자들을 가르쳤고 수업도 매우 좋은 평을 얻어 부국部局 급의 '선진 노동자'라는 호칭을 얻었다. 아쉽게도 이런 영광스러운 날들은 무척 짧았다. '반우파 투쟁'[1957년 6월 극소수의 우파 자산계급이 공산당에 공격을 가하여 이에 맞서서 투쟁한 사건을 가리킨다]이 일어난 것이다. 시판은 단지 당시의 교육 현황에 대해 직언을 했다는 이유만으로 정치운동 후반, '우파'의 명단 속에 이름이 들어가게 되었다. 출신 문제와 더불어 일본에 다녀왔다는 것도 한 요인이 되었다. 이로 인해 시판은 베이징 서교 스징 산石景山 우자吳家촌 베이징 대형 전기기계 공장으로 이송되었고, 사상 개조의 명목으로 공장 건설 노동에 참여하게 되었다. 말할 수 없이 고생스러운 곳이었고 노동량도 어마어마했다. 하지만 그는 힘든 일이나 고생을 괘념치 않고 여전히 공장 노동자 및 간부들과 두루 접촉했다. 시 모범 노동자 왕웨이강王維剛이나 공장 노동자 출신의 대련 전문가 창즈궈常治國 등과 같은 사람은 모두 이때 좋은 벗이 되었다. 시판은 점차 공장 안에서 두각을 나타냈다. 그는 학문만 뛰어난 게 아니라 정말 대단한 사람이었다. 이 '우파 딱지를 떼기 위한' 일환으로(그는 가장 일찍 우파 분자 딱지를 뗀 사람 중 한 명이다) 그를 공장 교육과로 보내 대학 전문반 학생을 지도하고 마오쩌둥 주석의 시를 공부하게 했는데 누구도 예상치 못한 일이 일어났다. 그의 강의가 7000명이 모인 큰 공장에 센세이션을 일으킨 것이다. 당 서기, 공장장부터 현장 주임까지 잇달아 와서 '왕시판 선생님'의 강의를 들었다. 북적이는 사람들 때문에 교실이 비좁아 곧 큰 강당으로 옮겨 강의를 했지만 여전히 나중에 온 사람은 문

밖에 서서 또는 창틀에 기대어 강의를 들어야 했다. 공장 안은 마오 주석의 시로 큰 붐이 일었다. 수십 년이 지나 당시 청년이었던 학생들도 이제는 나이가 들어 퇴직을 앞둔 노동자가 되었고 왕시판이 세상을 떠난 지도 10년이 되었지만 지금도 그때의 "종산풍우기창황鐘山風雨起蒼黃"이라는 시구를 기억하는 사람이 있다. 왕 선생이 두 시간 동안 강의한 구절이다.

10. 퇴임, 그러나 쉼 없는 나날들

'역사상 전례 없는' 10년이 지나갔다. 우리에게도 벌써 퇴임이 임박했다. 시판은 퇴임 후에도 편히 쉬지 못했다. 수많은 일이 그를 기다리고 있었기 때문이다. 그는 우선 시간을 내 당시 남아 있던 자오위루焦裕祿[중국의 모범 공산당원, 허난 성 란카오 현의 혁명열사]의 사적을 스크랩해서 정리하고, 붙이고, 책으로 제본했다. 친필로 책 제목을 쓰고 표구도 매우 아름답게 했다. 그런 다음 역사적 문물로 여기며 책장에서 눈에 잘 띄는 곳에 두고 보관했다. 또 수십 년 전에 엮은 『양송사인편년兩宋詞人編年』 초고를 꺼내 다듬고 보충하여 언제든 출간할 수 있도록 준비했다. 시판은 연보학을 매우 좋아했다. 그의 오랜 친구 궈경싼郭耕三 선생은 중화서국에서 출판하는 고서의 문장 구두점을 찍는 일 때문에 택시까지 대동해 그를 데리고 갔다. 오랜 동료 자웨이인賈維因이 푸진 보습학교를 설립했을 때 시판은 전적으로 이를 지지해주었고 아내나 자녀들이 함께해주는 출근길을 한 번도 물린 적이 없었다. 대학입학시험이 되살아났고 그의 제자, 친한 친구의 자녀 및 이웃집 아이들이 잇달아 학습 지도를 받으러 그를 찾아왔다. 시판은 역사로 인해 한 발짝 뒤처진 이 세대에 깊은 동정을 표하며 그들과 세대를 뛰어넘는 교분을 맺었다.

바로 이때 과도한 일과 피로, 지병인 고혈압으로 뇌혈전증이 와서 그는 몸의 오른쪽이 마비되는 반신불수가 되고 말았다. 의사가 그에게 몸을 많이 움직이라고 당부해 나는 그를 부축하여 징산 산 공원, 노동인민문화궁을 걸었다. 노송과 측백나무 사이의 벤치에 앉아 사람들이 태극권, 학상장[중국 여러 유명 공법의 동작을 소재로 학의 몸놀림으로 묶어서 엮어낸 중국 현대 기공법]을 연습하는 모습을 바라보기도 했다. 그도 무척 따라하고 싶어했지만 안타깝게도 발과 다리가 말을 듣지 않아 그저 바라만 볼 뿐이었다. 한편 그의 제자 양나이지가 집을 방문해서는 드라마 「홍루몽」을 찍기 위해 베이징에서 대관원을 짓고 있으며 곧 완공해서 개방된다고 알려주었다. 대관원은 바로 그가 설계한 것이었다. 양나이지는 스승인 시판의 학식과 배경 지식이 깊고 해박하며 베이징 구궁에 대해 아는 것이 많다는 것을 잘 알고 있었기에 그에게 이 방면의 글을 써달라고 정중히 청했다. 20여만 자에 이르는 『서태후와 궁녀들』은 바로 이 시기, 시판이 반신불수의 몸이 되고 난 이후에 왼손으로 오른손을 받치고 어렵사리 완성한 책이다. 또한 그의 일생에 마지막 저서이기도 하다. 불편한 손 때문에 필체가 어수선해질 수밖에 없어 나는 종종 그를 위해 깨끗한 글씨로 다시 옮겨 쓰고 자료를 조사하거나 찾아주었다. 또 그를 대신해 동사 연락 후통과 고궁 내 자금성출판사 사이를 오갔다. 글은 1980년대 후반 『자금성』 잡지에 연재하기 시작해 1990년대 초에 책을 완성했고, 양나이지가 책의 서문을 써주었다. 시판 역시 이 모든 과정에 대해 정확히 파악하고 있었다. 그는 침대에 앉아 돋보기안경을 쓰고 『서태후와 궁녀들』 초판 견본의 오타들을 교정했다.

    1992년 9월 2일, 왕시판은 병으로 세상을 떠났다. 하지만 그의 『서태후와 궁녀들』은 그가 죽은 뒤에도 남아 오랫동안 사랑받는 책이 되었다.

    사람들은 그를 그리워했고 특히 그의 유작인 이 책에 대해 칭찬을 아끼지 않았다. 1995년 정월, 그의 동료, 동창 및 제자들이 함께 발의하고,

베이징 제2중 학우회와 중국예술연구원이 공동으로 주관하여 개최된 '청대 제재 문예 및 진이의 작품 연구토론회'가 공친왕부 내에서 열렸다. 제2중 학우회 명예회장, 향토문학작가 류사오탕 선생이 축사를 했다. 토론회에는 청대사 전문가 주자진, 문예평론가 리시판, 인민교육가 한쮜리, 타오시핑, 현대문학작가 한사오화, 충웨이시, 양나이지, 인스린, 천위안, 정쓰보 및 자금성출판사 초대 사장 리이화 등 60여 명의 문학, 사학 계통 인사가 참석했다. 다들 이 책을 높이 샀으며 '백발 궁인이 말하는 황궁 이야기' '문학이자 역사, 역사이자 문학'으로 이해했다. 또한 '역사에 대한 존중'을 이끌어내며 '진선미 변증법적 통일'에 이른 '높은 수준, 높은 작품성을 지닌 실화문학작품'이라고 평했다.

옮긴이의 말

궁녀 할머니가 들려주는 생생한 청나라 황궁 이야기

이 작품은 청대 말, 서태후를 곁에서 모셨던 한 궁녀가 자신이 몸소 겪었던 궁생활과 황궁 사람들에 대해 이야기한 글이다.

청 말기 빼놓을 수 없는 인물 서태후, 함풍제의 황후이자 동치제의 생모, 광서제의 양모로 반세기가량 황제보다 더 큰 권력을 움켜쥐고 중국을 좌지우지했던 인물이다. 국내 개혁과 권력 다툼, 외세의 개입 등으로 혼란스러웠던 청 말기 서태후의 치세와 그녀가 중국에 미친 영향은 역사서를 통해 독자들도 대강이나마 알고 있을 것이다.

하지만 이 책은 단순히 유명한 인물의 역사적 족적만을 고증한 역사서가 아니다. 그보다는 좀 더 사람 냄새가 나는 글이다.

노년에도 잠자리에서 화려한 꽃무늬 잠옷을 입었던 서태후, 손과 손톱이나 피부를 비롯해 입술연지 하나를 만드는 데까지도 일일이 간여할 만큼 미를 중시했던 태후, 남편 함풍제의 사랑을 받지 못하고 과부가 되어서였는지 주위 사람들의 결혼생활마저 고이 보지 못했던 여인, 그 막강했던 권력과는 대조적이었던 친정집, 호화롭고 운치 가득한 뱃놀이며 이화원에서의 정경……. 그 밖에도 식사, 의복, 목욕, 화장, 취침, 각종 예식, 여가와 화장실 문화까지, 자신을 만인지상에 올려놓고 절대 권력을 누렸던 한 태후의 소소한 일상 묘사가 있는 그대로 생생히 전달된다. 일반인이 쉽게 범접할 수 없었던 태후, 황제, 황후와 같은 사람들의 사적인 이야기는 호기심을 자극하기에 충분하다.

특히 단편적으로만 알고 있던 서태후와 광서제의 시안 피신은 천자의 자리에서 하루아침에 일반 백성과 다를 바 없는 피난민의 처지가 되어 말 못 할 고생을 겪었던 당시의 정경과 속사정을 자세히 묘사하고 있다. 나이 지긋한 한 명의 궁녀가 전부 이야기한 것이라기에는 정말 방대한 양이자 구체적인 내용이다. 또한 노궁녀의 입을 통해 나오는 그 생생한 묘사력으로 우리 자신이 당시 황궁 속으로 빨려 들어가 실제 서태후와 함께 있는 듯한 느낌마저 받을 정도다. 이러한 이야기들은 이미 잘 알려진 서태후의 권력욕, 의화단의 난, 무술정변, 진비의 죽음, 광서제의 몰락, 황제의 피난, 외세의 침입, 굴욕 외교, 청 말기 만연했던 아편 문화, 황태자 푸쥔의 일생 등 우리가 기존에 알고 있던 역사적 사실들을 보다 디테일하면서도 사실적으로 다가오게 한다. 풍전등화 같은 정세 속에 부대끼며 멸망으로 치달았던 청 말기의 모습을 그 일이 일어났던 배경과 당사자들의 심리 세밀히 상세하게 이해할 수 있게 해준다.

또한 이 작품은 고귀한 황족들의 이야기에 그치지 않는다. 이 책의 또 다른 가치는 황궁의 아랫사람들, 즉 청대 궁녀와 환관들의 삶을 매우 실제적으로 묘사하고 있다는 데 있다.

극도의 가난을 견디지 못해 환관의 길을 선택해야 했던 백성들, 불과 일고여덟 살의 어린아이가 거쳐야 했던 거세의 고통, 방귀나 트림을 할 수 없어 진수성찬이 있어도 배불리 먹지 못하고 잘 때는 몸을 옆으로 누이고 자야 했던 궁녀들, 재미있는 이야기로 기분을 맞추며 상전의 머리를 빗기고, 안마송을 부르며 안마를 전수하는 태감들, 잘되면 뭇 대신 못지않은 권세를 누리지만 단 한 번의 실수로도 궁에서 쫓겨나거나 목이 떨어져 나가는 신분, 조금의 실수도 용납됨이 없었기에 매를 맞으며 훈련하고 평생 조심하는 것이 몸에 배어버리면서도 목숨을 걸고 자신의 주인을 섬겼던, 황족을 모시던 이들의 일상이 일반인들의 눈으로 볼 때는 마찬가지로 평범하지 않은 것이며 그들만의 역할, 그들만의 놀이 문화, 그들만의 고통 역시 또 하나의 황궁 문화이기에 후세인에게는 귀한 역사적 자료가 아닐 수 없다. 여기에 청의 근간을 이루었던 기하인들의 몰락과 나라의 혼란을 삶으로 감내해야 했던 중국 백성들의 모습까지 더해져 당시 혼란스러웠던 중국의 내면을 보다 깊이 있게 들여다볼 수 있게 한다. 또한 나라가 멸망으로 치닫던 시기에 엿볼 수 있는 위정자들의 모습은 우리에게 묵직한 교훈을 던져준다.

현장에서 직접 보고 들은 사람만큼 진실된 이야기를 전해줄 수 있는 이가 있을까? 당사자보다 그 내막과 배경을 잘 증언할 수 있는 사람이 있을까? 고증이 불충분한 역사는 사람들 사이에서 곧잘 왜곡되곤 한다. 저자는 머리말에서 그동안 얼마나 많은 근거 없는 이야기가 사람들 사이에서 전해져왔는지 그리고 그만큼 역사의 보존과 고증이 얼마나 중요한 일인지를 밝힌다. 그리고 이러한 이유 때문에 노궁녀의 이야기에 담긴 역사적 가치를 더욱 소중히 평가하고 보존하여 후대에 남기려고 애썼다. 저자 자신이 뛰어난 학문을 갖춘 사람임에도 자신의 말을 최대한 줄이고 이러한 정신을 고스란히 실현해낸 정성과 노력은 독자들에게 커다라면서도 잔잔한 울림을 줄 것이다.

서태후와 궁녀들

1판 1쇄 2012년 11월 19일
1판 5쇄 2020년 11월 23일

지은이 진이 · 선이링
옮긴이 주수련

펴낸이 강성민
편집장 이은혜
독자모니터링 황치영
마케팅 정민호 김도윤
홍보 김희숙 김상만 지문희 김현지

펴낸곳 (주)글항아리 | 출판등록 2009년 1월 19일 제406-2009-000002호

주소 10881 경기도 파주시 회동길 210
전자우편 bookpot@hanmail.net
전화번호 031-955-2696(마케팅) 031-955-1936(편집부)
팩스 031-955-2557

ISBN 978-89-6735-028-4 03900

글항아리는 (주)문학동네의 계열사입니다.

이 도서의 국립중앙도서관 출판예정도서목록(CIP)은 서지정보유통지원시스템 홈페이지(http://seoji.nl.go.kr)와 국가자료종합목록 구축시스템(http://kolis-net.nl.go.kr)에서 이용하실 수 있습니다.(CIP제어번호:CIP2012004948)

잘못된 책은 구입하신 서점에서 교환해드립니다.
기타 교환 문의 031-955-2661, 3580

geulhangari.com